GRUNDRISSE DES RECHTS

—

Friedhelm Hufen · Verwaltungsprozeßrecht

Verwaltungsprozeßrecht

von

Dr. FRIEDHELM HUFEN

o. Professor an der Universität Mainz

2., überarbeitete Auflage

C. H. BECK'SCHE VERLAGSBUCHHANDLUNG
MÜNCHEN 1996

Die Deutsche Bibliothek – CIP-Einheitsaufnahme

Hufen, Friedhelm:
Verwaltungsprozeßrecht / von Friedhelm Hufen. –
2., überarb. Aufl. München: Beck, 1996
  (Grundrisse des Rechts)
  ISBN 3 406 40758 7

ISBN 3 406 40758 7

Druck der C. H. Beck'schen Buchdruckerei, Nördlingen
Gedruckt auf säurefreiem,
aus chlorfrei gebleichtem Zellstoff hergestelltem Papier.

Vorwort

Die rasche Abfolge der Auflagen von Lehrbüchern des Verwaltungsprozeßrechts zeigt die weiter steigende Bedeutung dieser Materie als „Schlüssel zum Öffentlichen Recht". Sie hängt auch damit zusammen, daß das Fach in einem immer rascheren Wandel begriffen ist. Dazu trägt vor allem die zunehmende Überlagerung mit Fragen des **Europarechts** bei, die sich bis in die Detailprobleme der Zulässigkeit und Begründetheit von Verwaltungsklagen bemerkbar macht. Die **Rechtsprechung** konkretisiert und modifiziert „herrschende Lehren", die noch bis vor kurzem als unverrückbar galten. Eher zwiespältig ist auch aus der Sicht eines Lehrbuchs die Aktivität des **Gesetzgebers** zu beurteilen: Hier gibt es nicht nur erwünschte Klärungen und begründete Entlastungsversuche; verstärkt hat sich vielmehr auch die Tendenz zu undurchdachten, nur an bereichsspezifischen Problemen orientierten „Rechtsschutzbegrenzungsgesetzen". Diese gefährden nicht nur die Einheit des Verwaltungsprozeßrechts, sondern stellen zunehmend das Vertrauen in die Stetigkeit und Konsistenz der Rechtsordnung insgesamt in Frage. Die Neuauflage gibt den Stand der Entwicklung bis Anfang November 1995 wieder.

Meinen Kollegen und Mitarbeitern, aber auch den Gesprächspartnern in der verwaltungsprozessualen Literatur bin ich für viele Anregungen dankbar. Sie sind alle sorgfältig erwogen worden; sie sind berücksichtigt worden, soweit sie mich überzeugt haben.

Mainz, im November 1995   Friedhelm Hufen

Aus dem Vorwort zur 1. Auflage 1994

Das Verwaltungsprozeßrecht bildet heute zusammen mit dem Verfassungsrecht und dem Allgemeinen Verwaltungsrecht die Kernmaterie des Studiums des Öffentlichen Rechts. Wegen des Aufbaus der meisten öffentlichrechtlichen Fälle bietet es zudem das Grundgerüst der Methodik der Fallbearbeitung und verbindet so die immer vielgestaltiger und komplizierter werdenden Teilgebiete.

Vor diesem Hintergrund will dieses Lehrbuch für Studenten und Referendare eine zuverlässige und zugleich den Problemen auf den Grund gehende aktuelle Einführung in das Verwaltungsprozeßrecht bieten und dabei den Zusammenhang zu den übrigen Materien des Öffentlichen Rechts deutlich werden lassen. Das Buch folgt zwei Aufbauprinzipien:

- Im Mittelpunkt steht zum einen **der Entscheidungsablauf nach dem Verwaltungsverfahren.** Er reicht vom Widerspruchsverfahren und dem Verwaltungsprozeß im ersten Rechtszug bis zum Rechtsmittelverfahren.
- Die Darstellung folgt zum anderen den Grundlinien der verwaltungsprozessualen **Fallösung,** bietet also zu allen Klagearten und Fallgestaltungen eine Gliederung, wie sie einer verwaltungsrechtlichen Klausur zugrundeliegen könnte. Besonderer Wert wird dabei auf die sonst häufig vernachlässigte Begründetheitsprüfung gelegt.

Das Buch will keinesfalls oberflächlicher „Technik" huldigen. Es will Lernhilfen anbieten, dabei aber **wissenschaftliches** Lehrbuch im traditionellen Sinne des Wortes sein. Schon daraus folgt die Einbeziehung der historischen und dogmatischen Grundlagen seines Gegenstands und vor allem der enge Bezug zum materiellen Recht.

Inhaltsverzeichnis

2. Teil. Das Widerspruchsverfahren

3. Teil. Sachentscheidungsvoraussetzungen und Zulässigkeit der Klage

5. Teil. Der vorläufige Rechtsschutz im Verwaltungsprozeß

6. Teil. Das Verfahren im ersten Rechtszug

Abkürzungsverzeichnis

Literaturverzeichnis

I. Lehrbücher und Grundrisse

Bosch/Schmidt, Praktische Einführung in das verwaltungsgerichtliche Verfahren, 5. Aufl. 1992

Büchner/Schlotterbeck, Verwaltungsprozeßrecht, 5. Aufl. 1993

Erichsen (Hg.), Allgemeines Verwaltungsrecht, 10. Aufl. 1995

Finkelnburg/Jank, Vorläufiger Rechtsschutz im Verwaltungsstreitverfahren, 3. Aufl. 1986

Fliegauf, Harald, Prozeßführung im Verwaltungsrechtsstreit, 1987

Frank/Langrehr, Verwaltungsprozeßrecht, 1987 (zit.: Frank/Langrehr, VwProzR)

Hesse, Konrad, Grundzüge des Verfassungsrechts der Bundesrepublik Deutschland, 19. Aufl. 1993 (zit.: Hesse, Grundzüge)

Hufen, Friedhelm, Fehler im Verwaltungsverfahren, 2. Aufl. 1991

Isensee, Josef/Kirchhof, Paul (Hrsg.) Handbuch des Staatsrechts der Bundesrepublik Deutschland, Bd. I (1987) – Bd. VIII (1995) (zit.: Isensee/Kirchhof, Hdb. StaatsR (Bd.))

Jäde, Henning, Verwaltungsverfahren, Widerspruchsverfahren, Verwaltungsprozeß, 2. Aufl. 1991

Köstering/Günther, Das Widerspruchsverfahren, 2. Aufl. 1983

Kuhla/Hüttenbrink, Der Verwaltungsprozeß, 1995

Martens, Joachim, Die Praxis des Verwaltungsprozesses, 2. Aufl. 1985

Maurer, Hartmut, Allgemeines Verwaltungsrecht, 10. Aufl. 1995 (zit.: Maurer, AVwR)

von Mutius, Albert, Verwaltungsprozeß, in: Handbuch der Öffentlichen Verwaltung Bd. I, 1984, S. 295 ff.

Peine, Franz-Joseph, Allgemeines Verwaltungsrecht, 2. Aufl. 1995

Pietzner/Ronellenfitsch, Das Assessorexamen im Öffentlichen Recht: Widerspruchsverfahren und Verwaltungsprozeß, 8. Aufl. 1993 (zit.: Pietzner/Ronellenfitsch, Assessorexamen)

Rengeling/Middeke/Geltermann, Rechtsschutz in der Europäischen Union. Durchsetzung des Gemeinschaftsrechts vor europäischen und deutschen Gerichten, 1994

Richter/Schuppert, Casebook Verwaltungsrecht, 1991

Rosenberg/Schwab, Zivilprozeßrecht, 15. Aufl. 1993 (zit.: Rosenberg/Schwab, ZivProzR)

Schenke, Wolf-Rüdiger, Verwaltungsprozeßrecht, 3. Aufl. 1995

Schmalz, Dieter, Verwaltungsrecht und Verwaltungsrechtsschutz, 1992

Schmitt Glaeser, Walter, Verwaltungsprozeßrecht, 13. Aufl. 1994 (zit.: Schmitt Glaeser, VwProzR)

Schwabe, Jürgen, Verwaltungsprozeßrecht. Eine Einführung, 3. Aufl. 1991 (zit.: Schwabe, VwProzR)

Steinberg, Rudolf, Fachplanung: das Recht der Fachplanung unter Berücksichtigung des Nachbarschutzes und der Umweltverträglichkeitsprüfung, 2. Aufl. 1993

Stern, Klaus, Verwaltungsprozessuale Probleme in der öffentlichrechtlichen Arbeit, 7. Aufl. 1995 (zit.: Stern, Verwaltungsprozessuale Probleme)

Stober, Rolf, Rechtsschutz im Wirtschaftsverwaltungs- und Umweltrecht, 1993

Ule, Carl Hermann, Verwaltungsprozeßrecht, 9. Aufl. 1987 (zit.: Ule, VwProzR)

Ule, Carl Hermann, Laubinger, Hans Werner, Verwaltungsverfahrensrecht, 4. Aufl. 1995; (zit.: Ule/Laubinger, VwVf Recht)

Weides, Peter, Verwaltungsverfahren und Widerspruchsverfahren, 3. Aufl. 1993 (zit.: Weides, VwVf und Widerspruchsverf.)

II. Kommentare zur Verwaltungsgerichtsordnung und zum Verwaltungsverfahrensgesetz

Eyermann/Fröhler, Verwaltungsgerichtsordnung, Kommentar, 9. Aufl. 1988

Knack, Verwaltungsverfahrensgesetz (VwVfG), Kommentar, 4. Aufl. 1994

Kopp, Ferdinand O., Verwaltungsgerichtsordnung, 10. Aufl. 1994 (zit.: Kopp, VwGO)

Kopp, Ferdinand O., Verwaltungsverfahrensgesetz, 6. Aufl. 1996 (zit.: Kopp, VwVfG)

Meyer/Borgs, Verwaltungsverfahrensgesetz, 3. Aufl. 1992

Redeker/von Oertzen, Verwaltungsgerichtsordnung, 11. Aufl. 1994

Schunck/de Clerck, Verwaltungsgerichtsordnung. Kommentar, 3. Aufl. 1977

III. Wichtige Monographien

Menger, Christian Friedrich, System des verwaltungsgerichtlichen Rechtsschutzes, 1954

von Mutius, Albert, Das Widerspruchsverfahren der Verwaltungsgerichtsordnung als Verwaltungsverfahren und Prozeßvoraussetzung, 1969

Rupp, Hans Heinrich, Grundfragen der heutigen Verwaltungsrechtslehre, 2. Aufl. 1991

Schoch, Friedrich, Vorläufiger Rechtsschutz und Risikoverteilung im Verwaltungsrecht, 1988

Scholz/Schmidt-Aßmann, Verwaltungsverantwortung und Verwaltungsgerichtsbarkeit, in: VVDStRL Bd. 34 (1976), S. 145 ff. und 221 ff.

Schwarze, Jürgen, Der funktionale Zusammenhang von Verwaltungsverfahrensrecht und verwaltungsgerichtlichem Rechtsschutz, 1974

Ule, Carl Hermann, Rechtstatsachen zur Dauer des Verwaltungs- (Finanz-)prozesses, 1977 (zit.: Ule, Rechtstatsachen)

IV. Fallsammlungen und Anleitungen zur Fallösung

Broß/Ronellenfitsch, Besonderes Verwaltungsrecht und Verwaltungsprozeß-recht, 4. Aufl. 1991

Erichsen, Hans-Uwe, Verwaltungsrecht und Verwaltungsgerichtsbarkeit I, 2. Aufl. 1984

Klein/Czajka, Gutachten und Urteil im Verwaltungsprozeß und verwaltungs-gerichtlichen Normenkontrollverfahren, 4. Aufl. 1995

Martens, Joachim, Mustertexte zum Verwaltungsprozeß, 2. Aufl. 1994

Püttner, Günter, Verwaltungsrechtsfälle. Ein Repetitorium, 2. Aufl. 1987

Ramsauer, Ulrich, Die Assessorprüfung im öffentlichen Recht: Hauptgebiete des Allgemeinen Verwaltungsrechts und des Verwaltungsprozeßrechts, 2. Aufl. 1993

Schoch, Friedrich, Übungen im Öffentlichen Recht II: Verwaltungsrecht und Verwaltungsprozeßrecht, 1992 (zit.: Schoch, Übungen)

Schwerdtfeger, Gunther, Öffentliches Recht in der Fallbearbeitung, 9. Aufl. 1993

Steinberg/Lubberger, Aufopferung, Enteignung und Staatshaftung, 1991

Steiner, Udo, Prüfe Dein Wissen, Baurecht, 2. Aufl. 1996 (zit.: Steiner, PdW)

Würtenberger, Thomas, Prüfe dein Wissen, Verwaltungsgerichtsbarkeit, 2. Aufl. 1995 (zit.: Würtenberger, PdW)

1. Teil. Grundlagen

§ 1 Einführung

I. Begriff und Bedeutung des Verwaltungsprozeßrechts

Verwaltungsprozeßrecht ist das Verfahrensrecht für diejenigen 1
Rechtsstreitigkeiten, die einem besonderen Rechtsweg zugeordnet
sind, dem Verwaltungsrechtsweg (§ 40 VwGO). Der Begriff enthält mit **„Verwaltung"** und **„Prozeßrecht"** zwei Elemente, die
ihrerseits näherer Bestimmung bedürfen.

Verwaltungsprozeßrecht setzt den Begriff der **Verwaltung** voraus, wie ihn das allgemeine Verwaltungsrecht definiert (vgl.
Maurer, AVwR, § 1). Sein wirklich maßgeblicher Bezugspunkt
aber ist nicht die „Verwaltung", sondern die **öffentlich-rechtliche
Streitigkeit** nichtverfassungsrechtlicher Art, soweit diese nicht einem anderen Rechtsweg zugeordnet ist (§ 40 VwGO). Der Begriff des Verwaltungsprozeßrechts erschließt sich also nicht durch
den Begriff der „Verwaltung", sondern durch die öffentlich-rechtliche Streitigkeit. Im Normalfall ist auch nur **ein** Beteiligter des
Verwaltungsprozesses ein Träger öffentlicher Verwaltung, während auf der anderen Seite ein Privater – sei es Bürger, sei es eine
Juristische Person des Privatrechts – sein Recht sucht.

Ähnlich verhält es sich mit dem Begriff des **Prozeßrechts.** 2
„Prozeß" (vom lateinischen procedere) meint im wörtlichen Sinne
nichts anderes als: „vorwärtsschreiten, vonstatten gehen", also im
heutigen Sprachgebrauch: das Vorgehen der Verwaltung. Das
führt aber zu einem Mißverständnis: Im Verwaltungsprozeßrecht
geht es nicht um das Verfahrensrecht der Verwaltung, sondern
um das Verfahrensrecht der Verwaltungs**gerichte.**

Verwaltungsverfahrensrecht und Verwaltungsprozeßrecht regeln gemeinsam den öffentlich-rechtlichen Entscheidungsprozeß
vom Antrag des Bürgers bis zum bestandskräftigen Urteil. Aus

diesem typischen Entscheidungsablauf greift das Verwaltungsprozeßrecht nur einen Teil heraus, nämlich Voraussetzungen, Ablauf
und Ergebnis des Rechtsstreits als Folge einer streitigen Entscheidung, eines getroffenen oder unterlassenen Verwaltungsaktes, eines umstrittenen Rechtsverhältnisses usw. Abzugrenzen ist das
Verwaltungsprozeßrecht damit – bei fließenden Übergängen –
vom vorgeschalteten Verwaltungs**verfahrensrecht** (als dem Recht
des Entscheidungsprozesses der Verwaltung selbst). Aus letzterem
umgreift es aber wiederum einen wichtigen Teil, nämlich das
Recht des **Widerspruchsverfahrens,** das in der deutschen Tradition zunächst als „Vorverfahren" und Prozeßvoraussetzung betrachtet und in seinen wesentlichen Punkten in der VwGO geregelt wurde, bevor seine eigentliche Bedeutung als Zweite Stufe
des **Verwaltungsverfahrens** in den Vordergrund trat.

Verwaltungs**prozeßrecht** ist aber nicht reines **Verfahrensrecht.**
Es regelt vielmehr zugleich einen Teil des inneren und äußeren
Aufbaus der beteiligten Institutionen und der Verwaltungsgerichtsbarkeit und ist insofern besonderer Teil des **Gerichtsverfas-
sungsrechts.**

3   Die vielleicht wichtigste Bedeutung des Verwaltungsprozeßrechts liegt aber darin, daß es mit den Merkmalen
– Rechtsweg und zuständiges Gericht,
– Zulässigkeit des Rechtsbehelfs,
– Begründetheit
zugleich den Rahmen für die rechtliche Prüfung der Fälle insgesamt bietet.

So gesehen ist das Verwaltungsprozeßrecht alles andere als
„nur" das Verfahrensrecht der Verwaltungsgerichtsbarkeit. Es
bindet vielmehr alle materiellrechtlichen Probleme ein, denn anders als im Zivilrecht geht es im Öffentlichen Recht und auch in
der Klausur höchst selten um die „Rechtslage" im objektiven Sinne, also um das Vorliegen eines Anspruchs, das Bestehen eines
Rechtsverhältnisses usw. Gefragt ist z. B. nach der konkreten Erfolgsaussicht eines Rechtsbehelfs, nach Zulässigkeit und Begründetheit einer Klage, nach dem zu erwartenden Inhalt einer Gerichtsentscheidung. Alle diese Fragen verbinden immer Verfahren

und inhaltliche Voraussetzungen. Daher bildet das Verwaltungsprozeßrecht zugleich einen äußeren Rahmen für die Einordnung nahezu aller materiellrechtlichen Probleme des Verwaltungsrechts am konkreten Fall.

Zusammen mit dem Allgemeinen Verwaltungsrecht ist das Verwaltungsprozeßrecht daher das **Herzstück des Verwaltungsrechts,** auf das sich nahezu alle Teile des Öffentlichen Rechts im übrigen beziehen. Das gilt selbst für das Verfassungsrecht, soweit nicht auf beiden Seiten Träger des Verfassungslebens beteiligt sind (§ 40 VwGO). Wenn der Bürger sich auf Grundrechte beruft, gelangt er zumeist erst nach der Erschöpfung des Rechtswegs im Rahmen der Verfassungsbeschwerde auch prozessual in den Bereich des Verfassungs(prozeß)rechts. Zuvor muß er dagegen auch verfassungsrechtliche Rechtspositionen im Verwaltungsverfahren und im Verwaltungsprozeß „ausfechten".

Das Verwaltungsprozeßrecht ist im Ergebnis also weder nur „Verwaltungsrecht" noch nur „Prozeßrecht". Es ist das gerichtliche Verfahrensrecht öffentlicher Rechtsstreitigkeiten im umfassenden Sinne und zugleich der Modus zur Umsetzung von Verfassungs- und Verwaltungsrecht in konkrete Entscheidungen. Noch so qualifizierte Kenntnisse des materiellen öffentlichen Rechts (Verfassungs- und Verwaltungsrecht) nützen nichts, wenn sie nicht auf Verwaltungsprozeßrecht bezogen und mit dessen Hilfe geklärt und realisiert werden können.

II. Der verfassungsrechtliche Rahmen

Wer die heutige Bedeutung des Verwaltungsprozeßrechts richtig erkennen will, muß mit der **Verfassung** beginnen. Zwar ist die Geschichte der Verwaltungsgerichtsbarkeit natürlich älter als die des Grundgesetzes, und die dogmatischen Grundlagen des Verwaltungsrechts haben sich in weiten Teilen um die Wende vom 19. zum 20. Jahrhundert entfaltet, doch standen die Entwicklungen von Verfassungsrecht und Verwaltungsprozeßrecht nie unverbunden nebeneinander. So gehörte das Bestreben, die Kontrolle der Verwaltung unabhängigen Richtern anzuvertrauen, schon

im 19. Jahrhundert zu den Kernforderungen der Freiheitsbewe-
gung, und eine gerichtliche Kontrolle der Verwaltung wurde als
Grundvoraussetzung des Rechtsstaats und der Wahrung der
Grundrechte erkannt. Heute bilden Grundrechte und Grundprinzi-
pien der Verfassung nicht nur die obersten Prüfungsmaßstäbe für
die Verwaltungsgerichtsbarkeit; Einrichtung und Ausgestaltung
der Verwaltungsgerichtsbarkeit selbst haben immer wieder aus
dem Verfassungsrecht kraftvolle Impulse erhalten. Umgekehrt
hängt die reale Geltungskraft der Verfassung in vieler Hinsicht von
einer wirksamen Verwaltungsgerichtsbarkeit ab. Grundrechte und
rechtsstaatliche Verfahrensgebote werden daher auch im folgenden
immer wieder im Mittelpunkt stehen, so daß hier nur die wichtigsten Aspekte des verfassungsrechtlichen Rahmens der Verwaltungsgerichtsbarkeit zusammengefaßt werden sollen.

1. Rechtsstaat (Art. 20/28 GG)

5   Eine unabhängige Verwaltungsgerichtsbarkeit ist immer wieder
mit Formulierungen wie **Eckpfeiler** oder **Schlußstein des Rechts-
staates** bezeichnet worden. Darin kommt zum Ausdruck, daß die
grundlegenden Prinzipien des Rechtsstaats ohne wirksame Kontrolle durch eine unabhängige Verwaltungsgerichtsbarkeit nicht
durchsetzbar wären. Zusammen mit der Verfassungsgerichtsbarkeit sichern die Verwaltungsgerichte die Gesetzesbindung der
Verwaltung und den Primat des Rechts. Verwaltungsgerichtsbarkeit ist daher *eine im Rechtsstaat unabdingbare Form der Begrenzung
staatlicher Macht.* Sie ist heute aber nicht mehr ausschließlich auf die
Kontrollperspektive beschränkt; von den Gerichten gehen vielmehr auch wesentliche Impulse für eine Tätigkeit der Gesetzgebung aus. Daher ist die *Gewaltenteilung* heute auch in Bezug auf die
Verwaltungsgerichtsbarkeit nicht mehr im Sinne simpler Trennung zu verstehen, sondern eher im Sinne einer gegenseitigen
Kontrolle, Beeinflussung und Balancierung der an der Bildung
und Durchsetzung staatlicher Entscheidungen beteiligten Kräfte.

6   Die Verwaltungsgerichtsbarkeit ist nicht nur in Art. 95 I GG
institutionell garantiert; für sie gelten alle im Rechtsstaatsprinzip

enthaltenen oder aus ihm abzuleitenden Gewährleistungen wie die *Unabhängigkeit der Richter* (Art. 92, Art. 97), das *Gebot des gesetzlichen Richters* (Art. 101), der Grundsatz *rechtlichen Gehörs* (Art. 19 IV, 103) – Grundsätze, die zusammen mit dem Gebot der *Verfahrensfairneß* und der „*Waffengleichheit*" (Art. 3) auch das verwaltungsgerichtliche Verfahren bis in die Details bestimmen.

a) Als „modernes" *Gewaltenteilungsproblem* zwischen Exekutive und Recht- 7 sprechung wird derzeit besonders das Spannungsverhältnis von Effizienz und Rechtsschutz diskutiert. Dabei wird die Verwaltungsgerichtsbarkeit oft pauschal als zu kompliziert, zeitraubend, der Verwaltung nicht den genügenden Planungs- und Entscheidungsspielraum belassend kritisiert. Bei dieser Argumentation wird zumeist übersehen, daß Gründe für die Verfahrensgestaltung und die Dauer der Entscheidungsprozesse weniger im Verwaltungsprozeß als vielmehr in der Kompliziertheit und Verdichtung der Lebensverhältnisse sowie im Vordringen des Staates in immer weitere Lebensbereiche und den dadurch bewirkten Abhängigkeiten zu suchen sind. Großprojekte schaffen eine Fülle von Betroffenen und abwägungserheblicher öffentlicher und privater Belange. Umweltbelastungen werden genauer registriert, mittelbare Auswirkungen staatlicher Entscheidungen auf andere Bereiche exakter verfolgt. Vor diesem Hintergrund kann „effiziente Verwaltung" nicht „möglichst rasche Verwirklichung" heißen, sondern sie muß die oft widerstreitenden öffentlichen und privaten Belange aufeinander beziehen und nach dem Prinzip des schonenden Ausgleichs einander zuordnen. Wird diese Aufgabe im Verwaltungsverfahren nicht gelöst oder wird versucht, einseitige oder vordergründig kostengünstigere Lösungen durchzusetzen, dann wird zwangsläufig der Verwaltungsprozeß zum Ort des eigentlichen Austragens von Konflikten, und niemand darf sich über die Dauer und Kompliziertheit dieses Prozesses wundern.

b) Teil des Rechtsstaatsgebots sind die *Verfassungsmäßigkeit* des Gesetzes – 8 im Verwaltungsprozeß vor allem durch die Vorlagepflicht nach Art. 100 GG sowie das Gebot verfassungskonformer Auslegung gesichert – und die *Gesetzmäßigkeit der Verwaltung.* Daneben wirkt das Rechtsstaatsprinzip vor allem in den aus ihm abgeleiteten Grundsätzen der *Bestimmtheit, Verhältnismäßigkeit* und des *Vertrauensschutzes.* So hebt das Verwaltungsgericht eine auf einer unbestimmten und damit nicht ausreichenden Eingriffsgrundlage beruhende Verwaltungsentscheidung auf oder trägt durch die eigene Entscheidung zur Konkretisierung von zu unbestimmt formulierten Rechtsgrundlagen bei. Die Verwaltung wird damit mittelbar gezwungen, offene und für den Bürger nicht hinreichend nachvollziehbare Entscheidungsspielräume durch klärende Verwaltungsentscheidungen zu schließen, damit der Einzelne nicht erst im Ordnungswidrigkeiten- oder gar Strafverfahren erfährt, welche konkreten Pflichten ihm die Rechtsordnung auferlegt – eine gerade im Umweltrecht zunehmend wichtige Funktion der Verwaltungsgerichtsbarkeit.

c) Der *Grundsatz der Verhältnismäßigkeit* bestimmt auch das Verfahren des 9 Verwaltungsgerichts selbst – z. B. im Hinblick auf die Angemessenheit der eigenen Sachaufklärung. Inhaltlich ist die Verhältnismäßigkeit ein wichtiges Instrument der Verwaltungskontrolle, das heute weit über seine sicherheitsrechtliche Herkunft in allen Bereichen der Verwaltungstätigkeit als Instrument der „Feinabstimmung" und Kontrolle dessen wirkt, wie weit die Verwaltung im Einzelfall öffentliche Belange gegenüber Individualinteressen durchsetzen darf. Auch das als Produkt des Richterrechts gefeierte oder kritisierte „Gebot der Rücksichtnahme" (dazu unten § 14 II) ist nichts anderes als ein Verbot unverhältnismäßigen Freiheitsgebrauchs gegenüber einem Nachbarn oder einem anderen Betroffenen.

10　　d) Das gleichfalls aus dem Rechtsstaat abgeleitete Gebot des *Vertrauensschutzes* hat nicht nur in bestimmten Fallgruppen (z. B. im Schul- und Prüfungsrecht) besondere Bedeutung, sondern steht bei allen Fragen rückwirkender Rechtsgrundlagen oder bei Widerruf und Rücknahme begünstigender Verwaltungsentscheidungen oder Zusagen hinter den einschlägigen Rechtsnormen (§§ 38, 48, 49 VwVfG usw.).

2. Demokratiegebot (Art. 20 I und II GG)

11　　Demokratie ist zeitlich und rechtlich gebundene und begrenzte Herrschaft. Die verfassungsrechtlich notwendige demokratische Legitimation erfordert eine ununterbrochene Legitimationskette vom Volk zu den mit staatlichen Aufgaben betrauten Organen und Amtswaltern (BVerfGE 47, 253, 275; 77, 1, 40). Die Kontrolle durch die Verwaltungsgerichtsbarkeit ist – so gesehen – ein wichtiges Instrument der *Sicherung der Legitimität staatlichen Handelns* in allen seinen Erscheinungsformen. Verwaltungsgerichte sichern aber nicht nur die Bindung der Verwaltung an das demokratische Gesetz und – als weiteres wichtiges Element des Demokratieprinzips – den Minderheitenschutz (BVerfGE 2, 1, 13; 44, 308, 321); sie tragen auch dazu bei, daß sich ein demokratischer Volkswille im offenen Prozeß der Meinungsbildung und Auseinandersetzung in der Öffentlichkeit herausbilden kann – so z. B. im Versammlungsrecht oder auch bei der Durchsetzung von Chancengleichheit und Offenheit im Wahlkampf.

3. Bundesstaat

12　　Bis auf das Bundesverwaltungsgericht sind alle Verwaltungsgerichte Gerichte der Länder. Es gibt also nicht nur einen Grundsatz der Landesexekutive (Art. 83, 84 GG) sondern auch einen **Grundsatz der Landesjudikative**. So darf der Bund nur die im Grundgesetz vorgesehenen Bundesgerichte errichten (Art. 92 GG) und damit nicht etwa die Bundesverwaltung einer eigenen „bundesfreundlicheren" Verwaltungsgerichtsbarkeit unterstellen. Dieser Gerichtsaufbau sichert damit zugleich die Eigenständigkeit der Landesverwaltungen und die der Landesebene zuzurechnende Selbstverwaltung der Gemeinden. Er dient aber auch dazu, daß fortbestehende Landeszuständigkeiten im Bereich der Gesetzgebung nicht auf dem Umweg über eine zu weitgehend vereinheitlichende Interpretation von Rechtsnormen faktisch wieder rückgängig gemacht werden.

Der notwendige Grad an Einheitlichkeit wird neben der Gesetzgebung durch die Rechtsprechung von BVerfG und BVerwG gesichert: Diese Rechtsprechung kann man also auch als eine Vorkehrung für das Prinzip der Bundestreue und das Funktionieren des kooperativen Föderalismus betrachten.

4. Sozialstaat

Die Verwaltungsgerichte kontrollieren nicht nur die Eingriffs- **13** verwaltung, sie sind auch zur Kontrolle der **Leistungsverwaltung** berufen. Das gilt nicht nur für den besonders praxisrelevanten Bereich der Sozialhilfe sondern praktisch für die gesamte Verwaltungtätigkeit und deren Verfahren. Dadurch sichert die Verwaltungsgerichtsbarkeit nicht zuletzt die Einhaltung des sozialstaatlich und durch Art. 1 GG (Menschenwürde) gebotenen sozialen Existenzminimums, auf das der Einzelne einen Anspruch hat (vgl. schon BVerfGE 1, 97, 104). Umso weniger dürfen die Kosten des Verwaltungsprozesses selbst das Existenzminimum einer bedürftigen Person gefährden (BVerfGE 78, 104, 117), und jedes Verwaltungsgericht hat dafür zu sorgen, daß der Grundsatz der Chancengleichheit im Verwaltungsprozeß nicht durch soziale Nachteile verletzt wird. Auch hierin zeigt sich die schon in der Formulierung von Art. 20 GG angelegte Verbindung von Sozialstaats- und Rechtsstaatsprinzip.

14   Die Vielfalt sozialstaatlicher Handlungsformen, das Ineinandergreifen von hoheitlichen Entscheidungen, Planungen, Leistungen und Verteilung im modernen Sozialstaat stellt die Verwaltungsgerichtsbarkeit vor zahlreiche neuartige Probleme. Weit über die in der liberal-rechtsstaatlichen Tradition begründete punktuelle und am Einzelfall orientierte Kontrolle staatlichen Handelns hinaus wirkt die Verwaltungsgerichtsbarkeit heute auf die Verteilung von Chancen, Risiken, Gütern und Belastungen ein. Wie die Rechtsprechung zum Prüfungsrecht und zum Hochschulzugang exemplarisch zeigt, geht es in weiten Bereichen nicht mehr um die Kontrolle hoheitlicher Eingriffe und die Sicherung der Freiheitssphäre des Individuums **vor** staatlichen Eingriffen – diese Freiheit ist vielmehr ihrerseits in hohem Maße **von** staatlichen Leistungen, dem Zugang zu öffentlichen Einrichtungen und Vorsorgemaßnahmen abhängig. Zudem greift der Sozialstaat nicht mehr lediglich in die gesellschaftliche Güterverteilung ein; er ist über das sozialstaatliche Transfersystem, über Daseinsvorsorge und Umweltvorsorge längst in diese Verteilungskonflikte einbezogen und hat zu ihrer Bewältigung neuartige Verfahren der Abwägung und Interessenzuordnung entwickelt (zum ganzen Winfried *Brohm,* Verwaltungsgerichtsbarkeit im modernen Sozialstaat, DÖV 1982, 1 ff.).

5. Selbstverwaltung

15   Das Grundgesetz gewährleistet an mehreren Stellen die Selbstverwaltung von Körperschaften und anderen Rechtsträgern im Sinne einer Bestimmung über eigene Angelegenheiten (Art. 4, 5 III, 9 I, 28 II, 140 GG).

Da Selbstverwaltungsentscheidungen wie alle anderen Verwaltungsentscheidungen der gerichtlichen Kontrolle unterliegen, wird nicht selten auf das besondere Spannungsverhältnis zwischen Verwaltungsgerichtsbarkeit und Selbstverwaltung hingewiesen und z. B. beklagt, der Entscheidungsspielraum der Gemeinden werde zunehmend durch Entscheidungen der Verwaltungsgerichte eingeschränkt. Daran ist richtig, daß die Verwaltungsgerichte, ebenso wie die staatlichen Aufsichtsbehörden, aufgerufen sind, den Spielraum der Selbstverwaltung zu achten und sich im Bereich der Selbstverwaltungsangelegenheiten strikt auf die Rechtskontrolle zu beschränken. Abgesehen davon aber sind die Gemeinden Teil der Exekutive, und ihnen kommt kein besonderer verfassungsrechtlich begründeter Anspruch auf Freistellung von verwaltungsgerichtlicher Kontrolle zu. Eine effiziente Kontrolle der Verfahren und auch der Ergebnisse der Selbstverwaltung sichert vielmehr bei näherem Hinsehen gerade die vorhandenen Entscheidungsspielräume ab. Es ist daher letztlich ein schlechter Dienst an der Selbstverwaltung, wenn versucht wird, die gerichtliche Kontrolle durch den Verzicht auf die Sanktion von Verfahrensfehlern oder die Begrenzung der Prüfungsmaßstäbe einzuschränken. Vielmehr wäre es Aufgabe des Gesetzgebers, die Verfahrensbestimmungen, z. B. im Bauplanungsrecht, so zu gestalten, daß Verfahrens- und Abwägungsfehler nach Möglichkeit vermieden werden. Auch darf nicht verkannt werden, in wie großem Umfang Verwaltungsgerichte die Selbstverwaltung in den vergangenen Jahrzehnten geschützt und vor unverhältnismäßigen Eingriffen des Staates gesichert haben.

6. Grundrechte

Nicht nur Studenten scheint es gelegentlich so, als müßten **16** Grundrechte als unmittelbar geltende Rechte (Art. 1 III GG) vor allem durch die Verfassungsgerichtsbarkeit gesichert werden. Dabei wird vergessen, daß die Grundrechte nahezu ohne jede Bedeutung wären, wenn sie nicht in der alltäglichen Verwaltungspraxis beachtet und durch Widerspruchsverfahren und Verwaltungsprozeß gesichert würden. So ist die Verwaltungsgerichtsbarkeit heute die wohl wichtigste Instanz zur Durchsetzung von Grundrechten; umgekehrt werden heute besonders wichtige Fallgruppen von den jeweils einschlägigen Grundrechten bestimmt: Man denke nur an Art. 5 I GG im Rundfunkrecht, Art. 6 und 7 im Schulrecht, Art. 3 und 12 im Prüfungsrecht, Art. 12 im Gewerberecht, Art. 14 im Baurecht, Art. 2 II im Immissionsschutzrecht, Art. 8 im Versammlungsrecht sowie Art. 33 II und V im Beamtenrecht und natürlich Art. 16a GG im Asylprozeß. Auch abgesehen davon wird nur derjenige die heutige Struktur verwaltungsprozessualer Falllösung begreifen, der sich den verfassungsrechtlichen Hintergrund verdeutlicht: So führt z. B. das Fehlen einer Eingriffsgrundlage zur Aufhebung des belastenden Verwaltungsakts, weil der Einzelne einen individuellen Anspruch aus Art. 2 I GG darauf hat, daß in seine Freiheit nur durch einen der verfassungsmäßigen Ordnung, also dem formellen *und* materiellen Recht entsprechenden, staatlichen Akt, eingegriffen wird. Umgekehrt ist die Verpflichtungsklage begründet, wenn der Einzelne die Voraussetzungen eines präventiven Verbots mit Erlaubnisvorbehalt erfüllt, weil – abgesehen von Spezialgrundrechten – die allgemeine Handlungsfreiheit (Art. 2 I GG) ihm das Recht zur entsprechenden Tätigkeit einräumt, sobald er die Präventionsschranke überwunden hat (BVerfGE 20, 151, 159).

17   Insgesamt realisiert sich der Schutz der Grundrechte heute also zu einem
großen Teil im Verwaltungsprozeß. Dies hat mit einer Vernachlässigung des
Gesetzesrechts oder mit einem überzogenen und voreiligen „Durchgriff auf das
Verfassungsrecht" nichts zu tun. Richtig daran ist, daß das Gesetzesrecht nicht
durch abstrakte Verfassungsprinzipien überspielt werden darf. Kriterien wie
Verhältnismäßigkeit, praktische Konkordanz, Wechselwirkung usw. sind aber
heute durchaus so gefestigt, daß sie zu einer verfassungskonformen Schließung
von Lücken im Gesetz herangezogen werden können. Sie sind jedenfalls den
aus dem Zivilrecht entlehnten und für das Verwaltungsprozeßrecht nur bedingt passenden Prinzipien wie „Treu und Glauben", „Verbot des Rechtsmiß-
brauchs" usw. vorzuziehen.

7. Insbesondere: Rechtliches Gehör (Art. 103 GG) und Rechts-schutz gegen die öffentliche Gewalt (Art. 19 IV GG)

18   Wesentliches Element des Rechtsstaats und zugleich Individual-
grundrecht ist Art. 19 IV GG, der besagt, daß der Rechtsweg
offensteht, wenn jemand durch die **öffentliche Gewalt** in seinen
Rechten verletzt wird. Dieses Recht wird unterschieden von der
allgemeinen Rechtsschutzgarantie, die aus dem allgemeinen
Rechtsstaatsprinzip abgeleitet wird, sowie Art. 103 GG, der das
rechtliche Gehör im Gerichtsverfahren selbst sichert. Alle drei
Gewährleistungen stehen aber in engem Zusammenhang und sind
auch mit den übrigen im Grundgesetz enthaltenen Rechtsschutz-
gewährleistungen eng verknüpft.

19   Deutlich ist aber, daß das Grundgesetz dem Rechtsschutz gegen
Maßnahmen **öffentlicher** Gewalt besonderes Gewicht beimißt.
Das heißt nach überwiegender Auffassung zwar nicht, daß damit
die Verwaltungsgerichtsbarkeit **als solche** institutionell gewährleistet ist. Art. 19 IV GG schreibt keinen bestimmten Rechtsweg vor
(BVerfGE 31, 364, 368). Der Rechtsschutz gegen die öffentliche
Gewalt muß aber möglichst lückenlos, umfassend und effektiv
sein (BVerfGE 8, 274, 326; 30, 1, 25; 37, 150, 153; 54, 39, 41; 65,
76, 90), und die Verwaltungsgerichtsbarkeit ist zumindest im Hinblick auf ihre oberste Instanz in Art. 95 ausdrücklich erwähnt.
Überdies wäre die ordentliche Gerichtsbarkeit heute nicht mehr in
der Lage, die zahlreichen verwaltungsrechtlichen Streitigkeiten zu
bewältigen. Insgesamt ist die Existenz der Verwaltungsgerichtsbarkeit daher praktisch doch durch Art. 19 IV GG geboten.

Auch Art. 14 III, 19 IV 2 und Art. 34 GG begründen unter heutigen Bedin- **20** gungen **keinen prinzipiellen Vorrang der ordentlichen Gerichtsbarkeit.** Diese Normen sind nur aus dem historischen Mißtrauen gegenüber einer lediglich verwaltungsinternen Kontrolle bzw. einer von der Exekutive abhängigen Verwaltungsgerichtsbarkeit verstehbar und haben heute ihren wesentlichen Sinn verloren. Da Enteignungsentschädigung und Staatshaftung zudem oft sehr spezielle öffentlichrechtliche Fragen voraussetzen, ist zu überlegen, ob nicht grundsätzlich der Rechtsweg zu den Verwaltungsgerichten in allen öffentlich-rechtlichen Streitigkeiten (also auch in Enteignungsentschädigungs- und Staatshaftungssachen) eröffnet werden sollte. Das wäre freilich nur durch Verfassungsänderung möglich.

Für die *Verwaltungsgerichtsbarkeit selbst* sind folgende Aspekte der **21** Rechtsschutzgarantie des Art. 19 IV GG zu beachten:

– Die Rechtsschutzgarantie des Art. 19 IV GG ist zwar selbst Grundrecht, setzt aber als eigentliches Schutzgut ein subjektives Recht (Grundrecht oder einfaches Recht) voraus. Die Rechtsverletzung selbst ist dabei nicht Voraussetzung des Zugangs zum Gericht (Zulässigkeit) sondern Frage der Begründetheit; Art. 19 IV ist so zu interpretieren, daß die **Möglichkeit einer Rechtsverletzung** (etwa im Sinne von § 42 VwGO) ausreicht, um die Klage zulässig zu machen.

– Schon die Formulierung: „Wird jemand in *seinen* Rechten ver- **22** letzt", zeigt, daß das Grundgesetz hier **keine objektive Rechtmäßigkeitskontrolle** intendiert, sondern den gerichtlichen Individualrechtsschutz meint. Die enge Verbindung von (subjektiv-rechtlichem) Rechtsschutz und (objektiver) rechtsstaatlicher Bindung an Gesetz und Recht (Art. 20 III GG) zeigt aber durchaus den für die verfassungsmäßige Ordnung des Grundgesetzes charakteristischen Zusammenhang von individuellem Status und objektiver Ordnung (*Hesse,* Grundzüge, Rd.-Nr. 202).

– Art. 19 IV GG stellt klar, daß das Grundgesetz sich für einen **23** **Vorrang der gerichtlichen Kontrolle** vor der reinen Selbstkontrolle der Verwaltung entschieden hat. Damit ist auch der historische Streit um die Kontrolle der Verwaltung durch eine unabhängige Gerichtsbarkeit entschieden. Auch ein noch so effizientes Widerspruchsverfahren oder neuerdings wieder vermehrt vorgeschlagene Schlichtungsverfahren können den Rechtsschutz durch die Verwaltungsgerichte nur ergänzen; sie können die Gerichtsbarkeit ggf. auch wesentlich entlasten, nicht aber ersetzen (BVerfGE 10, 302, 308).

24 – Art. 19 IV GG gewährleistet den Rechtsweg zu den Verwaltungsgerichten nur **im Rahmen der jeweils geltenden Prozeßordnung** (BVerfGE 10, 264, 267 – std. Rspr.). Diese Klarstellung dient nicht zuletzt auch der Effizienz des Rechtsschutzes und damit dem durch Art. 19 IV GG selbst gesetzen Ziel. Der Zugang zu den Verwaltungsgerichten darf aber durch einfaches Recht nicht unzumutbar erschwert oder sogar gänzlich verschlossen werden (BVerfGE 49, 329, 341; 80, 244, 250). Alle Zulässigkeitsvoraussetzungen sind daher ihrerseits im Lichte des Grundrechts auszulegen.

25 – Art. 19 IV GG gewährleistet **nicht den Rechtsschutz durch mehrere Instanzen** (BVerfGE 4, 74, 95; 11, 232, 233 std. Rspr., zuletzt BVerfGE 78, 88, 99). Dies ist aber keine Aussage für eine etwa bestehende „Kürzungsreserve" im Bereich der Verwaltungsgerichtsbarkeit. Zu bedenken ist insbesondere, daß heute in den immer wieder zitierten „Großverfahren" ohnehin bereits die Oberverwaltungsgerichte als erste Instanz und einzige Tatsacheninstanz zuständig sind (§ 48 VwGO). Auch sollte der Zugang zum Bundesverwaltungsgericht schon im Interesse der Einheitlichkeit der Rechtsordnung nicht weiter erschwert werden.

26 – Rechtsschutz im Sinne von Art. 19 IV GG bezieht sich **nicht** auf die Kontrolle der Tätigkeit der **Rechtsprechung** selbst und des **Gesetzgebers** (zur Rechtsprechung BVerfGE 15, 275, 280; zur Gesetzgebung BVerfGE 24, 33, 49 – jeweils std. Rspr.). Im übrigen muß aber der Rechtsschutz umfassend sein und kann nicht von der Rechtsform des jeweiligen Handelns abhängen. Die Generalklausel des § 40 VwGO besagt, daß Rechtsschutz gegen jede hoheitliche Maßnahme der Verwaltung besteht – ungeachtet, in welcher Form sie sich vollzieht.

27 – Art. 19 IV GG ist auch eine Schranke für eine nur effizienzorientierte Ausdehnung von **Ermessens- und Beurteilungsspielräumen** der Verwaltung. Unter seiner Geltung besteht kein Raum für „gerichtsfreie Hoheitsakte" und der gerichtlichen

Kontrolle nicht zugängliche Vorbehaltsbereiche der Exekutive. Auch den immer wieder vorgetragenen Versuchen einer Durchsetzung gerichtsfreier Abwägungs- und Einschätzungsprärogativen der Verwaltung bieten Art. 19 IV GG und die Grundrechte eindeutige Schranken.

– Nach dem Wortlaut von Art. 19 IV GG fällt **privatrechtliches 28 Tätigwerden** der Verwaltung nicht unter die Rechtsschutzgarantie sondern nur unter den allgemeinen Justizgewährleistungsanspruch. Werden aber **öffentliche** Aufgaben in Privatrechtsform erfüllt, so wird jedenfalls die Frage des **Zugangs** zu entsprechenden Einrichtungen oder Mitteln von der Garantie des Art. 19 IV GG erfaßt.

– Art. 19 IV GG gebietet zwar nicht die Wahl derjenigen Ent- 29 scheidungsform der Verwaltung, die den größtmöglichen Rechtsschutz bietet (BVerfGE 70, 35, 56), schließt es aber aus, daß eine bestimmte Rechtsform gewählt wird, um den **Rechtsschutz bewußt zu verkürzen.** Das gilt auch für die Wahl der Gesetzesform für Einzelvorhaben (z. B. Verkehrsprojekte).

– Effizienter Rechtsschutz im Sinne von Art. 19 IV GG heißt 30 **rechtzeitiger** Rechtsschutz. Dieses Grundrecht schützt also vor vollendeten Tatsachen und führt dazu, daß – bei prinzipieller Gleichrangigkeit der Verfahren nach § 80 und 123 VwGO – jedenfalls **eine** Form des vorläufigen Rechtsschutzes gewährleistet sein muß.

Literatur zu § 1 II: *Ule,* Das Bonner Grundgesetz und die Verwaltungsgerichtsbarkeit (1950); *Menger,* System des verwaltungsgerichtlichen Rechtsschutzes (1954); *Lorenz,* Der Rechtsschutz des Bürgers und die Rechtsweggarantie (1973); *ders.,* Die verfassungsrechtlichen Vorgaben des Art. 19 IV GG für das Verwaltungsprozeßrecht, FS Menger (1985), S. 143; *Schmidt-Aßmann,* Verwaltungsverantwortung und Verwaltungsgerichtsbarkeit, VVDStRL 34 (1976), S. 221; *Scholz,* Verwaltungsverantwortung und Verwaltungsgerichtsbarkeit, VVDStRL 34 (1976), S. 145; *Finkelnburg,* Das Gebot der Effektivität des Rechtsschutzes in der Rechtsprechung des BVerwG, FS BVerwG (1978), S. 169; *Papier,* Die Stellung der Verwaltungsgerichtsbarkeit im demokratischen Rechtsstaat (1979); *ders.,* Rechtsschutzgarantie gegen die öffentliche Gewalt, in: Isensee/Kirchhof, Hdb.d.StaatsR VI, § 154; *Brohm,* Verwaltungsgerichtsbarkeit im modernen Sozialstaat, DÖV 1982, S. 1; *ders.,* Die staatliche Verwaltung als eigenständige Gewalt und die Grenzen der Verwaltungsgerichtsbarkeit, DVBl. 1986, S. 321; *ders.*, Verwaltung und Verwaltungsgerichtsbarkeit als Steuerungsmechanismen in einem polyzentrischen System der Rechtserzeugung, DÖV 1987, S. 265; *Grawert*, Grenzen und Alternativen des gerichtlichen Rechtsschutzes in Verwaltungsstreitsachen, DVBl. 1983, S. 973; *Schmidt-Jortzig*, Kommunalverwaltung und Verwaltungsgerichtsbarkeit, NJW 1983, S. 967; *Dörr*, Faires Verfahren. Gewährleistung im GG der Bundesrepublik Deutschland (1984); *von Unruh*, Verwaltungsgerichtsbarkeit im Verfassungsstaat (1984); *Tettinger*, Fairneß und Waffengleichheit: Rechtsstaatliche Direktiven für Prozeß- und Verwaltungsverfahren (1984); *Götz/Klein/Starck* (Hg.), Die öffentliche Verwaltung zwischen Gesetzgebung und richterlicher Kontrolle (1985); *Schenke*, Die Bedeutung der verfassungsrechtlichen Rechtsschutzgarantie des Art. 19 IV GG, JZ 1988, 317; *Henseler*, Rechtsschutz gegen Bebauungspläne in Gesetzesform, JURA 1986, S. 249; *Ipsen*, Der Rechtsschutz durch Verwaltungsgerichte – Bestand und Reformbemühungen, JURA 1987, S. 123; *Redeker*, Werden die Prozeßordnungen zum ministeriellen Experimentierfeld?, DVBl. 1992, 212; *Stelkens*, Verwaltungsgerichtsbarkeit im Umbruch – Eine Reform ohne Ende?, NVwZ 1995, 325.

III. Die dogmatischen Grundlagen im allgemeinen Verwaltungsrecht

31   Das Verwaltungsprozeßrecht und das Allgemeine Verwaltungsrecht hängen eng zusammen. Zwar zeigt schon ein Blick auf die VwGO die enge Anlehnung an das Modell des Zivilprozesses. Für ein vertieftes Verständnis verwaltungsprozessualer Probleme kommt es heute aber weit mehr auf die Kenntnis der *verwaltungsrechtlichen* Dogmatik an. Deshalb lohnt es sich, beim Studium des Verwaltungsprozesses stets ein gutes Lehrbuch des Allgemeinen Verwaltungsrechts „parallel zu lesen". Auch hier ist auf die wohl entscheidenden Grundaussagen der Dogmatik des Allgemeinen Verwaltungsrechts hinzuweisen, die den Verwaltungsprozeß bei allen neueren Entwicklungen bis heute prägen und die man verstehen muß, will man bei der Lösung verwaltungsrechtlicher Fälle nicht bei unverstandenem und unverbundenem Formelwissen steckenbleiben.

32   Diese Grundlagen sind vor dem Hintergrund der konstitutionellen Monarchie des Kaiserreichs im wesentlichen von Otto *Mayer* entwickelt worden (Otto *Mayer*, Deutsches Verwaltungsrecht, 2 Bde., 1. Aufl. 1895/1896, 3. Aufl., 1924). Ihr gleichsam „archimedischer Punkt" ist der Begriff des Verwaltungsaktes als „*ein der*

Verwaltung zugehöriger obrigkeitlicher Ausspruch, der dem Unterthanen gegenüber im Einzelfall bestimmt, was für Ihn rechtens sein soll" (Deutsches Verwaltungsrecht, Bd. I, 1. Aufl., 1895, S. 95; näher dazu *Maurer,* Allgem. VerwR, § 9, Rd.-Nr. 2). Wenn sich die moderne Verwaltungsgerichtsbarkeit heute auch längst von ihrer ursprünglichen Fixierung auf den Verwaltungsakt gelöst hat, so zeigt sich doch, daß man die einzelnen Elemente jener Definition nur leicht ergänzen und auf heutige Verhältnisse übertragen muß, um die auch den Verwaltungsprozeß prägenden Grundelemente freizulegen.

1. Trennung von Öffentlichem Recht und Privatrecht

Als Otto *Mayer* von einem *„obrigkeitlichen Ausspruch"* ausging, 33 meinte er den Bereich des Staatshandelns, in dem der Staat dem Bürger in hoheitlicher, d. h. in einer durch ein grundsätzliches Verhältnis der Über- und Unterordnung gekennzeichneten Weise, gegenübertrat. Die Trennung von Öffentlichem Recht und Privatrecht, von Überordnung und Gleichordnung, bestimmt nach diesem Verständnis weit mehr als nur die Frage des Rechtswegs, wo das Problem zumeist abgehandelt wird. Von dieser Unterscheidung hängen auch nach heutiger Sicht neben dem Rechtsweg die Dichte gerichtlicher Kontrolle, die Ausgestaltung des Verfahrens und die Reichweite materiell-rechtlicher Bindungen der Verwaltung ab. Auch die nicht auf die „Subordination" abstellenden Definitionen des Öffentlichen Rechts markieren dessen Status als **Sonderrecht des Staates,** das aus dem gewöhnlichen, durch Privatautonomie und Gleichberechtigung gekennzeichneten Recht herausgehoben ist. Nur dieses Recht stattet den Träger öffentlicher Gewalt mit den Möglichkeiten einseitiger Regelung und mit spezifisch öffentlichrechtlichen Zwangsmitteln aus, um deren Rechtmäßigkeit es im Verwaltungsverfahren und Verwaltungsprozeß geht. Rechtsstaatlich und demokratisch hinnehmbar ist dieses Sonderrecht des Staates heute nur durch die strikte Gesetzesbindung.

2. Konzentration auf den Einzelfall

34   Aus der Summe des geltenden Öffentlichen Rechts konkretisiert
die Verwaltung nach Otto *Mayer* gegenüber *dem Einzelnen,* was
für einen bestimmten Fall rechtens sein soll. Zwar können Staat
und öffentlichrechtliche Körperschaften dem Bürger auch in abstrakt-genereller Weise (durch Rechtsnormen) gegenübertreten.
Für die verwaltungsrechtliche Dogmatik ist dies jedoch eher aty-
pisch, weil selbst untergesetzliche Normen im Normalfall noch
der Konkretisierung durch den VA bedürfen. Einzelne Gebote
und Verbote, Erlaubnisse und Begünstigungen sind die alltäglichen Erscheinungsformen der Rechtsbeziehungen zwischen Staat
und Bürger. Mit dem Verwaltungsakt wird die notwendige
Rechtsklarheit geschaffen, er hat sich auch als erstaunlich flexibel
erwiesen, um die sich wandelnden Probleme zwischen Eingriffs-
und Leistungsverwaltung, zwischen Geboten, Verboten, Planung
und Gestaltung zu lösen. Vielfach wird er bis heute als einzig
legitime Form staatlichen Handelns im hoheitlichen Bereich begriffen. Damit wird freilich die zunehmende Bedeutung des tatsächlichen Verwaltungshandelns (also des Handelns ohne Regelung) nicht angemessen gewürdigt. Die Konzentration auf den
Einzelfall, das punktuelle Handeln des Staates gegenüber einem
einzelnen Bürger, bleibt aber auch heute für den Verwaltungsprozeß typisch.

3. Innenbereich und Außenbereich

35   In Otto *Mayers* Formulierung *„dem Bürger gegenüber"* kommt
ferner die dogmatische Trennung zweier Rechtssphären zum Ausdruck, die auf beiden Seiten je einer Rechtspersönlichkeit zugeordnet sind. Auf der einen Seite steht der als einheitliche, in sich
geschlossene (impermeable) Rechtsperson definierte Staat oder eine andere Körperschaft des Öffentlichen Rechts; auf der anderen
Seite der Bürger als natürliche Person und Objekt der vom Staat
ihm „gegenüber" getroffenen Regelung. Den Hintergrund bilden
hierbei sowohl die liberale Trennung von Staat und Gesellschaft
wie die aus dem Zivilrecht stammende Definition des Rechtsver-

hältnisses als Rechtsbeziehung zwischen zwei mit je eigener Willenskraft ausgestatteten Personen. Besonders wichtig für das Öffentliche Recht ist dabei die Vorstellung der *Einheit des Staates* und seiner Verwaltung. Der nach außen „impermeable" Staat verfügt dabei über einen „Innenbereich", in dem keine Rechtsverhältnisse und Rechtsbeziehungen sondern allenfalls internes Ordnungsrecht, Weisung, Verwaltungsvorschrift oder Geschäftsordnung gelten können. Sind diese Formen internen Rechts heute auch keinesfalls beliebig sondern rechtsförmlich geregelt, so sind sie gleichwohl auch nach heute vorherrschender Beurteilung reines „Binnenrecht" der Verwaltung, auf das der Bürger sich allenfalls indirekt, reflexartig, berufen kann. Konsequenterweise kommen für Streitigkeiten des „Innenbereichs" nicht die auf die „Außenwirkung" abgestellten Rechtsbehelfe, Klage- und Urteilsformen in Betracht. Der „Insichprozeß" ist umstrittener Fremdkörper im gesamten System. Nur wenn der in diesem Bereich tätige Einzelne über einen eigenen „Rechtskreis" verfügt, so trägt er damit sozusagen eine „Insel" seiner eigenen Rechtssphäre in den staatlichen Bereich hinein. Offene Fragen wirft vor einem solchen Hintergrund natürlich auch der „Organstreit" zwischen mit eigenen Rechten ausgestatteten Organen oder Teilen davon und einer Gesamtkörperschaft auf (dazu unten § 21).

4. Objektives Recht – Subjektives Recht

Nach Otto *Mayer* ist der Verwaltungsakt die Regelung dessen, was *für den Einzelnen rechtens* ist. Da das Öffentliche Recht in den hierarchisch gestuften Bau der Rechtsordnung eingebunden ist, ist es eine rein dogmatische Aufgabe, die Rechtmäßigkeit als Übereinstimmung mit der jeweils höherrangigen Rechtsquelle festzustellen. Das objektive Recht gilt unabhängig vom Einzelnen und wird als Summe aller geltenden Rechtsnormen begriffen. Die Rechtmäßigkeit der Lösung im Einzelfall ist aus dem objektiven Recht ableitbar. Sie wird durch Regelung, Urteil oder andere Formen der Konkretisierung umgesetzt. Das läuft – rechtsstaatlich gesehen – auf die Möglichkeit der gerichtlichen „Vollkontrolle" des Verwaltungshandelns auf objektive Rechtmäßigkeit hinaus.

37   Die objektive Rechtmäßigkeitskontrolle allein ist aber für den Verwaltungsprozeß nicht maßgeblich. Spiegelbild der objektiven Ordnung auf der Ebene des einzelnen Rechtssubjekts ist vielmehr das *subjektive Recht,* also das dem Einzelnen kraft gesetzgeberischer Entscheidung oder Einzelfallregelung zukommende Recht, dessen Einhaltung er im Verwaltungsprozeß durchsetzen kann. Diese Befugnis zur Durchsetzung bezieht sich also nicht auf die objektive Rechtsordnung sondern nur auf die daraus ableitbare Position, die dem Einzelnen zugeordnet ist. Verfahrensmäßig betrachtet, drückt sich das subjektive Recht in der *Befugnis* aus, ein Recht oder dessen Verletzung gegenüber dem Staat geltend zu machen. Beschwerdebefugnis, Klagebefugnis, Antragsbefugnis sind die auf das subjektive Recht oder wenigstens auf einen subjektiven Nachteil abstellenden Voraussetzungen einer rechtlichen Sachkontrolle. Materiell gesehen geht es um Ansprüche oder die dem Einzelnen als solchem zugeordneten Rechte, die verletzt sein müssen, um damit die Klage oder den Widerspruch erfolgreich zu machen. Hierfür reicht zwangsläufig der Verstoß gegen die objektive Rechtsordnung in der Regel nicht aus; der Kläger ist auch nicht Anwalt der Öffentlichkeit oder einer Gruppe. Nur die eigene Rechtsverletzung oder wenigstens ein dem Einzelnen drohender Nachteil in rechtlich geschützten Interessen führt zum Erfolg des Verwaltungsprozesses.

5. Vorrang des materiellen Rechts – dienende Funktion des Verfahrens

38   Läßt sich objektiv anhand eines festgefügten Normsystems feststellen, was *rechtens ist,* so wird zugleich deutlich, daß die Behörde über dieses rechtmäßige Ergebnis im Grunde nicht selbst entscheidet, sondern durch schlichte Zuordnung eines Sachverhalts zu einer rechtlichen Grundlage feststellt, was im Recht bereits angelegt, vorentschieden *ist.* Dogmatisches Ideal ist die *„einzig richtige*

Entscheidung" kraft materiellen Rechts. Vor diesem Hintergrund ist der Verwaltungsprozeß nur die Kontrolle, ob die Verwaltung das im Grunde bereits feststehende Ergebnis auch erreicht hat. Folgerichtig wird dem Verwaltungsverfahren nur eine *dienende Funktion* zugemessen. Es wird nicht als echter Entscheidungsprozeß verstanden, in dem verschiedene Ziele und Interessen zum Ausgleich gebracht und zu einer Problemlösung geführt werden müssen und in dessen Rahmen es daher auf die größtmögliche Einhaltung der „Spielregeln" ankommt.

Dieses Denken „vom Ergebnis her" ist zu Recht als der deutschen Tradition **39** eigene Form der Verwaltungsdogmatik gekennzeichnet worden, die sich strikt von der dem angelsächsischen Rechtskreis eigenen Betonung des Verfahrens (due process) unterscheidet. Die Wurzeln dieses Denkens können hier nicht zurückverfolgt werden: Sie reichen bis zur Philosophie des deutschen Idealismus und bis zur Auseinanderentwicklung von Common Law und kontinentaler Rechtstradition. Zwar ist mit der Entwicklung der modernen Verwaltungsverfahrensgesetze und der Herausbildung neuer Entscheidungsformen der Verwaltung die Bedeutung des Verfahrens auch in Deutschland erheblich gestiegen; die Konsequenzen der Ergebnisorientierung des Verwaltungsprozesses zeigen sich aber bis heute in der starken Ergebnisorientierung der verwaltungsprozessualen Beurteilung (allgem. dazu F. W. *Scharpf,* Die politischen Kosten des Rechtsstaats, 1970). Ist das Ergebnis rechtmäßig, so werden nach diesem Verständnis Verfahrensfehler unbeachtlich – ungeachtet der Möglichkeit, daß bei ordnungsgemäßem Verfahrensablauf möglicherweise ein ganz anderes, dann ebenso rechtmäßiges Ergebnis hätte erreicht werden können. Deshalb ist das „einzig richtige Ergebnis" zu Recht als „fromme Lüge" bezeichnet worden (Hans *Meyer,* NVwZ 1986, 513, 521).

6. Wandel und moderne Herausforderungen

Keine der hier nur skizzierten Grundannahmen des hinter dem **40** Verwaltungsprozeß stehenden Allgemeinen Verwaltungsrechts gilt heute uneingeschränkt. Die Handlungsformen und Rechtsbeziehungen zwischen Staat und Bürger sind heute nur noch in wenigen Fällen so strikt nach *Öffentlichem Recht und Privatrecht* zu trennen, wie dies in der Definition des Rechtswegs und des Verwaltungsakts vorausgesetzt wurde. Staat und Gemeinden bedienen sich auch zur Erfüllung *öffentlicher* Aufgaben heute in vielfältiger Weise *privatrechtlicher* Organisations- und Entscheidungsformen; sie beziehen private Träger in die Erfüllung öffentlicher Aufgaben ein oder bilden Rechtsformen eines „dritten Sektors" zwischen Staat und Gesellschaft heraus.

41   Auch im Kernbereich des Öffentlichen Rechts können Rechtsbeziehungen oft nicht mehr als *punktuelle Regelungen* zwischen einem öffentlichen Subjekt und einem privaten Objekt begriffen werden, sondern sie bestehen aus einer Vielzahl von miteinander verbundenen Regelungen, Informationen, Belastungen und Ausgleichsmaßnahmen. Der Staat tritt dem Bürger nicht mehr lediglich als regelnde Institution sondern als Partner der Kooperation und des Vertrages gegenüber. An die Stelle von Geboten und Verboten treten Konfliktbewältigung, neuartige Informations- und Kontrollformen; nicht selten tritt der Staat auch als eine Art von Moderator zwischen konfligierenden privaten und öffentlichen Interessen vielfältiger Art auf. Das stellt naturgemäß sowohl die organisatorische Einheit staatlicher Verwaltungsträger als auch die vorgefaßte Einheit des „öffentlichen Interesses" in Frage. Folglich kommt es auch nicht mehr allein auf das gefundene Ergebnis, sondern auf die Präsenz und das Gewicht im zum Ergebnis führenden Prozeß an. Die „einzig richtige Entscheidung" erweist sich umso mehr als Fiktion, je mehr unterschiedliche und auch auf der „öffentlichen Seite" oft konfligierende Belange (z. B. Wirtschaftsförderung, Naturschutz, Energieversorgung, Denkmalschutz usw.) in Einklang zu bringen sind.

42   Das alles schlägt sich naturgemäß auch im Verwaltungsprozeß nieder. Es läßt die starren Grenzen zwischen Öffentlichem Recht und Privatrecht und damit schon die Abgrenzung der Rechtswege problematisch werden, was dazu führen kann, daß die strengeren Maßstäbe des Öffentlichen Rechts einschließlich der Verfassungsbindung auch dort anzuwenden sind, wo der Staat sich des Privatrechts bedient. Es bezieht die verwaltungsgerichtliche Kontrolle nicht selten schon in den Entscheidungsprozeß selbst ein und legt den Schwerpunkt der materiellen Probleme auf komplizierte Zuordnungs- und Abwägungsentscheidungen. Die Entwicklung zwingt zur Anerkennung und prozessualen Bewältigung neuer Kooperations- und Ausgleichsformen. Das lockert das festgefügte

System der Klagearten auf, weil es die auf punktuelle Regelungen konzentrierte Anfechtungs- und Verpflichtungsklage eher zurückdrängt und Leistungs- und Feststellungsklagen an Bedeutung gewinnen läßt, die gegenüber den genannten neuartigen Handlungsformen flexibler sind. Auch im Innenbereich staatlicher Entscheidungsträger und Körperschaften entstehende Konflikte werden zu Rechtskonflikten und führen zur Beteiligung einzelner Behörden am Verwaltungsprozeß und zur wachsenden Bedeutung von Organklagen. Je geringer die Steuerung durch den Gesetzgeber und die objektive Rechtsordnung ist, desto wichtiger wird zudem das Verwaltungsverfahren, desto schwieriger wird es für das Verwaltungsgericht, Fehler im Verwaltungsverfahren durch das Urteil wieder auszugleichen.

Literatur zu § 1 III: Otto *Mayer,* Deutsches Verwaltungsrecht, 2 Bde., 1. Aufl. 1895/1896, 3. Aufl. 1924; *Böckenförde,* Die Bedeutung der Unterscheidung von Staat und Gesellschaft im demokratischen Sozialstaat der Gegenwart, in: *ders.,* Staat, Gesellschaft, Freiheit. Studien zur Staatstheorie und zum Verfassungsrecht (1976), S. 185 ff.; *ders.,* Organ, Organisation, Juristische Person – kritische Überlegungen zu Grundbegriffen und Konstruktionsbasis des staatlichen Organisationsrechts, in: FS H. J. Wolff (1973), S. 269 ff.; *Rupp,* Grundfragen der heutigen Verwaltungsrechtslehre: Verwaltungsnorm und Verwaltungsrechtsverhältnis 2. Aufl. 1992; *Scharpf,* Die politischen Kosten des Rechtsstaats (1970); *Erichsen,* Verfassungs- und verwaltungsrechtsgeschichtliche Grundlagen der Lehre vom fehlerhaften belastenden Verwaltungsakt und seiner Aufhebung im Prozeß (1971); *Bachof,* Die Dogmatik des Verwaltungsrechts vor den Gegenwartsaufgaben der Verwaltung, VVDStRL 30 (1972), S. 193; *Brohm,* Die Dogmatik des Verwaltungsrechts vor den Gegenwartsaufgaben der Verwaltung, VVDStRL 30 (1972) S. 245 ff.; *ders.,* Zum Funktionswandel der Verwaltungsgerichtsbarkeit, NJW 1984, 1 ff.; *Hufen,* Fehler im Verwaltungsverfahren, 2. Aufl. (1991); *Hill,* Das fehlerhafte Verfahren und seine Folgen im Verwaltungsrecht (1986); *Bryde,* Die Einheit der Verwaltung als Rechtsproblem, VVDStRL 46 (1988), S. 181; *Haverkate,* Die Einheit der Verwaltung als Rechtsproblem, VVDStRL 46 (1988), S. 217; *Hoffmann-Riem/ Schmidt-Aßmann/Schuppert,* Reform des allgemeinen Verwaltungsrechts: Grundfragen, 1993; *Hoffmann-Riem/Schmidt-Aßmann,* Innovation und Flexibilität des Verwaltungshandelns, 1994.

IV. Widerspruchsverfahren und Verwaltungsprozeß im System
staatlicher Kontrollen

43   Widerspruchsverfahren und Verwaltungsprozeß sind besonders
wichtige, aber keineswegs die einzigen Formen der Kontrolle
staatlichen Handelns. Es trägt daher zu ihrem Verständnis bei,
wenn man sich in ihren Stellenwert im System staatlicher Kontrollen verdeutlicht.

Abstrakt gesehen ist der Kontrollbegriff weniger eindeutig, als
es der Sprachgebrauch vermuten läßt. Vom lateinischen „contra
rotulus" bzw. vom französischen „contre rôle" stammend, bezeichnet der Begriff die „Gegen(schrift)rolle" und damit die Trennung von Entscheidungs- und Kontrollträger. Darüber hinaus
wird Kontrolle mit wechselseitiger Machtbegrenzung, mit dem
Vergleich von gesolltem und tatsächlichem Zustand, mit der Ra-
tionalisierung von Entscheidungsprozessen zur Erhöhung der
Sachrichtigkeit und mit der Verhinderung von Fehlern und Eigen-
mächtigkeiten in Verbindung gebracht (Einzelheiten dazu bei
Krebs, Kontrolle in staatlichen Entscheidungsprozessen – 1984,
S. 4 ff.).

Im einzelnen lassen sich unterscheiden:

– Nach dem **Zeitpunkt:** Mitlaufende und nachträgliche Kontrolle;
– nach dem **ausübenden Organ:** Parlamentarische, gerichtliche,
  politische, Öffentlichkeits-Kontrolle;
– nach dem **Kontrollobjekt:** Kontrolle der Regierung, des Gesetzgebers, der Verwaltung;
– nach dem **Standort des kontrollierenden Organs:** Interne, externe Kontrolle;
– nach dem **„Initiator":** Bürgerkontrolle, Kontrolle durch die
  Opposition usw.;
– nach dem **Maßstab:** Rechtskontrolle, Finanzkontrolle, Zweckmäßigkeitskontrolle;
– nach der **Art** der Kontrolle: Förmlich, nichtförmlich; objektiv,
  subjektiv;

– und schließlich nach der zur Verfügung stehenden **Sanktion:**
Information, Beanstandung, Aufhebung, Umgestaltung, Er-
satzentscheidung.

Vor diesem Hintergrund wird deutlich, daß die *Verwaltungsge-* **44**
richtsbarkeit nur einen vergleichsweise kleinen Ausschnitt im Gesamtsystem staatlicher Kontrollen ausmacht. Sie ist in der Regel
förmliche, nachträgliche, außeninitiierte Rechtskontrolle; bezogen
ist sie auf bestimmte Handlungsformen und hat von allen staatlichen Entscheidungsträgern in der Regel nur die Verwaltung zum
„Kontrollobjekt". Daneben dient sie dem Schutz subjektiver
Rechte und ist nicht objektive Rechtmäßigkeitskontrolle.

Aus der Vielfalt von Formen, Verfahren und Instanzen der Kontrolle ist die *Verwaltungsgerichtsbarkeit* dadurch herausgehoben, daß
sie vom betroffenen Bürger in Gang gesetzt werden kann, daß sie
externe Kontrolle der Verwaltung gegenüber der auf „Selbstreini-
gung" ausgerichteten internen Kontrolle ist und daß sie zugleich
das Sanktionspotential hat, um das Ergebnis der Kontrolle gegenüber der Verwaltung durchzusetzen. Schon das erklärt ihren besonderen Stellenwert.

Literatur zu § 1 IV: *Bachof,* Die richterliche Kontrollfunktion im westdeut-
schen Verfassungsgefüge, FS für Hans Huber (1961), S. 26 ff.; *Brunner,* Kontrolle in Deutschland. Eine Untersuchung zur Verfassungsordnung in beiden
Teilen Deutschlands (1972); *Meyn,* Kontrolle als Verfassungsprinzip (1982);
Krebs, Kontrolle in staatlichen Entscheidungsprozessen. Ein Beitrag zur rechtlichen Analyse von gerichtlichen, parlamentarischen und Rechnungshof-Kon-
trollen (1984); *Bickel/Meyer,* Begleitende Verwaltungskontrolle: Eine Alternative zum nachträglichen Verwaltungsrechtsschutz? FG zum 10jährigen Bestehen der Gesellschaft für Rechtspolitik (1984), 67 ff.; *Gusy,* Entscheidungs- und
(Rechts-)Kontrolle in der staatlichen Kompetenzordnung, DÖV 1990, S. 537;
Strößenreuther, Die behördeninterne Kontrolle (1991).

V. Formlose Rechtsbehelfe

Widerspruchsverfahren und Verwaltungsprozeß sind *förmliche* **45**
Verfahren und als solche nur ein Teil im System staatlicher Kontrollen. In der Praxis oft viel wichtiger sind die unterschiedlichen
Arten *formloser Kontrollen* und – wenn vom Bürger in Gang gesetzt – **formloser Rechtsbehelfe.** Verfassungsrechtlicher Hintergrund ist neben dem Rechtsstaatsprinzip vor allem das **Petitions-**

recht, das das subjektive Recht des Bürgers gewährleistet, seine Anliegen auch außerhalb förmlicher Verwaltungs- und Rechtsmittelverfahren zur Kenntnis zu bringen. Wenn dies spöttisch mit Attributen wie „formlos, fristlos, aussichtslos" usw. belegt wird, so wird dies weder der enormen praktischen Bedeutung noch der verfassungsrechtlichen Lage gerecht. Auch sind formlose Rechtsbehelfe ein häufiger Prüfungsgegenstand. Sie seien daher hier kurz zusammengefaßt.

Zu unterscheiden sind:

46 1. Die **Gegenvorstellung.** Diese richtet sich an dieselbe Dienststelle, die eine Entscheidung erlassen oder verweigert hat. Der Form nach handelt es sich um den Anstoß zur Selbstkontrolle der Behörde. Da sich die Behörde nicht selbst „beaufsichtigen" kann, wäre es verfehlt, hier von einer Aufsichtsbeschwerde zu sprechen.

47 2. Die **Aufsichtsbeschwerde** richtet sich an eine der Ausgangsbehörde übergeordnete Stelle und bezweckt – unabhängig von der förmlichen Kontrolle im Widerspruchsverfahren oder Verwaltungsprozeß – eine Korrektur der Entscheidung im Wege der Aufsicht – und dies in der Regel aufgrund der Weisungsbefugnis der Aufsichtsbehörde. „Aufsicht" ist hier im untechnischen Sinne gemeint, d. h. sie kommt innerhalb des hierarchisch gegliederten Staatsaufbaues ebenso zur Geltung wie hinsichtlich der Staatsaufsicht gegenüber einer rechtlich verselbständigten Einheit (z. B. einer Körperschaft des ÖR). Maßstab kann die Kontrolle auf fachliche Richtigkeit (Fachaufsichtsbeschwerde) und auf Rechtmäßigkeit sein (Rechtsaufsichtsbeschwerde).

Ein Unterfall der Aufsichtsbeschwerde – und zugleich der praktisch wohl häufigste Fall – ist die **Dienstaufsichtsbeschwerde,** die sich auf das persönliche Verhalten eines Beamten oder sonstigen öffentlichen Bediensteten bezieht und sich an denjenigen richtet, der dem Beamten gegenüber weisungsbefugt ist.

48 3. Der Begriff der **Petition** (Art. 17 GG) wird heute zu Unrecht fast ausschließlich mit der parlamentarischen Petition, also der Beschwerde an die Volksvertretung, verbunden. Dem Wortlaut von Art. 17 GG und der historischen Entwicklung nach kann sich die Petition aber an *jede* zuständige Stelle richten. Ursprünglich ging es darum, sich mit seinen Bitten an der Administration und den Ständen vorbei unmittelbar an den Monarchen wenden zu können. Insofern haben Petitionsrecht und Verwaltungsgerichtsbarkeit sogar eine gemeinsame historische Quelle. Richtet sich die Petition unmittelbar an die Ausgangsbehörde, dann ist sie der Sache nach Gegenvorstellung; richtet sie sich an eine andere Behörde, dann kann es sich aber auch um eine andere Bezeichnung für die Aufsichtsbeschwerde handeln. Eine interessante und nicht immer unbedenkliche „Neuentwicklung" ist die Einschaltung einzelner Abgeordneter (i. d. R. des Wahlkreisabgeordneten) in konkrete Verwaltungsvorgänge, die in der Praxis eine anscheinend immer größere Rolle spielt.

Wichtig: Aufsichtsmaßnahmen als solche können gerichtlich **49** nicht erzwungen werden. Der Streit um formlose Rechtsbehelfe eröffnet also keine „zweite Rechtsschutzschiene". Dagegen muß es für den Bürger eine Möglichkeit geben, den Anspruch auf eine sachliche Prüfung und Bescheidung der *Petition selbst* auch gerichtlich durchzusetzen (zum fehlenden Anspruch auf eine Begründung BVerfG [Kammer-E], NJW 1992, 3033). Da es sich hierbei um eine öffentlichrechtliche Streitigkeit nichtverfassungsrechtlicher Art handelt (auch bei der Petition an das Parlament ist nur auf einer Seite ein Verfassungsorgan beteiligt), ist der Verwaltungsrechtsweg eröffnet. Als Klageart kommt nur die Leistungsklage in Betracht, da die Antwort auf einen formlosen Rechtsbehelf oder eine Petition mangels Regelungscharakter kein VA ist (BVerwG, JZ 1976, 682; NJW 1977, 118; VGH München, BayVBl. 1986, 368).

Literatur zu § 1 V: *Friesenhahn,* Zur neueren Entwicklung des Petitionsrechts in der Bundesrepublik Deutschland, in: FS H. Huber (1981), 353; *Vitzthum,* Das Grundrecht der Petitionsfreiheit, JZ 1985, 809; *Schick,* Petitionen: Von der Untertanenbitte zum Bürgerrecht (1987); *Pietzner/Ronellenfitsch,* Assessorexamen, § 24 II; *Schenke,* VwSozR, Rd.-Nr. 2.

VI. Verwaltungsverfahren und Verwaltungsprozeß als Entscheidungsablauf

50   Die Fallösung im Öffentlichen Recht und die dazu gehörenden „Prüfungsschemata" sind zumeist auf die „Richterperspektive" bezogen. Das entspricht der *ergebnisorientierten* Sichtweise, die im nachhinein nach der Rechtswidrigkeit einer Verwaltungsentscheidung und nach subjektiver Rechtsverletzung fragt und durchweg die Bedeutung des zu dieser Entscheidung führenden Verfahrens vernachlässigt. Schon für die Studenten wird das „Prüfungsschema" dieser Fallösung gleichzeitig zum Wahrnehmungsraster, in das die rechtlichen und tatsächlichen Probleme des Falles eingeordnet werden, ohne daß der **tatsächliche Ablauf** des Entscheidungsprozesses beachtet wird.

Das läßt sich wie in Übersicht 1 auf S. 27 dargestellt verdeutlichen.

51   Einige Grundannahmen und -probleme des Verwaltungsprozesses kann man sich anhand des Ablaufschemas gleichsam bildhaft vor Augen führen. Das gilt etwa im Hinblick auf:

– Die einzelnen Entscheidungsstufen vom Antrag bis zum Urteil;
– das Ineinandergreifen der Rechtsgrundlagen des VwVfG, der VwGO und des Verwaltungsvollstreckungsrechts und damit von Bundes- und Landesrecht;
– die grundsätzliche Wirksamkeit eines VA ab Bekanntgabe bis zur Aufhebung oder Änderung (§ 43 VwVfG);
– den Eintritt der Bestandskraft wegen Fristablaufs oder mit der letztinstanzlichen Entscheidung;
– den maßgeblichen Zeitpunkt für die Beurteilung der Rechts- und Sachlage.

Dieses Schema ist prozeßorientiert und sagt daher nichts über die Organisation der Entscheidungsträger. Es lohnt sich daher, den von Bundesland zu Bundesland unterschiedlichen Aufbau der Verwaltung in die Betrachtung einzubeziehen. Aspekte wie richtige Widerspruchsbehörde, die Beteiligten auf Beklagtenseite, Passivlegitimation usw. bestimmen auch wichtige Fragen der Fallö-

Übersicht 1: Verwaltungsverfahren – Widerspruchsverfahren – Verwaltungsprozeß

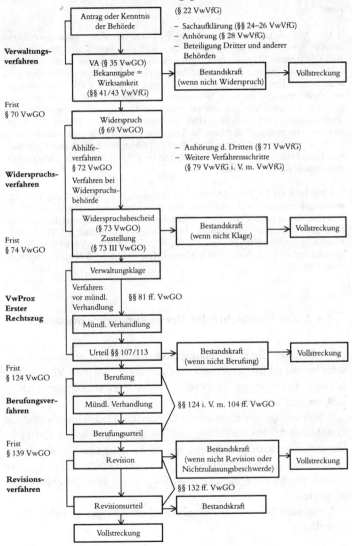

Verwaltungs-verfahren

Antrag oder Kenntnis der Behörde

(§ 22 VwVfG)
– Sachaufklärung (§§ 24–26 VwVfG)
– Anhörung (§ 28 VwVfG)
– Beteiligung Dritter und anderer Behörden

VA (§ 35 VwGO)
Bekanntgabe =
Wirksamkeit
(§§ 41/43 VwVfG)

Bestandskraft
(wenn nicht Widerspruch)

Vollstreckung

Frist
§ 70 VwGO

Widerspruch
(§ 69 VwGO)

Widerspruchs-verfahren

Abhilfe-
verfahren
§ 72 VwGO
Verfahren bei
Widerspruchs-
behörde

– Anhörung d. Dritten (§ 71 VwVfG)
– Weitere Verfahrensschritte
(§ 79 VwVfG i. V. m. VwVfG)

Frist
§ 74 VwGO

Widerspruchsbescheid
(§ 73 VwGO)
Zustellung
(§ 73 III VwGO)

Bestandskraft
(wenn nicht Klage)

Vollstreckung

VwProz
Erster
Rechtszug

Verwaltungsklage

Verfahren
vor mündl.   §§ 81 ff. VwGO
Verhandlung

Mündl. Verhandlung

Urteil §§ 107/113

Bestandskraft
(wenn nicht Berufung)

Vollstreckung

Frist
§ 124 VwGO

Berufung

Berufungsver-fahren

Mündl. Verhandlung   §§ 124 i. V. m. 104 ff. VwGO

Berufungsurteil

Frist
§ 139 VwGO

Revision

Bestandskraft
(wenn nicht Revision oder
Nichtzulassungsbeschwerde)

Vollstreckung

Revisions-verfahren

§§ 132 ff. VwGO

Revisionsurteil   Bestandskraft

Vollstreckung

sung. Es ist also auch zum Verständnis des Verwaltungsprozesses unabdingbar, den **Aufbau der Landesverwaltung** genau zu kennen.

52   Um Mißverständnissen vorzubeugen: Nicht jedes Verwaltungsverfahren mündet in einen Verwaltungsprozeß oder auch nur in ein Widerspruchsverfahren. Die weitaus überwiegende Zahl von Verwaltungsakten wird nicht angefochten bzw. antragsgemäß erteilt. Auch kann das Verfahren *im Einzelfall* ganz anders verlaufen, was nicht nur für das formlose (§ 10 VwVfG) Verwaltungsverfahren, sondern auch für Widerspruchsverfahren und Verwaltungsprozeß gilt. Für einzelne Verfahrensarten sehen die Gesetze selbst Abweichungen, Verkürzungen oder auch besondere Verfahrensstufen vor. Neben den dargestellten „Hauptstrang" des Entscheidungsprozesses schiebt sich heute in vielen Fällen der vorläufige Rechtsschutz, der bei Teilentscheidungen und mehrstufigen Entscheidungsprozessen oft auch auf eine Art mitlaufende verwaltungsprozessuale Kontrolle hinausläuft.

Literatur zu § 1 VI: *Schwarze,* Der funktionale Zusammenhang von Verwaltungsverfahrensrecht und verwaltungsgerichtlichem Rechtsschutz (1974); *Breuer,* „Mitlaufende Verwaltungskontrolle" – prozessuale Entwicklungen und Irrwege, NJW 1980, 1832; *Hufen,* Fehler im VwVf, 2. Aufl., 1991, S. 46 ff.; *Ule/Laubinger,* VwVfR, 4. Aufl., 1995, S. 205 ff.; *Weides,* VwVf und Widerspruchsverfahren, 3. Aufl., 1993; *Martens,* Die Praxis des Verwaltungsverfahrens, 1985.

§ 2 Zur Geschichte der Verwaltungsgerichtsbarkeit

1   Im Rahmen dieses Lehrbuchs soll sich die Darstellung der Geschichte auf diejenigen Aspekte beschränken, die zum Verständnis heutiger Rechtsfragen und Probleme der Verwaltungsgerichtsbarkeit unerläßlich sind.

Schon infolge der föderativen Gliederung Deutschlands ist diese Geschichte höchst vielfältig, und die unterschiedlichen Entwicklungsstränge wurden teilweise erst in der jüngsten Epoche dieser Geschichte zusammengeführt. Trotz der Vielfalt waren es aber immer wieder die gleichen Grundfragen, die diese Geschichte bestimmten:

– Unterliegt hoheitliches Handeln überhaupt gerichtlicher Kontrolle?

- Soll diese durch die ordentliche Gerichtsbarkeit oder ggf. durch eine besondere Gerichtsbarkeit ausgeübt werden?
- Soll jede Form staatlichen Handelns überprüft werden können?
- Geht es um Kontrolle objektiver Rechtmäßigkeit oder um den Schutz eigener (subjektiver) Rechte?

In ihrer heutiger Gestalt ist die Verwaltungsgerichtsbarkeit ein historischer Kompromiß, der bekanntlich die genannten Fragen weitgehend beantwortet hat, und zwar zugunsten einer unabhängigen gerichtlichen Kontrolle jeder Form staatlichen Handelns durch eine eigene Gerichtsbarkeit und in der Regel abhängig von der möglichen Verletzung subjektiver Rechte (oder wenigstens eingetretener oder drohender Nachteile für solche Rechte).

I. Die ältere Kameral- und die Administrativjustiz

Noch zu Beginn der Neuzeit gab es eine Trennung von Herr- 2 schaft und Gerichtsbarkeit ebensowenig wie diejenige von Öffentlichem Recht und Privatrecht. Das Richteramt war ein Teil – oft sogar wichtigstes Kennzeichen – der Landesherrschaft, es wurde entweder vom Landesherrn selbst ausgeübt oder auf Landgerichte und Justizkollegien delegiert, die sowohl Gerichts- als auch vielfach die Vorläufer der Verwaltungsbehörden im heutigen Sinne waren. Mit gewisser Berechtigung ist daher vom „älteren Justizstaat" gesprochen worden (*W. Jellinek,* Verwaltungsrecht, 3. Aufl., 1931, S. 77). Diese ursprüngliche „Administrativjustiz" (oder auch „Justizadministration") war gleichbedeutend mit der „Kameraljustiz". Diesen Begriff bezog sie durchaus wörtlich von der „Kammer" (von Camera = Gewölbe) der zunächst die Finanzverwaltung, später die Verwaltung schlechthin (Cameralistik = frühe Verwaltungswissenschaft) bezeichnete. Die ersten „Kameralgerichte" waren zugleich Behörden.

Mit der Einrichtung der Kameraljustiz war gerade nicht das 3 Recht des Bürgers gewährleistet, den Landesherrn selbst zu verklagen. Für Streitigkeiten der Landesherren und Stände untereinander, teilweise aber durchaus auch für Klagen der in wohlerwor-

benen Privatrechten verletzten Untertanen, stand zwar zunächst
der Rechtsschutz vor den **Reichsgerichten** (höchste Instanz:
Reichskammergericht und Reichshofrat) und vor den Landgerich-
ten zur Verfügung. Mit dem Erstarken der größeren deutschen
Territorien zu Staaten im heutigen Sinne versuchten die Landesherren aber mehr und mehr sich der Gerichtsbarkeit zu entziehen
und die Verwaltungskontrolle auf die ihnen unterstehende Administrativjustiz zu beschränken. Das entsprach dem Streben des Absolutismus nach vom Gesetz ungebundener Herrschaft und der
Souveränitätslehre, die die eigentliche Ausübung der dem Landesherrn zustehenden Herrschaftsbefugnisse (imperium) vom „privaten" Verfügungsbereich (dominium) strikt trennte und das „imperium" der Gerichtsbarkeit entzog. Die dem Fürsten selbst zustehende originäre Herrschaftsgewalt blieb damit den Richtern verschlossen. Wurden Untertanen in ihren Rechten durch die Ho-
heitsgewalt verletzt, so blieb ihnen nur der in der Regel vor den
Gerichten einzuklagende Entschädigungsanspruch („dulde und liquidiere").

4   Im „aufgeklärten Absolutismus" war der Landesherr auf das
Gemeinwohl und die formale Vernunft sowie auf die öffentliche
Wohlfahrt verpflichtet. Maßgeblich wurde die Funktion der „guten Policey", und das lieferte auch die inhaltliche Begründung für
die Befreiung der Herrschaft von der allgemeinen gerichtlichen
Kontrolle. Da der Fürst für das umfassende Wohl der Untertanen
sorgte, konnten Maßnahmen der „Politia" die Untertanen auch
nicht verletzen: „The king can do no wrong". Umso weniger
durfte sich der Richter zum Herrn über die Verwaltung als Hüte-
rin des Gemeinwohls machen.

Maßgeblich für die Kontrolle der wachsenden Verwaltung blieb
damit die **Administrativjustiz** des Landesherrn selbst, die in vielfältigen Formen und Bezeichnungen (und auch mit unterschiedlichen Kompetenzen) die Gesetzmäßigkeit der Verwaltung und den
Gebrauch der Hoheitsbefugnisse gegenüber den wohlerworbenen
Rechten der Bürger überwachte, aber definitionsgemäß Teil der
Verwaltung blieb. Diese Administrativjustiz verdrängte im hoheitlichen Bereich nach und nach letzte Formen der eigentlichen

Justizkontrolle: eine Entwicklung, die teilweise erst im 19. Jh. abgeschlossen wurde. Die erste Form einer Verwaltungsgerichtsbarkeit hieß also Administrativjustiz. Sie wurde als Eigenkontrolle der Verwaltung von Kammern, Direktorien und – nach französischem Modell (Conseil d'Etat) – auch von Geheimen Räten, Staatsräten usw. wahrgenommen.

Anfänglich trug auch die Administrativjustiz durchaus zum Rechtsschutz des Bürgers bei. So entsprach es dem Selbstverständnis des aufgeklärten und dem Rationalitätsgedanken verpflichteten Teils des Beamtentums, auch die Administrativjustiz zur Durchsetzung des Gemeinwohls gegenüber ständischen Sonderinteressen und korporativem Dünkel einzusetzen. Es wäre daher verfehlt, die Administrativjustiz von vornherein als Herrschaft eigennütziger Beamtencliquen abzutun. Oft setzte sie vielmehr die Gesetzmäßigkeit der Verwaltung gegen die konservativen Kräfte durch und gewann dabei durchaus eine gewisse Unabhängigkeit. Ein echter Rechtsschutz im heutigen Sinne fand dagegen noch in der Mitte des 19. Jh. gegen wirkliche Hoheits- und Polizeirechte des Staates nicht statt.

II. „Die Verwaltungsrechtspflege hört auf" als Forderung der Paulskirchenverfassung von 1849

Bis zur Mitte des 19. Jahrhunderts wurde die Forderung nach 5 einer wirksamen Kontrolle der hoheitlichen Verwaltung durch eine *unabhängige* Gerichtsbarkeit und nach der Trennung von Justiz und Verwaltung immer lauter.

Vor diesem Hintergrund ist § 182 der Paulskirchenverfassung von 1849 zu sehen, mit dem sich die Verfechter einer Unterstellung der Verwaltung unter die Kontrolle durch die (ordentlichen) Gerichte durchsetzten: *„Die Verwaltungsrechtspflege hört auf; über alle Rechtsverletzungen entscheiden die Gerichte".* Dieser Satz darf **nicht** als Absage an die gerichtliche Kontrolle der Verwaltung *überhaupt* interpretiert werden. Er enthält nur die Absage an die ältere (verwaltungsinterne) Administrativjustiz. Kontrolle durch die Gerichte hieß nach dem Verständnis von 1849 Kontrolle durch die *ordentliche Gerichtsbarkeit,* die zudem über die Forderung nach Geschworenengerichten und Laienbeteiligung Elemente der Bürgerbeteiligung eröffnete (*A. Laufs,* Recht und Gericht im Werk der Paulskirche [1978], 7, 39 ff.; *Kühne,* Die Reichsverfassung der Paulskirche [1985], 350 ff.).

III. Die Entwicklung bis zum Ende des Kaiserreichs

1. Eigenständige Verwaltungsgerichtsbarkeit statt Kontrolle durch ordentliche Gerichtsbarkeit

6   Die Forderung nach einer Kontrolle der Verwaltung durch unabhängige Richter überdauerte das Scheitern der Paulskirchenverfassung. Besonders die *„Negativforderung"* aus § 182, die Absage an die Administrativjustiz, einte die Reformer, und nur wenige Konservative, wie etwa Friedrich Julius *Stahl* (1802–1861), sahen in einer unabhängigen Verwaltungsgerichtsbarkeit die Gefahr der Auflösung des Staates und seiner Verwaltung.

7   Keine Einigkeit gab es aber über die *„Positivforderung"* der Paulskirchenverfassung, die auf die Unterstellung der Verwaltung unter die *ordentliche* Gerichtsbarkeit zielte. Als Kompromiß bot sich die Einrichtung eigener Verwaltungsgerichte an, die nicht als Geschworenengerichte konzipiert waren, die aber – anders als die ältere Administrativjustiz – aus der Verwaltung ausgegliedert, gerichtsförmig organisiert und mit unabhängigen Richtern besetzt sein sollten.

8   Für die beiden „Richtungen" stehen die Namen von Otto *Bähr* (1817–1895) und *Rudolf von Gneist* (1816–1895). Während Otto *Bähr* in seiner Schrift „Der Rechtsstaat" (1864) den Staat gleichsam als oberste der genossenschaftlichen Organisationen der Gesellschaft sah und schon von diesem Ausgangspunkt her für einen Schutz der individuellen Rechtssphäre durch die ordentliche Gerichtsbarkeit stritt, stand für Rudolf *von Gneist* – ganz dem Credo des Liberalismus entsprechend – die strikte Trennung von Staat und Gesellschaft im Vordergrund. Als „bürgerliche Gerichte" waren für ihn die ordentlichen Gerichte

zur Kontrolle der Verwaltung, zur Verwirklichung des Gemeinwohls und zur Anwendung des Öffentlichen Rechts nicht geeignet. Auch ging es *Gneist* weniger um den Schutz subjektiver Rechte und Interessen (für ihn ein typisches Merkmal der gesellschaftlichen Sphäre), sondern um *objektive Rechtskontrolle* am Maßstab des Öffentlichen Rechts. Mit diesen in seiner Schrift „Der Rechtsstaat und die Verwaltungsgerichte in Deutschland" (1872) entwickelten und u. a. auf dem 12. Deutschen Juristentag (vgl. Verhandlungen des 12. DJT, Bd. 3 (1875), 220) vorgetragenen Erwägungen setzte sich *Gneist* jedenfalls im Hinblick auf die Eigenständigkeit der Verwaltungsgerichte durch. Die Konsequenz war eine eigenständige Verwaltungsgerichtsbarkeit, die verhinderte, daß sich der Staat wie der Bürger vor dem ordentlichen Gericht zu verantworten hatte – eine Vorstellung, die nicht nur den Konservativen befremdlich war. Wenigstens auf einer Instanz (der Ebene der Appellationsgerichte) sollte es eine unabhängige gerichtliche Kontrolle der Verwaltung geben. Das schloß den Fortbestand einer Eigenkontrolle der Verwaltung auf unterer Ebene nicht aus.

2. Verwaltungsgerichtsbarkeit nur auf der Mittelinstanz

Auch nach der Reichsgründung (1871) war die Entwicklung der **9** Verwaltungsgerichtsbarkeit alles andere als einheitlich. In den wichtigsten Einzelstaaten kam es aber zur Ausbildung einer besonderen Verwaltungsgerichtsbarkeit durch *Oberverwaltungsgerichte* und *Verwaltungsgerichtshöfe,* während es auf der unteren Ebene bei der Eigenkontrolle der Verwaltung durch mehr oder weniger verselbständigte Einspruchsverfahren blieb. Bereits 1863 hatte *Baden* einen ersten Verwaltungsgerichtshof als von der Verwaltung getrenntes echtes Gericht gegründet. *Preußen* (1872) mit seinem OVG, *Hessen* (1875), *Württemberg* (1876) und *Bayern* (1879) folgten.

Diese Gerichtshöfe waren von erheblicher Bedeutung für die Entwicklung des Verwaltungsrechts. Sie setzten nicht nur die Geltung der allgemeinen prozessualen Grundsätze auch für das Verwaltungsstreitverfahren durch, sondern trugen auch zur Verwirklichung der Gesetzesbindung der Verwaltung bei. Die vielleicht wichtigste Leistung war die Rückführung polizeilicher Befugnisse auf den engeren Bereich der eigentlichen Gefahrenabwehr (insbesondere im berühmten *Kreuzberg-Urteil des Preußischen OVG* vom 14. 6. 1882 [Entscheidungen Band 9, 353 ff.]) und die dogmatische Ausformung und Durchsetzung des Verhältnismäßigkeitsprinzips. Auch moderne Forderungen wie rechtliches Gehör und Begründungsgebot finden sich bereits in dieser Rechtsprechung.

Die bald nach der Reichsgründung gleichfalls vorgetragene **10** Forderung nach einem übergeordneten *Reichsverwaltungsgericht*

oder gar nach der Vereinigung höchstrichterlicher Kontrolle auf
der Ebene des Reichsgerichts vermochte sich – vorwiegend aus
Kompetenzgründen – nicht durchzusetzen.

11   Auch die Kontrolle der Verwaltung auf *unterer Ebene* war zumindest in einigen Staaten keineswegs bloße Fortsetzung der älteren Administrativjustiz oder Vorläufer des heutigen Widerspruchsverfahrens. Die hier tätigen Kammern, Beiräte und Ausschüsse waren zwar organisatorisch und oft auch personell in
die Verwaltung eingebunden, doch bestand auch hier zum Teil
Weisungsunabhängigkeit in Rechtsfragen, wurden Laienmitglie-
der einbezogen, konnte – sogar mehr als bei den Verwaltungsgerichten – Einfluß auf Ermessensentscheidungen genommen
werden.

3. Einschränkungen der gerichtlichen Kontrolle

12   Die eigentliche Verwaltungsgerichtsbarkeit war also zunächst
auf die Mittelinstanz beschränkt. Sie war aber auch im übrigen
keinesfalls umfassend.

Eine **erste** wichtige Einschränkung bildete das in fast allen Einzelstaaten geltende strikte **Enumerationsprinzip.** Damit ist die
Beschränkung des Verwaltungsrechtsschutzes auf bestimmte
Entscheidungsformen, vor allem auf den **belastenden Verwaltungsakt,** gemeint. Dieser war nicht (wie heute) nur von Bedeutung für die Bestimmung der statthaften Klageart, sondern für
die Eröffnung des Verwaltungsrechtswegs insgesamt. Das
Enumerationsprinzip hat endgültig erst unter der Geltung des
Art. 19 IV GG und durch die Generalklausel des § 40 VwGO
seine Bedeutung verloren.

13   Die **zweite** Einschränkung war die Forderung nach einer **subjektiven Rechtsverletzung.** Entschieden wurde damit die Frage,
ob die Verwaltungsgerichtsbarkeit eine objektive Kontrollinstanz
sein sollte, wie dies in den fortschrittlicheren Formen der Administrativjustiz und im Konzept Rudolf *von Gneists* durchaus mitum-
griffen war, oder ob sie nur durch die behauptete oder gar schlüs-
sig vorgetragene Verletzung subjektiver Rechte ausgelöst werden

konnte, wie dies dem zivilrechtlichen Anspruchssystem, aber auch
dem Konzept Otto *Bährs* entsprach.

Diese beiden Konzeptionen sind (vereinfachend) mit *„norddeutscher"* (preußi- **14**
scher) und *„süddeutscher"* Lösung bezeichnet worden. Richtig daran ist, daß
sich im preußischen Bereich der Gedanke der Administrativjustiz und der
objektiven Rechtmäßigkeitskontrolle länger hielt als in den süddeutschen Ländern, die von Anfang an auf den Schutz der Individualrechte setzten und damit
in vieler Hinsicht eine gerichtsförmliche Kontrolle der Verwaltung erst ermöglichten. Zum Kern der „süddeutschen Lösung" gehört die Zulässigkeit der
Klage nur bei möglicher Verletzung eines subjektiven Rechts. Heute so zentrale Normen wie § 42 II VwGO, die Notwendigkeit der Rechtsverletzung für
die Begründetheit der Klage (§ 113 VwGO) und der Ausschluß der Popularklage sind ein Zeichen der individualrechtlichen Lösung.

Als politisch und dogmatisch noch schwieriger erwies sich das **15**
Problem der **Ermessenskontrolle.** Dabei war das Ermessen der
Verwaltung nicht nur ein dogmatisches Konstrukt, sondern es
kennzeichnete einen fortbestehenden Vorbehaltsbereich der Exekutive gegenüber gesetzlicher Bindung und gerichtlicher Kontrolle. Heute wird das Ergebnis des historischen Kompromisses, wie
es in § 40 VwVfG und §§ 113 V, 114 VwGO niedergelegt ist, nur
noch als Problem der Begründetheit gesehen. Es betraf ursprünglich aber auch den *Zugang* zur Gerichtsbarkeit insgesamt.

Selbstverständlich war im 19. Jahrhundert aber auch, daß neben **16**
dem Innenbereich der Verwaltung das **„Besondere Gewaltverhältnis"** keiner gerichtlichen Kontrolle unterlag. In diesem fand –
der Vorstellung des konstitutionellen Staates entsprechend – ein
Ausgreifen des Staates in die bürgerliche Freiheitssphäre nicht
statt; der Einzelne stand vielmehr in Schule, Wehrdienst, Beamtenverhältnis usw. auf der „anderen Seite", d. h. im staatlichen
Bereich, innerhalb dessen Rechtsverhältnisse ebenso wenig denkbar waren wie die Verletzung subjektiver Rechte – eine Vorstellung, die erst unter dem Einfluß der Grundrechtsinterpretation des
BVerfG überwunden wurde.

IV. Verwaltungsrechtsschutz in der Weimarer Zeit

17   Art. 107 WRV sah vor: „*Im Reiche und in den Ländern müssen nach Maßgabe der Gesetze Verwaltungsgerichte zum Schutze der einzelnen gegen Anordnungen und Verfügungen der Verwaltungsbehörden bestehen*". Aus der Sicht von 1919 war dies nur eine programmatische Aussage.

Ähnlich wie schon im 19. Jahrhundert forderten auch in der Weimarer Zeit namhafte Rechtslehrer und Praktiker die Durchsetzung des Verfassungsauftrags zur Einrichtung einer Verwaltungsgerichtsbarkeit auf *allen* Ebenen und legten konkrete Vorschläge vor. Besonders *Bill Drews,* der Präsident des Preußischen OVG, und *Walter Jellinek* als Vertreter der Staatsrechtswissenschaft sind hier zu nennen. Auch weiterhin blieb aber die Diskrepanz zwischen rechtsstaatlich motivierten Forderungen und gesichertem Bestand offenkundig. So kam es weder zur Gründung des Reichsverwaltungsgerichts noch zum Ausbau der Verwaltungsgerichtsbarkeit in erster Instanz. Nur in Hamburg existierten schon ab 1921 VG und OVG als echte Gerichte; letzteres organisatorisch und personell eng mit dem Hanseatischen OLG verbunden. Offenkundig waren auch die Defizite im Zusammenhang mit dem Enumerationsprinzip und die damit verbundene enge Begrenzung auf den belastenden Verwaltungsakt als Voraussetzung der Anfechtungsklage. Bei fortbestehenden großen Unterschieden zwischen den Ländern blieb die Verwaltungsgerichtsbarkeit während der gesamten Weimarer Zeit vielgestaltig, spezialisiert und begrenzt (*Grawert,* FS Menger, 53). Sie kontrastierte damit in auffälliger Weise mit dem geradezu explosionsartigen Wachstum der Verwaltungsaufgaben und der Verwaltung selbst, stand aber auch in keinem Verhältnis zu den Fortschritten, die gerade in dieser Zeit im Hinblick auf das materielle Verwaltungsrecht und auch im Hinblick auf die Grundlagen des Verwaltungsprozeßrechts zu verzeichnen sind. Von einem flächendeckenden Verwaltungsrechtsschutz und damit von einer Erfüllung des Auftrags aus Art. 107 WRV konnte jedenfalls nicht die Rede sein.

Die Gründe hierfür lagen in der unterschiedlichen Tradition und 18
dem Beharrungsvermögen der vorhandenen Rechtsschutzsysteme
und der auffälligen Rechtszersplitterung. Sie lagen aber auch in
einer vor allem effizienzorientierten Verwaltung der Nachkriegs-
und Inflationszeit und in der befürchteten Bremswirkung der Verwaltungsgerichte gegenüber dem demokratisch legitimierten Ge-
staltungswillen des Gesetzgebers. Gegen Ende der Weimarer Republik fehlten dann sowohl der Konsens als auch die Kraft zur
Errichtung einer wirklich eigenständigen durchgängigen Verwaltungsgerichtsbarkeit.

V. Verwaltungsgerichtsbarkeit unter der NS-Diktatur

Gelegentlich ist die Auffassung vertreten worden, die Verwal- 19
tungsgerichtsbarkeit – soweit vorhanden – habe zu denjenigen
Instanzen gehört, die im Verlauf der nationalsozialistischen Dikta-
tur eine relativ unbehelligte, teilweise sogar den Interessen der
Verwaltung widersprechende Kontrolle habe ausüben können.
Richtig daran ist, daß die bestehende Verwaltungsgerichtsbarkeit
formal fortbestand und auch in ihrer Rechtsprechung nicht angeta-
stet wurde. Am 3. 4. 1941 kam es sogar durch Führererlaß zur
Errichtung des Reichsverwaltungsgerichts, also zur Erfüllung eines
lange gehegten und immer wieder gescheiterten Reformwunsches.

Dennoch kann kein Zweifel daran bestehen, daß eine unabhängige Verwaltungsgerichtsbarkeit, die ihrerseits auf der Gewalten-
trennung und den Grundrechten als Abwehrrechten gegenüber
dem Staat basierte, der nationalsozialistischen Ideologie, der
Überhöhung der Volksgemeinschaft und dem Führerprinzip zu-
tiefst zuwider war. Besonders der Grundgedanke des Liberalismus
und des subjektiven öffentlichen Rechts wurden als „jüdische
Ideen" diffamiert; der Gedanke einer „völkisch" definierten Verwaltungsgerichtsbarkeit zur besseren Durchsetzung der Gesetze
und des Führerwillens dagegengesetzt. Im Rahmen der bestehenden Gerichte blieben die Richter zwar vergleichsweise integer; sie
hielten sich – ihrer positivistischen Tradition entsprechend – aber
strikt an das Gesetz: auch an die Unrechtsgesetze des Nationalso-

zialismus. Daneben wurden ihnen zahlreiche Kompetenzen, vor allem im Sicherheits- und Polizeirecht und in allen politisch brisanten Bereichen, entzogen, der Individualrechtsschutz gegenüber besonders kennzeichnenden Strukturen des Unrechtssystems (Schutzhaft, Konzentrationslager, Gestapo-Herrschaft) fand nicht statt. Mit Kriegsbeginn war die Anrufung der Verwaltungsgerichte für den Einzelnen kaum noch möglich. Auch die Errichtung des Reichsverwaltungsgerichts 1941 war nur eine Farce. Die ordentlichen Richter waren ersetzbar, die ehrenamtlichen Mitglieder durchweg NSDAP-Funktionäre. Der Preis – das preußische OVG und der VGH Wien gingen zusammen mit anderen Dienststellen im Reichsverwaltungsgericht auf – war angesichts der beachtlichen rechtsstaatlichen Tradition gerade dieser beiden Gerichtshöfe überdies äußerst hoch. Hinzu kam, daß gerade in der nationalsozialistischen Zeit die bestehenden Zulässigkeitsbarrieren wie Enumerationsprinzip, beschränkte Ermessenskontrolle und Klagebefugnis drastisch gehandhabt wurden und zur Einschränkung des Individualrechtsschutzes beitrugen.

Literatur zu § 2 I–V: *Laufs,* Die Reichskammergerichtsordnung von 1555 (1976); *Willoweit,* in: Jeserich/Pohl/von Unruh, Verwaltungsgeschichte I, Kap. I, §§ 5 I, III, 69 f., 114 ff.; *Stolleis,* in: Jeserich/Pohl/von Unruh, II, Kap. I, §§ 3 I, 71; *ders.,* Geschichte des öff. Rechts in Deutschland, 1. Bd. 1988; 2. Bd. 1992; *Rüfner,* in: Jeserich/Pohl/von Unruh, III, Kap. XIV, 909 ff.; *von Unruh,* Zur verfassungsrechtlichen Bedeutung der Einführung der Verwaltungsgerichtsbarkeit in Preußen, JURA 1982, 113; *ders.,* Die verfassungsrechtliche Bedeutung der preuß. Verwaltungsrechtspflege, FS Menger, 1985, 21 ff.; *Grawert,* Verwaltungsrechtsschutz in der Weimarer Republik, FS Menger, 1985, 35 ff.; *Stump,* Preußische Verwaltungsgerichtsbarkeit. 1875–1914. Verfassung – Verfahren – Zuständigkeit, 1980; *Kohl,* Das Reichsverwaltungsgericht, 1991; *Stolleis,* Die Verwaltungsgerichtsbarkeit im Nationalsozialismus, FS Menger, 57 ff.; *Kimminich,* Die Verwaltungsgerichtsbarkeit in der Weimarer Republik, VBlBW 1988, 371 ff.

VI. Die Verwaltungsgerichtsbarkeit nach dem 2. Weltkrieg

20 Die Wende zur voll ausgebauten Verwaltungsgerichtsbarkeit im heutigen Sinne kam erst nach 1945. Nach vorübergehender Schließung aller Verwaltungsgerichte und der Aufhebung aller Führererlasse und der meisten Rechtsquellen des nationalsozialistischen

Regimes durch den Alliierten Kontrollrat setzte sich nach Kriegs-
ende rasch der Wille der Alliierten zur Errichtung einer unabhängigen Verwaltungsgerichtsbarkeit durch. Schon vor Erlaß des Gesetzes Nr. 36 des Kontrollrats vom 10. 10. 1946 war es zur Errichtung von Verwaltungsgerichten in der amerikanischen Zone und
in Berlin gekommen. Auch in den ersten Landesverfassungen war
teilweise eine unabhängige Verwaltungsgerichtsbarkeit vorgesehen (Überblick bei *Ule*, VwProzR, 5). Wegweisend war die Entwicklung in der amerikanischen Zone, in der auf landesgesetzli-
cher Grundlage eine zweistufige Verwaltungsgerichtsbarkeit eingeführt wurde und eine Generalklausel galt. Aber auch in der
britischen und französischen Zone wurden auf der Basis von Mili-
tärverordnungen Verwaltungsgerichte und Oberverwaltungsgerichte bzw. Verwaltungsgerichtshöfe errichtet, wenn auch teilweise unter Fortgeltung des Enumerationsprinzips.

Mit dem Inkrafttreten des **Grundgesetzes** wurde der alte Streit   21
um die Unabhängigkeit der Verwaltungsgerichtsbarkeit, bzw. die
Eigenkontrolle der Verwaltung endgültig entschieden: Wie die
anderen Gerichtsbarkeiten wurde die Verwaltungsgerichtsbarkeit
unabhängigen Richtern (Art. 97) anvertraut, und das Grundrecht
auf Rechtsschutz gegen die öffentliche Gewalt (Art. 19 IV GG)
schloß fortan jede Begrenzung auf eine verwaltungsinterne Kontrolle und auch das Enumerationsprinzip aus.

Das Grundgesetz brachte für die Verwaltungsgerichtsbarkeit
(zunächst nicht ganz unumstritten) auch die konkurrierende Gesetzgebungszuständigkeit des Bundes nach Art. 74 Nr. 1 („gerichtliches Verfahren"). Da diese Kompetenz im vollen Sinne aber
erst 1960 mit Erlaß der VwGO ausgenutzt wurde, galten die Ver-
waltungsgerichtsgesetze der Länder bis dahin fort. Solche Landesgesetze wurden zwischen 1951 und 1958 sogar noch erlassen (so in
Rheinland-Pfalz, Berlin, dem Saarland und zuletzt in Baden-
Württemberg). Auf Bundesebene trat zunächst nur das Gesetz
über das Bundesverwaltungsgericht vom 23. 9. 1952 in Kraft
(BGBl. I, 625).

Wesentlich stockender gingen die Arbeiten an der VwGO vor-   22
an: Nachdem bereits 1952 ein erster Regierungsentwurf vorlag,

dauerte es bis zur Verabschiedung Ende 1959 und zum Inkrafttreten am 1. 4. 1960 (BGBl. I, 17 und 44) immerhin weitere 8 Jahre. Mit der VwGO waren damit erstmals das Recht der Verwaltungsgerichtsbarkeit und das verwaltungsgerichtliche Vorverfahren auf eine einheitliche Basis gestellt. Bis auf einige Unterschiede (vor allem in der Besetzung der verwaltungsgerichtlichen Mittelinstanz und beim Normenkontrollverfahren) wurde der erst in der Nachkriegszeit erreichte Grad der Einheitlichkeit im Hinblick auf den dreistufigen Gerichtsaufbau, den subjektiven Rechtsschutz und die Absage an das Enumerationsprinzip auch Gesetz.

23   Ganz anders verlief die Entwicklung in der vormaligen DDR. Nachdem es in der Sowjetischen Besatzungszone zunächst zu einer Wiederherstellung der Verwaltungsgerichtsbarkeit (in Thüringen sogar mit Generalklausel) gekommen war und die erste DDR-Verfassung von 1949 noch eine Verwaltungsgerichtsbarkeit vorsah, fiel diese mit der Beseitigung der Länder bereits 1952 fort. In der Folge galt die Verwaltungsgerichtsbarkeit als Relikt der bürgerlichen Rechtsordnung und war der Staats- und Parteiführung als Hindernis gegen die sozialistische Gesetzlichkeit ein Dorn im Auge. In der DDR-Verfassung von 1968 war sie daher nicht mehr vorgesehen. Reformansätze in anderen vormals sozialistischen Staaten wurde bis zur „Wende" 1989 nicht aufgegriffen.

Literatur zu § 2 VI: *Menger,* System des verwaltungsgerichtlichen Rechtsschutzes (1954); *Ule,* Verwaltungsprozeßrecht, 9. Aufl., 2 ff.; *ders.,* Die geschichtliche Entwicklung des verwaltungsgerichtlichen Rechtsschutzes in der Nachkriegszeit, FS Menger (1985), 81 ff.; *von Unruh,* in: Jeserich/Pohl/von Unruh, Deutsche Verwaltungsgeschichte V, Kap. XXV, 1178 ff., *Frank/ Langrehr,* VwProzR, 4 f.

VII. Die Entwicklung seit dem Inkrafttreten der VwGO

24   Zwischen 1960 und der Gegenwart ist die VwGO häufig geändert worden; allerdings oft nur bedingt durch Änderungen in anderen Verfahrensgesetzen oder im materiellen Recht. Zwei Aspekte seien hervorgehoben: Die schrittweise **Erweiterung der Normenkontrolle** und das Inkrafttreten der *Verwaltungsverfahrensgesetze* 1976/1977. Auch nach der Novelle von 1976 zu § 47 VwGO (BGBl. I, 2437) und den verschiedenen gesetzgeberischen „Nachbesserungen" ist das letzte Wort in der Entwicklung dieser Verfahrensart sicher noch nicht gesprochen. Die letzte größere

VwGO-Novelle, das *Gesetz zur Neuregelung des verwaltungsgerichtlichen Verfahrens* v. 17. 12. 1990 (BGBl. I, 2809), gehört schon in
den Zusammenhang der Gegenwartsprobleme.

Ein Querschnittsproblem wurde mit Inkrafttreten des VwVfG **25**
noch deutlicher: Das Verhältnis von Verwaltungsverfahren und
Verwaltungsprozeß. Die Verwaltungsverfahrensgesetze des Bundes und der Länder brachten – ersten Bedenken zum Trotz – eine
wirksame Kodifikation des Verwaltungsverfahrens, ließen aber an
den „Schnittstellen" von Verwaltungsverfahren und Verwaltungsprozeß viele Probleme offen. Das galt nicht nur für das Widerspruchsverfahren, das zwar als eigenständiges Verwaltungsverfahren anerkannt wurde, in seinen Schwerpunkten aber als bloßes Vorverfahren wie ein Fremdkörper in der VwGO geregelt
blieb. Problemgeladen blieben auch die **Folgen von Verfahrensfehlern,** die in §§ 45, 46 VwVfG nur rudimentär geregelt wurden
und zu erheblichen Diskussionen geführt haben. Weitere alte und
neue Probleme sind aktuell geblieben, so die „Dauerbrenner" Abgrenzung von Öffentlichem Recht und Privatrecht, die Defini-
tionsmerkmale des Verwaltungsakts und damit die Abgrenzung
der Klagearten, das öffentlichrechtliche Rechtsverhältnis (weit
über die Bedeutung bei der Zulässigkeit der Feststellungsklage
hinaus), sowie die Zuordnung von Rechten zum Einzelnen
(Schutznormtheorie). Deutlich ist die eingangs geschilderte **Aus-
strahlungswirkung der Grundrechte** auf das materielle Verwaltungsrecht sowie die bemerkenswerte dogmatische Bewältigung
hochkomplexer Planungs- und Abwägungsentscheidungen durch
richterrechtliche Rechtsfortbildung.

Spätestens an diesen Punkten geht die Geschichte der Verwal- **26**
tungsgerichtsbarkeit in die Behandlung der Gegenwartsprobleme
über. Diese können mit erhöhter Komplexität, Entlastungsbe-
dürfnis und Vereinheitlichung gekennzeichnet werden; sie lassen
auch die alten Fragen der Gewaltenteilung zwischen problemlö-
sender Verwaltung und justizieller Kontrolle immer wieder neu
aufscheinen. Nach der Wiedervereinigung Deutschlands haben sie
eine völlig neue Dimension erhalten, und es gilt zu verhindern,
daß der Ausbau des Verwaltungsrechtsschutzes in den neuen Bun-

desländern mit einem Rückschritt in der Entwicklung der Verwaltungsgerichtsbarkeit insgesamt erkauft wird.

§ 3 Gegenwartsprobleme und Reformbemühungen

I. Allgemeines

1   Die Diskussion um eine **Reform der Verwaltungsgerichtsbarkeit** ist nicht zum Stillstand gekommen. Sie wird allerdings schon
seit längerem weniger von den traditionellen dogmatischen Fragen beherrscht, und auch das Vorhaben einer *Rechtsvereinheitli-
chung* bestimmte nur kurzfristig das Bild. Im Mittelpunkt steht seit
einiger Zeit die Entlastung der Verwaltungsgerichtsbarkeit sowie – unverhohlen – die Begrenzung des Rechtsschutzes. Die damit angesprochenen Probleme haben aber nicht nur **quantitative**
sondern auch **qualitative** Aspekte; sie stellen sich in einzelnen
Rechtsgebieten in durchaus unterschiedlicher Weise und führten in
der Vergangenheit zu vielfältigen „kleinen" und „großen" Re-
formvorschlägen.

II. Die quantitative Belastung der Verwaltungsgerichtsbarkeit

1. Die Probleme

2   Unbestritten ist heute, daß die Verwaltungsgerichtsbarkeit
schon angesichts der angestiegenen Verfahrenszahlen Krisensym-
ptome zeigt. Auf Statistik kann hier verzichtet werden, doch
scheint es bemerkenswert, wenn die *Bund-Länder-Arbeitsgruppe
Verwaltungsgerichtsbarkeit* für den Zeitraum zwischen 1975 und
1987 eine Verdoppelung der Eingänge in Klageverfahren bei den
Verwaltungsgerichten, für den Bereich des vorläufigen Rechtsschutzes sogar eine Vervierfachung der Verfahren, feststellte. Entsprechend deutlich ist die Dauer der Verfahren gestiegen. Sie führte ihrerseits zu einer starken Verlagerung rechtlicher Konfliktlösung in den Bereich des vorläufigen Rechtsschutzes und wurde
schon mehrfach als verfassungsrechtlich zumindest bedenklich be-

zeichnet. Dies scheint einleuchtend, nimmt man den Satz ernst, daß effektiver Rechtsschutz *in angemessener Zeit* zu verwirklichen ist (BVerfGE 55, 349, 369; 60, 253, 269).

Auch die Europäische Menschenrechtskommission hat bereits in mehreren 3
Entscheidungen die unangemessene Verzögerung gerichtlicher Verfahren in europäischen Staaten als mit der EMRK unvereinbar bezeichnet (EGMR, NJW 1986, 647; EuGRZ 1978, 406; zur Gefährdung des rechtlichen Gehörs durch überlange Verfahrensdauer *Papier,* in: Isensee/Kirchhof, Hdb. d. StaatsR, Bd. VI, § 153, Rz. 20). Ungeachtet der Interpretation solcher Entwicklungen und der in einzelnen Bereichen unterschiedlichen Belastung ist eine überlange Verfahrensdauer im Verwaltungsprozeß besonders bedenklich, weil hier die Gefahr vollendeter Tatsachen, ggf. aber auch gravierender Vollzugsdefizite für die öffentliche Verwaltung, besonders groß ist. Überkomplizierter und überzogener Rechtsschutz kann hier in der Tat bedeuten, daß der Rechtsschutz zu spät kommt oder aber auch lebenswichtige Infrastrukturmaßnahmen der Gemeinschaft nicht rechtzeitig verwirklicht werden können.

Eine besondere Seite des Problems sind die sog. **„Massenver- 4
fahren".** Als prägnantes Beispiel wird hier immer wieder die Planung des Großflughafens München II genannt, gegen den insgesamt 5724 Kläger Rechtsschutz suchten. Geht es bei diesen „echten" Massenverfahren um einen Streitgegenstand mit einer Vielzahl von Beteiligten, so dürften insgesamt die „unechten" Massenverfahren die Verwaltungsgerichtsbarkeit noch stärker belasten: Gemeint sind damit besondere Problembereiche, in denen schlicht eine „Masse von Verfahren" anfällt, also etwa im Ausländer- und Asylrecht oder bei der Hochschulzulassung. Gemeinsam ist beiden Problemgruppen, daß die VwGO mit ihrer auf einzelne Beteiligte konzentrierten Verfahrensstruktur auf diese Fälle nicht zugeschnitten ist.

2. Lösungsversuche

Entlastungsmaßnahmen für die Verwaltungsgerichtsbarkeit 5
werden seit langem diskutiert. Abgesehen von der Forderung nach der Einrichtung neuer Verwaltungsgerichte und der Verbesserung der Ausstattung der bestehenden Gerichte sowie dem (ebenso unrealistischen) Versuch, gesetzgeberischen Druck im Hinblick auf eine raschere Terminierung zu erzeugen, sind es im-

mer wieder die gleichen Ansatzpunkte, die vorgeschlagen werden
bzw. schon realisiert wurden: Der Einsatz von Einzelrichtern, also
die Abkehr vom Kammerprinzip, die Einschränkung der Klage-
bzw. Antragsbefugnis, die partielle Abschaffung der Berufung
und die Erschwerung der Revision, die Abkehr von der aufschiebenden Wirkung als Regel, Heilung bzw. Unbeachtlichkeit von
Verfahrensfehlern mit dem Ziel, eine Inanspruchnahme der Gerichte im Falle „nur" formeller Fehler der Ausgangsentscheidung
zu verhindern.

6   In neuerer Zeit ist aber neben die Entlastung der Gerichte ein
neues Motiv getreten: Es geht zunehmend um die Begrenzung des
Verwaltungsrechtsschutzes selbst, der als Hindernis für effiziente
Verwaltung oder gar als „Standortnachteil" der Bundesrepublik
Deutschland ausgemacht wurde. Im Zuge der Abhilfe wurde –
wie Kritiker nicht zu Unrecht meinen – die Verwaltungsgerichtsbarkeit zum „ministeriellen Experimentierfeld" (*Redeker*, DVBl.
1992, 212). Während das letzte umfassende Reformgesetz der
VwGO selbst, das *Gesetz zur Neuregelung des verwaltungsgerichtlichen Verfahrens* (4. VwGO-ÄndG vom 17. 12. 1990 – BGBl. I,
2809) noch im überschaubaren Rahmen der VwGO verblieb und
zum Teil durchaus sinnvolle Vereinfachungen brachte, gefährden
vor allem **bereichsspezifische „Rechtsschutzbegrenzungsgeset-
ze"** mittlerweile die Geschlossenheit des gesamten Systems des
verwaltungsprozessualen Rechtsschutzes. Exemplarisch sind zu
nennen:
– das *Asylverfahrensgesetz* vom 27. 7. 1993 (BGBl. I, 1361),
– das *Verkehrswegeplanungsbeschleunigungsgesetz* vom 16. 12. 1991
  (BGBl. I, 2174),
– nunmehr das *Planungsvereinfachungsgesetz* vom 17. 12. 1993
  (BGBl. I, 2123),
– das *BauGB-Maßnahmegesetz* i. d. F. der Bekanntmachung vom
  28. 4. 1993 (BGBl. I, 622).
Ihnen und ähnlichen Gesetzen ist gemeinsam, daß sie „Sonderord-
nungen" des Verwaltungsrechtsschutzes schaffen, in denen je nach
Bedarf Fristen, Zuständigkeiten, Mitwirkungspflichten der Betroffenen mit entsprechenden Präklusionsregeln, Rechtsmittel

und vorläufiger Rechtsschutz abweichend von der VwGO geregelt werden. Sie gelten entweder auf Zeit oder auf Dauer und führen zu insgesamt kaum noch überschaubaren Verfahren. Zu Recht fühlen sich gerade die Praktiker von diesen Gesetzen nicht entlastet, sondern belastet, weil mit noch so ausgefeilten Verkürzungen des Rechtsschutzes die Konflikte selbst nicht gelöst werden können, die sich in den Rechtsstreitigkeiten manifestieren. Solange die zu Recht geforderte „Ruhe vor dem Gesetzgeber" (*Stelkens,* NVwZ 1995, 325, 326) nicht einkehrt, kann auch Studenten allerdings nur empfohlen werden, sich mit den wichtigsten dieser Sonderregeln vertraut zu machen, da sie in vielen Punkten den Kern des verwaltungsgerichtlichen Rechtsschutzes betreffen. Ein naheliegender und auch gangbarer Weg zur Beschleunigung der Verfahren bei gleichzeitiger Wahrung des Rechtsschutzes, nämlich die strenge Beachtung der Beteiligtenrechte und damit eine frühzeitige Konfliktbewältigung im Verwaltungs- und spätestens in einem (endlich ernstgenommenen) Widerspruchsverfahren, wird dagegen nicht beschritten. Im Gegenteil: Durch die Erleichterung der Heilung und die Ausdehnung der Unbeachtlichkeit von Verfahrensfehlern wird alles getan, um die eigentliche Konfliktlösung auf die Verwaltungsgerichtsbarkeit zu verlagern. So will z. B. ein neuer Gesetzentwurf (BRatsDrucks. 422/94) die Unbeachtlichkeit von Verfahrensfehlern in § 46 VwVfG auch auf Abwägungs- und Ermessensentscheidungen ausdehnen, wodurch das gesamte Verwaltungsverfahren einschließlich des „Grundrechtsschutzes durch Verfahren" zur entbehrlichen Veranstaltung würde. Gleichzeitig soll der gerichtlich nicht kontrollierbare Beurteilungsspielraum der Verwaltung ausgedehnt werden: Vorschläge, bei deren Verwirklichung die Grenze des verfassungsrechtlich Hinnehmbaren endgültig überschritten wäre.

Literatur zu § 3 I: *Ule,* Rechtstatsachen zur Dauer des Verwaltungs(Finanz-)prozesses (1977); *ders.,* Effektiver Rechtsschutz in einer funktionsfähigen Rechtspflege?, DVBl. 1982, 821; *Koch/Steinmetz,* Gegen Einzelrichter im Verwaltungsprozeß, DÖV 1981, 50; *Meyer-Ladewig,* Massenverfahren in der Verwaltungsgerichtsbarkeit, NVwZ 1982, 349; *Bundesministerium der Justiz,* Be-

richt der Bund-Länder-Arbeitsgruppe Verwaltungsgerichtsbarkeit (1988);
Schnellenbach, Die Änderung der VwGO durch das Gesetz zur Entlastung der
Rechtspflege, DVBl. 1993, 230; *Stelkens*, Strukturänderung in der Verwal-
tungsgerichtsbarkeit? oder: Wie lästig dürfen Verwaltungsgerichte sein?, FS
Redeker (1993), 313 ff.; *ders.*, Verwaltungsgerichtsbarkeit im Umbruch – Eine
Reform ohne Ende?, NVwZ 1995, 325; *Redeker*, Werden die Prozeßordnungen
zum ministeriellen Experimentierfeld?, DVBl. 1992, 212; *Steiner*, Das Pla-
nungsvereinfachungsgesetz, NVwZ 1994, 313 ff.

III. Der Versuch zur „großen Reform" in Gestalt einer Verwaltungsprozeßordnung

7   Spätestens mit dem Inkrafttreten der VwGO-Novelle von 1991
wurde dem bisher wohl weitestgehenden Versuch einer „großen
Lösung" auf absehbare Zeit der Wind aus den Segeln genommen
(*Kopp*, NJW 1991, 528). Diese große Lösung hatte schon seit längerem einen Namen: *Verwaltungsprozeßordnung*. Als umfangreiche
Regierungsvorlage (vom 13. 7. 1982, BT-Drucks. 9/1851, neuge-
faßt BT-Drucks. 10/3437 v. 31. 5. 1985) war dieses Reformvorha-
ben immerhin bis zur Ersten Lesung im Bundestag behandelt
worden, nach Überweisung an die Ausschüsse dann aber im weiteren Gesetzgebungsverfahren buchstäblich „versandet". Als Re-
formziel galt vor allem die *Vereinheitlichung* der drei „öffentlich-
rechtlichen" Gerichtsbarkeiten, also der Verwaltungsgerichtsbarkeit, Sozialgerichtsbarkeit und Finanzgerichtsbarkeit, die *Entlastung* der genannten Gerichtsbarkeiten sowie – von Anfang an eher
weniger betont – die *Kodifikation* wichtiger, zwischenzeitlich
durch die Gerichte entwickelter Rechtsinstitute sowie die dogmatische Fortentwicklung des Prozeßrechts allgemein.

8   Der Ablauf dieses erfolglosen Reformversuches kann als geradezu typisch für die Probleme eines größeren Kodifikationsvorha-
bens in der Gegenwart bezeichnet werden. – In dieser geht es mehr
um bereichsspezifische „Schnellschüsse" als um eine übergreifende
und langlebige Neuordnung.

Insgesamt haben sich – nicht untypisch – Provisorien erneut als
im Vergleich zu „großen Lösungen" lebenskräftiger erwiesen. Die
Probleme, die mit der VwPO einer Lösung näher gebracht wer-

den sollten, sind aber keinesfalls schon Geschichte. Sie werden über kurz oder lang zu neuen Reformbemühungen Anlaß geben.

Literatur zu § 3 III: *Ule,* Entwicklung des verwaltungsgerichtlichen Rechtsschutzes in der Nachkriegszeit, FS Menger (1985), 97 ff.; *ders.,* „Ein neuer Anlauf". Zum Entwurf einer Verwaltungsprozeßordnung, 1985, DVBl. 1985, 939; *ders.,* Abgesang auf die einheitliche Verwaltungsprozeßordnung, DVBl. 1991, 501 f.; *Trzaskalik,* Die Vereinheitlichung der Verwaltungsprozeßordnung, NJW 1982, 1553.

IV. Die qualitative Belastung der Verwaltungsgerichtsbarkeit

Bezeichnenderweise stand bisher die quantitative Seite der **9** Überlastung der Verwaltungsgerichtsbarkeit im Vordergrund. Weniger diskutiert, in Ursachen und Auswirkungen aber noch gravierender, scheint demgegenüber das Problem der *qualitativen Überlastung.* Gemeint ist damit, daß Verwaltungsgerichte in ihrer umfassenden Entscheidungskompetenz und unter dem nach wie vor nahezu unbestrittenen Diktat des Untersuchungsgrundsatzes über hochkomplexe technische und soziale Sachverhalte entscheiden, aus denen sich der Gesetzgeber nicht selten durch Generalklauseln und die Eröffnung von Abwägungs- und Ermessensspielräumen zurückgezogen hat.

Verwaltungsgerichte erörtern und entscheiden z. B. darüber, ob **10** Anlagen dem Stand von Wissenschaft und Technik entsprechen (vgl. insbes. § 4 BImSchG, § 5 II BImSchG, § 7 II Ziff. 3 AtomG, § 8 II a 1 FStrG). Sie kontrollieren Prognosen über technische Gefahren bis hin zur Gentechnologie (VGH Kassel, NVwZ 1990, 276) und zur Frage, ob „bei einer Funkanlage mit amplitudenmodierierter Hochfrequenzstrahlung" eine Erhöhung um den Sicherheitsfaktor 10 ausreichend ist (Imponierendes Beispiel: VGH Kassel, NVwZ 1995, 1010, 1016) und selbst bei Experten umstrittene Entwicklungen des Verkehrs- oder Energiebedarfs; sie entscheiden über Umweltbelastungen anhand von Einzelfällen, während die technischen Probleme längst in der Kumulation und Vernetzung fall- und grenzüberschreitender Immissionen bestehen. Die Probleme solcher sachlichen Überlastung sind nicht nur technischer Art. Nur scheinbar objektivierbar sind auch so alltägliche

Fragen wie die Ausbildungskapazitäten von Bildungseinrichtun-
gen, bei denen noch so komplexe Berechnungsmethoden nicht
darüber hinwegtäuschen können, daß ein Studienplatz mehr als
nur eine mathematische Größe ist (strengste Anforderungen dagegen jetzt wieder: BVerfGE 85, 36, 53 ff.). Erinnert sei auch daran,
daß die Maßstäbe politischer Verfolgung im Zeitalter ethnisch und
religiös bedingter Konflikte und Bürgerkriege sich mit herkömm-
lichen Beurteilungsmethoden und Vergleichen kaum noch zuverlässig ermitteln lassen. Auch hier sind die Verwaltungsgerichte
vielfach schon bei der Sachverhaltsermittlung überlastet.

11   Wer vor diesem Hintergrund die Problemlösung aber einseitig
in immer neuen Einschätzungsprärogativen und Beurteilungsspielräumen der Exekutive sieht, der verkennt, daß es bei diesen
Fragen um ein elementares Problem von Demokratie und Gewaltenteilung geht. So problematisch es ist, die Letztentscheidungskompetenz für manches hochkomplizierte technische Problem einer damit überforderten Verwaltungsgerichtsbarkeit zu überlassen, so bedenklich ist es auch, diese Letztentscheidungskompetenz
gerade in den wichtigen und auswirkungsreichen technischen, sozialen und wirtschaftlichen Fragen bei der Exekutive zu verorten.
Nicht minder problematisch ist es auch, wenn die Gerichtsbarkeit
von mehr oder weniger unkontrollierten Gremien von Sachverständigen abhängig wird.

12   Hinzu kommt, daß die Verwaltungsgerichtsbarkeit unter Stichworten wie „praktische Konkordanz", „Abwägungskontrolle"
usw. nicht mehr allein Normen des Verwaltungsrechts auslegt,
sondern über vorgeschlagene **Konfliktlösungen zwischen widerstreitenden Interessen** entscheidet. Nicht selten wird das Gericht
auf diese Weise „begleitend" in den Konflikt hineingezogen; vorläufige Entscheidungen und selbst Bescheidungsurteile markieren
dann nur die jeweils nächste „Runde" im Streit, z. B. um ein Kernkraftwerk oder eine großflächige Infrastrukturmaßnahme mit vielen Betroffenen. Auch hierin zeigt sich ein Merkmal qualitativer
Überlastung der Verwaltungsgerichtsbarkeit, für dessen Bewältigung keine Patentrezepte bereitstehen. Immerhin zeigt § 113 III
VwGO n. F. einen richtigen Weg: Er ermöglicht den Verwal-

tungsgerichten, komplexe Sachprobleme dorthin zurückzuverla-
gern, wo sie „abgearbeitet" werden müssen, bevor es um die Entscheidung rechtlicher Probleme geht: auf das Verwaltungsverfahren.

Literatur zu § 3 IV: *Bender,* Der Verwaltungsrichter im Spannungsfeld
zwischen Rechtsschutzauftrag und technischem Fortschritt, NJW 1978, 1945;
J. Ipsen, Die Genehmigung technischer Großanlagen – rechtliche Regelung
und neuere Judikatur, AöR 107 (1982), 259; *Vieweg,* Antizipierte Sachverständigen-Gutachten. Funktion, Verwertungsformen, rechtliche Bedeutung, NJW
1982, 2473; *Hoppe,* Planung und Pläne in der verwaltungsgerichtlichen Kontrolle, FS Menger (1985), 747 ff.; *Wolf,* Der Stand der Technik. Geschichte,
Strukturelemente und Funktionen der Verrechtlichung (1986); *Breuer,* Rechtliche Kontrolle der Technik, NVwZ 1988, 104; *Dörr,* Der „numerus clausus"
und die Kapazitätskontrolle durch Verwaltungsgerichte, JuS 1988, 96; *Theuers-
bacher,* Probleme der gerichtlichen Kontrolldichte im Kapazitätsrecht, NVwZ
1986, 978; *Ipsen/Murswiek/Schlink,* Die Bewältigung der wissenschaftlichen
und technischen Entwicklungen durch das Verwaltungsrecht, VVDStRL 48
(1990); *Breuer,* Anlagensicherheit und Störfälle – vergleichende Risikobewer-
tung im Atom- und Immissionsschutzrecht, NVwZ 1990, 211; *Wahl,* Risiko-
bewertung der Exekutive und richterliche Kontrolldichte, NVwZ 1991, 410;
Roßnagel, Kritischer Verstand für die praktische Vernunft?, DVBl. 1995, 644;
Gusy, Probleme der Verrechtlichung technischer Standards, NVwZ 1995, 105.

V. Die Verwaltungsgerichtsbarkeit in den neuen Bundesländern

Besondere Probleme bereitete der (Wieder-)Aufbau der Verwal-   **13**
tungsgerichtsbarkeit in den neuen Bundesländern.

Diesen Schwierigkeiten trug Art. 8 des Einigungsvertrages vom 31. 8. 1990
(BGBl. II, 889, 926) insofern Rechnung, als zwar grundsätzlich die VwGO
auch in den neuen Bundesländern gilt, wobei aber „bis zur Errichtung einer
selbständigen Verwaltungs-, Finanz-, Arbeits- und Sozialgerichtsbarkeit" weiterhin die bisherigen Kreis- und Bezirksgerichte verhandeln und entscheiden
sollten. Die Umstellung auf den allgemeinen Aufbau der Verwaltungsgerichtsbarkeit erfolgte nach 1991 aber dann viel schneller, als Pessimisten dies voraus-
gesagt hatten.

Die schnelle Errichtung der Verwaltungsgerichtsbarkeit konnte   **14**
allerdings nicht darüber hinwegtäuschen, daß es nach wie vor
Strukturprobleme gibt, die sich nicht nur auf die besonderen rein
quantitativen Belastungen und die (inzwischen deutlich abgemil-

derten) Rekrutierungsprobleme der Richterschaft zurückführen lassen. Einerseits ist die zu Zeiten der vormaligen DDR abgeschaffte und durch politisch abhängige Schlichtungsgremien notdürftig ersetzte Verwaltungsgerichtsbarkeit besonders „gewöhnungsbedürftig". Andererseits scheint das Mißtrauen gegenüber Obrigkeit und Verwaltung besonderes ausgeprägt zu sein. Zudem schafft der notwendige Wiederaufbau und die Erweiterung der Infrastruktur (Verkehrswege, Stadtsanierung, Umweltschutz) Konfliktpotentiale, die unter hohem Zeitdruck bewältigt werden müssen. Ihnen hat der Gesetzgeber durch spezifische und befristet geltende Einschränkungen des Rechtsschutzes (vgl. Investitionserleichterungs- und Wohnbaulandgesetz vom 22. 4. 1993, BGBl. I, S. 466, insbes. das in Art. 13 enthaltene *Gesetz zur Beschränkung von Rechtsmitteln in der Verwaltungsgerichtsbarkeit* [S. 487]) Rechnung zu tragen versucht. Zu erwähnen ist schließlich die besondere Belastung im Zusammenhang mit offenen Vermögensfragen, die vor der Verwaltungsgerichtsbarkeit auszutragen sind.

Literatur zu § 3 V: *Lörler,* Das Öffentliche Recht im Einigungsvertrag, NVwZ 1991, 133; *von Oertzen,* Der Aufbau der Verwaltungsgerichtsbarkeit in den neuen Bundesländern, in: FS Redeker (1993), S. 339 ff.; *Hill,* Effektive Verwaltung in den neuen Bundesländern, NVwZ 1991, 1048; *Lässig,* Die Einführung der VwGO nach dem Einigungsvertrag, NVwZ 1991, 1041; *Kipp,* Verwaltungsgerichtsbarkeit in den neuen Bundesländern, NVwZ 1995, 340; S. *Heitmann,* Erneuerung der Rechtsordnung als Folge der deutschen Wiedervereinigung? – Anmerkungen eines Ostdeutschen, NJW 1995, 2205.

VI. Neue Herausforderungen durch die europäische Einigung

15 Die verwaltungsprozessualen Probleme nach der Wiedervereinigung sind schwierig, in ihrer Lösung aber letztlich doch absehbar. Völlig unabsehbar dagegen sind die Konsequenzen, die sich schon jetzt aus der europäischen Einigung für die Verwaltungsgerichtsbarkeit ergeben. So wird mehr und mehr erkennbar, daß – wenn auch mit Unterschieden in den einzelnen Gebieten des Verwaltungsrechts – kaum ein Gebiet des materiellen

Verwaltungsrechts von europäischem Gemeinschaftsrecht unberührt bleiben wird. So ist das „europäische Verwaltungsrecht" zwar erst im Werden; es ist aber gleichzeitig bereits Gegenwart. Bei seiner Entwicklung kommt längst nicht mehr allein dem EuGH ein Monopol zu: Die nationalen Verwaltungsgerichte sind ebenso und mit zunehmendem Anteil daran beteiligt (*Burgi,* DVBl. 1995, 773).

Als spezifisch verwaltungsprozessuale Probleme seien erwähnt:

- die Kompetenzabgrenzung der europäischen und der nationalen Gerichtsbarkeit,
- die Frage der Klagebefugnis bei möglicher Verletzung des Gemeinschaftsrechts,
- die unmittelbare Anwendbarkeit von EG-Richtlinien, sofern diese bestimmte Voraussetzungen erfüllen (EuGH, NVwZ 1992, 352; NVwZ 1994, 895),
- die Verwerfungskompetenz oder gar Verwerfungspflicht der Verwaltungsgerichte im Hinblick auf gemeinschaftsrechtswidriges nationales Recht,
- der Grundsatz gemeinschaftsrechtskonformer Interpretation,
- die Vorlagepflicht zum EuGH (Art. 177 EGV) bei Zweifeln über die Auslegung von Gemeinschaftsrecht,
- der Stellenwert des vorläufigen Rechtsschutzes gegenüber der wirksamen Durchsetzung des Gemeinschaftsrechts (EuGH, EuZW 1990, 384, 396).

Materiellrechtlich sind folgende Stichworte von Bedeutung:

- die europarechtliche Prägung unbestimmter Rechtsbegriffe (z. B.: BVerwG, NVwZ 1992, 781 – Irreführung des Verbrauchers),
- die Einfuhr EG-konformer, aber nationalem Recht widersprechender Produkte und die daraus folgende „Umkehrdiskriminierung" deutscher Anbieter,
- die Umsetzung europäischen Umweltrechts, insbesondere die Umweltverträglichkeitsprüfung,
- die über nationales Recht hinausgehenden Ansprüche auf Umweltinformationen im Zusammenhang mit der Umweltinformationsrichtlinie der EG,

– die Rückforderung gemeinschaftsrechtswidriger Subventionen und die Bedeutung des Vertrauensschutzes (§ 48 II–IV VwVfG) (dazu jetzt der Vorlagebeschluß des BVerwG, NVwZ 1995, 703).

Im Hintergrund stehen die Fragen unverzichtbarer Grundrechtsgarantien auch gegenüber dem Gemeinschaftsrecht (BVerfGE 73, 339) und der parlamentarischen Legitimation des Gemeinschaftsrechts, wie sie das BVerfG im „Maastricht-Urteil" (BVerfGE 89, 155) hervorgehoben hat. So richtig es auch ist, auf die zentralen Strukturunterschiede zwischen dem deutschen und dem europäischen Verwaltungsrecht hinzuweisen (*Classen*, NJW 1995, 2457), so voreilig ist die Annahme, der Fortschritt der europäischen Einigung sei nur durch den Verzicht auf Kernaussagen des Verwaltungsrechtsschutzes zu verwirklichen.

Literatur zu § 3 VI: *Schwarze* (Hg.), Europäisches Verwaltungsrecht im Werden (1982); *Everling*, Auf dem Weg zu einem europäischen Verwaltungsrecht, NVwZ 1987, 1 ff.; *Steinberger/Klein/Thürer*, Der Verfassungsstaat als Glied einer europäischen Gemeinschaft, VVDStRL 50 (1991); *Triantafyllou*, Zur Europäisierung des vorläufigen Rechtsschutzes, NVwZ 1992, 129; *Fischer*, Zur unmittelbaren Anwendung von EG-Richtlinien in der öffentlichen Verwaltung, NJW 1992, 165; *Schmidt-Aßmann*, Zur Europäisierung des allgemeinen Verwaltungsrechts, FS Lerche (1993), 513 ff.; *Zuleeg/Rengeling*, Deutsches und europäisches Verwaltungsrecht – Wechselseitige Einwirkungen, VVDStRL 53 (1994); *E. Klein*, Der Einfluß des europäischen Gemeinschaftsrechts auf das Verwaltungsrecht der Mitgliedstaaten, DS 33 (1994), 39 ff.; *H. G. Fischer*, Europarecht in der öffentlichen Verwaltung (1994); *Jarass*, Grundfragen der innerstaatlichen Bedeutung des EG-Rechts (1994); *Schoch*, Die Europäisierung des Allgemeinen Verwaltungsrechts, JZ 1995, 109 ff.; *Burgi, Martin*, Deutsche Verwaltungsgerichte als Gemeinschaftsgerichte, DVBl. 1995, 792; *Classen*, Strukturunterschiede zwischen deutschem und europäischem Verwaltungsrecht, NJW 1995, 2457; *R. Streinz*, Europarecht, 2. Aufl. (1995); *Rengeling/Middeke/Gellermann*, Rechtsschutz in der Europäischen Union (1994); *Ehlers*, in: Erichsen (Hg.), AVwR, 10. Aufl. (1995), § 3; *Maurer*, AVwR, § 2, Rd.-Nr. 25 ff.

§ 4 Aufbau der Verwaltungsgerichtsbarkeit und Gerichtsverfassung

I. Verfassungsrechtlicher Rahmen: Unabhängigkeit der Gerichte und der Richter

Auch der *Aufbau der Verwaltungsgerichtsbarkeit* ist letztlich durch **1** den Grundsatz des rechtlichen Gehörs (Art. 19 IV GG) und dadurch bestimmt, daß der Zugang zu den staatlichen Gerichten nicht in unzumutbarer, aus Sachgründen nicht gerechtfertigter Weise erschwert werden darf (BVerfGE 40, 272, 274f.; 69, 381, 385). Nach der Rechtsprechung des BVerfG erfordert dieser Grundsatz zwar keinen mehrstufigen Aufbau der Verwaltungsgerichtsbarkeit (BVerfGE 11, 132, 233; 54, 277, 291; 65, 76, 90), doch gilt das Verbot einer unzumutbaren Erschwerung auch innerhalb eines vorhandenen Instanzenweges. Außerdem sind weitere verfassungsrechtliche Vorgaben zu beachten:

1. Institutionelle Gewährleistung des BVerwG und der übrigen Gerichte

Art. 95 GG setzt die Existenz der Verwaltungsgerichtsbarkeit **2** voraus und schreibt die Errichtung des BVerwG vor. Auch die Bildung eines gemeinsamen Senats der obersten Bundesgerichte zur Wahrung der Einheitlichkeit der Rechtsprechung ist durch Art. 95 III GG vorgeschrieben (hierzu G v. 19. 6. 1968 – BGBl. I, 661). Die grundsätzliche Gleichwertigkeit der verschiedenen Rechtswege hat auch organisatorische Konsequenzen. Ebenso sind Unabhängigkeit der Gerichte und der Richter, Effektivität des Rechtsschutzes und der verfassungsrechtliche Gleichheitssatz auch organisatorisch zu gewährleisten. Als rechtsprechende Gewalt i. S. v. Art. 92 GG ist aber nicht nur das BVerwG, sondern die Verwaltungsgerichtsbarkeit insgesamt den Richtern anvertraut und damit institutionell gewährleistet. Als Ausdruck des allgemeinen Gewaltenteilungsprinzips setzt Art. 92 GG voraus, daß in den Ländern eine Verwaltungsgerichtsbarkeit existiert. An die Stelle

einer unabhängigen Verwaltungsgerichtsbarkeit kann grundsätzlich nicht die Kontrolle der Verwaltung durch ein erweitertes
Widerspruchsverfahren, Kommissionen oder ähnliches treten.
Art. 10 II GG enthält insoweit die einzige verfassungsrechtlich
sanktionierte Ausnahme.

2. Institutioneller Gesetzesvorbehalt für die Gerichtsorganisation

3   Die grundlegenden Entscheidungen über die Organisation der
Verwaltungsgerichtsbarkeit sind aus rechtsstaatlichen Gründen
dem Gesetzgeber vorbehalten. Dieser institutionelle (oder organisatorische) Gesetzesvorbehalt würde selbst dann gelten, wenn er
in § 3 VwGO nicht ausdrücklich kodifiziert wäre (ähnlich *Ule,*
VwProzR, 66). Nach Art. 74 Nr. 1 GG hat der Bund die Gesetzgebungskompetenz auch für die Verwaltungsgerichtsbarkeit.
§ 3 II VwGO ermöglicht auch die Errichtung gemeinsamer Gerichte oder gemeinsamer Spruchkörper bzw. die Ausdehnung von
Gerichtsbezirken über die Landesgrenzen hinaus.

3. Institutionelle Eigenständigkeit

4   Die aus Art. 19 IV GG folgende Verpflichtung betrifft nicht nur
die „Errichtung" der Verwaltungsgerichtsbarkeit sondern auch
die verfassungsrechtliche Pflicht der Länder, die errichteten Verwaltungsgerichte in der Weise auszustatten und arbeitsfähig zu
erhalten, daß der Rechtsschutz des Einzelnen nicht unzumutbar
erschwert oder in zeitliche Entfernung gerückt wird. Dagegen ist
die Verpflichtung zur Einrichtung einer *mehrstufigen* Verwaltungsgerichtsbarkeit nicht im GG selbst sondern nur in § 2 VwGO
enthalten. Die Verpflichtung zur Errichtung und Unterhaltung
einer *unabhängigen* Verwaltungsgerichtsbarkeit schließt auch die
Eingliederung in eine andere Gerichtsbarkeit aus (*Ule,* VwProzR,
64).

4. Richterliche Unabhängigkeit

Die Unabhängigkeit der Richter (Art. 97 GG) gilt uneinge- **5**
schränkt auch für die Verwaltungsrichter. Hauptamtlich und plan-
mäßig endgültig angestellte Richter können gegen ihren Willen
nur unter den in Art. 97 II selbst formulierten Voraussetzungen
entlassen, ihres Amtes enthoben oder versetzt werden.

Die Unabhängigkeit der Richter besteht in **sachlicher** Hinsicht,
schließt insofern Weisungen sämtlicher staatlichen Stellen aus und
bedeutet auch einen gewissen Schutz gegenüber privater und ge-
sellschaftlicher Einflußnahme. In **persönlicher** Hinsicht sind die
Richter gegenüber anderen öffentlichen Ämtern herausgehoben
und in ihrer Unabhängigkeit abgesichert. Rechtsgut ist hier aber
nicht die persönliche Stellung, sondern ausschließlich die Unabhängigkeit der Rechtsprechung als solcher (BVerwG, NJW 1988,
1747).

Während der Grundsatz der richterlichen Unabhängigkeit heute völlig unbestritten und in Art. 97 GG verfassungsrechtlich gewährleistet ist, bestehen
gerade in der Verwaltungsgerichtsbarkeit indirekte Gefahren für diese Unabhängigkeit. Diese rühren daher, daß die Richter staatliche Entscheidungen zu
kontrollieren und ggf. zu korrigieren befugt sind, was zuweilen immer noch
als Durchsetzung des Partikularinteresses gegenüber dem Gemeinwohl und als
Illoyalität gegenüber dem Staat mißdeutet wird. Umso wichtiger ist es, daß
der Richter nicht nur organisatorisch von der staatlichen Verwaltung getrennt
ist, sondern auch jene innerliche Unabhängigkeit erreichen und bewahren
kann, die ihn zur echten Kontrolle staatlicher Gewalt befähigt. Auch die
Dienstaufsicht über Richter (vgl. § 38 VwGO) ist durch § 26 DRiG und die
verfassungsrechtlich gewährleistete richterliche Unabhängigkeit begrenzt. Sie
darf grundsätzlich nicht die Rechtsprechungstätigkeit als solche und die gerichtliche Selbstverwaltung erfassen, darf aber auch keinen mittelbaren Druck
auf den jeweiligen Richter ausüben (vgl. *Kopp*, VwGO, § 38, Rd.-Nr. 3).

Der Verwaltungsrichter darf aber seine eigene verfassungsrechtlich gesicher- **6**
te Unabhängigkeit und das Vertrauen der Öffentlichkeit in diese Unabhängigkeit auch nicht selbst gefährden. So darf er sich z. B. nicht durch ehrenamtliche
Aktivitäten oder Nebentätigkeiten mit den Trägern öffentlicher Verwaltung
verbinden, die zu kontrollieren er berufen ist. Das Vertrauen der Öffentlichkeit
in die richterliche Unabhängigkeit ist ferner gefährdet, wenn gerade Verwaltungsrichter unter Inanspruchnahme eines „Amtsbonus" zu hochpolitischen
Fragen oder z. B. zu Vorhaben, die selbst Gegenstand eines Verwaltungs-
rechtsstreits werden können, in der Öffentlichkeit Stellung nehmen. So wenig
das Grundgesetz den angepaßten und unpolitischen Richter intendiert und so

sehr Richter als „Private" am politischen Meinungskampf beteiligt sein dürfen,
so deutlich muß auch sein, daß sie dies nicht unter Berufung auf ihr Richteramt
tun dürfen und auch im übrigen diejenige Zurückhaltung zu wahren haben, die
ihre besondere Stellung als legitime Kontrolleure staatlicher Gewalt erfordert
(vgl. dazu BVerwG, NJW 1988, 1747; BVerfG, Kammer-Entsch., NJW 1989,
93). Zu beachten ist dabei aber, daß die verfassungsrechtliche Schranke für die
Meinungsäußerungsfreiheit nur Art. 97 GG und das Vertrauen der Öffentlichkeit in die Unabhängigkeit der Richter, nicht aber ein abstraktes „Ansehen des
Amtes" oder ein bestimmtes „Richterbild" ist (so aber einzelne Formulierungen in dem zitierten Kammerbeschluß des BVerfG).

5. Der Grundsatz des gesetzlichen Richters

7   Besonders wichtig für den inneren und äußeren Aufbau der Verwaltungsgerichtsbarkeit ist auch der Grundsatz des **gesetzlichen
Richters** (Art. 101 I 2 GG). Aufgrund der gesetzlich festgelegten
Verwaltungsgerichte und ihrer Zuständigkeiten, intern aufgrund
des Geschäftsverteilungsplans muß stets **vor** dem Prozeß feststehen, welcher Spruchkörper und welcher Richter im Einzelfall zu
entscheiden hat (BVerfGE 17, 294, 299). Weder die Geschäftsstelle
noch gar die staatliche Aufsichtsbehörde darf irgendeinen Einfluß
auf die Zuteilung bestimmter Fälle auf die Spruchkörper der Verwaltungsgerichtsbarkeit nehmen. Auch die Person des streitent-
scheidenden Einzelrichters (§ 6 VwGO) muß kammerintern vor-
ausbestimmt sein (OVG Hamburg, NJW 1994, 274). Deshalb
muß der Geschäftsverteilungsplan die anfallenden Streitsachen
nach allgemeinen, sachlich-objektiven und vorher bestimmten
Gesichtspunkten ordnen. Außerdem muß er die Zuweisung der
Richter und Richterinnen zu den verschiedenen Spruchkörpern
sowie Vertretungsfälle regeln. Eine Änderung des jährlich zu be-
schließenden Geschäftsverteilungsplans darf nur nach den strengen Regeln des § 21e III GVG vorgenommen werden (Einzelheiten z.B. bei *Kopp*, VwGO, § 4, Rd.-Nr. 11a). Asylstreitigkeiten
sollen in besonderen Spruchkörpern zusammengefaßt werden
(§ 83 I AsylVfG).

Literatur zu § 4 I: *Schiedermair*, Der gesetzliche Richter im Verwaltungs-
prozeß, DÖV 1960, 6; *Sendler*, Zur Unabhängigkeit des Verwaltungsrichters,
NJW 1983, 1449; *Achterberg*, Die richterliche Unabhängigkeit im Spiegel der
Dienstgerichtsbarkeit, NJW 1985, 3041; *Sendler*, Was dürfen Richter in der

Öffentlichkeit sagen?, NJW 1984, 689; *Thomas*, Richterrecht (1986); *Gloria*, Verfassungsrechtliche Anforderungen an die gerichtlichen Geschäftsverteilungspläne, DÖV 1988, 849; *ders.*, Die Verwirklichung des Rechts auf den gesetzlichen Richter im Prozeß, NJW 1989, 445; *Papier*, Richterliche Unabhängigkeit und Dienstaufsicht, NJW 1990, 8; *Reichl*, Probleme des gesetzlichen Richters in der Verwaltungsgerichtsbarkeit (1994).

Rechtsprechung: Zur verfassungsgerichtlichen Bedeutung des Geschäftsverteilungsplanes: *BVerfGE* 19, 52, 59; 22, 254, 259; 31, 47, 54; *BVerwG*, NJW 1983, 2154; NJW 1988, 1339; NJW 1991, 1370; allgem. zum gesetzlichen Richter *BVerfGE* 4, 412, 416; 10, 200, 213; *BVerfGE* 21, 139, 145; zur gesetzl. Bestimmung der gerichtlichen Zuständigkeiten bereits *BVerfGE* 22, 49, 73; 64, 261, 278; 69, 112, 120; zum individuellen Anspruch auf den gesetzl. Richter: *BVerfGE* 18, 441, 447.

II. Der äußere Aufbau der Verwaltungsgerichtsbarkeit

Der Aufbau der Verwaltungsgerichtsbarkeit wird durch § 2 **8** VwGO bestimmt, der zugleich die Bezeichnung der Gerichte festlegt. Demnach ist die Verwaltungsgerichtsbarkeit grundsätzlich *dreistufig*. Klargestellt ist auch, daß VG und OVG Ländergerichte sind und daß jedes Land mindestens ein VG und – ggf. gemeinsam mit einem anderen oder mehreren anderen Ländern – ein OVG haben muß.

1. Verwaltungsgerichte

Regelmäßig erste Instanz sind die Verwaltungsgerichte, die in **9** den Ländern durch Gesetz (§ 3 VwGO) errichtet und ggf. aufhoben werden. Sie entscheiden – soweit gesetzlich nichts anderes bestimmt ist – im ersten Rechtszug über alle Streitigkeiten, für die der Verwaltungsrechtsweg offensteht (§ 45 VwGO).

Die Gesichtspunkte, nach denen Verwaltungsgerichte errichtet und geographisch zugeordnet wurden, sind unterschiedlich. Großstädte und der Sitz der jeweiligen verwaltungsrechtlichen Mittelinstanz (Bezirksregierung, Regierungspräsidium usw.) sind am häufigsten Sitz eines Verwaltungsgerichts. Gerichtsbezirke und Einwohnerzahlen sind äußerst unterschiedlich – entsprechend auch die Größe der Gerichte (Übersicht mit Postadressen bei *Kuhla/Hüttenbrink*, S. 481).

2. Oberverwaltungsgerichte/Verwaltungsgerichtshöfe

10   Die verwaltungsgerichtliche „Mittelinstanz" bilden die Oberverwaltungsgerichte. Sie sind wie die Verwaltungsgerichte Gerichte der Länder. In jedem Land darf nur ein Oberverwaltungsgericht bestehen. Es kann auch gemeinsam mit einem oder mehreren
anderen Ländern errichtet werden. Nach § 184 VwGO können die
Länder bestimmen, daß das Oberverwaltungsgericht die bisherige
Bezeichnung „Verwaltungsgerichtshof" weiterführt. Davon haben Baden-Württemberg, Bayern und Hessen Gebrauch gemacht.
Die Oberverwaltungsgerichte sind Berufungsgerichte für Entscheidungen der VGe. Sie sind aber auch vermehrt erstinstanzlich
zuständig (vgl. § 48 VwGO).

Übersicht über Verwaltungsgerichtshöfe und Oberverwaltungsgerichte:

– VGH Baden-Württemberg, Mannheim;
– Bayerischer VGH, München;
– OVG Berlin;
– OVG für das Land Brandenburg, Frankfurt (Oder);
– OVG der Freien Hansestadt Bremen;
– Hamburgisches OVG;
– Hessischer VGH, Kassel;
– OVG Mecklenburg-Vorpommern, Greifswald;
– OVG Niedersachsen, Lüneburg;
– OVG für das Land Nordrhein-Westfalen, Münster;
– OVG Rheinland-Pfalz, Koblenz;
– OVG des Saarlandes, Saarlouis;
– Sächsisches OVG, Bautzen;
– OVG des Landes Sachsen-Anhalt, Magdeburg;
– Schleswig-Holsteinisches OVG, Schleswig;
– Thüringer OVG, Weimar.

11   Wegen des Grundsatzes der Landesexekutive und der bei allen
Vereinheitlichungstendenzen bestehenden Unterschiede im Lan-
desverwaltungsrecht darf die Bedeutung der Oberverwaltungsgerichte und Verwaltungsgerichtshöfe für die Fortentwicklung des
Verwaltungsrechts und für die alltägliche Praxis der Verwaltung
nicht unterschätzt werden. Ihre Rechtsprechung stellt neben der

Gesetzgebung vielfach die wichtigste normative Entscheidungsgrundlage der Landesverwaltungen dar.

3. Das Bundesverwaltungsgericht

Oberstes Verwaltungsgericht der Bundesrepublik ist das Bundesverwaltungsgericht. Es wurde aufgrund des Gesetzes über das BVerwG vom 23. 9. 1952 (BGBl. 1952, Teil I, 625) errichtet und steht gleichrangig neben dem BGH, dem BFH, dem BAG und dem BSG als Oberster Gerichtshof im Sinne von Art. 95 I GG. Bisheriger gesetzlicher Sitz des BVerwG ist Berlin (§ 2 VwGO), der beiden Wehrdienstsenate München. Die Verlagerung des Gerichtssitzes nach Leipzig ist eingeleitet (BRDrucks. 529/95).

Soweit das BVerwG Revisionsgericht ist, ist es reine Rechtsinstanz, prüft also nicht Tatsachenfeststellungen. Auch Fragen des Landesrechts sind vom ihm grundsätzlich nicht zu entscheiden. Erstinstanzliche Zuständigkeiten bestehen in bestimmten Ausnahmefällen nach § 50 VwGO, vor allem bei öffentlich-rechtlichen Streitigkeiten nichtverfassungsrechtlicher Art zwischen dem Bund und den Ländern und zwischen verschiedenen Ländern, sowie bei Klagen gegen Maßnahmen nach dem Verkehrswegeplanungsbeschleunigungsgesetz, gegen Vereinsverbote, bei Klagen gegen den Bund auf dem Gebiet diplomatischer und konsularischer Angelegenheiten sowie Fragen des Bundesnachrichtendienstes (dazu unten, § 11 III). Die Disziplinar- und Wehrdienstsenate des BVerwG entscheiden als Berufungsgericht.

In seiner Geschichte hat sich das BVerwG als äußerst wirksam bei der Herstellung und Erhaltung der Einheitlichkeit des Verwaltungsrechts erwiesen. Überdies gehen zahlreiche richterrechtliche Grundsätze und später kodifizierte Regeln des Verwaltungsrechts auf seine Rechtsprechung zurück. Nach Eingliederung des Bundesdisziplinarhofes in das BVerwG ist dieses auch oberste Instanz der Bundesdisziplinargerichtsbarkeit.

Literatur zu § 4 II: *Sendler,* Zum Instanzenzug in der Verwaltungsgerichtsbarkeit, DVBl. 1982, 157; *Wissenschaftlicher Dienst des BVerwG,* Informationen über das BVerwG, 4. Aufl. (1987); *Ule,* VwProzR, § 10; *Kopp,* VwGO, § 1.

III. Der innere Aufbau der Verwaltungsgerichtsbarkeit

13   Beim inneren Aufbau der Verwaltungsgerichtsbarkeit sind –
wie bei allen Gerichten – Fragen der Besetzung und der Aufteilung
der Spruchkörper einerseits sowie Vorschriften über das Präsidium und die „innere Gerichtsverfassung" andererseits zu unterscheiden. Für die erste Frage (Besetzung und Aufteilung der
Spruchkörper) enthält die VwGO besondere Bestimmungen,
während sie im Hinblick auf die Aufgaben des Präsidiums, die
Geschäftsverteilung usw. auf den Zweiten Titel des GVG verweist
(vgl. § 4 VwGO).

1. Aufbau und Besetzung der Spruchkörper

14   Gerichte der Verwaltungsgerichtsbarkeit sind grundsätzlich
Kollegialgerichte, sie entscheiden in Kammern bzw. Senaten.
Während früher der Einzelrichter im Verwaltungsprozeß die strikt
begrenzte Ausnahme war, soll nunmehr nach § 6 I VwGO der
Rechtsstreit „in der Regel" dem Einzelrichter zur Entscheidung
übertragen werden, wenn die Sache keine besonderen Schwierigkeiten oder keine grundsätzliche Bedeutung aufweist. Dagegen
sind zu Recht schwerwiegende Bedenken erhoben worden. Verwaltungsprozesse sind selten „einfach". Der Entlastungseffekt
durch den Einzelrichter ist erwiesenermaßen gering. Bedenklich
ist insbesondere die Kumulation von Entscheidung durch den Einzelrichter, Gerichtsbescheid und Zulassungsberufung (kritisch
Stelkens, NWVBl. 1994, 258).

15   Die Spruchkörper des *Verwaltungsgerichts* heißen *Kammern* (§ 5 II
VwGO). Sie entscheiden i. d. R. in der Besetzung von drei Be-
rufsrichtern und zwei ehrenamtlichen Richtern. Die Berufsrichter
können also durch die ehrenamtlichen Richter nicht überstimmt
werden. Die ehrenamtlichen Richter wirken auch bei Beschlüssen
außerhalb der mündlichen Verhandlungen und bei Vorbescheiden
nicht mit.

16   Einen etwas größeren Spielraum haben die Länder im Hinblick
auf Aufbau und Besetzung der **Oberverwaltungsgerichte**. Ihre
Spruchkörper heißen grundsätzlich *Senate*. Diese bestehen aus

dem Präsidenten, aus Vorsitzenden Richtern und weiteren Richtern in der erforderlichen Anzahl (§ 9 I). Nach § 9 III VwGO entscheiden die Senate in der Besetzung von drei (Berufs-)Richtern, jedoch kann die Landesgesetzgebung vorsehen, daß zwei weitere Richter hinzutreten, die auch ehrenamtliche Richter sein können. Bei den in § 48 I VwGO genannten erstinstanzlichen Entscheidungen über bestimmte Großvorhaben entscheiden die Senate des OVG grundsätzlich in der Besetzung von 5 Richtern. Hier können die Länder durch Gesetz vorsehen, daß zwei ehrenamtliche Richter hinzutreten (Übersicht bei *Kuhla/Hüttenbrink*, S. 11).

Das **Bundesverwaltungsgericht** besteht nach § 10 VwGO aus **17** dem Präsidenten, aus den Vorsitzenden Richtern und weiteren Richtern in erforderlicher Anzahl. Seine Senate entscheiden in der Besetzung von 5 Richtern, bei Beschlüssen außerhalb der mündlichen Verhandlung in der Besetzung von 3 Richtern. Eine Mitwirkung von ehrenamtlichen Richtern ist hier im Hinblick auf die überwiegend revisionsrichterliche Tätigkeit des BVerwG nicht vorgesehen.

Mit zunehmender Diversifizierung der Rechtsmaterie und Spe- **18** zialisierung der Senate besteht die Notwendigkeit, die Einheitlichkeit der Rechtsprechung der Berufungs- und Revisionsgerichte zu sichern. Diese Aufgabe erfüllen gem. § 11 VwGO der **Große Senat beim BVerwG** und gem. § 12 die **Großen Senate bei den Oberverwaltungsgerichten und Verwaltungsgerichtshöfen**, soweit diese über (nicht revisibles) Landesrecht endgültig entscheiden.

Der Große Senat beim BVerwG darf nicht verwechselt werden **19** mit dem **Gemeinsamen Senat der Obersten Gerichtshöfe des Bundes** (GSOBG). Entscheidet letzterer über divergierende Rechtsauffassungen der Obersten Bundesgerichte, so ist der Große Senat beim BVerwG befugt, bei Divergenzen in einzelnen Rechtsfragen zwischen Gerichten der Verwaltungsgerichtsbarkeit (und nur bei diesen) zu entscheiden, wenn nach Auffassung eines erkennenden Senats die Fortbildung des Rechts oder die Sicherung einer einheitlichen Rechtsprechung dies erfordern. Der Große Senat besteht nach § 11 V VwGO aus dem Präsidenten und je einem Richter derjenigen Revisionssenate, in denen der Präsident nicht den Vorsitz führt. Auch ein Mitglied des vorlegenden oder durch eine beabsichtigte Änderung der Rechtsprechung „betroffenen" Senats ist zu beteiligen.

20   Eine erhebliche Vereinfachung hat allerdings § 11 III VwGO in der seit 1. 1. 1992 geltenden Fassung gebracht: Hiernach ist eine Vorlage nur noch dann zulässig, wenn der Senat, von dessen Entscheidung abgewichen werden soll, auf Anfrage des erkennenden Senats erklärt hat, daß er an seiner Rechtsauffassung festhält **und** dieser Senat noch aufgrund des Geschäftsverteilungsplanes mit der betreffenden Sache befaßt ist. Andernfalls kann der nunmehr zuständige Senat selbständig entscheiden (Grundsatz fortbestehender *und* noch entscheidungserheblicher Divergenz).

21   § 11 gilt für die **Großen Senate der OVG/VGH** entsprechend, wobei eine Befassung des Großen Senats nur insoweit in Frage kommt, als es um die endgültige Entscheidung über nichtrevisibles Landesrecht geht. Entscheidet ein Senat in einer der Revision durch das BVerwG zugänglichen Frage anders als ein anderer Senat des gleichen OVG, kann also der Große Senat nicht angerufen werden.

22   Im Falle der Divergenz ist die Vorlage an den Großen Senat *zwingend*. Dieser ist dann gesetzlicher Richter i. S. v. Art. 101 I 2 GG (BVerfG [Kammer-E], NVwZ 1993, 465). Im Falle des § 11 IV ist die Vorlage zwar fakultativ, doch dürfte auch hier das Ermessen des vorlegenden Senats gebunden sein, wenn die Voraussetzungen (Erforderlichkeit zur Fortbildung des Rechts oder zur Sicherung einer einheitlichen Rechtsprechung) erfüllt sind.

2. Innere Gerichtsverfassung: Richterliche Selbstverwaltung und Geschäftsverteilung

23   Die Bedeutung der richterlichen Selbstverwaltung und der Geschäftsverteilung wird oft verkannt. Insbesondere wird übersehen, daß die Verantwortlichkeit für die interne Geschäftsverteilung ihrerseits in Art. 101 GG begründet ist, Aufgaben der Selbstverwaltung also grundsätzlich nicht einfach durch staatliche Justizbehörden übernommen werden dürften. Das gewählte Präsidium eines jeden Verwaltungsgerichts stellt zugleich ein wichtiges Gegengewicht zum Präsidenten als Chef der „Verwaltungsbehörde Gericht" dar. Dem Präsidium obliegen nach § 21e GVG die Entscheidungen über die Besetzung der Spruchkörper, die Regelung der Vertretung und die Geschäftsverteilung. Entsprechend genau sind die Vorschriften über die Wahl zum Präsidium und die Vertretung der Mitglieder (§ 21b und § 21c GVG). Innerhalb der Kammern und Senate verteilt der jeweilige Vorsitzende die Geschäfte auf die Mitglieder. Auch seine Entscheidung muß dem **Grundsatz des Gesetzlichen Richters** gerecht werden und damit grundsätzlich zu Beginn des Geschäftsjahres feststehen.

Der **Geschäftsverteilungsplan** hat dem Bürger gegenüber keine **24** Außenwirkung, ist also insoweit weder VA noch Rechtsnorm (OVG Lüneburg, NJW 1984, 627). In Betracht kommt aber sowohl eine Incidenterkontrolle, wenn es um eine Verletzung des Gebots des Gesetzlichen Richters geht, als auch eine Normenkontrolle auf Antrag eines betroffenen Richters. Da der Geschäftsverteilungsplan ein Akt kollektiver Selbstverwaltung ist, steht er der Rechtsnatur nach als Rechtsnorm eigener Art zwischen Satzung und Geschäftsordnung. Weder Verwaltungsakt noch Rechtsnorm ist die Entscheidung über die Verteilung der Geschäfte auf die Mitglieder innerhalb der Kammern und Senate (§ 21g GVG). Da das Recht auf den Gesetzlichen Richter kein subjektives Recht des Richters selbst ist (BVerfGE 15, 298, 301), kann sich dieser der Geschäftsverteilungsentscheidung des Vorsitzenden gegenüber nur auf eine Verletzung der Fürsorgepflicht berufen.

3. Die Geschäftsstelle

Nach § 13 VwGO wird bei jedem Gericht eine Geschäftsstelle **25** eingerichtet und mit der erforderlichen Anzahl von Urkundsbeamten besetzt. Neben eher routinemäßigen Hilfsfunktionen wie Akten- und Registerführung, Ladungen, Zustellungen und Beurkundungen sind den Urkundsbeamten auch eine Reihe selbständiger Geschäfte übertragen, wie z. B. die Festsetzung gerichtlicher Kosten und der notwendigen Aufwendungen der Beteiligten

(§ 164), die Entschädigung von Zeugen und Sachverständigen sowie die Vergütung des Rechtsanwalts in Fällen der Prozeßkostenhilfe (§ 166 i. V. m. den entsprechenden Vorschriften der ZPO).
Insofern ist der Urkundsbeamte selbständig und nicht weisungs-
gebunden.

Literatur zu § 4 III: *Schiedermair,* Der Gesetzliche Richter im Verwaltungsprozeß, DÖV 1960, 6; *Frauendorf,* Zur richterlichen Selbstverwaltung im demokratischen Rechtsstaat, DÖV 1980, 553; *Renck,* Geschäftsverteilungsplan
und Normenkontrolle, NJW 1984, 2928; *Schnellenbach,* Das Spruchkörperprinzip in der Verwaltungsgerichtsbarkeit, FS Menger (1985), 341 ff.; *Chr. Meyer,*
Die Sicherung der Einheitlichkeit höchstrichterlicher Rechtsprechung durch
Divergenz- und Grundsatzvorlage (1994).

IV. Die dienstrechtliche Stellung der Verwaltungsrichter

1. Allgemeines

26   Die Rechtsstellung der Verwaltungsrichter wird primär durch
den **Grundsatz richterlicher Unabhängigkeit** bestimmt (oben § 4
Rd.-Nr. 5). Diese bildet auch den Hintergrund dienstrechtlicher
und gerichtsverfassungsrechtlicher Regelungen. Im Grundsatz
sind die Richter der Verwaltungsgerichtsbarkeit hauptamtlich und
auf Lebenszeit ernannt (§ 15 I VwGO). Richter im Nebenamt
(§ 16), Richter auf Probe oder kraft Auftrags (§ 17) sind die Ausnahme; sie können in Kammer oder Senat nicht den Vorsitz führen und können erst nach einem Jahr streitentscheidender Einzelrichter werden (§ 6 I 2 VwGO); in den Kammern und Senaten darf
jeweils nur ein solcher Richter mitwirken (§ 18). Auch ehrenamtliche Richter sind Richter im vollen Sinne des Verfassungsrechts
und der VwGO. Für sie gelten allerdings besondere Bestimmungen (§§ 19–34 VwGO).

27   Ungeachtet ihrer Rechtsstellung wirken alle Verwaltungsrichter
gleichberechtigt und unabhängig an den Entscheidungen der Gerichte mit und haben an der verfassungsrechtlichen Stellung der
Richter teil. Die berufsmäßigen Richter müssen die Befähigung
zum Richteramt im Sinne des DRiG besitzen, das auch die Ernen-
nungsvoraussetzungen regelt. Neben dem Schutz vor Versetzung,

Abordnung, Entlassung usw. (Art. 97 II GG) soll auch die altehrwürdige Bestimmung des § 197 GVG über die Reihenfolge der Stimmabgabe die innere Unabhängigkeit der Richter sichern.

2. Richter auf Lebenszeit

Grundsätzlich sind die Verwaltungsrichter Richter auf Lebens- **28** zeit (§ 15 I VwGO). Für ihre persönliche Rechtsstellung gilt das DRiG, und die VwGO enthält insofern keine Besonderheiten. Alle Richter am BVerwG sowie an den OVG und VGH (letztere mit Ausnahme der ehrenamtlichen Richter, falls dies nach Landesrecht vorgesehen ist) sind Lebenszeitrichter. Ihnen ist der Vorsitz in Kammer oder Senat vorbehalten.

3. Richter im Nebenamt

Bei Verwaltungsgerichten und Oberverwaltungsgerichten kön- **29** nen auf Lebenszeit ernannte Richter anderer Gerichte und Ordentliche Professoren des Rechts für eine bestimmte Zeit von mindestens zwei Jahren, längstens jedoch für die Dauer ihres Hauptamtes, zu Richtern im Nebenamt ernannt werden (dazu *Schmidt-Jortzig,* FS Menger, 1985, 359). Praktisch bedeutsam ist hierbei nur die nebenamtliche Tätigkeit von Universitätsprofessoren im Bereich der Oberverwaltungsgerichte und Verwaltungsgerichtshöfe. Diese stellt eine wichtige Form des „Wissenschaftstransfers" in die berufliche Praxis dar und sichert umgekehrt, daß die Hochschullehrer Erfahrungen aus dieser Praxis an ihre Studenten und den wissenschaftlichen Nachwuchs weitergeben können. Die Zurückhaltung in einzelnen Bundesländern gegenüber dieser Möglichkeit scheint also nicht gerechtfertigt.

4. Richter auf Probe und Richter kraft Auftrags

Bei den Verwaltungsgerichten (nicht also bei OVG und **30** BVerwG) können Richter auf Probe und Richter kraft Auftrags verwendet werden. **Richter auf Probe** sind zumeist jüngere Verwaltungsrichter am Beginn ihrer Berufslaufbahn, deren „Probe-

zeit" zur Beurteilung ihrer Eignung als Lebenszeitrichter dient und
die später als Richter auf Lebenszeit oder als Staatsanwalt verwendet werden sollen (§ 12 DRiG). Der einzige Unterschied zum **Richter kraft Auftrags** besteht darin, daß dieser bereits Beamter auf
Lebenszeit oder auf Zeit ist und später als Richter auf Lebenszeit
verwendet werden soll (§ 14 DRiG). Beide Funktionen sind für die
Verwaltungsgerichtsbarkeit wegen der auch hier bestehenden Notwendigkeit einer Erprobung vor der Lebenszeiternennung unum-
gänglich; sie haben aber auch ihre Probleme, weil diese Richter in
rechtlich noch ungesicherter Stellung möglicherweise bei der Kontrolle derjenigen Behörden mitwirken, die über ihren persönlichen
Rechtsstatus entscheiden. Ihre Unabhängigkeit bedarf daher besonders sorgfältiger Absicherung durch den Vorsitzenden, das Präsidium und die anderen Richter des Verwaltungsgerichts.

5. Ehrenamtliche Richter

31   Besonderen Regelungsaufwand treibt die VwGO im Hinblick
auf die „Laienrichter". Diese sind in der mündlichen Verhandlung
und in der Entscheidungsfindung des Gerichts voll gleichberechtig-
te und unabhängige Richter (§ 19 VwGO), ohne den Richterberuf
auszuüben. Als Element der gesellschaftlichen Mitwirkung an der
gerichtlichen Entscheidung kann man sie im historischen Zusammenhang der bürgerlichen Forderung nach einer demokratischen
Gerichtsbarkeit durch Schwurgerichte sehen. Auch in der Verwaltungsgerichtsbarkeit haben sich Laienrichter bewährt, wobei es
dahingestellt sein mag, ob sie in der Praxis wirklich Gerichte dazu
bringen, Sachprobleme nicht allein aus fachjuristischer Sicht zu
sehen oder ob sie zu einer verständlicheren Rechtssprache in den
Urteilen beitragen. Angesichts der geschilderten Kompliziertheit
der Sachverhalte und der zu treffenden Entscheidungen liegt aber
die Gefahr der Überforderung gerade bei Laienrichtern besonders
nahe. Deshalb haben nur einige Bundesländer von der Möglichkeit
Gebrauch gemacht, auch auf der Stufe des OVG bzw. des VGH
ehrenamtliche Richter einzusetzen (§ 19 IV VwGO).

Da Wahl, Ernennung, Vertretung und Ausschluß von Laienrichtern voll **32** unter dem Gebot des gesetzlichen Richters stehen, müssen die entsprechenden gesetzlichen Bestimmungen streng und detailliert sein. Gleichwohl sollen nur gravierende Fehler im Wahlverfahren (§ 29 VwGO) und bei der Erstellung der Vorschlagslisten zur Nichtigkeit der Wahl und damit zur Fehlerhaftigkeit der Besetzung der Richterbank führen (BVerwG, NJW 1988, 219). Nur wenn der Verfahrensfehler besonders schwer ist oder aufgrund seiner Eigenart auf den einzelnen Rechtsstreit durchzuschlagen vermag, soll ein rechtsfehlerhaft gewählter ehrenamtlicher Richter nicht gesetzlicher Richter i. S. v. Art. 101 GG sein (BVerwG, NVwZ 1988, 724). Diese Auffassung ist wegen der formalen Strenge von Art. 101 GG, aber auch wegen der nicht von der Hand zu weisenden Gefahr politischer Einflußnahme auf die Verwaltungsgerichtsbarkeit bedenklich. Mehr als nur ein Ärgernis ist jeder parteipolitische Einfluß auf die Benennung.

Literatur zu § 4 IV: W. *Groß,* Das Berufsbild des Verwaltungsrichters, in: 10 Jahre VwGO, Schriftenreihe der Hochschule Speyer, Bd. 45 (1970), 52 ff.; *Schiffmann,* Die Bedeutung der ehrenamtlichen Richter bei Gerichten der allgemeinen Verwaltungsgerichtsbarkeit (1974); *Schmidt-Jortzig,* „Ordentliche Professoren des Rechts" als Richter an den Verwaltungsgerichten, FS Menger (1985), 359; *Schnellenbach,* Das Spruchkörperprinzip in der Verwaltungsgerichtsbarkeit, FS Menger (1985), 341; *ders.,* Die Aufstellung der Vorschlagslisten für die Wahl der ehrenamtlichen Verwaltungsrichter, NVwZ 1988, 703.

V. Der Vertreter des öffentlichen Interesses

Nach § 36 VwGO kann bei dem Oberverwaltungsgericht und **33** bei dem Verwaltungsgericht nach Maßgabe einer Rechtsverordnung der Landesregierung ein **Vertreter des öffentlichen Interesses** bestimmt werden. Diesem kann allgemein oder für bestimmte Fälle die Vertretung des Landes oder von Landesbehörden übertragen werden. Vertreter des öffentlichen Interesses ist auch der Oberbundesanwalt beim BVerwG (§ 35). Die Vertreter des öffentlichen Interesses bei dem Oberverwaltungsgericht und bei den Verwaltungsgerichten sowie der Oberbundesanwalt und seine hauptamtlichen Mitarbeiter des höheren Dienstes müssen selbst die Befähigung zum Richteramt haben (§ 37). Der Vertreter des öffentlichen Interesses ist nach § 63 Ziff. 4 Beteiligter am Verwaltungsprozeß, wenn er von seiner Beteiligungsbefugnis Gebrauch macht.

34   Aufgaben und Funktionen des VÖI sind – wie schon die umfangreiche
Literatur zeigt – nicht unumstritten. So mag schon die Frage gestellt werden,
ob es unter heutigen Voraussetzungen ein einheitliches „öffentliches Interesse"
geben kann, ob nicht vielmehr in nahezu jedem Verwaltungsprozeß durchaus
widersprüchliche Teilinteressen auch auf staatlicher Seite zu vertreten sind.
Nach seiner Stellung soll der VÖI überdies „unbeteiligter Mittler", d. h. nicht
Vertreter einer Partei oder des Staates, sein. In der Praxis führt dies zu Wider-
sprüchlichkeiten, wenn die beteiligten Behörden ihren Standpunkt beim VÖI
„aufgehoben" glauben und sich mehr oder weniger aus dem Verfahren zurück-
ziehen.

Von der Ermächtigung, Vertreter des öffentlichen Interesses zu
bestellen, haben bisher nur die Länder Baden-Württemberg, Bayern, Mecklenburg-Vorpommern, Nordrhein-Westfalen, Rheinland-Pfalz und Schleswig-Holstein Gebrauch gemacht (Übersicht
bei *Redeker/von Oertzen,* § 36, Rd.-Nr. 1). Zu beachten ist, daß der
VÖI nur die Vertretung des Landes oder von Landesbehörden
übernehmen kann (§ 36 VwGO). Eine Vertretung der Interessen
der Gemeinden oder anderer Körperschaften kommt nicht in Betracht.

Literatur zu § 4 V: *Ule,* Verwaltungsprozeßrecht, § 12; *Meyer-Hentschel,*
Der Vertreter des öffentlichen Interesses (I), in: 10 Jahre Verwaltungsgerichtsordnung, Schriftenreihe der Hochschule Speyer, Bd. 45 (1970), 103; *Redeker,*
Der Vertreter des öffentlichen Interesses (II), ebenda, 127; *Kopp* (Hg.), Die
Vertretung des öffentlichen Interesses in der Verwaltungsgerichtsbarkeit
(1982); *von Mutius,* Die Beteiligung im Verwaltungsprozeß (V). Der Vertreter
des öffentlichen Interesses und der Oberbundesanwalt, JURA 1988, 476; *Rzep-
ka,* Öffentliches Interesse im Sinne der §§ 35 f. VwGO, BayVBl. 1992, 295.

2. Teil. Das Widerspruchsverfahren

§ 5 Das Widerspruchsverfahren zwischen Verwaltungsverfahren und Verwaltungsprozeß

I. Historische Hinweise

Das heutige Widerspruchsverfahren hat unterschiedliche Wur- 1
zeln. Zu erinnern ist an die dem absolutistischen Staat eigene Tendenz, die Verwaltungstätigkeit selbst zu kontrollieren, anstatt diese Kontrolle einer unabhängigen Justiz zu übertragen. Bis in die Weimarer Zeit gab es Bestrebungen, anstelle einer unteren Ebene der Verwaltungsgerichtsbarkeit besondere Beschwerdeverfahren und Spruchbehörden mit gerichtsähnlicher Besetzung und Beschlußverfahren einzurichten. Nach dem 2. Weltkrieg entstanden auf Landesebene unterschiedliche Verfahren des Einspruchs an die entscheidende Behörde selbst und der Verwaltungsbeschwerde an die nächsthöhere Behörde. Schon diese hatten aber nicht mehr die Funktion, den Verwaltungsprozeß auf der unteren Ebene zu ersetzen; sie wurden diesem vielmehr vorgeschaltet, waren also „Vorverfahren" im heute noch gebräuchlichen Sinne. Erst § 77 VwGO faßte alle länderspezifischen Vorverfahren zum Widerspruchsverfahren zusammen, das zugleich in seinen wesentlichen Voraussetzungen, aber auch in einigen Verfahrensgrundsätzen in der VwGO verankert wurde (*Ule*, FS Menger, 95). Geblieben ist damit die eigentümliche Verklammerung eines Verfahrens der Selbstkontrolle der Verwaltung mit dem Verwaltungsprozeß. Geblieben ist aber auch das historische Mißtrauen gegen das Widerspruchsverfahren als dem Verwaltungsprozeß gegenüber rechtsstaatlich allenfalls zweitrangige Kontrolle.

Literatur zu § 5 I: *Mayer*, Deutsches Verwaltungsrecht I, 3. Aufl. (1924), S. 122ff.; *Grawert*, FS Menger (1985), S. 43f.; zur Normierung in der VwGO: *Ule*, FS Menger (1985), S. 95.

II. Verfassungsrechtlicher Rahmen

1. Widerspruchsverfahren und Art. 19 IV GG

2   Aus historischen Gründen ist es gleichfalls verständlich, daß das Widerspruchsverfahren mit dem Rechtsschutz gegen öffentliche Gewalt (Art. 19 IV GG) kaum in Verbindung gebracht wurde. Die Widerspruchsbehörde ist eben selbst „öffentliche Gewalt". Im Hinblick auf Art. 19 IV wurde eher gefragt, ob dieses zusätzliche „Hindernis" auf dem Wege zur verwaltungsgerichtlichen Kontrolle hinnehmbar sei. Das hat das BVerfG stets bejaht (z. B. in BVerfGE 40, 256) – aber mit deutlichen Aufforderung verbunden, daß das Widerspruchsverfahren jedenfalls zügig durchzuführen und der Bürger vor unangemessenen Verzögerungen zu bewahren sei. Festgestellt wurde auch, daß ein Verfahren verwaltungsinterner Kontrolle jedenfalls den verwaltungsgerichtlichen Rechtsschutz nicht ersetzen könne (z. B. BVerfGE 10, 302, 308). Art. 19 IV GG ist also bis heute ein Hindernis für nach wie vor aktuelle Reformvorschläge, die die Verwaltungsgerichtsbarkeit zumindest in einer Instanz durch verwaltungsinterne Beschlußverfahren ersetzen wollen. Umgekehrt wird immer wieder betont, daß das Widerspruchsverfahren weder aus Art. 19 IV GG noch aus einem etwa betroffenen Grundrecht zwingend erforderlich sei (BVerfGE 60, 253, 291; 69, 1, 48). Selbst eine Einschränkung der „Vollkontrolle" durch die Widerspruchsbehörde im „grundrechtssensiblen" Prüfungswesen wird in einer Entscheidung für entbehrlich gehalten, in der andererseits strenge Maßstäbe an die gerichtliche Vollkontrolle gestellt werden (BVerfGE 84, 59).

2. Gewaltenteilung, Selbstverwaltung

3   Für das Widerspruchsverfahren als verwaltungsinterne Kontrolle stellen sich auch bei einer Zweckmäßigkeitsprüfung keine Fragen der **Gewaltenteilung.** Verfassungsrechtliche Grenzen ergeben sich aber aus den verschiedenen **Selbstverwaltungsgarantien** der Verfassung (Art. 5 III, 9, 28 II GG), weil eine über die bloße Rechtsaufsicht hinausgehende Kontrolle durch staatliche Wider-

spruchsbehörden ein Eingriff in die Autonomie der Hochschulen, berufsständischen Vereinigungen, Gemeinden usw. wäre. Deshalb ist in Selbstverwaltungsangelegenheiten entweder der Selbstverwaltungsträger selbst Widerspruchsbehörde (§ 73 I 3 VwGO), oder die staatliche Widerspruchsbehörde ist auf eine Rechtmäßigkeitskontrolle beschränkt. Beide Verfahren lassen sich auch in der Weise kombinieren, daß die Zweckprüfung durch die Selbstverwaltungsbehörde der rechtlichen Prüfung durch die staatliche Widerspruchsbehörde vorausgeht (vgl. z. B. Art. 119 BayGO) oder daß die Prüfung auf einen besonderen **Ausschuß** innerhalb der Selbstverwaltungskörperschaft verlagert wird.

3. Gesetzgebungskompetenz

Große Probleme bereitet seit Bestehen der VwGO die Frage der **4** Gesetzgebungskompetenz für das Widerspruchsverfahren. Nach Art. 74 Ziff. 1 GG hat der Bund diese nur für das gerichtliche Verfahren, während die Länder nach Art. 84 I GG bei der Ausführung auch von Bundesgesetzen die Einrichtung der Behörden und das Verwaltungsverfahren regeln – freilich wiederum, „soweit nicht Bundesgesetze mit Zustimmung des Bundesrates etwas anderes bestimmen". Da der zuletzt genannte Satz jedenfalls keine uneingeschränkte Bundeskompetenz in ländereigenen Angelegenheiten begründen kann, ließ sich das Widerspruchsverfahren in der VwGO nur unter der Voraussetzung regeln, daß es vorwiegend als Prozeßvoraussetzung – eben als „Vorverfahren zum Verwaltungsprozeß" – definiert wurde. Aus der traditionellen engen Verflechtung beider Verfahren ließ sich historisch der „Sachzusammenhang" auch für typisch verfahrensrechtliche Aspekte des Widerspruchsverfahrens begründen. (Dazu Hasso *Hofmann,* FS Menger (1985), 609). Auch ein Bedürfnis nach bundesgesetzlicher Regelung (Art. 72 II GG) bestand zunächst, weil die eigentlich zuständigen Länder bis 1976 größtenteils die Chance nicht wahrgenommen hatten, das Widerspruchsverfahren als zweite Stufe des Verwaltungsverfahrens gesetzlich zu regeln. Die Rechtsprechung bis zum BVerfG hat die Kompetenz kraft Sachzusammenhangs

gleichfalls immer wieder bejaht (Nachw. bei *Kopp,* VwGO, vor
§ 68, Rd.-Nr. 5). Bei Erlaß der (Landes-)VwVfGe stand nach
allgemeinem Dafürhalten einer Übernahme des Widerspruchsverfahrens in diese Gesetze die vorgehende Regelung der § 68 VwGO
entgegen, was nicht nur zur (verunglückten) Kompromißformel
des § 79 VwVfG sondern auch zu zahlreichen Problemen des im
Widerspruchsverfahrens anzuwendenden Rechts führte.

Das kann freilich nicht darüber hinwegtäuschen, daß sich der
„Sachzusammenhang" mehr und mehr vom Verwaltungsprozeß
zum Verwaltungsverfahren hin verlagert hat.

III. Systematischer Standort

1. Allgemeines

5   Die Frage nach dem systematischen Standort des Widerspruchsverfahrens läßt sich heute weder aus der historischen Verbindung
von Verwaltungsprozeß und Verwaltungsverfahren noch allein
aus den geschilderten kompetenzrechtlichen Erwägungen begründen. So läßt sich das Widerspruchsverfahren selbst bei einer verengten prozessualen Sichtweise nicht mehr als bloßes „Vorschalt-
verfahren" zum Verwaltungsprozeß begreifen. Noch weniger gerechtfertigt ist die (zirkelschlußverdächtige) Vermutung, das Widerspruchsverfahren müsse schon deshalb in seinem Schwerpunkt
Prozeßvoraussetzung sein, weil andernfalls die Kompetenz zur
Regelung in § 68 VwGO gefährdet sei.

2. Zusammenhang von Widerspruchsverfahren und Verwal-
tungsprozeß

6   Wie Verwaltungsverfahren und Verwaltungsprozeß stehen auch
Widerspruchsverfahren und Verwaltungsprozeß in einem engen
funktionalen Zusammenhang. Sie teilen nicht nur wichtige Zulässigkeitsvoraussetzungen und rechtliche Maßstäbe sondern dienen
auch gemeinsam dem Ziel einer Rechtmäßigkeitskontrolle der
Verwaltung und der Befriedung öffentlichrechtlicher Konflikte.

Sie sind überdies zwei Stufen ein und desselben Entscheidungsablaufs, der vom Verwaltungsverfahren über Widerspruchsverfahren und Verwaltungsprozeß bis zum Vollzug geht. Nicht zuletzt auch in den Fallgestaltungen der Juristenausbildung bieten Widerspruchsverfahren und Verwaltungsprozeß gemeinsam die „Fallebene", an der Verwaltungshandeln und Verwaltungskontrolle erlernt werden. Deshalb wäre es auch verfehlt, den Zusammenhang zwischen beiden Bereichen zu leugnen oder das Widerspruchsverfahren vollends vom Verwaltungsprozeß zu trennen. Nach wie vor vereinigen sich in ihm vielmehr Elemente des prozessualen „Vorverfahrens" und der zweiten Stufe des Verwaltungsverfahrens – freilich mit zunehmendem Gewicht der letztgenannten Seite.

3. Das Widerspruchsverfahren als Verwaltungsverfahren

Dem äußeren Ablauf nach ist das Widerspruchsverfahren eindeutig **Verwaltungsverfahren**. Es wird auf Antrag des Bürgers eingeleitet, es läuft ab in Sachaufklärung, Anhörung, Beratung usw. wie das Verwaltungsverfahren, ist auf eine umfassende Rechts- **und** Zweckmäßigkeitskontrolle ausgerichtet und endet nicht mit einem Urteil oder einem urteilsähnlichen Beschluß sondern mit einem Verwaltungsakt. Folgerichtig gelten auch die verfassungsrechtlichen Garantien für das gerichtliche Verfahren (gesetzlicher Richter, Weisungsunabhängigkeit des Entscheidenden, ausschließliche Rechtmäßigkeitskontrolle usw.) nicht. Widerspruchsverfahren und Widerspruchsbehörde verkörpern dem Bürger gegenüber vielmehr gerade nicht Gewaltenteilung und unabhängige „Außenkontrolle", sondern in der Regel Einheit der Verwaltung und Binnenkontrolle.

7

Insofern ist es bezeichnend, wenn trotz der geschichtlichen Herkunft und der kompetenzrechtlichen Bezüge das Widerspruchsverfahren in der Literatur heute nahezu ausschließlich als Verwaltungsverfahren behandelt wird: *Allesch, Die Anwendbarkeit der Verwaltungsverfahrensgesetze auf das Widerspruchsverfahren nach der VwGO* (1964), S. 26; *H. Dreier*, NVwZ 1987, 474; *Frank/Langrehr*, VwProzeßR 72; *H. Hill, Das fehlerhafte Verfahren und seine Folgen im Verwaltungsrecht* (1986), 39; *H. Hofmann*, FS Menger (1985), 609; *Hufen,*

Fehler im Verwaltungsverfahren, Rd.-Nr. 396; *Stern*, Verwaltungsprozessuale
Probleme, Rd.-Nr. 307; *Ule*, VwProzR, 117; *Schmitt Glaeser*, VwProzR, Rd.-
Nr. 183, der andererseits aber vom Widerspruch als „bloßem Vorschaltrechts-
behelf" spricht – ebenda, Rd.-Nr. 22).

8   Zumindest ungenau sind aber Formulierungen wie „Doppelnatur des Widerspruchsverfahrens". Das Verfahren selbst hat keineswegs Doppelnatur – es ist ausschließlich Verwaltungsverfahren;
nur die Durchführung ist Prozeßvoraussetzung. Ebensowenig ist
das Widerspruchsverfahren „Teil des Verwaltungsverfahrens".
Dieses ist vielmehr mit der Bekanntgabe (§ 41 VwVfG) und der
schon damit eintretenden Wirksamkeit des Verwaltungsaktes abgeschlossen, woran sich das Widerspruchsverfahren als eigenes
Verwaltungsverfahren anschließt.

4. Verwaltungsprozessuale Aspekte

9   Das Gesagte schließt aber nicht aus, daß das Widerspruchsverfahren auch heute wichtige Aspekte erfaßt, die sich dem Verwaltungsprozeßrecht zuweisen lassen. Das gilt zum einen für die ausdrückliche Bestimmung des Widerspruchsverfahrens als Sachentscheidungsvoraussetzung in § 68 VwGO und für die Bestimmung
derjenigen Fälle, in denen das Widerspruchsverfahren erforderlich
und statthaft ist. Diese Regelung kann als Prozeßvoraussetzung
nur in der VwGO getroffen werden. Da das Widerspruchsverfahren ferner keine „Popularkontrolle" der Verwaltung ist, sind auch
die Widerspruchsbefugnis sowie der zumindest teilweise identische Prüfungsmaßstab der Rechtskontrolle (§ 113 VwGO) ein
wichtiges verwaltungsprozessuales Element im Recht des Widerspruchsverfahrens.

IV. Anwendbares Recht

10   Die Bestimmung der für das Widerspruchsverfahren jeweils anwendbaren Rechtsnormen darf sich weder ausschließlich nach historischen Aspekten richten noch allein von der Gesetzgebungskompetenz her begründet werden.

Grundregel ist § 79 VwGO, der klarstellt, daß für Rechtsbehelfe gegen Verwaltungsakte, also auch den Widerspruch, die
VwGO gilt, soweit durch Gesetz nicht etwas anderes bestimmt
ist. Im übrigen aber gelten die Vorschriften des VwVfG. Das kann
indessen nur heißen, daß die das Widerspruchsverfahren selbst
betreffenden Regeln der VwGO und der Ausführungsgesetze der
Länder den VwVfG-Bestimmungen vorgehen. Diese sind als speziell das Widerspruchsverfahren betreffende Normen unmittelbar
anwendbar und gehen allen sonstigen Verfahrensvorschriften vor.
Nur § 68 VwGO ist dabei eine im eigentlichen Sinne verwaltungs-
prozessuale Regelung. Alle anderen Bestimmungen in §§ 69–73
sind **verfahrens**rechtlicher Natur und gehörten eigentlich in die
VwVfGe des Bundes und der Länder. Da überdies spätestens seit
der Existenz der VwVfGe das Bedürfnis nach einer (bundesein-
heitlichen) Regelung entfallen und der Sachzusammenhang zum
Verwaltungsverfahren jedenfalls größer als zum Verwaltungsprozeß ist, sollte sich § 68 VwGO auf das Widerspruchsverfahren als
Prozeßvoraussetzung beschränken, alle übrigen Regelungen sollten aber dorthin gezogen werden, wo sie kraft des nunmehr bestehenden Sachzusammenhangs gehören: in die VwVfGe. Bis dahin
gehen §§ 69–73 VwGO als nach Art. 84 I GG zulässiges „Bundes-
verfahrensrecht" gleichwohl den Regeln der VwVfGe vor.

Im übrigen kommen Normen der VwGO für eine Anwendung   **11**
im Bereich des Widerspruchsverfahrens nur insoweit in Betracht,
als sie nicht erkennbar **„prozeßspezifisch"** sind. Daneben gibt es
eine Reihe von Fällen, in denen wegen bestehender Lücken im
Verfahrensrecht und exakt paralleler Probleme Vorschriften der
VwGO analog anzuwenden sind. Die bekanntesten Beispiele hierfür sind die Widerspruchsbefugnis (§ 42 II VwGO analog), die
Rechtsverletzung (§ 113 IV VwGO analog) und in gewissem Umfang auch § 40 VwGO hinsichtlich des Rechtswegs. Die Beispiele
zeigen aber auch, wie problematisch die undifferenzierte analoge
Anwendung prozessualer Vorschriften auf das Widerspruchsverfahren ist. So ist insbesondere die Zweckmäßigkeitskontrolle im
auf Klagebefugnis und Rechtsverletzung orientierten Prüfungsmaßstab der VwGO schwer unterzubringen. In jedem Falle be-

schränkt sich die analoge Anwendbarkeit auf das Widerspruchsverfahren als Zulässigkeitsvoraussetzung im Verwaltungsprozeß
und auf die Rechtmäßigkeitskontrolle.

12   Was das eigentliche **Widerspruchsverfahren** angeht, so hat sich
die Subsidiarität in § 79 VwVfG heute praktisch umgekehrt. Anwendbar sind alle Vorschriften des VwVfG, die nicht durch besonderes Gesetz oder §§ 68ff. VwGO ausdrücklich ausgeschlossen sind oder aber ihren Sinn und Zweck nach auf das Widerspruchsverfahren schlechthin nicht passen. Auch darf nicht verkannt werden, daß jede – auch analoge – Anwendung von verwaltungsprozessualen Vorschriften im Widerspruchsverfahren dazu
führt, daß ein Verfahren der Verwaltung, dessen entlastende Wirkung auch und gerade in einem geringeren Grad an Förmlichkeit
beruht, unangemessen zu einem „pseudogerichtlichen" Verfahren
umgestaltet wird.

13   Als „Faustregel" läßt sich also festhalten: Es gelten
(1) primär die Vorschriften der §§ 68–73 VwGO und der Aus-
    führungsgesetze der Länder,
(2) (nur in wenigen Fällen) besondere spezialgesetzliche Verfah-
    rensvorschriften,
(3) die Vorschriften des VwVfG,
(4) unter den Voraussetzungen der analogen Anwendbarkeit:
    sonstige Vorschriften der VwGO.

14   **Übersicht 2: Im Widerspruchsverfahren andwendbare
Rechtsvorschriften**

● Rechtsnatur des Streitgegenstandes, Eröffnung der öffentlichrechtlichen Kontrolle insgesamt	§ 40 VwGO (analog)
● Statthaftigkeit des Widerspruchs – Widerspruchsverfahren als Prozeßvoraussetzung	Spezialvorschriften und § 68 VwGO
● zuständige Behörde	„Einlegungsbehörde" – § 70 VwGO Abhilfebehörde § 72 VwGO
● Widerspruchsbehörde	§ 73 VwGO, subsidiär Landesrecht

Verfahrensgrundsätze	gesetzlich nicht geregelt, richterrechtlich abgeleitet aus Art. 19 IV, Art. 20 GG, Grundrechtsschutz durch Verfahren
Beteiligte	§§ 11 ff. VwVfG
ausgeschlossene Personen, Besorgnis der Befangenheit	§§ 20, 21 VwVfG
Antrag/Beginn des Verfahrens	§ 69 VwGO (verdrängt § 22 VwVfG)
Form des Widerspruchs	§ 70 VwGO
Frist	§ 70 VwGO
Amtssprache	§ 23 VwVfG
Sachaufklärung	§§ 24–26 VwVfG
Beratung, Auskunft	§ 25 VwVfG
Anhörung – des möglicherweise beschwerten Dritten – des Betroffenen vor „Verböserung"	 § 71 VwGO § 28 VwVfG
Akteneinsicht und Geheimhaltung	§§ 29/30 VwVfG
Durchführung des Verfahrens, Fristen, Termine	§ 31 VwVfG
Begründetheit	§ 68 VwGO, § 113 VwGO analog, zusätzlich Zweckmäßigkeitsprüfung, Besonderheiten bei Selbstverwaltungsangelegenheiten
Widerspruchsbescheid (Verfahrensergebnis)	§ 73 VwGO
Bekanntgabe	§ 73 III VwGO
Begründung	§ 73 III VwGO (ergänzend: § 39 VwVfG. Ausnahmen in § 39 und §§ 1/2 VwVfG gelten nicht)

Literatur zu § 5 IV: *Allesch,* Die Anwendbarkeit der Verwaltungsverfahrensgesetze auf das Widerspruchsverfahren nach der VwGO (1984), 260 ff.; *Kopp,* VwGO, vor § 68, Rd.-Nr. 14 ff.; *Maurer,* AVwR, § 19, Rd.-Nr. 6; *Schmitt Glaeser,* VwProzR, Rd.-Nr. 22, 186; *Schenke,* VwProzR, Rd.-Nr. 643; *von Mutius,* Widerspruchsverfahren, 62 ff.; *Oerder,* Das Widerspruchsverfahren der Verwaltungsgerichtsordnung: Einordnung zwischen Verwaltungsverfahrens- und Verwaltungsprozeßrecht (1989).

V. Einzelne Funktionen des Widerspruchsverfahrens

15   Auch der allgemeine Stellenwert des Widerspruchsverfahrens
im System staatlicher Verwaltungskontrollen hängt primär davon
ab, ob man dieses Verfahren primär als Prozeßvoraussetzung oder
als eigenständiges Verwaltungsverfahren sieht. Funktion und Bedeutung des Widerspruchsverfahrens haben sich entsprechend ge-
wandelt und die immer wieder betonten **Funktionen** sind im
neuen Licht zu sehen. Genannt werden:
– der Rechtsschutz des Bürgers,
– die Selbstkontrolle der Verwaltung,
– die Entlastung der Gerichte.

1. Die Rechtsschutzfunktion

16   Nicht mißverstanden werden darf insbesondere die **Rechts-
schutzfunktion** des Widerspruchsverfahrens. Bei dieser geht es
nicht um eine gerichtsähnliche Prüfung „im kleinen", sondern um
eine nochmalige Vollkontrolle der Verwaltungsentscheidung nach
Recht- **und** Zweckmäßigkeit. Auch ist das Widerspruchsverfahren kein Ersatz für die richterliche Kontrolle sondern eine zusätzliche Möglichkeit eines durch den Betroffenen ausgelösten Schutzes
gegen widerrechtliches, aber auch gegen unzweckmäßiges Verwaltungshandeln. „Vollkontrolle" heißt dabei auch, daß die Widerspruchsbehörde – außer in Selbstverwaltungsangelegenheiten
und bei bestimmten Entscheidungen mit Beurteilungsspielraum –
keinen eingeschränkten Prüfungsmaßstab kennt. Argumente aus
dem Umkreis des Gewaltenteilungsprinzips dürfen also keine Rolle spielen. Die Widerspruchsbehörde kann und muß ihre fachlichen und rechtlichen Möglichkeiten zur Kontrolle einsetzen. In
Selbstverwaltungsangelegenheiten muß die Selbstverwaltungsbehörde die Zweckmäßigkeitsprüfung leisten. Verfehlt ist es dagegen, wenn das Verfahren als eine Art vorweggenommener Verwaltungsprozeß mit „Verwaltungsurteil" verstanden wird.

2. Selbstkontrolle der Verwaltung

Die zweite Funktion des Widerspruchsverfahrens ist die **Selbst-**   17
kontrolle der Verwaltung. Selbstkontrolle meint dabei, daß sowohl die Ausgangs- als auch die Widerspruchsbehörde im Vorverfahren Gelegenheit haben, die tatsächlichen und rechtlichen
Grundlagen der Verwaltungsentscheidung zu überprüfen und
Fehler sowie auch unzweckmäßige Lösungen zu korrigieren. Der
individuell Betroffene löst mit seinem Widerspruch also ein Verfahren der **Verwaltungskontrolle** aus, wenn dieses auch faktisch
als zumindest rechtsschutzähnliches Verfahren auf die mögliche
Verletzung individueller Rechtspositionen konzentriert ist.

In der Praxis ist die Selbstkontrolle der Verwaltung aber eher eine wenig   18
genützte Möglichkeit. Das zeigt nicht nur die geringe „Erfolgsquote"; es gibt
auch strukturelle Ursachen für die nicht eben große Attraktivität des Zieles der
Selbstkontrolle. Das beginnt damit, daß in der modernen Massenverwaltung
die tatsächlichen Entscheidungsgrundlagen im Ausgangsverfahren in aller Regel standardisiert ermittelt und „verdatet" werden. Als solche werden sie dann
vielfach in das Widerspruchsverfahren übernommen. Ist eine Verwaltungsentscheidung zudem kostenträchtig oder umstritten, so zwingen oft schon haus-
haltsrechtliche Gründe, die „Angst vor dem Rechnungshof" sowie eine falsch
verstandene Solidarität der Verwaltungsbehörden untereinander dazu, auch
zweifelhafte Entscheidungen unter allen Umständen zu halten und die
„Schwachstellen" im Widerspruchsverfahren eher noch „abzudichten", als die
verwaltungsinterne Kontrolle greifen zu lassen. Entsprechend erwartet auch
der Bürger von der Selbstkontrolle der Verwaltung offenbar nicht viel; die
Widerspruchsbehörde tritt ihm vielmehr als eine Art höhere Instanz desselben
„Apparats" entgegen, der letztlich nur durch die Verwaltungsgerichte wirksam kontrolliert werden kann. (Ähnlich in der Kritik *Martens,* NVwZ 1988,
688; *Lenk,* Eine vernachlässigte Alternative: das verwaltungsinterne Widerspruchsverfahren. In: *Kempf, Uppendahl* (Hg.), Ein deutscher Ombudsman.
Der Bürgerbeauftragte von Rheinland-Pfalz (1986), 245 ff.).

3. Entlastungsfunktion

Auch die **Entlastung der Verwaltungsgerichte** spielt in der   19
Praxis eine weit geringere Rolle als in verwaltungsprozessualen
Lehrbüchern. Dazu fehlen schon verläßliche empirische Daten;
doch gibt es auch hier strukturelle Ursachen dafür, daß im System
der deutschen Verwaltungsgerichtsbarkeit die Entlastung durch
das Widerspruchsverfahren als Möglichkeit kaum wahrgenom-

men wird. So wurde die gerichtliche Kontrolle als Alternative zu verwaltungsinternen Kontrollen erst historisch erkämpft; jeder Reformvorschlag, der das Widerspruchsverfahren in den Mittelpunkt rückt, setzt sich also dem Verdacht aus, einen Teil des Anspruchs auf Rechtsschutz durch Selbstkontrolle der Verwaltung ersetzen zu wollen. Auch zwingen der Untersuchungsgrundsatz und das Prinzip umfassender gerichtlicher Kontrolle die Verwaltungsgerichte dazu, Entscheidungen der Verwaltung nicht nur umfassend in rechtlicher Hinsicht zu überprüfen, sondern z. B. Mängel der Sachaufklärung im Verwaltungsverfahren durch eigene Ermittlungen zu kompensieren. Die Verwaltungsgerichte entlasten also vielfach die Verwaltung – nicht umgekehrt. Nur wenn die neue Möglichkeit der Zurückverweisung (§ 113 III VwGO) durch die Verwaltungsgerichte entschlossen wahrgenommen wird, kann es wenigstens im Tatsächlichen zu einer Entlastungsfunktion kommen. Auch eine größere Bereitschaft der Verwaltung zu echter Selbstkontrolle könnte hier vieles bewirken.

4. Aktuelle Probleme

20   Besondere Probleme entstehen auch für das Widerspruchsverfahren bei „**echten Massenverfahren**".

Die VwGO enthält keine den §§ 17–19 VwVfG entsprechenden Vorschriften, und auch die neuen §§ 56 a, 65 III, 67 a, 93 a VwGO sind erkennbar auf den Verwaltungsprozeß zugeschnitten. Sie sind überdies so detailliert, daß eine – auch nur analoge – Anwendung auf das Widerspruchsverfahren schon aus kompetenzrechtlichen Gründen Probleme aufwirft. Es ist daher davon auszugehen, daß die Vorschriften über das „Massenverfahren" der VwVfGe auch für das Widerspruchsverfahren anwendbar sind (so auch *Kopp*, VwGO, vor § 68, Rd.-Nr. 18; *Schmitt Glaeser*, VwProzR, Rd.-Nr. 222).

21   Das ändert allerdings nichts daran, daß die Anwendung der §§ 17–19 VwVfG auf das Widerspruchsverfahren praktische und teilweise auch rechtliche Schwierigkeiten bereitet. So gehen die Vorschriften über die Anhörung unmittelbar betroffener Dritter (§ 71 VwGO) vor, was dazu führt, daß nicht nur der Bevollmächtigte Verfahrenshandlungen nach § 19 I 2 VwVfG (wei-

sungsfrei) vornehmen kann, die Behörde vielmehr auch den unmittelbar betroffenen Dritten anhören muß (so zu Recht auch *Schmitt Glaeser*, VwProzR,
Rd.-Nr. 224). Eine solche Differenzierungspflicht nach Art und Umfang individueller Betroffenheit besteht schon im „normalen Massenverfahren" (*Hufen*,
Fehler im Verwaltungsverfahren, Rd.-Nr. 414); sie besteht erst recht im Widerspruchsverfahren. Ist § 19 VwVfG aber auch für das Widerspruchsverfahren anwendbar, so gilt diese Bestimmung ungeteilt. Das heißt z. B., daß der
Vertreter bei gleichförmigen Eingaben den Widerspruch erheben kann und im
Widerspruchsverfahren mit bindender Wirkung zu allen Verfahrenshandlungen ermächtigt ist. Fraglich ist im übrigen, ob z. B. eine bloße Unterschriften-
liste als Widerspruch i. S. v. § 70 VwGO (vorgehend!) zu behandeln ist. Unstreitig ist das nur bei vervielfältigten gleichförmigen Schriftstücken der Fall.

Literatur zu § 5 II–IV: *Bettermann*, Das erfolglose Vorverfahren als Prozeßvoraussetzung des verwaltungsgerichtlichen Verfahrens, DVBl. 1959, 308;
von Mutius, Das Widerspruchsverfahren der VwGO als Verwaltungsverfahren
und Prozeßvoraussetzung (1969); *Köstering/Günther*, Das Widerspruchsverfahren, 2. Aufl., 1983; *Trzaskalik*, Das Widerspruchsverfahren der VwGO im
Lichte der allgemeinen Prozeßrechtslehre (1972); *Allesch*, Die Anwendbarkeit
der Verwaltungsverfahrensgesetze auf das Widerspruchsverfahren nach der
VwGO (1984); *Hofmann*, Das Widerspruchsverfahren als Sachentscheidungsvoraussetzung und als Verwaltungsverfahren, FS Menger (1985), 605ff.;
Oerder, Das Widerspruchverfahren der Verwaltungsgerichtsordnung. Einordnung zwischen Verwaltungsverfahrens- und Verwaltungsprozeßrecht (1989);
Hufen, Fehler im Verwaltungsverfahren, 2. Aufl., Rd.-Nr. 396ff.; *Pietzner/
Ronellenfitsch*, Assessorexamen, §§ 24ff.; *Schmitt Glaeser*, VwProzR, Rd.-
Nr. 173ff.; *Schenke*, VwProzR, Rd.-Nr. 639ff.; *Ule*, VwProzR, 9. Aufl.,
1987, 117ff.; *ders.*, Rechtstatsachen zur Dauer des Verwaltungs(finanz)prozes-
ses, Schriftenreihe der Hochschule Speyer, Bd. 69 (1977), 117; *Weides*, VwVf
und Widerspruchs-Vf, 3. Aufl. (1993)

§ 6 Sachentscheidungsvoraussetzungen im Widerspruchsverfahren

Als Rechtsbehelf hat der Widerspruch Aussicht auf Erfolg, 1
wenn er **zulässig** und **begründet** ist. Darauf baut das „Prüfungsschema" (s. Übersicht 3, unten Rd.-Nr. 64) auf, das dem Gutachten zum Widerspruchsverfahren zugrundezulegen ist. Weniger
noch als in anderen Fällen darf aber beim Widerspruch die Prüfung
schematisch und ohne Berücksichtigung des Einzelfalles erfolgen.

Das zeigt schon der Blick auf die in der Literatur angebotenen Schemata.
Pietzner/Ronellenfitsch, § 29, Rd.-Nr. 3 beginnen mit der Zuständigkeit der

Widerspruchsbehörde, die – weil nicht Zulässigkeitsvoraussetzung (§ 70 VwGO) – von den anderen Autoren erst am Schluß behandelt wird. *Schoch,* Übungen im Öffentlichen Recht II, S. 79, schiebt dagegen die ordnungsgemäße Widerspruchserhebung hinter „Zulässigkeit des Verwaltungsrechtswegs" ein und verzichtet ganz auf die Prüfung der zuständigen Widerspruchsbehörde. Im übrigen können *Schochs* fundierte Bedenken und Hinweise auf Gefahrenquellen in Aufbauschemata (a. a. O., 68 ff.) nur unterstrichen werden.

I. Streitigkeit, für die der Verwaltungsrechtsweg eröffnet wäre (§ 40 VwGO – analog)

2   In allen Prüfungsschemata zum Widerspruchsverfahren steht die „Zulässigkeit" des Verwaltungsrechtswegs obenan – gefolgt von dem lapidaren Hinweis, daß diese Frage nach § 40 VwGO zu klären sei. Selten wird aber gesagt, warum der Verwaltungsrechtsweg für die Zulässigkeit des Widerspruchs eröffnet sein muß oder besser: eröffnet sein **müßte,** wenn es über den gleichen Streitgegenstand zu einer Verwaltungsklage käme. Dies ist der Fall, weil § 68 VwGO das Widerspruchsverfahren nicht nur vorschreibt, sondern als bundesrechtliche Regelung auch mit der Eröffnung des Verwaltungsrechtswegs verknüpft. Demgegenüber hat § 79 VwVfG nur deklaratorische Bedeutung. Er stellt nur klar, daß für förmliche Rechtsbehelfe gegen Verwaltungsakte die VwGO usw. gilt. Der Widerspruch ist also nur zulässig **bei öffentlich-rechtlichen Streitigkeiten nichtverfassungsrechtlicher Art, soweit diese nicht durch Bundesgesetz einem anderen Gericht ausdrücklich zugewiesen sind.**

Wichtig: Im Widerspruchsverfahren ist § 40 VwGO – da er sich nur auf die Klage bezieht – nur **analog** anzuwenden. Da § 17a GVG hier nicht gilt, ist das Vorliegen einer öffentlich-rechtlichen Streitigkeit echte **Zulässigkeitsvoraussetzung**, d. h. der Widerspruch ist nicht etwa zu verweisen, sondern als unzulässig zurückzuweisen, wenn der Rechtsweg nicht eröffnet wäre. Wann dies der Fall ist, wird bei den Zulässigkeitsvoraussetzungen der Klage (unten, § 11) behandelt. Ob ggf. nach Verweisung an das Verwaltungsgericht noch ein Widerspruchsverfahren in Betracht kommt, ist nicht Frage des Rechtswegs, sondern unabhängig davon zu prüfen.

II. Beteiligtenbezogene Zulässigkeitsvoraussetzungen

1. Beteiligungsfähigkeit

Für die rechtliche Fähigkeit am Widerspruchsverfahren beteiligt 3
zu sein **(Beteiligungsfähigkeit)** gilt § 11 VwVfG.
Diese Bestimmung ist fast exakt § 61 VwGO nachgebildet.
Beteiligungsfähig sind zunächst **natürliche und juristische Personen.**
Bei ihnen erübrigt sich ein langes Eingehen auf die Beteiligungsfähigkeit.
Juristische Personen i. S. v. § 11 können solche des Privatrechts
oder des Öffentlichen Rechts sein. Ihnen gleichgestellt sind nach
inzwischen unbestrittener Auffassung Einrichtungen und Vereinigungen, die zwar nicht JP sind, denen aber durch Gesetz oder
gewohnheitsrechtlich die Fähigkeit zuerkannt ist, im eigenen Namen ihre Rechte geltend zu machen. Die wichtigsten Beispiele
hierfür sind politische Parteien, die Bundesbahn, Gewerkschaften
und (sonstige) Tarifvertragsparteien (*Kopp,* VwVfG, § 11, Rd.-
Nr. 6).

Vereinigungen i. S. v. § 11 Nr. 2 VwVfG sind sonstige Perso- 4
nenmehrheiten, die weder JP noch diesen gleichgestellt sind, denen aber **ein Recht zustehen** kann, um das es im Widerspruchsverfahren geht. Es reicht also nicht „irgendein" mit dem Verfahren völlig unverbundenes Recht; es muß vielmehr gerade das
Recht sein, das im Widerspruchsverfahren umstritten ist. Die Be-
antwortung dieser Frage erfordert also einen Vorgriff auf das materielle Recht, doch kommt es nicht darauf an, ob der Vereinigung
das Recht wirklich zusteht (Frage der Begründetheit) oder ob das
Recht möglicherweise verletzt ist (Frage der Widerspruchsbefugnis).

Beispiele: Der nicht rechtsfähige Verein oder die BGB-Gesellschaft, soweit
sie Träger eines Rechts sein können (z. B. die Religionsgemeinschaft beim
Streit um eine religiös motivierte Sammlung; zur BGB-Gesellschaft OVG
Saarlouis, NVwZ 1993, 903); die organisatorisch verbundenen Veranstalter
einer Demonstration (nicht also die Teilnehmer einer Spontanveranstaltung);
Fakultäten und Fachbereiche einer Hochschule sowie Selbstverwaltungsorga-
ne, denen im Rahmen des Organstreits ein Recht zustehen kann (unten § 21).
Mangels Außenwirkung kommt es hier aber nicht zum VA und damit in der
Regel nicht zum Widerspruchsverfahren.

5   Anders als im Verwaltungsprozeß (§ 61 VwGO) sind im Wider-
    spruchsverfahren **Behörden** immer beteiligungsfähig, auch wenn
    das Landesrecht dies nicht ausdrücklich regelt. Der Begriff der
    Behörde richtet sich nach § 1 IV VwVfG. Wichtig ist, daß die
    Behörde – auch wenn selbst Beteiligte im Widerspruchsverfah-
    ren – immer für ihren Rechtsträger handelt.

    Literatur zu § 6 II 1: *Stettner,* Die Beteiligten im Verwaltungsprozeß, JA
    1982, 394; *Schulz,* Die Parteifähigkeit nicht rechtsfähiger Vereine, NJW 1990,
    1893; *Pietzner/Ronellenfitsch,* Assessorexamen, § 32 I; *Weides,* VwVf und Wi-
    derspruchsverf., § 7 IV 1 a.

    ## 2. Handlungsfähigkeit

6   Handlungsfähigkeit im Widerspruchsverfahren ist die **Fähig-
    keit, das Verfahren selbst oder durch einen Bevollmächtigten
    zu führen.** Sie ist in § 12 VwVfG geregelt. Fähig zur Vornahme
    von Verfahrenshandlungen sind demnach

    – Natürliche Personen, die nach bürgerlichem Recht geschäftsfähig sind (§§ 2,
      104 ff. BGB),
    – natürliche Personen nach Bürgerlichem Recht, die in der Geschäftsfähigkeit
      beschränkt sind, soweit sie für den Gegenstand des Verfahrens durch Vor-
      schriften des Bürgerlichen Rechts als geschäftsfähig oder durch Vorschriften
      des öffentlichen Rechts als handlungsfähig anerkannt sind. **Beispiel:** Min-
      derjährige über 14 Jahre in einem Rechtsstreit über die Teilnahme am Reli-
      gionsunterricht; minderjährige Redakteure einer Schülerzeitung im Streit
      um deren Inhalt.
    – **Juristische Personen** und **Vereinigungen** (§ 11 Nr. 2 VwVfG). Für diese
      handelt der gesetzliche Vertreter oder ein besonderer Beauftragter. Wer ge-
      setzlicher Vertreter ist, ergibt sich aus dem maßgeblichen Verfahrens- bzw.
      materiellen Recht. Besonders wichtig sind auch die Kompetenzregeln der
      Gemeindeordnungen.
    – Beteiligungsfähige Behörden. Diese handeln durch ihre Leiter, deren Vertre-
      ter oder Beauftragte.

7   Nicht oder nur beschränkt (verfahrens-)handlungsfähige natür-
    liche Personen handeln durch den gesetzlichen Vertreter. Ist ein
    solcher nicht vorhanden, so muß die Behörde ggf. durch das Vor-
    mundschaftsgericht Sorge für die Bestellung eines besonderen
    Vertreters tragen (§ 16 VwVfG i. V. m. § 57 ZPO).

8   Häufigstes **Klausurproblem** in diesem Zusammenhang ist die
    Einlegung des Widerspruchs durch einen hierzu nicht bevollmäch-

tigten Vertreter (z. B. auch des Bürgermeisters ohne Mitwirkung des Gemeinderats). Handelt dieser nicht in Vollzug eines Gemeinderatsbeschlusses oder kraft einer besonderen gesetzlichen Ermächtigung (so grundsätzlich geregelt in § 47 I Rh.-Pf. GemO) so ist die Handlung – da in der Regel weder laufende Angelegenheit noch unaufschiebbares Geschäft – (schwebend) unwirksam. Der Mangel kann aber durch nachträglichen Beschluß des zuständigen Gremiums (Gemeinderat) geheilt werden, wodurch auch die Widerspruchsfrist gewahrt bleibt. Für die als solche beteiligungsfähige Behörde handelt als Vertreter ihr Leiter, dessen Vertreter oder Beauftragter (§ 12 I Nr. 4 VwVfG).

Literatur zu § 6 II 2: *Laubinger,* Prozeßfähigkeit und Handlungsfähigkeit, FS Ule (1987), 161; *Habermehl,* Die Vertretung der Kommune, DÖV 1987, 144 ff.

3. Ordnungsgemäße Vollmacht

Im Widerspruchsverfahren besteht kein Anwaltszwang. Beteiligte können sich aber nach § 14 VwVfG in jeder Phase des Verfahrens durch einen **Bevollmächtigten** vertreten lassen, der dann ermächtigt ist, alle das Verwaltungsverfahren betreffenden Verfahrenshandlungen mit Wirkung für den Vertretenen vorzunehmen. In diesem Fall ist eine ordnungsgemäße Vollmacht Zulässigkeitsvoraussetzung des Widerspruchs.   **9**

III. Statthaftigkeit des Widerspruchs

1. Allgemeines

Das Widerspruchsverfahren ist **nur** für bestimmte öffentlichrechtliche Streitigkeiten vorgesehen, und zwar – soweit gesetzlich nicht anders bestimmt – **vor Erhebung der Anfechtungs- oder der Verpflichtungsklage (§ 68 I und II VwGO).** Nach der VwGO richtet sich die Statthaftigkeit des Widerspruchs also nicht unmittelbar nach dem Streitgegenstand sondern nach der anschließenden Klageart. Vor anderen als Anfechtungs- und Verpflich-   **10** tungsklagen ist das Widerspruchsverfahren nicht erforderlich und damit auch nicht statthaft.

11   Die häufig zu lesende Formulierung, der Widerspruch sei statthaft, wenn die nachfolgende Klage eine Anfechtungs- oder Verpflichtungsklage wäre, ist gleichwohl nicht ganz richtig. Hat die Behörde nämlich einen beantragten VA nicht erlassen, aber auch nicht abgelehnt, so ist „nachfolgend" die Verpflichtungsklage, nicht aber der Verpflichtungswiderspruch statthaft (§ 75 VwGO). Es muß also stets ein belastender Verwaltungsakt oder die Ablehnung eines begünstigenden VA vorliegen. Der überhaupt nicht beschiedene Antrag reicht nicht aus, führt vielmehr unmittelbar zur Verpflichtungsklage (Untätigkeitsklage). Auch die bloße Behauptung eines VA macht den Widerspruch nicht statthaft. Für die Statthaftigkeit kommt es dagegen nicht darauf an, ob die Behörde in Form eines VA hätte handeln *dürfen*. Dies ist eine Frage der Begründetheit.

2. Anfechtungswiderspruch (§ 68 I VwGO)

12   Der Widerspruch ist vor Erhebung der Anfechtungsklage statthaft. Voraussetzung ist folglich das Vorliegen eines Verwaltungsakts nach § 35 VwVfG. Ob dieser den Antragsteller (möglicherweise) belastet, ist erst bei der Klagebefugnis bzw. bei der Begründetheit zu prüfen. Nicht statthaft ist demnach der Widerspruch gegen „Nichtregelungen" (Realakte), gegen Entscheidungen, die nicht Einzelentscheidungen sind (Rechtsnormen) und gegen Entscheidungen ohne Außenwirkung (also z. B. organinterne Entscheidungen, Verwaltungsvorschriften oder behördeninterne Weisungen).

13   Der VA muß **bekanntgegeben** und damit rechtlich existent sein (§ 41 VwVfG). Unstatthaft ist damit ein „vorbeugender Widerspruch" gegen einen noch nicht ergangenen VA (BVerwGE 25, 20, 21; OVG Münster, DÖV 1995, 874). Das ist richtig, denn ein „Verhütungswiderspruch" würde nur zu einer Vermischung der Instanzen, zur vorzeitigen Einbeziehung der Widerspruchsbehörde in das Verwaltungsverfahren und zur Umgehung des Widerspruchsverfahrens als nachträglicher Kontrolle führen.

14   Nicht einzusehen ist hingegen, warum die Rechtsprechung den **„Fortsetzungsfeststellungswiderspruch",** also die Fortführung des Widerspruchsverfahrens auch nach Rücknahme oder Erledi-

gung des VA, ablehnt (BVerwGE 81, 226, 228f.; BVerwG, NJW 1989, 2486; früher bereits BVerwGE 26, 161, 165: „Das Widerspruchsverfahren ist einzustellen, wenn der VA sich erledigt hat"). Lag ein belastender VA vor und ist nach dessen Erledigung ein berechtigtes Interesse an der Feststellung der Rechtswidrigkeit desselben gegeben, so besteht kein Grund, warum die Verwaltung auf Antrag eines Beteiligten unter den Voraussetzungen des § 113 I 4 VwGO nicht noch die Rechtswidrigkeit und insbesondere auch die Zweckwidrigkeit des VA auch nach dessen Erledigung feststellen sollte. Auch im Hinblick auf die Entlastungsfunktion des Widerspruchsverfahrens scheint es nicht sinnvoll, den Adressaten des belastenden VA allein auf die in solchen Fällen statthafte Fortsetzungsfeststellungsklage (§ 113 I 4 VwGO) zu verweisen (wie hier *Kopp*, VwGO, § 73, Rd.-Nr. 9; *Schenke*, VwProzR, Rd.-Nr. 665; *H. Dreier*, NVwZ 1987, 474). Das heißt aber nicht unbedingt, daß bei Erledigung vor Erhebung der Anfechtungsklage das Widerspruchsverfahren stets nachzuholen wäre (dazu unten, § 18).

Statthaft ist nach richtiger Ansicht der Widerspruch auch gegen **15** den **nichtigen** oder den **nicht wirksam bekanntgegebenen VA**. Dieser ist zwar nicht wirksam; der Fehler wird sich aber oft erst im (zulässig eingeleiteten) Widerspruchsverfahren herausstellen. Unabhängig von dem auch durch den nichtigen VA erzeugten „Rechtsschein", ist dem Betroffenen daher nicht zuzumuten, sogleich eine Klage auf Feststellung der Nichtigkeit zu erheben, und auch die Widerspruchsbehörde muß die Möglichkeit zur Korrektur des mit einem besonders schweren Mangel behafteten VA haben. Fehlen kann allerdings das *Rechtsschutzbedürfnis*, solange der Betroffene nicht den Antrag nach § 44 V VwVfG auf Feststellung der Nichtigkeit bei der Behörde selbst gestellt hat (a. A. *Schenke*, VwProzR, Rd.-Nr. 576)

3. „Verpflichtungswiderspruch"

Statthaft ist der Widerspruch auch, wenn die Ausgangsbehörde **16** einen begünstigenden VA abgelehnt hat (§ 68 II VwGO). Die

Bezeichnung „Verpflichtungswiderspruch" ist nur insofern richtig, als die nachfolgende Klage eine Verpflichtungsklage wäre. Für das Widerspruchsverfahren darf aber nicht verkannt werden, daß die Widerspruchsbehörde – von Ausnahmen abgesehen – die Ausgangsbehörde in der Regel nicht verpflichtet, den beantragten VA zu erlassen, sondern diesen ganz oder teilweise selbst erläßt (dazu unten, § 9 II 5).

17   Nicht statthaft ist der Widerspruch, wenn die Behörde trotz Antrags untätig geblieben ist, also die Verpflichtungsklage ohne Vorverfahren gegeben wäre (§ 75 VwGO). Der Widerspruch findet also nur vor der „Weigerungsgegenklage" statt. Einen „Untätigkeitswiderspruch" gibt es – anders als im abgaberechtlichen Beschwerdeverfahren (§ 349 II AO) – nicht. Der Betroffene kann und muß vielmehr unmittelbar Verpflichtungsklage erheben. Es wäre aber zumindest rechtspolitisch sinnvoll, wenn es vor Einschaltung der Verwaltungsgerichtsbarkeit möglich wäre, die säumige Behörde durch die Widerspruchsbehörde zum Handeln zu zwingen. Dies hätte allerdings die Konsequenz, daß gegen eine dann folgende Behördenentscheidung erneut ein Widerspruchsverfahren durchzuführen wäre, es sei denn, ein Dritter werde erstmalig beschwert.

4. Statthaftigkeit in sonstigen gesetzlich angeordneten Fällen

18   Abweichend von § 68 VwGO ist der Widerspruch auch statthaft, wenn dies gesetzlich vorgeschrieben ist. Das praktisch einzig bedeutsame Beispiel hierfür ist § 126 III BRRG (Widerspruch vor allen Klagen aus dem Beamtenverhältnis einschließlich der Leistungs- und Feststellungsklagen).

5. Spezialgesetzliche Ausnahmen

19   Nach § 68 I 2 VwGO bedarf es einer Nachprüfung nicht, wenn ein Gesetz (des Bundes oder eines Landes) dies für besondere Fälle bestimmt. In diesen Fällen ist der Widerspruch unzulässig.

Ein wichtiges **Beispiel** ist § 70 VwVfG (Entscheidungen in förmlichen Verwaltungsverfahren), auf den § 74 I 2 VwVfG für Planfeststellungsbeschlüsse verweist. Der Grund liegt in der ohnehin größeren Förmlichkeit dieser Verfahren und darin, daß Planfeststellungsverfahren ohnehin häufig von staatlichen Mittelbehörden durchgeführt werden. Hinzuweisen ist ferner noch auf § 17 I a Abs. 2 BFernStrG (Plangenehmigung für Straßenvorhaben), § 20 S. 1 GjS (kein Widerspruchsverfahren gegen Entscheidungen der Bundesprüfstelle) sowie Maßnahmen nach dem Asylverfahrensgesetz (§ 11). Weitere Fälle, in denen das Widerspruchsverfahren ausgeschlossen wird, finden sich in den Ausführungsgesetzen der Länder (s. a. *Schenke*, VwProzR, Rd.-Nr. 656).

Die Formulierung in § 68 VwGO „für besondere Fälle" läßt dabei erkennen, daß der Bundesgesetzgeber den Wegfall des Widerspruchsverfahrens nur für besonders begründete Ausnahmefälle wollte – insbesondere dann, wenn bereits das Ausgangsverfahren mehrstufig ausgestaltet oder auf die Einbeziehung von Einwendungen ausgerichtet ist.

6. Ausnahmen in § 68 VwGO

Eines Vorverfahrens bedarf es nach § 68 I 1 und 2 ferner nicht, **20** wenn der VA von einer **obersten Bundesbehörde** oder von einer **obersten Landesbehörde** erlassen worden ist, außer wenn ein Gesetz die Nachprüfung vorschreibt. Grund dieser Ausnahme ist der faktische Wegfall einer Kontrollmöglichkeit, wenn ohnehin die oberste Bundes- oder Landesbehörde entschieden hat, eine weitere Kontrollstufe also nicht besteht.

Eine „Ausnahme von der Ausnahme" bildet wieder § 126 III **21** Nr. 1 BRRG. In **beamtenrechtlichen Angelegenheiten** ist stets ein Widerspruchsverfahren erforderlich (vgl. als weitere Ausnahme auch § 55 PersBefG).

Ein Vorverfahren findet ferner nicht statt, wenn durch einen **22** Widerspruchsbescheid ein **Dritter erstmalig beschwert** wird (§ 68 I 2 Ziff. 2).

Diese Vorschrift wird oft mißverstanden. Ihr Gehalt läßt sich am einfachsten anhand des wohl häufigsten **Beispiels** merken: Eine zunächst abgelehnte Baugenehmigung wird auf Widerspruch des Ast. erteilt. Hier ist der Nachbar erstmals beschwert und kann die Baugenehmigung sogleich vor dem VG anfechten.

Die Vorschrift zeigt, daß auch Widerspruchsbescheide als Verwaltungsakte eigentlich durch ein erneutes Vorverfahren zu überprüfen wären. Über den Wortlaut von § 68 I 2 VwGO hinaus ist aber davon auszugehen, daß der Gesetzgeber auch in anderen Fällen ein „doppeltes Widerspruchsverfahren" vermeiden wollte. Dies gilt auch im vieldiskutierten Fall der „reformatio in peius" (dazu unten, § 7 IV). Verschärft die Widerspruchsbehörde ein Verbot oder belastet sie den Ast. selbst, so wäre es ein übertriebener Formalismus, wenn dieser erneut ein Widerspruchsverfahren durchlaufen müßte, bevor er Anfechtungs-, ggf. auch Verpflichtungsklage auf ungeteilte Begünstigung, erheben kann (so auch BVerwGE 40, 25, 27). Das gleiche gilt für sonstige Beteiligte, die zwar nicht „Dritte" i. e. S. sind, aber durch den Widerspruchsbescheid erstmals beschwert werden, insbesondere die beigeladene Gemeinde, die durch die einem Ast. erteilte Erlaubnis beschwert ist (weitere Beispiele bei *Pietzner/Ronellenfitsch*, Assessorexamen, § 31, Rd.-Nr. 22 u. 23).

Zweifelhaft ist es dagegen, ob die Ausnahmevorschrift des § 68 I 2 VwGO auch dann anzuwenden ist, wenn nicht die Widerspruchsbehörde sondern noch die Ausgangsbehörde im Abhilfeverfahren entschieden hat (§ 72) und der Dritte hierdurch erstmals beschwert wird. Hier wurde zwar innerhalb des Widerspruchsverfahrens entschieden, die Kontrolle durch die nächsthöhere Behörde, und damit ein wesentlicher Zweck des Widerspruchsverfahrens, ist aber noch nicht erreicht. Gegen einen solchen Abhilfebescheid ist daher der Widerspruch statthaft und erforderlich (a. A. *Pietzner/Ronellenfitsch*, Assessorexamen, § 31, Rd.-Nr. 25).

23   Ob darüber hinaus ein Widerspruchsverfahren entbehrlich ist, wenn nur der angefochtene VA ganz oder teilweise geändert, ersetzt oder wiederholt wird, gegen den bereits ein Vorverfahren durchgeführt war, läßt sich nicht generell beantworten. Entscheidend ist, ob die Widerspruchsbehörde bereits einmal über exakt denselben Streitgegenstand **insoweit** entschieden hat. Eine bloße „Wiederholung im Rechtsproblem" reicht nicht aus, um zur Entbehrlichkeit des Widerspruchs zu gelangen (Beispiele bei *Kopp*, VwGO, § 68, Rd.-Nr. 23).

IV. Widerspruchsbefugnis

Auch das Widerspruchsverfahren ist kein objektives Beanstan- **24**
dungsverfahren sondern ein auf die Verteidigung **subjektiver**
Rechte gerichtetes Rechtsschutzverfahren. Einigkeit besteht daher
heute darin, daß der Widerspruchsführer grundsätzlich (aus eigenem Recht) befugt („berechtigt") sein muß, Widerspruch zu erheben. Es gibt also keinen „Popularwiderspruch".

● Widerspruchsbefugt ist zunächst, wer im Sinne von § 42 II
VwGO geltend machen kann, durch die Maßnahme oder deren
Unterlassung in seinen Rechten verletzt zu sein. Es muß sich also
um ein **Recht** (im Unterschied zum bloßen Rechtsreflex, wirtschaftlichen Interesse, Erwerbschance usw.) handeln, und dieses
Recht muß **dem Widerspruchsführer zustehen** können (Schutznorm, Grundrecht usw.). Insofern ist die Widerspruchsbefugnis
weder durch den Begriff „Beschwerter" in § 70 noch durch den
Prüfungsmaßstab des § 68 erweitert, denn „beschwert" im Sinne
von § 70 heißt: **„in einem (eigenen) Recht beschwert".** Auch für
die **Möglichkeit der Rechtsverletzung** gilt zunächst nichts anderes als bei der Klagebefugnis (unten § 14 II).

Widerspruchsbefugt ist stets der **Adressat eines belastenden** **25**
VA. Die „Adressatentheorie" gilt also auch hinsichtlich der Widerspruchsbefugnis (dazu unten § 14, Rd.-Nr. 77). Probleme ergeben sich nur beim VA mit (belastender) Drittwirkung, bei dem
der Widerspruchsführer geltendmachen muß, gerade durch den
den Adressaten begünstigenden VA verletzt zu sein. Beim Verpflichtungswiderspruch muß der Kläger sich auf eine Rechtsnorm
berufen, die zumindest auch **seinem** Interesse zu dienen bestimmt
ist (Schutznorm).

Während bei der Klage aber nur die Möglichkeit der Rechtsver- **26**
letzung durch einen damit als rechtswidrig behaupteten VA zur
Klagebefugnis führt, reicht es für das Widerspruchsverfahren aus,
daß der Betroffene geltend macht, der sein Recht beeinträchtigen-
de VA sei nicht **zweckmäßig.** Nur insoweit hat der erweiterte
Prüfungsmaßstab des § 68 VwGO (Rechtmäßigkeit **und** Zweckmäßigkeit) Auswirkungen auf die Frage der Widerspruchsbefug-

nis. Das kann schon begrifflich nur bei Ermessensentscheidungen eine Rolle spielen. Daher ist zusätzlich zu § 42 II VwGO auch derjenige widerspruchsbefugt, der Tatsachen vorträgt, aus denen sich ergibt, daß die Verwaltung in ein ihm zustehendes **subjektives Recht** eingreift und dabei **möglicherweise unzweckmäßig** gehandelt hat. Der Anwendungsbereich dieser besonderen Zweckmäßigkeitskontrolle ist damit denkbar gering, denn unzweckmäßige Eingriffe sind zumeist auch unverhältnismäßig, und der Verstoß gegen den Zweck des gesetzlich eingeräumten Ermessens kennzeichnet einen Ermessensfehler, also ein nach §§ 40 VwVfG/114 VwGO **rechts-**, nicht nur zweckwidriges Handeln oder Unterlassen der Verwaltung. Die Widerspruchsbefugnis gründet sich auch in diesen Fällen auf eine mögliche **Rechts**verletzung, nicht nur auf **zweck**widriges Handeln der Behörde.

Literatur zu § 6 IV: *Kopp,* VwGO, § 69, Rd.-Nr. 6; *von Mutius,* Widerspruchsverfahren, 214; *Pietzner/Ronellenfitsch,* Assessorexamen, § 35; *Stern,* Verwaltungsprozessuale Probleme, § 15 I 3, S. 167; *Weides,* VwVf und Widerspruchs-Vf., S. 238; *Stegelmann-Nolten,* Das Widerspruchsverfahren vor der Fortsetzungsfeststellungsklage analog § 113 I Satz 4 analog, der allgemeinen Leistungsklage, der Untätigkeitsklage, der Feststellungsklage und dem verwaltungsgerichtlichen Normenkontrollverfahren (1994).

Ⓥ Ordnungsgemäße Erhebung und Einhaltung der Widerspruchsfrist

1. Form und notwendiger Inhalt

27   Nach § 70 VwGO ist der Widerspruch (innerhalb eines Monats) schriftlich oder zur Niederschrift bei der Behörde zu erheben, die den VA erlassen hat.

a) Im Hinblick auf die **Form** bedeutet dies zum einen, daß der Widerspruch – im Gegensatz zum Antrag nach § 22 VwVfG – nicht mündlich, fernmündlich oder gar nur konkludent erhoben werden kann, und zwar auch dann nicht, wenn über die „Einlegung" später ein schriftlicher Vermerk gefertigt wurde (BVerwGE 26, 201, 202; 50, 248, 253; VGH Kassel, NVwZ-RR 1991, 199). „Schriftliche Erhebung" bedeutet ferner, daß das Schriftstück seinem Aussteller zuverlässig zugeordnet werden kann und daß erkennbar wird, daß es mit Willen des Ausstellers in den Rechtsverkehr gelangt ist. Dafür reicht in der Regel die Unterschrift. Der Widerspruch muß also nicht vom Widerspruchsführer selbst erstellt worden sein, und selbst die eigenhändige Unterschrift kann nach der insofern großzügigen Rechtsprechung des BVerwG (vgl. etwa BVerwGE 30, 274, 276) entbehrlich sein, wenn sich „aus dem Schriftstück in Verbindung mit den möglicherweise beigefügten Anlagen hinreichend sicher ergibt, daß es von dem Widersprechenden herrührt und mit dessen Willen in den Verkehr gebracht wurde". Daher kann sich z. B. aus einem maschinenschriftlichen Namenszug oder einem Faksimile – zusammen mit anderen Merkmalen (Briefkopf, handschriftliche Adressenangabe, Bezugnahme auf vorhergehenden Schriftverkehr usw.) – eine eindeutige Identifizierbarkeit des Widerspruchsführers ergeben. Diese Großzügigkeit ist aber nicht unumstritten. Im Hinblick auf die ansonsten bei § 70 VwGO zu beachtende Formstrenge, die fehlende Nachholbarkeit eines ordnungsgemäßen Widerspruchs nach Fristablauf und die damit drohende Unanfechtbarkeit bei nicht wirksam eingelegtem Widerspruch empfiehlt es sich, in jedem Fall auf die eigenhändige Unterschrift zu achten.

Der Schriftform wird auch durch die **telegrafische** oder **fern-** 28 **schriftliche** Erhebung des Widerspruchs genügt, obwohl bei diesen Formen weder die Eigenhändigkeit der Unterschrift besteht, noch Verwechslungsgefahr und Mißbräuche völlig ausgeschlossen werden können. In der Praxis sind diese Probleme auch heute nicht unwichtig, haben aber durch die großzügige Zulassung des Widerspruchs per **Telebrief (Telefax)** an Bedeutung verloren. Fernschreiben und Telegramm werden dadurch immer mehr verdrängt. Die Einlegung des Widerspruchs durch Telefax ist nicht nur zulässig (BFH, NJW 1982, 2520; BVerwGE 77, 38 ff.), sie ist auch weitgehend üblich geworden.

Der Widerspruch kann auch **zur Niederschrift** bei der Behörde erhoben werden, die den Verwaltungsakt erlassen hat (Ausgangsbehörde). Dafür ist die Anwesenheit des Widerspruchsführers oder seines (schriftlich bevollmächtigten) Vertreters erforderlich.

Die Niederschrift muß verlesen und genehmigt werden – eine
traditionsreiche, aber in der heutigen Behördenpraxis wohl eher
seltene Form.

29   b) **Nicht erforderlich** für die Zulässigkeit ist die **Bezeichnung
als Widerspruch,** die Bezeichnung des möglicherweise verletzten
Rechts oder gar eine ausführliche Begründung. Zulässig ist also
auch der mit „Einspruch", „Beschwerde" o. dgl. bezeichnete Widerspruch. Die Anforderungen an den Inhalt der Klageschrift
(§ 82 VwGO) sind nicht – auch nicht analog – auf den Widerspruch übertragbar. Wie beim verfahrenseinleitenden Antrag
gem. § 22 VwVfG muß aber auch der Widerspruch mindestens
seinen Zweck, also die förmliche Aufforderung zur Nachprüfung
und ggf. Beseitigung oder Änderung einer bestimmten oder nach
den Umständen bestimmbaren Behördenentscheidung, erkennen
lassen. Ein bloßer „Protest" oder eine Beschwerde über die Unge-
rechtigkeit oder das sonstige Ungemach, das eine Entscheidung
dem Widerspruchsführer bereitet, reicht nicht aus.

30   c) Wegen des wachsenden Anteils von Ausländern als Beteiligte
in Verwaltungs- und Widerspruchsverfahren stellt sich immer
häufiger die Frage, wie bei einem in einer Fremdsprache abgefaß-
ten Widerspruch zu verfahren ist. Grundsätzlich gilt § 23 VwVfG
(Deutsch als Amtssprache). Wird der Widerspruch in einer fremden Sprache eingelegt, so soll die Behörde unverzüglich die Vorlage einer Übersetzung verlangen. Auch im übrigen sind § 23 I und
II VwVfG im Widerspruchsverfahren anwendbar (*Allesch,* Anwendbarkeit, S. 119 f.).

Problematisch ist dagegen die Anwendbarkeit von § 23 III und IV VwVfG,
die die Fristwahrung betreffen. So richtig es ist, daß § 23 IV VwVfG die insoweit abschließende Fristbestimmung des § 70 VwGO im Hinblick auf die
Rechtssicherheit nicht verdrängen kann (*Allesch,* a. a. O., S. 122), so wichtig ist
schon im Hinblick auf Art. 19 IV GG und die auch im Widerspruchsverfahren
geltende Beratungspflicht nach § 25 VwVfG, daß die Behörde den betroffenen
Ausländer rechtzeitig auf die Folgen eines nicht in deutscher Sprache eingelegten Widerspruchs hinweist und die in § 23 III und IV VwVfG angeordneten
Vorkehrungen trifft, um ein Scheitern des Widerspruchs wegen einer fehlenden deutschsprachigen Übersetzung zu vermeiden.

d) Der Widerspruch ist bei der Behörde einzulegen, die den VA **31**
erlassen hat. Die Frist wird auch durch Einlegung bei der Widerspruchsbehörde gewahrt (§ 70 VwGO).

e) Anders als bei § 17 a GVG besteht im Widerspruchsverfahren **32**
(noch) keine „automatische" Verweisungspflicht an die zuständige
Behörde. Der bei der falschen Behörde eingelegte Widerspruch ist
also im Prinzip unzulässig. Diese offenkundige Diskrepanz zum
Verwaltungsprozeß sollte der Gesetzgeber rasch beseitigen. Das
Problem fällt allerdings deshalb weniger ins Gewicht, weil der
Widerspruchsführer die Ausgangsbehörde in der Regel kennt und
die richtige Behörde notwendiger Bestandteil der Rechtsbehelfsbelehrung ist. Unabhängig davon hat aber die Widerspruchsbehörde die Pflicht (§ 25 VwVfG), den Widerspruchsführer zu bera-
ten und ihn ggf. an die zuständige Behörde zu verweisen.

2. Widerspruchsfrist

Der Widerspruch ist nach § 70 VwGO **innerhalb eines Monats** **33**
nach der Bekanntgabe einzulegen (nicht „innerhalb von 4 Wochen", wie gelegentlich in Klausuren zu lesen ist). **Vor** allen Frist-
fragen ist daher in der Klausur zu prüfen, wann der VA oder seine
Ablehnung bekanntgegeben worden ist.

a) Für die **Berechnung der Widerspruchsfrist** kommen die
„verwaltungsprozessuale Lösung", (also § 57 VwGO) oder die
„verwaltungsverfahrensrechtliche Lösung" (also § 31 VwVfG) in
Betracht. Weil beide letztlich in den entscheidenden Punkten auf
§ 187 BGB verweisen, hat dieses Problem zwar geringe praktische, um so mehr aber systematische Bedeutung.

Für die Anwendung des § 57 VwGO spricht, obwohl § 70 II VwGO nicht
ausdrücklich auf diese Vorschrift verweist, die (in der Literatur freilich in der
Regel nicht näher belegte) Vermutung, der Bundesgesetzgeber habe in der
VwGO alle Rechtsmittelfristen des Vorverfahrens und des Verwaltungsprozesses abschließend regeln wollen, § 31 VwVfG werde also durch § 79 VwVfG
grundsätzlich ausgeschlossen (so *Kopp*, VwGO, § 70, Rd.-Nr. 6; *Pietzner/
Ronellenfitsch*, Assessorexamen, § 33, Rd.-Nr. 7; *Schenke*, VwProzR, Rd.-
Nr. 673). Nach dieser Auffassung ist § 31 VwVfG nur für die nicht in der
VwGO geregelten gesetzlichen und die von der Behörde selbst gesetzten Fristen anwendbar – auch soweit es sich um besondere gesetzliche Widerspruchsfristen handelt (z. B. § 33 I 1 WPflG).

Dagegen spricht, daß die gesetzliche Anordnung der Fristdauer (§ 70 VwGO) sehr wohl trennbar von der Frage der Berechnung der Frist ist und § 31 I VwVfG auch im übrigen sowohl für gesetzliche als auch für behördlich angeordnete Fristen gilt. Für das Widerspruchsverfahren als Verwaltungsverfahren gelten die §§ 68 ff. VwGO als Ausnahmebestimmungen. Der Gesetzgeber hat aber gerade in § 70 zur *Berechnung* der Fristen nichts ausgesagt, während die VwGO auch im übrigen Fristen (z. B. richterliche) enthält oder ermöglicht, die gerade nicht im Widerspruchsverfahren anwendbar sind. Auch ist es inkonsequent, § 31 VwVfG als insgesamt auf die Bedürfnisse der Verwaltung weit besser zugeschnittene Vorschrift auf alle gesetzlichen und behördlichen Fristen, einschließlich der außerhalb VwGO genannten Widerspruchsfristen anzuwenden, auf den Hauptfall der Frist nach § 70 VwGO dagegen nicht. Die Gründe für eine unmittelbare Anwendbarkeit des § 31 VwVfG überwiegen also.

Dies hat – wie gesagt – für die Praxis geringe Konsequenzen. Wichtigste Folge ist, daß § 31 III VwVfG für das wichtige Problem des Endes der Frist an einem Sonntag, gesetzlichen Feiertag oder Sonnabend unmittelbar zur Anwendung kommt, der „Umweg" über das BGB also insofern entbehrlich ist (wie hier: *Stelkens/Bonk/Leonhardt*, VwVfG, § 31, Rd.-Nr. 39; unentschieden *Schmitt-Glaeser*, VwProzR, Rd.-Nr. 189).

34   b) Unstreitig beginnt die Frist mit der **Bekanntgabe des VA oder dessen Ablehnung an den Beschwerten** (§ 41 VwVfG). Die Wirksamkeit der Bekanntgabe nach den jeweiligen Vorschriften ist also Voraussetzung des Fristbeginns. Ein nicht bekanntgegebener oder nur zufällig zur Kenntnis gelangter VA kann auch keine Frist (auch nicht die Jahresfrist des § 58 II 1 VwGO) in Gang setzen. Der „verspätete" Widerspruch des Nachbarn, dem die Baugenehmigung zwar nicht bekanntgegeben wurde, der aber von ihr Kenntnis hatte oder hätte haben müssen, ist also **nie** nach §§ 70/74 VwGO verfristet, sondern allenfalls unzulässig wegen Verwirkung (dazu sogleich). Wird der Widerspruch schon vor Bekanntgabe des VA eingelegt, ist er unzulässig (BVerwG, NJW 1978, 1870); dies aber nicht etwa wegen Fristablaufs, sondern schon deshalb, weil der Widerspruch mangels VA unstatthaft ist.

35   c) Besonders wichtig für den Lauf der Widerspruchsfrist ist die **Rechtsbehelfsbelehrung** (zu deren notwendigem Inhalt *Peine*, AVwR, Rd.-Nr. 205). § 70 II VwGO verweist hier auf § 58

VwGO. Ist demnach eine Rechtsbehelfsbelehrung unterblieben
oder unrichtig erteilt, so gilt nicht die Monatsfrist des § 70, sondern die Jahresfrist des § 58 II. Ist ein VA aber nicht wirksam
bekanntgegeben worden, so gilt – abgesehen von der Möglichkeit
der Verwirkung – keine Frist.

d) Wird der Widerspruch nicht innerhalb der gesetzlichen Frist **36**
eingelegt, dann wird der VA bzw. seine Ablehnung **bestandskräftig.** Auf die nach § 43 VwVfG ohnehin bestehende Wirksamkeit
oder auf die Rechtswidrigkeit hat dies keinen Einfluß. Bestandskraft heißt – aus der Sicht des Betroffenen – **Unanfechtbarkeit,**
d. h. der Beschwerte kann nicht mehr die Aufhebung des VA
verlangen. Den damit möglichen Fortbestand einer rechtswidrigen Regelung nimmt die Rechtsordnung wegen der Rechtssicherheit und aus Gründen des Vertrauensschutzes für einen Begünstigten in Kauf. Das heißt aber nicht, daß der VA nach Eintritt der
Bestandskraft der Disposition der Behörde vollkommen entzogen
wäre. Sie kann zum einen auch den bestandskräftigen VA ggf.
widerrufen oder zurücknehmen (§§ 48/49 VwVfG). Auch kann
sie den Ast. neu bescheiden und damit die Rechtsmittelfristen erneut in Gang setzen.

e) Sehr umstritten ist allerdings, ob der verspätete Widerspruch **37**
und die nachfolgende Klage auch dann unzulässig sind, wenn die
Widerspruchsbehörde – statt den Widerspruch als unzulässig zu-
rückzuweisen – zur Sache entscheidet oder sich im nachfolgenden
Verwaltungsprozeß **sachlich auf die Klage „einläßt".** Nach stg.
Rspr. ist die Klage dann „wieder" zulässig (BVerwGE 66, 39, 41).

Ein Teil der Literatur verweist hier auf die Rechtssicherheit und hält neben
dem Widerspruch auch die nachfolgende Klage für unzulässig. Die Behörde
könne nicht über die gesetzlich angeordneten Fristen verfügen (*Kopp,* VwGO,
§ 70, Rd.-Nr. 6 und 9; *Schenke,* VwProzR, Rd.-Nr. 664, 679 f.; *U. Meier,* Die
Entbehrlichkeit des Widerspruchsverfahrens (1992), S. 93 ff.). Diese Bedenken
greifen zumindest dann durch, wenn mit dem Ablauf der Frist eine gefestigte
Rechtsposition eines Dritten (z. B. des Begünstigten der Ausgangsentscheidung oder eines Drittbetroffenen einer abgelehnten Begünstigung) entstanden
ist. Hier kann die Behörde insofern nicht mehr frei disponieren, weil der
Dritte, ggf. auch die in ihrer Selbstverwaltung betroffene Körperschaft, mit
der unanfechtbaren Entscheidung eine schutzwürdige Position erlangt hat, auf
deren Bestand er/sie sich verlassen kann. In der gleichen Situation ist die Ge-

meinde, deren Planungshoheit z. B. durch eine zunächst abgelehnte, dann aber trotz Verfristung im Widerspruchsverfahren noch erteilte Baugenehmigung verletzt würde. In diesen Fällen bleibt es bei der Unzulässigkeit des Widerspruchs und auch die nachfolgende Klage ist unzulässig, weil das vorgeschriebene Vorverfahren nicht ordnungsgemäß durchgeführt wurde (BVerwG, NVwZ 1983, 295; *Ule,* VwProzR, 124; *Stern,* Verwaltungsprozessuale Probleme, Rd.-Nr. 315) – nicht etwa wegen Nichteinhaltens der **Klage**frist (§ 74 VwGO).

38   Kein Anlaß zu dieser Strenge besteht aber, wenn es keine schützenswerte Rechtsposition eines Dritten gibt. Dann kann es der Behörde nicht verwehrt sein, sich auf den Widerspruch und die Klage einzulassen, um so z. B. zu einer verwaltungsgerichtlichen Klärung einer offenen Frage zu gelangen. Dann ist die Widerspruchsbehörde in der Tat „Herrin des Verfahrens", und es wäre ein übertriebener Formalismus, wenn sie zwar an die Unanfechtbarkeit des VA gebunden wäre, die Ausgangsbehörde den gleichen VA aber nach § 48 VwVfG zurücknehmen, bzw. die beantragte Genehmigung auf einen neuen Antrag hin erteilen könnte (so BVerwGE 15, 306, 310; 21, 142, 145; 57, 342, 344; 64, 325, 330). Bleibt die Versäumung der Widerspruchsfrist in diesem Sinne ungerügt, dann dürfen sich die Ausgangs- und die Widerspruchsbehörde auch im nachfolgenden Verwaltungsprozeß nicht darauf berufen, der Widerspruch sei bereits unzulässig gewesen.

39   Diese „Herrschaft über das Verfahren" ist freilich nicht gänzlich ungebunden: So hat der Betroffene einen Anspruch auf fehlerfreie Ermessensausübung hinsichtlich des „Sicheinlassens" der Behörde (so zu Recht VGH Mannheim, DVBl. 1982, 206).

3. Die Wiedereinsetzung in den vorigen Stand

a) Allgemeines

40   Die Wiedereinsetzung in den vorigen Stand bei Fristversäumnis im Widerspruchsverfahren richtet sich nicht nach § 32 VwVfG, sondern nach § 60 VwGO, auf den § 70 II VwGO ausdrücklich verweist.

Mit dem Gebot zur Wiedereinsetzung in den vorigen Stand bei unverschuldetem oder sonst dem Widerspruchsführer nicht zuzu-

rechnender Fristversäumnis folgt die VwGO jenem Kompromiß
aus Rechtsschutz einerseits und Rechtssicherheit andererseits, der
das ganze Verfahrensrecht durchzieht. Dabei hat die Rechtsprechung des BVerfG zu Art. 19 IV und 103 GG dazu geführt, daß
das rechtliche Gehör in den vergangenen Jahrzehnten stark in den
Vordergrund gerückt ist (vgl. etwa die Entscheidungen BVerfGE
25, 158, 166; 26, 315, 318; 41, 332, 335).

b) Voraussetzungen

Die Wiedereinsetzung setzt voraus, daß die Frist **ohne Ver-**   **41**
schulden nicht eingehalten wurde. Hierbei ist kein straf- oder haf-
tungsrechtlicher Verschuldensmaßstab im strengen Sinne gemeint.

Die wichtigsten **Fallgruppen** sind: Irrtum über Form oder Inhalt der Entscheidung bzw. des Widerspruchs, längerfristige Abwesenheit vom Wohnort, Krankheit, fehlende Beherrschung der
deutschen Sprache, Hilflosigkeit, unverschuldete Nichtkenntnis
eines durch Niederlegung zugestellten Bescheids, Hindernisse bei
der Beförderung eines Widerspruchs, Überschreiten der gewöhnlichen Postlaufzeit usw.

Einen wichtigen gesetzlichen Grund der unverschuldeten Fristversäumung
enthält § 45 III VwVfG: Danach gilt die Versäumung der Rechtsbehelfsfrist als
nicht verschuldet, wenn einem VA die erforderliche Begründung fehlt oder die
erforderliche Anhörung eines Beteiligten vor Erlaß des VA unterblieben ist
und dadurch die rechtzeitige Anfechtung des VA versäumt wurde. An die
Darlegung hinsichtlich der hier formulierten Kausalität sind keine strengen
Anforderungen zu stellen.

Umgekehrt besteht **kein Wiedereinsetzungsgrund,** wenn der   **42**
Betroffene mit der Entscheidung rechnen konnte, wenn er selbst
nicht die erforderliche und zumutbare Sorgfalt aufgebracht hat
(Beispiel: Fehlende Überwachung des eigenen Postfachs –
BVerwG, NJW 1994, 1672) oder wenn er eine Verzögerung hin-
genommen hat, ohne für eine hinreichende Beschleunigung des
Rechtsbehelfs zu sorgen.

Nach dem allgemeinen Grundsatz des § 85 ZPO, auf den § 173   **43**
VwGO verweist, ist Vertreterverschulden (z. B. Anwaltsver-

schulden) dem Betroffenen zuzurechnen (BVerwG, NJW 1991,
2096); ein Wiedereinsetzungsantrag hat dann nur Erfolg, wenn der
Anwalt durch Auswahl des Personals und organisatorische Vorkehrungen alles Erforderliche und Zumutbare getan hat, um eine
Überschreitung von Fristen zu vermeiden (zur Grenze aus verfassungsrechtlicher Sicht BVerfGE 60, 253).

c) Antrag

44   Notwendige Voraussetzung für die Wiedereinsetzung in den
vorigen Stand ist ein (seinerseits formgemäßer und binnen 2 Wochen nach Wegfall des Hindernisses zu stellender) **Antrag.** Die
Tatsachen zur Begründung des Antrags sind bei der Antragstellung oder im Verfahren über den Antrag glaubhaft zu machen.
Die versäumte Rechtshandlung ist innerhalb der Antragsfrist
nachzuholen. Hat der Betroffene den Widerspruch nachgeholt, so
kann die Wiedereinsetzung auch ohne zusätzlichen Antrag gewährt werden. Nach einem Jahr seit dem Ende der versäumten
Frist ist der Antrag unzulässig, außer wenn der Antrag vor Ablauf
der Jahresfrist infolge höherer Gewalt unmöglich war (vgl. § 60
I–III VwGO). Über den Wiedereinsetzungsantrag im Widerspruchsverfahren entscheidet nicht das Gericht, das über die versäumte Rechtshandlung zu befinden hat, sondern zunächst – in
entsprechender Anwendung von § 70 IV VwGO – die Widerspruchsbehörde, ggf. auch die Ausgangsbehörde, so lange sie als
Abhilfebehörde noch mit der Sache befaßt ist. Die Entscheidung
über die Wiedereinsetzung ist ein verfahrensgestaltender VA, der
insofern Drittwirkung hat, als er eine bereits eingetretene Bestandskraft rückwirkend wieder beseitigt.

d) Rechtsschutz

45   Schwierige – hier nur kurz zu erwähnende – Fragen wirft der
Rechtsschutz im Falle getroffener und unterlassener Wiedereinset-
zungsentscheidungen auf:
Gewährt die Widerspruchsbehörde Wiedereinsetzung, so kann der
durch den ursprünglichen VA Begünstigte gegen den Widerspruchsbescheid (ohne Widerspruchsverfahren – vgl. § 68 I 2) An-

fechtungsklage erheben. Das Gericht entscheidet dann im Rahmen der Begründetheitsprüfung, ob der VA bereits bestandskräftig war, weil die Wiedereinsetzung zu Unrecht gewährt wurde. Die Wiedereinsetzung selbst ist nicht gesondert angreifbar (Abweichung von Vorauflage, s. auch *Schenke,* VwProzR, Rd.-Nr. 682a).

Stellt sich erst im Prozeß heraus, daß die **Wiedereinsetzung zu**   46
Unrecht gewährt wurde, so wird teilweise angenommen, die Klage sei in jedem Fall unzulässig, weil der VA schon unanfechtbar geworden sei. Der Wf. könne dann die Wiedereinsetzung nur im Wege der Verpflichtungsklage erstreiten (*Redeker/von Oertzen,* VwGO, § 70, Rd.-Nr. 5). Vorzugswürdig ist aber die Gegenauffassung, nach der das Gericht der Hauptsache selbst über die Wiedereinsetzung entscheiden kann (BVerwGE 21, 43, 50; BVerwG, NVwZ 1989, 648, 649). Kommt danach das Gericht zu dem Ergebnis, daß Wiedereinsetzung durch die Widerspruchsbehörde zu Unrecht gewährt wurde, dann ist die Rechtslage die gleiche wie beim „Sich-Einlassen" auf den verfristeten Widerspruch: Hat die Behörde bereits zur Sache entschieden, dann darf die Klage nicht wegen des nun nicht mehr durchführbaren Widerspruchsverfahrens als unzulässig abgewiesen werden. War durch den Fristablauf aber bereits eine schützenswerte Rechtsposition eines Dritten entstanden, so ist der nach falscher Wiedereinsetzungs-Entscheidung ergangene Widerspruchsbescheid rechtswidrig, die Klage gegen ihn also begründet (BVerwG, DVBl. 1982, 1097).

Literatur zu § 6 VI 3: *Wallerath,* Verspätete Einlegung des Widerspruchs, Wiedereinsetzung in den vorigen Stand und Zweitbescheid, DÖV 1970, 653; *Schütz,* Die Behandlung des verspäteten Widerspruchs, NJW 1981, 2785; *Ganter,* Die Wiedereinsetzung in die Widerspruchsfrist, VBlBW 1984, 402; *Judick,* Die Sachherrschaft der Widerspruchsbehörde bei verspätetem Widerspruch, NVwZ 1984, 356; *Fehn,* Sachentscheidungsbefugnis der Widerspruchsbehörde und Unzulässigkeit einer nachfolgenden Klage?, VwRS 1986, 396; *Reifarth,* Die Grenzen des Ermessens der Widerspruchsbehörde bei verspätetem Widerspruch, NVwZ 1982, 361 f.; *Schütz,* Die Behandlung des verspäteten Widerspruchs, NJW 1981, 2785; *U. Meier,* Die Entbehrlichkeit des Widerspruchsverfahrens (1992); *Schenke,* VwProzR, Rd.-Nr. 649 ff.

VI. Rechtsschutzbedürfnis, Verzicht und Verwirkung

47 Ungeschriebene Zulässigkeitsvoraussetzungen sind im Widerspruchsverfahren nur mit größter Zurückhaltung anzuwenden. Wie für jeden Rechtsbehelf gilt aber der Grundsatz, daß der Rechtsschutz nicht anderweitig leichter erreichbar, bereits ausgeübt, verwirkt oder durch wirksamen Verzicht bzw. Rücknahme hinfällig geworden sein darf.

1. Rechtsschutzbedürfnis ("Widerspruchsinteresse")

48 Dem Widerspruchsführer fehlt das Rechtsschutzbedürfnis, wenn es einen **"leichteren" Weg zum Erfolg** gibt. Dies ist bei Widerspruchsverfahren eine seltene Ausnahme.

Beispiel: Der Wf. kann sein Ziel durch Antrag der Feststellung der Nichtigkeit nach § 44 V VwVfG erreichen; er bedarf einer beantragten Genehmigung nicht, weil die beabsichtigte Tätigkeit erlaubnisfrei ist (vgl. BVerwGE 84, 11, 13).

2. Mißbrauch, Verwirkung

49 Ein Unterfall des fehlenden Rechtsschutzbedürfnisses liegt im Falle eines **erkennbaren Mißbrauchs** vor.

Das in der Praxis wichtigste Problem in diesem Zusammenhang stellt der *"verwirkte Nachbarwiderspruch"* bei fehlender oder fehlerhafter Bekanntgabe dar. Aus dem im "nachbarlichen Gemeinschaftsverhältnis" bestehenden Grundsatz von Treu und Glauben hat das Bundesverwaltungsgericht abgeleitet (BVerwGE 44, 294, 298; 77, 85, 89), daß selbst in den Fällen, in denen mangels Bekanntgabe die Fristen des § 70 und auch die verlängerte Frist des § 58 II VwGO nicht gilt, der Nachbar sich von dem Zeitpunkt ab, von dem er von der erteilten Baugenehmigung "zuverlässige Kenntnis erlangt" hat, in aller Regel so behandeln lassen muß, als sei ihm die Baugenehmigung wirksam bekanntgegeben worden. Dieser ursprünglich für die unmittelbare Grenznachbarschaft entwickelte Grundsatz wurde inzwischen auch für weitere Drittwidersprüche angewandt. Er soll vor allem gelten, wenn sich dem Nachbarn – beispielsweise durch Aufnahme der Bauarbeiten – das mögliche Vorliegen einer Baugenehmigung aufdrängen mußte. In diesem Fall darf er sich auf die fehlende Bekanntgabe ihm gegenüber nicht berufen; sein Widerspruch kann – unabhängig von den Fristen – verwirkt sein (Einzelheiten bei *Pietzner/Ronellenfitsch,* Assessorexamen, § 33, Rd.-Nr. 9 ff.; *Schenke,* VwProzR, Rd.-Nr. 676; *Schmitt Glaeser,* VwProzR, Rd.-Nr. 190/191).

Die zweite Fallgruppe des Mißbrauchs betrifft das **venire contra** 50
factum proprium, d. h. das treuwidrige Verhalten gegen eigenes
vorangegangenes Tun. Unzulässig ist z. B. der Widerspruch gegen eine Baugenehmigung, wenn exakt das genehmigte Vorhaben
Motiv des Verkaufs eines baureifen Grundstücks war oder der
Nachbar das Vorhaben zuvor genehmigt hat. Weitere Fälle mißbräuchlicher Rechtsausnutzung sind denkbar, sind aber wegen des
hohen Ranges des Grundsatzes rechtlichen Gehörs mit Zurückhaltung anzuwenden. Insbesondere darf bei vorliegender Widerspruchsbefugnis ein abstrakter Mißbrauchs- oder Querulanz-
vorwurf nicht vorschnell gegen Rechtsbehelfe des Bürgers ins
Feld geführt werden.

3. Verzicht und Rücknahme

Unzulässig ist der Widerspruch nach wirksamem, d. h. vor al- 51
lem eindeutigem und vorbehaltlosem Rechtsbehelfsverzicht und
auch nach Rücknahme des Widerspruchs nach Ablauf der Frist
(BVerwGE 26, 50, 51).

Zu beachten ist aber, daß der Verzicht nicht durch Druck, durch
das Angebot unzulässiger „Gegenleistungen" (Koppelungsver-
bot!) oder Täuschung erwirkt worden sein darf. Im übrigen
kommt es auf das Motiv für den Verzicht nicht an. Zulässig ist es
auch, wenn der an sich Widerspruchsberechtigte sich durch Zahlung einer Abfindung zum Verzicht auf den Rechtsbehelf hat be-
wegen lassen (zur Wirksamkeit eines entsprechenden Vertrags
BGHZ 79, 131). So besteht kein Anlaß zum Erheben eines „mora-
lischen Zeigefingers" im Hinblick auf ein „verkauftes Einspruchs-
recht", wenn zwischen dem Begünstigten einer Genehmigung
und dem an sich widerspruchsbefugtem Dritten eine entsprechende Absprache getroffen wird – jedenfalls solange nicht eine wirtschaftliche Abhängigkeit ausgenutzt oder auf ähnliche Weise
Druck ausgeübt wird.

Die Rücknahme des Widerspruchs ist nur bis zum Erlaß des 52
Widerspruchsbescheids möglich (BVerwGE 44, 64, 66). Sie bedarf der gleichen Form wie der Rechtsbehelf, also der Schriftform

nach § 70 VwGO. Nach der wirksamen Rücknahme kann der Widerspruchsführer zwar erneut Widerspruch einlegen – dies aber nur innerhalb der Monatsfrist des § 70 VwGO.

4. Keine ungeschriebenen weiteren Zulässigkeitsvoraussetzungen

53   Weitere Zulässigkeitsvoraussetzungen dürfen nicht gestellt werden. Insbesondere hängt die Zulässigkeit des Widerspruchs nicht von der Leistung eines **Kostenvorschusses** ab. Entsprechende landesrechtliche Vorschriften, die Amtshandlungen von einem Kostenvorschuß (vgl. Art. 15 I 3 BayKostenG) abhängig machen oder gar eine Rücknahmefiktion vorsehen, dürfen aus verfassungsrechtlichen Gründen auf das Widerspruchsverfahren nicht angewandt werden (BVerwGE 61, 360).

VII. Widerspruchsbehörde

1. Zuständigkeit der Widerspruchsbehörde als Zulässigkeitsvoraussetzung?

54   Voraussetzung für die Zulässigkeit des Widerspruchs ist nach § 70 VwGO nur die **Einlegung bei der Ausgangsbehörde**, wobei die Frist auch durch Einlegung bei der Widerspruchsbehörde gewahrt wird. Die Zuständigkeit der Widerspruchsbehörde darf also eigentlich nicht unter „Zulässigkeit des Widerspruchs" geprüft werden.

Gleichwohl wird die Nennung der Widerspruchsbehörde in der Regel im Gutachten erwartet, weil deren Zuständigkeit **Sachentscheidungsvoraussetzung** ist. Entscheidet die unzuständige Behörde über den Widerspruch, so ist der Widerspruchsbescheid (formell) rechtswidrig, eine gegen ihn gerichtete Klage ist – außer in Fällen des § 46 VwVfG – begründet (zusätzliche Beschwer im Sinne von § 79 II VwGO!).

Für die Bestimmung der zuständigen Widerspruchsbehörde kann die VwGO als Bundesgesetz wegen Art. 84 GG nur einen allgemeinen Rahmen setzen; sie muß den Ländern die Möglichkeit eigenständiger Regelung überlassen. Deshalb sind Grundkenntnisse über den Verwaltungsaufbau in Bund und Ländern auch für dieses wichtige Problem unabdingbar (Übersicht z. B. bei *Maurer*, AVwR, § 22, Rd.-Nr. 18; *Peine*, AVwR, Rd.-Nr. 19ff.).

2. Die Zuständigkeit der nächsthöheren Behörde als Grundregel

Ausgangspunkt aller Überlegungen zur Widerspruchsbehörde **55** ist § 73 I VwGO, wonach die **nächsthöhere Behörde** in der Regel den Widerspruchsbescheid erläßt. Die VwGO folgt damit der verwaltungsorganisatorischen Grundregel der Kontrolle durch die jeweils nächsthöhere Instanz. Zugeschnitten ist die Bestimmung aber erkennbar auf die Verwaltungsorganisation der größeren Flächenstaaten und den typischen dreigliedrigen Aufbau von Unter-, Mittel- und Oberbehörde (z. B. Landratsamt/Kreisverwaltung – Bezirksregierung – oberste Landesbehörde). Passend ist der Aufbau auch für dreistufig gegliederte Sonderbehörden. Zu beachten ist, daß nach § 73 I 1 durch Gesetz eine andere höhere Behörde zur Widerspruchsbehörde bestimmt werden kann.

3. Ausgangsbehörde als Widerspruchsbehörde

Die beiden wichtigsten Ausnahmen vom Grundsatz der **56** „nächsthöheren Behörde" enthält § 73 VwGO selbst: Ist die nächsthöhere Behörde eine oberste Bundes- oder oberste Landesbehörde, so erläßt die Ausgangsbehörde in der Regel selbst den Widerspruchsbescheid. Gegen Maßnahmen oberster Bundes- oder Landesbehörden selbst ist der Widerspruch bereits nach § 68 I Ziff. 1 unstatthaft (wichtigste Ausnahme: § 126 III BRRG). Grund hierfür ist neben der Entlastung der Ministerien von Einzelfallentscheidungen die in der Regel hinreichende Größe der „darunterliegenden" Mittelinstanz zur Erreichung des Kontrollzwecks des Widerspruchsverfahrens.

Hinzuweisen ist in diesem Zusammenhang auf § 185 II VwGO, wonach in **57** den Stadtstaaten wie in den kleinen Flächenstaaten, die eine Mittelinstanz nicht kennen, ausdrücklich auch die oberste Landesbehörde als nächsthöhere Behörde bestimmt werden kann (so z. B. in Berlin, Bremen und dem Saarland) (Einzelheiten bei *Pietzner/Ronellenfitsch*, Assessorexamen, § 37, Rd.-Nr. 23 ff.).

4. Selbstverwaltungsangelegenheiten

58   Zweite Ausnahme vom Grundsatz der „nächsthöheren Behörde" ist nach § 73 I 3 VwGO die **Zuständigkeit der Selbstverwaltungsbehörde** als Widerspruchsbehörde.

59   Die Regelung des § 73 I 3 VwGO hat auch einen verfassungsrechtlichen Hintergrund: Ist die Selbstverwaltung geschützt (so vor allem bei Gemeinden, Hochschulen und bei berufsständischen Selbstverwaltungskörperschaften), dann stellt die volle Zweckmäßigkeitskontrolle durch die Widerspruchsbehörde einen Verstoß gegen die Selbstverwaltungsgarantie dar. Für dieses Problem bieten sich zwei Lösungsmöglichkeiten an die die VwGO ausdrücklich dem Landesgesetzgeber überläßt:

– Die Selbstverwaltungsbehörde ist selbst Widerspruchsbehörde und überprüft dann auch selbst Rechtmäßigkeit **und** Zweckmäßigkeit der im eigenen Wirkungskreis ergangenen Entscheidung.

– Die Selbstverwaltungsbehörde ist nicht selbst Widerspruchsbehörde; die Widerspruchsbehörde ist aber auf die Rechtskontrolle beschränkt. In diesen Fällen muß die Zweckmäßigkeit im Rahmen des Abhilfeverfahrens nach § 72 VwGO durch die Selbstverwaltungsbehörde geprüft werden.

Beide Lösungen sind nicht ohne Probleme. Ist die Selbstverwaltungsbehörde selbst Widerspruchsbehörde, so wird (insbesondere bei kleinen Gemeinden) der Zweck der Kontrolle nicht selten verfehlt. Dies gilt zumal dann, wenn ein schon im Ausgangsverfahren tätiger Bediensteter auch im Widerspruchsverfahren zuständig ist. Gerade in diesem Fall ist deshalb die Übertragung der eigentlichen Widerspruchsentscheidung auf unabhängige Ausschüsse oder Beiräte im Sinne von § 73 II VwGO eine gute Lösung des Problems. Auch in diesem Fall stellt sich die gleiche Frage aber im Verhältnis von Kreisrechtsausschuß und kreisangehöriger Gemeinde (vgl. § 6 II AGVwGO Rh.-Pf.).

Ist die Selbstverwaltungsbehörde nicht selbst Widerspruchsbe- **60**
hörde, so werden Zweckmäßigkeits- und Rechtmäßigkeitsprü-
fung getrennt. Das ist rechtlich konsequent, aber lebensfern, weil
abstrakte Zweckmäßigkeitserwägungen im vorgeschalteten Abhilfeverfahren ohne Einbeziehung des rechtlichen Rahmens kaum
fruchtbar sind und in der Regel von einer Verhältnismäßigkeitsprüfung nicht getrennt werden können.

5. Widerspruchsbehörde beim Widerspruch gegen staatliche Aufsichtsmaßnahmen

Nicht zu verwechseln mit dem soeben behandelten Problem- **61**
kreis des Widerspruchs gegen Maßnahmen von Selbstverwal-
tungsbehörden ist der Widerspruch von Selbstverwaltungskörperschaften gegen **staatliche** Aufsichtsmaßnahmen. Hierzu gelten besondere Bestimmungen des Landesrechts. In den größeren Flächenstaaten fungiert als Rechtsaufsichtsbehörde über die kreisan-
gehörigen Gemeinden das (staatliche) Landratsamt, die Kreisver-
waltung bzw. der Oberkreisdirektor usw. Widerspruchsbehörde
gegen Aufsichtsmaßnahmen ist dann die höhere Verwaltungsbehörde, also Regierungspräsident, Regierungspräsidium oder Bezirksregierung. Bei kreisfreien Städten ist die höhere Landesbehörde selbst Rechtsaufsichtsbehörde und dann nach § 73 I 2 auch
Widerspruchsbehörde.

6. Ausschüsse oder Beiräte als Widerspruchsbehörden

Nach § 73 II VwGO bleiben Vorschriften, nach denen im Vor- **62**
verfahren Ausschüsse oder Beiräte an die Stelle der Widerspruchsbehörde treten, unberührt. Diese können (abweichend von Abs. 1
Nr. 1) auch bei der Ausgangsbehörde gebildet werden. Die wichtigsten Beispiele nach Bundesrecht sind der Musterungsausschuß
und die Prüfungskammer für Kriegsdienstverweigerer sowie der
Widerspruchsausschuß bei der Hauptfürsorgestelle nach § 40
SchwerbehindertenG. Auf Landesebene haben insbesondere Hessen (§ 6 II AGVwGO), Rheinland-Pfalz mit seinen Kreis- und
Stadtrechtsausschüssen (§ 6 I AGVwVGO) sowie das Saarland

(Kreis- und Stadtrechtsausschuß [§ 1 I AGVwGO]) von dieser
Möglichkeit Gebrauch gemacht.

Auch diese Ausschüsse sind aber auf die Kontrolle der Rechtmäßigkeit beschränkt, wenn es um Selbstverwaltungsangelegenheit
kreisangehöriger Gemeinden geht (vgl. § 6 II AGVwGO Rh.-
Pfalz).

7. Sonstige landesrechtliche Besonderheiten

63   Für die Stadtstaaten, das Saarland und Schleswig-Holstein enthält § 185 II VwGO weitere Ausnahmemöglichkeiten von den
Vorschriften des § 73 I 2 (Einzelheiten hierzu bei *Pietzner/Ronellen-
fitsch*, Assessorexamen, § 37, Rd.-Nr. 6).

64   **Übersicht 3: Zulässigkeit des Widerspruchs***

1. Streitigkeit, für die der Verwaltungsrechtsweg eröffnet wäre (§ 40 VwGO
   analog)
2. Beteiligtenbezogene Zulässigkeitsvoraussetzungen
   a) Beteiligtenfähigkeit (§ 79 VwVfG i. V. m. § 11 VwVfG)
   b) *Handlungsfähigkeit (§ 12 VwVfG)*
   c) *falls Bevollmächtigter: ordnungsgemäße Vollmacht (§ 14 VwVfG)*
3. Statthaftigkeit (§ 68 VwGO)
   a) *spezialgesetzliche Anordnung*
   b) belastender oder begünstigender VA als Streitgegenstand
   c) *spezialgesetzliche Ausnahmen (§ 68 I 2, 1. Alt. VwGO)*
   d) *Ausnahmen nach § 68 I 2, 2. Alt. VwGO*
4. Widerspruchsbefugnis (§ 42 II VwGO analog)
5. Formgerechte Einlegung bei der richtigen Behörde (§ 70 VwGO)
6. Frist (§ 70 VwGO)
7. Allgemeines Rechtsschutzbedürfnis, kein Verzicht, keine Verwirkung
8. Widerspruchsbehörde (keine Zulässigkeits-, aber Sachentscheidungsvoraussetzung – § 73 VwGO)

   * kursive Gliederungspunkte: nur bei besonderem Anlaß prüfen

§ 7 Begründetheit des Widerspruchs

I. Allgemeines

Zur Begründetheit des Widerspruchs enthält die VwGO nur 1
dürre Hinweise. So hilft nach § 72 die Behörde dem Widerspruch
ab, wenn sie diesen „für begründet hält". § 73 bestimmt nur, daß
im Falle der Nichtabhilfe ein Widerspruchsbescheid ergeht. Zum
Prüfungsmaßstab sagt § 68, daß vor Erhebung der Klage **Rechtmäßigkeit und Zweckmäßigkeit** nachzuprüfen sind. Obwohl
das Widerspruchsverfahren Verwaltungsverfahren ist, bleibt also
nichts anderes übrig, als sich mit einer analogen Anwendung der
entsprechenden Bestimmungen der VwGO, vor allem also § 113,
zu behelfen. Entsprechend richten sich die „Prüfungsschemata"
für die Begründetheit des Widerspruchs an der Anfechtungs- und
Verpflichtungsklage aus, wobei die Zweckmäßigkeitsprüfung allerdings stets besonders erwähnt wird (vgl. etwa *Pietzner/Ronel-
lenfitsch,* Assessorexamen, § 38; *Köstering/Günther,* Das Widerspruchsverfahren, 2. Aufl., 36).

Obwohl es auch bei der Widerspruchsentscheidung vornehm- 2
lich auf Rechtswidrigkeit und Rechtsverletzung ankommt, dürfen
bei der Anwendung solcher Schemata die folgenden Unterschiede
zur Begründetheitsprüfung im Verwaltungsprozeß nicht übersehen werden:

– Prüfungsmaßstab sind i. d. R. Rechtmäßigkeit **und** Zweckmä- 3
ßigkeit. Es kommt also nicht nur auf die Rechtskontrolle der
Verwaltung sondern auch darauf an, ob die Entscheidung sachlich richtig ist. Beide Aspekte dürfen nicht verwechselt werden,
auch wenn sie in der Verwaltungsentscheidung selbst gleichgewichtig und gleichzeitig zu prüfen sind.

– Im Widerspruchsverfahren stehen sich der Einzelne und die 4
Verwaltung gegenüber. Nur in diesem Sinne ist das Wider-
spruchsverfahren „kontradiktorisch". Da es keinen Kläger und
Beklagten gibt, spielen auch der „richtige Beklagte" und die
Passivlegitimation keine Rolle. Auch Ausgangsbehörde und

Widerspruchsbehörde sind nicht „Gegner", sie wirken vielmehr in aufeinanderfolgenden Verfahrensabschnitten an der rechtmäßigen und sachgerechten **einheitlichen** Entscheidung der Verwaltung zusammen. Die für das Verhältnis von Verwaltung und Verwaltungsgerichtsbarkeit entwickelten Regeln, z. B. zum Nachschieben von Gründen, zur Umdeutung, zum maßgeblichen Zeitpunkt der Sach- und Rechtslage, zur Spruchreife usw. sind daher auf das Widerspruchsverfahren nicht oder nur bedingt anwendbar.

5 – Im Widerspruchsverfahren kontrolliert die Verwaltung sich selbst. Einschränkungen des Prüfungsumfangs können sich daher **nicht** aus dem Gewaltenteilungsgrundsatz ergeben, der den verfassungsrechtlichen Hintergrund von Normen wie § 114 VwGO darstellt.

6 – Die Widerspruchsbehörde ist als Verwaltungsbehörde Herrin des Verfahrens, der aufgrund des Devolutiveffekts sogar die alleinige Sachherrschaft über den Verfahrensgegenstand zusteht. Im Verfahren und in der Beurteilung der Sach- und Rechtmäßigkeit hat sie – ungeachtet besonderer gesetzlicher Bestimmungen – grundsätzlich die gleichen Befugnisse wie die Ausgangsbehörde. Auch in diesem Sinne ist sie also nicht eine Art „vorgezogenes Verwaltungsgericht". Besonderheiten gelten allerdings für das Verfahren vor den Kreis- und Stadtrechtsausschüssen.

7 – Einschränkungen des Prüfungsumfangs ergeben sich im Widerspruchsverfahren insbesondere bei der Kontrolle von **Selbstverwaltungsentscheidungen.** Sind Selbstverwaltungsbehörde und Widerspruchsbehörde nicht identisch, so darf die Widerspruchsbehörde die Selbstverwaltungsentscheidung nur in rechtlicher, nicht aber in fachlicher Hinsicht kontrollieren und insbesondere ihre eigenen Sacherwägungen nicht an die Stelle des jeweiligen Selbstverwaltungsträgers setzen.

8 – Einschränkungen des Prüfungsumfangs können sich ferner – wie im Verwaltungsprozeß – aus der besonderen Struktur bestimmter Verfahren und Entscheidungen ergeben. Das gilt insbesondere bei **Prüfungsentscheidungen** und sonstigen Ent-

scheidungen mit Beurteilungsspielraum. Auch dies hat nichts
mit Gewaltenteilung zu tun; die eingeschränkte Kontrolldichte
findet ihre Legitimation letztlich in der fehlenden Reproduzierbarkeit von Prüfungsentscheidungen und damit in dem Gebot
der Chancengleichheit (Einzelheiten dazu unten, Rd. Nr. 33 ff.).
In diesen Fällen ergeht kein „Bescheidungswiderspruchsbe- **9**
scheid". Das Bescheidungsurteil ist ein typisches aus der Gewaltenteilung zwischen Verwaltungsgerichtsbarkeit und Verwaltung entstandenes Instrument **gerichtlicher** Kontrolle. Eine
Widerspruchsbehörde kann eine Prüfungsentscheidung nur aufheben und anordnen, daß die Prüfung oder der Prüfungsteil zu
wiederholen ist – und dies nicht als „Bescheidung" an die Prüfungsbehörde, sondern als Weisung zur Ermöglichung der erneuten Prüfung.

II. Maßgeblicher Zeitpunkt der Beurteilung, Prüfungsmaßstab

1. Maßgeblicher Zeitpunkt für die Beurteilung der Sach- und Rechtslage

Beim Widerspruchsverfahren ist der maßgebliche Zeitpunkt für **10**
die Beurteilung der Sach- und Rechtslage grundsätzlich der **Moment des Widerspruchsbescheids selbst.** Auch bei der Begründetheitsprüfung ist daher grundsätzlich auf die Sach- und Rechtslage
zum Zeitpunkt des Erlasses des Widerspruchsbescheids abzustellen. Änderungen der tatsächlichen oder rechtlichen Grundlagen
eines VA, die zwischen dessen Erlaß und dem Widerspruchsbescheid (bzw. der Abhilfeentscheidung) eintreten, sind deshalb von
der Widerspruchsbehörde grundsätzlich zu berücksichtigen (vgl.
BVerwGE 2, 55, 62; 49, 197, 198). Dies folgt daraus, daß der
Verwaltungsakt seine abschließende Gestalt erst mit dem Widerspruchsbescheid erhält und die Widerspruchsbehörde im Moment
des Bescheids die zu diesem Zeitpunkt geltende Sach- und Rechtslage zugrundezulegen hat (ausf. *Pietzner/Ronellenfitsch*, Assessorexamen, § 38, Rd.-Nr. 15 f.).

11   Sehr umstritten ist, ob im Falle des baurechtlichen *Nachbarwiderspruchs* eine
Ausnahme von dieser Regel zu machen ist. So hat das *Bundesverwaltungsgericht*
mehrfach entschieden, daß im Widerspruchsverfahren gegen eine dem Bauherrn erteilte Baugenehmigung Rechtsänderungen, die zwischen Wirksam-
werden der Baugenehmigung und der Widerspruchsentscheidung zum Nachteil des Bauherrn eintreten, wegen der damit bereits eingeräumten Rechtsposition nicht berücksichtigt werden dürfen (BVerwG, DÖV 1970, 135; DVBl.
1978, 614; mit and. Begr. auch *Schenke,* VwProzR, Rd.-Nr. 684).

12   Setzt man voraus, daß die Widerspruchsbehörde auf den Nachbarwiderspruch hin nur – dies aber in vollem Umfang – die Verletzung nachbarschützender Rechte prüfen darf, ist diese Position unhaltbar. Auch der Widerspruchsführer macht Rechte geltend, deren Voraussetzungen sich noch zwischen Verwaltungsakt und Widerspruchsbescheid ändern können. Im übrigen
ist die „Risikoverteilung" bei Drittwidersprüchen und Drittklagen insgesamt
davon gekennzeichnet, daß ein Begünstigter die ihm eingeräumte Rechtsposition in vollem Umfang erst mit der Unanfechtbarkeit der Entscheidung erlangt (vgl. § 50 VwVfG, § 80 VwGO). Auch beim Nachbarwiderspruch gilt
also der Grundsatz der maßgeblichen Sach- und Rechtslage im *Zeitpunkt des
Widerspruchsbescheids.*

2. Prüfungsmaßstab Rechtmäßigkeit

13   Der Widerspruch ist begründet, wenn der angefochtene Verwaltungsakt oder die Ablehnung des beantragten Verwaltungsaktes rechtswidrig ist und der Widerspruchsführer hierdurch in seinen Rechten verletzt wird. Insoweit gelten die gleichen Maßstäbe
wie bei der Anfechtungs- bzw. Verpflichtungsklage.

Es ergeben sich aber wichtige Unterschiede aus der besonderen
Struktur des Widerspruchsverfahrens und der Stellung der Widerspruchsbehörde:

14 – Beruht die Rechtswidrigkeit darauf, daß die sachlich oder örtlich unzuständige Behörde entschieden hat, so tritt zwar der Widerspruchsbescheid der
(zuständigen) Widerspruchsbehörde insoweit an die Stelle der Ausgangsentscheidung. Zu bedenken ist aber, daß es in diesem Fall noch keine Ausgangsentscheidung der *zuständigen* Behörde gibt. Ist der Widerspruch in
vollem Umfang erfolgreich, wird dies den Widerspruchsführer nicht stören.
Wird er aber (aus anderen Gründen) abgelehnt, so verliert der Widerspruchsführer faktisch eine Verwaltungsinstanz und die an sich örtlich oder
sachlich zuständige Ausgangsbehörde bleibt vom Verfahren ausgeschlossen.

15 – Beruht die Rechtswidrigkeit auf einem *Verfahrensfehler* im Sinne von § 45
VwVfG, so kann dieser im Widerspruchsverfahren selbst geheilt werden
und ist dann im Zeitpunkt des Widerspruchsbescheids unbeachtlich, der
Widerspruch mangels Aufhebungsanspruch also unbegründet.

– Ist der Fehler nach § 46 VwVfG *unbeachtlich,* so betrifft dies gleichfalls den **16** Aufhebungsanspruch, der Widerspruch ist also unbegründet. Dies aber nicht etwa, weil der Verwaltungsakt rechtmäßig wäre, sondern weil die Behörde wegen der Alternativenlosigkeit der Ausgangsentscheidung bei gebundenem Verwaltungshandeln die gleiche Entscheidung sogleich wieder treffen müßte. § 46 VwVfG bedeutet also keine Einschränkung des Prüfungsumfangs, versagt aber dem Widerspruchsführer den Aufhebungsanspruch, weil es wegen völliger rechtlicher Gebundenheit der Verwaltung – aber nur bei dieser! – auf den Fehler nicht ankommen kann.

– Anders als das Verwaltungsgericht hat die Widerspruchsbehörde keine Ver- **17** werfungskompetenz hinsichtlich untergesetzlicher Rechtsnormen (Rechtsverordnung oder Satzung). Es findet im Widerspruchsverfahren also keine Incidenter-Prüfung statt.

Dieses Problem stellt sich in der Praxis vor allem dann, wenn eine Widerspruchsbehörde bei der Überprüfung einer Baugenehmigung Zweifel an der Rechtmäßigkeit des zugrundeliegenden Bebauungsplanes hat. Nach BVerwGE 75, 142 ff. = DVBl. 1987, 481 (mit Anm. von *Steiner*) ist weder die Gemeinde selbst noch die Rechtsaufsichtsbehörde zur Feststellung der Nichtigkeit eines rechtswidrigen Bebauungsplanes befugt. Wie aber die Genehmigungsbehörde und die Widerspruchsbehörde im Einzelfall zu entscheiden haben, ist damit nicht geklärt. Nach richtiger Auffassung darf sich in diesem Fall die Widerspruchsbehörde nicht einfach über die geltende untergesetzliche Norm hinwegsetzen. So darf die Baugenehmigung wegen der unterstellten Nichtigkeit des Bebauungsplans so lange nicht versagt oder aufgehoben werden, wie dessen Nichtigkeit nicht im Normenkontrollverfahren festgestellt ist, bzw. der Bebauungsplan durch die Gemeinde selbst aufgehoben wurde. Kann die Widerspruchsbehörde nicht selbst über die Norm entscheiden, so muß sie das Widerspruchsverfahren aussetzen und eine Klärung nach § 47 VwGO herbeiführen (Antragsfähigkeit und Antragsbefugnis liegen in diesem Fall vor.) Außerhalb des Selbstverwaltungsbereichs kommt eine rechtsaufsichtliche Verfügung an die normerlassende Behörde (einschließlich der Ersatzvornahme) in Betracht. Handelt es sich um eine von der Widerspruchsbehörde selbst erlassene Norm, so kann und muß sie diese zunächst selbst aufheben. Für das Normenkontrollverfahren fehlt ihr dann das Rechtsschutzinteresse (*Pietzner/Ronellenfitsch,* Assessorexamen, § 39, Rd.-Nr. 12; allgem. auch *Maurer,* AVwRecht, § 4, Rd.-Nr. 47).

3. Rechtsverletzung

Ist der Verwaltungsakt rechtswidrig, so ist auch beim Wider- **18** spruch weiterhin zu prüfen, ob der Widerspruchsführer „dadurch" **in seinen Rechten verletzt** ist. Diese zusätzliche Voraussetzung darf nicht übersehen werden, denn auch das Widerspruchsverfahren ist kein objektives Beanstandungsverfahren sondern ein dem subjektiven Rechtsschutz dienendes Rechtsbehelfsverfahren.

19   Der unmittelbare **Adressat** des belastenden rechtswidrigen VA ist stets in seinen Rechten verletzt. Probleme stellen sich insofern nur beim VA mit Drittwirkung. Dann muß festgestellt werden, daß der (objektiv rechtswidrige) VA den Widerspruchsführer konkret in seinem subjektiven Recht verletzt. Die Widerspruchsbehörde darf den Ausgangsbescheid nur aufheben, wenn gegen eine klägerschützende Norm (Schutznormtheorie), das Gebot der Rücksichtnahme oder ein Grundrecht des Widerspruchsführers verstoßen wurde.

> **Beispiel:** Auch die (objektiv rechtswidrige) Baugenehmigung darf auf Widerspruch des Nachbarn nur aufgehoben werden, wenn gerade gegen nachbarschützende Normen verstoßen wurde.

20   Liegt eine Verletzung in einem subjektiven Recht nicht vor, so kann der Widerspruch trotz objektiv bestehender Rechtswidrigkeit des VA unbegründet sein und muß dann zurückgewiesen werden (vgl. z. B. BVerwGE 65, 313, 318).

> **Beispiel:** Widerspruch eines Nachbarn gegen eine Baugenehmigung wegen Verstoßes gegen Denkmalschutzrecht.

4. Prüfungsmaßstab Zweckmäßigkeit

21   Der wichtigste Unterschied zur Begründetheitsprüfung bei der Verwaltungsklage besteht darin, daß die Widerspruchsbehörde neben der Rechtmäßigkeit in der Regel auch die Zweckmäßigkeit überprüft, Ermessensentscheidungen also nicht nur auf Ermessensfehler, sondern auch auf Unzweckmäßigkeit, Unwirtschaftlichkeit, sachnähere Alternativen usw. kontrolliert.

22   Wegen der im übrigen zu beachtenden Ausrichtung des Prüfungsmaßstabs an § 113 VwGO gibt es hinsichtlich der Einordnung der Zweckmäßigkeit in die Begründetheitsprüfung Probleme. Einigkeit besteht aber darüber, daß es auf die Prüfung der Zweckmäßigkeit (oder Zweckwidrigkeit) nicht mehr ankommt, wenn bereits Rechtswidrigkeit und Rechtsverletzung bejaht wurden.

Zu beachten ist aber, daß der erweiterte Prüfungsmaßstab der **23**
Zweckmäßigkeitskontrolle **nicht** der Notwendigkeit der Geltendmachung eines subjektiven Rechts enthebt. Ist der Widerspruchsführer aufgrund der Entscheidung nicht in **seinem** subjektiven
Recht betroffen, so kann er auch keinen Schutz gegen eine zweck-
widrige Entscheidung verlangen. Auch die Zweckmäßigkeitsprüfung eröffnet also **keinen Popularwiderspruch**.

Inhaltlich bedeutet Zweckmäßigkeitsprüfung **volle Ermessens-** **24**
kontrolle. Unterläßt bei festgestellter Rechtmäßigkeit die Widerspruchsbehörde diese zusätzliche Überprüfung, so kann dies für
die Gesamtentscheidung auf einen Ermessensfehler hinauslaufen
(*Hofmann,* FS Menger [1985], 612).

Trotz dieser klaren Regel verbinden sich mit der Zweckmäßig- **25**
keitsprüfung viele Mißverständnisse. So gibt es in der Praxis häufig keinen objektiven Maßstab der Zweckmäßigkeit, sondern es
ist immer zu fragen: *„Zweckmäßigkeit in Bezug worauf?"* Es kommt
also auf das jeweils verfolgte Ziel, das Interesse, die Präferenz bei
mehreren denkbaren Alternativen an. Eine zunächst wirtschaftliche Entscheidung kann sich mittel- bis langfristig als überaus unzweckmäßig erweisen, eine für die Widerspruchsbehörde zweck-
mäßige Lösung kann die Probleme „vor Ort" verschärfen oder
auch in ganz anderen Bereichen neue Probleme aufwerfen.

Letztlich ist die Zweckmäßigkeitsprüfung in § 68 VwVfG also **26**
weniger Prüfungsmaßstab als **Entscheidungsregel**. Sie weist die
inhaltliche Letztentscheidungskompetenz der Widerspruchsbehörde zu, muß dabei aber Selbstverwaltungsbereiche ausnehmen,
weil insofern die Definitionskompetenz über die Handlungsziele
der Verwaltung beim Träger der Selbstverwaltung liegt.

Lesenswert zum Problem der Zweckmäßigkeit und zum verwandten Begriff der Effizienz *Wahl,* VVDStRL 41 (1983), 162; *Haverkate,* Rechtsfragen des
Leistungsstaats (1983), 32ff.; *von Arnim,* Gemeinwohl und Gruppeninteressen
(1977), 222.

III. Grenzen des Prüfungsumfangs

27   Grundsätzlich gilt die umfassende Kontrollkompetenz für das Widerspruchsverfahren sowohl hinsichtlich des **Prüfungsmaßstabs** (Rechts- **und** Zweckmäßigkeit) als auch hinsichtlich des **Prüfungsumfangs** (Reichweite **und** Intensität der Kontrolle). Es ergeben sich aber auch Schranken dieser Kontrolle, die teilweise andere Gründe haben als die vergleichbare Einschränkung **richterlicher** Kontrollbefugnisse.

1. Selbstverwaltungsentscheidungen

28   Ist die Selbstverwaltungsbehörde selbst Widerspruchsbehörde (§ 73 I 3), so stellen sich für den Prüfungsumfang allenfalls dann Probleme, wenn der VA durch einen Ausschuß, eine Kommission oder ein vergleichbares Gremium erlassen wurde, die Entscheidung im Widerspruchsverfahren also nur begrenzt nachvollziehbar ist. Im übrigen ist die Selbstverwaltungskörperschaft zur eigenständigen Kontrolle der Rechtmäßigkeit **und** Zweckmäßigkeit ihrer Entscheidungen in vollem Umfang befugt.

29   Anders verhält es sich, wenn die Widerspruchsbehörde von der Selbstverwaltungsbehörde getrennt ist. Hier müssen die Landesgesetze vorsehen, daß die Widerspruchsbehörde auf die Rechtmäßigkeitskontrolle beschränkt ist, während die Prüfung der Zweckmäßigkeit im Abhilfeverfahren durch den Selbstverwaltungsträger als Ausgangsbehörde vorgenommen wird.

30   Seltener wird gesehen, daß sich die Widerspruchsbehörde auch bei der **Rechtmäßigkeitskontrolle** im Selbstverwaltungsbereich nicht einfach so verhalten darf, als ginge es um die Kontrolle im hierarchisch gegliederten Innenbereich der Verwaltung. So muß sie die Belange der Gemeinde beachten und bei Zweifelsfragen (z. B. hinsichtlich der Verhältnismäßigkeit) darf sie die Eignungs- und Erforderlichkeitsprognose des Selbstverwaltungsträgers nicht einfach durch eigene Wertungen ersetzen.

31   Ein besonders klausurträchtiges Problem betrifft die Kontrolle der Entscheidung der Gemeinde über die Erteilung ihres **Einvernehmens** gemäß § 36 BauGB, wenn die Widerspruchsbehörde z. B. eine wegen fehlenden Einver-

nehmens verweigerte Baugenehmigung erteilen will. Nach h. L. handelt es sich hier (außer bei Dispensentscheidungen nach § 31 BauGB) um rechtlich gebundene Entscheidungen, obwohl die Gemeinde im eigenen Wirkungskreis tätig wird und das Einvernehmen die Planungshoheit der Gemeinde sichern soll. Hier kann sich die Widerspruchsbehörde auch dann, wenn die Gemeinde das Einvernehmen ihrer Auffassung nach rechtswidrig verweigert hat, gleichwohl nicht einfach über die Entscheidung der Gemeinde hinwegsetzen und die Baugenehmigung erteilen. Täte sie dies, wäre – unabhängig von der materiellen Genehmigungsfähigkeit des Vorhabens – der Widerspruchsbescheid rechtswidrig und auf Anfechtungsklage der Gemeinde hin aufzuheben (BVerwGE 22, 347). Die Widerspruchsbehörde muß hier also zunächst die Herstellung des Einvernehmens mit aufsichtlichen Mitteln (Vornahmeverfügung, ggf. auch Ersatzvornahme) erreichen, bevor die Genehmigung erteilt werden kann (VGH München, BayVBl. 1983, 532 – häufiges Klausurproblem!). Nach § 68 a Rh.-Pf. BauO soll nunmehr allerdings das Einvernehmen auch im Widerspruchsverfahren ersetzbar sein.

Dem **Bürger** gegenüber handelt es sich bei einer solchen Baugenehmigung **32** um einen mehrstufigen Verwaltungsakt. Er kann hier nicht die Gemeinde auf Erteilung des Einvernehmens verklagen oder „Verpflichtungswiderspruch" erheben; ihm bleibt nur die Verpflichtungsklage auf Erteilung der Baugenehmigung. Wurde das Einvernehmen rechtswidrig verweigert, so ersetzt das Verpflichtungsurteil auch gegenüber der (beizuladenden) Gemeinde das Einvernehmen (BVerwGE 28, 147).

2. Entscheidungen mit Beurteilungsspielraum

Bei Entscheidungen mit Beurteilungsspielraum, ist der einge- **33** schränkte Prüfungsumfang (außer im Hochschulbereich) nicht in der verfassungsrechtlichen Autonomie des Trägers der Ausgangsentscheidung begründet. Hier kommt es darauf an, ob die Widerspruchsbehörde in der Lage ist, die Situation der Ausgangsentscheidung in vollem Umfang zu kontrollieren.

Handelt es sich nur um eine rechtlich voll nachvollziehbare Einzelentschei- **34** dung (z. B. Eignungsprognose bei beamtenrechtlicher Einstellung), so kann die Widerspruchsbehörde auch bei einem dem Gericht gegenüber bestehenden Beurteilungsspielraum die Maßnahme voll überprüfen (BVerwG, DÖV 1979, 791 f.). Geht es dagegen um ein besonderes Prüfungs**verfahren,** an dem der Träger der Widerspruchsentscheidung nicht beteiligt war, dann gelten für die Widerspruchsbehörde die gleichen Schranken wie für das Verwaltungsgericht, und sie darf die eigene Wertung nicht an die Stelle derjenigen der Prüfungsbehörde setzen. Im Ergebnis ergeht dann ein „Bescheidungswiderspruchsbescheid" (unten § 9, Rd.-Nr. 12). Der eigentliche Grund dieser Einschränkung ist die Chancengleichheit, die beeinträchtigt würde, wenn im nachhinein die

Prüfungsleistungen einer Einzelperson herausgegriffen und – losgelöst von der Prüfungssituation – durch die Widerspruchsbehörde inhaltlich bewertet würde. Diese Konstellation hängt nicht von der Entscheidung durch **mehrere** Prüfer ab. Auch bei Bewertungen, die aufgrund von Leistungen in einem bestimmten Zeitraum abgegeben werden (z. B. Schulnoten aufgrund der Leistungen eines ganzen Schuljahres) stellt sich das gleiche Problem. In diesen Fällen ist die Rechtskontrolle auf die Verletzung des Verfahrens, objektiv unwahre Sachverhalte und auf die Verletzung anerkannter Bewertungsmaßstäbe beschränkt (exempl.: BVerwGE 57, 130, 145; 70, 4, 10; VGH Kassel, NVwZ-RR 1989, 306). Insofern verlangen auch weder Art. 12 noch Art. 19 IV GG eine möglichst weitgehende „Vollkontrolle" im Widerspruchsverfahren (VGH München, BayVBl. 1992, 345; OVG Koblenz, NVwZ 1992, 399). Die weitgehende Einschränkung des Beurteilungsspielraums im verwaltungsgerichtlichen Verfahren durch die jüngste Rechtsprechung des BVerfG (vgl. insb. BVerfGE 84, 59) gilt für die Widerspruchsbehörde nicht, doch stellt nach der gleichen Rspr. zumindest im berufsbezogenen Prüfungsverfahren Art. 12 GG besondere Anforderungen an das „Überdenken" einer Entscheidung in einem Kontrollverfahren (das nicht unbedingt Widerspruchsverfahren sein muß).

35   Die vorgenannten Grundsätze sind auch auf solche Entscheidungen zu übertragen, die – ohne „Prüfungsentscheidungen" im eigentlichen Sinne zu sein – von sachverständigen Kommissionen, Gremien usw. aufgrund eines besonderen Verfahrens getroffen werden (vgl. hierzu BVerwGE 70, 411).

3. Abwägungsentscheidungen

36   Das Problem eingeschränkter Überprüfbarkeit stellt sich nicht nur bei Entscheidungen mit Beurteilungsspielraum, sondern auch bei sogenannten „Abwägungsentscheidungen". Diese sind nicht auf das Planfeststellungsverfahren und die Bauleitplanung beschränkt; der Begriff hat sich vielmehr für solche Entscheidungen eingebürgert, die in besonderem Maße der Interessenzuordnung und Konfliktbewältigung dienen und insofern unterschiedliche Belange in einem besonderen Abwägungsverfahren einbeziehen (Einzelheiten hierzu bei *Kühling*, Fachplanungsrecht, 1988, Rd.-Nr. 4, 23; *Hufen*, Fehler im Verwaltungsverfahren, Rd.-Nr. 36; *Wahl*, NVwZ 1990, 427; *Schmidt-Aßmann*, in: *Maunz-Dürig*, Art. 19 IV, Rd.-Nr. 212 ff.). Der Entscheidungsstruktur nach geht es hierbei zwar nicht um Entscheidungen mit Beurteilungsspielraum. Die Widerspruchsbehörde ist bei der Abwägungskontrolle

grundsätzlich zur vollen Überprüfung befugt. Sie darf hierbei aber keinen einzelnen Belang (z. B. des Widerspruchsführers) herausgreifen und dadurch das komplexe Gefüge der Abwägungsentscheidung nachträglich verändern.

Dieses Problem stellt sich in der Praxis nur deshalb relativ selten, weil die wichtigsten Abwägungsentscheidungen im Planfeststellungsverfahren und sonstigen Planungsverfahren fallen, für die ein Widerspruchsverfahren nicht vorgesehen ist. Bei der zu beobachtenden Ausdehnung des Begriffs der Abwägungsentscheidung auch auf einfache Genehmigungen wird der eingeschränkte Prüfungsumfang der Widerspruchsbehörde aber auch insoweit in Zukunft größere Bedeutung erlangen. **37**

4. Folgen des eingeschränkten Prüfungsumfangs

Kann die Widerspruchsbehörde dem Widerspruch aus den geschilderten Gründen nicht stattgeben, so ist die Sache nicht spruchreif (§ 113 V analog). Das bedeutet: Die Widerspruchsbehörde hebt die ablehnende Entscheidung auf. Es ist dann Sache der Ausgangsbehörde, den Antragsteller unter Beachtung der Widerspruchsentscheidung neu zu bescheiden. Ist der Fehler nicht korrigierbar, dann kommt nur die Wiederholung der Prüfung in Betracht. **38**

IV. Besonderheiten beim „beamtenrechtlichen Widerspruch"

In Fällen des § 126 III BRRG, also beim „beamtenrechtlichen Widerspruch", kann es zu einem „Leistungs- bzw. Feststellungswiderspruchsbescheid" kommen. Für Gegenstände, bei denen eine entsprechende Klage Leistungs- bzw. Unterlassungsklage wäre, ist ein solcher Widerspruch begründet, wenn der Betroffene einen Anspruch auf die Leistung hat. Einschränkungen hinsichtlich der Ermessensüberprüfung und der Spruchreife wie bei der gerichtlichen Kontrolle gelten hierbei nicht. Beim „Feststellungswiderspruch" ist zu überprüfen, ob das umstrittene Rechtsverhältnis besteht bzw. nicht besteht (§ 43 VwGO analog). **39**

Literatur zu § 7: *Köstering/Günther,* Das Widerspruchsverfahren, 2. Aufl.,
36 ff.; *Pietzner/Ronellenfitsch,* Assessorexamen, §§ 38 ff.; *Schenke,* VwProzR,
Rd.-Nr. 683 ff.; *Scholler,* Die Sachherrschaft der Widerspruchsbehörde, DÖV
1966, 232; *Oerder,* Das Widerspruchsverfahren nach der VwGO (1989); *Kuhla/
Hüttenbrink,* S. 166.

40   **Übersicht 4: Begründetheit des Widerspruchs**

A) Anfechtungswiderspruch: (Einzelheiten: unten § 25)

1. Rechtswidrigkeit des angegriffenen VA
   a) Benennung der Eingriffsgrundlage,
   b) Zuständigkeit der Ausgangsbehörde,
   c) Verfahren,
   d) Anwendung der Eingriffsgrundlage,
   e) Verstoß gegen sonstiges Recht.
2. Rechtsverletzung (§ 113 I VwGO analog)
3. *Zweckwidrigkeit (nur prüfen, wenn Entscheidung nicht ohnehin rechtswidrig; klarstellen, daß zumindest Betroffenheit in eigenem Recht vorliegt)*

B) Verpflichtungswiderspruch

1. Rechtswidrigkeit der Versagung des VA
2. Rechtsverletzung durch Versagung (§ 113 V analog)
3. Zweckwidrigkeit
4. *Ggf. „Spruchreife" (§ 113 V 1 analog – bei Prüfungs- und ähnlichen Entscheidungen)*

§ 8 Der Ablauf des Widerspruchsverfahrens

1   Der Ablauf des Widerspruchsverfahrens bestimmt sich durch
seine Einordnung als Verwaltungsverfahren. Es wird nicht durch
Klage, sondern durch einen Antrag eingeleitet (§ 69 VwGO); es
umfaßt verschiedene vorbereitende Abschnitte (Sachaufklärung,
Anhörung, eigentliche Entscheidung usw.); von Ausnahmefällen
abgesehen, kennt es keine mündliche Verhandlung und es endet
wiederum mit einem VA, dem Widerspruchsbescheid. Eine Besonderheit dieses Verfahrens ist die in der Regel zweistufige Ausgestaltung von Abhilfe- und eigentlichem Widerspruchsverfahren.

I. Die Erhebung des Widerspruchs und ihre Wirkungen

Das Widerspruchsverfahren beginnt mit der **Erhebung des Wi-** 2
derspruchs (§ 69 VwGO), d. h. mit dem Eingang des Widerspruchs bei der in § 70 genannten Behörde. Der ordnungsgemäß
eingelegte Widerspruch hat folgende Wirkungen:
– Fristwahrung, Hemmung der Bestandskraft,
– Devolutiveffekt,
– Suspensiveffekt.

Die **Wirksamkeit** des VA im Sinne von § 43 VwVfG bleibt
dagegen von der Einlegung des Widerspruchs unberührt (dazu
sogleich, Rd.-Nr. 5).

1. Fristwahrung

Die Einlegung des Widerspruchs hat **fristwahrende Wirkung** 3
und hemmt damit die Unanfechtbarkeit. Das gilt nach § 70
VwGO auch dann, wenn der Widerspruch bei der Widerspruchsbehörde eingelegt wird. Das Eintreten der Bestandskraft (Unanfechtbarkeit) wird damit aufgehalten.

2. Devolutiveffekt

Der Devolutiveffekt bedeutet, daß die Entscheidungskompe- 4
tenz auf die **nächsthöhere Behörde** übergeht. Das ist beim Widerspruchsverfahren nicht schon mit der Einlegung bei der Ausgangsbehörde sondern erst mit der Weiterleitung des Widerspruchs an die Widerspruchsbehörde nach (negativem) Abschluß
des Abhilfeverfahrens der Fall. Auch im übrigen ist der Devolutiveffekt nicht abschließend, d. h. die Ausgangsbehörde darf dem
Widerspruch auch dann noch abhelfen (selbstverständlich aber
nicht den Widerspruch zurückweisen), wenn die Widerspruchsbehörde bereits mit der Angelegenheit befaßt ist. Die Gegenauffassung verkennt die Einheit der Verwaltung, die Unterschiede zum
Verwaltungsprozeß und den im Verwaltungsverfahren fehlenden
Anspruch auf eine Entscheidung der höheren Instanz (Nachw. bei
Pietzner/Ronellenfitsch, Assessorexamen, § 25, Rd.-Nr. 6f.).

3. Suspensiveffekt

5   Nach § 80 I VwGO hat der Widerspruch aufschiebende Wirkung **(Suspensiveffekt).** Diese Wirkung tritt erst mit der Einlegung ein. Sie besteht also nicht „automatisch" bis zur Unanfechtbarkeit. Der Suspensiveffekt tritt aber selbstverständlich nur beim Widerspruch gegen einen belastenden VA ein, nicht beim „Verpflichtungswiderspruch" und auch nicht beim Widerspruch gegen beamtenrechtliche Maßnahmen, die nicht VA sind (z. B. Umsetzung). In diesen Fällen bleibt nur der vorläufige Rechtsschutz nach § 123 VwGO.

Umstritten ist die Frage der exakten dogmatischen Einordnung des Suspensiveffekts. Denkbar ist, daß die *Wirksamkeit* gehemmt wird („Wirksamkeitstheorie") oder daß die aufschiebende Wirkung nur die *Vollziehbarkeit* erfaßt („Vollziehbarkeitstheorie").

Dieser Streit und seine Voraussetzungen und Folgen sind unten, in § 32 I ausführlich dargestellt.

6   Die aufschiebende Wirkung tritt grundsätzlich auch dann ein, wenn der Widerspruch unzulässig ist (a. A. nur noch *Eyermann-Fröhler,* VwGO, § 80, Rd.-Nr. 14 ff.; *Frank/Langrehr,* 138). Die Prüfung der Zulässigkeit und erst recht der Begründetheit ist Sache des Widerspruchsverfahrens, und der Bürger hat einen verfassungsrechtlichen Anspruch darauf, daß diese Prüfung erfolgen kann, ohne daß der Vollzug oder das Gebrauchmachen von einem Verwaltungsakt vollendete Tatsachen schaffen.

7   Eine Ausnahme gilt nur in zwei Fällen offensichtlicher Unzulässigkeit: Keine aufschiebende Wirkung hat der Widerspruch dann, wenn der VA wegen Fristversäumnis bereits unanfechtbar ist **und** nicht gerade dieser Fristablauf oder Wiedereinsetzungsgründe im Streit stehen (richtig OVG Münster, NVwZ 1987, 334: aufschiebende Wirkung auch bei Streit um Rechtzeitigkeit eines Widerspruchs). Der andere Fall offensichtlicher Unzulässigkeit liegt dann vor, wenn der Widerspruchsführer sich auf eine ihm nach keinem denkbaren Gesichtspunkt zustehende Rechtsposition beruft.

Gerade im Hinblick auf Art. 19 IV GG ist im Zweifel für die **8** aufschiebende Wirkung zu entscheiden. Rechtsstaatliche Bedenken gelten auch gegenüber einer abstrakten „Evidenztheorie" in diesem Zusammenhang (keine aufschiebende Wirkung bei offensichtlich unzulässigem Widerspruch, vgl. OVG Bremen, DÖV 1988, 611; OVG Lüneburg, DÖV 1972, 324; OVG Koblenz, NJW 1976, 908; VGH Mannheim, NVwZ 1984, 255; OVG Hamburg, DVBl. 1987, 1017 – die Fälle beziehen sich im übrigen durchweg auf unstreitig abgelaufene Widerspruchsfristen oder ebenso unstreitig nicht vorliegende Widerspruchsbefugnis).

Auch dem Begünstigten gegenüber ist der Eintritt der aufschie- **9** benden Wirkung selbst beim sich im Nachhinein als unzulässig erweisenden Widerspruch zumutbar, weil das fein austarierte System des vorläufigen Rechtsschutzes und insbesondere § 80 a I Ziff. 1 VwGO (Antrag auf Anordnung des sofortigen Vollzugs beim Drittwiderspruch) durchaus adäquate Gegenmittel bereithält.

II. Das Abhilfeverfahren

1. Bedeutung und Handhabung in der Praxis

Hält die (Ausgangs-)Behörde den Widerspruch für begründet, **10** so hilft sie ihm ab und entscheidet über die Kosten (§ 72 VwGO). Diese Vorschrift ist erkennbarer Ausdruck der angestrebten Selbstkontrolle der Behörde im Widerspruchsverfahren. Die Ausgangsbehörde selbst soll die Entscheidung nochmals überprüfen, bevor unter erhöhten Kosten und erhöhtem Aufwand die Widerspruchsbehörde entscheidet. Besondere Bedeutung hat die Abhilfe in Selbstverwaltungsangelegenheiten, wenn die Behörde – wie dies das Landesrecht nach § 73 I 1 VwGO bestimmen kann – nicht selbst Widerspruchsbehörde ist. Dann ist das Abhilfeverfahren der einzige Ort einer erneuten Zweckmäßigkeitsprüfung. Abhilfeverfahren haben aber auch generell eine Filterfunktion für die Gerichtsbarkeit, wie nicht zuletzt Art. 22 BayAGGVG zeigt, der heute noch bei allen Leistungsklagen gegen den Freistaat Bayern ein Abhilfeverfahren zwingend vorschreibt.

In der Praxis wird diese Funktion der Selbstkontrolle aber anscheinend kaum erfüllt. Obwohl hierüber keine zuverlässigen Erhebungen vorliegen, läßt sich *Ules* Feststellung von der fehlenden Relevanz des Widerspruchsverfahrens für die Verfahrensdauer vor dem Verwaltungsgericht (*Ule,* Rechtstatsachen, 220) allem Anschein nach auch auf das Verhältnis von Abhilfeverfahren und Widerspruchsverfahren übertragen: Ausgangsbehörden neigen unmittelbar nach Abschluß eines Verwaltungsverfahrens nicht dazu, ihre eigene Entscheidung zu korrigieren. Abhilfe wird – wenn überhaupt – erst auf Wink oder Weisung der Aufsichts- oder Widerspruchsbehörde geleistet, oder die Behörde läßt sich verklagen, um die Verantwortung für eine stattgebende Entscheidung nicht selbst tragen zu müssen.

2. Pflicht zur Durchführung

11   Das Abhilfeverfahren ist **obligatorisch,** und zwar auch dann, wenn der Wf. den Widerspruch – was nach § 70 VwGO möglich ist – bei der Widerspruchsbehörde eingelegt hat. Entscheidet die Widerspruchsbehörde gleichwohl ohne Abhilfeverfahren, so ist dies ein wesentlicher Verfahrensmangel im Sinne von § 79 II 2. Das gilt erst recht, wenn die Widerspruchsbehörde in Selbstverwaltungsangelegenheiten auf die Rechtmäßigkeitskontrolle beschränkt ist (wie hier *Kopp,* VwGO, § 72, Rd.-Nr. 1; *Schmitt Glaeser,* VwProzR, Rd.-Nr. 199; *Pietzner/Ronellenfitsch,* Assessorexamen, § 25, Rd.-Nr. 5; *Schenke,* VwProzR, Rd.-Nr. 668).

3. Ablauf

12   Das „Abhilfeverfahren" ist – anders als das Widerspruchsverfahren insgesamt – **kein eigenes Verwaltungsverfahren,** sondern Teil des Vorverfahrens (BVerwGE 29, 99). Die Behörde greift hierbei auf die Ergebnisse des Ausgangsverfahrens zurück. Gleichwohl gelten auch für diesen Verfahrensabschnitt die Verpflichtung zur Anhörung (§ 71 VwGO, ergänzend auch § 28 VwVfG), Sachaufklärung, Beratung und Akteneinsicht des VwVfG. Dies gilt insbesondere dann, wenn die Abhilfebehörde den VA zu Lasten des Widerspruchsführers oder eines Dritten abändern oder aufheben will oder wenn es um völlig neue Tatsachen oder rechtliche Gesichtspunkte sowie um Zweckmäßigkeitserwägungen geht, auf die die nachfolgende Widerspruchsbehörde keinen Zugriff hat. In

letzterem Fall kann auch eine Heilung von Fehlern des Ausgangsverfahrens nur im Abhilfeverfahren erfolgen (dazu unten, Rd.-
Nr. 46).

Nach h. L. stellt es zwar keinen Verstoß gegen §§ 20/21 VwVfG   **13**
dar, wenn im Abhilfeverfahren der gleiche Beamte entscheidet,
der auch schon am Ausgangsverfahren beteiligt war. Um den
Zweck der Selbstkontrolle der Verwaltung wirksam werden zu
lassen, sollte es jedoch selbstverständlich sein, mit der Abhilfeentscheidung soweit wie möglich einen anderen Beamten innerhalb
der gleichen Behörde zu betrauen.

4. Entscheidung im Abhilfeverfahren

Hält die Behörde den Widerspruch für ganz oder teilweise be-   **14**
gründet, so hilft sie ihm ab. Im Gegenschluß aus § 73 VwGO ist
die Abhilfeentscheidung kein Widerspruchsbescheid; sie ist vielmehr inhaltlich Aufhebung oder Abänderung des ursprünglichen
Bescheids, für die das VwVfG gilt (*Redeker/von Oertzen, VwGO,*
§ 72, Rd.-Nr. 2). In diesem Fall muß die Ausgangsbehörde zugleich über die Kosten entscheiden. Anders als Rücknahme oder
Widerruf (§§ 48/49 VwVfG) ist die Abhilfeentscheidung keine Ermessensentscheidung; sie **muß** ergehen, wenn die Ausgangsbehörde den Widerspruch für begründet hält. Auch von den Einschränkungen der §§ 48, 49 VwVfG ist die Abhilfebehörde frei,
wenn sie einen begünstigenden VA auf den Widerspruch eines
Dritten hin aufhebt (§ 50 VwVfG).

Erweist sich der VA bei der Überprüfung im Abhilfeverfahren
als nichtig, so hat die Behörde dies nach § 44 V VwVfG festzustellen. Um eine Vollabhilfe handelt es sich auch, wenn die Ausgangsbehörde auf den Widerspruch des Betroffenen hin einen Bescheid in vollem Umfang aufhebt, gleichzeitig oder später aber
erneut einen Bescheid mit gleichem oder ähnlichem Inhalt erläßt
(BVerwG, DÖV 1991, 554).

Hilft die Behörde einem Widerspruch nur teilweise ab, so ergeht   **15**
zwar insofern ein Abhilfebescheid; gleichwohl ist die Behörde verpflichtet, die Angelegenheit der Widerspruchsbehörde zur Ent-

scheidung über den abgelehnten Teil vorzulegen. Über diesen abgelehnten Teil muß dann ein Widerspruchsbescheid ergehen (BVerwGE 70, 4). Auch die Kostenentscheidung bleibt dann insgesamt dem Widerspruchsbescheid vorbehalten (anders hinsichtlich des begünstigenden Teils VGH München, DÖV 1988, 978).

Literatur zu § 8 II: *Hufen,* Fehler im Verwaltungsverfahren, 2. Auf., Rd.-Nr. 403; *Köstering/Günther,* Das Widerspruchsverfahren, 13; *Schmitt Glaeser,* Rd.-Nr. 199–203; *Oerder,* Widerspruchsverfahren, 137.

III. Das Verfahren bei der Widerspruchsbehörde

16   Hilft die Ausgangsbehörde dem Widerspruch nicht ab, so legt sie die Sache mit einem (in der Regel besonders begründeten) Vorlageschreiben der Widerspruchsbehörde vor. Hierbei werden keine Anträge gestellt; die Regel ist aber, daß die Widerspruchsbehörde gebeten wird, den Widerspruch zurückzuweisen. Dem Bürger gegenüber ist die „Abhilfeverweigerung" nicht etwa VA sondern bloße Mitteilung.

Trotz der großen praktischen Bedeutung des Widerspruchs*verfahrens* wird in Literatur und Rechtsprechung auf dessen Ausgestaltung überraschend wenig Gewicht gelegt. Die wichtigsten Verfahrensstufen und Verfahrensfehler seien hier zusammengefaßt, wobei allerdings ergänzend auf die Ausgestaltung des (einfachen) Verwaltungsverfahrens hinzuweisen ist (nähere Einzelheiten bei *Hufen,* Fehler im Verwaltungsverfahren, Rd.-Nr. 396 ff.).

1. Allgemeine Verfahrensgrundsätze

17   Wie jedes Verwaltungsverfahren ist auch das Widerspruchsverfahren von **allgemeinen Verfahrensgrundsätzen** beherrscht, bei deren Formulierung und Interpretation die besondere Stellung des Widerspruchsverfahrens zwischen Verwaltungsverfahren und Verwaltungsprozeß zu beachten ist. Einerseits ist das Widerspruchsverfahren nicht Verwaltungsprozeß; es wäre also verfehlt, unvermittelt und in vollem Umfang Grundsätze wie Öffentlichkeit, Mündlichkeit, Offizialmaxime usw. anzuwenden. Andererseits ist es förmlicher Rechtsbehelf, so daß der Grundsatz der

Nichtförmlichkeit im Sinne von § 10 VwVfG allenfalls eingeschränkt gilt. Das heißt aber nicht, daß nicht auch das Widerspruchsverfahren **einfach** und **zweckmäßig** zu führen wäre. Auch
für das Widerspruchsverfahren schließt § 10 VwVfG eine der **Verhältnismäßigkeit** widersprechende komplizierte und aufwendige
Verfahrensgestaltung aus. Sind neben Antragsteller und Behörde
mehrere Beteiligte vorhanden, so muß auch die Widerspruchsbehörde den Grundsatz der verfahrensmäßigen **Chancengleichheit**
und der Offenheit gegenüber den Beteiligten beachten. Sie darf
sich insbesondere nicht in einseitiger Weise die Argumentation
einer Seite zueigen machen, ist also an die **Pluralität** der eingebrachten Belange und Gesichtspunkte gebunden. Das heißt auch,
daß sie sich in eine gewisse **Neutralität** und **Distanz** gegenüber
der Ausgangsbehörde begeben muß, wenn sie der rechtsstaatlichen Kontrollfunktion des Widerspruchsverfahrens wirklich gerecht werden will. Gerade deshalb ist der im Ausgangsverfahren
mit der Angelegenheit befaßte Beamte im Widerspruchsverfahren
als *befangen* anzusehen (a. A. *Pietzner/Ronellenfitsch,* § 37, Rd.-
Nr. 10).

2. Beteiligte

Beteiligte im Widerspruchsverfahren sind nach § 79 i. V. m. § 13   **18**
VwVfG Antragsteller und Antragsgegner, d. h. im Widerspruchsverfahren: Widerspruchsführer und Ausgangsbehörde. Letztere ist
selbst beteiligungsfähig nach § 11 VwVfG. Antragsgegner ist also
nicht etwa der „Dritte" beim Widerspruch über den VA mit Drittwirkung (so aber *Kopp,* VwVfG, § 13, Rd.-Nr. 11), denn auch das
Widerspruchsverfahren wird nie zwischen zwei Bürgern geführt.
Der Begünstigte des mit dem Widerspruch angefochtenen VA
sowie der unmittelbar von der Aufhebung einer negativen Entscheidung betroffene Nachbar sind aber **notwendig Beteiligte** im
Sinne von § 13 I 2 VwVfG, wenn die Widerspruchsbehörde sie
mit einer stattgebenden Entscheidung erstmalig belastet. Auch die
Widerspruchsbehörde selbst ist Beteiligte, obgleich sie in § 13
VwVfG nicht ausdrücklich erwähnt ist.

Die Behörde *kann* nach § 13 VwVfG weitere Dritte beteiligen, deren rechtliche Interessen durch den Ausgang des Widerspruchsverfahrens berührt werden können. Wie beim Verwaltungsverfahren kann diese **fakultative Beteiligung** des Dritten sich aus verfassungsrechtlichen Gründen zur Beteiligungs*pflicht* verdichten, wenn im Widerspruchsverfahren über Grundrechte des Dritten mitentschieden wird, ohne daß er als potentieller Adressat nach § 13 I VwVfG ohnehin beteiligt ist (näher dazu: *Hufen*, Fehler im Verwaltungsverfahren, Rd.-Nr. 172 ff. – umstr.).

3. Vertretung durch Bevollmächtigten

19   Nach § 79 i. V. m. § 14 VwVfG kann ein Beteiligter sich durch einen Bevollmächtigten vertreten lassen. In diesem Fall soll sich die Behörde statt an den Widerspruchsführer an den Bevollmächtigten wenden (§ 14 III 1 VwVfG). Als Besonderheit bestimmt § 80 VwVfG, daß dem erfolgreichen (oder nur wegen eines geheilten Verfahrens- oder Formfehlers erfolglosen) Widerspruchsführer die zur zweckentsprechenden Rechtsverfolgung oder Rechtsverteidigung notwendigen Aufwendungen zu erstatten sind (Einzelheiten dazu unten, IV). Für das Widerspruchsverfahren ist die Bekanntgabe an den Bevollmächtigten zwar im Gegensatz zu § 67 III 3 VwGO nicht zwingend vorgeschrieben, doch sind kaum Gründe denkbar, von der Sollvorschrift des § 14 VwVfG abzuweichen. Das gilt besonders, wenn der Betroffene selbst mit der Sache bisher nicht befaßt war oder abwesend ist. Unwirksam ist die Bekanntgabe an einen Handlungsunfähigen (OVG Hamburg, DVBl. 1982, 218 – Bekanntgabe an einen minderjährigen Ausländer).

4. Vertretung im „Massenverfahren"

20   Nach wie vor ungelöst sind die Probleme des Widerspruchsverfahrens als „Massenverfahren". Es besteht lediglich Einigkeit darüber, daß auch die neue Vorschrift des § 67a VwGO nur für den Verwaltungsprozeß gilt, daß also grundsätzlich für das Widerspruchsverfahren die (als solche mißglückten und auf das Wider-

spruchsverfahren schlecht passenden) Vorschriften der §§ 17–19 VwVfG anwendbar sind. Schon aus rechtsstaatlichen Gründen ist es aber dem Vertreter nach § 17 VwVfG verwehrt, für einen bis jetzt nicht Beteiligten Widerspruch einzulegen und diesen damit in ein ungewünschtes Verfahren hineinzuziehen. Wegen der größeren Förmlichkeit des Widerspruchsverfahrens und des Prinzips des rechtlichen Gehörs kommt auch eine eigenmächtige Rücknahme des Widerspruchs oder ein Vergleichsvertrag mit Wirkung für einzelne Beteiligte nicht in Betracht (ähnlich wie hier *Schmitt Glaeser*, VwProzR, Rd.-Nr. 223–225).

5. Sachaufklärung

Für die Sachaufklärung im Widerspruchsverfahren gelten §§ 24 ff. VwVfG, wobei die Widerspruchsbehörde sowohl zur Kontrolle der Ermittlung der Ausgangsbehörde als auch zur Erhebung eigener Informationen verpflichtet ist, wenn dies nach Maßgabe des Einzelfalles erforderlich ist. Ein Fehler in der Sachaufklärung ist es grundsätzlich, wenn die Widerspruchsbehörde bei umstrittener Tatsachenlage Daten und Informationen der Ausgangsbehörde einfach ungeprüft übernimmt.   21

6. Anhörung von Beteiligten

Systematische und praktische Schwierigkeiten bereitet die Spezialvorschrift des § 71 VwGO, nach der ein von der möglichen Aufhebung oder Änderung des VA betroffener Dritter im Widerspruchsverfahren gehört werden *soll*. Obwohl diese Vorschrift den insofern weiter formulierten § 28 VwVfG zumindest teilweise verdrängt, besteht heute Einigkeit darin, daß der Grundsatz des rechtlichen Gehörs **verlangt,** vor der belastenden Abänderung oder Aufhebung eines VA den hiervon betroffenen Dritten zu hören. Das gilt insbesondere für den Nachbarn im Baurecht. § 71 VwGO ist also bei Vorliegen seiner Voraussetzungen als „Muß-Vorschrift" zu lesen (wie hier *Redeker/von Oertzen*, VwGO, § 71, Rd.-Nr. 2; *Eyermann-Fröhler*, VwGO, § 71, Rd.-Nr. 2; *Kopp*, VwGO, § 71, Rd.-Nr. 2; im Ergebnis auch BVerwG, DVBl.   22

1965, 26). Ist § 28 VwVfG selbst nicht anwendbar, so gilt das auch für die Ausnahmevorschriften von § 28 II. Nur in ganz besonders gelagerten Fällen mögen Gründe wie in § 28 II genannt, zu einer Ausnahme von § 71 VwGO berechtigen.

23 Will die Behörde von der (umstrittenen) Möglichkeit der „reformatio in peius" Gebrauch machen (dazu unten § 9, Rd.-Nr. 15 ff.), dann ist der von dieser „Verböserung" betroffene Widerspruchsführer dadurch nicht etwa „Dritter" im Sinne von § 71 VwGO. Für ihn gilt vielmehr nach § 79 VwVfG § 28 VwVfG, ohne daß eine Analogie zu § 71 VwGO in Betracht kommt. Hierfür ist entscheidend, daß der verbösernde Widerspruchsbescheid nicht etwa die Ablehnung oder Teilablehnung eines begünstigenden VA darstellt, sondern ganz im Sinne von § 28 I VwVfG eine Regelung ist, die (zusätzlich) in Rechte eines Beteiligten eingreift. Zu den die Verböserung auslösenden Tatsachen ist der Widerspruchsführer also rechtzeitig anzuhören. (So – allerdings auf *neue* Tatsachen beschränkt – OVG Koblenz, NVwZ 1992, 386). Das gleiche gilt auch, wenn die Widerspruchsbehörde den Widerspruch aus einem dem Widerspruchsführer bisher nicht bekannten und auch nicht erörterten Grund zurückweisen will.

Inhaltlich ist die Anhörung auch auf Zweckmäßigkeitsaspekte zu erstrecken. Wie im Verwaltungsverfahren selbst reicht aber die schriftliche Anhörung aus; d. h. es besteht kein Anspruch auf mündliche Anhörung – außer wenn es gerade auf Gesichtspunkte ankommt, die einen unmittelbaren Eindruck vom Widerspruchsführer erforderlich machen.

7. Beratung, Akteneinsicht

24   Die Widerspruchsbehörde hat dem Betroffenen gegenüber **Informations- und Beratungspflichten,** für die die entsprechenden Vorschriften des VwVfG (also insbes. § 25) gelten. Für das **Akteneinsichtsrecht** und dessen Schranken ist § 29 VwVfG (nicht etwa § 100 VwGO) anwendbar. Zur Beratungspflicht gehört auch, daß die Widerspruchsbehörde den Widerspruchsführer und andere Beteiligte nicht über Risiken und Kosten des Verfahrens im Unklaren lassen darf.

8. Mitwirkung anderer Behörden

Nicht geregelt in §§ 68 ff. VwGO ist die **Mitwirkung anderer** 25
Behörden. Die Pflicht zu deren Beteiligung und ggf. Zustimmung ergibt sich aber aus den gleichen Bestimmungen, die auch im Ausgangsverfahren anwendbar sind. Wichtigste Fälle sind das Einvernehmen der Gemeinde nach § 36 I 1 und 2 BauGB, die Zustimmung der obersten Landesstraßenbaubehörde nach § 9 II BFernStrG, die notwendige Beteiligung von Naturschutz- und Denkmalschutzbehörden sowie die Zustimmung des Straßenbaulastträgers vor „straßenrelevanten" Entscheidungen, wenn die Widerspruchsbehörde nicht identisch mit der Ausgangsbehörde ist und von deren Entscheidung abweichen will.

9. Besonderheiten beim Widerspruchsverfahren im Ausschuß oder im Beirat

Als Widerspruchsbehörde können nach § 73 II 1 VwGO auch 26
Ausschüsse und Beiräte fungieren. Diese teilweise auf langer Tradition fußenden Gremien bestehen auch auf Bundesebene (z. B. Beschwerdeausschüsse im Lastenausgleichsrecht, Widerspruchsausschüsse im Schwerbehindertenrecht, Musterungskammern und Kammern für Kriegsdienstverweigerung). Während es sich hierbei um fachlich spezialisierte Ausschüsse handelt, sind die entsprechenden Ausschüsse auf Landesebene – ungeachtet von Sondervorschriften – für *alle* anfallenden Widerspruchsverfahren zuständig. Neben den Widerspruchsausschüssen in *Hamburg* (vgl. § 7 II AGVwGO) sind vor allem die **Stadt- und Kreisrechtsausschüsse** in *Rheinland-Pfalz* und dem *Saarland* zu nennen. Diese werden bei den Kreisen und kreisfreien Städten gebildet, die Kreisrechtsausschüsse sind aber – da nicht Selbstverwaltungsorgane der Gemeinde – im Bezug auf kreisangehörige Gemeinden gleichwohl in Selbstverwaltungsangelegenheiten auf die Prüfung der Rechtmäßigkeit beschränkt. Unter (zumindest nominellem)

Vorsitz des Oberbürgermeisters bzw. Landrats entscheiden sie aufgrund mündlicher und öffentlicher Verhandlung (vgl. § 16 I AGVwGO Rh.-Pf.), wobei die Mitglieder weisungsfrei sind. Die Entscheidungen dieser Ausschüsse sind gleichwohl Verwaltungsakte der Stadt bzw. des Landkreises (richtige Beklagte!). Die fehlende, rechtsstaatlich aber unabdingbare, Weisungskompetenz der parlamentarisch verantwortlichen Regierung wird durch das Institut der sogenannten **Aufsichtsklage der Bezirksregierung** (im Saarland: des zuständigen Ministers) ersetzt. Dagegen ist (nach richtiger Auffassung) die Klage der Stadt oder des Landkreises gegen den eigenen Stadt- oder Kreisrechtsausschuß, wenn dieser als Widerspruchsbehörde einer Klage stattgegeben hat, unstatthaft (dazu OVG Saarlouis, NVwZ 1990, 195; Einzelheiten bei *Pietzner/Ronellenfitsch,* Assessorexamen, § 37, Rd.-Nr. 23 ff.; *Ule,* VwProzR, 127).

Derartige Widerspruchsausschüsse stellen ein interessantes Modell dar, dessen Vorteile (Öffentlichkeit, Befriedungsfunktion durch mündliche Verhandlung, Überwinden der „Betriebsblindheit" spezialisierter Widerspruchsbehörden) auf der Hand liegen. Gerade die zunehmende Spezialität der Sachprobleme, der hohe Aufwand und die kaum bestehende Übertragbarkeit auf die größeren Flächenstaaten ließen das Modell allerdings nur dann vorbildhaft erscheinen, wenn es zu einem signifikanten Rückgang der Verwaltungsklagen führen könnte.

27   Nicht an die Stelle der Widerspruchsbehörde treten die in *Hessen* bei den Städten mit 30000 und mehr Einwohnern und bei den Landräten als Behörden der Landesverwaltung gebildeten besonderen Ausschüsse (§ 6 II AGVwGO), die vor Durchführung des eigentlichen Widerspruchsverfahrens lediglich eine Anhörung und Gelegenheit zur gütlichen Einigung bieten sollen. Da sie insofern nicht „an die Stelle" der Widerspruchsbehörde treten, ist ihre Existenz nicht unumstritten (vgl. *Ule,* VwProzR, 128).

10. Rücknahme und Erledigung des Widerspruchs

28   Im Widerspruchsverfahren können beide Seiten die Erledigung des Widerspruchs bewirken: Die Ausgangsbehörde dadurch, daß sie den VA aufhebt, bzw. die beantragte Genehmigung erteilt, der

Widerspruchsführer durch Rücknahme des Widerspruchs oder Einwilligung in einen Vergleich. Daneben kann sich der Widerspruch aus tatsächlichen oder sonstigen Gründen erledigen.

a) Hebt die Ausgangsbehörde den VA auf oder erläßt sie den **29** beantragten VA während des noch anhängigen Widerspruchsverfahrens, so ist dies kein Widerspruchsbescheid im Sinne von § 73 VwGO sondern eine Abhilfeentscheidung. Dem steht der (ohnehin nur eingeschränkt geltende) Devolutiveffekt nicht entgegen.

In der Praxis ist es im übrigen selten, daß die Ausgangsbehörde gegen den Willen der Widerspruchsbehörde oder an dieser vorbei dem Widerspruch abhilft. Im Gegenteil; Abhilfeentscheidungen in diesem Stadium ergehen häufig auf mehr oder minder „sanfte" Anregung der Widerspruchsbehörde hin, die auf diese Weise den Ausgangsbehörden (insbesondere den Gemeinden) gegenüber den immer noch als desavouierend mißverstandenen stattgebenden Widerspruchsbescheid vermeidet. Umgekehrt ist es der Ausgangsbehörde einer kritischen Öffentlichkeit gegenüber oft nicht unlieb, wenn sie erst auf deutlichen Wink der höheren Instanz abhilft. (Zu den rechtlichen Voraussetzungen und Grenzen vgl. den interessanten Fall VGH München, BayVBl. 1987, 465).

Für die Selbstkontrolle der Verwaltung und die rechtsstaatliche Bedeutung des Widerspruchsverfahrens ist diese Art „informaler Abhilfe" nicht unbedenklich. Sie ist gleichwohl bei Widerspruchsbehörden anscheinend so häufig, daß es in der Praxis selten zu stattgebenden Widerspruchsbescheiden kommt. Rechtlich besteht nur ein geringer Unterschied, da auch in der Abhilfeentscheidung über die Kosten befunden werden muß und § 50 VwVfG auch bei solchen Abhilfeentscheidungen gilt.

Gegen den expliziten Wortlaut und den Sinn von § 73 VwGO handelt die **30** Widerspruchsbehörde aber dann, wenn sie – über die geschilderte „informelle Abhilfe" hinaus – statt eines Widerspruchsbescheids eine förmliche Aufsichtsverfügung über den Streitgegenstand an die Ausgangsbehörde erläßt. Anders als der Widerspruchsbescheid ist diese für den Dritten nicht anfechtbar und überläßt im übrigen der Ausgangsbehörde das volle Prozeßrisiko. Auch wenn hier nach richtiger Ansicht (*Pietzner/Ronellenfitsch,* Assessorexamen, § 42, Rd.-Nr. 29) kein erneutes Widerspruchsverfahren erforderlich ist, widerspricht ein solcher Vorgang der klaren Intention des Gesetzgebers und der in § 73 VwGO enthaltenen eindeutigen Trennung der Verantwortung zwischen Ausgangsbehörde und Widerspruchsbehörde (ähnliche Bedenken bei *Bull,* DVBl. 1970, 243; *Hofmann,* FS Menger (1985), 618.

b) Der Widerspruchsführer kann in jeder Lage des Wider- **31** spruchsverfahrens auch ohne Zustimmung eines evtl. beteiligten Dritten und des Antragsgegners den Widerspruch **zurücknehmen** und damit den Widerspruchsbescheid vermeiden (BVerwGE 44,

64, 66). Dies gilt freilich nur bis zur Bekanntgabe des Widerspruchsbescheids. Danach kann der Widerspruchsführer nicht mehr über den Gegenstand des Verfahrens verfügen und ihm bleibt nur noch die Entscheidung, ob er klagen soll (anders OVG Lüneburg, NVwZ 1993, 1214; *Kopp*, VwGO, § 69, Rd.-Nr. 8 m. w. N.; wie hier dagegen *Artzt*, NVwZ 1995, 666).

Die **Rücknahme** bedeutet als solche keinen Widerspruchsverzicht (wofür vieles spräche); innerhalb der Frist des § 70 VwGO bleibt vielmehr ein erneuter Widerspruch zulässig. § 58 II VwGO kommt hierbei nicht in Betracht, wenn bereits einmal wirksam Widerspruch eingelegt wurde (zum Problem *Würtenberger*, PdW, 146 f.).

32   c) Das Widerspruchsverfahren kann auch durch **Vergleich** beendet werden. Auf diesen sind aber nicht (auch nicht analog) die Regeln über den Prozeßvergleich, sondern die allgemeinen Vorschriften zum öffentlichrechtlichen (Vergleichs-)Vertrag anwendbar (§ 79 i. V. m. § 55 VwVfG). Dem Wesen des Vergleichs entspricht es, daß die Behörde im Wege des gegenseitigen Nachgebens auch ohne endgültige Klärung der Rechts- und Zweckmäßigkeit entscheidet. Sind Rechte Dritter betroffen, so ist der Vergleich aber nach § 58 VwVfG schwebend unwirksam. Ein Vergleichsvertrag, den beide Seiten in Kenntnis der Rechtswidrigkeit abschließen, ist nach § 59 II Nr. 2 VwVfG nichtig.

33   d) Als sonstige Gründe für die Erledigung des Widerspruchsverfahrens kommen vor allem **Zeitablauf,** tatsächliches **Unmöglichwerden, Wegfall des Entscheidungsgegenstands, Tod des Widerspruchsführers** und **Vollzug des VA** in Betracht (letzteres aber nur, wenn hierdurch eine weitere Entscheidung in gleicher Sache gegenstandslos wird).

Nach der Erledigung des Widerspruchsverfahrens kann nach der Rechtsprechung des BVerwG ein Widerspruchsbescheid nicht mehr ergehen und das Verfahren ist einzustellen (BVerwGE 26, 161, 167; BVerwG, NJW 1967, 1245; BVerwG, DÖV 1989, 641 ff.). Auch wenn der Widerspruchsführer ein Interesse an rechtzeitiger Klärung hat, bleibt ihm nach dieser Auffassung nur die Fortsetzungsfeststellungsklage. Eine wachsende Gegenmeinung will dagegen auch im Widerspruchsverfahren eine Art „Fortsetzungsfeststellungswiderspruchsbescheid" zulassen und bei einem entsprechenden Rechtsschutzinteresse die Feststellung der Rechtswidrigkeit des erledigten VA ermöglichen (*Dreier,* NVwZ 1987, 474; *Kopp,* VwGO, § 72, Rd.-Nr. 6; *Pietzner/Ronellenfitsch,* Assessorexamen, § 31, Rd.-Nr. 30; *Schenke,* FS Menger, 1985, 461, 467 f.).

Vertreter dieser Auffassung verweisen darauf, daß auch die Überprüfung eines erledigten VA auf Rechtmäßigkeit und Zweckmäßigkeit bei der Widerspruchsbehörde ohne weiteres möglich sei und die Gerichte entlasten könne. Derartige Feststellungen seien auch in anderem Zusammenhang möglich (§ 126 BRRG, § 44 V VwVfG). Auch der Feststellung der Widerspruchsbehörde komme sehr wohl materielle Bestandskraft zu, und die Behörde werde sich im Wiederholungsfall an die Feststellung halten. Konsequenterweise muß dann auch die Notwendigkeit eines Widerspruchsverfahrens vor der Fortsetzungsfeststellungsklage bei Erledigung vor Klageerhebung bejaht werden.

So beachtlich diese Argumente sind, so deutlich ist doch, daß eine auf die Vermeidung ähnlicher Fälle für die Zukunft und auf die „Rehabilitation" des Widerspruchsführers gerichtete verbindliche Feststellung des erledigten VA letztlich nur durch ein verwaltungsgerichtliches Urteil erreichbar ist. Könnte die Behörde mit verbindlicher Wirkung die Rechts- oder Zweckwidrigkeit eines erledigten VA feststellen, wäre im übrigen eine Fortsetzung des Rechtsstreits nicht ausgeschlossen. Bei Ablehnung der Feststellung wäre dem Widerspruchsführer eine erneute Verpflichtungsklage nicht zu versagen. Gleiches gilt, wenn durch die Feststellung das Recht eines Dritten oder die Selbstverwaltungskompetenz der Ausgangsbehörde berührt wäre. Es spricht aber wenig dagegen, der Behörde wenigstens die gesetzliche Möglichkeit des „Fortsetzungsfeststellungswiderspruchsbescheids" einzuräumen.

Literatur zu § 8 III: *Hufen,* Fehler im Verwaltungsverfahren, Rd.-Nr. 396 ff.; *von Mutius,* Das Widerspruchsverfahren der VwGO als Verwaltungsverfahren und Prozeßvoraussetzung (1969); *Weides,* Verwaltungsverfahren und Widerspruchsverfahren (1981); *Köstering/Günther,* Das Widerspruchsverfahren, 2. Aufl. (1983); *Huxholl,* Die Erledigung eines Verw.aktes im Widerspr.verfahren (1995).

IV. Die Heilung von Form- und Verfahrensfehlern während des Widerspruchsverfahrens

1. Allgemeines

Verstöße gegen Form- und Verfahrensvorschriften machen den **34** Verwaltungsakt oder die Ablehnung des Verwaltungsaktes grundsätzlich **rechtswidrig**. Wird der Bürger durch den verfahrensfehlerhaften VA in seinen Rechten verletzt, so kann er die Aufhebung im Widerspruchsverfahren und im Verwaltungsprozeß verlangen, soweit nicht der Fall rechtlicher Alternativenlosigkeit gegeben ist, die gleiche Entscheidung also sofort wieder ergehen müßte (§ 46 VwVfG). Eine Ausnahme hiervon formuliert § 45 VwVfG: Eine Verletzung bestimmter Verfahrens- oder Formvorschriften ist – soweit der VA hierdurch nicht nach § 44 nichtig ist – „unbeachtlich", wenn die entsprechende Verfahrenshandlung nachgeholt wird.

Abgesehen von den konkreten Folgen dieser „Unbeachtlichkeit" ist für das Widerspruchsverfahren zu fragen,

– welche Arten von Verfahrensfehlern,
– bis zu welchem Zeitpunkt,
– vor welcher Behörde,
– durch welche Verfahrenshandlung

geheilt werden kann.

35   Im verwaltungsprozessualen Gutachten sind die damit zusammenhängenden Fragen erst bei der Rechtswidrigkeit des Verwaltungsaktes, also bei der Begründetheit der Klage, zu prüfen. Ist der Fehler des Verwaltungsverfahrens geheilt, so darf der VA seinetwegen nicht aufgehoben werden, die Klage ist trotz der ursprünglich bestehenden Rechtswidrigkeit des VA unbegründet. Das praktische Schwergewicht der Rechtsprobleme der Heilung liegt aber im Widerspruchsverfahren, in dem nach der Regelungssystematik des § 45 VwVfG die meisten Verfahrenshandlungen nachgeholt werden können.

36   Durch die Heilung erhält die Verwaltung Gelegenheit, Verfahrensunrecht des Ausgangsverfahrens auszugleichen; der Bürger hat den Vorteil der Nachholung bei der höheren Instanz, hat aber auch hinzunehmen, daß er durch diese ihn begünstigende Verfahrenshandlung seinen Anspruch auf Aufhebung der rechtswidrig zustandegekommenen Entscheidung verliert. Da die in § 45 VwVfG genannten Verfahrenshandlungen aber zumindest teilweise subjektive Rechte vermitteln, die zur verfassungsmäßigen

Ordnung im Sinne von Art. 2 I GG gehören, setzt eine verfassungskonforme Auslegung von § 45 VwVfG als obersten Grundsatz voraus: Durch die Heilung des Verfahrensfehlers ist der Betroffene so zu stellen, wie er gestanden haben würde, wenn der Fehler nicht geschehen wäre: **Grundsatz realer Fehlerheilung** (nähere Begründung bei *Hufen,* Fehler im Verwaltungsverfahren, 2. Aufl., Rd.-Nr. 595 ff.; ähnlich wie hier *Hill,* Verfahren, 429 ff.). Unabhängig davon ist darauf zu achten, daß die Möglichkeit des § 45 VwVfG nicht zu einer grundsätzlichen Vernachlässigung von Verfahrensvorschriften und zu einer bequemen „Heilungsautomatik" im Widerspruchsverfahren führt.

2. Arten von Verfahrenshandlungen – „heilbare Verfahrensfehler"

Die „heilbaren Verfahrensfehler" finden sich in § 45 VwVfG. 37
Nachgeholt, verbessert oder ergänzt werden können danach:

– der für den Erlaß des VA erforderliche Antrag (Ziff. 1),
– die erforderliche Begründung (Ziff. 2),
– die erforderliche Anhörung eines Beteiligten (Ziff. 3),
– der Beschluß eines Ausschusses, dessen Mitwirkung für den Erlaß eines VA erforderlich gewesen wäre (Ziff. 4),
– die erforderliche Mitwirkung einer anderen Behörde (Ziff. 5).

Rechtlich und praktisch am wichtigsten ist hierbei der Fall der Nachholung einer im Ausgangsverfahren unterbliebenen Anhörung.

Zu beachten ist aber: 38

– § 45 VwVfG erfaßt **nicht** Verfahrenshandlungen, die gesetzlich zwingend **vor** Erlaß eines VA vorgeschrieben sind und bei denen die Nachholung den Schutzzweck der Verfahrensnorm unterlaufen würde (**Beispiele:** BVerwGE 17, 279, 281 – Anhörung der Hauptfürsorgestelle vor Entlassung eines schwerbeschädigten Beamten; BVerwGE 34, 133, 138; BVerwG, NJW 1983, 2516 – Anhörung des Personalrats vor Entlassung eines Probebeamten; weitere Fälle bei *Laubinger,* VerwArch 72 (1981), 340 und *Gramlich,* JuS 1981, 907).
– § 45 ist ferner bei solchen Verfahrensgestaltungen nicht anwendbar, bei denen der Betroffene nicht rückwirkend so gestellt werden kann, wie er bei 39 ordnungsgemäßem Ausgangsverfahren gestanden hätte. **Beispiel:** Verfahrensfehler bei einer abgeschlossenen Prüfung oder einer anderen nicht wiederherstellbaren Wettbewerbssituation.

40 – Das gleiche gilt, wenn es im Verfahren auf die Gleichzeitigkeit der eingebrachten Belange ankommt, z. B. bei bestimmten **Abwägungsentscheidungen.** Ist hier der Abwägungsvorgang als solcher beendet, so kommt eine Heilung in der Regel nicht in Betracht, weil der mit der Verfahrenshandlung geltendgemachte Belang buchstäblich „zu spät" in den Abwägungsvorgang eingeführt wird und nicht mehr sein volles Gewicht entfalten kann.

3. Zeitpunkt der Heilung

41   Mit Ausnahme des (auch später noch nachholbaren) Antrags dürfen die in § 45 genannten Verfahrenshandlungen nur bis zum Abschluß des Widerspruchsverfahrens oder – falls dieses nicht stattfindet – bis zur Erhebung der verwaltungsgerichtlichen Klage nachgeholt werden. Die früher für möglich gehaltene „Heilung im Verwaltungsprozeß" ist zu Recht durch § 45 VwVfG verabschiedet worden, da der Zweck von Bestimmungen des Verwaltungsverfahrens naturgemäß nur auf der Ebene der Verwaltung erfüllt werden kann. Die vorgeschlagene Wiedereinführung dieser Möglichkeit (BRats-Drucks. 327/94 S. 5) ist strikt abzulehnen. Ist die Verfahrensherrschaft einmal bei Gericht, kommt eine Heilung nicht mehr in Betracht. Das gilt selbstverständlich auch nach Erhebung der **Untätigkeitsklage,** obwohl hier das Widerspruchsverfahren nicht abgeschlossen i. S. von § 45 II VwVfG ist (*Odenthal,* NVwZ 1995, 668).

Das hat folgende Konsequenzen:

42 – Verfahrensfehler, für die es keine „Heilungsinstanz" mehr gibt (also bei Verfahren, nach denen ein Widerspruchsverfahren nicht stattfindet, wie Planfeststellungsverfahren, Verwaltungsverfahren vor obersten Landesbehörden, förmliche Verwaltungsverfahren) sind nur im Verwaltungsverfahren selbst heilbar.

43 – Das gerichtliche Aussetzungs- oder Anordnungsverfahren im vorläufigen Rechtsschutz (§ 80 V oder § 123 VwGO) kann Verfahrenshandlungen der Verwaltung nie ersetzen (so aber *Pietzner/Ronellenfitsch,* Assessorexamen, § 38, Rd.-Nr. 9 m. w. N.; VGH München, BayVBl. 1983, 595; VGH Kassel, NVwZ-RR 1989, 113; *Knippel,* Fehlerhafte Anhörung im Verwaltungsverfahren (1987), 144; differenzierend dagegen VGH Kassel, NVwZ 1987, 510; ablehnend OVG Koblenz, DÖV 1979, 606). Zum einen richtet sich die Prüfung in diesem Verfahren nur auf die summarischen Entscheidungen des vorläufigen Rechtsschutzes, zum anderen stehen dem Gericht nicht die umfassenden Prüfungskompetenzen und -mittel der Verwaltung zur Verfügung.

– Sinn des § 45 ist die Heilung auf Verwaltungsebene, d. h. zumeist im Wider- **44**
spruchsverfahren. Wird dieses nach Klageerhebung noch nachgeholt – so
etwa bei der Untätigkeitsklage und Aussetzung des Verwaltungsprozesses
bis zur Entscheidung über den Widerspruch (§ 75, S. 3) – so ist das Vorverfahren noch nicht im Sinne von § 45 II VwVfG abgeschlossen und die Erhebung der Klage nach § 75 schadet nicht (BVerwG, NVwZ 1986, 913; VGH
Kassel, NJW 1989, 2767).

– Ist ein verfahrensfehlerhafter VA *schon vollzogen* oder durch Zeitablauf oder **45**
anders erledigt, so ist für eine etwaige Fortsetzungsfeststellungsklage von
der Rechtswidrigkeit auszugehen. In diesem Verwaltungsprozeß besteht
keine Möglichkeit zur „Heilung" des Verfahrensfehlers, und das Gericht
muß die Rechtswidrigkeit des VA feststellen.

4. Behörde

Unsicherheit scheint teilweise noch in der Frage zu bestehen, ob **46**
Verfahrensfehler bei der Ausgangsbehörde oder bei der Widerspruchsbehörde zu heilen sind. Beherzigt man den Grundsatz, daß
die heilende Verfahrenshandlung dort vorzunehmen ist, wo sie für
die jeweilige Verfahrensstufe von Belang sein kann, so ergeben
sich keine Schwierigkeiten:

– Bis zum Abschluß des Abhilfeverfahrens kann die Verfahrenshandlung bei **47**
der Ausgangsbehörde vorgenommen werden. Nach der Vorlage an die Widerspruchsbehörde ist grundsätzlich diese zur Vornahme bzw. Entgegennahme der „heilenden" Verfahrenshandlungen zuständig. Eine Heilung bei
der Ausgangsbehörde kommt dann nicht mehr in Betracht, weil diese auf
die Entscheidung der Widerspruchsbehörde keinen Einfluß hätte.

– Die Heilung bei der Widerspruchsbehörde kommt nur in Frage, soweit die **48**
Widerspruchsbehörde zur **vollen** Überprüfung der Recht- und Zweckmäßigkeit befugt ist. Ist dies nicht der Fall (wie bei Ermessensentscheidungen
im Selbstverwaltungsbereich), ist insoweit das Vorverfahren bereits mit der
Abhilfeentscheidung „abgeschlossen". Eine Heilung von Verfahrensfehlern
kann also **nur** im Rahmen der Abhilfeentscheidung der Ausgangsbehörde
erfolgen. Stellt die Widerspruchsbehörde einen Verfahrensfehler fest, so
muß sie die ihr obliegende Rechtskontrolle aussetzen und das Widerspruchsverfahren erneut der Ausgangsbehörde vorlegen und auf den Verfahrensfehler hinweisen (ähnlich BVerwG, NVwZ 1983, 577; BVerwG, NJW 1983,
2044).

– Nimmt in Selbstverwaltungsangelegenheiten eine Gemeinde den Vortrag **49**
eines Widerspruchsführers nicht zur Kenntnis und ist die eigentliche Widerspruchsbehörde nicht zur vollen Überprüfung der Entscheidung befugt, so

ist ein Anhörungsfehler im Ausgangsverfahren im Widerspruchsverfahren nicht geheilt (BVerwG, DÖV 1991, 612). Ähnliches gilt, wenn die Widerspruchsbehörde einen VA wegen angeblich verspäteter Anfechtung zu Unrecht als unanfechtbar behandelt und deshalb die inhaltlichen Argumente des Widerspruchsführers nicht mehr beachtet (BSG, DVBl. 1985, 637).

5. Anforderungen an die nachzuholende Verfahrenshandlung

50   Der Grundsatz „realer Fehlerheilung" muß auch die – bis in die Rechtsprechung verschiedener BVerwG-Senate umstrittene – Frage bestimmen, welcher **Art** die nachzuholende Verfahrenshandlung sein muß. Hierzu gilt grundsätzlich: Die nachgeholte Handlung muß **mindestens** diejenigen Anforderungen erfüllen, die an die entsprechende Verfahrenshandlung im Ausgangsverfahren zu stellen wären und sie muß **zusätzlich** die Nachteile ausgleichen, die der Betroffene dadurch erlitten hat, daß er nicht vor, sondern erst nach Abschluß der Entscheidungsbildung im Ausgangsverfahren ordnungsgemäß angehört worden ist.

51   Es wird vertreten, schon in dem ordnungsgemäß durchgeführten Widerspruchsverfahren **als solchem** liege die Nachholung einer im Ausgangsverfahren unterlassenen Anhörung (so wohl BVerwGE 66, 111 ff.; 54, 276, 280; BVerwG, NJW 1987, 143; w. N. bei *Hill,* Das fehlerhafte Verfahren, 99 f.). Diese Auffassung ist **abzulehnen.** Sie läuft auf eine das Verfahrensunrecht des Ausgangsverfahrens nicht wirksam ausgleichende „Heilungsautomatik" im Widerspruchsverfahren hinaus und übersieht, daß neben dem – ohnehin erforderlichen – ordnungsgemäßen Widerspruchsverfahren die Behörde durch den Verfahrensfehler zu einem „Mehr" verpflichtet ist. So heißt es zu Recht in § 45 VwVfG nicht „Heilung **durch** das Vorverfahren", sondern sinngemäß: „Heilung bis zum Abschluß des Vorverfahrens" (*Mandelartz,* DVBl. 1983, 116; krit. auch *Schoch,* Übungen, 99).

52   Richtig ist dagegen, daß der Betroffene nur **Gelegenheit** zur Wahrnehmung des rechtlichen Gehörs erhalten muß. Nimmt er diese Gelegenheit nicht wahr, so hängt die wirksame Heilung hiervon nicht ab. Hierauf muß er aber besonders hingewiesen werden. Problematisch ist daher auch die Auffassung, schon die Widerspruchsbegründung heile Verfahrensmängel, denn sie stelle eine Gelegenheit zur Äußerung im Vorverfahren dar (so wohl BVerwGE 66, 111). Auch hierbei wird der Betroffene aber nicht so gestellt, wie er stehen würde, wenn der Verfahrensfehler des Ausgangsverfahrens nicht passiert wäre. Eine ordnungsgemäße Rechtsbehelfsbelehrung (also die Gelegenheit zur Äußerung) und die Kenntnisnahme von der Widerspruchsbegründung sind im Widerspruchsverfahren ohnehin Pflicht der Behörde.

6. Folgen wirksamer Heilung

Durch die wirksame Heilung wird der (ursprünglich rechtswid- **53** rige) VA ex tunc rechtmäßig. Das heißt, er ist fortan so zu behandeln, als ob der Fehler nicht geschehen wäre. Der Aufhebungsanspruch ist ausgeschlossen; auch die Rücknehmbarkeit (§ 48 VwVfG) entfällt (vgl. OVG Münster, DÖV 1988, 90). Hat der Widerspruch nur deshalb keinen Erfolg, weil die Verletzung einer Verfahrens- oder Formvorschrift nach § 45 VwVfG unbeachtlich ist, so sind dem Widerspruchsführer trotzdem die zur zweckentsprechenden Rechtsverfolgung oder Rechtsverteidigung notwendigen Aufwendungen zu erstatten (§ 80 VwVfG). Hat er die rechtzeitige Anfechtung eines Verwaltungsakts durch Fehlen der Begründung oder Unterbleiben der Anhörung im Ausgangsverfahren versäumt, so ist nach § 45 III VwVfG Wiedereinsetzung in den vorigen Stand zu gewähren, weil die Versäumung der Rechtsbehelfsfrist als nicht verschuldet gilt.

Literatur zu § 8 IV: *Kopp,* Die Heilung von Mängeln des Verwaltungsverfahrens und das Nachschieben von Gründen im Verwaltungsprozeß, VerwArch 61 (1970), 219; *Haueisen,* Verwaltungsverfahren und Verwaltungsakt, DÖV 1973, 653 ff.; *Laubinger,* Heilung und Folgen von Verfahrens- und Formfehlern, VerwArch 72 (1981), 333 ff.; *Mandelartz,* Anhörung, Absehen von der Anhörung, Nachholen der unterbliebenen Anhörung. Zur Relativierung eines Verfahrensrechts, DVBl. 1983, 112; *Hufen,* Heilung und Unbeachtlichkeit grundrechtsrelevanter Verfahrensfehler?, NJW 1982, 2160; *ders.,* Zur Systematik der Folgen von Verfahrensfehlern – eine Bestandsaufnahme nach 10 Jahren VwVfG, DVBl. 1988, 69 ff.; *ders.,* Fehler im Verwaltungsverfahren, 2. Aufl., Rd.-Nr. 595 ff.; *Schoch,* Heilung unterbliebener Anhörung im Verwaltungsverfahren durch Widerspruchsverfahren?, NVwZ 1983, 249; *Feuchthofen,* Der Verfassungsgrundsatz des rechtlichen Gehörs und seiner Ausgestaltung im Widerspruchsverfahren, DVBl. 1984, 170; *Hill,* Das fehlerhafte Verfahren und seine Folgen im Verwaltungsrecht (1986), 99; *Knippel,* Fehlerhafte Anhörung im Verwaltungsverfahren (1987), insbes. 135 ff.; *Maurer,* AVwR, § 10, Rd.-Nr. 39 ff.; *Peine,* AVwR, Rd.-Nr. 235 ff.

V. Folgen des fehlerhaften Widerspruchsverfahrens

Zu den Folgen von Fehlern im eigentlichen Widerspruchsver- **54** fahren wird in aller Regel sogleich auf § 79 II 2 VwGO verwiesen. Dabei wird aber übersehen, daß es sich in dieser Bestimmung nur

um den Sonderfall einer *isolierten* Anfechtung des Widerspruchsbescheids handelt. Die regelmäßigen Rechtsfolgen des verfahrensfehlerhaften Widerspruchsbescheids ergeben sich aber nicht aus
§ 79 VwGO, sondern wie bei jedem anderen Fehler im Verwaltungsverfahren aus den allgemeinen Bestimmungen. Allgemein
gilt: Verfahrensfehler im Widerspruchsverfahren – insbesondere
die Nichtanhörung eines erstmals beschwerten *Dritten* (§ 71
VwGO) – machen den Widerspruchsbescheid als solchen *anfechtbar*. Der fehlerhafte Widerspruchsbescheid „infiziert" insofern den
ursprünglichen Verwaltungsakt, dem er nach § 79 I für die nachfolgende Anfechtungsklage die Gestalt gibt. Damit bleibt der VA
zwar wirksam (abgesehen von Fällen der Nichtigkeit), ist aber auf
die Anfechtungsklage hin aufzuheben, wenn der Kläger durch ihn
in seinen Rechten verletzt ist. Fehler im Widerspruchsverfahren
sind also in der Klausur unter „Begründetheit" zu prüfen; sie sind
insofern besonders „gefährlich", weil sie nur im Widerspruchsverfahren selbst noch heilbar sind (§ 45 VwVfG). Nur unter den
engen Voraussetzungen von § 46 VwVfG – der auch für Fehler im
Widerspruchsverfahren gilt – sind solche Fehler unbeachtlich.

55   Neben diesen regelmäßigen Fehlerfolgen ermöglicht § 79 II
VwGO die **isolierte Anfechtung des Widerspruchsbescheids.**
Die Voraussetzungen hierfür sind in dieser Bestimmung abschließend geregelt und verdrängen insofern die allgemeinen Normen.
Als „zusätzliche selbständige Beschwer" gilt auch die Verletzung
einer wesentlichen Verfahrensvorschrift, „sofern der Widerspruchsbescheid auf dieser Verletzung beruht". Fehler in diesem
Sinne sind z. B.: die Entscheidung durch die unzuständige Widerspruchsbehörde, das fehlende Abhilfeverfahren, eine mangelhafte
Sachaufklärung, die Unterlassung der gebotenen Anhörung und
auch die Entscheidung über einen verfristeten Widerspruch, auf
den die Widerspruchsbehörde sich eingelassen hat, obwohl mit
der Unanfechtbarkeit ein Dritter oder die Gemeinde bereits eine
gefestigte Rechtsposition erlangt hat.

Anders als § 46 VwVfG verlangt § 79 VwGO zwar eine echte Kausalitäts-
prüfung zwischen Fehler und Beschwer. Die bloße Feststellung der Behörde,
sie hätte auch ohne den Fehler nicht anders entschieden, reicht aber nicht aus.

Nach richtiger Auffassung ist § 79 II 2 also nichts anderes als ein Ausdruck des Rechtsgedankens von § 46 VwVfG: ein Aufhebungsanspruch entfällt, wenn die Behörde in der Sache nicht anders hätte entscheiden können (BVerwGE 49, 307, 308; 61, 45, 50).

Beispiele: Auf Widerspruch des Bauherrn B. gegen ein abgelehntes Bauge-such erteilt die Widerspruchsbehörde die Baugenehmigung ohne Anhörung des unmittelbar betroffenen Nachbarn und ohne Einvernehmen der Gemeinde. Gegen den Widerspruchsbescheid können jetzt Nachbar N. und die Gemeinde Anfechtungsklage erheben. Nach einer engen Interpretation der Kausalitätsre-gel in § 79 wird die Anfechtungsklage des N. aber erfolglos sein, wenn es sich bei der Baugenehmigung um eine gebundene Entscheidung handelt, bei der nach h. L. § 46 VwVfG anwendbar ist. Anders verhält es sich bei einer Ermes-sensentscheidung (z. B. bei einer Befreiung von den Festsetzungen des Bebau-ungsplanes nach § 31 BauGB). Die isolierte Anfechtungsklage der Gemeinde wäre in unserem Fall stets begründet, weil die Widerspruchsbehörde sich über das fehlende Einvernehmen der Gemeinde nicht hinwegsetzen darf (BVerwGE 22, 347).

Die Grundsätze des § 79 II VwGO sind auch anzuwenden, wenn **56** der Widerspruchsbescheid dem Widerspruchsführer selbst gegen-über eine zusätzliche selbständige Beschwer enthält. Das gilt vor allem bei der „Verböserung" ohne vorherige Anhörung des Be-troffenen. Hier kann der Widerspruchsführer die Anfechtungskla-ge auf den „verbösernden" Teil beschränken und ist durch die Nichtanhörung zusätzlich beschwert im Sinne von § 79 (Ausnah-me auch hier: Fälle des § 46 VwVfG). Zu beachten ist noch, daß in Fällen des 79 II die Klage nicht gegen die (insofern „unschuldige") Ausgangsbehörde, sondern gegen den Träger der Widerspruchs-behörde zu richten ist (§ 78 II VwGO).

Literatur zu § 8 V: *Sahlmüller,* Der Widerspruchsbescheid als Prozeßge-genstand, BayVBl. 1973, 541; *Seibert,* Die isolierte Aufhebung von Wider-spruchsbescheiden, BayVBl. 1983, 174; *Dawin,* Der Gegenstand der Anfech-tungsklage nach § 79 I Nr. 1 VwGO, NVwZ 1987, 872; *Pietzner/Ronellenfitsch,* Assessorexamen, § 9, Rd.-Nr. 17; *Weides,* Die verbösernde Widerspruchsbe-hörde, JuS 1987, 477.

§ 9 Der Widerspruchsbescheid

I. Form

1. Der Widerspruchsbescheid als Verwaltungsakt

1   Hilft die Ausgangsbehörde dem Widerspruch nicht ab, so ergeht ein **Widerspruchsbescheid** (§ 73 I VwGO). Hierbei handelt es sich der Form nach um einen VA. Dieser ist **zustellungs-** und damit **formbedürftig** (§ 73 III). Wird mit ihm der VA der Ausgangsbehörde aufgehoben, so ist der Widerspruchsbescheid **rechtsgestaltend** und – aus der Sicht des Widerspruchsführers – **begünstigend**. Für einen Dritten oder die betroffene Gemeinde kann er entsprechend **belastend** sein. Zugleich gibt der Widerspruchsbescheid dem „Ausgangs-VA" seine für die Anfechtungsklage maßgebliche Gestalt (§ 79 I VwGO).

2. Äußere Gestaltung

2   Für den Widerspruchsbescheid ist eine bestimmte Form nicht vorgeschrieben. § 73 III VwGO sagt lediglich: „Der Widerspruchsbescheid ist zu begründen, mit einer Rechtsmittelbelehrung zu versehen und zuzustellen". Aus dem Zustellungserfordernis folgt zugleich zwingend die **Schriftform.** Im übrigen gelten die allgemeinen Formvorschriften zum VA, d. h. der Widerspruchsbescheid muß die erlassende Behörde erkennen lassen und die Unterschrift oder die Namenswiedergabe des Behördenleiters, seines Vertreters oder seines Beauftragten enthalten (§ 79 i. V. m. § 37 III VwVfG). Angesichts der Kontrollfunktion und der größeren Formalität des Widerspruchsverfahrens ist es sehr fraglich, ob ein Widerspruchsbescheid auch in der „automatisierten Form" von § 37 IV VwVfG ohne Unterschrift und Namenswiedergabe ergehen kann.

In der Praxis sind sowohl die am Vorbild des Urteils orientierte Form mit regelrechtem Tenor, Sachverhalt und Begründung als auch die mehr persönliche Briefform mit Anrede und Höflichkeitsformel gebräuchlich. In letzterem Fall wird vor allem bei Zuständigkeit des Regierungspräsidenten als personifizierter Widerspruchsbehörde die „Ich-Form" *(„Ich weise Ihren Widerspruch vom ... zurück").* Maßgeblich sind in der Regel Dienst- oder Geschäftsordnungen, nach denen die Widerspruchsbehörden eine einheitliche Gestaltung der Widerspruchsbescheide sichern (Übersicht bei *Pietzner/Ronellenfitsch,* Assessorexamen, § 41, Rd.-Nr. 8 ff.; *Köstering/Günther,* 45). Ergeht der Widerspruchsbescheid aufgrund der Entscheidung im Ausschuß, so werden in der Regel formalisierte, urteilsähnliche Bescheide verwandt. Unabhängig von der äußeren Form kommt es für den Widerspruchsbescheid in besonderer Weise auf eine klare und unmißverständliche Formulierung des zentralen Regelungsgehalts an. Daher ist eine „Tenorierung" – wenn schon nicht zwingend vorgeschrieben – praktisch notwendig (Einzelheiten bei *Brühl,* Sachbericht, Gutachten und Bescheid im Widerspruchsverfahren, JuS 1994, 56, 153, 330, 420).

3. Begründung

Die Begründungspflicht des § 79 III VwGO hat mehrere Funktionen. In rechtsstaatlicher und ggf. auch grundrechtlich gebotener Weise ermöglicht sie den **Beteiligten,** zu erkennen, von welchen tatsächlichen und rechtlichen Voraussetzungen die Behörden ausgegangen sind und wie es um die Chancen von Rechtsmitteln gegen die Entscheidung bestellt ist (zum rechtsstaatlichen Hintergrund bereits BVerwGE 6, 32, 44). Sie verpflichtet die **Behörde,** selbst über die Entscheidung und die für sie maßgeblichen Gesichtspunkte Rechenschaft abzulegen und trägt damit zur Selbstkontrolle der Verwaltung und zu einer gewissen Stetigkeit der Verwaltungspraxis bei. Die Begründung versetzt schließlich das **Gericht** in die Lage, den VA anhand der maßgeblichen Erwägungen der Widerspruchsbehörde zu überprüfen und dieses „letzte Wort der Verwaltung" zum Gegenstand der eigenen Überprüfung zu machen.

Wichtig: Als Sondervorschrift verdrängt § 73 III VwGO auch sämtliche Einschränkungen, die § 39 VwVfG für die Begründungspflicht bei Verwaltungsakten vorsieht. Auch der Widerspruchsbescheid zu einem nur mündlich ergangenen VA, der begünstigende Widerspruchsbescheid, der von einer beiderseits bekannten Sach- und Rechtslage ausgehende oder automatisierte Widerspruchsbescheid und der Widerspruchsbescheid zu einer Allgemeinverfügung sind also zu begründen. Die Begründungspflicht gilt auch hinsichtlich der in § 2 III Ziff. 2 VwVfG als Ausnahme genannten Prüfungs- und Eignungsentscheidungen ohne jede Einschränkung.

4   **Inhaltlich** muß die Begründung erkennen lassen, von welchen tatsächlichen und rechtlichen Voraussetzungen und Überlegungen die Behörde bei ihrer Entscheidung ausging, und darf sich nicht in formelhaften allgemeinen Darlegungen erschöpfen. Die Behörde muß insbesondere auf die in der Widerspruchsbegründung enthaltenen Argumente eingehen und im Falle von Verfahrensfehlern des Ausgangsverfahrens erkennen lassen, daß sie die ursprünglich übersehenen Aspekte oder die Ergebnisse einer zunächst unterlassenen Anhörung in die Entscheidungsfindung einbezogen hat. Bei Ermessensentscheidungen muß sie wesentliche Gründe für die Ausübung des Ermessens herausstellen. Im übrigen hängt die Ausführlichkeit der Begründung vom Einzelfall ab. Eine Bezugnahme auf Gründe der Ausgangsentscheidung ist insofern zulässig, als die Widerspruchsbehörde hier besonders zu erkennen gibt, daß sie sich die Gründe zueigen macht. *Unzulässig* ist aber eine pauschale Übernahme oder eine formelhafte Wiederholung.

5   Die fehlende oder den oben genannten Anforderungen nicht entsprechende Begründung ist ein Verfahrensfehler, der den Widerspruchsbescheid formell rechtswidrig macht und eine zusätzliche selbständige Beschwer im Sinne von § 79 II VwGO darstellt. Eine **völlig** fehlende Begründung kann – ungeachtet der Möglichkeit des „Nachschiebens" einzelner Gründe – auch im nachfolgendem Prozeß nicht nachgeholt werden (*Schmitt Glaeser,* VwProzR, Rd.-Nr. 216). Eine „inhaltlich falsche" Begründung verstößt nicht gegen § 73 III VwGO, kann aber auf einen materiellrechtlichen Fehler des Widerspruchsbescheids hindeuten.

II. Der Inhalt der Entscheidung

1. Auswirkungen von Devolutiveffekt und Wechsel der Sachherrschaft

Anders als das Verwaltungsgericht im Urteil ist die Wider- **6** spruchsbehörde in ihrer Entscheidung nicht auf bestimmte Inhalte festgelegt. Im Rahmen ihrer Zuständigkeit und Sachherrschaft im Widerspruchsverfahren kann sie den VA aufheben, ändern, ergänzen oder auch unverändert bestehen lassen. Nach h. L. kann sie ihn sogar zu Lasten des Widerspruchsführers „verbösern" (dazu III). Bei Trennung von Widerspruchsbehörde und Selbstverwaltungsbehörde ist die Widerspruchsbehörde aber in Selbstverwaltungsangelegenheiten auf die Rechtmäßigkeitskontrolle beschränkt. Selbst bei festgestellten Ermessensfehlern kann sie dann nicht ihre eigene Entscheidung einfach an die Stelle der Ausgangsbehörde setzen. Sie muß vielmehr die Rechtswidrigkeit feststellen und den Fall an die Ausgangsbehörde zurückverweisen, wobei diese an die rechtlichen Feststellungen des Bescheids gebunden ist.

2. Entscheidung bei unzulässigem Widerspruch

Ist der Widerspruch unzulässig, so ist er grundsätzlich mit dem **7** Widerspruchsbescheid zurückzuweisen. Die Widerspruchsbehörde ist also grundsätzlich nicht verpflichtet, aber auch nicht berechtigt, bei fehlender Statthaftigkeit oder fehlender Widerspruchsbefugnis dennoch zur Sache zu entscheiden. Die Zulässigkeitsvoraussetzungen des Widerspruchs sind insofern auch Sachentscheidungsvoraussetzungen für den Widerspruchsbescheid.

Bekanntlich macht das Bundesverwaltungsgericht hiervon allerdings bei verfristet oder formwidrig eingelegtem Widerspruch eine Ausnahme und begründet dies mit der Sachherrschaft, teilweise auch mit der fehlenden Bindung an die Bestandskraft des VA (§§ 48/49 VwVfG). Hat aber ein Dritter durch die Unanfechtbarkeit bereits eine gefestigte Rechtsposition erlangt oder wäre eine Selbstverwaltungskörperschaft in ihren Rechten berührt, so bleibt es bei der Unzulässigkeit und damit der Pflicht zur Zurückweisung

(BVerwG, DVBl. 1959, 284; BVerwG, NJW 1981, 359). Diese kann der Dritte
(z. B. ein Bauherr beim Nachbarwiderspruch) ggf. auch mit der (Untätigkeits-)
Klage erzwingen (VGH Mannheim, DVBl. 1994, 707).

3. Die Entscheidung bei unbegründetem Widerspruch

8   Hält die Widerspruchsbehörde den Widerspruch für zulässig,
aber unbegründet, so weist sie ihn gleichfalls zurück. Das ist der
Fall, wenn der VA rechtmäßig *und* zweckmäßig ist. Als unbegründet zurückzuweisen ist aber auch ein Widerspruch gegen einen
(objektiv) rechtswidrigen, den Widerspruchsführer aber nicht in
seinem Recht verletzenden VA (!).

4. Die Aufhebung des belastenden VA

9   Ist der belastende VA (einschließlich VA mit belastender Drittwirkung) rechtswidrig und der Widerspruchsführer in einem seiner Rechte verletzt, so hebt die Widerspruchsbehörde den VA
ganz oder teilweise auf. Hier hat der Widerspruchsbescheid rechtsgestaltende Wirkung. Eine Zurückverweisung zur Ausgangsbehörde zwecks Rücknahme oder Widerruf kommt i. d. R. nicht in
Betracht. Ist der VA nichtig, so stellt dies die Behörde im Widerspruchsbescheid fest (a. A. *Schenke,* VwProzR, 686: „Aufhebung"
des nichtigen VA).

5. Entscheidung beim „Verpflichtungswiderspruch"

10   Hat die Ausgangsbehörde einen Antrag auf einen begünstigenden VA zu Unrecht zurückgewiesen, dann ist die Bezeichnung
„Verpflichtungswiderspruch" zumindest teilweise mißverständlich. Aus der Sachherrschaft der Behörde und dem Devolutiveffekt sowie dem Grundsatz der Einheit der Verwaltung folgt hier
nämlich, daß die Widerspruchsbehörde grundsätzlich nicht die
Ausgangsbehörde – wie das VG – „verpflichtet", den beantragten
VA zu erlassen, sodaß sie den VA selbst erlassen kann und in der
Regel auch erlassen muß. Diese Konsequenz ergibt sich zwar nicht
aus § 73 VwGO, sehr wohl aber aus dem Grundsatz effektiven
Rechtsschutzes und der Verfahrensbeschleunigung. In diesem Fall

ist die Aufhebung des versagenden Bescheids der Ausgangsbehörde entbehrlich, kann aber aus Gründen der Rechtsklarheit gleichwohl im Widerspruchsbescheid erfolgen. Ist die Widerspruchsbehörde über die Aufhebung des Ausgangsbescheids zur Erteilung der beantragten Genehmigung *berechtigt*, so ist sie i. d. R. auch *verpflichtet*, den VA selbst zu erlassen. Ausnahmen gelten – neben Entscheidungen im Selbstverwaltungsbereich und bei Entscheidungen durch Ausschüsse (vgl. § 16 III AGVwGO Rh.-Pf. – Verpflichtung der Behörde zum Erlaß des abgelehnten VA) – allenfalls dann, wenn die Ausgangsbehörde als sach- und ortsnähere Behörde den beantragten VA schneller und sachgerechter erlassen kann (Einzelheiten bei *Kopp*, VwGO, § 73, Rd.-Nr. 7; zu den Ausnahmen auch *Hufen*, Fehler im Verwaltungsverfahren, 2. Aufl., Rd.-Nr. 532).

6. Teilweise Zurückweisung oder Stattgabe

Die Widerspruchsbehörde kann einem Widerspruch auch **teilweise** stattgeben bzw. den Widerspruch **teilweise** zurückweisen. **11** Diese Möglichkeit folgt aus der Sachherrschaft der Behörde und aus dem in § 113 VwGO zum Ausdruck kommenden Gedanken möglicher Teilaufhebung („**soweit** der Verwaltungsakt rechtswidrig ist"). Dies muß dann im „Tenor" deutlich zum Ausdruck kommen: *„Der Bescheid des … vom … wird insoweit abgeändert bzw. aufgehoben. Im übrigen wird der Widerspruch zurückgewiesen."*

7. Bescheidung im Widerspruchsverfahren

Wie betont, kann die Widerspruchsbehörde beim „Verpflichtungswiderspruch" die beantragte Entscheidung grundsätzlich **12** selbst treffen, soweit ihr dies rechtlich und tatsächlich möglich ist. Einschränkungen ergeben sich hierbei nicht aus dem Gedanken der Gewaltenteilung, der den Hintergrund von § 113 V, § 114 VwGO bildet, sondern nur unter Aspekten der Verwaltungseffizienz und der Selbstverwaltungsgarantie. Besonders wichtig ist der „Bescheidungswiderspruchsbescheid" bei Prüfungen und vergleichbaren Entscheidungen (dazu BVerwGE 57, 130; BVerwG,

NJW 1988, 2632). Auch über diese Fälle hinaus ist an die „Bescheidung" zu denken oder genauer: An die Verpflichtung der Ausgangsbehörde zur erneuten Entscheidung, wenn nur diese über die Möglichkeit verfügt, den Anspruch des Widerspruchsführers zu befriedigen.

Beispiel: Eintrag in ein nur bei der Ausgangsbehörde geführtes Register, Nichtvorhandensein bestimmter Formulare usw.

Gleiches gilt, wenn die Entscheidung nur in einem Gremium, in einer Kommission usw. bei der Ausgangsbehörde getroffen werden kann oder wenn es aus sonstigen Gründen bei der Entscheidung besonders auf die bei der Widerspruchsbehörde nicht vorhandene Sach- oder Personennähe ankommt. In diesen Fällen kommt es zur Neubefassung der Ausgangsbehörde mit dem Fall, wobei der Widerspruchsbescheid aber nicht mit dem Bescheidungsurteil des Verwaltungsprozesses gleichgesetzt werden darf. Verpflichtet die Widerspruchsbehörde die Ausgangsbehörde in dieser Weise zur Neubescheidung, so ist letztere inhaltlich an die Vorgaben der Widerspruchsbehörde gebunden (BVerwGE 37, 47, 51; *Schmitt Glaeser,* VwProzR, Rd.-Nr. 210).

8. Umdeutung

13   Unter den Voraussetzungen von § 47 VwVfG kann die Widerspruchsbehörde einen fehlerhaften VA in einen anderen umdeuten, wenn er auf das gleiche Ziel gerichtet ist, von der erlassenden Behörde in der geschehenen Verfahrensweise und Form rechtmäßig hätte erlassen werden können und wenn die Voraussetzungen für dessen Erlaß erfüllt sind.

Beispiel: Die Widerspruchsbehörde kann eine rechtswidrige Rücknahme in eine Abhilfeentscheidung umdeuten (VGH München, BayVBl. 1983, 212).
    Zu beachten sind hierbei allerdings die Ausnahmebestimmungen von § 47 II und III VwVfG. Insbesondere darf die Widerspruchsbehörde eine rechtlich gebundene Entscheidung nicht in eine Ermessensentscheidung umdeuten – nicht zuletzt deshalb, weil dem Betroffenen hiermit gleichsam rückwirkend die Zweckmäßigkeitskontrolle bei der Ausgangsbehörde abgeschnitten wäre. Eine Umdeutung kommt nur in Betracht, wenn die Widerspruchsbehörde gleichzeitig etwaige zur Rechtswidrigkeit führende Verfahrensfehler unter den Vor-

aussetzungen von § 45 VwVfG geheilt hat (Einzelheiten hierzu bei *Hufen,* Fehler im Verwaltungsverfahren, Rd.-Nr. 522 ff.).

9. Folgenbeseitigung

Ist der angefochtene Verwaltungsakt im Zeitpunkt der Wider- **14** spruchsentscheidung schon ganz oder teilweise vollzogen und hat der Widerspruchsführer einen entsprechenden Antrag gestellt, dann muß die Widerspruchsbehörde auch entscheiden, ob und wie die Vollziehung rückgängig zu machen ist. Die Rechtslage ist hier insoweit dieselbe wie bei § 113 I 2 VwGO (*Schenke,* VwProzR, Rd.-Nr. 686; *Pietzner/Ronellenfitsch,* Assessorexamen, § 31, Rd.-Nr. 7). Sind Ausgangsbehörde und Widerspruchsbehörde nicht identisch, kommt die Durchführung der Folgenbeseitigung aber erst nach Eintritt der Unanfechtbarkeit des Widerspruchsbescheids in Betracht (a. A. *Kopp,* VwGO, § 73, Rd.-Nr. 8). Lehnt die Widerspruchsbehörde nur die Folgenbeseitigung ab, so kann der Widerspruchsführer insofern nicht einfach zum Antrag nach § 113 I 2 VwGO übergehen; er muß vielmehr je nach Rechtsnatur der beantragten Maßnahme Verpflichtungs- oder Leistungsklage erheben.

III. Die „Verböserung" des VA im Widerspruchsbescheid – reformatio in peius

Zu den umstrittensten Fragen des Widerspruchsverfahrens ge- **15** hört die Zulässigkeit der „reformatio in peius", d. h. die Frage, ob die Widerspruchsbehörde (oder auch die Ausgangsbehörde im Abhilfeverfahren) den VA zu Lasten des Widerspruchsführers ändern darf.

Beispiele:
– A. erhebt Widerspruch gegen einen Gebührenbescheid. Die Widerspruchsbehörde erhöht die zu zahlende Summe.
– B. erhebt Widerspruch gegen die Untersagung seines Gewerbebetriebs; die Widerspruchsbehörde erweitert die Untersagung auf jegliches Gewerbe.
– C. will die Erhöhung einer Subvention erreichen; die Behörde kürzt den durch die Ausgangsbehörde zugebilligten Betrag.
– D. erhebt Widerspruch gegen eine Auflage zur Baugenehmigung; die Widerspruchsbehörde verschärft die Auflage.

In der Sache geht es also nur um Fälle einer **zusätzlichen Beschwer** des Widerspruchsführers selbst im Hinblick auf den Gegenstand des Widerspruchsverfahrens.

Nichts mit der reformatio in peius zu tun haben dagegen folgende Fälle:

- Die erstmalige Belastung eines *Dritten* durch den Widerspruchsbescheid,
- die Aufhebung eines begünstigenden VA oder die belastende Auflage auf Widerspruch eines Dritten,
- die teilweise Zurückweisung des Widerspruchs,
- der (teilweise) Austausch einer Begründung oder die (zulässige) Umdeutung in einen anderen, nicht zusätzlich belastenden VA,
- der Erlaß eines anderen (zusätzlichen) VA im äußeren Zusammenhang mit dem Widerspruchsverfahren (**Beispiel:** zusätzliche Abrißverfügung nach Widerspruch gegen Versagung der Baugenehmigung, zusätzliche Zwangsgeldandrohung – VGH München, NJW 1982, 460).

16   Im Streit um die **grundsätzliche Zulässigkeit** der reformatio in peius haben derzeit die **Befürworter** die Oberhand. Ihre Argumente lassen sich wie folgt zusammenfassen:

- Die reformatio in peius sei gewohnheitsrechtlich und richterrechtlich anerkannt;
- die volle Sachherrschaft und die Selbstkontrolle der Verwaltung umfasse grundsätzlich auch die Möglichkeit zur Entscheidung „in beiden Richtungen"; anders hätte der Gesetzgeber ausdrücklich ausschließen müssen – dies sei aber in §§ 68 ff. VwGO (im Gegensatz zu anderen Verfahrensordnungen) nicht geschehen,
- die Gesetzesbindung der Verwaltung (Art. 20 GG) erfordere die r. i. p.,
- §§ 48/49 VwVfG ermöglichten die belastende Aufhebung oder Änderung des VA selbst **nach** seiner Bestandskraft; dies müsse erst recht **vor** deren Eintritt gelten,
- § 79 II 1 VwGO zeige, daß der Gesetzgeber von der Möglichkeit einer zusätzlichen selbständigen Beschwer zu Lasten des Widerspruchsführers ausgehe,
- dem Widerspruchsführer sei das Risiko der r. i. p. auch im Hinblick darauf zumutbar, daß eine verfestigte Rechtsposition erst mit der Bestandskraft eintrete; der Widerspruchsführer habe

aber mit dem Widerspruch die Hinderung des Eintritts der Bestandskraft schließlich selbst bewirkt.

Literatur zur grundsätzlichen Zulässigkeit: *Mandelartz,* Die reformatio
in peius im Widerspruchsverfahren, VwRS 1978, 133; *Renz,* Die Kompetenzen
der Widerspruchsbehörde und die reformatio in peius, DÖV 1991, 138 ff.;
Hess, Reformatio in peius; die Verschlechterung im Widerspruchsverfahren,
(1990); *Eyermann-Fröhler,* VwGO, § 73, Rd.-Nr. 7; *Kopp,* VwGO, § 68, Rd.-
Nr. 10; *Köstering/Günther,* 24; *Schenke,* VwProzR, Rd.-Nr. 687 ff.; *Schmitt
Glaeser,* Rd.-Nr. 211; *Würtenberger,* PdW, 155 ff.; *Schoch,* Übungen, 126.

Kritiker der „Verböserung" argumentieren im wesentlichen **17**
wie folgt:

– Auch der VA enthalte – unabhängig von der Bestandskraft –
bereits eine wirksame Regelung (§ 43 VwVfG), die einen Ver-
trauenstatbestand schaffe und nur kraft besonderer gesetzlicher
Ermächtigung zurücknehmbar sei,
– die r. i. p. sei eine zusätzliche Belastung einer verfahrensrechtlichen Stellung, für die der Gesetzgeber eine besondere Rechtsgrundlage habe schaffen müssen. Diese sei aber (anders als z. B.
bei §§ 48/49 VwVfG, § 367 II AO und § 411 IV StPO) in §§ 68/
73 VwGO nicht enthalten,
– es verstoße gegen die Grundidee des rechtlichen Gehörs, wenn
der Betroffene einer Überprüfung eines ihn belastenden VA nur
erreichen könne, wenn er gleichzeitig das Risiko hinnehme, sich
selbst durch den Rechtsbehelf zu schädigen.
– Die r. i. p. verstoße gegen den Grundsatz: „ne ultra petita", weil
sie zu Lasten des Betroffenen über dessen Antrag hinausginge
(vgl. § 88 VwGO).

Literatur zur Gegenauffassung: *Menger/Erichsen,* VerwArch 57, 1966,
280; *Obermayer,* VwVfG, 2. Aufl., § 79, Rd.-Nr. 58; *Renck,* Reformatio in
peius im Widerspruchsverfahren?, BayVBl. 1974, 639, 641; *ders.,* Bundeskompetenz und verwaltungsgerichtliche Verfahren – BVerwGE 51, 310 = JuS
1980, 28; *Ule,* VwProzR, 9. Aufl., 124; *Ule/Laubinger,* VwVfR, § 46, Rd.-
Nr. 5.

Auch die **Rechtsprechung** betont immer wieder die grundsätzli- **18**
che Zulässigkeit der r. i. p., wobei vor allem das Argument der Gesetzesbindung der Verwaltung im Vordergrund steht (BVerwGE 8,

45; 14, 175, 178; 21, 142, 145; teilweise noch weitergehend: OVG
Lüneburg, DÖV 1966, 66; OVG Hamburg, LKV 1991, 144; **dagegen** nur OVG Berlin, NJW 1977, 1166; OVG Bremen, DÖV
1966, 575 – Unzulässigkeit der r. i. p. nach bremischem Landesrecht).

19   In neueren Entscheidungen deuten sich Differenzierungen im
Hinblick auf die *verfahrensrechtliche Kompetenz* der Widerspruchsbehörde, die *materiellrechtliche Grundlage* und die *Zumutbarkeit* der
reformatio in peius an, ohne daß sich aber am Ergebnis viel än-
derte.

So wurde zum einen (richtig) erkannt, daß sich die *Kompetenz* zur r. i. p. für
die Widerspruchsbehörde nur dann aus § 68 VwGO ergeben kann, wenn diese
mit der Ausgangsbehörde identisch oder gegenüber dieser mindestens weisungsbefugt ist. Demnach kommt eine r. i. p. für die Widerspruchsbehörde in
Selbstverwaltungsangelegenheiten nicht in Betracht (vgl. zuerst VGH München, BayVBl. 1973, 554; BVerwG, NVwZ 1987, 215; in der Literatur ebenso
Trzaskalik, Widerspruchsverfahren, 14; *Eyermann-Fröhler,* VwGO, § 73, Rd.-
Nr. 7; *Fischer-Hüftle,* Reformatio in peius im Widerspruchsverfahren, BayVBl.
1989, 229; *Hess,* Die Reformatio in peius im Widerspruchsverfahren, 157;
Pietzner/Ronellenfitsch, § 40, Rd.-Nr. 24; *Weides,* VwVf und Widerspruchs-
Vf., 256). Auch der Kreisrechtsausschuß darf schon aus Kompetenzgründen
die Entscheidungen kreisangehöriger Gemeinden nicht „verbösern". Unberührt bleibt aber der Weg der Rechtsaufsicht, auf dem – soweit sie zuständig ist
– die Widerspruchsbehörde die Ausgangsbehörde veranlassen kann, eine entsprechende Entscheidung zu treffen.
    Im Hinblick auf die **materiellrechtliche Grundlage** der reformatio in
peius stellte das BVerwG (BVerwGE 51, 310, 313; 65, 313, 319) fest, daß sich
diese nicht aus den Verfahrensvorschriften der VwGO, sondern aus den einschlägigen materiellen Rechtsgrundlagen des Bundes- oder Landesrechts ergeben müsse. Auch diese bereits als „Verabschiedung der reformatio in peius"
bezeichneten (so *Greifeld,* NVwZ 1983, 727) Entscheidungen änderten im Ergebnis jedoch wenig, denn sie eröffneten zum einen den Rückgriff auf § 48
VwVfG und besagten zum anderen nur, daß die r. i. p. möglich sei, wenn
hierfür eine materiellrechtliche Grundlage besteht, wenn also nach materiellem
Recht der VA dem Widerspruchsführer letztlich mehr gab als ihm zustand.
    An die **Zumutbarkeit** knüpfen schließlich die Entscheidungen des
(BVerwGE 67, 129, 134 und BVerwG, DVBl. 1966, 857, 859) an, nach denen
eine reformatio in peius ausgeschlossen sein soll, wenn durch sie eine unerträg-
liche Belastung für den Widerspruchsführer entsteht. Auch dies bringt letztlich
nichts Neues, denn als belastender VA ist der Widerspruchsbescheid ohnehin
an die Verhältnismäßigkeit gebunden und die Widerspruchsbehörde darf den
Betroffenen nicht „unerträglich belasten".

Letztlich **überwiegen die grundsätzlichen Bedenken** gegen die 20
reformatio in peius. Der Adressat eines belastenden oder nur teilweise begünstigenden VA erwartet von seinem Rechtsbehelf die
Verbesserung oder jedenfalls nicht die Verschlechterung seiner
Position. Auf dieses Risiko wird er weder durch das Gesetz noch
durch die „Normalfassung" der Rechtsbehelfsbelehrung hingewiesen. Ein Rechtsstaat, der an die Einlegung von Rechtsbehelfen
negative Folgen knüpft, macht dem Bürger gegenüber nicht nur
einen verheerenden Eindruck, er verstößt auch gegen den Grundsatz des Vertrauensschutzes im weiteren Sinne und setzt sich dem
Verdacht aus, es gehe um die „Bestrafung" eines den VA nicht
einfach hinnehmenden Adressaten. Besonders zynisch ist das Argument, des rechtsschutzsuchende Bürger habe das Risiko und die
fehlende Bestandskraft schließlich selbst herbeigeführt (BVerwGE
14, 175, 179; aber auch noch BVerwGE 51, 310, 313). Allenfalls
kommt der Rückgriff auf §§ 48/49 VwVfG in Betracht – wohlgemerkt aber unter Einschluß der besonderen vertrauensschützen-
den Vorkehrungen dieser Bestimmungen. Sollte sich in der Praxis
eine r. i. p. als unabdingbar erweisen, wäre es Sache des Gesetzgebers, hierfür eine spezifische Rechtsgrundlage zu schaffen.

Will die Behörde „verbösern", so ist der Betroffene **zuvor an-** 21
zuhören, und zwar unabhängig vom Vorliegen neuer Tatsachen.

Auch im nachfolgenden Verwaltungsprozeß wirft die r. i. p. er- 22
hebliche Probleme auf. Diese bestehen zum einen im Hinblick auf
den **Klagegegenstand,** denn der Widerspruchsführer ist im Maße
der Verbösung zusätzlich beschwert und kann seine Klage auf
diesen Teil beschränken. Hat die Widerspruchsbehörde auch im
übrigen nicht stattgegeben oder nur teilweise stattgegeben, so
bleibt der VA in Gestalt des Widerspruchsbescheids auch insofern
Klagegegenstand.

Auch die Frage des **Klagegegners** im Falle der r. i. p. ist nur bei
Identität von Ausgangs- und Widerspruchsbehörde unproblematisch. Hat die „verbösernde" Widerspruchsbehörde die Ausgangsbehörde lediglich angewiesen, dann ist *deren* Träger richtiger Klagegegner. Hat aber die Widerspruchsbehörde den Betroffenen insoweit selbst belastet, so kann nur der Träger der Widerspruchs-

behörde richtiger Beklagter und passivlegitimiert sein, da andernfalls die Ausgangsbehörde in einen selbst nicht verursachten Rechtsstreit verwickelt würde (a. A. BVerwG, NVwZ 1987, 215).

23   Einigkeit besteht jedenfalls insoweit, als hinsichtlich des „verbösernden Teils" **kein erneutes Widerspruchsverfahren** erforderlich ist (OVG Koblenz, NVwZ 1992, 386 – Rechtsgedanke des § 68 I 2) und daß der insoweit belastete Widerspruchsführer nach den Grundsätzen der Adressatentheorie in jedem Fall hinsichtlich der „Verbösorung" klagebefugt ist (Zu den prozessualen Problemen der r. i. p. *Juhnke,* BayVBl. 1991, 136).

IV. Nebenentscheidungen

1. Die Kostenentscheidung

24   a) Nach § 73 III VwGO bestimmt der Widerspruchsbescheid auch, wer die Kosten trägt. Entsprechendes gilt nach § 72 für die (begünstigende) Abhilfeentscheidung. Beide Bestimmungen betreffen die **Kostenlast,** also die Frage, wer die Kosten dem Grunde nach zu tragen hat. Zu unterscheiden davon ist die Entscheidung über die **Festsetzung der Kosten** selbst, die im Widerspruchsverfahren nach § 80 III VwVfG gleichfalls durch die Widerspruchsbehörde zu treffen ist.

§§ 72 und 73 III VwGO betreffen nur die Kompetenz und die grundsätzliche Pflicht zur Kostenentscheidung. *Inhaltlich* richtet sich die Pflicht zur Kostentragung nach dem einschlägigen Bundes- bzw. Landesrecht und vor allem nach § 80 VwVfG, der (bezeichnenderweise) längsten Bestimmung zum Widerspruchsverfahren im Gesetz, die gleichwohl als insgesamt unvollständig und lückenhaft kritisiert wird (dazu *Pietzner/Ronellenfitsch,* Assessorexamen, § 46, Rd.-Nr. 11), so entscheidet trotz § 80 VwVfG im nachfolgenden Verwaltungsprozeß das Gericht auch über die Kosten des Widerspruchsverfahrens (§ 162 I VwGO). Dies reduziert die Bedeutung von § 73 III VwGO i. V. m. § 80 VwVfG auf den „isolierten Widerspruchsbescheid" (wobei freilich bei Erlaß des Widerspruchsbescheids nicht festzustehen pflegt, ob noch ein Verwaltungsprozeß folgt). Die Behörde muß also nach 73 III VwGO immer über die Kosten entscheiden, die Kostenentscheidung kann aber durch das nachfolgende Verwaltungsurteil gegenstandslos werden. Wünschenswert wäre, daß der Gesetzgeber das Widerspruchsverfahren auch insofern von der

Rolle des im Grunde genommen irrelevanten „Vorverfahrens" zum Verwaltungsprozeß befreit und eine wirkliche „Vollregelung" in den VwVfGen trifft.

Diese Regelung könnte und müßte dann auch die nach wie vor **25** bestehenden Lücken in § 80 VwVfG selbst schließen, bei denen immer noch ein heftiger Streit über die analoge Anwendung der entsprechenden verwaltungsprozessualen Vorschriften besteht.

Das BVerwG vertritt hier in recht rigoroser Weise die Position, daß § 80 VwVfG eine abschließende Regel zur Kostenlast getroffen habe, eine analoge Anwendung von § 154 VwGO also auch dann nicht in Betracht komme, wenn andernfalls ein Beteiligter des Widerspruchsverfahrens leer ausgehen würde (BVerwGE 40, 313, 317; 62, 201, 205; 70, 58; bestät. teilw. durch BVerwGE 82, 342).

Daran ist richtig, daß die §§ 154ff. VwGO erkennbar auf den Verwaltungsprozeß zugeschnitten sind und der Gesetzgeber ebenso erkennbar in § 80 VwVfG eine eigenständige Regelung für das Widerspruchsverfahren treffen wollte, ohne allerdings so heikle Lücken zu schließen wie:

– Die Kostentragungspflicht bei *Erledigung vor dem Widerspruchsbescheid* (nach BVerwG, NJW 1982, 1826 besteht hier kein Anspruch – für analoge Anwendung von § 161 II dagegen *Schmitt Glaeser*, VwProzR, Rd.-Nr. 221; grundsätzlich für analoge Anwendung in derartigen Fällen auch *Kopp*, VwVfG, § 80, Rd.-Nr. 1; allg. *Huxholl*, Erledigung, S. 250ff.,
– die Kosten bei *Rücknahme und Widerruf* während des Widerspruchsverfahrens (keine Erstattungspflicht nach h. L., z. B. *Pietzner/Ronellenfitsch*, § 46, Rd.-Nr. 10f.; nach VGH München, BayVBl. 1983, 246 aber Entscheidung nach billigem Ermessen; nach *Hufen*, Fehler im Verwaltungsverfahren, Rd.-Nr. 534 kommt es auf die Erfolgsaussicht des Widerspruchs an),
– die Kosten eines *beteiligten Dritten* sind nach BVerwGE 70, 61ff. nicht erstattungsfähig, selbst wenn die Zuziehung eines Bevollmächtigten durch Behörde für erforderlich erklärt wurde. Anders insofern aber Art. 80 II 2 BayVwVfG.
– Die Kosten für Anwalt oder sonstigen Bevollmächtigten in einem komplexen Verwaltungsverfahren *vor* dem Widerspruchsverfahren (nach BVerwGE, NVwZ 1990, 59 im Planfeststellungsverfahren nicht erstattungsfähig).
– Kostenentscheidungen in Verwaltungsverfahren, für die § 80 selbst nicht gilt (so nach BVerwGE 82, 336 in Kommunalabgaben-Sachen).

Diese Lücken und die Rechtsprechung dazu lassen gravierende Chancenungleichheiten im Verfahren erkennen und mißachten im

übrigen die entlastende Funktion des Widerspruchsverfahrens für
den Verwaltungsprozeß. So werden die Beteiligten des Widerspruchsverfahrens geradezu in den nachfolgenden Verwaltungsprozeß hineingetrieben, um dort eine Kostenentscheidung unter
Einschluß der Kosten des Vorverfahrens zu erreichen (*Kopp,*
VwVfG, § 80, Rd.-Nr. 1).

26   b) Steht die grundsätzliche Anwendbarkeit von § 80 VwVfG
fest, so folgt die **Kostentragungspflicht** einfachen Grundregeln:
Bei *erfolgreichem* Widerspruch hat der Rechtsträger der Ausgangsbehörde dem Widerspruchsführer die zur zweckentsprechenden
Rechtsverfolgung oder Rechtsverteidigung notwendigen Aufwendungen zu erstatten. Umgekehrt hat der erfolglose Widerspruchsführer der Ausgangsbehörde (nicht der Widerspruchsbehörde!) die zur zweckentsprechenden Rechtsverfolgung oder
Rechtsverteidigung notwendigen Aufwendungen zu erstatten.
Mit dem Erfolg des Widerspruchs wählt das Gesetz dabei bewußt
einen *formellen* Maßstab: auf den Grund der Rechtswidrigkeit des
VA oder gar auf Zulässigkeit und Begründetheit des Widerspruchs kommt es nicht mehr an. So hat auch derjenige einen
Anspruch auf Erstattung, der den (angefochtenen) Widerruf einer
Vergünstigung durch Nichtvorlage einer Bescheinigung selbst
ausgelöst hatte (BVerwG, NVwZ 1988, 249), und dem Widerspruchsführer sind die Kosten auch dann zu erstatten, wenn der
Widerspruch unstatthaft oder sonst unzulässig war (BVerwG, JZ
1983, 170), oder wenn allein wegen einer erst im Laufe des Widerspruchsverfahrens eingetretenen Änderung der Sach- und Rechtslage dem Widerspruch abgeholfen wird (VGH Mannheim,
BayVBl. 1986, 600).

27   c) Ist der Widerspruch **erfolglos,** richten sich die Kosten nach
dem einschlägigen Verwaltungskostengesetz. Bei teilweisem Erfolg sind in analoger Anwendung von § 155 I VwGO die Kosten
gegeneinander aufzuheben oder verhältnismäßig zu teilen.

28   d) **Ausnahmen von der Grundregel** formuliert § 80 VwVfG
selbst: So sind dem Widerspruchsführer die Kosten auch zu erstatten, wenn der Widerspruch nur deshalb keinen Erfolg hatte, weil
die Verletzung einer Verfahrens- oder Formvorschrift nach § 45

unbeachtlich ist (§ 80 I 2 VwVfG). Dies ist die selbstverständliche Konsequenz aus der Notwendigkeit, den (fehlerbetroffenen) Widerspruchsführer nicht schlechter zu stellen, als wenn das Verfahren korrekt gewesen wäre. Der gleiche Grund muß auch für Anwendungsfälle des § 46 VwVfG (Unbeachtlichkeit wegen rechtlicher Bindung der Ausgangsbehörde) gelten: Hier war der VA zwar von Anfang an nicht rechtswidrig; doch ist die Rechtswidrigkeit nicht der **einzige** Bezugspunkt. Auch der im Ausgangsverfahren vor einer gebundenen Entscheidung nicht Angehörte muß die Möglichkeit zur „Heilung" im Widerspruchsverfahren erhalten, indem sich zudem oft erst herausstellen wird, daß es um eine gebundene Entscheidung im Sinne von § 46 VwVfG ging (wie hier *Schmitt Glaeser,* VwProzR, Rd.-Nr. 221; *Kopp,* VwVfG, § 80, Rd.-Nr. 12).

e) **Erstattungsfähig** sind nach § 80 alle zur zweckentsprechen- 29 den Rechtsverfolgung oder Rechtsverteidigung notwendigen Aufwendungen. Dies sind – abgesehen von den Anwaltskosten – z.B. Portokosten, Kosten einer notwendigen Übersetzung und Reisekosten zu einem im Widerspruchsverfahren anberaumten Termin. Der Berechtigte hat grundsätzlich die Verpflichtung, die Kosten möglichst niedrig zu halten (Einzelheiten bei *Kopp,* VwVfG, § 80, Rd.-Nr. 17ff.).

f) Besonders wichtig und besonders umstritten ist die Frage der 30 Erstattung der Gebühren und Auslagen eines Rechtsanwalts oder eines sonstigen Bevollmächtigten im Vorverfahren, „wenn die Zuziehung eines Bevollmächtigten notwendig war". *Notwendig* ist sie nach allgemeiner Ansicht dann, wenn sie vom Standpunkt einer verständigen, nicht aber rechtskundigen Partei für erforderlich gehalten werden durfte bzw. wenn die eigene Führung des Widerspruchsverfahrens nicht zuzumuten war. Es kommt also nicht auf die objektive Notwendigkeit sondern nur darauf an, ob eine verständige Person die Hinzuziehung für notwendig halten *durfte* (so zu Recht *Schmitt Glaeser,* VwProzR, Rd.-Nr. 221).

Die Kostenerstattung darf also keineswegs als „Ausnahme" gesehen werden, und die Auffassung des BVerwG, NVwZ 1987, 883, im Widerspruchsverfahren bedürfe es nicht völliger Waffengleichheit, da die Verwaltung ja an das Gesetz gebunden und ohnehin noch der gerichtlichen Kontrolle unterworfen sei, verfehlt – gelinde gesagt – den Zweck des Widerspruchsverfahrens.

31 g) Der **Umfang** der zu erstattenden Anwaltskosten richtet sich nach den einschlägigen Vorschriften (z. B. §§ 118 ff. BRAGO), wobei Schwierigkeiten dadurch entstehen, daß im Widerspruchsverfahren die Festsetzung von Streitwerten nicht üblich ist und insofern gleichfalls auf die entsprechenden Sätze der Verwaltungsgerichtsbarkeit zurückgegriffen werden muß.

32 h) Von der grundsätzlichen Kostenlastentscheidung des § 80 I zu unterscheiden ist die eigentliche **Festsetzung der Aufwendungen** (§ 80 III 1). Diese ist, wie die Kostenentscheidung selbst, Verwaltungsakt (BVerwGE 79, 297). Als solche ist sie selbständig anfechtbar oder mit der Verpflichtungsklage erstreitbar.

2. Rechtsbehelfsbelehrung

33 Eine ordnungsgemäße Rechtsbehelfsbelehrung ist nicht Voraussetzung der Rechtmäßigkeit oder gar der Wirksamkeit des Widerspruchsbescheids, obwohl sie (unter der nicht ganz korrekten Bezeichnung „Rechtsmittelbelehrung") in § 73 VwGO ausdrücklich erwähnt wird. Die Bedeutung liegt – abgesehen von der notwendigen Information des Adressaten – darin, daß nur bei richtiger und vollständiger Rechtsbehelfsbelehrung die Klagefrist (§ 58 I VwGO) in Gang gesetzt wird. Andernfalls gilt die Jahresfrist nach § 58 II VwGO.

34 Die Rechtsbehelfsbelehrung muß über einen *bestimmten* Rechtsbehelf gegen eine *bestimmte* Entscheidung belehren und auch über die bestehende Frist, die für die Einhaltung der Frist erforderliche Form (umstr.) und das zuständige Gericht zuverlässig informieren. Sie kann dies auch gegenüber Ausländern nach § 23 VwVfG in deutscher Sprache tun. Da die Behörden aber hierfür i. d. R. ohnehin Formblätter anwenden und das Nichtverstehen der Rechtsbehelfsbelehrung ein Wiedereinsetzungsgrund sein kann, scheint die Forderung nach einer fremdsprachigen Rechtsbehelfsbelehrung in bestimmten Fällen nicht überzogen. Stehen mehrere Möglichkeiten – wie z. B. die Klage gegen den Ausgangsbescheid und die isolierte Klage gegen den Widerspruchsbescheid – offen, so muß auch dies zum Ausdruck kommen (VGH München, DVBl. 1987, 698).

Wird allerdings irrtümlich von „Bekanntgabe" statt „Zustellung" gesprochen, so schadet der Fehler nicht, wenn deren Zeitpunkte zusammenfallen (BVerwG, NJW 1991, 508).

Literatur zu § 9 IV: *Meßerschmidt,* Zur Regelung der Erstattung von Verfahrenskosten, DÖV 1983, 447; *Dreier,* Fortsetzungsfeststellungswiderspruch und Kostenentscheidung bei Erledigung des VA im Vorverfahren, NVwZ 1987, 474; *Jäde,* Aufwendungen Drittbeteiligter im Widerspruchsverfahren, BayVBl. 1989, 201; *Huxholl,* Die Erledigung eines Verwaltungsakts im Widerspruchsverfahren (1995); *Ule,* VProzR, 132; *Schmitt Glaeser,* VwProzR, Rd.-Nr. 220 f.; *Pietzner/Ronellenfitsch,* Assessorexamen, § 44, Rd.-Nr. 1 ff.; *Köstering/Günther,* 63; zur Rechtsbehelfsbelehrung: *Stumm,* Die Rechtsbehelfsbelehrung beim öffentlichrechtlichen Verwaltungshandeln, DtVPrax 1991, 395.

V. Die Bekanntgabe des Widerspruchsbescheids durch Zustellung

1. Rechtsgrundlagen

Nach § 73 III VwGO ist der Widerspruchsbescheid *zuzustellen.* **35** Andere Formen der Bekanntgabe reichen also nicht aus. Auch bei einer mündlichen Eröffnung wird der Widerspruchsbescheid erst mit der Zustellung wirksam und die Frist des § 74 VwGO beginnt zu laufen. Die Zustellung richtet sich auch bei Landesbehörden nicht nach Landesrecht, sondern nach dem (Bundes-)VwZG. Dies wird von der h. L. mit § 56 II VwGO begründet (BVerwGE 39, 257, 259), wobei der Sachzusammenhang zur prozessualen Frist des § 74 VwGO die bundesstaatlichen Bedenken überspielt. Systematisch richtiger ist es, wenn durch (Landes)Zustellungsgesetz auf das VwZG des Bundes verwiesen wird (vgl. Art. 1 S. 2 BayVwZVG).

Zuzustellen ist an die Beteiligten des Widerspruchsverfahrens, **36** aber auch an alle rechtlich davon Betroffenen, auf die die Behörde die Geltungskraft des VA erstrecken will. Die Klagebefugnis ist dagegen erst durch das Gericht zu prüfen und kein Maßstab für die Zustellungsbedürftigkeit des Widerspruchs (anders aber VGH München, NVwZ 1983, 161).

2. Arten der Zustellung

37 Hinsichtlich der Einzelheiten der Zustellung muß auf das VwZG verwiesen werden. Im Widerspruchsverfahren wird heute in der Regel durch die Post mit Zustellungsurkunde (§ 3 VwZG) zugestellt, was neben der größeren Klarheit den Vorteil hat, daß nur bei dieser Zustellungsart nach § 3 III VwZG i. V. m. §§ 181 ff. ZPO eine Ersatzzustellung beim nicht angetroffenen Adressaten in Betracht kommt. Daneben kann mit der Post durch eingeschriebenen Brief (§ 4 VwZG) sowie durch die Behörde selbst mit Empfangsbekenntnis zugestellt werden. Zu beachten ist die zwingende Zustellung an den gesetzlichen Vertreter (§ 7) und an Bevollmächtigte (§ 8 VwZG).

Für den Widerspruchsbescheid kommt eine „Heilung" von Zustellungsmängeln nach § 9 I VwZG nicht in Betracht, da mit ihm eine Klagefrist beginnt (§ 9 II VwZG). Bei fehlerhafter Zustellung bleibt der Behörde also nichts anderes als eine erneute – fehlerfreie – Zustellung.

3. Wirkung der Zustellung

38 Mit der Zustellung wird der VA in der Gestalt, die ihm der Widerspruchsbescheid gegeben hat, wirksam (zum Zeitpunkt der Zustellung: VGH München, NJW 1991, 1250). Damit sind die Beteiligten bis zur Aufhebung oder Änderung des VA rechtlich gebunden (§ 43 II VwVfG). Praktisch bedeutsam ist – neben dem Beginn der Frist des § 74 VwGO – auch, daß mit dem Widerspruchsbescheid die Sachentscheidungskompetenz der Widerspruchsbehörde endet (zu Berichtigungen und Ergänzungen des Bescheids s. aber § 42 VwVfG). Nach Zustellung des Widerspruchsbescheids ist wieder die Ausgangsbehörde zur Rücknahme und zum Widerruf des VA berechtigt, auch wenn der VA durch den Widerspruchsbescheid bestätigt wurde. Weist die Widerspruchsbehörde mit dem Widerspruchsbescheid die Ausgangsbehörde aber zu einer bestimmten Entscheidung an, so ist die Ausgangsbehörde an diese Anweisung gebunden (Einzelheiten bei *Kopp*, VwGO, § 73, Rd.-Nr. 26).

Literatur zu § 9 V: *Langohr,* Ist die Zustellung des Widerspruchsbescheids an den Bevollmächtigten zwingend?, DÖV 1987, 138; *Hufen,* Fehler im Verwaltungsverfahren, Rd.-Nr. 412; *Köstering/Günther,* 52; *Pietzner/Ronellenfitsch,* Assessorexamen, § 49; *Schmitt Glaeser,* VwProzR, Rd.-Nr. 219; *Weides,* VwVf und Widerspruchs-Vf., 308 ff.

3. Teil. Sachentscheidungsvoraussetzungen und Zulässigkeit der Klage

§ 10 Übersicht und allgemeine Hinweise – Zur Bedeutung des Streitgegenstands

I. Sachentscheidungsvoraussetzungen, Zulässigkeit und Aufbau des Gutachtens

1 Die Klage vor dem Verwaltungsgericht bezieht sich auf einen bestimmten **Streitgegenstand;** sie ist erfolgreich, wenn sie **zulässig** und **begründet** ist. Damit steht bereits das Grundschema des Gutachtens im Verwaltungsprozeß und der Fallösung im Öffentlichen Recht fest. Zu beachten ist allerdings, daß § 17a GVG seit dem 1. 1. 1991 zwar noch von einem „unzulässigen Rechtsweg" spricht; dies aber nicht zur Unzulässigkeit der Klage, sondern zur (obligatorischen) Verweisung nach § 17a II GVG führt. **Die Klage darf nicht mehr als unzulässig abgewiesen werden – auch wenn kein Verweisungsantrag gestellt wurde** (so auch *Schenke,* VwProzR, Rd.-Nr. 155). Das Grundschema der Prüfung ist also zu ergänzen:

I. Eröffnung des Verwaltungsrechtswegs – zuständiges Gericht
II. Zulässigkeit der Klage
III. Begründetheit

Diese „Dreiteilung" des Aufbaus läßt sich aber vermeiden, wenn man statt der Zulässigkeit der Klage die **Sachentscheidungsvoraussetzungen** prüft, denn solche sind Rechtsweg und zuständiges Gericht nach wie vor: Das Gericht des „falschen" Rechtswegs darf – abgesehen von § 17a II GVG – nicht zur Sache entscheiden.

2 Für Klausuren hat die (selbstverständlich noch weiter aufzufächernde) Gliederung die wichtige Funktion des „roten Fadens",

um Sachverhalt und rechtliche Probleme richtig einzuordnen. Die
Gliederung verleiht auch der Problemlösung die innere Stringenz
und entscheidet über den Erfolg einer Klausur. Deshalb sollte
schon äußerlich auch eine klare Gliederung Verständnis über die
Struktur und die Problemschwerpunkte eines Falles zu erkennen
geben. Hier sei auf die bei den Klagearten wiedergegebenen Glie-
derungsvorschläge hingewiesen. Derartige Aufbauschemata bergen aber bekanntlich auch Gefahren, weil sie zum gedankenlosen
„Abklappern" und zur falschen Problemgewichtung verleiten. So
paradox es klingt: Ein solches Schema darf nie schematisch angewandt werden. Die Gliederung folgt zwar durchaus einer in jedem
Fall vorliegenden inneren Gesetzmäßigkeit; es gibt aber auch Abweichungen, und jeder Fall verlangt eine unterschiedliche Ge-
wichtung. Rechtlich zwingend ist die angebotene Reihenfolge
ohnehin nicht (BVerwGE 49, 221, 223). Solche Gliederungen sind
also keine starren Denkgerüste und „Schubladen", sondern letztlich nur äußeres Abbild der inneren Problemstruktur eines Falles.
Sie wollen daher – wie stets – **verstanden** und nicht nur unverstan-
den angewandt werden. Nur dann wird letztlich auch deutlich,
warum bei allen Gemeinsamkeiten Autoren in Nuancen durchaus
unterschiedliche Schemata anbieten. Bei näherem Hinsehen sind
die Unterschiede freilich nicht sehr groß.

1. Sachentscheidungsvoraussetzungen und Zulässigkeit

Erste Voraussetzung des Erfolgs einer Klage ist, daß das Gericht **3**
überhaupt entscheiden **darf.** Auch bei einer unzulässigen Klage
kann es zu einem Prozeß kommen, weshalb wir nicht von *Pro-*
*zeß*voraussetzungen, sondern von *Sachentscheidungs*voraussetzungen sprechen. Der Begriff „Zulässigkeit" bezieht sich dagegen
nicht auf die Entscheidung des Gerichts, sondern auf den Rechtsbehelf. Es gibt also keine „unzulässigen Entscheidungen" und im
Grunde auch keinen „unzulässigen Rechtsweg". Gleichwohl umfaßt der Gliederungspunkt „Zulässigkeit der Klage" die wichtigsten Sachentscheidungsvoraussetzungen. Der Unterschied sollte
aber deutlich sein. Wie die Zuständigkeit der Widerspruchsbehör-

de nicht Zulässigkeitsvoraussetzung des Widerspruchs, aber sehr wohl Sachentscheidungsvoraussetzung für den Widerspruchsbescheid ist, so sind nunmehr nach § 17a GVG n. F. die Eröffnung des Verwaltungsrechtswegs und die Zuständigkeit des Gerichts nach wie vor zwar Voraussetzung für eine Entscheidung des Gerichts in der Sache, aber nicht mehr Zulässigkeitsvoraussetzung der Klage.

Die Sachentscheidungsvoraussetzungen muß das Gericht **von Amts wegen** prüfen (BVerwG, NJW 1983, 1923). Es gibt insofern also kein Ermessen oder eine volle Sachherrschaft über das „Ob" einer materiellen Prüfung. Ist die Klage im Zeitpunkt der mündlichen Verhandlung zulässig, dann **muß** das Gericht entscheiden; ist sie unzulässig, dann **darf** das Gericht sich nicht auf eine Sachentscheidung einlassen.

2. Die innere Struktur der Sachurteilsvoraussetzungen

4   Die meisten Elemente der Zulässigkeitsprüfung folgen einer logischen Struktur, die zwar nicht abschließend ist, für die meisten Fälle aber eine brauchbare Gliederung darstellt.

Kristallisationspunkte sind:

– Gerichtsbarkeit – Rechtsweg – Gericht,
– die Beteiligten (Rechtsfähigkeit, Prozeßfähigkeit),
– die Klageart („Statthaftigkeit") je nach Streitgegenstand,
– die Befugnis, gerade in Bezug auf den Streitgegenstand eine mögliche Rechtsverletzung, bzw. einen rechtlichen Nachteil geltend zu machen (Klagebefugnis/Antragsbefugnis),
– Form und Frist der Klage,
– das Widerspruchsverfahren bei Anfechtungs- und Verpflichtungsklagen,
– das allgemeine Rechtsschutzbedürfnis.

Die logische Stringenz des Prüfungsaufbaus liegt darin, daß über die jeweils nachfolgenden Voraussetzungen i. d. R. erst befunden werden kann, wenn die vorherige Voraussetzung geklärt ist. So läßt sich über das zuständige Gericht und die Klageart erst befinden, wenn feststeht, daß der Verwaltungsrechtsweg eröffnet ist. Klagebefugnis, Widerspruchsverfahren und Frist hängen von der Klageart ab. Auch über die Klagebefugnis läßt sich im Grunde nicht entscheiden, bevor feststeht, ob der Kl. überhaupt fähig ist, Träger eines im Verwaltungsprozeß streitigen Rechts zu sein (Beteiligtenfähigkeit). Hier gibt es also logisch zwingende Stufen der Prüfung. Andere Voraussetzungen wie das allgemeine Rechtsschutzbedürfnis, die ordnungsgemäße Klageerhebung usw. sind in ihrem „Standort" aber nicht zwingend. Sie können auch an anderer Stelle stehen und werden von den einzelnen Lehrbuchautoren auch durchaus unterschiedlich eingeordnet.

3. „Allgemeine" und „besondere" Sachentscheidungsvoraussetzungen – zur Bedeutung der Klageart

Als „allgemein" werden die Sachentscheidungsvoraussetzungen bezeichnet, die **für alle Klagearten** gelten, während „besondere" Voraussetzungen folgerichtig nur für **einzelne Klagearten** anwendbar sein sollen. Gleichwohl kann nicht empfohlen werden, die Zulässigkeitsvoraussetzung grundsätzlich in diesem Sinne zu trennen (s. auch *Schenke*, VwProzR, Rd.-Nr. 64). Zum einen führt dies dazu, daß die „besonderen" Voraussetzungen unschön zwischen zwei Gruppen allgemeiner Voraussetzungen stehen. Zum anderen haben sich allgemeine und besondere Voraussetzungen (sieht man einmal vom besonderen Fall der Feststellungsklage und der Notwendigkeit des Vorverfahrens ab) weitgehend angeglichen, während z.B. die Zuständigkeit des Gerichts (bisher stets unter den allgemeinen Voraussetzungen geführt) heute durchaus von der Klageart und dem Streitgegenstand abhängt.

Es empfiehlt sich also, ohne einen Hinweis auf die klageartbezogenen Zulässigkeitsvoraussetzungen „durchzuprüfen", und die hier angebotenen Übersichten beziehen die besonderen Voraussetzungen schlicht ein. Aufbaumäßig verfehlt ist es in jedem Fall, schon an der Spitze oder vor dem Gliederungspunkt „Statthaftigkeit" die jeweilige Klageart einzuführen und z.B. sogleich mit der „Zulässigkeit der Anfechtungsklage" zu beginnen. Ein solches Vorgehen kommt allenfalls in Betracht, wenn laut Sachverhalt der Kläger gerade diese Klageform gewählt hat.

In allen übrigen Fällen kann der Bearbeiter die Klageart noch nicht kennen, bevor er zum Gliederungspunkt „statthafte Klageart" vorgedrungen ist.

Literatur zu § 10 I: *Kopp,* VwGO, vor § 40, Rd.-Nr. 17; *Pietzner/Ronellenfitsch,* Assessorexamen, § 4; *Schenke,* VwProzR, nach Rd.-Nr. 1022; *Schmitt Glaeser,* VwProzR, Rd.-Nr. 31; *Schwerdtfeger,* ÖR i.d. Fallbearbeitung, S. 304 ff.; *Maurer,* AVwR, § 10, Rd.-Nr. 29; *Ule,* VwProzR, 146.

II. Bedeutung und Begriff des Streitgegenstands

1. Die Identität des Rechtsstreits

6   Der Streit der Gelehrten über den *Streitgegenstand im Verwaltungsprozeß* mag auf den ersten Blick als unnötige und überdies hochabstrakte Komplikation erscheinen. Die Frage, was exakt Gegenstand des Prozesses ist, hat aber auch für die Fallösung größte Bedeutung, denn nach ihm entscheidet sich die Identität des Rechtsstreits.

So bestimmt der Streitgegenstand unter anderem:

– Über die Zugehörigkeit einer Streitigkeit zum Öffentlichen Recht und damit über den Verwaltungsrechtsweg (§ 40),
– über die sachliche und örtliche Zuständigkeit des Gerichts (§§ 45 ff.),
– über die Klageart (§§ 42, 43),
– über Klagehäufung (§ 44) und Klageänderung (§ 91),
– über die Notwendigkeit der Beiladung (§ 65),
– über den Umfang der Rechtshängigkeit,
– über die Reichweite der Rechtskraft und damit die Bindungswirkung der Entscheidung des Gerichts (§ 121).

Es empfiehlt sich also dringend, auch im Gutachten den Gegenstand der Klage genau zu erfassen und im Einleitungssatz der Klausur zu bezeichnen.

2. Der Begriff des Streitgegenstands

7   Im Zivilprozeßrecht zählt die Bestimmung des Streitgegenstands bekanntlich zu den meistdiskutierten und schwierigsten Themen (vgl. etwa *Rosenberg/Schwab,* § 95; *Grunsky,* Grundlagen des Verfahrensrechts, 2. Aufl., 1974, § 5). Auch im Verwaltungs-

prozeß sind grundsätzlich drei unterschiedliche Bezugspunkte denkbar:

- Die umstrittene Handlung selbst, also z. B. der angegriffene oder angestrebte VA,
- der prozessuale Anspruch des Klägers, also der Aufhebungsanspruch, Verpflichtungsanspruch usw.,
- die rechtliche Behauptung des Klägers, der VA oder seine Ablehnung sei rechtswidrig und verletze ihn in seinen Rechten.

Für die meisten Zulässigkeitsfragen ist der Streit akademischer Natur und führt zu keinen Unterschieden, da es letztlich auf den umstrittenen VA, die tatsächliche Handlung oder das Rechtsverhältnis ankommt. Schlüssel für eine richtige Erfassung des Begriffs ist aber § 121 VwGO, denn hier wird deutlich, daß der Streitgegenstand über die **Bindungswirkung** entscheidet, d. h. er bestimmt, worüber exakt das Gericht mit bindender Wirkung für Behörden und andere Gerichte entschieden hat.

Dann zeigt sich, daß die unmittelbar auf die umstrittene *Handlung* oder das *Rechtsverhältnis* selbst bezogene Auffassung des Streitgegenstandes zu eng ist, denn über die Existenz oder Nichtexistenz eines VA wird als solches weder gestritten noch entschieden. Diese bestimmt sich vielmehr bereits nach §§ 41/43 VwVfG.

Auch die auf den bloßen *Anspruch* abstellende Lehre (vertreten z. B. von *Bettermann*, DVBl. 1953, 163; *Grunsky*, Grundlagen, § 5; *Kopp*, VwGO, § 90, Rd.-Nr. 7 f.; *Frank/Langrehr*, VwProzR, 50) faßt das „Entschiedene" zu eng, denn der Aufhebungsanspruch sagt nichts über Rechtswidrigkeit und Rechtsverletzung, setzt beide vielmehr voraus. Theoretisch könnte also über Rechtswidrigkeit und Rechtsverletzung nach der Entscheidung des Gerichts erneut gestritten werden, weil beide an der Rechtskraft des Urteils nicht teilnehmen.

Deshalb ist der (wohl überwiegend vertretenen) Lehre der Vorzug zu geben, wonach der Streitgegenstand sich nach der *Rechtsbehauptung des Klägers* bestimme, *der VA (oder dessen Unterlassung) sei rechtswidrig und verletze ihn in seinen Rechten* (vgl. *Eyermann/Fröhler*, VwGO, § 121, Rd.-Nr. 10 ff.; *Menger*, System des verwaltungsgerichtlichen Rechtsschutzes (1954), 158; *Ule*, VwProzR, 217;

8

9

Schmitt Glaeser, VwProzR, Rd.-Nr. 113). Diese Auffassung wird durchweg auch von der Rechtsprechung geteilt (vgl. BVerwGE 29, 210; 40, 101, 104).

10   Der Streitgegenstand des Verwaltungsprozesses bestimmt sich also nach zwei Elementen:

- **Erstes** und für die Klausur besonders wichtiges Element des Streitgegenstands ist die jeweilige Handlung bzw. das Rechtsverhältnis, um das es im Rechtsstreit geht.
- *Zweites* Element ist die aufgrund eines konkreten Sachverhalts aufgestellte Behauptung des Kl., die Maßnahme der Behörde oder deren Unterlassung sei (objektiv) rechtswidrig und verletze den Kl. (subjektiv) in seinem Recht.

Rechtswidrigkeit und Rechtsverletzung sind bei dieser Definition also miterfaßt. Ergeht allerdings ein neuer VA, dann mag er aus den gleichen Gründen rechtswidrig und aufzuheben sein – die Rechtskraft des vorangegangenen Urteils erstreckt sich aber nicht auf diese erneute Entscheidung (so zu Recht *Schmitt Glaeser,* Rd.-Nr. 115; *Stern,* Rd.-Nr. 284). Aufhebungs- oder Verpflichtungsanspruch sind nur *Ergebnis,* nicht *Gegenstand* der Klage. Zum Streitgegenstand gehören dagegen nicht die Begründung der Klage oder die Entscheidungsgründe des Gerichts; sie helfen aber bei seiner Bestimmung.

Literatur zu § 10 II: *Bettermann,* Wesen und Streitgegenstand der verwaltungsgerichtlichen Anfechtungsklage, DVBl. 1953, 163, 202; *Lüke,* Der Streitgegenstand im Verwaltungsprozeß, JuS 1967, 1; *Barbey,* Bemerkungen zum Streitgegenstand im Verwaltungsprozeß, FS Menger (1985), 177; *Ule,* VwProzR, § 35; *Schenke,* VwProzR, Rd.-Nr. 603 ff.; *Schmitt Glaeser,* VwProzR, Rd.-Nr. 113; *Grunsky,* Grundlagen des Verfahrensrechts, 2. Aufl., 1974, § 5; *Eyermann/Fröhler,* VwGO, § 121, Rd.-Nr. 10 ff.

§ 11 Verwaltungsrechtsweg und zuständiges Gericht

I. Bestehen der Deutschen Gerichtsbarkeit

1   Die „Unterwerfung" unter die Deutsche Gerichtsbarkeit fehlt in keinem Gliederungsschema, ist aber **nur** zu erwähnen, wenn der Fall Anhaltspunkte für einen Ausschluß der Deutschen Gerichtsbarkeit bietet. Das ist – anders als im Zivilprozeß mit seinen zahlreichen internationalen Verflechtungen – im Verwaltungsprozeßrecht äußerst selten der Fall.

Eine erste Fallgruppe bilden Streitigkeiten, an denen die diplo- 2
matischen Missionen und konsularischen Vertretungen (§ 173
VwGO i. V. m. §§ 18/19 GVG) beteiligt sind, die aufgrund völkerrechtlicher Exterritorialität von der Deutschen Gerichtsbarkeit
befreit sind. Für die Verwaltungsgerichtsbarkeit spielt dies ohnehin keine Rolle, da sie sich nur auf deutsche Behörden erstreckt.
Nach der Wiedervereinigung praktisch bedeutungslos geworden
sind auch die Vorbehalte aufgrund des besonderen Status der alliierten Truppen in Deutschland.

Zu den grundsätzlichen Beschränkungen der deutschen Gerichtsbarkeit sind auch der Ausschluß des Rechtsschutzes gegen
Abhörmaßnahmen aufgrund des Gesetzes zu Art. 10 GG (dazu
BVerfGE 30, 28), gegen **Ergebnisse** – nicht aber einzelne Maßnahmen (BayVerfGH, NVwZ 1995, 681) – von parlamentarischen
Untersuchungsausschüssen (Art. 44 IV 1 GG) und gegen Äußerungen von Bundestagsabgeordneten im Rahmen von deren Indemnität (Art. 46 I GG) zu rechnen.

Zunehmende Bedeutung erlangt die Beschränkung deutscher 3
Gerichtsbarkeit aufgrund **europarechtlicher** Bindungen. Behörden der EG und andere zwischenstaatliche Einrichtungen unterliegen der Gerichtsbarkeit des EuGH; eine Einschränkung der deutschen Gerichtsbarkeit, die letztlich auf Art. 24 GG beruht (vgl.
dazu VGH Mannheim, DVBl. 1980, 127 – Eurocontrol; BVerfGE
58, 1 ff.; BVerwG, NJW 1993, 1409 – Europaschule). Nicht ausgeschlossen ist dagegen der Rechtsschutz gegen Maßnahmen deutscher Behörden, die Europarecht oder Beschlüsse von Organen
der EG ausführen (BVerfGE 37, 271).

II. Die Eröffnung des Verwaltungsrechtswegs (§ 40 VwGO)

1. Die Bedeutung der Generalklausel (§ 40 VwGO)

4   Die Generalklausel des § 40 VwGO zur Eröffnung der Verwaltungsgerichtsbarkeit gehört zu den **Schlüsselnormen** des Verwaltungsprozeßrechts:

– Sie stellt zunächst klar, daß der Verwaltungsrechtsweg in **allen** öffentlich-rechtlichen Streitigkeiten nichtverfassungsrechtlicher Art gegeben ist, soweit nicht eine andere Gerichtsbarkeit gesetzlich bestimmt ist. Der verfassungsrechtliche Hintergrund besteht in Art. 19 IV GG, im Prinzip des gesetzlichen Richters und im Rechtsstaatsprinzip. § 40 verwirklicht das Prinzip des lükkenlosen Individualrechtsschutzes gegen die hoheitliche Gewalt (vgl. BVerfGE 4, 331, 343). Die in ihm verankerte **Absage an das Enumerationsprinzip** bedeutet, daß der Rechtsschutz nicht von der Form staatlichen Handelns (insbesondere nicht vom Vorliegen eines VA) abhängt und daß **jede** hoheitliche Tätigkeit erfaßt ist (BVerwGE 60, 144, 145). Die Verankerung des lükkenlosen Rechtsschutzes im Rechtsstaatsprinzip führt auch dazu, daß selbst eine Verfassungsänderung im Bereich von Art. 19 IV GG, soweit bestimmte Hoheitsakte ganz vom Rechtsschutz ausgenommen würden, an Art. 79 III i. V. m. Art. 20 GG scheitern würde.

5   – § 40 VwGO grenzt als Sondervorschrift zu § 13 GVG die grundsätzlich für alle Rechtsstreitigkeiten eröffnete ordentliche Gerichtsbarkeit von der Verwaltungsgerichtsbarkeit ab. § 40 ist also nicht „Gegenstück" zu § 13 GVG; vielmehr eine **Sondervorschrift,** die die in Art. 95 I GG vorausgesetzte Eigenständigkeit der Verwaltungsgerichtsbarkeit verwirklicht.

6   – § 40 enthält durch den Ausschluß verfassungsrechtlicher Streitigkeiten auch eine **Abgrenzung zur Verfassungsgerichtsbarkeit;** dies freilich nicht im Hinblick auf den Rechtsschutz des Bürgers gegen den Staat, sondern für Streitigkeiten zwischen den Staatsorganen untereinander, also zur traditionellen Funktion der Verfassungsgerichte als „Staatsgerichtshöfe".

Hinweis zur Terminologie: „Zulässigkeit" bezieht sich auf Rechtsbehelfe, nicht auf staatliche Entscheidungen oder Rechtswege. Ein Rechtsweg ist also „eröffnet", nicht „zulässig". Die Bezeichnung „Zulässigkeit des Rechtswegs" ist also – obwohl in § 17a GVG und vielen Lehrbüchern enthalten – schon sprachlich verunglückt.

Der verfassungsrechtliche Hintergrund der Generalklausel des   7
§ 40 VwGO bestimmt auch die Frage, ob bei bestimmten staatlichen Maßnahmen der Rechtsweg grundsätzlich ausgeschlossen sein kann. Nach dem (verdienten) Ende des „Besonderen Gewaltverhältnisses" werden hier noch zwei Fallgruppen genannt:
– Die sogenannten „justizfreien Hoheitsakte",
– Gnadenentscheidungen.

„**Justizfreie Hoheitsakte**" hatten in der konstitutionellen Mon-   8
archie des 19. Jahrhunderts die wichtige Funktion, die dem Staat zustehenden Bereiche originärer, vom Gesetzesvorbehalt nicht erfaßter und damit auch rechtlich nicht gebundener Staatsgewalt zu bezeichnen. Gemeint waren hier vor allem die „staatsleitenden Akte" der Regierungsgewalt sowie Akte der Selbstorganisation durch die sogenannte „Organisationsgewalt". Gedanklicher Hintergrund war die dem Staat zugebilligte Möglichkeit, selbst darüber zu entscheiden, wann Außenrechtsbeziehungen zum Bürger und damit die rechtliche Kontrolle hoheitlicher Entscheidungen eröffnet sein sollten (lesenswert *Laband,* Staatsrecht III, 3. Aufl., 1913, 383).

In der demokratischen und rechtsstaatlichen Ordnung der Gegenwart ist für solche vorkonstitutionellen Relikte ebensowenig Platz wie für das „Besondere Gewaltverhältnis". Sieht man sich die immer wieder erwähnten Beispiele von „Akten der politischen Führung", von der Wahl des Bundeskanzlers bis hin zur Ausfertigung der Gesetze durch den Bundespräsidenten an, so wird zudem deutlich, daß die Konstruktion des „justizfreien Hoheitsaktes" entbehrlich geworden ist, weil sich solche Entscheidungen entweder auf verfassungsrechtliche Streitigkeiten beziehen oder ohnehin keine Außenwirkung gegenüber dem Bürger entfalten (wie hier: *Schenke,* VwProzR, Rd.-Nr. 92). Anders verhält es sich bei Ergebnissen von parlamentarischen Untersuchungsausschüssen, die nach Art. 44 IV 1 GG von gerichtlicher Kontrolle freigestellt sind. Deren weitgehende Befreiung von gerichtlicher Kontrolle ist im Hinblick auf das Untersuchungsrecht des Parlaments zwar hinzunehmen, kann aber z. B. bei der Verletzung von Persönlichkeitsrechten durch in der Öffentlichkeit ausgetragene „Skandal-Enquêten" auch problematisch sein (dazu *von Münch* [Hg.], Grundgesetz-Kommentar, 2. Aufl., 1983, Art. 44 GG, Rd.-Nr. 24 f.). Deshalb ist der Rechtsschutz gegen *einzelne Maßnahmen,* wie z. B. bestimmte Untersuchungen, Aktenversendungen usw. vor der Verwaltungsgerichtsbarkeit gegeben (BayVerfGH, NVwZ 1995, 681).

9   Unmittelbar betroffen ist der Bürger dagegen bei der zweiten Fallgruppe, den sogenannten **„Gnadenakten".** Hier ist der Ausschluß des Rechtsschutzes, an dem auch gegenwärtig festgehalten wird, umso schwieriger zu begründen. Dieser Problemkreis kann für die Verwaltungsgerichtsbarkeit allerdings nicht relevant werden, soweit es sich um den **gnadenweisen Erlaß von Strafen** handelt. Diese wichtigsten Formen der Begnadigung durch den Bundespräsidenten (Art. 60 II GG) oder die Ministerpräsidenten der Länder fallen als Justizverwaltungsakte schon nach § 23 EGGVG aus dem Bereich der Verwaltungsgerichtsbarkeit heraus (*Schenke,* JA 1981, 588, 593; *Würtenberger,* PdW, 51 f.). Für die Verwaltungsgerichtsbarkeit kommen also nur Gnadenentscheidungen im Bereich des Beamtenrechts oder vergleichbarer öffentlicher Berufsgerichtsbarkeiten in Betracht.

Unabängig hiervon können die immer noch gegen eine gerichtliche Kontrolle von Gnadenentscheidungen vorgebrachten Gründe nicht überzeugen. Der in der Regel nicht näher belegte Rückgriff auf die Rechtsphilosophie („Gnade vor Recht") verkennt den klaren historischen Hintergrund dieses Grundsatzes im (kirchlichen) Gnadenrecht des Mittelalters und im monarchischen Gnadenrecht des Absolutismus. Solche Grundsätze können heute nicht überspielen, daß es im Verfassungsstaat grundsätzlich keine verfassungsrechtlich ungebundene Staatsgewalt „über dem Recht" gibt. Gleiches gilt für historische Anleihen beim Gnadenrecht oder dem Hulderweis des Monarchen. In Begründung und Ergebnis noch bedenklicher ist es, wenn das Gnadenrecht mit einer „Durchbrechung der Gewaltenteilung" begründet wird, die durch eine justitielle Kontrolle nicht rückgängig gemacht werden dürfe (in diesem Sinne BVerfGE 25, 352, 361). Selbst der Verfassungsgeber dürfte nach Art.

79 III i. V. m. 20 GG die Gewaltenteilung nicht „durchbrechen". Die Ausübung des Gnadenrechts ist auch nicht „Durchbrechung", sondern verfassungsrechtlich ermöglichte und gesetzlich an exakte Voraussetzungen gebundene Entscheidung, die durch die Gerichtsbarkeit auf ein ordnungsgemäßes Verfahren, auf die Einhaltung etwaiger gesetzlicher Voraussetzungen und vor allem des Gleichheitssatzes (Diskriminierungsverbote!) überprüft werden kann (so heute die überwiegende Meinung in der Literatur, vgl. *Schmitt Glaeser,* VwProzR, Rd.-Nr. 41; *Schenke,* VwProzR, Rd.-Nr. 90; für gesetzlich gebundene Entscheidungen im Ergebnis auch *Stern,* Verwaltungsprozessuale Probleme, Rd.-Nr. 103 sowie die dissentierenden Richter in BVerfGE 25, 352, 363 ff.). Erst recht unterliegt der Widerruf einer Gnadenentscheidung der gerichtlichen Kontrolle (BVerfGE 30, 108, 110).

2. Die gesetzliche Bestimmung des Verwaltungsrechtswegs („aufdrängende Verweisung")

Die Zuordnung einer Streitigkeit zum Öffentlichen Recht entscheidet nicht nur über den Rechtsweg, sondern auch über so wichtige Fragen wie die unmittelbare Geltung der Grundrechte, das anzuwendende Verfahren und das materielle Recht. Es läge daher nahe, die Frage nicht nur länger der Theoriebildung zu überlassen, sondern in dem Sinne „durchzunormieren", daß jedes Gesetz zugleich bestimmt, welche Rechtsverhältnisse dem Öffentlichen Recht zuzurechnen und vor welcher Gerichtsbarkeit Rechtsstreitigkeiten auszutragen sind. Das ist aber bekanntlich erst in wenigen Ansätzen der Fall.

Bis jetzt gibt es nur einige gesetzliche Bestimmungen, die als „aufdrängende Verweisungen" den Verwaltungsrechtsweg bezeichnen und damit den Theorienstreit entbehrlich machen. Sie verdienen in jedem Fall den Vorzug vor ungeklärter oder nur richterrechtlich bestimmter Zuordnung. Auch in der Klausur sind sie **vor** der Frage zu behandeln, ob es sich um eine öffentlichrechtliche Streitigkeit handelt, denn der Gesetzgeber kann (in den Grenzen von Art. 14 III und Art. 34 GG) selbst bestimmen, welcher Rechtsweg eröffnet ist.

Wichtig: Landesrecht kann nach § 40 VwGO i. V. m. Art. 31 GG nur „abdrängende Verweisungen" an andere Gerichtsbarkeiten enthalten – und dies auch nur bei landesrechtlichen Streitigkeiten. Ansonsten haben Landesnormen – auch Verfassungsbestimmungen (z. B. Art. 83 V BayVerf. hinsichtlich

Verwaltungsstreitigkeiten zwischen Gemeinden und Staat) – **nur deklaratorische Bedeutung**. Unabhängig davon kann der Landesgesetzgeber aber im Rahmen seiner Gesetzgebungskompetenz bestimmen, daß ein Rechtsverhältnis öffentlichrechtlich im Sinne von § 40 VwGO ist.

11 Von der Möglichkeit einer positiven („aufdrängenden") Verweisung hat der Bundesgesetzgeber bis jetzt nur sehr sparsam Gebrauch gemacht.

Die wichtigsten Fälle sind:

– § 126 BRRG (Klagen aus dem Beamtenverhältnis)
– § 48 VI VwVfG i. V. m. § 40 II 2 VwGO (Erstattung von Leistungen und Entschädigung nach Rücknahme eines rechtswidrigen VA)
– § 40 II VwGO (Umkehrschluß) Streitigkeiten aus ÖR-Vertrag.

12 Die gesetzgeberische Bilanz ist also eher dünn. Hinzu kommt, daß alle drei Fallgruppen gravierende Abgrenzungsprobleme aufwerfen:

So gilt der Vorbehalt zugunsten des Beamtenrechts für Streitigkeiten, die in unmittelbarem Zusammenhang mit dem Dienstverhältnis stehen – z. B. bei einem Rechtsstreit über die Dienstwohnung eines Beamten (AG Grevenbroich, NJW 1990, 1305) und für die Rückforderung von an Erben des Beamten gezahlten Bezügen und Beihilfen (OVG Koblenz, NVwZ 1988, 1038; BVerwG, NVwZ 1991, 168). In anderen Fällen aber erfolgt die Zuweisung zum Verwaltungsrechtsweg nicht kraft § 126 BRRG, sondern nach allgemeinen Kriterien, so z. B. bei Streitigkeiten über die Erteilung eines Lehrauftrags (BVerwGE 49, 140; 50, 258), bei der Ungültigerklärung der Wahl eines kommunalen Wahlbeamten (BVerwG, NVwZ-RR 1990, 94), bei Klagen aus einem Ausbildungsverhältnis einschließlich der Vergütungsansprüche für Rechtsreferendare (BAG, NJW 1990, 663).
§ 48 VI VwVfG ist (obwohl dies auf den ersten Blick unzweckmäßig erscheint) auf Ansprüche aufgrund der *Rücknahme,* nicht aber auf Fälle des *Widerrufs* anwendbar (*Kopp,* VwVfG, § 48, Rd.-Nr. 107 f.; *Schmitt Glaeser,* Rd.-Nr. 64). Das hängt mit der möglicherweise enteignenden Wirkung des Widerrufs einer rechtmäßigen Begünstigung und damit mit Art. 14 III GG zusammen. Aber auch bei Ansprüchen nach § 48 VI im Falle der Rücknahme stellen sich in der Praxis sehr häufig Abgrenzungsprobleme zur – gleichfalls wegen Art. 14 III GG explizit ausgeklammerten – Entschädigung wegen enteignungsgleichen Eingriffs. In anderen vergleichbaren Fällen einer Entschädigung „unterhalb der Enteignungsschwelle" hat es der Gesetzgeber versäumt, eine entsprechende Zuordnung zum Verwaltungsrechtsweg zu treffen. Sie stellen daher nach wie vor erhebliche Abgrenzungsprobleme (dazu unten Rd.-Nr. 77 ff.).
Am schwierigsten ist die Abgrenzung bei Ansprüchen aus *öffentlichrechtlichem Vertrag* (§ 40 II VwGO). Das gilt nicht nur für die Frage, ob auch bereits

Schadensersatzansprüche wegen culpa in contrahendo (also aus der „Anbahnungsphase" herrührende Ansprüche) unter die Ausnahme des § 40 II fallen, sondern auch schon für die Frage, ob es sich überhaupt um einen privatrechtlichen oder einen öffentlichrechtlichen Vertrag handelt. Da § 54 VwVfG hier auf den Inhalt des Vertrags verweist, läßt sich das Problem wiederum nur über die Theorien bzw. über die richterrechtliche Falltypik lösen (dazu *Stern,* Verwaltungsprozessuale Probleme, Rd.-Nr. 33; BVerwGE 42, 331, 332; BGHZ 56, 365, 367 – Folgekostenverträge).

Einige Gesetze beschränken sich auf die Zuordnung einer bestimmten Materie zum Öffentlichen Recht. Streitigkeiten gehören dann nach der Generalklausel des § 40 VwGO vor die Verwaltungsgerichte. Das gilt z. B. für die Abgrenzung von öffentlichrechtlicher und privatrechtlicher Sondernutzung (vgl. § 8 BFernStrG und die entsprechenden Vorschriften der Länder), für die Verkehrssicherungspflicht und andere straßenrechtliche Aufgaben (vgl. Art. 72 BayStrWG) und für die Ausübung und Abwicklung des gemeindlichen Vorkaufsrechts im Bauplanungsrecht (§§ 24–28 BauGB). In anderen Fällen stellt die Klärung der Regelungsform oder der Kosten (Gebühren oder Entschädigungen statt Preis) eine gesetzgeberische Klarstellung der Zuordnung zum Öffentlichen Recht dar. **13**

3. Öffentlichrechtliche Streitigkeit

Mit dem Begriff der *öffentlichrechtlichen Streitigkeit* zieht § 40 VwGO ein Grundlagenproblem der Rechtswissenschaft und zugleich den Gegenstand eines gesamten Rechtsgebiets in den ersten Schritt der Prüfung der Sachentscheidungsvoraussetzungen hinein, ohne die Trennungslinie selbst jedoch exakt ziehen zu können. Im Verwaltungsprozeß ist diese Unterscheidung immer zu treffen, obwohl die nicht dem öffentlichen Recht zugehörige Klage nicht unzulässig ist (§ 17 a GVG). Das Gericht muß aber von Amts wegen das Vorliegen dieser Voraussetzung prüfen, wobei es nur auf die „wahre Natur" des im Klagevorbringen behaupteten prozessualen Anspruchs, nicht aber auf die Rechtsansicht der Beteiligten ankommt (BVerwGE 41, 129; 42, 110; BVerwG, NVwZ 1983, 220 und 467). **14**

15   Die zum Begriff des Öffentlichen Rechts und zur Abgrenzung zum Privatrecht entwickelten **Abgrenzungstheorien** haben die gemeinsame Schwäche, daß sie das zu Definierende, also die öffentlichrechtliche Streitigkeit, im Grunde nur mit Hilfe ebendieses Begriffs oder eines Synonyms bestimmen können. So stellen sie auf das „spezifisch Hoheitliche", das „Besondere", dem Staat als „Zuordnungsobjekt" Zuzurechnende usw. ab und sind damit samt und sonders „zirkelschlußverdächtig". Das ist kein Zufall, denn seit dem Entstehen der Unterscheidung zwischen Öffentlichem Recht und Privatrecht zu Beginn der Neuzeit kam es darauf an, den Bereich, in dem der Landesherr wie jedes andere Rechtssubjekt für sich handelte und wirtschaftete, von dem Bereich zu trennen, in dem er kraft der spezifischen hoheitlichen Gewalt des absolutistischen Herrscher die „Staatskräfte als solche" (ius eminens) einsetzen konnte. Seit dem Absolutismus bot sich hier zur Definition des „spezifisch Öffentlichen" das Merkmal der *Unterwerfung,* also die Unterordnung des Einzelnen unter die Herrschaftsgewalt an. Auch hierbei ging es aber gerade um die Bestimmung, *wo* die Herrschaftsgewalt galt, wann also der Einzelne dem ihm „als Staat" gegenüberstehenden Herrscher unterworfen war. Gleichwohl waren die Elemente der Unterwerfung und des „Sonderrechts" des Herrschers fortan maßgeblich für die Trennung von Öffentlichem Recht und Privatrecht. Folgerichtig formulierte Art. 2 der *Württembergischen Verfassung von 1818* als „öffentlichrechtlich" alles das, *was der König nicht nur für seine Person erwirbt, sondern durch die Anwendung der Staatskräfte.* Otto *Mayer* (Deutsches Verwaltungsrecht, 15) nahm diesen Gedanken auf und bestimmte als Öffentliches Recht dasjenige, an dem der Träger öffentlicher Gewalt *als solcher beteiligt* ist, und meinte damit das „dem Verhältnisse zwischen dem verwaltenden Staate und seinen ihm dabei begegnenden Untertanen eigentümliche" Recht. Ähnlich bestimmte *Laband* (Staatsrecht III, 3. Aufl., 1913, 381) das Öffentliche Recht als dasjenige, was nicht zur Rechtssphäre der Individuen gehöre, sondern Ausfluß staatlicher Hoheitsrechte sei. Schon seit dem Absolutismus boten ferner – Vorbildern in der Antike folgend – das „gemeine Wohl" oder das „spezifische Staatsinteresse" Anhaltspunkte des „Öffentlichen".

Mit den Elementen der **Unterwerfung (Subordination)**, des **16**
von der bürgerlichen Rechtssphäre zu trennenden **Sonderrechts**
des Herrschers und des spezifischen **Staatsinteresses** sind damit im
Grunde genommen bereits alle Merkmale bezeichnet, die sich
auch in den modernen „Abgrenzungstheorien" wiederfinden, ohne freilich den Begriff des „Öffentlichen" klar fassen zu können.
Historisch und auch dogmatisch sind diese Theorien daher wenig
ergiebig geblieben. In ihrer Formelhaftigkeit tragen sie auch wenig zur Lösung gerade schwieriger Grenzfälle bei. Sie bergen für
Studenten überdies die Gefahr, daß in der Klausur durch längliche
Wiedergabe viel Zeit verloren geht, ohne daß inhaltlich etwas
gewonnen wird.

Die Kenntnis der Theorien ist gleichwohl unabdingbar und die
wichtigsten „Kennworte" muß man verstehen. Sie seien deshalb
in gebotener Kürze wiedergegeben:

a) Die **Interessentheorie** geht auf den Satz des römischen Juri- **17**
sten Ulpian (170–228 n. Chr.) zurück: „publicum ius est quod ad
statum rei Romanae spectat, privatum quod ad singulorum utilita-
tem". Er stellt auf den Gegensatz von öffentlichem (staatlichem)
Interesse und Privatinteresse ab. Dieser Theorie wurde zu Recht
als Schwäche vorgeworfen, daß Individualinteresse und öffentliches Interesse sich nicht in der vorausgesetzten Weise auseinander-
halten lassen, daß also „private" Rechtsgeschäfte das öffentliche
Interesse oft mehr tangieren als öffentliche – und umgekehrt.

Selbst diese älteste der angebotenen Theorien beweist in der Praxis aber
unvermutete Lebenskraft. Zum einen arbeitet die Rechtsordnung auch heute
noch vielfach mit Begriffen wie „privates" und „öffentliches Interesse", „Pri-
vatnützigkeit" und „Gemeinnutz". Sie kennzeichnet damit nicht nur Abwä-
gungskriterien, sondern markiert auch den Einflußbereich der Grundrechte
und Entschädigungsregeln an solche Unterscheidungen. Vor allem im Verwaltungsprivatrecht stellt der Gegensatz zwischen Erfüllung öffentlicher Aufgaben in Privatrechtsform einerseits und lediglich fiskalischer bzw. erwerbswirt-
schaftlicher Tätigkeiten andererseits eine für viele Rechtsfragen bedeutsame
Unterscheidung dar.

Zum anderen muß man nur den Begriff des „Interesses" mit „Aufgabe"
tauschen, dann tritt eine praktisch sehr bedeutsame und immer mehr verwand-
te *„Aufgabentheorie"* zutage, wie sie sich vor allem bei Rechtsstreitigkeiten um
Abwehransprüche gegen Lärm und andere von öffentlichen Einrichtungen

ausgehenden Immissionen, bei der Definition der „öffentlichen Einrichtung"
und bei Klagen gegen Warnmitteilungen, Informationen usw. zeigt (zahlreiche
Beispiele für eine solche „modifizierte Interessentheorie" in der Rechtsprechung bei *Bachof*, FG 25 Jahre BVerwG (1978), 1). Auch der Begriff der öffentlichen Aufgabe ist natürlich umstritten (kritisch zu seiner Verwendung etwa
Kopp, VwGO, § 40, Rd.-Nr. 13). Er ist aber auch heute in vielfältiger Form
gesetzlich definiert – so vor allem in den Zielbestimmungen der Umweltge-
setze und in den Gemeindeordnungen.

Öffentliches Interesse und öffentliche Aufgabe bieten also unverändert aktuelle Bestimmungskriterien für das Öffentliche
Recht insgesamt.

18   b) Die **Subordinationstheorie,** gelegentlich auch **Subjektions-
(Unterwerfungs-)Lehre** genannt, stellt auf die Über- und Unterordnung zwischen Hoheitsträger und Bürger ab, dem das Zivilrecht als durch prinzipielle Gleichordnung geprägt gegenübergestellt wird. Historischer Kern dieser Lehre ist das Souveräni-
tätsdogma des absolutistischen Staates, das auf der Unterwerfung
des Einzelnen unter die Herrschaft des Souveräns abhob. Zu denken ist aber auch an die friedensstiftende Rolle des staatlichen
Gewaltmonopols: Der Einzelne ordnet sich dem Souverän (dem
„defensor pacis") unter. Er begibt sich unter das staatliche Gesetz,
um in Frieden leben zu können und wird damit Untertan der als
originär begriffenen und legitimierten Staatsgewalt. Das wichtigste Kennzeichen einer so definierten Staatsgewalt ist ihre Befugnis
zur **Regelung mit einseitiger Verbindlichkeit,** das nach traditio-
nellem Verständnis eine Über- und Unterordnung zwischen Staat
und Individuum voraussetzt (*Forsthoff*, Lehrbuch des VwR, § 6,
113; *Eyermann/Fröhler*, VwGO, § 40, Rd.-Nr. 3 f.; aus der Rechtsprechung RGZ 167, 281, 284; übernommen durch den BGH,
BGHZ 14, 222, 227; 97, 312, 314).

19   In ihrer einseitig auf Unterordnung (oder gar Unterwerfung) gerichteten
Form ist die *Subordinationstheorie* nicht nur deshalb problematisch, weil sie
nicht das durchaus gleichgeordnete Verhältnis *zwischen* Körperschaften und
Selbstverwaltungsorganen erklären kann (*Schenke,* VwProzR, Rd.-Nr. 100);
die Theorie ist auch als solche im demokratischen Verfassungsstaat nicht mehr
haltbar. Ihr insgesamt vordemokratischer und vorkonstitutioneller Kern
schließt es aus, daß sie mehr oder weniger ungefragt von immer neuen Genera-
tionen von Juristen gelernt und angewandt wird. Als Teil des Volkes, des

Souveräns, ist der Bürger dem Staat nicht von vornherein unterworfen; er formt und legitimiert die Staatsgewalt vielmehr im Rahmen demokratischer Willensbildung mit, bevor er durch ebendiese Entscheidungen rechtlich gebunden wird. Anders als im hierarchisch gegliederten Staatsaufbau stehen auch die verschiedenen Körperschaften und Institutionen (Europäische Institutionen – Bund – Länder – Gemeinden – Universitäten usw.) nicht im hierarchischen Verhältnis von „Oben" und „Unten"; sie haben vielmehr Teil an der öffentlichen Gewalt, die sie in den ihnen zukommenden Bereichen sogar selbständig und vorrangig ausüben.

Will man die zutreffenden Elemente der Subordinationstheorie **20** also „retten", so gilt es an die Stelle der Subordination die (demokratisch legitimierte) **Verbindlichkeit** in den Vordergrund zu rükken. Eine solchermaßen „demokratisch gewendete" Subordinations- oder besser: „Verbindlichkeitslehre" könnte dann lauten: *Eine öffentlichrechtliche Streitigkeit liegt vor, wenn es um Grund oder Reichweite einseitig verbindlicher Entscheidungen des Staates oder anderer Körperschaften geht, die diese kraft demokratischer Legitimation ausüben und durchsetzen können.* Der Grund solcher Verbindlichkeit ist dabei nicht die Über- und Unterordnung, sondern die Legitimation zur verbindlichen Entscheidung.

c) Die am häufigsten als „herrschend" bezeichnete Theorie ist **21** die (modifizierte) **Subjekttheorie,** die vermehrt auch als **Zuordnungs-** oder **Sonderrechtstheorie** bezeichnet wird. Ihr maßgeblicher Bezugspunkt ist das **„Zuordnungssubjekt"** des jeweils maßgeblichen Rechtssatzes. Öffentlichrechtlich ist ein Rechtsverhältnis oder ein Rechtsstreit nach dieser Theorie dann, wenn er sich nach Rechtssätzen orientiert, die sich *ausschließlich* an den Staat oder einen sonstigen Träger hoheitlicher Gewalt wenden. Angesprochen ist also nicht der Staat als einfaches Rechtssubjekt sondern der Staat gerade in seiner Eigenschaft als Hoheitsträger. Dem Privatrecht dagegen gehören diejenigen Rechtssätze an, die als „Jedermann-Recht" gelten.

In der **Literatur** wird diese modifizierte Subjekttheorie, die auf *Hans-Julius Wolff* zurückgeht, in der Tat am häufigsten genannt; *Wolff/Bachof,* VwR I, § 22 II; *Ule,* VwProzR, § 40 II, 52; *Stern,* Verwaltungsprozessuale Probleme, Rd.-Nr. 19; *Erichsen,* JURA 1980, 105; *ders.,* 1982, 537. Die *Rechtsprechung* ist dagegen bisher jedenfalls nicht eindeutig. So favorisierte der BGH lange Zeit die Subordinationstheorie (BGHZ 53, 186), während das BVerwG der Subjekttheorie zuneigt (BVerwGE 69, 194). Seit einer Entscheidung des GmSOGB (BGHZ 108, 284 ff.) „kombinieren" beide Gerichte die beiden Theorien (vgl. zuletzt BGHZ 121, 126, 128 und 367, 372; BVerwGE 89, 281, 282).

22   Historisch korrekt begreift diese Theorie das Öffentliche Recht als „Sonderrecht" des Staates, das diesem in seiner hoheitlichen Stellung zukommt. Gerade damit wird aber nicht nur die Brücke zur Subordinationstheorie geschlagen (*Maurer*, AVwR, § 3, Rd.-Nr. 18); es vollendet sich auch der Zirkelschluß: Öffentliches Recht ist, was speziell dem Staat als hoheitlich zukommt; gefragt ist aber gerade was dem Staat als „hoheitlich" zukommt – eine Tautologie, die sich bis in die Musterlösung von Klausuren hinein in so schönen Sätzen wiederfindet wie: „Die Streitigkeit ist öffentlichrechtlicher Natur, weil die sie entscheidenden Rechtsnormen öffentlichrechtlich sind."

23   Was mit der Theorie gemeint ist, wird vielleicht an einer verblüffend einfachen „Faustregel" verständlich:

Privatrechtlich ist ein Rechtsverhältnis oder eine Handlung dann, wenn durch die streitentscheidende Norm (zuvor benennen!) auch Privatpersonen entsprechend berechtigt oder verpflichtet sein könnten. Dem Öffentlichen Recht zugehörig ist eine Streitigkeit dann, wenn nur der Staat oder eine vergleichbare Körperschaft entsprechend berechtigt oder verpflichtet sein können.

Das ist natürlich weder eine Theorie noch eine Definition, aber sie hilft doch (zusammen mit anderen Stichworten) zur Begründung. Auch befindet man sich mit dieser Unterscheidung in bester Gesellschaft, denn schon für *Otto Mayer* (Deutsches Verwaltungsrecht, Bd. 1, 115) setzte das Handeln des Staates in Privatrechtsform voraus, „daß die Verwaltung in Lebensverhältnisse eintritt, wie sie auch bei dem Einzelnen vorkommen, um alsdann bei diesem durch die Bestimmung des Zivilrechts geregelt zu werden".

24   d) „Kombinationsmodelle". Angesichts einer schon aus historischen und denkgesetzlichen Gründen kaum möglichen alle Fälle abdeckenden Lösung des Abgrenzungsproblems empfehlen die meisten Autoren heute, die Bestimmung der öffentlichrechtlichen Streitigkeit in Kombination der verschiedenen Theorien zu suchen und dabei auf die Merkmale des Einzelfalles zu achten (vgl. etwa *Schenke*, VwProzR, Rd.-Nr. 107). Diese pragmatische Lösung sei auch hier empfohlen. *Öffentliche Aufgabenstellung* („modifizierte Interessentheorie"), *legitime Verbindlichkeit* („modifizierte Subordinationstheorie") und *Zuordnung zum Sonderrecht* des als solcher spezifisch berechtigten und verpflichteten hoheitlichen Entscheidungsträgers zusammen dürften in der Tat tragfähige Kriterien

liefern – sie führen in der Regel auch zu übereinstimmenden oder jedenfalls nicht grob widersprüchlichen Ergebnissen.

Ergänzend mögen die zahlreichen neuen Bestimmungsversuche **25** wirken wie die auf die bisherige Regelung abstellende „Traditionstheorie" (*Püttner*, VerwR, 74), die Kompetenztheorie (*Gern*, ZRP 1985, 60 f.) oder eine „Wichtigkeitstheorie" (gleichfalls *Püttner*, VerwR, 73), die schlicht auf die Bedeutung einer Angelegenheit abhebt.

Richtig ist es sicherlich auch, auf **Indizien** zu achten, wie die **26** Unterscheidung von Preis und Gebühr, der ausgeübte Zwang zu einer Benutzung oder Mitgliedschaft, die Regelung durch VA usw. (vgl. BVerwGE 38, 167; 60, 144 – für den Verwaltungsrechtsweg kommt es nicht auf den VA an, dieser kann aber als Indiz für das Vorliegen einer ÖR-Streitigkeit gelten).

Der gesamte Theorieaufwand kann aber nicht verdecken, daß **27** die konkrete Bestimmung der öffentlichrechtlichen Streitigkeit wegen der schwerwiegenden Folgen für die Geltung der Grundrechte, das jeweils anzuwendende Recht und den Rechtsweg nicht den Zufälligkeiten der Theoriebildung überlassen werden darf. Entscheiden kann und sollte vielmehr der **Gesetzgeber**. Für die gegenwärtige Praxis wird zudem deutlich, daß letztlich nicht Theorien die Unterscheidung bestimmen, sondern daß sich vielmehr ein ausgeprägtes **Fallrecht** herausgebildet hat, welches die Interpretation von § 40 beherrscht. Auch gibt es natürlich „typische Rechtsgebiete", bei denen sich im Grunde ein ausführliches Eingehen auf die Theorien erübrigt.

e) Typische Rechtsgebiete des **Öffentlichen Rechts**

(1) Kein vertieftes Eingehen auf die Abgrenzungstheorien ver- **28** langen diejenigen Fälle, in denen der Staat erkennbar die ihm zu Gebote stehenden Machtmittel der klassischen **Eingriffsverwaltung** einsetzt, so vor allem im **Polizei- und Sicherheitsrecht** und in den Gebieten, die sich daraus entwickelt haben (Versammlungsrecht, Ausländerrecht, Bauordnungsrecht, Straßenverkehrsrecht, Gewerberecht usw.). Das gilt nicht nur für Abwehransprüche gegenüber dem Staat, sondern auch für Ansprüche auf staatliches Tätigwerden (**Beispiel:** Anspruch auf Einschreiten der Poli-

zei, Anspruch auf Baugenehmigung, Klage auf Aufenthaltserlaubnis usw.).

29   (2) Stets dem Öffentlichen Recht zugehörig ist das staatliche und kommunale **Abgabenrecht,** also die Erhebung von Steuern, Gebühren und Beiträgen. Nur dem Staat und den Gemeinden kommt es zu, kraft legitimierter einseitiger Verbindlichkeit den Bürger zu derartigen Abgaben zu zwingen.

30   (3) Durchweg öffentlichrechtlich sind auch die aus dem **Gewerberecht** stammenden Bereiche wie das **Immissionsrecht** und andere Sektoren des Umweltrechts sowie die eigenständigen Gebiete des Bauplanungsrechts, Raumordnungsrechts und der Fachplanung.

31   (4) Öffentlichrechtlich sind alle Normen, die sich mit der **Organisation des Staates** und seiner Verwaltung selbst befassen oder die die innere Struktur öffentlichrechtlicher Körperschaften betreffen, insbesondere die Kernbereiche des Kommunalrechts.

32   (5) Auch abgesehen von § 126 BRRG gehört das **Beamtenrecht,** also das Recht der Dienstverhältnisse der in einem besonderen öffentlichen Dienst- und Treueverhältnis zu einem Dienstherrn Stehenden, einschließlich seiner Ausbildungs- und Prüfungsordnungen zum Öffentlichen Recht. Das gilt aber **nicht** für das gesamte Recht des Öffentlichen Dienstes, denn Arbeiter und Angestellte stehen in einem privaten Dienst- oder Arbeitsverhältnis.

33   (6) Auch große Bereiche der **Leistungsverwaltung,** in denen es um die verbindliche und gleichheitsgebundene Verteilung und Zuordnung staatlicher Leistungen und die Behebung von Not geht, sind öffentlichrechtlich (*Sozialhilfe, Jugendhilfe,* aber auch *Schul-* und *Hochschulrecht* einschließlich des öffentlichen Prüfungs- und Berechtigungswesens). Im Bereich des **Sozialrechts** (vor allem im Sozialversicherungsrecht) gibt es hier aber schwierige Grenzfälle zwischen privatem und öffentlichem Recht.

34   (7) Keine pauschalen Grenzziehungen bieten sich im Bereich des **Öffentlichen Sachenrechts** und des sonstigen Rechts der Daseinsvorsorge an. Zwar hat die zunehmende Bedeutung der Daseinsvorsorge für den Einzelnen dazu geführt, daß insbesondere

Zugangsentscheidungen dem Öffentlichen Recht zugehören. Auch hat sich das Öffentliche Sachenrecht gerade wegen seiner Bedeutung für das Gemeinwohl und für den Einzelnen aus seiner sachenrechtlichen Herkunft gelöst und besondere Erlaubnis- und Nutzungsrechte ausgeformt. Andererseits sind gerade in diesem Bereich auch zunehmende Privatisierungstendenzen und die Erfüllung von öffentlichen Aufgaben in Privatrechtsform feststellbar, so daß sich immer wieder neue schwierige Abgrenzungsprobleme ergeben.

f) Typisch **privatrechtliche Tätigkeiten.** Der Staat und andere 35 Hoheitsträger beteiligen sich wie jeder andere am privaten Rechts- und Wirtschaftsverkehr und treten dann in Privatrechtsform auf.

Am wichtigsten sind folgende Bereiche:

(1) Die **Vermögensverwaltung** (Fiskalverwaltung) des Staates. 36 Aus der klassischen Unterscheidung von „Imperium" (= hoheitliche Herrschaftsgewalt) und „Dominium" (= Privatvermögen des Landesherrn) hat sich die Zuordnung der Verwaltung staatlicher und sonstiger öffentlicher „Domänen" in Formen des Privatrechts entwickelt und bis heute gehalten.

Beispiele: Verkauf von Holz aus dem Staatsforst, Bewirtschaftung von Staatsgütern, Weinberg der landwirtschaftlichen Hochschule.

(2) Eng verwandt mit der Verwaltung des Staatsvermögens sind 37 die sogenannten **„fiskalischen Hilfsgeschäfte",** d. h. Rechtsgeschäfte, die der Staat zur Erfüllung seiner Aufgaben abschließt. Diese sind nach h. L. grundsätzlich privatrechtlich.

Beispiele: Mietvertrag über ein Behördengebäude, Kauf von Büromaterial, Forschungsauftrag, Auftrag an privaten Abschleppunternehmer. Fraglich kann dies allerdings dann sein, wenn mit privaten Aufträgen öffentlichrechtliche Aufgaben der Wirtschaftsförderung und -lenkung verbunden oder die Behörde eine besondere sozialstaatliche Förderungsaufgabe wahrnimmt.

(3) Privatrechtlich handelt der Staat stets, wenn er sich wie jeder 38 andere am **Wirtschaftsverkehr** beteiligt, also z. B. Anteile an einem Unternehmen erwirbt, selbst Unternehmen betreibt oder auch traditionelle Staatsunternehmen fortsetzt. Ungeachtet der haushaltsrechtlichen und kommunalrechtlichen Grenzen für ein

solches privatwirtschaftliches, auf Gewinn orientiertes Handeln des Staates, sind die sich hieraus ergebenden Rechtsverhältnisse stets dem Privatrecht zuzuordnen.

Beispiele: Staatliche Brauerei, Anteile des Bundes an Verkehrsunternehmen (soweit nicht bereits privatisiert).

39   (4) Privatrechtlich sind auch die nicht zum Beamtenrecht gehörenden Dienst- und Arbeitsverhältnisse der **Angestellten und Arbeiter im Öffentlichen Dienst.**

40   (5) **Nicht** einheitlich zu beurteilen ist der Bereich, in dem Staat oder Gemeinden sich privater Rechtsformen bedienen, um öffentliche Aufgaben zu erfüllen **(Verwaltungsprivatrecht im eigentlichen Sinne).** Hier gilt in jedem Fall, daß der **Zugang** zur staatlichen Leistung öffentlichrechtlich ist.

41   g) Fallgruppen aus der **Rechtsprechungspraxis**
(1) **Zugang zu öffentlichen Einrichtungen** – „**Zweistufentheorie**"; Erfüllen Staat oder Gemeinde ihre Aufgaben durch entsprechend gewidmete öffentliche Sachen, d. h. insbesondere durch Einrichtungen und Anstalten wie z. B. Schulen, Stadthallen, Friedhöfe usw., dann kann über den *Zugang* nicht privatrechtliche Dispositionsfreiheit herrschen. **Zugangsfragen** zu derartigen **Einrichtungen** sind daher immer öffentlichrechtlich. Spiegelbildlich gilt das gleiche für den **Ausschluß** von der Nutzung einer öffentlichen Sache.

Beispiele für öffentliche Einrichtungen: BVerwG, NVwZ 1987, 47 – Zulassung eines Veranstalters zu *öffentlichem Volksfest;* BayVGH, NJW 1990, 2014 – Mitwirkungsrecht an *Oberammergauer Passionsspiele;* BGHZ 41, 264 „*Kirmesplatz-Fall";* BVerwGE 31, 368 – Überlassung einer *Städtischen Sporthalle* für Parteiveranstaltungen.

42   Ist die Zugangsfrage geklärt, dann kann die **Abwicklung** öffentlichrechtlich aber auch privatrechtlich ausgestaltet sein (Pachtvertrag, Dienstvertrag, Mietvertrag usw.). Auf dieser „zweiten Stufe" gilt dann die Zuordnung zum Zivilrecht. Auch die Regelungs-**formen** können dann zivilrechtlicher Natur sein (Vertrag, AGB usw.) (krit. zur Wahl der Rechtsform *v. Danwitz,* JuS 1995, 1 ff.).

Sind Zugangsentscheidung und privatrechtliche Abwicklung **43**
„kombiniert", liegt der erste und wichtigste Anwendungsfall der
sogenannten **Zweistufentheorie** vor:
– erste Stufe ist der **Zugang** zur öffentlichen Einrichtung,
– zweite Stufe ist das **Nutzungs- (Betriebs) Verhältnis** = Privatrecht.

Die Zweistufentheorie ist besonders dann anwendbar, wenn der
Zugang obligatorisch ist, die Nutzung aber privatrechtlich ausge-
staltet ist. Das ist z. B. beim Anschluß- und Benutzungszwang der
Fall.

Die „Zweistufentheorie" ist heute allgemein anerkannt, obwohl **44**
sie auch Nachteile aufweist. So wird hier ein im Grunde einheitli-
cher Lebenssachverhalt in der Weise aufgespalten, daß nicht nur
zwei Rechtswege sondern auch zwei Rechtsgebiete in Betracht
kommen. Auch ist nicht immer einzusehen, warum der Staat oder
die Gemeinde beim Zugang öffentlichrechtlicher Bindungen unterliegen sollen, sich auf der für den Einzelnen oft nicht minder
bedeutsamen Ebene des Nutzungsverhältnisses ebendieser Bindungen aber entledigen können. Insgesamt aber ist es sachgerecht,
wenigstens die *Grundentscheidung* dem Öffentlichen Recht zu un-
terwerfen und bei der *Abwicklung* die – in der Tat oft besser passenden – privatrechtlichen Formen einzusetzen.

Literatur dazu: M. *Zuleeg,* Die Zweistufenlehre. Ausgestaltung, Abwand-
lungen, Alternativen, in: FS Fröhler (1980), 275; J. *Ipsen*/T. *Koch,* Öffentliches
und privates Recht. Abgrenzungsproblem bei der Benutzung öffentlicher Einrichtungen, JuS 1992, 809; *von Danwitz,* Die Benutzung öffentlicher Einrichtungen – Rechtsformwahl und gerichtliche Kontrolle, JuS 1995, 1 ff.; *Peine,*
AVwR, Rd.-Nr. 316; *Schmitt Glaeser,* VwProzR, Rd.-Nr. 46; *Stern,* Verwaltungsprozessuale Probleme, 26 ff.

(2) **Öffentliche Einrichtungen in privater Trägerschaft:** Im- **45**
mer häufiger kommt es vor, daß Staat und Gemeinden öffentliche
Einrichtungen auf private Träger übertragen. (**Beispiele:** Müllab-
fuhr durch privaten Unternehmer, Stadthallen-GmbH). Damit
diese „Flucht ins Privatrecht" nicht die Rechte der Bürger auf
Nutzung öffentlicher Einrichtungen schmälert, sind auch in diesem Fall Streitigkeiten zwischen Bürger und Gemeinde über
den **Zugang** öffentlichrechtlicher Natur (BVerwGE 32, 333;

BVerwG, NJW 1990, 134). In diesen Fällen kann der öffentlich-rechtliche Träger die Zulassung aber nicht einfach durch VA regeln. Er muß vielmehr seinen Einfluß zunächst gegenüber dem privaten Unternehmer geltendmachen – z. B. durch ein bestimmtes Abstimmungsverhalten in der GmbH. Das bewirkt für die Klageart, daß eine Verpflichtungsklage nicht in Betracht kommt. Zu klagen ist aber in jedem Fall vor dem Verwaltungsgericht, wenn sich die Klage gegen die Gemeinde oder den sonstigen „im Hintergrund" stehenden Träger der Daseinsvorsorge richtet, und zwar durch **Leistungsklage auf Einwirkung** auf den Privaten.

46   Wichtig: Die Zweistufentheorie ist **nicht** anwendbar, wenn es keine „zweite Stufe" gibt, also wenn Zugang **und** Nutzung öffentlichrechtlich geregelt sind. (**Beispiel:** Zugang zum Hallenbad, dessen Nutzung durch Satzung geregelt ist). Das gleiche gilt selbstverständlich, wenn die Rechtsstreitigkeit sich nur um die Nutzung im Rahmen eines zivilrechtlich ausgestalteten Benutzungsverhältnisses dreht. **Beispiel:** Streit um „Bademützenpflicht" bei privatrechtlich betriebenem Gemeindeschwimmbad, VGH München, BayVBl. 1988, 26 – kein Verwaltungsrechtsweg.

47   **Nicht** zum Öffentlichen Recht und damit nicht vor das Verwaltungsgericht gehört der Streit, wenn die Klage sich unmittelbar gegen den **privaten Unternehmer als solchen** richtet. Öffentlich-rechtlich ist eine solche Streitigkeit nur, wenn der Unternehmer durch Gesetz oder aufgrund eines Gesetzes zu hoheitlichem Handeln ermächtigt ist, also als „Beliehener" tätig wird.

Beispiele: BVerwG, NVwZ 1990, 754 – Überprüfung der Tätigkeit einer JP des Privatrechts; BVerwG, NVwZ 1991, 59 – Zugangsanspruch zur Deutschlandhalle gegen privatrechtlichen Betreiber; BVerwG, DÖV 1974, 496 – Aufnahme in eine Privatschule, die nicht staatlich anerkannte Ersatzschule ist.

48   (3) **Subventionen:** Entwickelt wurde die Zweistufentheorie zunächst nicht für den Bereich öffentlicher Einrichtungen sondern für die Vergabe von Aufbaudarlehen nach dem Lastenausgleichsgesetz, für die Förderung des Wohnungsbaus und Eingliederungshilfen für die Landwirtschaft, also für den Bereich der **Subventionen.** Da der Staat kein Geld verschenken darf, steht für die Vergabe derartiger Subventionen der **öffentliche Zweck** im Mittelpunkt, weshalb die eigentliche Vergabeentscheidung durch VA erfolgt. Die Abwicklung kann dann privatrechtlich sein (Darlehensvertrag). Nur dann geht es um einen Anwendungsfall der Zweistufentheorie.

Beispiele aus der Rechtsprechung: BVerwGE 1, 308; 7, 180; 13, 47; kritisch zur Zweistufentheorie in diesem Bereich *Zuleeg*, Die Rechtsform der Subventionen (1965); *Maurer*, AVwR, § 17, Rd.-Nr. 11 ff.; *Peine*, AVwR, Rd.-Nr. 318 jeweils m. w. N.

Kein Fall der Zweistufentheorie liegt auch hier vor, wenn die 49 „zweite Stufe" nicht privatrechtlich ausgestaltet ist, also z. B. bei einem verlorenen Zuschuß. Auf die öffentlichrechtliche Stufe gehört auch die **Kehrseite des Subventionsverhältnisses,** nämlich der Streit um die Entziehung eines Darlehens z. B. wegen Zweckverfehlung, Nichterfüllung von Auflagen usw. (BGHZ 57, 130 – Rückzahlung einer Filmsubvention; ähnlich BVerwGE 7, 180; 13, 307; 41, 127).

Öffentliche Zwecke verfolgen Staat und Gemeinden auch bei 50 der **Vergabe** von Grundstücken, Wohnungen z. B. im Rahmen von sogenannten „Einheimischen-Programmen" oder der Förderung kinderreicher Familien. Auch wenn hier rechtlich nur Kaufverträge abgeschlossen werden und die Verteilung i. d. R. nicht über Verwaltungsakte erfolgt, ist es inkonsequent, wenn der BGH die Zweistufentheorie nicht anwendet, sondern von ausschließlich privater Ausgestaltung ausgeht (BGHZ 29, 76; 35, 91, 96). Der Sache nach geht es auch hier um die Verfolgung eines öffentlichen Zwecks mit „Subventionskern" und es ist deshalb richtiger, die Vergabeentscheidung dem Öffentlichen Recht zuzuordnen (so zu Recht BayVerfGH, BayVBl. 1983, 242; anders aber BVerwG, NJW 1993, 2695 – reine zivilrechtl. Lösung).

Dagegen wird die **Vergabe öffentlicher Aufträge** an Private 51 von der Rechtsprechung grundsätzlich dem Zivilrecht zugeordnet. Dabei wird allerdings in vielen Fällen verkannt, daß die Auftragsvergabe nicht lediglich der Bedarfsdeckung dient, sondern auch öffentliche Ziele der Wirtschaft oder Strukturförderung verfolgt. Deshalb bietet sich auch hier – entgegen der h. L. – ein Anwendungsfeld für die Zweistufentheorie (wie hier auch *Kopp*, VwGO, § 40, Rd.-Nr. 20).

52   (4) **Hausverbot für öffentliche Gebäude:** Schwierig ist die Abgrenzung von Öffentlichem und Privatem Recht, wenn es um die **Ausübung des Hausrechts** durch Hausverbot, Verweisung von öffentlichen Grundstücken usw. geht. Hier führt keine der Abgrenzungstheorien zu eindeutigen Ergebnissen, weil auch jeder Private zur Störungsabwehr derartige Maßnahmen ergreifen kann (§§ 906, 1004 BGB).

Eine im Vordringen befindliche Meinung stellt in diesen Fällen grundsätzlich auf den *öffentlichen Zweck* der entsprechenden Einrichtungen, Gebäude usw. ab (*Kopp,* VwGO, § 40, Rd.-Nr. 22; *Würtenberger,* PdW, 28 f.; *Berg,* JuS 1982, 260; *Schenke,* VwProzR, Rd.-Nr. 119) und gelangt konsequent zum Verwaltungsrechtsweg. Demgegenüber unterscheidet die Rechtsprechung nach dem *Zweck des Aufenthalts* in dem jeweiligen Gebäude.

> **Beispiele** für öffentlichrechtliche Rechtsverhältnisse: Vorsprache wegen Sozialhilfebescheid (OVG Münster, OVGE 18, 251); Störung nach Anfrage über Stand des Baugesuchs; Schulverweis; Verweisung eines Bürgers aus der öffentlichen Sitzung des Gemeinderates.
> **Beispiele** für privates Recht: Verweisung des Stadtstreichers aus dem Rathaus; eines Werbezettelverteilers aus einer öffentlichen Garage; eines Hochzeitsfotografen aus dem Standesamt (BGHZ 33, 230); Hausverbot nach Verhandlungen über staatliche Forschungsaufträge (BVerwGE 35, 103, 106).

53   Die Auffassung der Rechtsprechung kann nicht befriedigen und sollte geändert werden. Sie führt nicht nur zu kaum behebbaren dogmatischen Abgrenzungsschwierigkeiten, sondern verkennt auch, daß das öffentliche Eigentum auch in seiner durch den öffentlichen Zweck bestimmten Funktion heute nicht mehr wie jedes Privateigentum eingeordnet werden kann. Für den Bürger hat das ihm gegenüber ausgesprochene Hausverbot als Sicherungsmaßnahme ohnehin hoheitliche Wirkung. Deshalb ist es nicht nur einfacher sondern auch dogmatisch wesentlich besser begründet, das Hausverbot als **Mittel zur Wahrung der Sicherheit und Ordnung** des Verwaltungsbereichs und damit der Zweckbestimmung des öffentlichen Eigentums stets dem Öffentlichen Recht zuzuordnen (konsequent insofern: OVG Münster, NVwZ-RR 1989, 316). Für Studenten empfiehlt es sich aber, die „Zwecktheorie" von BVerwG und BGH zu kennen.

54   (5) **Abwehr von öffentlichen Immissionen:** Der Zweck der öffentlichen Einrichtung steht auch bei **Störungsabwehransprüchen** von Bürgern im Mittelpunkt. So können von einem im Eigentum des Staates stehenden Grundstück Belästigungen ausgehen, die wie in jedem anderen Nachbarverhältnis nach **privatem Recht** zu beurteilen sind.

Beispiele: Wurzeln oder Laubabfall von einem Behördengrundstück, Lärm durch fehlerhafte Heizung.

Anders verhält es sich aber, wenn die Störung gerade durch die Erfüllung des öffentlichen Zwecks (z. B. im Rahmen der Daseinsvorsorge) bewirkt wird oder in unmittelbarem funktionalem Zusammenhang mit diesem Zweck steht. Dann richtet sich der Anspruch nicht gegen den „Staat als Nachbarn" sondern gegen die negativen Folgen der hoheitlichen Tätigkeit selbst. Ansprüche auf Einschränkung der Widmung, Unterlassung, Nutzungsbegrenzung usw. gehören dann zum Öffentlichen Recht und sind durch Unterlassungsklage vor dem Verwaltungsgericht geltend zu machen.

Beispiele: Feuerwehrsirene (BVerwG, NJW 1988, 2396); störend helle Straßenleuchte (VGH München, NJW 1991, 2660); Kinderspielplatz (BVerwG, NJW 1973, 1710; BGH, NJW 1976, 570; VGH München, NVwZ 1989, 269); Sportplatz/Bolzplatz (BVerwG, DVBl. 1989, 463; OVG Hamburg, NJW 1986, 2333; VGH München, NVwZ 1993, 1006); Lärm vom Städtischen Bauhof (OVG Münster, NJW 1984, 1982); Gestank einer Kläranlage (BVerwG, DVBl. 1974, 239, 240; zum kirchlichen Glockengeläut s. unten Rd.-Nr. 64).

Wichtig: Hat der öffentliche Entscheidungsträger eine öffentliche Einrichtung einem Dritten nur zur Nutzung überlassen, so kann der öffentlichrechtliche Anspruch nur auf eine Einwirkung auf diesen Dritten gehen. Der Abwehranspruch gegen den eigentlichen Störer richtet sich dann gegen den jeweiligen Privaten und ist vor dem ordentlichen Gericht einzuklagen.

Beispiel: Klage gegen Tennisplatzlärm auf Schulanlage, die außerhalb des Schulbetriebs einem privaten Verein überlassen wird = Zivilrechtsweg (OLG Köln, NVwZ 1989, 290). Ähnlich auch Klage gegen Störung durch Haltestelle einer privaten Busgesellschaft im Rahmen eines öffentlichen Verkehrsverbundes (BGH, DÖV 1984, 634).

(6) **Informationen, Werturteile, Beleidigungen:** Immer häufiger werden vor dem Hintergrund der „Informationsgesellschaft" Klagen auf oder gegen bestimmte Informationen, Widerrufsklagen gegen Warnungen und Mitteilungen bis hin zu Unterlas-   **55**

sungsklagen gegen Beleidigungen durch Amtsträger erhoben. Auch diese Fallgruppe zeigt, daß der *öffentliche Zweck* und die jeweilige *Aufgabe* ein entscheidendes Kriterium geworden ist. Gleichwohl sind die Abgrenzungsfälle schwierig.

Stets *öffentlichrechtlicher Natur* sind Informationsansprüche gegen die Behörde, die diese im Rahmen ihrer Aufgaben erteilt (VGH München, DVBl. 1965, 448), insbes. für die Erfüllung des presserechtlichen Informationsanspruchs (vgl. § 4 BayPresseG u. vergleichbare Regelungen) und Informationen nach dem UmweltinformationsG (*Kollmer,* NVwZ 1995, 858). Das gilt auch für Werbung und Information über die Tätigkeit der Behörde selbst (so zu Recht BVerwGE 47, 247 – Journalisten-Werbefahrt der Bundesbahn) und die Zusendung von Gerichtsentscheidungen an juristische Fachverlage (OVG Bremen, NJW 1989, 926).

Auch im *umgekehrten Fall* (Abwehr- und Widerrufsklagen gegen bestimmte Informationen, Warnmitteilungen usw.) ist der Verwaltungsrechtsweg gegeben, wenn eine Behörde im Rahmen der ihr obliegenden öffentlichen Aufgaben an die Öffentlichkeit tritt.

Beispiele: Klage gegen negatives Gutachten der kassenärztlichen Bundesvereinigung (BVerwGE 58, 167); Warnung vor Jugendsekten (BVerwG, NJW 1989, 2272, 3269) oder gesundheitsgefährdenden Lebensmitteln (BVerwGE 87, 37); Informationsblatt einer Behörde über die Anliegen einer politischen Partei (OLG München, NJW-RR 1989, 1191) – dies alles nicht zu verwechseln mit den entsprechenden Schadensersatzansprüchen, die nach Art. 34 GG/ § 40 II 1 VwGO vor den ordentlichen Gerichten geltend zu machen sind.

56   Auch der Bürgermeister erfüllt eine öffentliche Aufgabe, wenn er die Öffentlichkeit informiert oder eine Gemeinderatssitzung leitet. Sehr umstritten ist nach wie vor die Frage, ob dies auch bei ehrverletzenden Behauptungen, Beleidigungen usw. gilt. Die früher h. L. sah in diesem „Exzeß" ein „Verlassen der öffentlichen Funktion" (vgl. BVerwGE 14, 323; zuletzt noch OLG Zweibrücken, NVwZ 1982, 332; ähnlich auch VGH Mannheim, DVBl. 1990, 836). Nach richtiger Auffassung kann es *nicht* auf den Grad der Diskriminierung, der Unwahrheit oder der Ehrkränkung als solche ankommen, sondern nur darauf, ob der betreffende Amtsträger, Gemeinderat, Bürgermeister usw. in einer **öffentlichen Funktion** gehandelt hat.

57   (7) Klagen gegen **wirtschaftliche Betätigung von Staat und Gemeinden:** Nehmen Staat oder Gemeinden am **allgemeinen**

Wirtschaftsverkehr teil oder bieten sie Leistungen an, die auch private Leistungsträger erbringen, so kommt auch für wettbewerbsrechtliche Streitigkeiten nur der Zivilrechtsweg in Betracht (so etwa BGHZ 66, 229, 237; 67, 81, 86). Besteht für die Beteiligten Dispositionsfreiheit und tritt der Staat wie jeder andere Wettbewerber im Markt auf, dann gibt es keinen Anlaß, solche Streitigkeiten dem Öffentlichen Recht zuzuordnen. Einen „Grenzfall" bilden Beeinflussungen des Wettbewerbs durch Subventionen oder öffentliche Aufträge (für Zivilrechtsweg: *Köhler/Steindorff*, NJW 1995, 1705; teilw.: auch *Schenke*, VwProzR, Rd.-Nr. 122). Folgt man dem zuvor Gesagten, dann gilt das für die Auftragsvergabe, nicht aber für Subventionen.

Um **öffentlichrechtliche Streitigkeiten** handelt es sich aber 58 dann, wenn es gerade darum geht, **ob** der Staat oder die Gemeinde sich wirtschaftlich betätigen dürfen. Das gleiche gilt bei allen wirtschaftlichen Betätigungen, wenn der öffentliche Anbieter die spezifisch hoheitlichen Instrumente (z. B. Anschluß- und Benutzungszwang) einsetzt oder wenn es um die Auslegung von Normen geht, die speziell einem Träger öffentlicher Gewalt die Teilnahme am privaten Wettbewerb verbieten oder beschränken. Der wichtigste Fall hierfür betrifft die **kommunalrechtlichen Verbote einer wirtschaftlichen Betätigung** der Gemeinden (BVerwGE 39, 329 – Bestattungswesen; BVerwG, NJW 1995, 2938 – Maklertätigkeit). Zur Begründung hilft hier die Sonderrechtstheorie, da es entsprechende Wettbewerbsverbote an Private nicht gibt.

(8) Weitere nicht eingeordnete Fälle: Die Zuordnung bestimm- 59 ter Fallgruppen zum Öffentlichen Recht hängt nicht selten von *historischen Zufälligkeiten* ab.

So wurden Streitigkeiten auf dem Gebiet des **Postwesens** traditionell dem Öffentlichen Recht zugewiesen (vgl. GS der Obersten Gerichtshöfe des Bundes, BVerwGE 37, 369; BVerwG, NJW 1985, 2436 – Postanweisung). Durch die Privatisierung von Teilen der Bundespost ist insofern aber in jüngster Zeit eine Änderung eingetreten. So dürften Streitigkeiten über die Zulassung und Benutzung von Einrichtungen der Deutschen Bundespost Telekom nach der Klarstellung des § 9 I 2 FernmeldeanlagenG nunmehr *privatrechtlicher* Natur sein (so auch *Schwonke*, NVwZ 1991, 149; anders für den Streit um die Schließung eines Postamts aber VGH Kassel, NJW 1995, 1170; *Gramlich*, NJW 1994, 985).

60   Völlig anders verlief die Entwicklung bei der **Bundesbahn**. Hier hatte sich schon früh die Auffassung durchgesetzt, daß das Verhältnis von Bahn und Fahrgast privatrechtlich ausgestaltet sei (RGZ 161, 341). Keine Änderung ergab sich insofern durch die Privatisierung von Teilen des Verkehrsangebots. Dies gilt aber nur für das Verhältnis von Fahrgast und Bundesbahn. Im übrigen handelt die Bundesbahn als öffentlicher Entscheidungsträger. Streitigkeiten um Planung, Streckenführung, Wegfall und Umbenennung von Stationen mit den anliegenden Gemeinden (dazu insbes. BVerwGE 44, 351) gehören dem Öffentlichen Recht an. Ebenso der Streit um die Öffentlichkeitsarbeit im „Pressefahrten-Fall" (BVerwGE 47, 247). Wie alle anderen Aufträge werden dagegen auch *Beschaffungsgeschäfte* der Bundesbahn als fiskalische Hilfsgeschäfte privatrechtlich abgewickelt. Rechtsstreitigkeiten gehören insofern vor die ordentliche Gerichtsbarkeit (BGH, NJW 1985, 3063).

61   Keine Änderungen haben sich in den vergangenen Jahren im Hinblick auf die Streitigkeiten um den **Rundfunk** ergeben. Die Veranstaltung von Rundfunksendungen durch öffentliche Anstalten ist Wahrnehmung von Funktionen der öffentlichen Verwaltung, für die kein Preis sondern Gebühren entrichtet werden (*Kopp*, BayVBl. 1988, 193). Deshalb wäre es auch unzweckmäßig, für eine bestimmte Gruppe von Streitigkeiten – z. B. bei ehrverletzenden Äußerungen in Rundfunksendungen – den Zivilrechtsweg anzunehmen. Nach richtiger Auffassung gehören auch solche Streitigkeiten vor die Verwaltungsgerichte. Dgl. der Streit über Inhaltsfragen des Programms wie z. B. die Aufnahme oder Ablehnung von Sportveranstaltungen, die Absetzung von Sendungen usw. (BVerwG, DÖV 1977, 65). Gleiches gilt für eine Klage auf Zulassung zur Werbung im ÖR-Rundfunk (VGH München, NVwZ 1987, 435). Die Klage auf Zulassung einer privaten Rundfunkanstalt als solcher ist ohnehin öffentlichrechtlich, der Streit um deren Sendungen aber ebenso selbstverständlich privatrechtlicher Natur.

62   Trotz ihrer verfassungsrechtlich hervorgehobenen Position (Art. 21 GG) sind **politische Parteien** grundsätzlich private Organisationen. Der Streit um Aufnahme und Ausschluß sowie um den Ablauf interner Wahlen gehört also stets vor die Zivilgerichte (BGH, NJW 1984, 183; VGH Mannheim, NJW 1977, 72). Bei einem kommunalverfassungsrechtlichen Streit innerhalb einer Gemeinderatsfraktion geht es aber nicht um eine solche „Vereinsstreitigkeit"; die Fraktion ist hier vielmehr als Teil des Gemeinderats anzusehen (sehr umstritten, vgl. einerseits OVG Münster, NVwZ 1993, 399 – Verwaltungsrechtsweg; andererseits VGH München, NJW 1988, 2754 – Zivilrechtsweg).

63   Nicht ganz geklärt ist die Frage, welchem Rechtsweg die Tätigkeit der **Treuhand-Anstalt** zuzuordnen ist. Wegen der öffentlichen Rechtsform und dem öffentlichen Zweck war hier in der Literatur teilweise auch für die Privatisierungstätigkeit und den Verkauf der Staatsunternehmen der vormaligen DDR eine öffentlichrechtliche Streitigkeit angenommen worden (R. *Weimar*, DÖV 1991, 814, 815). Auch eine Anwendung der „Zweistufentheorie" (Verteilungsentscheidung = ÖR, Abwicklung des Kaufvertrags = PrivR) käme in

Betracht. Dem ist die Rechtsprechung bisher jedoch nicht gefolgt. Nach kurzem Zögern haben sowohl das erstinstanzlich zuständige VG Berlin (NJW 1991, 1969) als auch das OVG Berlin (NJW 1991, 715) eine „einstufige" Zuordnung des Privatisierungsvorgangs zum Zivilrecht angenommen. Nur bei der mit hoheitlichen Mitteln durchgesetzten Entziehung der Verfügungsbefugnis und der Anordnung der treuhänderischen Verwaltung (in diesem Falle für das Parteivermögen der ehemaligen SED) liegt eine öffentlichrechtliche Streitigkeit vor (VG Berlin, NJW 1991, 1969, 1970). Die Veräußerung der Geschäftsanteile wird dann konsequent wieder zivilrechtlich behandelt (a. a. O., 1969).

4. Kirchliche Angelegenheiten

Große Schwierigkeiten bereitet die Frage der Eröffnung des **64** Verwaltungsrechtsweg in **kirchlichen Angelegenheiten.** Zu beachten ist zunächst, daß nach Art. 140 GG i. V. m. Art. 137 WRV die großen Religionsgesellschaften Körperschaften des Öffentlichen Rechts sind. Wie für den Staat und die Gemeinden gilt aber, daß nicht *jede* Handlung dem Öffentlichen Recht zuzuordnen ist, sondern daß Kirchen wie Private auch allgemein am Rechtsverkehr teilnehmen können (dazu *Maurer,* FS Menger, 1985, 286). Rechtliche Streitigkeiten aus diesem Bereich gehören dann vor die Zivilgerichte. Nehmen die Kirchen dagegen *öffentliche Aufgaben* wahr, so stehen sie auch insofern dem Staate gleich (inkonsequent daher VGH München, BayVBl. 1986, 271; BVerwG, DVBl. 1986, 1202 – Hausverbot für kirchlichen Kindergarten = grundsätzlich Zivilrecht).

Öffentlichrechtliche Streitigkeiten **zwischen Staat und Kirche 65** bieten gleichfalls keine Besonderheiten. Klagt etwa eine Kirchengemeinde gegen die Baugenehmigung auf dem Nachbargrundstück, die Widmung oder Entwidmung einer Kirche (VG München, BayVBl. 1985, 281) oder gegen die Einführung eines theologischen Studiengangs an einer staatlichen Fachhochschule (VGH Kassel, NVwZ 1988, 850), so steht sie einer anderen Körperschaft wie z. B. Gemeinde oder Universität gleich, die sich in einer öffentlichrechtlichen Angelegenheit mit dem Staat auseinandersetzt.

Der Verwaltungsrechtsweg ist ferner unproblematisch gegeben, **66** sofern die **Kirche als Beliehene** oder in einem ähnlichen Status

öffentliche Aufgaben wahrnimmt. Das gilt neben dem Kirchen-
steuerrecht z. B. im Friedhofsrecht (vgl. BVerwGE 25, 364, 365).
Streitigkeiten über die Gestaltung eines Grabmals sind ohnehin als
öffentlichrechtliche Streitigkeiten vor den Verwaltungsgerichten
auszutragen (VGH München, BayVBl. 1991, 205; BVerwG,
BayVBl. 1991, 220).

67   Jede denkbare Lösung wird im Hinblick auf das **kirchliche
Glockengeläut** vertreten. Hier hat das BVerwG (NJW 1994, 956)
nach liturgischem (sakralem) und nichtliturgischem Bereich unterschieden. Gegen das Zeitschlagen muß sich der Bürger demnach an das Zivilgericht, gegen den Ruf zum Gottesdienst an das
VG wenden. Auch eine „rein zivilrechtliche" Lösung wird vertreten (*Lorenz,* JuS 1995, 462, 497). Historisch und methodisch richtig dürfte dagegen sein, die Kirchenglocken als „res sacrae", also
öffentliche Sachen, grundsätzlich dem öffentlich-rechtlichen Bereich zuzuordnen (so *Laubinger,* VerwArch 83 (1992), 623 ff., 646).
Ähnliches gilt bei kritischen Äußerungen der Kirchen gegen Sek-
ten (für Verwaltungsrechtsweg VGH München, NVwZ 1994,
787; dagegen für Zivilrechtsweg OVG Bremen, NVwZ 1995,
793).

68   Öffentlichrechtliche Streitigkeiten sind aber auch kircheneigene
Angelegenheiten i. S. v. Art. 137 III WRV. Dennoch darf der
Staat – auch staatliche Gerichte – in diesen Bereich nicht eingreifen
(s. zuletzt BVerwG, NVwZ 1993, 672 – Wahl eines Kirchenvor-
stands). Virulent wird dieser Ausschluß des Rechtswegs vor allem
in Streitigkeiten um den Status und die Besoldung von Pfarrern
und Kirchenbeamten.

Die Rechtsprechung des BVerwG und des BVerfG verneint in solchen Fragen grundsätzlich die Eröffnung des staatlichen Verwaltungsrechtswegs
(BVerwGE 25, 226, 230; 66, 241; BVerfG [Vorprüfungsausschuß] NJW 1981,
1041; zuletzt NVwZ 1985, 105; Übersicht bei *Maurer,* FS Menger, 296).
Das wird im Grundsatz auch vom Schrifttum anerkannt, wobei sich aber die
Stimmen mehren, die in der Rechtsprechung eine zu weitgehende Freistellung
der Kirchen von gerichtlicher Kontrolle sehen (*Kästner,* Staatliche Justizhoheit
und religiöse Freiheit (1991); *Weber,* NVwZ 1989, 943; NJW 1989, 2217; *Steiner,* NJW 1983, 2560; *ders.,* NVwZ 1989, 410). Richtig an dieser Kritik ist, daß
zumindest die Entscheidung über das *Vorliegen* einer innerkirchlichen Angelegenheit im Sinne von Art. 137 III WRV und auch über die Schranken des für

alle geltenden Gesetzes nicht allein durch die Kirchen autonom und ohne jede gerichtliche Kontrolle getroffen werden kann. Ob z. B. die Grundrechte eines kirchlichen Beamten durch eine Entscheidung der Kirche verletzt sind, ist eine Frage der **Begründetheit** der dagegen gerichteten Klage. Es besteht aber kein Anlaß, schon den Verwaltungsrechtsweg als solchen auszuschließen und damit die „Schrankenfrage" i. S. v. Art. 137 III WRV nicht zu stellen.

Literatur zu § 11 II 4 (kirchliche Streitigkeiten): K. *Hesse,* Der Rechtsschutz durch staatliche Gerichte im kirchlichen Bereich (1956); *von Campenhausen,* Der staatliche Rechtsschutz im kirchlichen Bereich, in: *ders.,* Staatskirchenrecht, 2. Aufl. (1983), § 24; H. *Weber,* Staatliche und kirchliche Gerichtsbarkeit, NJW 1989, 2217; *Steiner,* Staatliche und kirchliche Gerichtsbarkeit, NVwZ 1989, 410; H. *Maurer,* Kirchenrechtliche Streitigkeiten vor den Allgemeinen Verwaltungsgerichten, FS Menger (1985), 285; M. *Sachs,* Staatliche und kirchliche Gerichtsbarkeit, DVBl. 1989, 487; *Petermann,* Kirchliches Amt und staatliche Gerichtsbarkeit, DÖV 1991, 16; *Kästner,* Staatliche Justizhoheit und religiöse Freiheit (1991).

5. Der Ausschluß von Streitigkeiten verfassungsrechtlicher Art

Öffentlichrechtlich sind grundsätzlich auch Verfassungsstrei- **69** tigkeiten, z. B. zwischen Bundesorganen oder zwischen Bund und Ländern. Es war deshalb notwendig, verfassungsrechtliche Streitigkeiten in § 40 VwGO besonders zu erwähnen und sie von der Verwaltungsgerichtsbarkeit auszunehmen. Solche Streitigkeiten gehören vor die Verfassungsgerichte des Bundes und der Länder.

Das heißt aber nicht, daß Verfassungsfragen vor den Verwaltungsgerichten keine Rolle spielen und insbesondere nicht, daß sich der Bürger vor dem Verwaltungsgericht nicht auf Grundrechte berufen darf. Im Gegenteil: Es ist ein besonders schwerer Anfängerfehler, wenn ein Grundrechtsstreit zwischen Staat und Bürger als „verfassungsrechtliche Streitigkeit" i. S. von § 40 VwGO behandelt wird. Gerade in diesem Fall muß der Bürger vielmehr nach § 90 II BVerfGG den Rechtsweg – auch und gerade den Verwaltungsrechtsweg – ausschöpfen.

Solche Fehler können vermieden werden, wenn die beiden Voraussetzungen der verfassungsrechtlichen Streitigkeit beachtet werden, nämlich:

– Es muß sich auf *beiden Seiten* um einen Streit zwischen **unmittelbar** am Verfassungsleben beteiligten Rechtsträgern handeln („doppelte Verfassungsunmittelbarkeit").
– Inhaltlich muß der Kern der Streitigkeit beim Verfassungsrecht liegen.

Ungenaue Formulierungen wie „Prägung durch das Verfassungsrecht" (BVerwGE 50, 124, 130) reichen also nicht aus; Streitbeteiligte **und** Streitstoff müssen im Kern verfassungsrechtlicher Natur sein (teilw. a. A. *Schenke,* VwProzR, Rd.-Nr. 128).

70   Der Streit zwischen einzelnen Bürgern und dem Staat oder zwischen einer Körperschaft des ÖR und dem Staat ist daher (außer bei Volksbegehren usw.) in diesem Sinne **nie** verfassungsrechtlicher Natur. Als verfassungsrechtliche Streitigkeiten bleiben vielmehr nur solche zwischen Bund und Land über Verfassungsrechte, zwischen Obersten Bundes- oder Landesorganen oder zwischen Mitgliedern von Organen und dem Organ selbst – stets vorausgesetzt, daß es um verfassungsrechtliche Kompetenzen und Rechte geht. Als „Faustregel" mag gelten, daß Streitigkeiten, die auch Gegenstand eines verfassungsrechtlichen Organstreits (Art. 93 I 1 GG), eines Bund/Länderstreits über Rechte und Pflichten des Bundes und der Länder (Art. 93 I 3) oder entsprechender landesverfassungsrechtlicher Verfahren sein können verfassungsrechtlich i. S. v. § 40 I VwGO sind.

71   Es sind dies:

– Streitigkeiten zwischen Obersten Bundesorganen über verfassungsrechtliche Rechte,
– Streitigkeiten über den Status von Abgeordneten oder Kompetenzen des Parlamentspräsidenten bei der Sitzungsleitung (z. B. BVerfGE 60, 374, 379),
– Streitigkeiten über die Wahlprüfung nach Art. 41 I GG,
– Minister- oder Präsidentenanklagen,
– Streitigkeiten, in denen das Volk als Verfassungsorgan beteiligt ist, also z. B. Streit um die Gültigkeit einer VO zur Volksabstimmung (VGH Kassel, NVwZ 1991, 1098); Über die Eintragung bei Volksbegehren (VGH München, NVwZ 1991, 386); Streit um die Zulässigkeit des Volksbegehrens an sich (OVG Münster, NJW 1974, 1671).

Nicht verfassungsrechtliche Streitigkeiten sind dagegen:

- Streitigkeiten zwischen Bürger und Parlamentarischem Untersuchungsausschuß um dessen Kompetenzen, Untersuchugnsgegenstände usw. (OVG Münster, NVwZ 1990, 1083; OVG Koblenz, DVBl. 1986, 480; OVG Lüneburg, NVwZ 1986, 845),
- der Streit zwischen Parlamentspräsidenten und Fraktion über Umfang des Hausrechts (z. B. bei Telefonsperrung) – hier handelt der Parlamentspräsident nicht als Organ, sondern als Verwaltungsbehörde (BVerwG, DÖV 1987, 115),
- der Streit um die Abgeordnetendiäten und um die Anrechnung von Dienstbezügen auf die Abgeordnetenentschädigung (BVerwG, NJW 1985, 2344; BVerwG, NJW 1990, 462),
- der Streit um die Erstattung von Wahlkampfkosten (BVerfGE 27, 152),
- die Klage eines Wahlbewerbers gegen die Öffentlichkeitsarbeit einer Landesregierung (BVerfG [Kammer-E], NVwZ 1988, 817),
- Streitigkeiten um die Tätigkeit eines Landesrechnungshofs (OVG Münster, DÖV 1979, 682; vgl. aber VG Düsseldorf, NVwZ 1981, 1396),
- Streitigkeiten zwischen Bund und Ländern oder der Länder untereinander um verwaltungsrechtliche Fragen oder Vollzug einfachen Rechts (vgl. BVerfGE 42, 112 – numerus clausus; BVerwG, NVwZ 1995, 95 und 991 – Fehler bei BAföG-Vollzug).

Verfassungsrechtliche Streitigkeiten sind selbstverständlich auch nicht der „Kommunalverfassungsstreit" oder gar das Normenkontrollverfahren nach § 47 VwGO. Nimmt ein Verwaltungsgericht irrtümlich eine verfassungsrechtliche Streitigkeit an und „verweist" es diese an ein Verfassungsgericht, so tritt nicht etwa die Bindungswirkung von § 17a GVG ein.

Literatur zu § 11 II 5: *Pestalozza,* Die Verwaltungsgerichtsbarkeit im Grenzbereich zur Verfassungsgerichtsbarkeit, NJW 1978, 1782; *ders.,* Die Verwaltungsgerichte als Verfassungsgerichte, NJW 1986, 33; *Kopp,* Rechtsschutz des Bürgers gegen den Inhalt und die Verbreitung von Prüfungsberichten eines Rechnungshofes, OVG Münster, NJW 1980, 137 und VG Düsseldorf, NJW 1981, 1396, JuS 1981, 419; *Kuhla/Hüttenbrink,* VwProz, C 41; *Schenke,* VwProzR, Rd.-Nr. 124ff.; *Schmitt Glaeser,* VwProzR, Rd.-Nr. 59; *Ule,* VwProzR, 48ff.

6. Die gesetzliche Zuweisung öffentlichrechtlicher Streitigkeiten an eine andere Gerichtsbarkeit

a) Die „abdrängende Verweisung"

72   Öffentlichrechtliche Streitigkeiten können durch Gesetz an eine andere Gerichtsbarkeit als die Verwaltungsgerichtsbarkeit verwiesen sein („abdrängende Verweisung"). Dies können sowohl Gerichte der ordentlichen Gerichtsbarkeit als auch besondere Verwaltungsgerichtsbarkeiten (Finanzgerichtsbarkeit, Sozialgerichtsbarkeit, Berufsgerichte) sein.

73   **Wichtig:** Auch die Zuweisung zu einer anderen Gerichtsbarkeit in diesem Sinne setzt die zuvorige Feststellung der öffentlichrechtlichen Streitigkeit voraus (s. auch *Schenke,* VwProzR, Rd.-Nr. 134). Alle Fälle, in denen es sich erst gar nicht um eine öffentlichrechtliche Streitigkeit handelt, gehören **nicht** hierher. Das heißt umgekehrt: Die gesetzlich einer anderen Gerichtsbarkeit zugewiesenen Streitigkeiten sind öffentlichrechtliche Streitigkeiten mit allen Konsequenzen. Ihre Lösung erfolgt dann zwar nach der jeweiligen Verfahrensordnung (z. B. ZPO oder StPO); inhaltlich richtet sich der Prozeß aber nach Öffentlichem Recht. Falsch ist also der Satz: „Es handelt sich um eine zivilrechtliche Streitigkeit nach § 40 II VwGO". Die gesamte Vorschrift – einschließlich der gesetzlichen Ausnahmen – bezieht sich vielmehr nur auf **öffentlichrechtliche Streitigkeiten.**

74   Für *diese* bildet der Verwaltungsrechtsweg die Regel. Für jede andere Gerichtsbarkeit verlangt das Prinzip des gesetzlichen Richters und auch § 40 VwGO selbst eine **ausdrückliche** gesetzliche Zuweisung (BVerwGE 40, 112, 114). Solche gesetzlichen Zuweisungen beruhen zwar auf bestimmten Traditionen, neue Zuständigkeitszuweisungen kraft Herkommen oder Tradition können aber nicht mehr entstehen. In Zweifelsfragen besteht bei öffentlichrechtlichen Streitigkeiten eine Vermutung für den Verwaltungsrechtsweg. (Zum Ganzen auch *Schoch,* FS Menger [1985], 305; gute Übersicht über abdrängende Verweisungen bei *Kuhla/ Hüttenbrink,* VwProz, C 51).

Gleichwohl muß der Gesetzgeber bestehenden verfassungsrechtlichen Bin- **75** dungen Rechnung tragen. Das gilt insbesondere im Hinblick auf Art. 14 III 4 GG und Art. 34 GG, die eine verfassungsrechtliche Zuweisung an die ordentliche Gerichtsbarkeit enthalten. Beide Verfassungsnormen bilden daher auch eine wichtige Leitlinie für das Verständnis des gesamten Systems der Rechtswegzuweisungen. Kommen Enteignung oder die schuldhafte Verletzung von Amtspflichten in Betracht, so entscheiden die ordentlichen Gerichte zumindest über die Höhe der Entschädigung. Das heißt aber auch, daß es für staatliche Entschädigungsleistungen unterhalb der „Enteignungschwelle", beim Verwaltungsrechtsweg bleiben kann.

Zwei weitere Einschränkungen der Bedeutung der verfassungsrechtlichen **76** Zuweisung an die Zivilgerichtsbarkeit hat die sogenannte „Naßauskiesungs-Rechtsprechung" des BVerfG (seit BVerfGE 58, 300, 318) gebracht: Mit ihr ist geklärt, daß der Adressat einer hoheitlichen Maßnahme deren Rechtmäßigkeit in der Regel zuerst vor der sachlich zuständigen Verwaltungsgerichtsbarkeit klären muß, bevor der Streit um die Höhe der Entschädigung nach Art. 14 III 4 GG geführt werden kann. Zum anderen brachte die Rechtsprechung des BVerfG eine Reduzierung der Enteignungsfälle auf gezielte Eigentumsentziehungen, während Eingriffe im Rahmen der Sozialbindung unterhalb der Enteignungsschwelle verbleiben und damit der Verwaltungsgerichtsbarkeit zugewiesen bleiben können – eine Möglichkeit, von der z. B. § 48 V VwVfG Gebrauch macht. Das BVerwG wendet diese Regel auch für Entschädigungsansprüche als Folge von planfestgestellten Maßnahmen (§ 75 II 4 VwVfG) an (BVerwGE 51, 15, 29; 77, 295; abzulehnen dagegen BGHZ 97, 114, 116, wo immer noch bei Ausgleichszahlungen wegen schwerer und unerträglicher Eingriffe im Fachplanungsrecht der ordentliche Rechtsweg bejaht wird).

b) Ausdrückliche Zuweisung durch Bundesgesetz (§ 40 I 1 VwGO)

(1) Trotz der „Naßauskiesungs-Rechtsprechung" ist Art. 14 III 4 **77** GG nach wie vor die praktisch wichtigste ausdrückliche Zuweisung an die ordentliche Gerichtsbarkeit. Ordentliche Gerichte entscheiden über die **Höhe der Entschädigung bei Enteignungen.** Die frühere undifferenzierte Rechtsprechung, wobei in diesen Fällen auch über die Enteignung dem Grunde nach zu befinden sei (vgl. etwa BVerwGE 39, 169), ist mit der neueren Rechtsprechung des BVerfG aber nicht mehr vereinbar. Auch werden Streitigkeiten über nicht gezielte Eingriffe nicht mehr von Art. 14 III GG, sondern allenfalls von § 40 II VwGO erfaßt. Auch der Streit um die „Schwere" eines Eingriffs oder um das „Sonderopfer" eines Bürgers hat für die Rechtswegfrage seine Bedeutung verloren.

Beispiel: Legt eine Denkmalschutzbehörde einem Eigentümer ein (möglicherweise entschädigungspflichtiges) Opfer auf, das aber nicht gezielte Enteignung ist, so entscheidet (inzwischen unzweifelhaft) über die Berechtigung dieser Maßnahme nach Denkmalschutzrecht das Verwaltungsgericht. Der Betroffene kann hier nicht nach dem traditionellen Grundsatz „dulde und liquidiere" sogleich auf Entschädigung vor dem Zivilgericht klagen. Nach der richtigen Rechtsprechung des BVerwG gehören auch Ausgleichsansprüche nach § 75 II 4 VwVfG (ähnlich früher § 17 IV Ziff. 2 FStrG) einheitlich vor die Verwaltungsgerichte (BVerwGE 77, 125; BVerwG, NVwZ 1988, 52). Die Zuordnung besonders schwerer oder auf ein Sonderopfer hinauslaufender Eingriffe zur Enteignung und damit zu Art. 14 III GG ist durch die Rechtsprechung des BVerfG entbehrlich geworden, was freilich den Gesetzgeber nicht daran gehindert hat, im Zuge der Novellierung von § 40 II VwGO weiterhin einheitliche Sachverhalte auseinanderzureißen und die Spaltung der Rechtswege zu ermöglichen.

78   (2) Grundsätzlich vor die ordentlichen Gerichte gehören nach Art. 34 GG Streitigkeiten über **Schadensersatz bei Amtspflichtverletzungen** i. S. v. § 839 BGB. Auch hier hat der Betroffene freilich kein „Wahlrecht", ob er gegen die hoheitliche Maßnahme vorgeht oder sogleich Schadensersatzansprüche geltend macht. Als „Faustregel" gilt vielmehr, daß der Adressat einer belastenden Maßnahme zunächst diese vor dem Verwaltungsgericht anzufechten hat, bevor Schadensersatzansprüche wegen Amtspflichtverletzung in Betracht kommen.

Beispiel: Der belastete Adressat eines rechtswidrigen Flurbereinigungsbescheids darf diesen nicht bestandskräftig werden lassen und sich auf die Schadensersatzklage vor dem Zivilgericht beschränken. Er muß den Bescheid vielmehr vor dem VG anfechten (BGH, NJW 1987, 491).

79   (3) Unabhängig von Art. 14 oder Art. 34 GG hat sich der Gesetzgeber in zahlreichen Fällen für die Zuweisung von Schadensersatz- und Entschädigungsansprüchen zur ordentlichen Gerichtsbarkeit entschieden, so z.B in § 61 I BSeuchG und in § 21 VI BImSchG (Entschädigung für den Widerruf einer immissionsrechtlichen Genehmigung; eine Norm, die ihrerseits nichts anderes als ein Sonderfall des § 49 V VwVfG [Entschädigung wegen Widerrufs eines rechtmäßigen VA] ist).

80   (4) Als Rechtswegverweisung besonders bedeutsam ist § 217 BauGB, der das Verfahren vor den **Kammern (Senaten) für Baulandsachen** der ordentlichen Gerichte betrifft. Hierbei handelt es

sich nicht nur um ein Musterbeispiel einer komplizierten und äußerst unübersichtlichen Bestimmung; die Vorschrift geht auch
weit über das von Art. 14 III GG verfassungsrechtlich Geforderte
hinaus, weil nicht nur Streitigkeiten über die Enteignung (§§ 85 ff.
BauGB), die überlange Veränderungssperre (§ 18 BauGB) und
ähnliche Fälle erfaßt werden, sondern weil z. B. auch Umlegungs-
streitigkeiten der Zivilgerichtsbarkeit zugewiesen werden, über
die die Verwaltungsgerichte schon wegen des Sachzusammenhangs zur Bauleitplanung entscheiden sollten. (Berechtigte verfassungsrechtliche Bedenken gegen die BGH-Zuständigkeit in Baulandsachen im Hinblick auf Art. 95 GG bei *Ule,* VwProzR, 37).

(5) Eine praktisch besonders wichtige Rechtswegzuweisung **81**
enthält § 23 EGGVG im Hinblick auf die sogenannten „**Justizverwaltungsakte**". Das sind nach der Legaldefinition *Anordnungen,
Verfügungen oder sonstige Maßnahmen der Justizbehörden zur Regelung
einzelner Angelegenheiten auf den Gebieten des Bürgerlichen Rechts und
der Strafrechtspflege.* Unmittelbar erfaßt von § 23 EGGVG sind zunächst die *Justizverwaltungsakte i. e. S.* – also diejenigen Regelungen, die ein Gericht oder eine Staatsanwaltschaft als spezifisch
justizmäßige Maßnahme auf dem Gebiet der Zivil- oder Strafrechtspflege trifft.

Beispiele: Streit um Akteneinsicht im strafprozessualen Ermittlungsverfah-
ren (OLG Celle, NJW 1990, 1802); Streit um die Rücknahme eines Strafantrags
einer Universität (VGH Mannheim, NJW 1984, 75); Streit um Zulässigkeit
·bestimmter Beweismittel wie „V-Männer" und Akten eines Untersuchungsausschusses (OVG Münster, NVwZ 1987, 608).

Justizverwaltungsakte sind auch Anordnungem, Verfügungen **82**
und sonstige Maßnahmen der **Behörden im Vollzug** der Jugend-
strafe, des Jugendarrests und der Untersuchungshaft sowie derjenigen Freiheitsstrafen und Maßregeln der Besserung und Sicherung, die außerhalb des Justizvollzuges getroffen werden (§ 23 I 2
EGGVG). Für diese Justizverwaltungsakte erfolgt der Rechtsschutz innerhalb der jeweiligen Verfahrensordnungen.

Anders verhält es sich aber, wenn das Gericht oder die Staatsanwaltschaft nicht im Strafprozeß oder einem konkreten Ermitt-
lungsverfahren selbst tätig werden. So bleibt es z. B. beim Ver-

waltungsrechtsweg für einen Streit über eine Presseerklärung der Staatsanwaltschaft (BVerwG, NJW 1989, 412; ungenau dagegen OLG Karlsruhe, NJW 1995, 899 – Presseerklärung der Polizei: § 23 EGGVG); bei einer Klage auf Widerruf eines öffentlichen Gutachtens nach Abschluß eines Strafverfahrens (VGH München, BayVBl. 1987, 401) und – soweit es überhaupt um öffentlichrechtliche Streitigkeiten geht – beim Rechtsschutz gegen Ehrverletzungen durch einen verfahrensleitenden Richter oder einen Gerichtsbeschluß (OVG Münster, NJW 1988, 2636; VGH München, NJW 1995, 2940). **Nicht** Justizverwaltungsakte sind auch Entscheidungen anderer Behörden, die diese im Zusammenhang mit bestimmten Gerichtsverfahren treffen, so z. B. die Vorlage von Behördenakten des Verfassungsschutzes (BVerwG, NJW 1987, 202) oder über die Aussagegenehmigung von Beamten (BVerwG, NJW 1984, 2233).

83   § 23 EGGVG erfaßt aber nicht nur die Justiz selbst, sondern auch diejenigen Behörden, die als **Hilfsorgane der Staatsanwaltschaft** bei der Aufklärung von Straftaten tätig werden. Für diese „repressive" (besser: auf eine konkrete Tat folgende) Tätigkeit gelten grundsätzlich die Verfahrensbestimmungen und Rechtsgrundlagen der jeweiligen Prozeßordnungen. Der Verwaltungsrechtsweg ist also ausgeschlossen (BVerwGE 47, 255, 260).

84   Probleme ergeben sich besonders bei der **Polizei,** die sowohl in der Gefahrenabwehr (präventiv) als auch in der Strafverfolgung, (repressiv) tätig wird (§ 152 GVG; § 163 StPO). Das gleiche gilt, wenn die Polizei nach geschehener Straftat im „ersten Zugriff" Ermittlungsmaßnahmen durchführt, bevor die Staatsanwaltschaft eingeschaltet wird. Beide Tätigkeitsbereiche überlagern sich vielfach und lassen sich weder zeitlich noch rechtlich klar unterscheiden.

85   Für die Abgrenzung von repressiven (Strafverfolgungs-)Maßnahmen und präventiven („Strafverhinderungs-")Maßnahmen soll es nach h. L. darauf ankommen, wo der **Schwerpunkt** der jeweiligen Maßnahme liegt (*Knemeyer,* Polizeirecht, Rd.-Nr. 130 ff.; dagegen *Schenke,* VwProzR, Rd.-Nr. 140 – zwei Maßnahmen und entspr. Rechtswege).

Beispiele: Eindeutig repressiv sind z. B. Durchsuchungen (§ 105 StPO), die Anordnung von Blutproben (§ 81a StPO) und die Herstellung von Fotos und sonstiger erkennungsdienstlicher Unterlagen nach einer Festnahme (BVerwGE 47, 255, 260). Solche Maßnahmen bleiben auch nach Erledigung des Verfahrens Maßnahmen der Strafverfolgung – § 127 II StPO (OLG Nürnberg, BayVBl. 1987, 411 – Durchsuchung eines Zeltlagers nach angeblicher Straftat). Werden aber erkennungsdienstliche Unterlagen abstrakt erstellt oder personenbezogene Daten ohne Bezug zu einem konkreten Verfahren gespeichert (BVerwG, NJW 1990, 2768), dann wird die Polizei nicht repressiv, sondern allgemein präventiv tätig (BVerwGE 66, 192, 193; zur Rechtsgrundlage: § 81b 2. Alt. StPO). Der Streit um die Aufbewahrung, Auskunft oder Entfernung von Daten und Unterlagen ist vor dem Verwaltungsgericht auszutragen (BVerwGE 26, 169; 47, 255; 66, 192, 202; VGH Kassel, NJW 1993, 3011).

Es sollte allerdings überlegt werden, ob das Problem nicht in der Weise gelöst werden kann, daß nur noch konkret durch eine Staatsanwaltschaft oder das Gericht veranlaßte Hilfsdienste der Polizei dem ordentlichen Rechtsweg zugeordnet werden, während für alle übrigen Maßnahmen – unabhängig von der Rechtsgrundlage – der Verwaltungsrechtsweg eröffnet ist.

Wichtig: Auch einzelne *präventive* Maßnahmen können durch Gesetz der **86** ordentlichen Gerichtsbarkeit zugewiesen werden. Das ist durchweg für den sog. „Unterbindungsgewahrsam" zur Verhinderung von Straftaten der Fall, der nach einzelnen Polizeigesetzen möglich ist (vgl. Art. 17, 19 BayPAG; § 46 HessSOG). Der Sache nach handelt es sich hierbei um eine nach § 40 VwGO zulässige Rechtswegzuweisung auf dem Gebiet des Landesrechts. In diesen Fällen hat das Amtsgericht nach VGH München, NJW 1989, 1757 (Anti-Papst-Demonstration) über Maßnahmen im Zusammenhang mit der Ingewahrsamnahme zu entscheiden (z. B. Anordnung einer körperlichen Durchsuchung). Auch für nachträgliche Feststellungsklagen über die Rechtswidrigkeit solcher Maßnahmen bleibt das Amtsgericht zuständig.

(6) Für die Anfechtung von **Bußgeldbescheiden** ist nach §§ 62 I 1 **87** und 68 OWiG nicht das Verwaltungsgericht, sondern das Amtsgericht zuständig. Das ist wegen der offenkundigen Parallelen zum Strafprozeß sachgerecht. Es gilt aber nach § 62 I OWiG nur für die *unmittelbar* im Bußgeldverfahren ergangenen Maßnahmen, nicht für Vorbereitungshandlungen der Behörden und auch nicht für Feststellungsklagen über den Umfang bestimmter öffentlich-rechtlicher Verpflichtungen (vgl. BVerwG, NVwZ 1988, 430 – Klage eines Lebensmittelimporteurs wegen des Umfangs von Warenuntersuchungspflichten).

88   (7) Die bundesgesetzliche Zuweisung an eine andere Gerichtsbarkeit kann sich auch auf **besondere Verwaltungsgerichtsbarkeiten** beziehen. Das gilt insbesondere für die **Finanzgerichte** nach § 32 FGO in öffentlich-rechtlichen Streitigkeiten über Abgabenangelegenheiten i. S. v. § 33 II FGO und die **Sozialgerichte** bei Streitigkeiten i. S. v. § 51 SGG. Weniger bekannte Fälle betreffen Disziplinar- und Dienstgerichte sowie **Berufsgerichtsbarkeiten** (Übersicht bei *Ule,* VwProzR, 42; zur Berufsgerichtsbarkeit der Apotheker s. BVerwG, NJW 1992, 1579; allg. zur Ehrengerichtsbarkeit BVerwG, NJW 1984, 191; NJW 1993, 2883).

Wichtig: Der Rechtsweg zu den Sozialgerichten (§ 51 I SGG) ist nicht in allen „sozialen" Angelegenheiten eröffnet. Er gilt nur für die „klassischen" Zweige der **Sozialversicherung,** also Krankenversicherung, Arbeitslosenversicherung usw., erfaßt dort aber auch die sogen. Leistungserbringer (Ärzte, Apotheker usw.) (BVerwG, NJW 1987, 725). Grundsätzlich vor die Sozialgerichtsbarkeit gehören auch Streitigkeiten zum Kindergeld (anders für die Rechtmäßigkeit einer Pfändung dieses Anspruchs aufgrund einer Verwaltungsvollstreckungsmaßnahme BVerwG, NJW 1987, 3272). Für Streitigkeiten im Zusammenhang mit der **Sozialhilfe** ist nicht die Sozialgerichtsbarkeit zuständig. Es bleibt vielmehr beim Verwaltungsrechtsweg!

c) Verweisungen nach Landesrecht (§ 40 I 2)

89   Öffentlichrechtliche Streitigkeiten auf dem Gebiet des *Landesrechts* können nach § 40 I 2 VwGO durch Landesgesetz auch einem anderen Gericht zugewiesen werden. Das gilt z. B. für die bereits genannte Zuweisung von Streitigkeiten im Zusammenhang mit dem Unterbindungsgewahrsam und für Entschädigungsansprüche wegen rechtmäßiger Inanspruchnahme als Nichtstörer (Übersicht bei *Redeker/von Oertzen,* § 40, Rd.-Nr. 47).

d) Ansprüche aus Aufopferung für das gemeine Wohl (§ 40 II 1 1. Alt. VwGO)

90   Parallel zu Art. 14 III 4 GG bestimmt § 40 II 1 1. Alt. VwGO, daß vermögensrechtliche Ansprüche aus **Aufopferung für das gemeine Wohl** den ordentlichen Gerichten zugewiesen sind. Für den „klassischen Aufopferungsanspruch" gemäß der Einleitung zu Art. 74/75 ALR (definiert als Entschädigungsanspruch für Eingriffe in andere Rechtsgüter als das Eigentum, z. B. Gesundheit,

Persönlichkeitsrecht usw.) ist damit eine notwendige Ergänzung zu Art. 14 III GG geschaffen (allgem. hierzu *Schoch, FS Menger*, 305).

Die Vorschrift soll jetzt aber auch Entschädigungsansprüche aus „enteignungsgleichen" oder „enteignenden" Eingriffen erfassen, die nach der Rechtsprechung des BVerfG nicht mehr unter Art. 14 III fallen (BGHZ 90, 17, 26; 91, 20; BGH, NJW 1995, 964 – Entschäd. wegen Naturschutz; *Rinne*, DVBl. 1994, 23; *Kopp*, VwGO, § 40, Rd.-Nr. 58, 63). Dieser Versuch, den Aufopferungsgedanken für besonders schwere oder rechtswidrige Eingriffe in das Eigentum zu mobilisieren und damit die entsprechenden Entschädigungsansprüche für die Zivilgerichtsbarkeit zu „retten", überzeugt nicht. Er gibt zum einen ohne Not die Grenzlinie von Aufopferungsanspruch und Enteignungsanspruch auf und verkennt zum anderen, daß es mit dem engen Enteignungsbegriff des BVerfG keinen verfassungsrechtlichen Grund für die Eröffnung des Zivilrechts in diesen Fällen mehr gibt. Auch sind die historischen Gründe für den Zivilrechtsweg entfallen. Verwaltungsgerichte entscheiden ohnehin heute über die Rechtswidrigkeit oder Rechtmäßigkeit der den Ansprüchen zugrunde liegenden Maßnahmen sowie über Folgenbeseitigungsansprüche (*Schmitt Glaeser*, VwProzR, Rd.-Nr. 63). Auch gibt es schon heute Fälle, in denen selbst die Höhe der Entschädigung in unmittelbarem Zusammenhang mit der verwaltungsrechtlichen Entscheidung fällt und damit einheitlich von den Verwaltungsgerichten kontrolliert wird (so nach der Rechtsprechung des BVerwG – für Entschädigungsansprüche nach § 75 II 4 VwVfG und die Ausgleichsansprüche aus § 48 VI VwVfG, BVerwGE 77, 295, 298; BVerwG, NJW 1994, 2949).

e) Vermögensrechtliche Ansprüche aus öffentlichrechtlicher Verwahrung (§ 40 II 1 2. Alt.)

Klargestellt wird in § 40 II 1 VwGO auch, daß vermögensrecht- **91** liche Ansprüche aus öffentlich-rechtlichen **Verwahrung**sverhältnissen wegen des Zusammenhangs zur Amtshaftung nach § 839 BGB dem ordentlichen Gericht zugeordnet sind. Öffentliche Verwahrung liegt vor, wenn die Verwaltung eine Sache in Erfüllung öffentlicher Aufgaben in Obhut nimmt. Bedient sie sich hierbei eines Privaten, so bleibt das Verwahrungsverhältnis gleichwohl öffentlichrechtlich.

Beispiel: Abschleppen eines verkehrswidrig geparkten Pkw auf Anordnung der Polizei. Wichtig: In allen „Abschleppfällen" wird kein Gewahrsam begründet, wenn das störende Kfz lediglich an einen anderen Platz gebracht wird („Versetzung" – VGH München, NVwZ 1990, 180; *Niethammer*, BayVBl. 1989, 449).

Die Bestimmung des § 40 II 1 erfaßt nur **vermögensrechtliche** Ansprüche, also in der Regel Schadensersatz- und Entschädigungsansprüche. Nicht erfaßt sind nach richtiger Auffassung der Folgenbeseitigungsanspruch nach rechtswidriger Verwahrung und auch die Pflichten des Bürgers aus dem Verwahrungsverhältnis (*Kopp*, VwGO, § 40, Rd.-Nr. 64).

f) Schadensersatzansprüche aus der Verletzung öffentlichrechtlicher Pflichten (§ 40 II 1 3. Alt.)

92   Auch die Zuordnung von Schadensersatzansprüchen „aus der Verletzung **öffentlichrechtlicher Pflichten**" in § 40 II VwGO läßt mehr Fragen offen als sie löst. Solche Ansprüche sind bei schuldhafter Amtspflichtverletzung ohnehin nach Art. 34 GG dem ordentlichen Rechtsweg zugewiesen, und § 40 II hat insoweit nur klarstellende Funktion. Erweiternd wirkt diese Bestimmung nur im Hinblick auf die „nur" rechtswidrigen Handlungen und die Fälle der Verletzung einer öffentlichrechtlichen Gefährdungshaftung sowie bei bestimmten Benutzungsverhältnissen. Die Trennung der Rechtswege (das Verwaltungsgericht entscheidet über Umfang und Verletzung der Pflicht selbst, das Zivilgericht über den eigentlichen Schadensersatzanspruch) ist damit nicht aufgehoben. Öffentlichrechtliche Verpflichtungen des Bürgers gegenüber dem Staat werden ohnehin nicht erfaßt (*Schmitt Glaeser*, VwProzR, Rd.-Nr. 63).

Beispiele: Schadensersatzansprüche wegen Verletzung wasserrechtlicher Pflichten (BVerwGE 75, 362); aus Benutzung der öffentlichen Kanalisation (BGH, NVwZ 1983, 571), öff.-rechtl. Straßenverkehrssicherungspflicht (BGH, NJW 1993, 2612) sowie allgemein aus einem Benutzungsverhältnis (BGH, DVBl. 1978, 108).

g) Die „Ausnahme von der Ausnahme": Pflichten aus öffentlichrechtlichem Vertrag

93   Als „aufdrängende Verweisung" und zugleich als Ausnahme von der Ausnahme stellt § 40 II zugleich klar, daß öffentlichrechtliche Pflichten aus **ÖR-Vertrag** nicht dem ordentlichen Rechtsweg sondern dem Verwaltungsrechtsweg zugewiesen werden. Mit Einführung des VwVfG wurde klargestellt, daß alleAnsprü-

che aus öffentlichrechtlichem Vertrag, also auch aus Vertragsver-
letzung und Schlechterfüllung, vor die Verwaltungsgerichte gehören (*Kopp*, § 40, Rd.-Nr. 71). Maßgeblich für die Definition des
öffentlichrechtlichen Vertrages in diesem Sinne sind §§ 54 ff.
VwVfG.

Enthält ein Vertrag sowohl zivilrechtliche als auch öffentlichrechtliche Elemente, so richtet sich der Rechtsschutz nicht nach dem Schwerpunkt des Ver-
tragsverhältnisses (BGHZ 76, 16) sondern konkret nach dem streitigen Ver-
tragsteil (*Pietzner/Ronellenfitsch*, Assessorexamen, § 5, Rd.-Nr. 11).

Nach wie vor umstritten ist die Zuordnung von Ansprüchen
wegen Schadensersatzes bei der „Vertragsanbahnung" – **culpa in
contrahendo.**

Beispiel: Schädigung eines Unternehmers vor Abschluß eines öffentlich-
rechtlichen Erschließungsvertrags mit einer Gemeinde.
Auch nach Inkrafttreten der Neufassung von § 40 VwGO hält der BGH
daran fest, daß für solche Ansprüche aus c. i. c. im öffentlichrechtlichen Ver-
tragsverhältnis der Zivilrechtsweg gegeben sei (BGH, NJW 1986, 1109). Hierbei verkennt der BGH aber nicht nur das eindeutige Ziel des Gesetzgebers,
sämtliche Rechtsfragen im Zusammenhang mit Abschluß und Abwicklung
öffentlichrechtlicher Verträge der Verwaltungsgerichtsbarkeit zuzuweisen. Es
wird auch übersehen, daß der Sachzusammenhang zu bereits eingeleiteten Verwaltungsverfahren größer ist als zum Amtshaftungsanspruch. Außerdem ist
nicht § 40 II 1 3. Alt. die (restriktiv zu interpretierende) Ausnahme: Regel ist
vielmehr, daß für alle öffentlich-rechtlichen Streitigkeiten die VG zuständig
sind, der gesamte § 40 II also die Ausnahme bildet (wie hier: *Schoch*, FS Menger (1985) 320; *Schenke*, VwProzR, Rd.-Nr. 147).

h) Beamtenrechtliche Streitigkeiten

Unberührt bleiben nach § 40 II 2 1. Alt. VwGO die von § 126   **94**
BRRG erfaßten **beamtenrechtlichen Entschädigungsstreitigkei-
ten.** Für diese – wie für Streitigkeiten aus dem Richterverhältnis
und wehrdienstliche Streitigkeiten – gilt ebenso einheitlich die Zuordnung zum Verwaltungsrechtsweg. Wegen des Vorbehalts des
Art. 34 GG ist nur die Klage eines Beamten aus Amtspflichtverletzung eines Vorgesetzten vor dem Zivilgericht zu erheben
(BVerwGE 67, 222, 226).

*i) Anspruch auf Ausgleich von Vermögensnachteilen wegen Rück-
nahme rechtswidriger Verwaltungsakte (§ 40 II 2 2. Alt. VwGO)*

95   Unberührt bleiben von § 40 II auch Ansprüche auf Ausgleich
von Vermögensnachteilen wegen **Rücknahme** rechtswidriger
Verwaltungsakte. Dieser Vorbehalt ist auf Ansprüche nach
§ 48 VI VwVfG und (noch bestehende) inhaltsgleiche Spezialvorschriften gemünzt. Der Grund besteht darin, daß diese mit den
Voraussetzungen der Rücknahme selbst in einem engen Zusammenhang zu sehen sind. Zu beachten ist allerdings, daß auch § 48
VI VwVfG seinerseits einen Vorbehalt für Fälle enthält, in denen
„eine Entschädigung wegen enteignungsgleichen Eingriffs in Betracht kommt".

Trotz des engen Zusammenhangs und der oft gleichen Voraussetzungen gilt für Vermögensnachteile wegen des **Widerrufs** eines
rechtmäßigen VA nach § 49 V 3 VwVfG der ordentliche Rechtsweg. Auch dies ist nur mit der (fließenden) Grenze zur Enteignung bei der Entziehung einer rechtmäßig gewährten Vergünstigung erklärbar, praktisch und rechtsdogmatisch aber höchst unbe-
friedigend.

Insgesamt können die abdrängenden Zuweisungen des § 40 II
VwGO die negativen Folgen der anachronistischen Rechtsweg-
spaltung im Bereich öffentlicher Ersatzleistungen nicht mildern.
Der Verfassungsgeber sollte daher die Kraft zur Änderung der nur
historisch erklärbaren Art. 14 III und 34 III GG aufbringen und
auch die Folgen aller hoheitlichen Handlungen des Staates bei der
Verwaltungsgerichtsbarkeit konzentrieren (so auch *Schoch*, FS
Menger, 337). Nur so lassen sich die Rechtswegprobleme im Bereich öffentlichrechtlicher Ersatzleistungen beseitigen.

7. Rechtswegverweisung und Rechtswegbestätigung durch Gerichte

96   Das *Gesetz zur Neuregelung des verwaltungsgerichtlichen Verfahrens*
(4. VwGO-ÄndG vom 17. 12. 1990 – BGBl. I, 2809) hat die
Rechtsfolgen einer Klage zur nicht „zulässigen" Gerichtsbarkeit
völlig neu geregelt. In der Sache ergeben sich freilich geringere

Unterschiede als es auf den ersten Blick den Anschein hat. Nach der früheren Rechtslage war die bei der falschen Gerichtsbarkeit erhobene Klage zunächst unzulässig und es wurde nur auf Antrag an die zuständige Gerichtsbarkeit verwiesen (§ 41 III, IV VwGO), die als Spezialvorschriften § 17 GVG a. F. vorgingen. Nunmehr gelten §§ 17a und 17b GVG einheitlich; sie sind nach § 173 VwGO auch für die Verwaltungsgerichtsbarkeit anwendbar. § 41 VwGO a. F. ist weggefallen, gilt allerdings noch für solche Rechtsstreitigkeiten weiter, die beim Inkrafttreten der neuen Regelung bereits anhängig waren (BGH, NJW 1991, 1686; BVerwG, NVwZ 1992, 661). Wichtigste Konsequenz der Neuregelung für die öffentlichrechtliche Klausur ist, daß der Rechtsweg nicht mehr unter dem Stichwort „Zulässigkeit" zu prüfen ist.

§ 17a GVG n. F. eröffnet dem Gericht hinsichtlich des zu ihm **97** beschrittenen Rechtswegs sowohl die Möglichkeit der **positiven Entscheidung** (Bestätigung des Rechtswegs) als auch der **negativen Entscheidung** (Verweisung).

Hält das Gericht den beschrittenen Rechtsweg für **zulässig**, so kann es dies vorab aussprechen; es **muß** entscheiden, wenn eine der Parteien die Zulässigkeit des Rechtswegs rügt (positive Entscheidung). Diese Entscheidung hat nach § 17a I GVG auch für andere Gerichte bindende Wirkung. Hält das Gericht den Rechtsweg für **„unzulässig"**, so spricht es nach Anhörung der Parteien von Amts wegen aus, daß der Rechtsweg nicht eröffnet ist und verweist den Rechtsstreit **zugleich** an das zuständige Gericht des zulässigen Rechtswegs. Der Beschluß ist für das Gericht, an das der Rechtsstreit verwiesen worden ist, hinsichtlich des Rechtsweges bindend (§ 17a II 3 GVG). Nach richtiger Auffassung heißt dies, daß nach Unanfechtbarkeit des Beschlusses nicht nur die Rückverweisung an die gleiche Gerichtsbarkeit ausgeschlossen ist, sondern auch eine Weiterverweisung an eine andere Gerichtsbarkeit nicht in Betracht kommt. Das Gericht kann also nur innerhalb der gleichen Gerichtsbarkeit weiterverweisen. Die Verbindlichkeit gilt in allen Instanzen, kann also auch auf der Stufe der Berufung und der Revision nicht rückgängig gemacht werden (anders für die „grob fehlerhafte Verweisung" aber BVerwG, NVwZ 1993, 770).

Beispiel: Verweist ein Arbeitsgericht die Klage über eine Kindergeldsache fälschlicherweise an das VG in A., so darf dieses nicht an die eigentlich zuständige Sozialgerichtsbarkeit, wohl aber an das zuständige VG in B. weiterverweisen. Die Verweisung ist laut BVerwG (DVBl. 1995, 572) gemäß § 83 VwGO i. V. m. § 17a II 3 GVG bindend, so daß das VG entweder entscheiden oder weiterverweisen muß, nicht aber dem BVerwG vorlegen kann.

98   Auch wenn ein Rechtsstreit objektiv zu Unrecht an eine Gerichtsbarkeit verwiesen wurde, so hat das Gericht in der Regel das eigene Verfahrensrecht anzuwenden. Materiell aber gilt die objektive Rechtslage. Ein Zivilgericht muß also nach der ZPO verfahren, darf aber einen objektiv öffentlichrechtlichen Streit nicht nach den Regeln des BGB entscheiden (BVerwGE 27, 170, 174 ff.). Für die Klausur kann das dazu führen, daß am Anfang der **Begründetheitsprüfung** entschieden werden muß, ob – über die bloße Verweisung hinaus – der Streit auch inhaltlich öffentlichrechtlicher Natur ist.

8. Rechtsweg kraft Sachzusammenhangs

99   Unabhängig vom Rechtsweg können die Verwaltungsgerichte im Rahmen ihrer gesetzlichen Zuständigkeit über Vorfragen mitentscheiden, auf die es für den ihnen zugewiesenen Fall ankommt.

> **Beispiel:** Kommt es für die Klagebefugnis bei einer Nachbarklage auf das Eigentum an und ist dieses umstritten, so kann das VG selbständig klären, ob der Kläger Eigentümer ist. Umgekehrt kann das Strafgericht mitentscheiden, ob eine öffentlichrechtliche Genehmigung „nur" rechtswidrig oder nichtig war, sofern es z. B. bei einer Gewässerverunreinigung auf diese Frage ankommt.

Über diese Vorfragenkompetenz hinaus bestimmt § 17 II GVG in der seit 1991 geltenden Fassung, daß das Gericht des zulässigen Rechtswegs *„den Rechtsstreit unter allen in Betracht kommenden rechtlichen Gesichtspunkten"* entscheidet. Es geht also nicht nur um „Vorfragen", sondern darum, daß ein Gericht nunmehr auch in der Lage ist, über verschiedene materiellrechtliche Anspruchsgrundlagen zu entscheiden, wenn diese in einem inhaltlichen Zusammenhang stehen. Zu beachten ist – wiederum aus verfassungsrechtlichen Gründen – der Vorrang von Art. 14 III Satz 4 und Art. 34 Satz 3 GG. Kommt ein Enteignungs- oder Amtshaftungsanspruch in Betracht, so dreht sich der Sachzusammenhang in jedem Fall in Richtung ordentliche Gerichtsbarkeit.

> **Literatur zu § 11 II (Rechtsweg):** Hans J. *Wolff*, Der Unterschied zwischen öffentlichem und privatem Recht, AöR 76 (1950), 205 ff.; P. *Lerche*, Ordentlicher Rechtsweg und Verwaltungsrechtsweg (1953); *Bullinger*, Öffentliches Recht und Privatrecht (1968); *Menger*, Zum Stand der Meinungen über die

Unterscheidung von öffentlichem und privatem Recht, FS f. H. J. Wolff (1973), 149 ff.; *Bachof,* Über Öffentliches Recht, FG aus Anlaß des 25jährigen Bestehens des BVerwG (1978), 1 ff.; *Finkelnburg,* Zur Entwicklung der Abgrenzung der Verwaltungsgerichtsbarkeit im Verhältnis zu anderen Gerichtsbarkeiten durch das Merkmal der öffentlich-rechtlichen Streitigkeit, FS Menger (1985), 279 ff.; *Peine,* Öffentliches und Privates Nachbarrecht, JuS 1987, 169 ff.; *Broß,* Rechtswegprobleme zwischen Zivil- und Verwaltungsgerichten, VerwArch 1988, 97 ff.; H. *Hill,* Das hoheitliche Element im Verwaltungsrecht der Gegenwart, DVBl. 1989, 321; M. *Jortzig,* Rechtsschutz gegen Maßnahmen der Ermittlungsbehörden, JURA 1990, 294.

III. Zuständiges Verwaltungsgericht

1. Allgemeines

Die Zuständigkeitsregeln in der Verwaltungsgerichtsbarkeit **100** sind einfach, aber streng. Insbesondere kennt die VwGO nur ausschließliche Zuständigkeiten, d. h. es gibt keine Gerichtsstandsvereinbarungen (BVerwGE, NJW 1984, 2961). Das Gericht hat in jeder Lage des Verfahrens die Zuständigkeit von Amts wegen zu prüfen. Den verfassungsrechtlichen Hintergrund bildet das Gebot des **gesetzlichen Richters** (Art. 101 GG). Im Gutachten ist einzugehen auf:

– die sachliche Zuständigkeit,

– die örtliche Zuständigkeit

Die auch in den Lehrbüchern zur VwGO immer wieder genannte „funktionelle Zuständigkeit" stellt auf die Art der Tätigkeit (erstinstanzliche Kontrolle, Berufungsinstanz, Vollstreckungsgericht usw.) ab. Sie ist im Verwaltungsprozeß grundsätzlich deckungsgleich mit der sachlichen Zuständigkeit und wird auch hier deshalb nicht gesondert genannt.

2. Sachliche Zuständigkeit

Die sachliche Zuständigkeit bezeichnet die Verteilung der Ver- **101** fahren auf die Gerichte innerhalb eines Instanzenzugs – für die Verwaltungsgerichtsbarkeit also VG – OVG/VGH – BVerwG. Sie richtet sich nach dem Streitgegenstand.

a) **Grundregel** ist § 45 VwGO: Erstinstanzlich zuständig ist immer das **VG,** soweit nicht gesetzlich etwas anderes bestimmt ist.

Die sachliche (instanzielle) Zuständigkeit der Verwaltungsgerichte richtet sich also **nicht** nach dem Streitwert. Das VG ist auch für die in § 48 nicht *ausdrücklich* genannten Vorhaben zuständig.

102   Dem strengen durch Art. 101 GG verfassungsrechtlich gebotenen Regel-Ausnahmeverhältnis (im Zweifel für die Regel) entsprach es auch, daß die Verwaltungsgerichte die in jetzt § 48 VwGO genannten erstinstanzlichen Zuständigkeiten restriktiv auslegten. So blieben – vor der entsprechenden Gesetzesänderung – die Verwaltungsgerichte in erster Instanz zuständig für den Rechtsstreit über den Abbruch von Kernkraftwerken (BVerwG, NVwZ 1988, 913) und die Beförderung radioaktiver Stoffe (VGH Kassel, NVwZ 1989, 1178). Auch die bloße Änderung oder Ergänzung von Vorhaben, deren Errichtung unter die erstinstanzliche Zuständigkeit der OVG/VGH fiel, wurde weiterhin durch die Verwaltungsgerichte in erster Instanz beurteilt (interessante Fälle VGH Mannheim, DÖV 1987, 744 – Änderung einer Abfallbeseitigungsanlage; VGH München, BayVBl. 1992, 50; VGH Mannheim, NVwZ 1995, 179 – Klage auf Schutzauflage an Bundesfernstraße).

103   b) Die Zuständigkeit der **OVG** bzw. **VGH** bestimmt sich nach §§ 46, 47 und insbesondere 48 VwGO.

Als **Rechtsmittelinstanz** entscheiden sie nach § 46 über Berufung, Beschwerde und die Revision in Fällen des § 145, wenn die Berufung nach § 131 VwGO beschränkt ist. Eine erstinstanzliche Zuständigkeit des OVG besteht seit langem für Normenkontrollverfahren nach § 47 VwGO. In der Praxis besonders wichtig ist die stark ausgeweitete erstinstanzliche Zuständigkeit nach § 48 VwGO. Demnach entscheidet das OVG erstinstanzlich über sämtliche Streitigkeiten in Bezug auf Kernenergieanlagen, Kraftwerke, Freileitungen, Planfeststellungsbeschlüsse nach AbfallG, Flughäfen, Eisenbahnen, Straßenbahnen und Bundesfernstraßen. Durchweg sind wesentliche Änderungen und Ergänzungen einbezogen. Die (hier nicht detailliert wiederzugebenden) Einzelzuständigkeiten sind aber sehr exakt zu lesen. Erinnert werden muß insbesondere daran, daß im *Zweifel* die sachliche Zuständigkeit des Verwaltungsgerichts bestehen bleibt.

Die erstinstanzliche Zuständigkeit der OVG für die genannten Verfahrensarten dient im wesentlichen der Verfahrensverkürzung. Das ist bei den genannten Verfahren auch sachgerecht, da sie durchweg auf Planfeststellungsverfahren und ähnlich aufwendigen Verwaltungsverfahren beruhen, die eine zusätzliche Tatsacheninstanz entbehrlich machen (*Steiner,* NVwZ 1994, 313). Der gleichfalls beabsichtigte „Entlastungseffekt" hat sich allerdings kaum eingestellt. Die Belastung hat sich lediglich von den früher zuständigen VG auf die OVG verschoben.

c) Als Rechtsmittelinstanz ist das **BVerwG** nach § 49 zuständig **104** für die Revision gegen Urteile der OVG (§ 132) oder Urteile der VG nach § 134 und § 135 VwGO (Sprungrevision und Revision bei Ausschluß der Berufung). In erster und letzter Instanz entscheidet das BVerwG über öffentlich-rechtliche Streitigkeiten nichtverfassungsrechtlicher Art zwischen dem Bund und den Ländern und zwischen verschiedenen Ländern.

Beispiel: Streit um die Kosten der Beseitigung von Schutzbauten, Streit um den Grenzverlauf zwischen Bundesländern oder den Feuerschutz auf einem Grenzfluß.

Praktisch bedeutsam ist auch die erstinstanzliche Zuständigkeit des BVerwG **105** bei Klagen gegen Vereinsverbote (Art. 9 II GG; § 3 II Nr. 2 VereinsG) und Maßnahmen gegen Ersatzorganisationen nach § 8 VereinsG. Eher problematisch ist die erstinstanzliche Zuständigkeit des BVerwG für Streitigkeiten über bestimmte Verkehrswege nach dem „Verkehrswegeplanungsbeschleunigungsgesetz" v. 16. 12. 1991, BGBl. I, 2174. Abgesehen von der Frage, ob die Notwendigkeit der Verbesserung der Infrastruktur in den neuen Bundesländern und die beschleunigte Planung von Verkehrswegen zwischen alten und neuen Bundesländern die zahlreichen Beschneidungen des Rechtsschutzes in diesem Gesetz rechtfertigen kann, ist auch sehr fraglich, ob sich der Beschleunigungseffekt gerade durch eine Konzentration des Rechtsschutzes bei dem für umfangreiche Tatsachenfeststellungen nicht gerüsteten BVerwG wird erreichen lassen (aus Erfahrung als Richter am BVerwG skeptisch *Paetow,* DVBl. 1994, 94 ff.).

3. Örtliche Zuständigkeit

Die örtliche Zuständigkeit bestimmt, welches Gericht innerhalb **106** derselben Instanz über den Streitgegenstand zu entscheiden hat (Gerichtsstand i. e. S.). Die örtliche Zuständigkeit ist in § 52 geregelt, der ein kompliziertes Regel-Ausnahme-System errichtet. Sie wird hier nicht in der Reihenfolge des Gesetzes sondern in der Prüfungsreihenfolge im Gutachten aufgezählt (ähnl. *Schenke,* VwProzR, Rd.-Nr. 443).

107   a) Für Streitigkeiten über **unbewegliches Vermögen** oder ein **ortsgebundenes Recht** oder Rechtsverhältnis ist der Ort entscheidend (§ 52 Ziff. 1) (**Beispiel:** alle auf ein Grundstück bezogene Verwaltungsstreitigkeiten). Das gilt nach richtiger Auffassung auch für Immissionen, die von einem Grundstück ausgehen.

108   b) Über Klagen aus dem **Beamten-** oder vergleichbarem **Dienstverhältnis** richtet sich die Zuständigkeit des VG nach dem dienstlichen Wohnsitz, subsidiär nach dem Wohnsitz des Klägers (zu Ausnahmen vgl. § 52 Ziff. 4; zur Streitigkeit über die Wahl eines kommunalen Wahlbeamten BVerwGE, NVwZ-RR 1990, 94).

109   c) Für Anfechtungsklagen gegen **Bundesbehörden,** bundesunmittelbare Körperschaften, Anstalten oder Stiftungen des Öffentlichen Rechts usw. entscheidet sich die Zuständigkeit nach dem **Sitz** der Bundesbehörde. In Asylsachen gilt jedoch das Gericht des obligatorischen Aufenthaltsortes nach § 52 Ziff. 2 AsylVfG.

110   d) Bei allen Anfechtungsklagen außer den grundstücksbezogenen nach Ziff. 1 und Klagen aus dem Dienstverhältnis nach Ziff. 4 ist das VG örtlich zuständig, **in dessen Bezirk der VA erlassen** wurde. Bei „überlappenden" Zuständigkeiten entscheidet der Wohnsitz des Beschwerten (zu Ausnahmen s. § 52 Ziff. 3).

111   e) Für alle übrigen Klagen ist das VG örtlich zuständig, in dessen Bezirk der Beklagte (vgl. § 78 VwGO) seinen **Sitz** hat. Ist ausnahmsweise ein Bürger Beklagter, so ist dies der Wohnsitz oder Aufenthalt (§ 52 Ziff. 5).

Ist das an sich zuständige Gericht an der Ausübung der Gerichtsbarkeit rechtlich oder tatsächlich verhindert oder ist ungewiß, welches Gericht wegen der Grenzen verschiedener Gerichtsbezirke in Betracht kommt, wenn sich verschiedene Gerichte für zuständig oder auch für unzuständig erklärt haben, entscheidet nach § 53 VwGO das **nächsthöhere Gericht** über die Zuständigkeit. Wenn nach § 52 eine örtliche Zuständigkeit nicht gegeben ist, entscheidet letztlich das BVerwG.

4. Verweisung bei Klage vor dem unzuständigen Verwaltungsgericht – Vorabentscheidung über die Zuständigkeit

Von der Bestimmung des zuständigen Gerichts bei Zweifeln **112** über die Zuständigkeit (§ 53 VwGO) streng zu unterscheiden ist der Fall, daß die Klage beim objektiv unzuständigen Gericht erhoben wurde bzw. Zweifel an der Zuständigkeit entstehen. § 83 i. d. F. des 4. ÄndG erklärt auch für diesen Fall die §§ 17–17b GVG für entsprechend anwendbar. Demnach ist auch eine vor dem unzuständigen VG erhobene Streitsache von Amts wegen an das zuständige Gericht zu verweisen (negative Entscheidung). Die Klage ist (wichtig für den Klausuraufbau!) nicht mehr unzulässig. Auch steht die Möglichkeit einer bestätigenden Entscheidung nach § 17a III zur Verfügung. Entsprechende Beschlüsse des VG sind unanfechtbar (§ 83 VwGO n. F. S. 2). Ihre Bindungswirkung tritt grundsätzlich auch bei einer sachlich unrichtigen Bestimmung des Gerichts ein (so schon zur früheren Rechtslage BVerwGE 70, 110, 112). Nach richtiger Auffassung hindert dies allerdings nicht daran, daß das Gericht, an das wegen örtlicher Unzuständigkeit verwiesen wurde, die sachliche Unzuständigkeit prüft und „weiterverweist" (*Ule*, VwProzR, 99).

Beispiel: Verweist das VG in A-Stadt einen Streit über eine wesentliche Änderung einer Fernstraße an das örtlich (an sich) zuständige VG B-Stadt, so kann dieses wegen der gegebenen erstinstanzlichen Zuständigkeit nach § 48 gleichwohl an das zuständige OVG weiterverweisen.

Literatur zu § 11 III: *Sening*, Erstinstanzliche Zuständigkeit der OVG für verwaltungsgerichtliche Klagen in Großvorhaben, BayVBl. 1983, 686; *Kopp*, Änderungen der Verwaltungsgerichtsordnung zum 1. 1. 1991, NJW 1991, 521, 523; *Pietzner/Ronellenfitsch*, Assessorexamen, § 6; *Schmitt Glaeser*, VwProzR, Rd.-Nr. 76 ff.; *Schenke*, VwProzR, Rd.-Nr. 437; *Dickersbach*, in: *Stober*, Rechtsschutz, S. 19 ff.; *Ule*, VwProzR, §§ 14–17.

§ 12 Die Beteiligten und die auf sie bezogenen Zulässigkeitsvoraussetzungen

I. Die Beteiligten des Verwaltungsprozesses (§ 63 VwGO)

1   Als Beteiligte am Verfahren nennt § 63 VwGO
– den Kläger,
– den Beklagten,
– den Beigeladenen,
– den Oberbundesanwalt oder Vertreter des öffentlichen Interesses, falls er von seiner Beteiligungsbefugnis Gebrauch macht.

Damit sind abschließend diejenigen Personen bezeichnet, die am Prozeß mit eigenen Verfahrensrechten beteiligt sein können (Beteiligteneigenschaft). Anders als die ZPO kennt die VwGO also keine „Parteien". Grund hierfür ist die Vorstellung, daß der Verwaltungsprozeß nicht vom typischen Zweiparteienstreit ausgeht. Da sich aber auch im Verwaltungsprozeß in der Regel Kläger und Beklagter gegenüberstehen, ist die Unterscheidung eigentlich überflüssig. Die Nennung der Beteiligten als solche gehört nicht zur Zulässigkeitsprüfung. In diesem Sinne ist auch § 63 VwGO nicht formuliert. Zulässigkeitsvoraussetzungen sind nur Beteiligtenfähigkeit (§ 61) und Prozeßfähigkeit (§ 62). Kommt aber eine Beiladung in Betracht oder bestehen Zweifel über die Beteiligtenstellung als solche, so empfiehlt sich in der Zulässigkeitsprüfung darauf hinzuweisen und zugleich zu verdeutlichen, daß Beiladung und Beteiligter als solche mit der Zulässigkeit der Klage nichts zu tun haben.

1. Kläger und Beklagter (§ 63 Ziff. 1 und 2)

2   Hauptbeteiligte sind zunächst Kläger und Beklagter. Die Hauptbeteiligten werden also ausschließlich durch die Klage bestimmt, d. h. auf die Betroffenheit, Klagebefugnis oder den „eigentlich richtigen Beklagten" kommt es nicht an. Im Normenkontrollverfahren und in den Verfahren des vorläufigen Rechts-

schutzes wird nicht von Kläger und Beklagten, sondern vom Antragsteller und Antragsgegner gesprochen, obwohl sich zumindest das Normenkontrollverfahren der „normalen" Klage mit Kläger und Beklagten annähert.

In der weitaus größten Zahl der Fälle ist der Kläger ein Bürger, der Beklagte der Staat oder eine sonstige öffentliche Körperschaft, denn es liegt im Wesen des Öffentlichen Rechts, daß Behörden den Bürger zur Erreichung öffentlicher Ziele nicht „verklagen", sondern eine einseitige Regelung treffen können (§ 35 VwVfG). Klagen des Staates gegen einen Bürger sind aber durchaus denkbar, so z. B. die Klage auf Erfüllung eines öffentlich-rechtlichen Vertrages.

2. Beigeladene (§ 63 Ziff. 3 VwGO)

Beiladung ist die *Beteiligung eines Dritten an einem anhängigen*   3
Verfahren, wenn dessen rechtliche Interessen durch die Entscheidung berührt werden. Der Beigeladene (§ 63 Ziff. 3) wird auch bei notwendiger Beiladung nicht schon durch die Klage oder sein Betroffensein Beteiligter des Verwaltungsprozesses. Seine prozessuale Stellung erlangt er vielmehr erst mit der Zustellung eines besonderen Beschlusses bzw. mit der Erklärung des Gerichts innerhalb der mündlichen Verhandlung. In der Sache geht es bei der Beiladung um eine Form der **gesetzlichen Nebenintervention;** sie ist im Verwaltungsprozeß weit häufiger als im Zivilprozeß, da im Öffentlichen Recht Prozesse mit Berührung der Rechte Dritter von der Ausnahme eher zur Regel geworden sind.

Die Beiladung verfolgt mehrere **Ziele:**   4
– Sie dient dem **Rechtsschutz** für den Beigeladenen, denn sie verhindert, daß ohne seine Beteiligung über seine Rechte entschieden wird und ermöglicht zugleich eine adäquate Mitwirkung im Verfahren. In grundrechtsrelevanten Verwaltungsprozessen dient sie dem *Grundrechtsschutz durch Verfahren.*
– Sie dient der **Prozeßökonomie,** denn sie ermöglicht eine umfassende Klärung des Falles und die Erstreckung der Rechtskraft auf Dritte (§ 121 VwGO).

- Sie dient letztlich auch der **Rechtssicherheit,** denn sie verhindert widersprüchliche Entscheidungen zur gleichen Sache.

5   Die Beiladung kommt bei allen Verfahrensarten in Betracht. Ausgeschlossen ist sie nach der Rechtsprechung des BVerwG und einem Teil der Literatur lediglich im Normenkontrollverfahren (BVerwGE 65, 131), da dessen Ergebnis ohnehin „inter omnes" wirkt, also auch potentiell Beizuladende einbezieht.

6   Zulässig ist die Beiladung nach § 65 I VwGO nur, solange das Verfahren noch nicht rechtskräftig abgeschlossen ist. Auch dies dient dem Rechtsschutz des Betroffenen: Dieser würde verkürzt, wenn der Betroffene zu spät beteiligt wird.

7   Beigeladen werden können nach § 65 VwGO andere, deren rechtliche Interessen durch die Entscheidung berührt werden (**einfache Beiladung**). Sind an einem streitigen Rechtsverhältnis Dritte derart beteiligt, daß die Entscheidung auch ihnen gegenüber nur einheitlich ergehen kann (§ 65 II), so handelt es sich um einen Fall **notwendiger Beiladung.** Das ist der Fall, wenn die Entscheidung des Gerichts nicht wirksam getroffen werden kann, ohne daß dadurch gleichzeitig unmittelbar und zwangsläufig Rechte eines Dritten gestaltet, bestätigt, festgestellt oder verändert werden (*Kopp,* VwGO, § 65, Rd.-Nr. 14).

8   **Wichtig** ist in jedem Fall, daß der Dritte **unmittelbar** durch die zu erwartende Entscheidung in seinen Rechten berührt ist **und** daß deshalb die Entscheidung nur einheitlich ergehen kann. Die Klagebefugnis nach § 42 II VwGO ist hierfür notwendige, aber nicht hinreichende Bedingung.

9   Es empfiehlt sich, die wichtigsten Fälle **notwendiger Beiladung** zu kennen:

- Beiladung der Gemeinde beim Streit um eine Baugenehmigung in Fällen des notwendigen Einvernehmens nach § 36 BauGB (BVerwGE 42, 8, 11) oder eines incidenter zu prüfenden Bebauungsplanes (BVerwG, NVwZ 1994, 265).

- Die Beiladung des Begünstigten bei Klagen gegen Verwaltungsakte mit unmittelbarer Doppelwirkung, insbesondere also gegen bau- oder immissionsrechtliche Genehmigungen.

- die Beiladung des Adressaten (z. B. des Grundstückseigentümers, nicht aber des Erwerbers) im Prozeß um eine vom Kl. beantragte Maßnahme der Bauaufsicht (BVerwG, NJW 1993, 79).
- Beiladung des unmittelbaren Mitbewerbers oder des Begünstigten bei einer (zulässigen) Konkurrentenklage auf oder gegen eine nur einmal zu gewährende Vergünstigung (vgl. etwa BVerwG, DVBl. 1984, 91).
- Beiladung des von einer Umweltinformation nach UmweltinformationsG betroffenen Unternehmers (dazu *Kollmer,* NVwZ 1995, 860).
- Beiladung des direkt Gewählten im gerichtlichen Wahlanfechtungsverfahren (OVG Münster, DÖV 1991, 802 ff.), nicht aber sonstiger, von einer Wiederholungswahl „bedrohter" Ratsmitglieder (OVG Münster, NVwZ 1992, 282).
- Beiladung des Trägers der Straßenbaulast bei allen die Straße betreffenden Genehmigungen, wenn Genehmigungsbehörde und Träger der Straßenbaulast nicht identisch sind. (**Beispiel:** Genehmigung nach § 9 FStrG – BVerwGE 54, 328, 331).
- Beiladung der Bundesrepublik beim Prozeß um die Einbürgerung nach §§ 8 und 9 RuStAG (BVerwGE 67, 173, 174) und des Bundesbeauftragten im Asylprozeß (§ 6 AsylVfG).

In allen diesen Fällen ist die Beiladung auch dann zwingend, wenn die Klage unzulässig ist, denn auch dann sprechen alle genannten Gründe (Rechtsschutz, Rechtssicherheit, Prozeßökonomie) für eine allseits verbindliche Entscheidung.

Abgesehen von § 65 II **kann** das Gericht, so lange das Verfahren **10** noch nicht rechtskräftig abgeschlossen oder in höherer Instanz anhängig ist, von Amts wegen oder auf Antrag anderer, deren rechtliche Interessen durch die Entscheidung berührt werden, beiladen (**„einfache"** oder **fakultative Beiladung**). Voraussetzung ist aber auch hier, daß es sich um ein **eigenes** rechtliches Interesse – privatrechtlicher oder öffentlichrechtlicher Natur – handelt. Die Berufung auf Rechte Dritter (auch auf Rechte eines anderen Beigeladenen) reicht also nicht (VG Kassel, NJW 1987, 1036).

11   Die fakultative Beiladung kann auf Antrag oder von Amts wegen erfolgen. Das „Ermessen" des Gerichts kann erheblich reduziert sein, wenn die Beiladung für das rechtliche Gehör oder den Grundrechtsschutz des Dritten besonders bedeutsam ist (z. B. bei der Ehefrau im Prozeß um die Ausweisung des Ehemannes) oder bei Entscheidungen, die (abgesehen von Fällen der notwendigen Beiladung) für die Selbstverwaltung einer Gemeinde besonders wichtig sind.

12   Nach § 65 IV ist der Beschluß über die Beiladung allen Beteiligten zuzustellen. Die Beiladung selbst ist nach § 65 IV 2 unanfechtbar – ein Hauptbeteiligter kann sich also nicht durch eine Beschwerde gegen den erfolgreichen Beiladungsantrag wehren. Dagegen steht demjenigen, dessen Beiladung abgelehnt wurde, die Beschwerde (§ 146 VwGO) offen.

13   Als **Wirkungen** der Beiladung seien hervorgehoben: Nach § 66 VwGO kann der Beigeladene (innerhalb der Anträge eines Beteiligten) selbständig Angriffs- und Verteidigungsmittel geltend machen und alle Verfahrenshandlungen wirksam vornehmen. „Innerhalb der Anträge" heißt, daß er z. B. keine Klageänderung oder -erweiterung vornehmen und die Klage nicht zurücknehmen kann. Abweichende Sachanträge kann er nur stellen, wenn eine notwendige Beiladung vorliegt. Unabhängig davon erhält der Beigeladene schon nach § 63 die **umfassende Stellung eines Beteiligten am Verfahren,** dessen Ergebnis für ihn wirksam wird (§ 121). Der Beigeladene kann auch Rechtsmittel einlegen, ihm gegenüber wirkt ein Prozeßvergleich, ihm können anteilsmäßig die Kosten des Verfahrens auferlegt werden (freilich nicht im Hinblick auf Kosten des Vorverfahrens, an dem der Beigeladene noch nicht beteiligt war – BVerwG, DÖV 1988, 90).

14   Hinsichtlich der Rechtsfolgen einer **unterbliebenen** Beiladung ist zu unterscheiden: Bei der fakultativen Beiladung hat deren Unterbleiben keine unmittelbaren Folgen. Das Urteil entfaltet gegenüber dem Nichtbeigeladenen aber auch keine Rechtswirkung (BVerwGE 18, 124, 127).

15   Bei der **notwendigen Beteiligung** kann eine unterbliebene Beiladung zwar grundsätzlich Berufungs- bzw. Revisionsgrund sein

(BVerwGE 16, 23, 25; 18, 124). In diesem Fall dürfte aber schwierig nachzuweisen sein, daß die Entscheidung auf der fehlenden Beiladung beruht (§ 132 II – vgl. BVerwG, NVwZ 1991, 470). „Entschärft" ist der Streit um die Folgen einer unterbliebenen notwendigen Beiladung durch § 142 I 2 VwGO n. F. Danach kann eine notwendige Beiladung nunmehr sogar noch im Revisionsverfahren vorgenommen werden. Das ist allerdings nicht unproblematisch, weil dem „zu spät" Beigeladenen keine Tatsacheninstanz mehr verbleibt.

Kommt die notwendige Beiladung von mehr als 50 Personen in Betracht, dann kann das Gericht nach § 65 III VwGO anordnen, daß nur solche Personen beigeladen werden, die dies innerhalb einer bestimmten Frist beantragen. Für die Wirkung des Beschlusses gelten komplizierte Verfahrensregeln (§ 65 III 2–7). Praktisch wichtig ist die Verpflichtung des Gerichts, solche Personen, die von der Entscheidung erkennbar in besonderem Maße betroffen sind, auch ohne Antrag beizuladen – eine Bestimmung, die dem Differenzierungsbedürfnis und der besonderen Betroffenheit einzelner Projektnachbarn auch bei sogenannten „Massenverfahren" Rechnung tragen soll (allgem. zur Neuregelung *Stelkens,* NVwZ 1991, 213 ff.).

3. Vertreter des öffentlichen Interesses

Beteiligter ist nach § 63 Ziff. 4 auch der Oberbundesanwalt oder **16** ein (sonstiger) Vertreter des öffentlichen Interesses, falls dieser von seiner Beteiligungsbefugnis Gebrauch macht. (Zum Vertreter des öffentlichen Interesses generell s. oben § 4 V. Zum Oberbundesanwalt s. auch § 35 VwGO).

4. Streitgenossenschaft

Für die Streitgenossenschaft verweist § 64 VwGO auf §§ 59–63 **17** ZPO. Streitgenossenschaft besteht dann, *wenn mehrere Beteiligte hinsichtlich des Streitgegenstandes in Rechtsgemeinschaft stehen oder wenn sie aus demselben tatsächlichen und rechtlichen Grund berechtigt oder verpflichtet sind.* Mißverständlich ist dagegen der Begriff der „subjektiven Klagehäufung", weil es in der Sache um eine „Klägerhäufung" geht.

Der Unterschied zum Beigeladenen besteht darin, daß Streitge- **18** nossen selbst als Kläger oder Beklagte **Hauptbeteiligte** sind. Der

Streitgenosse ist also immer selbst Kläger und Hauptbeteiligter; der Beigeladene beteiligt sich an einem ursprünglich fremden Rechtsstreit. Im Verwaltungsprozeß handelt es sich überwiegend um „aktive Streitgenossenschaft", d. h. um eine Mehrheit von Klägern. Daraus wird deutlich, daß auch bei der Klage jedes Streitgenossen die Zulässigkeitsvoraussetzungen gegeben sein müssen.

19   Wie bei der Beiladung kann auch die Streitgenossenschaft eine „notwendige" oder eine „fakultative" sein. **Notwendig** ist sie nach § 62 ZPO dann, wenn das streitige Rechtsverhältnis allen Streitgenossen gegenüber nur einheitlich festgestellt werden kann, also bei einer einheitlichen Sachentscheidung wegen vollständiger Identität des Streitgegenstandes.

Beispiele: Klagen von Miteigentümern auf Baugenehmigung, Klagen der Mitglieder einer BGB-Gesellschaft oder einer Erbengemeinschaft, Klage der Eltern aus gemeinsamem Elternrecht im Schulrechtsstreit.

Bei der **einfachen** Streitgenossenschaft können die Streitgenossen dagegen prozessual selbständig handeln.

Beispiele: Anfechtungsklagen gegen Allgemeinverfügung, Planfeststellungsbeschluß, Genehmigung mit mehreren Drittbetroffenen. Hier ist der Grad der Betroffenheit von Fall zu Fall unterschiedlich.

Bei **Massenverfahren** enthält § 67a eine Sonderregelung, die auch für Streitgenossen gilt. So kann das Gericht bei mehr als 50 in gleichen Interessen beteiligten Personen die Bestellung eines gemeinsamen Bevollmächtigten anordnen.

Literatur zu § 12 I: *J. Stettner,* Die Beteiligten im Verwaltungsprozeß, JA 1982, 384; *Joeres,* Die Rechtsstellung des notwendig Beigeladenen im Verwaltungsstreitverfahren (1982); *Stober,* Beiladung im Verwaltungsprozeß, FS Menger (1985), 401; *von Mutius,* Die Beteiligten im Verwaltungsprozeß, JURA 1988, 469; *Ule,* VwProzR, § 18; *Stern,* Verwaltungsprozessuale Probleme, § 8 II 2–4; *Schenke,* VwProzR, Rd.-Nr. 446 ff.; *Schmitt Glaeser,* VwProzR, Rd.-Nr. 81; *Pietzner/Ronellenfitsch,* Assessorexamen, § 7 I.

II. Die Beteiligungsfähigkeit (§ 61 VwGO)

1. Grundsatz

Während § 63 VwGO nur allgemein die Beteiligungs**eigen-** 20
schaft betrifft, regelt § 61 die Beteiligungs**fähigkeit** und damit
eine echte Zulässigkeitsvoraussetzung, die auch in der verwaltungsprozessualen Klausur immer zu prüfen ist. § 61 VwGO entspricht § 50 ZPO, geht aber teilweise über diesen hinaus. Beteiligungsfähigkeit ist die *Fähigkeit, als Träger eigener prozessualer Rechte und Pflichten am Verfahren beteiligt zu sein, also die „prozessuale
Rechtsfähigkeit"*.

Wichtig: Begriffliche Schärfe schützt vor vermeidbaren Fehlern:
So darf die Beteiligungsfähigkeit nicht mit der „Aktiv"- bzw.
„Passivlegitimation" verwechselt werden, die beide die materiell-
rechtliche Zuordnung eines Rechts (Sachlegitimation) betreffen.

Beteiligungsfähig nach § 61 VwGO sind: 21
– Natürliche und Juristische Personen,
– Vereinigungen, soweit ihnen ein Recht zustehen kann,
– Behörden, sofern das Landesrecht dies bestimmt.

Liegt die Beteiligungsfähigkeit nicht vor, so ist die Klage unzulässig, ohne daß es auf die Klageart oder ein möglicherweise verletztes Recht ankäme. Geht der Streit aber gerade um das Vorliegen oder Nichtvorliegen der Beteiligungsfähigkeit, dann ist der
Kläger insoweit als beteiligungsfähig zu behandeln (BGH, NJW
1957, 989; NJW 1982, 2070; OVG Lüneburg, OVGE 8, 467f.).
Gleiches gilt für den Rechtsstreit eines nach Art. 9 II GG aufgelösten Vereins (BVerwGE 1, 266; 13, 174) oder einer im Zuge der
Gebietsreform aufgelösten Gemeinde (VGH Mannheim, DÖV
1979, 605).

2. Natürliche Personen

Ist der Kläger eine natürliche Person, so liegt nach § 61 Ziff. 1   22
die Beteiligungsfähigkeit im Verwaltungsprozeß stets vor, und
diese Zulässigkeitsvoraussetzung ist allenfalls mit einem Satz zu
erwähnen („der Kläger ist als natürliche Person beteiligungsfä-

hig"). Der nasciturus kann zwar in Bezug auf bestimmte bürgerliche Rechte Zuordnungssubjekt von Rechtsnormen sein (*Kopp,*
VwGO, § 61, Rd.-Nr. 5; *Dolde,* FS Menger, 427), im Streit um
mögliche zukünftige Schädigungen durch ein Kernkraftwerk ist er
aber nicht beteiligungsfähig (BVerwG, NJW 1992, 1524).

3. Juristische Personen

23   Beteiligungsfähig sind nach § 61 Ziff. 1 2. Alt. auch **juristische
Personen.** Auf den Unterschied von juristischer Person des Öffentlichen Rechts oder des Privatrechts kommt es bei der Beteiligungsfähigkeit im Verwaltungsprozeß nicht an. Wichtigste **Beispiele** für juristische Personen des **Öffentlichen Rechts** sind:
Bund, Länder, Gemeinden und Gemeindeverbände, Landkreise,
sonstige rechtsfähige Körperschaften wie Universität, Berufskam-
mern und (soweit Körperschaft) Kirchen. Beteiligungsfähig sind
ferner rechtsfähige Anstalten und Stiftungen. Als juristische Personen des **Privatrechts** beteiligungsfähig sind z. B. AG, GmbH,
rechtsfähige Genossenschaft, eingetragener Verein usw. Bei ausländischen juristischen Personen kommt es nach Art. 7 EGBGB
auf das Recht des Heimatstaates an.

Den juristischen Personen gleichgestellt sind – auch unabhängig
von § 61 Ziff. 2 – solche Einrichtungen und Vereinigungen, die
zwar nicht voll rechtsfähig sind, denen aber herkömmlich oder
durch Gesetz (vgl. § 3 PartG, § 161 II i. V. m. § 124 HGB) die
Fähigkeit zuerkannt ist, im eigenen Namen Rechte geltend zu
machen. Dies sind vor allem Bundesbahn und Bundespost, politische Parteien, Gewerkschaften sowie OHG und KG. Wird die
Beteiligungsfähigkeit nach § 61 Ziff. 1 VwGO bejaht, darf Ziff. 2
nicht mehr geprüft werden.

4. Vereinigungen, soweit ihnen ein Recht zustehen kann (§ 61 Nr. 2)

24   Nicht auf die Rechtsfähigkeit sondern auf die Zuordnung einzelner Rechte stellt Ziff. 2 ab, der die Beteiligung von Vereinigungen
„soweit ihnen ein Recht zustehen kann" vorsieht. Auch dies ist

eine Konsequenz daraus, daß die Zuordnung von öffentlichen Rechten und Pflichten nicht unbedingt von der Rechtsfähigkeit abhängt. Insoweit geht § 61 weiter als § 50 ZPO. Zumindest teilweise ist diese Bestimmung aber auch Konsequenz daraus, daß die Grundrechtsträgerschaft nicht an den Begriff der Juristischen Person im engeren Sinne gebunden ist und insofern schon Art. 19 III und IV GG ein starres Festhalten an der Rechtsfähigkeit als Voraussetzung des Rechtsschutzes verbietet (BVerfGE 80, 244, 250). Ob einer Vereinigung ein Recht zustehen kann, richtet sich nach dem konkreten Streitgegenstand und dem jeweils anzuwendenden materiellen Recht. Beteiligungsfähigkeit darf auch hierbei nicht mit der Möglichkeit der Rechtsverletzung (Klagebefugnis) und erst recht nicht mit der Frage verwechselt werden, ob das Recht der Vereinigung wirklich zusteht bzw. verletzt ist.

Wichtige **Beispiele** sind: 25
- Die als nicht rechtsfähiger Verein organisierte Religionsgemeinschaft im Streit um die Anwendbarkeit von Art. 4 GG,
- die nicht rechtsfähige Studentenschaft, Fachschaft usw. im Streit um ihre Kompetenzen in der Hochschulverfassung,
- der Personalrat im Streit um die Personalratswahl (BVerwGE 5, 302),
- der Ortsverein einer politischen Partei im Streit um die Zulassung zu einer Gemeindeeinrichtung, nicht aber eine Teilorganisation eines Gesamtvereins im Streit um ein Vereinsverbot (BVerwG, NVwZ 1995, 590),
- eine auf Dauer organisierte Bürgerinitiative als Veranstalter einer Demonstration, nicht aber ein spontanes „Aktionskomitee",
- Organe oder Teilorgane einer öffentlichen Körperschaft (umstr. – s. § 21 III),
- eine BGB-Gesellschaft im Streit um eine gerade die Gesellschaft betreffende (abfallrechtliche) Verpflichtung (OVG Saarlouis, NVwZ 1993, 902).

5. Behörden nach Landesrecht (§ 61 Ziff. 3)

26   Behörden sind nicht juristische Personen, sondern unselbständiger Teil ihres jeweiligen Trägers. Deshalb sind sie grundsätzlich nicht beteiligungsfähig und können auch keine eigenen Rechte und Pflichten haben.

Unabhängig davon enthält § 61 Ziffer 3 als gesetzliche Ausnahme vom Rechtsträgerprinzip die Möglichkeit, nach Landesrecht Behörden die eigene Beteiligungsfähigkeit zuzuerkennen. Begründet ist dies ausschließlich in der Rücksichtnahme auf ältere landesrechtliche Bestimmungen.

Auf den Unterschied von Bundes- oder Landesbehörden kommt es hierbei nicht an; insbesondere ist die Beteiligungsfähigkeit einer Bundesbehörde in einem Landesgesetz kein Eingriff in die Organisationshoheit, des Bundes, da die Stellung des Organs selbst unberührt bleibt (*Dolde,* FS Menger, 433).

27   Von dieser Möglichkeit haben *Brandenburg, Mecklenburg-Vorpommern, Nordrhein-Westfalen und das Saarland* (für alle Behörden), *Niedersachsen, Sachsen-Anhalt und Schleswig-Holstein* (nur für landesunmittelbare Behörden) Gebrauch gemacht. *Rheinland-Pfalz* sieht die Beteiligtenfähigkeit **nur** für die Bezirksregierung im Falle der Beanstandungsklage nach § 17 Rh.-Pf. AGVwGO vor.

6. Beteiligungsrechte für die Natur?

28   Umweltkatastrophen und andere Bedrohungen der Natur haben zur Forderung nach einer eigenen Rechtssubjektivität für Tiere und Pflanzen geführt. Hintergrund ist die erwünschte Abkehr von der Anthropozentrik (Menschbezogenheit) der Rechtsordnung und die Zuwendung zum Tier und anderen Teilen der Natur als mit eigenen Rechten ausgestattete Subjekte (insbes. K. *Bosselmann,* Die Natur im Umweltrecht. Plädoyer für ein ökologisches Umweltrecht, NUR 1987, 1 ff.; *ders.,* Eigenrechte für die Natur, KritJ 1986, 1 ff.; allgem. auch F. *von Lersner,* Gibt es Eigenrechte der Natur?, NVwZ 1988, 168).

Dieser Versuch ist sicher gut gemeint, würde aber in der derzeit in der Tat „anthropozentrischen", d. h. auf den Menschen und seine Vereinigungen abgestellten Rechtsordnung letztlich das Gegenteil vom angestrebten Ziel bewirken, weil es die Gegenposition der natürlichen und juristischen Personen nur um so deutlicher auf den Plan rufen und ggf. auch zu einer gegenseitigen Blockierung der Eigenrechte der Natur (Waldschutz gegen Wildschutz?) führen würde.

Daher ist daran festzuhalten, daß Rechtsfähigkeit und Beteiligtenstellung nicht Tieren oder der Natur als solcher zukommt. Auch vom Robbensterben bedrohte Seehunde können daher nicht gegen eine Erlaubnis zur Giftverklappung in der Nordsee klagen (VG Hamburg, NVwZ 1988, 1058). Den angestrebten Zielen muß statt dessen durch die Einräumung eines angemessenen Stellenwertes der Ziele von Natur-, Umwelt- und Tierschutz in den jeweiligen materiellen Abwägungsprozessen Rechnung getragen werden. Auch müssen die beteiligten Behörden im Rahmen ihrer Kompetenz als Sachwalter der Rechte des Lebens und der Natur auftreten.

Literatur zu § 12 II: *Dolde,* Die Beteiligungsfähigkeit im Verwaltungsprozeß (§ 61 VwGO), FS Menger, 1985, 423; *Erichsen,* Der Innenrechtsstreit, FS Menger, 1985, 211 ff.; *von Mutius,* Die Beteiligung im Verwaltungsprozeß II. Beteiligungsfähigkeit, JURA 1988, 470; *Pietzner/Ronellenfitsch,* Assessorexamen, § 7 I.

III. Prozeßfähigkeit und ordnungsgemäße Vertretung vor Gericht (§ 62 VwGO)

1. Begriff der Prozeßfähigkeit und gesetzliche Regelung

Die Prozeßfähigkeit ist die **„prozessuale Handlungsfähigkeit",**   29 *d.h. die Fähigkeit, im Prozeß rechtswirksame Handlungen vornehmen zu können.* Sie entspricht der zivilrechtlichen Geschäftsfähigkeit und ist – auf die Klage selbst bezogen – Zulässigkeitsvoraussetzung. Wer nicht selbst prozeßfähig ist, kann den Prozeß durch einen Bevollmächtigten führen. Auch die als solche handlungsunfähigen juristischen Personen müssen sich vor Gericht wirksam vertreten lassen. Steht aber die Prozeßfähigkeit selbst im Streit, so ist ein Beteiligter in jedem Fall insoweit als prozeßfähig anzusehen.

Liegt die Prozeßfähigkeit nicht vor, so ist die Klage **unzulässig.**   30 Eine nachträgliche Genehmigung wirkt aber auf den Zeitpunkt der Prozeßhandlung zurück. Nach § 62 I 1 sind die nach bürgerlichem Recht Geschäftsfähigen (§§ 2, 104 ff. BGB) auch im Verwaltungsprozeß fähig zur Vornahme von Verfahrenshandlungen, also prozeßfähig. Prozeßfähig sind nach § 62 I 1 Ziff. 2 für bestimmte Fragen diejenigen in der Geschäftsfähigkeit Beschränkten, soweit sie durch Vorschriften des Bürgerlichen oder Öffentlichen Rechts für den Gegenstand des Verfahrens als geschäftsfähig anerkannt sind.

Beispiel: Ein Jugendlicher kann nach Art. 4 I GG, § 5 RelKEG einen Streit über die Teilnahme am Religionsunterricht, über ein öffentliches Ausbildungsverhältnis oder einen Streit um die Wehrpflicht führen.

31   Im übrigen handeln die gesetzlichen Vertreter, d. h. im Regelfall die beiden Eltern gemeinsam bzw. der Elternteil, dem das Sorgerecht zuerkannt ist. In Schulprozessen können Eltern daher sowohl für ein Kind als dessen Vertreter als auch ggf. aus eigenem (Eltern-) Recht handeln.

32   Eine Neuregelung für den Fall gesetzlicher Betreuung (§§ 1896 ff. BGB) trifft § 62 II VwGO: Demnach ist ein Betreuter in einem Verfahren, in dem es um Fälle des § 1903 BGB (Einwilligungsvorbehalt bei Gefahr für die Person oder das Vermögen des Betreuten) geht, nur insoweit zur Vornahme von Verfahrenshandlungen fähig, als er nach den Vorschriften des BGB ohne Einwilligung des Betreuers handeln kann oder durch Vorschriften des ÖR als handlungsfähig anerkannt ist (Einzelheiten bei *Laubinger/Repkewitz*, VerwArch 85 (1994), 86 ff.).

33   Auch bei solchen Beteiligten, die voll geschäftsfähig sind, können gelegentlich im Verlauf eines Verwaltungsprozesses oder durch die Art der Klage Zweifel an der Prozeßfähigkeit entstehen. Solche Zweifel dürfen aber nicht dazu führen, bloße Emotionalität oder „Querulanz" im Verfahren zum Anlaß für die Prüfung der Prozeßfähigkeit oder gar die Annahme der fehlenden Prozeßfähigkeit ohne Einschaltung eines Sachverständigen zu nehmen. Eine solche Ausnahme kommt nur in Extremfällen in Betracht.

Beispiel: Antrag gegen den Verfassungsschutz, Eingriffe auf das Gehirn eines Beteiligten mittels elektronischer Wellen zu unterlassen (VGH Kassel, NJW 1990, 463).

Zur prozessualen Stellung der Vertretung prozeßunfähiger natürlicher Personen gelten § 62 III VwGO i. V. m. §§ 53–58 ZPO. So muß das Gericht z. B. die Legitimation eines gesetzlichen Vertreters ggf. überprüfen (§ 56 ZPO) und ggf. einen besonderen Prozeßpfleger bestellen (§ 57 ZPO).

2. Vertretung von Vereinigungen und Behörden

Klagt eine Vereinigung oder eine Körperschaft oder auch eine **34** Behörde soweit sie beteiligungsfähig ist, so handeln nach § 62 III ihre gesetzlichen Vertreter, Vorstände oder besonders Beauftragte. Wer gesetzlicher Vertreter ist, richtet sich nach materiellem Recht (Gemeindeordnung, AktienG, BGB, usw.). Behördenvertreter können dabei nur deren Bedienstete sein (BVerwG, DVBl. 1995, 748).

Wichtigstes praktisches Problem ist die Vertretung der Gemeinde und ver- **35** gleichbarer Körperschaften. Soweit nicht ausdrücklich gesetzlich ermächtigt, handelt der BM – da es sich bei einer Prozeßführung vor dem VG nicht um eine Angelegenheit der laufenden Verwaltung handelt – aufgrund einer entsprechenden Vollmacht des Gemeinderats oder in Vollzug eines Gemeinderatsbeschlusses. Liegt weder das eine noch das andere vor, so sind seine Erklärungen schwebend unwirksam. Der Mangel kann aber durch Beschluß des Gemeinderats bzw. des entsprechenden Gremiums bei anderen Körperschaften geheilt werden (zum Problem der Heilung einer fehlenden Vollmacht *Laubinger*, FS Ule, 1987, 161, 181).

3. Postulationsfähigkeit und Vertretung durch Rechtsanwalt

Grundsätzlich ist jeder Prozeßfähige im Verwaltungsprozeß **36** auch **„postulationsfähig"**, d. h. *fähig Anträge zu stellen.* Ein Anwaltszwang existiert nach § 67 I VwGO nur vor dem Bundesverwaltungsgericht. Desungeachtet *kann* nach § 67 II VwGO jeder Beteiligte sich in jeder Lage des Verfahrens auch vor VG und OVG durch einen Bevollmächtigten vertreten lassen und sich in der mündlichen Verhandlung eines Beistands bedienen. Macht er hiervon Gebrauch, so ist die Vorlage einer wirksamen Vollmacht wesentliches Formerfordernis. Wird die Vollmacht (ggf. nach Fristsetzung – § 67 III VwGO) nicht vorgelegt, so ist die entsprechende Prozeßhandlung unwirksam.

Nach § 67 I VwGO kann sich ein Beteiligter vor dem BVerwG auch durch **37** einen Rechtslehrer an einer deutschen Hochschule als Bevollmächtigten vertreten lassen. Nach Enstehungsgeschichte und materiellem Hochschulrecht zählen hierzu nur Professoren an wissenschaftlichen Hochschulen, also Universitätsprofessoren, Honorarprofessoren und Privatdozenten, nicht aber Fachhochschullehrer (BVerwGE 56, 336), wissenschaftliche Assistenten und Lehrbeauftragte (BerlVerfGH, NJW 1995, 1212). Die an die besondere Fachkompetenz der Hochschullehrer anknüpfende Vorschrift des § 67 I gilt **erst recht** für die Vertretung vor VG und OVG/VGH. § 67 I schließt die Anwendbarkeit der berufsrechtlichen Regelung des § 1 RBerG insofern aus (zu diesem Problem und zu abweichenden Entscheidungen einzelner OVG- und VGH-Senate ausführlich *Pietzner/Ronellenfitsch*, Assesorexamen, § 7 II, Rd.-Nr. 19; *Schenke*, DVBl. 1990, 1151 jeweils m. w. N.).

Literatur zu § 12 III: *Sannwald*, Berücksichtigung fehlender Anwaltsvollmacht im Verwaltungsprozeß, DÖV 1983, 762; 1984, 110; *Riedel*, Nochmals: Berücksichtigung fehlender Anwaltsvollmacht im Verwaltungsprozeß, DÖV 1984, 109; *Laubinger*, Prozeßfähigkeit und Handlungsfähigkeit, FS Ule, 1987, 161 ff.; *Schenke*, Die Vertretungsbefugnis von Rechtslehrern an einer deutschen Hochschule im verwaltungsgerichtlichen Verfahren, DVBl. 1990, 1159; *Schmitt Glaeser*, VwProzR, Rd.-Nr. 99–105; *Pietzner/Ronellenfitsch*, Assessorexamen, § 7 II; *Ule*, VwProzR, §§ 19 und 20.

IV. Prozeßführungsbefugnis

1. Prozeßführungsbefugnis auf Klägerseite

38   Die Prozeßführungsbefugnis betrifft die Frage, *unter welchen Beteiligten der Rechtsstreit auszutragen ist* (*Rosenberg/Schwab*, Zivilprozeßrecht, § 46 I 1). Auf der Klägerseite sprechen wir von „aktiver", auf den Beklagtenseite von „passiver" Prozeßführungsbefugnis.

Obwohl der Begriff sich in nahezu allen Gliederungsschemata findet, ist die aktive Prozeßführungsbefugnis nur dann gesondert zu prüfen, wenn hierfür besonderer Anlaß besteht. Auch ist sorgfältig darauf zu achten, daß die Prozeßführungsbefugnis nicht mit Beteiligungsfähigkeit, Prozeßfähigkeit, Klagebefugnis oder mit der Berechtigung in der Sache (Sach- oder Aktivlegitmation) verwechselt wird. Grundsätzlich ist derjenige, der vor dem VG **eigene** Rechte geltend macht, insoweit auch prozeßführungsbefugt, ohne daß dies besonderer Erwähnung bedarf. Die Frage der Prozeßführungsbefugnis kann sich **nur** stellen, wenn der Kläger im **eigenen** Namen (also nicht Vertreter eines anderen) **fremde** Rechte geltend macht. Dann geht es in der Sache um eine **Prozeßstandschaft,** die einer besonderen Befugnis bedarf. In diesen

Fällen ist die Prozeßführungsbefugnis Sachentscheidungsvoraussetzung. Man unterscheidet gewillkürte (in der Regel vereinbarte) und gesetzliche Prozeßstandschaft, wobei erstere im Verwaltungsprozeß schon wegen § 42 II VwGO ausgeschlossen ist.

Als **Beispiele** gesetzlicher Prozeßstandschaft sind zu nennen: Der Konkursverwalter, Testamentsvollstrecker, Nachlaßverwalter, wohl auch der Rechtsvorgänger im anhängigen Prozeß. Die aktive Prozeßführungsbefugnis fehlt, wenn bei notwendiger Streitgenossenschaft nur ein Streitgenosse klagt (BVerwGE 3, 208, 211 für den Fall der Änderung eines Familiennamens).

2. Prozeßführungsbefugnis auf Seiten des Beklagten (§ 78 VwGO)

a) Zur Einordnung von § 78 VwGO

Sehr viel schwieriger ist die exakte Einordnung der Prozeßführungsbefugnis auf der Seite des Beklagten, also (in der Regel) des beklagten öffentlichen Entscheidungsträgers. Grundsätzlich gilt die Unterscheidung zwischen prozessualer (passiver) Prozeßführungsbefugnis und der Passivlegitimation. Die **Prozeßführungsbefugnis** („Beklagtenbefugnis" – *Erichsen,* JURA-Extra, 2. Aufl., 1983, 206) betrifft die *Befugnis zur Führung des Prozesses;* die **Passivlegitimation** betrifft die *materiellrechtliche Fähigkeit,* als inhaltlich legitimierte Behörde dem Sachbegehren stattzugeben. Beide Aspekte haben die gleiche Voraussetzungen und folgen dem Rechtsträgerprinzip (dazu unten). Sie sind aber strikt zu unterscheiden, weil die Prozeßführungsbefugnis eine Sachentscheidungsvoraussetzung betrifft, die Passivlegitimation dagegen unstreitig zur Begründetheit gehört. **39**

Umstritten ist dagegen, was exakt § 78 VwGO regelt. Ein Teil der Lehre sieht in dieser Bestimmung eine Regelung der Passivlegitimation, stellt die Frage des „richtigen Beklagten" also erst bei der Begründetheit. Wenn überhaupt, so wird dies damit begründet, daß dem Kläger nicht die Bestimmung des richtigen Beklagten als Zulässigkeitsvoraussetzungen auferlegt werden dürfe. (*Kopp,* VwGO, vor § 40, Rd.-Nr. 18 und § 78, Rd.-Nr. 3; *Eyer-* **40** *mann/Fröhler,* VwGO, § 78, Rd.-Nr. 7; *Schmitt Glaeser,* VwProzR, Rd.-Nr. 237; *Würtenberger,* PdW, 274).

41   Diese Auffassung kann **nicht** überzeugen. Gegen sie sprechen schon der Wortlaut: „Die Klage ist zu richten" und der klare Zusammenhang, in dem § 78 unter den übrigen Zulässigkeitsvoraussetzungen der Anfechtungs- und Verpflichtungsklage steht. Zum anderen hätte der Bundesgesetzgeber in § 78 VwGO schon aus kompetenzrechtlichen Gründen nicht die Sachlegitimation der jeweiligen Behörden regeln können (so auch *Jestaedt,* NWVBl. 1989, 45 ff.; *Stern,* Verwaltungsprozessuale Probleme, Rd.-Nr. 241). Beträfe § 78 die Passivlegitimation, so wäre dies auch auf § 78 I 2 zu übertragen, es entstünde also eine eigene Sachlegitimation der Behörden. Behörden haben aber nach allgemeinen Grundsätzen des Verwaltungsrechts keine Rechte und Pflichten – diese kommen vielmehr nur dem jeweiligen Rechtsträger zu. So richtig es ist, den Bürger nicht mit Problemen des komplizierten Verwaltungsaufbaus und des richtigen Beklagten zu belasten, so deutlich ist, daß gerade § 78 dieses Problem „entschärft", weil zur Bezeichnung des Beklagten die Angabe der (dem Kl. ja i. d. R. bekannten) Behörde ausreicht. Verbleibende Unklarheiten kann das Gericht durch die Hinweispflicht nach § 82 II und § 86 III VwGO lösen. Wer nach einem solchen Hinweis darauf beharrt, die falsche Behörde zu verklagen, ist nicht schutzwürdig.

42   Es ist also daran festzuhalten, daß § 78 VwGO die „passive" Prozeßführungsbefugnis und **nicht** die Passivlegitimation regelt (wie hier *Ehlers,* FS Menger, 1985, 379, 383; *Jestaedt,* NWVBl. 1989, 45 ff.; *Dolde,* FS Menger, 1985, 424; *Stern,* Verwaltungsprozessuale Probleme, Rd.-Nr. 241; *Schenke,* VwProzR, Rd.-Nr. 66, 538, 545). Richtet sich die Klage gegen die falsche Behörde oder den falschen Rechtsträger, so ist sie nicht nur unbegründet, sondern schon unzulässig (i. d. S. auch OVG Münster, NVwZ 1990, 185). Ist der Beklagte nur falsch bezeichnet, der eigentlich gemeinte Rechtsträger aber erkennbar, so kann der Klageantrag entsprechend ausgelegt werden – dies sogar noch nach Ablauf der Rechtsmittelfrist (BVerwG, NVwZ 1983, 29).

43   **Wichtig:** Das hier geschilderte Problem ist für die Praxis nahezu unbedeutend, weil die Bezeichnung der Behörde reicht. Für die Klausur empfiehlt es sich in jedem Fall, zumindest dann auf den „falschen Beklagten" schon bei der Zulässigkeit hinzuweisen, wenn die Klage erkennbar gegen den falschen Rechtsträger oder die falsche Behörde gerichtet ist.

Beispiel: Klage auf Zulassung zum Jura-Studium gegen das Justizprüfungs-amt anstatt gegen die Universität; Klage gegen die Gemeinde statt gegen den Staat als Träger der Polizei; Klage gegen den Bund statt gegen ein Land. Hinzuweisen ist auch darauf, daß die Prüfung der objektiven Klagehäufung „in der Luft hängt", wenn nicht zuvor geklärt wurde, daß sich die Anträge gegen denselben Beklagten richten. Auch das spricht für ein „Vorziehen" der Prü-fung des § 78 VwGO.

Obwohl § 78 VwGO unmittelbar nur für Anfechtungs- und **44** Verpflichtungsklagen gilt, ist die Bestimmung nach richtiger Auf-fassung auch auf die übrigen Klagearten analog anzuwenden, weil das ihm zugrundeliegende Rechtsträgerprinzip auch bei anderen Klagebegehren gilt (*Ehlers,* FS Menger, 1985, 380, 392).

b) Das Rechtsträgerprinzip

In der Sache richten sich die Prozeßführungsbefugnis und der **45** „richtige Beklagte" nach dem Rechtsträger, dessen Behörde den angefochtenen VA erlassen oder den beantragten VA unterlassen hat. Für die Lösung von Fällen ist daher die Kenntnis des Aufbaus der Bundes- und Landesbehörden unabdingbar. § 78 ist Ausdruck des **Rechtsträgerprinzips,** das wiederum auf die traditionelle Vor-stellung vom Staat als juristischer Person mit eigenen Organen und ihm zugehörigen Behörden beruht. Richtiger Beklagter ist grundsätzlich der Rechtsträger der handelnden Behörde; die Pro-zeßführungsbefugnis der Behörde selbst (§ 78 I Ziff. 2) ist eine gesetzliche Ausnahme vom Rechtsträgerprinzip.

c) Einzelfragen des richtigen Beklagten

Ob bei der Zulässigkeit oder erst bei der Begründetheit geprüft: Die Anwendung von § 78 birgt zahlreiche Einzelprobleme:

(1) Hat die Behörde einer **Selbstverwaltungskörperschaft** (Gemeinde, **46** Landkreis, Universität usw.) gehandelt, so ist die Klage stets gegen die Kör-perschaft zu richten, und zwar unabhängig davon, ob sie im eigenen oder übertragenen Wirkungskreis gehandelt hat. Gemeindebehörden sind **nie** Be-hörden des Staates. Schwierig wird es, wenn die Behörde eine Doppelfunktion hat. Handelt z. B. der Landrat als Vertreter der Selbstverwaltungskörperschaft Landkreis, so richtet sich die Klage gegen den Landkreis; wird er als Leiter der unteren staatlichen Verwaltungsbehörde tätig, so ist richtiger Beklagter der Staat, d. h. das jeweilige Land.

47   (2) Wird ein VA im Wege der **Ersatzvornahme** erlassen, so richtet sich die Klage nicht gegen die beaufsichtigte Körperschaft, z. B. die Gemeinde, sondern gegen den Rechtsträger der staatlichen Aufsichtsbehörde. Wird dagegen die Gemeinde **auf Weisung** der Aufsichtsbehörde tätig, so ist sie der richtige Klagegegner (OVG Münster, NVwZ 1990, 23).

48   (3) Richtiger Beklagter beim **mehrstufigen VA** ist stets der Rechtsträger derjenigen Behörde, die das „Endprodukt" dem Bürger gegenüber erläßt.

49   (4) Die Klage richtet sie **nie** gegen **einzelne Bedienstete** der Behörde, auch wenn die Handlung diesen persönlich zuzurechnen ist. So ist die Klage auf oder gegen bestimmte Unterrichtsinhalte nicht gegen den Lehrer, sondern gegen den Träger der Schulverwaltungsbehörde zu richten; die Unterlassungs- oder Widerrufsklage gegen diskriminierende Äußerungen des Bürgermeisters oder eines Bediensteten nicht gegen diesen persönlich, sondern gegen die Gemeinde bzw. gegen den Dienstherrn (BVerwGE 59, 319, 325; BVerwG, DÖV 1988, 129). Nur im sogenannten Kommunalverfassungsstreit (oder in vergleichbaren Fällen) die sich „unter dem Dach" des gleichen Rechtsträgers abspielen, kann dies im Einzelfall fraglich sein (dazu unten, § 21).

50   (5) Richtiger Beklagter beim sogenannten **Beliehenen** ist dieser selbst, nicht die ihn beauftragende Behörde (umstr., vgl. VGH München, DÖV 1975, 210 einerseits; *Steiner*, NJW 1975, 1798 andererseits).

51   (6) Schwierigkeiten können auch bei **Maßnahmen der Polizei** entstehen. Hier ist in der Regel das Land als Rechtsträger der Polizei sowohl richtiger Klagegegner im Sinne von § 78 als auch passivlegitimiert. Handelt die Polizei aber in Amtshilfe auf Ersuchen einer anderen Behörde, so wird letzterer auch im prozessualen Sinne dieses Handeln zugerechnet. Auch bei der Vollzugshilfe wird die Polizei zur zwangsweisen Durchsetzung eines VA für eine ersuchende Behörde tätig. Daher ist bezüglich der Zulässigkeit und der generellen Rechtmäßigkeit der Vollzugshilfe grundsätzlich die ersuchende Behörde richtige Beklagte und passivlegitimiert.

In Bayern ist von der Vollzugshilfe das sogenannte **Handeln auf Weisung** nach Art. 9 II BayPOG zu unterscheiden. Hier vollzieht die Polizei nicht lediglich den VA einer anderen Behörde; sie wird vielmehr nur auf deren „Initiative" tätig und erläßt selbst polizeirechtliche Verwaltungsakte. Ihr Handeln ist ihrem Rechtsträger, also dem Staat, zuzurechnen, der auch richtiger Klagegegner i. S. v. § 78 ist; zu diesen Problemen ausführlich *Knemeyer,* Polizei- und Ordnungsrecht, Rd.-Nr. 77 ff.; *Wegmann,* Rechtsschutzprobleme im bayerischen Polizeirecht, BayVBl. 1985, 417.

52   (7) **Behörden als Beklagte:** Von der Ermächtigung des § 78 I 2 haben Nordrhein-Westfalen, Niedersachsen und Schleswig-Holstein (letztere nur für Landesbehörden) Gebrauch gemacht. Hier ist die Klage dementsprechend gegen die Behörde selbst zu richten, die dann in passiver Prozeßstandschaft für das Land handelt.

53   (8) Richtiger Beklagter bei vorliegendem **Widerspruchsbescheid** ist grundsätzlich **nicht** der Träger der Widerspruchsbehörde, sondern derjenige der Ausgangsbehörde. Das ergibt sich mittelbar aus § 79 I 1, wonach der ursprüngliche Verwaltungsakt Gegenstand der Klage ist. Als Ausnahme von diesem Grundsatz regelt § 78 II den Fall, daß ein Dritter durch den Widerspruchsbescheid erstmals beschwert ist und dann, wenn sich die Klage als „isolierte Klage" ausdrücklich **nur** auf den Widerspruchsbescheid bezieht (*Schenke*, VwProzR, Rd.-Nr. 551). In diesem Fall ist der Träger der Widerspruchsbehörde richtiger Beklagter, da hier die Beschwer ausschließlich von ihm ausgeht. Das gilt auch in Fällen der „reformatio in peius", wenn der Kläger die Klage auf den „verbösernden Teil" beschränkt (VGH München, BayVBl. 1990, 312).

(9) Eine Besonderheit gilt in **Rheinland-Pfalz**. Sie paßt aber durchaus ins 54 System: Wird der Kreisrechtsausschuß nach § 6 I 1 AGVwGO als Widerspruchsbehörde tätig, dann ist die Klage – soweit überhaupt gegen die Widerspruchsbehörde – gegen den Landkreis zu richten.

Literatur zu § 12 I: *Ehlers*, Der Beklagte im Verwaltungsprozeß, FS Menger (1985), 379; *Jestaedt*, Der „richtige" Beklagte? Ein Beitrag zum juristischen Zweck und zur dogmatischen Einordnung des § 78 VwGO, NWVBl. 1989, 45.

§ 13 Die Klagearten – Statthaftigkeit der Klage

I. Die Überwindung des Enumerationsprinzips

Die verwaltungsprozessuale Generalklausel (§ 40 VwGO) be- 1 wirkt, daß der Rechtsschutz gegen hoheitliche Handlungen oder Unterlassungen grundsätzlich **unabhängig von der Rechtsform** des Handelns gewährleistet ist. Diese Absage an das traditionelle Enumerationsprinzip entspricht dem verfassungsrechtlichen Gebot effektiven Rechtsschutzes (Art. 19 IV GG).

Daraus folgt, daß eine Klage wegen der Wahl einer unstatthaften Klageart nicht als unzulässig zurückgewiesen werden darf (so auch *Schenke*, VwProzR, Rd.-Nr. 171). Gleichwohl wirkt das überkommene Aktionensystem weiterhin fort. So wird die „statthafte Klageart" nach wie vor unter „Zulässigkeit der Klage" geprüft.

Nicht mehr berechtigt ist das nach wie vor feststellbare Übergewicht der 2 Anfechtungs- und Verpflichtungsklage. Übersehen wird damit, daß damit nicht nur das tatsächliche Handeln der Verwaltung und alltägliche Rechtsverhältnisse des Öffentlichen Rechts in eine Art verwaltungsprozessualer „Randlage" gedrängt werden, sondern daß auch ohne Anlaß die oft gekünstelte Ausdehnung des VA-Begriffes auf tatsächliche Handlungen ohne Not fortgesetzt wird. Das meiste „spezifisch" auf das Über- und Unterordnungsverhältnis Zugeschnittene hat die Rechtsprechung überdies von Anfechtungs- und Verpflichtungsklage auf andere Klagearten übertragen, so insbesondere das

Erfordernis der möglichen Rechtsverletzung (Klagebefugnis). Andere Voraussetzungen wie angemessene Frist und Vorverfahren ließen sich – wie die beamtenrechtlichen Leistungs- und Feststellungsklagen zeigen – durch Bundesgesetz auf die übrigen Klagearten übertragen. Unabhängig davon muß man sich verdeutlichen, daß der Rechtsschutz zwar immer im Rahmen bestimmter Klagearten gewährt wird, als solcher aber nicht von der Form staatlichen Handelns und der Klageart abhängt. Die Zuordnung einer Handlung zum VA wirkt also **nicht mehr rechtsschutzeröffnend**, sondern nur noch **klageartbestimmend** (*Maurer,* AVwR, § 9, Rd.-Nr. 38). Wählt der Kläger die falsche Klageart, so hat das Gericht zunächst durch Auslegung und ggf. Umdeutung, zumindest aber durch einen konkreten Hinweis nach § 86 III auf die statthafte Klageart hinzuwirken. Das ist auch bei der Klausur zu beachten!

3   Unabhängig vom Streit um die Reichweite von Anfechtungs- und Verpflichtungsklage und der verbleibenden Bedeutung der übrigen Klagearten schließt § 40 VwGO einen „numerus clausus" der Klagearten im Verwaltungsprozeß aus. **Für jede hoheitliche Handlung, die in die Rechte eines Bürgers eingreift, muß daher eine statthafte Klageart zur Verfügung stehen.**

4   Schon deshalb ist die Auffassung problematisch, die Normenkontrolle nach § 47 VwGO sei durch Art. 19 IV GG nicht geboten (dazu unten, § 19). Auch sind Leistungs- und Feststellungsklage verfassungsrechtlich notwendig, wenn eine andere Klageart zur Klärung einer öffentlichrechtlichen Streitigkeit nicht in Betracht kommt (zum lückenlosen Rechtsschutz BVerfGE 22, 106, 110; 58, 1, 40). Daß dies nach h. L. z. B. für Verwaltungsvorschriften und andere Akte des staatlichen „Innenbereichs" nicht gilt, ist kein Verstoß gegen das Prinzip; es hängt vielmehr damit zusammen, daß in diesen Fällen eine unmittelbare Wirkung der jeweiligen Handlung außerhalb des staatlichen Bereichs verneint wird.

5   Der Kreis der in der Folge zu behandelnden Klagearten ist demnach nicht abgeschlossen. Zum einen kann der Gesetzgeber andere statthafte Klagearten vorsehen, so z. B. im Personalvertretungsrecht, beim Wahlprüfungsverfahren und auch im Asylrecht. Bei näherem Zusehen erweist sich die „Offenheit" des Systems der verwaltungsprozessualen Klagearten aber als weniger bedeutend, als es auf den ersten Blick erscheint. In den meisten Fällen lassen sich die als „besondere Klagearten" oder als Klage „sui generis" bezeichneten Klagen doch letztlich einem der wohlbekannten „Typen", also Gestaltungs-, Leistungs- und Feststellungsklage zuordnen (*Lüke,* ZZP 1994, 157; problematisch dagegen die Einfüh-

rung immer „neuer" Klagearten wie z. B. bei *Stober,* Rechtsschutz, § 5).

Am Gliederungspunkt „statthafte Klageart" wird hier bewußt **6** festgehalten. Die (ohnehin überdenkungsbedürftige) Ausklammerung der Normenkontrolle fordert die Einführung der „Rechtsschutzform" m. E. nicht (anders *Schoch,* Übungen, 77).

II. Übersicht über die Klagearten

1. Die „Standardklagen"

Die statthafte Klageart richtet sich nach der Art der Handlung, **7** die der Kläger abwehren oder erreichen will (allgem. Übersicht über die staatlichen Handlungsformen bei *Maurer,* vor § 9).

Die folgende Übersicht erleichtert das Verständnis des Systems: **8**

	Abwehr	Verpflichtung, Begünstigung, Leistung
VA (§ 35 VwVfG)	**Anfechtungsklage** (auch Fortsetzungsfestst.klage, Klage auf Feststell. der Nichtigk.)	**Verpflichtungsklage** „Versagungsgegenklage" (auch Bescheidungskl.; Untätigkeitsklage)
Tatsächl. Verw.handeln im hoheitlichen Bereich (Realakt, „Nichtregelung")	**Unterlassungsklage** (Leistungsklage auf Unterlassung, auch vorb. Unterl.klage)	**allgem. Leistungsklage**
Rechtsnorm	**Normenkontrolle**	**„Normerlaßklage"** (umstr.)

Die **Anfechtungsklage** zielt auf die Aufhebung des bis dahin **9** wirksamen VA, also auf unmittelbare Rechtsgestaltung durch das Gericht. Durch **Leistungsklage** will der Kläger die Verurteilung des Beklagten zu einer „Leistung" erreichen. Dies kann ein aktives Tun oder auch ein Unterlassen sein. Die „Leistung" kann auch in einem Verwaltungsakt bestehen. Auch die **Verpflichtungsklage** ist – so gesehen – Leistungsklage (zur Verwechslungsgefahr sogleich).

10   Eine besondere Rolle spielt die **Feststellungsklage** nach § 43 VwGO. Auch sie hat in der Sache entweder abwehrenden Charakter (negative Feststellungsklage) oder will zumindest eine Besserstellung durch Klärung eines streitigen Rechtsverhältnisses erreichen (positive Feststellungsklage). Die Möglichkeit, durch Feststellungsklage negativer oder positiver Art eine Klärung öffentlich-rechtlicher Rechtsverhältnisse herbeizuführen, wurde – auch abgesehen von der expliziten Subsidiarität dieser Klageart – in der Rechtsprechung zunächst mit Zurückhaltung aufgegriffen, was mit dem vorgestellten Vorrang von Verwaltungsakt und Gestaltungsklage, aber auch damit zu tun hat, daß die gerichtliche Feststellung als eine Art Eingriff in die Entscheidungsvorgänge der Verwaltung begriffen wurde (*Grawert*, FS Menger, 1985, 52).

11   Bei der **Normenkontrolle** handelt es sich im Grunde um eine Sonderform der Feststellungsklage, weil das Gericht die Nichtigkeit einer untergesetzlichen landesrechtlichen Norm feststellt. Sie wird nicht mit „Klage" bezeichnet, da es streng genommen keinen Beklagten gibt, doch spricht im übrigen nichts dagegen, von einer „Normenkontrollklage" zu sprechen (dazu unten, § 19).

12   Abgesehen vom Sonderfall prozessualer Gestaltungsklagen (dazu unten, § 22) lassen sich alle übrigen Klagearten mehr oder minder in das hier umrissene System einordnen. Das gilt sowohl für die **Fortsetzungsfeststellungsklage** (im „Grundtyp" eine fortgesetzte Anfechtungsklage) als auch für die Klage auf **Feststellung der Nichtigkeit** eines VA; es gilt erst recht für die **Untätigkeitsklage,** die in der Regel nichts anderes ist als eine Verpflichtungsklage ohne Widerspruchsverfahren, und die **Bescheidungsklage,** die als eingeschränkte Verpflichtungsklage bezeichnet werden kann. Nur bei verschiedenen Fällen der verwaltungsprozessualen **Organklage,** insbesondere bei Kommunalverfassungsstreitigkeiten, kann sich die Ausdehung des Anwendungsbereichs verwaltungsprozessualer Gestaltungsklagen als notwendig erweisen. Die Probleme lassen sich aber in fast allen Fällen durch Leistungs- oder Feststellungsklagen lösen (Einzelheiten unten, § 21).

13   Im Zusammenhang mit den Klagearten und ihrer Gliederung gibt es Bezeichnungsweisen, die zu Mißverständnissen führen können:

– So ist es zwar richtig, daß die Verpflichtungsklage eine Unterart der Leistungsklage ist, weil der Kläger als „Leistung" einen VA begehrt. Man sollte es zur Vermeidung von Mißverständnissen gleichwohl bei der Bezeichnung „Verpflichtungsklage" belassen, um Verwechslungen mit der eigentlichen (allgemeinen) Leistungsklage zu verhindern.

– Die Bezeichnung der Unterlassungsklage als Leistungsklage ist zwar dogmatisch richtig, weil Tun und Unterlassen im materiellen und im Prozeßrecht gleichgestellt werden (vgl. § 194 BGB, § 77 ZPO). Gleichwohl empfiehlt es sich, zur Kennzeichnung des Gewollten den Begriff der Unterlassungsklage zu benutzen.

– Besonders wichtig zur Vermeidung von Fehlern ist es, Rechtsform und Klageart einerseits und mögliche Rechtsverletzung andererseits auseinanderzuhalten. Erstere ist für die Statthaftigkeit der Klage, zweitere erst für die Klagebefugnis von Bedeutung. Gleichwohl werden beide Begriffe in der Praxis nicht selten verwechselt. Das führt gerade in schwierigen Abgrenzungsfällen zu Problemen, in denen es um den Rechtsschutz im wirklichen oder vermeintlichen „Innenbereich" der Verwaltung geht.

2. Insbesondere: Gestaltungsklagen

Kennzeichen der **Gestaltungsklagen** ist es, daß sie auf unmittel- **14** bare Rechtsgestaltung, d. h. auf Begründung, Änderung oder Aufhebung eines Rechtsverhältnisses gerichtet sind (*Rosenberg/Schwab*, Zivilprozeßrecht, § 95; *Pietzner/Ronellenfitsch*, Assessorexamen, § 9; *Bosch/Schmidt*, Einführung, § 32). Die Gestaltungsklage ist im Gegensatz zur Leistungs- und Feststellungsklage darauf gerichtet, daß die Wirkung des Urteils **unmittelbar** eintritt. Eine Vollstreckung ist daher weder möglich noch auch nötig. Gestaltungsurteile können also nur hinsichtlich der Kosten vollstreckt werden. Der „klassische" Fall der verwaltungsprozessualen Gestaltungsklage ist die **Anfechtungsklage.** Ist sie erfolgreich, so hebt das Gericht den Verwaltungsakt auf und beseitigt damit die Rechtswirkung des § 43 VwVfG, nämlich die Wirksamkeit des VA.

Gestaltungsklagen in diesem Sinne sind auch die „prozessualen **15** Gestaltungsklagen" also die **Abänderungs**klage, **Vollstreckungsklage** usw. (dazu *Schmitt Glaeser*, § 6 und *Schenke*, VwProzR, Rd.-Nr. 367; *Schenke/Baumeister*, NVwZ 1993, 1 ff.). Ein Gestaltungsurteil ergeht auch bei der Klage nach § 16 VereinsG, deren Ergebnis die Bestätigung oder Aufhebung eines Vereinsverbots ist. Hier wird das Verbot erst mit der Bestätigung wirksam, so daß es sich um einen Fall der echten (positiven) Gestaltungsklage handelt (dazu *Ule*, VwProzR, § 32 IV).

16   Anders als im Zivilprozeß unterliegen die Gestaltungsklagen grundsätzlich auch keinem „numerus clausus" (a. A. VGH München, BayVBl. 1961, 58). Fraglich ist nur, ob es denkbare Anwendungsfälle für nicht ausdrücklich gesetzlich vorgesehene Gestaltungsklagen gibt. Dies wird in der Literatur immer wieder betont (vgl. insbesondere *Pietzner/Ronellenfitsch*, Assessorexamen, § 9). Als Anwendungsbereich für eine solche allgemeine oder auch „andere" Gestaltungsklage (*Schmitt Glaeser*, VwProzR, Rd.-Nr. 369f.) gilt der Kommunalverfassungsstreit (unten, § 21 IV).

III. Statthafte Klageart – unabdingbar für die Zulässigkeit der Klage?

17   Die oben angeführten Beispiele zeigen, daß es dem Bürger kaum zumutbar ist, sich schon im Moment der Klageerhebung im komplizierten System der Klagearten zurechtzufinden. Die Verbindung von Zulässigkeit der Klage und richtiger Klageart hat überdies die traditionelle Funktion einer Einengung des Rechtsschutzes verloren. Spöttisch ließe sich daher sagen, die Diskussion über die Klagearten löst mit großem dogmatischem Aufwand Probleme, die der Verwaltungsprozeß nicht hätte, wenn es diese aus der Geschichte mitgeschleppten Unterschiede nicht gäbe. Ähnlich wie bei Rechtsweg und zuständigem Gericht wäre es daher rechtspolitisch wünschenswert, wenn sich der Reformgesetzgeber entscheiden würde, für die Zulässigkeit der Klage neben den klägerbezogenen Zulässigkeitsvoraussetzungen nur noch die Bezeichnung der Maßnahme zu verlangen, durch die sich der Kläger verletzt sieht, bzw. die er mit der Klage erreichen will. Eine solche Lösung wäre um so konsequenter, als die Rechtsprechung mit der Klagebefugnis ohnehin die wichtigste klageartbezogene Zulässigkeitsvoraussetzung auf andere Klagearten übertragen hat. Auch spräche nichts dagegen, bei Leistungs- und Feststellungsklagen ein Widerspruchsverfahren vorzusehen. Selbst das „Fristproblem" ließe sich in der Weise lösen, daß die ohnehin bestehende „Verwirkungsgrenze" bei Leistungs- und Feststellungsklagen gesetzlich formalisiert – oder wo erforderlich – durch eine dem VA entsprechende Fixierung auf die Monatsfrist des § 70 bzw. § 74 VwGO geregelt würde.

Es spricht also alles für eine entschiedene Vereinfachung des Systems der Klagearten. Solange dies nicht geschehen ist, richtet sich aber die weitere Prüfung nach der Klageart und es bleibt insbesondere für den Studenten nichts anderes übrig, als – bezogen auf den Streitgegenstand – die Klageart exakt herauszuarbeiten und dabei nach Möglichkeit eine Zuordnung zu den geläufigen Klagearten zu suchen, bevor Zuflucht zu Hilfskonstruktionen oder gar zur mißverständnisanfälligen Klageart „sui generis" genommen wird.

Literatur zu § 13 I–III: *Strahl,* Die allgemeine Gestaltungsklage als Klageart im Verwaltungsprozeß, Diss. Bonn, 1987; *Schenke/Baumeister,* Probleme des Rechtsschutzes bei der Vollstreckung von Verwaltungsakten, NVwZ 1993, 1 ff.; *Pietzner/Ronellenfitsch,* Assessorexamen, §§ 8–11; *Ule,* § 32; *Stern,* § 4 V–VIII; *Schmitt Glaeser,* VwProzR, § 6.

IV. Objektive Klagenhäufung (§ 44 VwGO)

1. Allgemeines

Nach § 44 VwGO können mehrere Klagebegehren vom Kläger **18** in einer Klage zusammen verfolgt werden. Dies ist die **objektive Klagenhäufung** (Klagenverbindung), die sich also auf mehrere Klagen richtet. Die sogenannte „subjektive" Klagenhäufung (mehrere Kläger) ist ein Fall der Streitgenossenschaft (§ 64). Da es hier im Grunde nicht um eine Klagen- sondern um eine „Klägerhäufung" handelt, bleibt sie hier außer Betracht.

Objektive Klagenhäufung liegt nur bei mehreren Klagebegehren (also Streitgegenständen) vor, nicht aber, wenn ein Ziel aus mehreren rechtlichen Gesichtspunkten verfolgt wird. Die Klagebegehren können nebeneinander (kumulativ) oder eventual, also z. B. als Haupt- und Hilfsantrag, gestellt werden. Auch die *Stufenklage* auf § 173 VwGO i. V. m. § 260 ZPO ist ein Fall der Klagenhäufung. Bei ihr wird ein zweiter Antrag nur für den Fall gestellt, daß das Gericht dem zunächst gestellten Antrag stattgibt. Die nachträgliche Einbeziehung eines Klagebegehrens stellt zwar gleichfalls eine Klagehäufung dar, wird aber als (erweiterte) Klageänderung i. S. v. § 91 VwGO behandelt.

2. Voraussetzungen

19   Die Zulässigkeit der objektiven Klagenhäufung (selbstverständlich nicht der Klagen als solcher) setzt voraus:
– daß die Klagebegehren sich gegen denselben Beklagten richten,
– im rechtlichen oder tatsächlichen Zusammenhang stehen
– und daß dasselbe Gericht zuständig ist.
Nicht erforderlich ist die gleiche Klageart. Auch gegen die Verbindung von Normenkontrollantrag und sonstigen Klagen bestehen keine grundsätzlichen Bedenken, doch dürfte die Klageverbindung in der Regel an unterschiedlichen Beklagten oder der unterschiedlicher Zuständigkeit des Gerichts scheitern.

3. Wirkung

20   Sind die Klagebegehren nach § 44 VwGO verbunden, so verhandelt und entscheidet das Gericht über sie gemeinsam. Unberührt bleibt die Möglichkeit des Gerichts zu einer Klagentrennung oder späteren Klagenverbindung (§ 93). Liegen die Voraussetzungen der Klagenhäufung nicht mehr vor, so muß das Gericht die Verfahren trennen. Auch unabhängig von der Klagenhäufung kann das Gericht über einzelne Ansprüche durch Teilurteil entscheiden.

Literatur zu § 13 IV: *Pietzner/Ronellenfitsch,* Assessorexamen, § 8 III; *Schmitt Glaeser,* VwProzR, Rd.-Nr. 398 f.

§ 14 Die Anfechtungsklage (§ 42 I 1. Altern. VwGO)

I. Statthaftigkeit

1. Die Aufhebung eines Verwaltungsaktes als Klageziel

Als Klage auf Aufhebung belastender staatlicher Einzelfallrege- **1** lungen ist die Anfechtungsklage die „klassische" Klageart des Verwaltungsprozesses. Mit der Aufhebung des den Kläger belastenden VA zielt sie auf Rechts*gestaltung,* nämlich auf die Beseitigung der Wirksamkeit des VA im Sinne von § 43 VwVfG.

Voraussetzung ist das Vorliegen eines VA. Die bloße Vorstel- **2** lung oder die Behauptung des Kl., die Behörde sei ihm gegenüber regelnd tätig geworden, reichen also nicht. Für die Bestimmung der statthaften Klageart kommt es allerdings nur darauf an, in welcher Form die Behörde objektiv erkennbar tätig geworden **ist,** nicht darauf, in welcher Form sie **hätte** tätig werden müssen. Wählt die Behörde die falsche Form, so ist dies eine Frage der Begründetheit, nicht der Statthaftigkeit der Klage als solcher.

Beispiel: Erläßt die Behörde statt der an sich gegebenen privatrechtlichen Rechnung einen VA oder qualifiziert die Widerspruchsbehörde eine private Rechnung als VA, so ist hiergegen – unabhängig von der eigentlich richtigen Form – die Anfechtungsklage statthaft (BVerwGE 78, 3, 6; BVerwG, DÖV 1990, 521). Das gleiche gilt im umgekehrten Fall: Regelt die Behörde einen Sachverhalt durch „innerdienstliche Weisung" oder gibt sie nur eine Auskunft, obwohl ein VA erforderlich wäre, so reicht dies **nicht** zur Statthaftigkeit der Anfechtungsklage.

Maßgeblich für das Vorliegen des VA sind die in § 35 VwVfG kodifizierten traditionellen Begriffsmerkmale des VA. Diese sind aber nicht schematisch „abzuprüfen", sondern nur dann vertieft zu behandeln, wenn Abgrenzungsprobleme entstehen. Die Definition des VA ist damit eine der wichtigsten **Schnittstellen zwischen dem Allgemeinen Verwaltungsrecht und Verwaltungsprozeßrecht.** Im Hinblick auf Begriff und Arten des VA muß hier auf die Literatur zum Allgemeinen Verwaltungsrecht verwiesen werden.

Für die Statthaftigkeit der Anfechtungsklage kommt es nach der **3** Legaldefinition des § 35 VwVfG darauf an, daß es sich bei der angegriffenen Maßnahme handelt um

- eine **Regelung** (Gegenbegriff: tatsächliches Handeln),
- **hoheitliches** Handeln (Gegenbegriff: privatrechtliches Handeln),
- einen **Einzelfall** (Gegenbegriff: abstrakt-generelle Regelung = Norm),
- durch eine **Verwaltungsbehörde** (Gegenbegriff: Parlament, Rechtsprechung, Regierung im funktionellen Sinne),
- mit **Außenwirkung** (Gegenbegriff: rein internes Verwaltungshandeln),

Sämtliche Abgrenzungsprobleme lassen sich diesen Merkmalen zuordnen, doch reicht auch hier die sichere Beherrschung der abstrakten Definitionen nicht aus. Es kommt vielmehr auf die praktisch weit bedeutsameren **Fallgruppen** an.

a) Regelung

4   Wichtig für das Merkmal der **Regelung** ist, ob sie eine rechtsverbindliche Anordnung enthält, die auf die Setzung einer Rechtsfolge gerichtet ist. Diese besteht darin, daß Rechte und/oder Pflichten begründet, geändert, aufgehoben oder verbindlich festgestellt werden, oder daß nach § 35 S. 1 VwVfG der Rechtszustand einer Sache bestimmt wird („dinglicher VA"). (Zu dieser Definition *Maurer*, AVwR, § 9, Rd.-Nr. 6).

Keine Regelungen sind tatsächliche Handlungen (Realakte), z. B. Auskünfte, Berichte, tatsächliche Leistungen oder auch tatsächliche Belastungen, Immissionen). Regelungscharakter fehlt auch solchen Handlungen, die ein konkretes Gebot oder Verbot lediglich vorbereiten oder als unselbständige Handlungen gekennzeichnet werden können (z. B. interne Maßnahmen zur Entscheidungsvorbereitung, Ladungen, einzelne Prüfungsleistungen, unselbständige Anordnungen im Verwaltungsverfahren, auch die Vollzugsanordnung nach § 80 VwGO (BVerwG, DÖV 1995, 384 usw.). Dagegen sind Teilgenehmigung und vorläufiger Verwaltungsakt vollgültige Einzelfallregelungen und daher als solche mit der Anfechtungsklage angreifbar.

b) Hoheitliches Handeln

5   Das Merkmal „hoheitliches Handeln" ist zwar begriffsnotwendig für das Vorliegen eines VA und damit auch für die Statthaftig-

keit der Anfechtungsklage Voraussetzung. In der Klausur spielt es
aber schon deshalb an dieser Stelle keine große Rolle, weil es in der
Regel bereits als Voraussetzung des Verwaltungsrechtswegs (öffentlichrechtliche Streitigkeit) geprüft wurde. Deshalb erübrigt
sich ein erneutes zeitraubendes Eingehen auf das hoheitliche Handeln. Man sollte sich aber verdeutlichen, daß es bei dem Begriffsmerkmal „hoheitlich" im Sinne von § 35 VwVfG auch um die
Verbindlichkeit der einseitigen Regelung geht (so zu Recht *Peine,*
AVwR, Rd.-Nr. 111).

c) Einzelfall

Im Hinblick auf das Begriffsmerkmal **„Einzelfall"** sind viele 6
frühere Probleme durch die Definition der Allgemeinverfügung in
§ 35 VwVfG und die Regelung zum Planfeststellungsbeschluß –
beides unstreitig VA – zwar abgemildert, doch ist die Anwendung
der geläufigen Begriffspaare konkret-individuell bzw. abstrakt-
generell nach wie vor von großer Bedeutung. Das Merkmal „individuell" geht dabei bekanntlich weit über den allgemeinen Sprachgebrauch hinaus und umfaßt auch den bestimmten oder bestimmbaren Personenkreis. Maßgeblich ist, daß der Adressatenkreis im
Moment der Maßnahme feststeht und sich nicht in unbestimmter
Weise noch erweitert. Folgendes Schema hat sich für die allgemeine Abgrenzung von VA und Norm als hilfreich erwiesen:

	konkret	abstrakt
individuell (auf bestimmten oder bestimmbaren Pers.- kreis gerichtet)	VA	VA **Beispiel:** Anweisung an Bürger, unter bestimmten Voraussetzungen stets wie- der tätig zu werden
generell an unbest. Adressa- tenkreis gerichtet	„adressatenloser" VA oder Norm (z. B. Be- nutzungsregelung)	Norm

Das Schema zeigt, daß auch weiterhin die traditionellen Gruppen individuell-konkret einerseits und abstrakt-generell anderer-

seits weitgehend unproblematisch sind. Im Hinblick auf die kon-
kret-generelle Regelung hat § 35 VwVfG dagegen zu einer weitgehenden Offenheit der Grenzen von VA und Rechtsnorm geführt. Hier ermöglicht § 35 der Behörde, über ein konkretes Problem in der Form einer **Allgemeinverfügung** (z. B. Betretungs-
verbot eines verseuchten Geländes) oder auch durch Satzung oder
Verordnung zu entscheiden. Auch der **Planfeststellungsbeschluß**
betrifft ein konkretes Problem, ist aber durch seine „Bündelungs-
wirkung" im Adressatenkreis eher generell.

Unzweifelhaft Verwaltungsakte sind dagegen Regelungen, die
sich an ein Individuum oder einen bestimmbaren Adressatenkreis,
dabei aber auf einen abstrakten Regelungsgegenstand richten.
Derartige Fälle sind zwar durchaus denkbar (**Beispiel:** Reini-
gungspflicht der Straße nach jeder Verunreinigung oder nach jedem zukünftigen Schneefall); aber in der Sache geht es um individuelle Entscheidungen, die für wiederholte tatsächliche Fälle oder
bei der Wiederkehr bestimmter Ereignisse eine konkrete Verpflichtung aussprechen. Es handelt sich also um Verwaltungsakte.

d) Behörde

7   **Behörde** im Sinne von § 35 VwVfG ist jede Stelle, die Aufgaben
der öffentlichen Verwaltung wahrnimmt (§ 1 IV VwVfG). Dazu
zählt auch der „Beliehene" (dazu *Maurer,* AVwR, § 23, Rd.-
Nr. 56 ff.). So ungenau und „zirkelschlußverdächtig" auch der Be-
hördenbegriff ist, so deutlich wird, daß der eigentliche Zweck der
Unterscheidung die Abgrenzung gegenüber Gesetzgebung, Regierung und Rechtsprechung ist. Parlamente, Regierungen und
Gerichte sind also nicht Behörden, wenn sie die ihnen eigenen
Funktionen der Gesetzgebung, Staatsleitung bzw. Rechtsprechung wahrnehmen. Das schließt aber nicht aus, daß Parlaments-
verwaltung, Ministerien und Gerichte im Einzelfall Verwaltungsaufgaben wahrnehmen und insoweit als Behörden tätig werden.

Beispiel: Bundestagspräsident bei der Ausübung des Hausrechts im Parlament; Minister bei der Ernennung eines Beamten; Gericht bei den sogenannten
Justizverwaltungsakten.

e) Außenwirkung

Die schwierigsten Abgrenzungsprobleme stellen sich nach wie **8**
vor beim Merkmal **„unmittelbare Rechtswirkung nach außen".**
Historisch sollte dieses Merkmal den staatlichen Innenbereich von
verwaltungsgerichtlicher Kontrolle freihalten. Diese Funktion hat
der Begriff des VA zwar heute teilweise verloren. Der Begriff
dient aber nach wie vor der Ausgrenzung rein verwaltungsinterner Entscheidungen. Für das Vorliegen der Außenwirkung ist
zwar nicht mehr im ursprünglichen Sinne erforderlich, daß die
„bürgerliche Rechtssphäre" durch die Maßnahme berührt wird; –
Außenwirkung können vielmehr auch Maßnahmen gegenüber
Selbstverwaltungskörperschaften, rechtsfähigen Anstalten usw.
haben. Entscheidendes Merkmal ist aber geblieben, daß eine Maßnahme den als geometrische Einheit begriffenen „Innenbereich"
des Staates oder der sonstigen Körperschaft verläßt und den
Rechtskreis einer anderen natürlichen oder juristischen Person berührt.

Ohne Außenwirkung sind demnach:
– die innerdienstliche Weisung, Verwaltungsvorschrift, Erlaß
  usw.;
– interne Planungen (Trassenfestlegung, Flächennutzungsplan);
– beamtenrechtliche Maßnahmen ohne Berührung des Grundstatus des Beamten;
– Mitwirkungsakte anderer Behörden bei mehrstufigen Verwaltungsakten;
– interne Maßnahmen im Bereich der Kommunalverfassung;
– sonstige Organisationsakte im Bereich der Behörden, einschließlich schulorganisatorischer Maßnahmen usw.

2. Unabhängigkeit von Art und Form des VA

Grundsätzlich kommt die Anfechtungsklage gegen alle Arten **9**
von Verwaltungsakten in Betracht. Es kommt also nicht darauf
an, ob es sich um einen befehlenden, gestaltenden oder feststellenden VA, um eine Allgemeinverfügung oder einen Planfeststellungsbeschluß handelt. Auch die Klage gegen einen feststellenden

VA ist Anfechtungsklage, nicht etwa Feststellungsklage. Selbst
ein (für den Adressaten) begünstigender VA kann Gegenstand einer Anfechtungsklage sein, wenn er einen Dritten belastet (Verwaltungsakt mit Drittwirkung). Auch gegen den sogenannten
„adressatenlosen" (dinglichen) Verwaltungsakt (§ 35 S. 2, 2. Altern. VwVfG) ist die Anfechtungsklage grundsätzlich statthaft.

3. Existierender VA als Voraussetzung der Statthaftigkeit

a) Bekanntgabe

10   Grundsätzliche Voraussetzung der Statthaftigkeit ist, daß der
VA **rechtlich existent** ist. Dies ist in der Regel der Fall mit der
Bekanntgabe (§ 41 VwVfG). Nicht statthaft ist also die Klage gegen Verwaltungsakte, die nicht wirksam bekanntgegeben, nichtig, bereits erledigt oder anderweitig aufgehoben sind. Keine Voraussetzung für die Statthaftigkeit der Klage ist dagegen, daß der
VA **gerade dem Kläger gegenüber** bekanntgegeben worden ist.
Auch ein Dritter kann sich vielmehr grundsätzlich gegen Verwaltungsakte mit **ihn** belastender Drittwirkung richten.

b) Nichtiger VA

11   Unstatthaft ist im Grunde die Anfechtungsklage gegen den
nichtigen VA. Auch dieser ist (aus rechtlichen Gründen) ohne
Rechtswirkung; der Anfechtungsklage fehlt damit der Gegenstand. Rechtsschutz gegen den gleichwohl bestehenden „Rechtsschein" bietet dann die Klage auf Feststellung der Nichtigkeit des
VA (§ 43 I 2. Altern. VwGO). Die Gegenauffassung (*Schenke,*
VwProzR, Rd.-Nr. 183) vermag das logische Kunststück nicht zu
erklären, wie etwas nicht Existierendes oder auch nur dessen
Schein rechtsgestaltend (!) aufgehoben werden soll. Verkannt
wird ferner § 43 II VwVfG, der den untrennbaren Zusammenhang von Aufhebung und Wirksamkeit klarstellt (wie hier: *Maurer,* AVwR, § 10, Rd.-Nr. 37). Aus naheliegenden Gründen weist
die Rechtsprechung Anfechtungsklagen gegen nichtige Verwaltungsakte aber nicht als unzulässig ab, weil sich die Nichtigkeit
zumeist erst im Verlauf des Prozesses herausstellt und der Kläger

nicht mit dem Risiko einer unstatthaften Klage belastet werden soll (BVerwGE 35, 334, 335; *Kopp,* VwGO, § 43, Rd.-Nr. 21). Unzutreffend ist es aber, von einem „Wahlrecht" oder davon zu sprechen, daß die Nichtigkeit eines VA „entweder durch Feststellungsklage oder durch Anfechtungsklage" geltend gemacht werden könne (vgl. BFH, NVwZ 1987, 359; BSG, NVwZ 1989, 902). Statthafte Klageart ist vielmehr bei von vornherein feststehender Nichtigkeit grundsätzlich die Feststellungsklage; einen Anfechtungsantrag muß das Gericht also durch einen entsprechenden Hinweis korrigieren lassen (Einzelheiten unten, § 18, Rd.-Nr. 41 ff.).

c) Erledigung

Ist der VA bereits erledigt, also aufgehoben, zurückgenommen oder durch Zeitablauf gegenstandslos, dann ist die Anfechtungsklage gleichfalls mangels Gegenstand unstatthaft. Das gleiche gilt, wenn der Begünstigte wirksam, d. h. im Rahmen seiner Verfügungsbefugnis, auf den VA **verzichtet** hat (BVerwG, NVwZ 1990, 464; VGH Mannheim, NVwZ 1995, 280). Dies muß unter dem Stichwort „statthafte Klageart" in der Klausur ausgeführt werden. Im Prozeß ist der Rechtsstreit für erledigt zu erklären. In Betracht kommt dann aber die **Fortsetzungsfeststellungsklage** (§ 113 I 4 VwGO – dazu unten, § 18, Rd.-Nr. 63 ff.). Personenbezogene Verwaltungsakte sind mit dem Tod des Adressaten erledigt. In bestimmten Fällen wirken Verwaltungsakte aber auch gegen Erben oder sonstige Rechtsnachfolger und können dann vom Übergang der Rechtstellung an auch vom Nachfolger angegriffen werden.

Beispiel: Beseitigungsanordnung und Nutzungsuntersagung zu einem Bauvorhaben gelten auch für Rechtsnachfolger; Leistungsbescheid wegen zu viel erhaltener Sozialhilfe – Wirkung auch gegen Erben (OVG Münster, DÖV 1989, 553).

4. Abgrenzung zur Verpflichtungsklage

a) Grundsatz

13 Anfechtungs- und Verpflichtungsklage schließen sich grundsätzlich gegenseitig aus. Sie stehen **nicht** im Verhältnis der Subsidiarität, sondern im Verhältnis der **Alternativität** (so zu Recht *Laubinger,* FS Menger, 1985, 458). Maßgeblich ist stets das **Klageziel** aus der Sicht des jeweiligen Klägers. Mit der Anfechtungsklage will dieser typisch eine im VA liegende Belastung beseitigen, die ihn im Vergleich zur Situation vor Erlaß des VA schlechter stellt; er will also die Rückkehr zum status quo ante. Will der Kläger dagegen im Vergleich zur Ausgangssitutation eine Begünstigung oder auch nur die Bestätigung einer ihn begünstigten Rechtslage erreichen, dann ist die Verpflichtungsklage die richtige Klageart. Hilfreich zur Abgrenzung ist die Legaldefinition des begünstigenden VA in § 48 I 2 VwVfG („ein VA, der ein Recht oder einen rechtlich erheblichen Vorteil begründet oder bestätigt hat"). Auch nach Ablehnung eines solchen begünstigenden Verwaltungsakts ist deshalb nicht die Beseitigung der Ablehnung, sondern **die Begünstigung selbst** das eigentliche Klageziel. Die Bezeichnung der Ablehnung als belastender VA ist mißverständlich, denn letztlich steht nicht die Belastung, sondern die nicht erreichte Begünstigung im Mittelpunkt.

b) Teilweise Belastung

14 Keine großen Schwierigkeiten bereitet auch die Einordnung von Klagen, die sich gegen belastende **Teilentscheidungen** (oder auch gegen **teilweise belastende** Entscheidungen) richten. Will der Kläger hier die Beseitigung der Belastung erreichen, so ist die Anfechtungsklage statthafte Klageart; will er dagegen eine vollständige Begünstigung durchsetzen, so ist insofern Verpflichtungsklage zu erheben.

Beispiel: Anfechtungsklage bei einem zu hohen Erschließungskostenbescheid hinsichtlich des übermäßigen Teils; Verpflichtungsklage bei falsch berechneter Sozialhilfe hinsichtlich des abgelehnten Teilbetrags.

c) Begünstigender VA mit belastender Drittwirkung

Auf die Klägerperspektive kommt es auch beim „Dreiecksver- **15** hältnis" mehrerer Beteiligter an. Will der Kläger die Aufhebung eines den Dritten begünstigenden VA erreichen, weil dieser ihn belastet, so muß er **Anfechtungsklage** erheben. Will er aber die Beeinträchtigung seiner eigenen Rechte durch Belastung des Nachbarn beheben, so kommt die **Verpflichtungsklage** in Betracht.

Beispiel: Die Nachbarklage gegen eine Baugenehmigung ist Anfechtungsklage. Die Klage auf Schallschutzauflage zu Lasten des Nachbarn ist Verpflichtungsklage (BVerwG, NVwZ 1988, 534).

Um eine Verpflichtungsklage auf einen begünstigenden VA geht **16** es auch in den Fällen, in denen der Kläger in *Konkurrenz* zu einem Dritten einen begünstigenden VA erreichen will. Hier steht nicht die Beseitigung der Begünstigung des Konkurrenten im Mittelpunkt, sondern die eigene Ernennung, Erlaubnis usw. (unten, § 15, Rd.-Nr. 6).

d) Anfechtung bei vorliegendem Widerspruchsbescheid

Das Ziel des Klägers bestimmt auch die Klageart beim Vorliegen **17** eines Widerspruchsbescheids. Bestätigt dieser den belastenden VA, so ist die Anfechtungsklage statthaft. Lehnt die Widerspruchsbehörde eine dem Bauherrn belastende Schutzauflage ab, so muß der Nachbar diese durch Verpflichtungsklage erstreiten.

Sehr umstritten ist der umgekehrte Fall: Hebt die Widerspruchs- **18** behörde auf Widerspruch des Nachbarn eine Baugenehmigung auf, so will die h. L. mit der isolierten Anfechtungsklage in bezug auf den Widerspruchsbescheid helfen. Ist diese erfolgreich, so lebt nach dieser Auffassung der aufgehobene VA wieder auf (exemplarisch *Schenke,* VwProzR, Rd.-Nr. 239, 281 a). Unklar bleibt dabei die dogmatische Einordnung dieses „Wiederauflebens". Begründbar (und für die Klausur zu empfehlen) ist diese Auffassung nur, wenn man auch dem aufgehobenen VA noch eine latent fortexistierende „innere Wirksamkeit" zugesteht, die zumindest bis zum Eintritt der Unanfechtbarkeit der Aufhebung besteht. Dogmatisch richtiger – wenn auch von der h. L. abgelehnt – wäre also auch in diesem Fall die Verpflichtungsklage auf die beantragte und durch den Widerspruchsbescheid aufgehobene Baugenehmigung. Entsprechendes gilt, wenn die Widerspruchsbehörde auf Widerspruch des Bauherrn eine Schutzauflage aufhebt.

Der einfache Zugriff auf den drittbegünstigenden VA durch die Erhebung der Anfechtungsklage enthebt in der Regel auch der Notwendigkeit einer Klage auf Rücknahme, also auf „Verpflichtung zur Negation der Begünstigung". So ist die Klage eines Dritten auf Rücknahme oder Widerruf einer Baugenehmigung in Wirklichkeit eine Anfechtungsklage und nur als solche statthaft. Gleiches gilt für die Verpflichtungsklage auf Widerruf einer Zusage (VGH München, BayVBl. 1984, 405). In beiden Fällen erreicht der Kläger sein Ziel nicht durch Verurteilung zur Leistung, sondern durch die Aufhebung der Begünstigung.

e) Isolierte Anfechtungsklage

19   Der Adressat eines eine Begünstigung ablehnenden oder nur teilweise einem Antrag stattgebenden VA hat im Normalfall **keine Wahl** zwischen Anfechtung der Ablehnung und Verpflichtung zur Begünstigung. Auch eine Klagehäufung von Anfechtungs- und Verpflichtungsklage kommt in der Regel nicht in Betracht. Statthaft ist in beiden Fällen vielmehr die Verpflichtungsklage (BVerwGE 37, 151; *Stern,* Verwaltungsprozessuale Probleme, Rd.-Nr. 112).

20   Es gibt aber Fälle, in denen sich das Klageziel aus anerkennenswerten Gründen auf die Beseitigung der Ablehnung beschränkt, weil der Kläger von einer Begünstigung (noch) keinen Gebrauch machen will, aber die Wirkung der Ablehnung beseitigen muß, weil mit dieser festgestellt wird, daß kein Anspruch auf die Begünstigung besteht. Hier erscheint die **isolierte Anfechtung** des ablehnenden Bescheids (ohne gleichzeitige Verpflichtungsklage auf Begünstigung) in Einzelfällen statthaft, soweit es sich bei der Ablehnung um einen VA handelt (so insbes. *Laubinger,* FS Menger, 449; *Pietzner/Ronellenfitsch,* Assessorexamen, § 9, Rd.-Nr. 15 ff.; für prinzipielle Unzulässigkeit (mit Ausnahmen) *Schenke,* VwProzR, Rd.-Nr. 282 f.).

Beispiel: Ein Bauherr erhebt Anfechtungsklage gegen die Ablehnung einer Baugenehmigung, um die im ablehnenden Bescheid liegende Feststellung der Nichtbebaubarkeit eines Außenbereichsgrundstücks zu beseitigen. Aus tatsächlichen oder rechtlichen Gründen will er aber mit der Baugenehmigung selbst noch warten.

Die „isolierte Anfechtungsklage" ist nicht unbestritten. Das BVerwG hat **21** hier zunächst eine großzügige Position eingenommen (BVerwGE 38, 99, 101), diese mittlerweile aber in verschiedenen Entscheidungen wieder eingeschränkt (z. B. BVerwGE 69, 92; 78, 93). In diesen Fällen ist die Frage der Statthaftigkeit aber sorgfältig zu trennen vom Rechtsschutzbedürfnis. Kommt eine isolierte Anfechtungsklage in Betracht, weil die Ablehnung eine getrennt zu beseitigende Belastung enthält, so ist die isolierte Anfechtungsklage in jedem Falle statthaft. Dies entspricht der *Dispositionsmaxime* (so zu Recht *Würtenberger,* PdW, 129). Ob die isolierte Anfechtungsklage für den Kläger einen Nutzen bringt oder ob die Prozeßökonomie das „Durchstarten zur Verpflichtungsklage" erfordert, ist **keine** Frage der Statthaftigkeit, sondern des Rechtsschutzbedürfnisses. In dieser Hinsicht wird man in jedem Fall fordern müssen, daß in der Aufhebung der Belastung selbst für den Kläger ein rechtlich erheblicher Vorteil liegt. Das ist besonders dann der Fall, wenn in der Erhebung der Verpflichtungsklage ein besonderes Risiko liegen würde, oder wenn der Kläger in diesem Rahmen ohnehin nur ein Bescheidungsurteil erreichen könnte (*Laubinger,* FS Menger, 456). War das beantragte und abgelehnte Vorhaben nicht genehmigungspflichtig, kommt nur die Feststellungsklage (auf Nichtbestehen der Genehmigungspflicht) in Betracht.

Aus Gründen begrifflicher Klarheit sollte die isolierte Anfechtungsklage auf Fälle der *Ablehnung eines begünstigenden VA* beschränkt werden. Richtet sich die Klage dagegen gegen den belasteten Teil eines begünstigenden VA oder auch den erstmals belastenden Widerspruchsbescheid, so handelt es sich nicht um „isolierte" Anfechtungsklage, sondern um eine (Teil-)Anfechtung.

5. Abgrenzung zur Unterlassungsklage und zur allgemeinen Leistungsklage

Erstes Definitionsmerkmal des VA ist die **Regelung**. Abgren- **22** zungsprobleme ergeben sich dabei vor allem im Hinblick auf das rein tatsächliche Handeln der Behörde (Realakt). Um den Rechtsschutz im Zeichen des Enumerationsprinzips zu erweitern, wurde in der Vergangenheit der Regelungsbegriff – und damit der Anwendungsbereich der Anfechtungsklage – nach und nach stark ausgeweitet. Dies trug aber zu dem Mißverständnis bei, daß die

Verwaltung im hoheitlichen Bereich nur regelt, statt tatsächlich zu handeln. Durch neu entdeckte Instrumente der Verwaltung wie Information, Warnung, Auskunft usw. wurde die Bedeutung des tatsächlichen Verwaltungshandelns dann wieder stärker hervorgehoben.

Im Grenzbereich von Regelung und Nichtregelung sind vor allem folgende *Fallgruppen* von Bedeutung (Näheres b. *Peine,* AVwR, Rd.-Nr. 120):

- Handeln der Polizei,
- vorbereitende Maßnahmen,
- Beurteilung, Gutachten,
- Entscheidungen über Information, Akteneinsicht usw.,
- Hinweise auf die Rechtslage und auf andere Entscheidungen,
- Warnmitteilungen und Berichte.

23   a) **Handeln der Polizei:** *Zwangsmaßnahmen der Polizei* tragen nach – allerdings mehr und mehr bestr. Auffassung – nicht rein tatsächlichen Charakter. In ihnen wird der Vollzug einer unmittelbar vorausgehenden polizeilichen Verfügung bzw. ein „Duldungsbefehl" an den Adressaten gesehen. Geradezu sprichwörtliches Beispiel ist der Knüppelschlag als Vollzug eines Platzverweises (BVerwGE 26, 161, 164 – Schwabinger Krawalle), die zwangsweise Vorführung zur Musterung (BVerwGE 82, 244) oder auch das Aufbrechen oder Abschleppen eines Pkw, von dem eine Gefahr ausgeht (Nachw. bei *Kopp,* VwVfG, § 35, Rd.-Nr. 9). In Fällen der unmittelbaren Ausführung hängt die Annahme des VA nicht davon ab, daß die Polizei denjenigen, „den es angeht", bereits als Adressaten kennt. Die Konstruktion der „Duldungsverfügung" ist – spätestens seit dem Ende des Enumerationsprinzips – veraltet und sollte auch von der Rechtspr. aufgegeben werden (*Schenke,* VwProzR, Rd.-Nr. 196; *Schoch,* JuS 1995, 218). Die Kenntnis der traditionellen Auffassung wird gleichwohl von Studenten noch erwartet.

24   b) **Vorbereitende Maßnahmen: Keine** Regelungen sind dagegen solche Maßnahmen oder Bewertungen, die lediglich eine endgültige Verwaltungsentscheidung **vorbereiten,** und zwar auch dann, wenn sie dem Betroffenen informatorisch mitgeteilt werden.

Beispiel: Bewertung einzelner Prüfungsleistungen (BVerwG, DVBl. 1994, 1356); Zeugnisnoten, soweit sie nicht eigenständige rechtliche Bedeutung haben (zu diesem Problem *Maurer,* AVwR, § 9, Rd.-Nr. 9); Ladung zur schriftlichen Prüfung (VGH München, BayVBl. 1989, 343f.).

Hat die Bewertung oder Mitteilung aber bereits selbst regelnde Wirkung, dann ist sie nicht lediglich Vorbereitung, sondern **selbst VA.** Beispiel: die Prüfungs- oder Bewertungsentscheidung selbst (VGH Kassel, NVwZ 1989,

890); der Leistungsbescheid im Gegensatz zur bloßen Zahlungsaufforderung (BVerwGE 57, 26, 29); die Androhung von Zwangsmitteln als rechtl. Voraussetzung der Vollstreckung.

c) **Beurteilung, Gutachten:** Als schlichte Informationshandlungen ohne   **25**
Regelungscharakter werden durchweg Sachverständigen-Gutachten, fachliche und persönliche Beurteilungen usw. behandelt. Insbesondere muß man wissen, daß die *dienstliche Beurteilung* kein VA ist, obwohl von ihrem Inhalt das berufliche Fortkommen abhängen kann (BVerwGE 28, 191; weitere Einzelh. bei H. *Trenckner,* Anfechtung von dienstlichen Beurteilungen und Rechtsschutz bei unterlassener Beförderung, 1970). Auch im *Berufungsvorschlag* einer Universität wird lediglich schlichtes Verwaltungshandeln und keine Regelung gesehen (OVG Münster, DÖV 1974, 498).

d) **Informationen, Beratung, Akteneinsicht:** Umstritten ist die Einord-   **26**
nung informatorischer Vorgänge wie die Erteilung von Auskünften, die Ermöglichung von Akteneinsicht, die Gewährung von Einsicht in Verwaltungsvorschriften, Archive usw. sowie auch die schlichte Beratung durch die Behörde. Solche Maßnahmen haben als schlichte Informationen in der Regel rein tatsächliche Bedeutung. Die Verwaltung informiert, tut oder ermöglicht etwas, regelt aber nicht.
Anders kann es sich verhalten, wenn der Auskunft, Information, Beratung usw. ein **formalisiertes Entscheidungsverfahren** vorausgeht. Bildhaft gesprochen: Schließt die Behörde nicht einfach den Aktenschrank oder das Archiv auf, sondern entscheidet sie über einen Antrag auf Zugang zur Information, so kann hierin eine Regelung liegen. Das setzt aber eine Trennung von Entscheidung über die Information und eigentlicher Information voraus. (Ähnlich verhält es sich bei der Löschung von Informationen, bei der Tilgung aus Registern usw. Geht diesen ein förmlicher Antrag des Betroffenen voraus, so handelt es sich um einen VA).

Beispiele: Antrag auf Löschung von personenbezogenen Daten – VG Hannover, NVwZ 1987, 826; Entscheidung über Auskunft – BVerwGE 31, 301; kritisch *Schenke,* VwProzR, Rd.-Nr. 202.

e) Hinweis, Zusage und Zweitbescheid

Nach dem objektiven Gehalt einer Erklärung ist zu entscheiden,   **27**
ob die Behörde lediglich auf eine bestehende Rechtslage hinweisen oder ob sie sich im Sinne einer Zusage oder sogar einer Zusicherung rechtlich binden wollte. Entscheidend für die Abgrenzung von Auskunft und Zusage ist der zutagegetretene **behördliche Wille zur Selbstverpflichtung.** Ebenso abzugrenzen ist der bloße Hinweis auf eine bestehende Rechtslage und die Regelung eines bestimmten Verhaltens durch Allgemeinverfügung (vgl. VGH

Mannheim, NJW 1987, 1893 – Merkblatt für Straßenmusikanten).
Auch Vorbescheid und vorläufiger Verwaltungsakt entfalten Bindungswirkung, sie sind also Verwaltungsakte (zur Abgrenzung *Maurer*, AVwR, § 9, Rd.-Nr. 58ff.).

Auf der Grenze zwischen Hinweis auf eine bestehende Rechtslage und Regelung befindet sich auch die *Bekanntgabe des Smog-Alarms*. Rechtsgrundlage bilden die Smog-Verordnungen, die ihrerseits auf §§ 40, 49 II BImSchG beruhen. Die in diesen Verordnungen enthaltenen Verpflichtungen und Beschränkungen (Verbot des Betriebs immissionsträchtiger Anlagen und Kfz.) setzen die Bekanntgabe der entsprechenden meteorologischen Voraussetzungen (austauscharme Wetterlage) durch den zuständigen Landesminister voraus. *Maurer*, AVwR, § 9, Rd.-Nr. 36a, verneint den Regelungscharakter der Bekanntgabe, da sich die Pflichten unmittelbar aus der Smog-Verordnung bzw. aus den Verkehrszeichen, die aufgrund der Smog-Verordnung aufgestellt werden, ergeben. Die bloße Bekanntgabe setze selbst aber keine Rechtsfolge, sondern bringe nur zum Ausdruck, daß die Beschränkungen nunmehr gelten. Deshalb sei die Bekanntgabe die verbindliche Feststellung eines Sachverhalts, die nur mit der Leistungs- (Unterlassungs-) Klage bekämpft werden könne. Diese Auffassung überzeugt nicht. Gerade in der Verbindlichkeit der Feststellung über die austauscharme Wetterlage zeigt sich, daß die Behörde hier eine (wenn auch an bestimmte Grenzwerte gebundene) Entscheidung trifft und nicht lediglich auf ohnehin bestehende Pflichten hinweist (so auch *Jarass*, BImSchG (1983), § 40, Rd.-Nr. 13; *Schenke*, VwProzR, Rd.-Nr. 211). Die Bekanntgabe ist also Regelung; da sie sich letztlich an einen bestimmbaren Personenkreis richtet, ist sie **Allgemeinverfügung,** nicht RVO.

28   Kein VA und damit auch nicht Gegenstand einer Anfechtungsklage ist der bloße **Hinweis auf eine frühere Entscheidung.** Dieser wird gelegentlich als „wiederholende Verfügung" bezeichnet, denen der **Zweitbescheid** als echte Regelung gegenübergestellt wird. Dabei ist die Bezeichnung „wiederholende Verfügung" irreführend, wenn nicht falsch. Die Behörde verfügt eben nicht „wiederholend"; sie weist nur auf eine bereits früher getroffene Entscheidung hin (wie hier auch *Pietzner/Ronellenfitsch,* Assessorexamen, § 9, Rd.-Nr. 9, Fn. 31). Ein solcher Hinweis ist nicht anfechtbar (BVerwGE 13, 101), während der Zweitbescheid als neue Sachentscheidung anfechtbarer VA ist (BVerwGE 17, 256, 259).

f) Warnmitteilungen und Berichte

Keine Regelungen sind Informationen an die Öffentlichkeit wie **29** z. B. sog. **Warnmitteilungen** und **Berichte** (**Beispiel:** Bericht des Luftfahrtbundesamtes (BVerwGE 14, 323); Bericht eines Parlamentarischen Untersuchungsausschusses (OVG Lüneburg, DVBl. 1986, 476); lebensmittelrechtliche Warnmitteilung (BVerwG, NJW 1991, 1766).

Literatur zu § 14 I 1–5: O. *Mayer,* Deutsches Verwaltungsrecht, Bd. I, 3. Aufl., 1924, 59 ff., 92 ff.; *Niehues,* Dingliche Verwaltungsakte, DÖV 1965, 319; *Löwer,* Funktion und Begriff des VA, JuS 1980, 805; *Obermayer,* Das Dilemma der Regelung eines Einzelfalles nach den Verwaltungsverfahrensgesetzen, NJW 1980, 2386; *Schenke,* Rechtsschutz bei Divergenz von Form und Inhalt staatlichen Verwaltungshandelns, VerwArch 1981, 185; *Renck,* Verwaltungsakt und Anfechtungsklage, NVwZ 1989, 117; *Steinberg,* Fachplanung (1993) 317 ff. (zur Planfeststellung); *Maurer,* AVwR, § 9, Rd.-Nr. 8–10; *Peine,* AVwR, Rd.-Nr. 102 ff.

6. Die Abgrenzung von Einzelfallregelungen und Rechtsnorm

Wie anhand des Schemas (oben Rd.-Nr. 6) dargelegt wurde, hat **30** § 35 VwVfG die alten Abgrenzungsprobleme von VA und Norm nur teilweise lösen können. Vor allem im Grenzbereich von Allgemeinverfügung und Norm ergeben sich Zuordnungsfragen, die sich anhand von abstrakten Kriterien kaum lösen lassen. Es kommt vielmehr auf den Anwendungsfall, auf die Form der Entscheidung und die Intention der Behörde an. Fest steht lediglich, daß § 35 VwVfG den Anwendungsbereich der Allgemeinverfügung sehr weit gefaßt hat. Während die Rechtsprechung schon vor Inkrafttreten des VwVfG „Sammelverfügungen" an einen bestimmten oder jedenfalls im Moment der Entscheidung objektiv bestimmbaren Personenkreis zum VA rechnete, ermöglicht nunmehr die gesetzliche Bestätigung des „dinglichen VA" *sachbezogene* Regelungen, die sich an einen unbestimmten Personenkreis richten und die zumindest teilweise auch durch eine Rechtsnorm geregelt werden könnten. Daher gibt es echte Überschneidungsbereiche, in denen die Regelungen nur nach der äußeren Form unterscheidbar sind (Einzelheiten bei *Peine,* AVwR, Rd.-Nr. 122 ff.).

31   a) An einen **bestimmbaren Personenkreis** richten sich z. B.:
- die Auflösung einer Demonstration,
- das Merkblatt über Rechte und Pflichten von Straßenmusikanten (VGH Mannheim, NJW 1987, 1839),
- der Planfeststellungsbeschluß,
- die Verkehrsregelung durch Polizisten,
- ein Verkaufsverbot für bestimmte gesundheitsgefährdende Waren (BVerwGE 12, 87 – „Endiviensalat-Fall")

32   b) Der Adressatenkreis ist dagegen **nicht mehr bestimmbar** bei der Allgemeinverbindlichkeitserklärung eines Tarifvertrags nach § 5 I TVG (BVerwG, DÖV 1989, 449); bei der Gebührenordnung (*Ule*, VwProzR, 180) und beim Bebauungsplan (§ 10 BauGB). Deshalb handelt es sich hier um Rechtsnormen.

33   c) Typische Beispiele für **sachbezogene Allgemeinverfügungen** oder „**dingliche Verwaltungsakte**" sind:
- die Widmung und Einziehung von Straßen und anderen öffentlichen Sachen (BVerwGE 47, 144 – Widmung; 32, 225 – Einziehung; VGH Kassel, DÖV 1989, 358; NJW 1995, 1170 – Schließung öff. Einrichtungen; vgl. auch BVerwG, NJW 1978, 2211 – Schließung einer Schule,
- die Benennung von Straßen und die Erteilung von Hausnummern (OVG Münster, NJW 1987, 2695; VGH München, BayVBl. 1988, 496),
- Benutzungsregelungen für öffentliche Einrichtungen (soweit sie nicht als Satzung oder Verordnung ergehen),

34   d) Zum Sonderfall **Verkehrszeichen** hat die Rechtsprechung sich nach langen Zweifeln zur Kennzeichnung als (anfechtbare) Allgemeinverfügung durchgerungen (BVerwGE 27, 181, 183; 59, 221; 92, 32, 34; BVerwG, NJW 1995, 1977). Wenn hierzu einzelne Zweifel auch nach wie vor nicht ausgeräumt sind (*Maurer*, AVwR, § 9, Rd.-Nr. 36), ist die Frage in der Praxis insgesamt geklärt. Das gleiche gilt für verkehrszeichenähnliche Regelungen wie Parkuhr (BVerwG, NVwZ 1988, 623), Fahrbahnmarkierungen mit Regelungscharakter, Lichtzeichen einer Ampel, Anordnung eines verkehrsberuhigten Bereichs.

Schwierigkeiten der rechtlichen Einordnung von Verkehrszeichen rühren daher, daß sich unter diesem Begriff auch reine Hinweiszeichen und sowohl „dingliche", also die Nutzung einer öffentlichen Sache betreffende Regelungen finden (**Beispiel:** Parkverbot), als auch echte personenbezogene Regelungen (**Beispiel:** Geschwindigkeitsbegrenzung). Für letztgenannte Fallgruppen ist aber geklärt, daß es sich jedenfalls um Allgemeinverfügungen handelt (zum Problem der Bekanntgabe s. *Ule,* VwProzR, 184; zum Eintritt der Unanfechtbarkeit: VGH Kassel, NVwZ-RR 1992, 5). Auch Hinweiszeichen haben letztlich immer rechtliche Wirkungen, sind also VA.

7. Die Abgrenzung zu Fällen fehlender Außenwirkung

Die Abgrenzung von Regelung mit Außenwirkung einerseits 35 und bloßem Binnenrecht der Verwaltung andererseits war zur Geltungszeit des Enumerationsprinzips bedeutungsvoller als heute, weil mit ihr *stets* die Frage des Rechtsschutzes an sich verbunden war. Heute wird unter dem verfassungsrechtlichen Gebot des Art. 19 IV GG auch in einzelnen Fällen fehlender unmittelbarer Außenwirkung mit Leistungs- und Feststellungsklagen ausgeholfen; die Probleme der Abgrenzung von Innen- und Außenbereich werden aber gleichwohl „mitgeschleppt", weil von ihnen die Einstufung als VA und damit weitere wichtige Zulässigkeitsvoraussetzungen (Widerspruchsverfahren, Frist usw.) abhängen. Es gibt aber auch heute noch Fälle, in denen der Rechtsschutz als solcher von der Abgrenzung Innen-/Außenwirkung abhängt – dies vor allem dann, wenn es darum geht, ob innerdienstliche Maßnahmen überhaupt dem Bürger gegenüber wirken oder nicht.

a) Verwaltungsvorschriften, Organisationsmaßnahmen

Reine **Organisationsmaßnahmen** und **Weisungen** innerhalb der 36 Verwaltung wirken nach h. L. nicht nach außen – und zwar auch dann, wenn sie dem Bürger gegenüber erhebliche faktische Konsequenzen haben. (Dazu oben, § 1, Rd.-Nr. 35). In dieser Fallgruppe hat die Zuordnung zum Innenbereich die traditionelle Bedeutung eines Ausschlusses des Rechtsschutzes. Solche innerbehördlichen Maßnahmen können Einzelweisungen an Beamte sein, sie können eine ganze Behörde betreffen oder auch nahezu „gesetzesähnliche" Form annehmen wie allgemeine Verwaltungsvorschriften, Ermessensrichtlinien usw. Eine rechtliche Kontrolle kann hier allenfalls indirekt (z. B. über die Prüfung einer Verletzung des Gleichheitssatzes – BVerwG, DÖV 1993, 867) stattfinden, die Maßnahmen selbst entfalten keine Außenwirkung und eröffnen daher keinen Rechtsschutz. Auch wenn Teile der Lehre mit beachtlichen Argumenten seit langem eine rechtliche Kontrolle verlangen (so insbesondere *Ossenbühl,* Verwaltungsvorschriften und Grundgesetz, 1968; Übersicht zum Meinungsstand bei *Peine,* AVwR, Rd.-Nr. 70 ff.) hält die Rechtsprechung bis jetzt „eisern" am geschilderten Grundsatz fest.

Beispiele für reine innerbehördliche Maßnahmen:
– Verwaltungsvorschriften (BVerwGE 71, 342 = NVwZ 1985, 909);
– Einzelanweisungen an einen Beamten;
– Geschäftsverteilungsplan der Behörde;
– Richtlinie über den Einsatz von Subventionen (BVerwG, DÖV 1979, 7, 14).

b) Vorbereitende Planungen

37   Keine Außenwirkung kommt nach h. L. auch planerischen Maßnahmen zu, die zwar durchaus schon interne Festlegungen bewirken können, dem Bürger oder Dritten gegenüber aber noch nicht verbindlich sind. Außenwirkung erreichen solche Maßnahmen erst mit nachfolgenden Planungsschritten, insbesondere mit Bebauungsplan und Planfeststellungsverfahren.

Die wichtigsten Fälle sind:

– die Entscheidung des Bundesministers für Verkehr über die Trassenfestlegung nach § 16 I BFernStrG (BVerwGE 48, 56, 60; 60, 342; *Steinberg,* Fachplanung, 399);
– der Flächennutzungsplan (dazu unten, § 19).

38   Keine Außenwirkung **dem Bürger gegenüber** haben auch *Maßnahmen der Landesplanung und Raumordnung.* Ein Außenstehender kann sich also weder gegen die Ergebnisse des Raumordnungsverfahrens noch gegen einzelne Ziele der Regionalpläne wenden. Rechtsschutz besteht hier ggf. erst gegen die nachfolgenden konkreten Planungsmaßnahmen. **Anders** verhält es sich zumindest teilweise bei den betroffenen Gebietskörperschaften. Zwar hat z. B. die Gemeinde keinen Anspruch auf Durchführung eines Raumordnungsverfahrens (BVerwG, DVBl. 1973, 448). Gemeinden können aber von einzelnen Zielen und Festlegungen der Raumordnung durchaus unmittelbar berührt werden (Einzelh. unten, § 19). Regelungen mit Außenwirkung der Gemeinde gegenüber sind insbesondere die *Allgemeinverbindlicherklärung* von Regionalplänen (z. B. Art. 18 II BayLPlG) sowie die *Untersagung* raumordnungswidriger Planungen und Maßnahmen (z. B. nach Art. 24 BayLPlG; allg. dazu *Koch/Hendler*, BauR, RaumOR- u. LaPlaR, 2. Aufl. (1995), S. 121; zur Zulässigkeit derartiger Festlegungen s. auch BVerwGE 80, 201). Sehr wohl VA mit Außenwirkung ist dagegen die von der Bauaufsichtsbehörde der Gemeinde an die Gemeinde selbst erteilte Baugenehmigung. Hier wird die Bebaubarkeit des Grundstücks auch nach außen geregelt (OVG Münster, DVBl. 1992, 46).

c) Mitwirkungshandlungen im Bereich sogenannter mehrstufiger Verwaltungsakte

In die Kategorie reiner Vorabhandlungen ohne Außenwirkung **39** fallen auch Mitwirkungshandlungen von Behörden im Rahmen sogenannter **mehrstufiger Verwaltungsakte.** Hier entfaltet die Zustimmung dem Bürger gegenüber (noch) keine eigene und unmittelbare Rechtswirkung. Sie ist insoweit nur verwaltungsinterne Erklärung gegenüber der über den zustimmungsbedürftigen VA entscheidenden Behörde (Einzelh. bei *Maurer*, AVwR, § 9, Rd.-Nr. 30). Der wichtigste Fall ist das Einvernehmen der Gemeinde nach § 36 BauGB. Bei der gleichfalls häufig genannten Zustimmung der Obersten Landesstraßenbaubehörde nach § 9 II FStrG dürfte es sich entgegen der h. L. ebenso wie bei der Gewährung einer Ausnahme nach Abs. 8 um einen VA handeln. Das ergibt sich schon daraus, daß auch diese Entscheidungen mit Bedingungen und Auflagen versehen werden können (a. A. *Redeker/ von Oertzen*, § 42, Rd.-Nr. 84 f.; BVerwGE 28, 145). Im übrigen kann bei derartigen Mitwirkungsakten von Behörden nur die endgültige Entscheidung (z. B. Baugenehmigung), nicht aber der Mitwirkungsakt, Gegenstand der Anfechtungsklage sein (BVerwGE 22, 342, 344; a. A. *Ule/Laubinger*, VwVerfRecht, § 48, Rd.-Nr. 7; *Stich*, DVBl. 1963, 193).

d) Genehmigung und Beanstandung von Satzungen usw.

Grundsätzlich *keine* Außenwirkung dem Bürger gegenüber ha- **40** ben auch **Genehmigungen** bzw. deren Versagung, z. B. für Satzungen und Rechtsverordnungen der Gemeinden oder zur Erhöhung eines Versicherungstarifs oder einer Durchschnittsmiete (BVerwG, DVBl. 1986, 559). Der Bürger kann sich also nicht

gegen die Genehmigung einer Abgabensatzung wenden; die Genehmigung eines Flächennutzungsplanes ist nur der planaufstellenden Gemeinde, nicht aber dem Bürger oder der Nachbargemeinde gegenüber VA. Das gleiche gilt z. B. beim Verbot eines
Arzneimittels (kein VA gegenüber Patienten – BVerwG, NJW
1993, 3002).

Die Besonderheit dieser Fallkonstellation besteht darin, daß Genehmigung,
Genehmigungsversagung oder gar Verbot in diesen Fällen gegenüber dem
unmittelbaren Adressaten („Genehmigungsnehmer") durchaus Verwaltungsakte sind (VGH München, BayVBl. 1976, 629). Hier wird also der Grundsatz
der einheitlichen Rechtsform einer Maßnahme durchbrochen. Konsequenter
wäre es deshalb, den VA-Charakter einer Genehmigung auch Dritten gegenüber zu bejahen und Anfechtungsklagen ggf. an der fehlenden Klagebefugnis
(keine Möglichkeit der Rechtsverletzung) scheitern zu lassen (so auch *Schenke*,
VwProzR, Rd.-Nr. 209).

e) Aufsichtsmaßnahmen

41   Hinsichtlich der Außenwirkung von **Maßnahmen der Staatsaufsicht** sind verschiedene Problemkreise zu unterscheiden.

Unbestritten ist zum einen, daß solche Aufsichtsmaßnahmen
dem Bürger gegenüber keine Außenwirkung entfalten. Aufsichtsmaßnahmen – auch im Zusammenhang mit Verwaltungsverfahren gegenüber dem Bürger – sind vielmehr stets Verwaltungsinterna und einer gesonderten Anfechtung nicht zugänglich.

Ganz anders verhält es sich gegenüber von der Aufsicht betroffenen Körperschaften und Anstalten, insbesondere Gemeinden. Hier beurteilt die auch heute
noch h. L. die Außenwirkung danach, ob es sich um eine Maßnahme im **eigenen** oder im **übertragenen** *Wirkungskreis* (Auftragsangelegenheiten) handelt.
Unbestritten ist der VA-Charakter von Aufsichtsmaßnahmen, die den eigenen
Wirkungskreis betreffen. Hier tritt die Gemeinde dem Staat in jedem Fall als
eigene Rechtspersönlichkeit mit eigenen Selbstverwaltungsrechten gegenüber.
Einzelmaßnahmen der (insofern ausschließlich möglichen) Rechtsaufsicht sind
daher stets durch die Gemeinde anfechtbare Verwaltungsakte (BVerwGE 10,
145; 19, 121; 52, 315).

42   Äußerst problematisch ist es aber, wenn Rechtsprechung und h. L. Aufsichtsmaßnahmen im **übertragenen Wirkungskreis** die Außenwirkung absprechen. So werden insbesondere Fachaufsichtsmaßnahmen gegenüber den
Gemeinden im übertragenen Wirkungskreis allenfalls dann als Verwaltungsakte begriffen, wenn die Gemeinde in einer eigenen geschützten Rechtsstellung
berührt wird (BVerwG, NJW 1978, 1820; wichtiges Beispiel jetzt BVerwG,
NVwZ 1995, 165, 910 – Weisung bezügl. verkehrsberuhigter Zone nach § 44 I 2

StVO ist VA, wenn städtebauliches Konzept betroffen). Diese Auffassung übersieht, daß Selbstverwaltungskörperschaften auch im Bereich übertragener Aufgaben grundsätzlich **nie** integraler Bestandteil der staatlichen Verwaltung sind. Auf das „eigene Recht" und das etwaige Überschreiten der Weisungskompetenz kommt es insofern nicht an. Diese sind erst Fragen der Klagebefugnis. Es wäre daher konsequent, grundsätzlich bei jeder Aufsichtsmaßnahme gegenüber Gemeinden und anderen Selbstverwaltungskörperschaften, der als solcher Regelungscharakter zukommt, die Außenwirkung anzunehmen und den VA-Charakter zu bejahen. Kommt eine eigene Rechtsposition der Gemeinde dabei nicht ins Spiel, so ist die Klage nicht wegen fehlender Statthaftigkeit sondern wegen fehlender Klagebefugnis unzulässig (kritisch wie hier *Schmidt-Jortzig*, Rechtsschutz der Gemeinden, JuS 1979, 488; *Knemeyer*, Bayerisches Kommunalrecht, 8. Aufl. (1994), Rd.-Nr. 327; überzeugend zur Rstellung der LKreise im übertr. W.kreis auch *Winkler/Schmitz/Seitz*, Verwaltungsrundschau 1994, 342).

Zumindest „halbherzig" ist auch der Versuch des VGH München (BayVBl. **43** 1985, 368, 369/370), bei grundsätzlich fehlender Außenwirkung fachaufsichtlicher Weisungen der Gemeinde eine eigene „wehrfähige" Rechtsposition aus Art. 109 II 2 BayGO einzuräumen (Beschränkung von Fachaufsichtsmaßnahmen bei gemeindlichen Ermessensentscheidungen im übertragenen Wirkungskreis). Auch hier liegt die bekannte Verwechslung von Klagebefugnis und Außenwirkung vor.

f) Pädagogische und organisatorische Maßnahmen im Schulbereich

Die Relikte des „besonderen Gewaltverhältnisses" wurden in **44** der Rechtsprechung zum Schulrecht nach und nach abgebaut. Werden Schüler und Eltern in ihrer persönlichen Rechtsstellung durch Maßnahmen betroffen, so liegt ihnen gegenüber Außenwirkung vor. Das gilt selbstverständlich für die „Grundentscheidungen", wie Aufnahmen und Entlassung von einer Schule, aber auch Versetzung und Nichtversetzung, Zulassung zur Reifeprüfung und einschneidende Disziplinarmaßnahmen wie z.B. die Versetzung in eine Parallelklasse der gleichen Schule (VGH München, BayVBl. 1985, 631; VGH München, NVwZ-RR 1990, 608). Einen anfechtbaren Verwaltungsakt stellt auch das Gesamtzeugnis dar (BVerwGE 41, 153). Einzelnoten und einzelne Klassenarbeiten sind demgegenüber nicht VA – freilich nicht, weil es sich um schulinterne Angelegenheiten ohne Außenwirkung handelt, sondern weil es bei solchen Noten lediglich um Vorbereitungsmaßnahmen ohne Regelungscharakter geht. Rein interne organisatorische und pädagogische Maßnahmen sind dagegen z.B. Anord-

nung über die Benutzung von Pausenhöfen, die Stundenplange-
staltung, die Platzverteilung in einer Klasse (VG Braunschweig,
NVwZ-RR 1989, 549), eine Einzelbeurteilung und kleinere Disziplinarmaßnahmen wie „Nachsitzen", Platzwechsel innerhalb der
Klasse, „Strafarbeiten" usw.: Sie sind nicht VA. (Viel zu weitgehend aber *OVG Schleswig*, NJW 1993, 952, – disziplinarisches
Einschließen nach Schulschluß = rein pädagogische Maßnahme
ohne Regelungscharakter und ohne Außenwirkung).

Die Kennzeichnung „organisatorisch" oder „pädagogisch" darf nicht dazu
führen, daß Entscheidungen, die erhebliche Wirkungen für Schüler und Eltern
haben, als Verwaltungsinterna dem Rechsschutz entzogen bleiben. So ist die
Einführung der 5-Tage-Woche an einer Schule z. B. kein rein interner Akt.
Das gilt erst recht, wenn Klassen zusammengelegt, eine Schulart in eine andere
umgewandelt oder wenn eine ganze Schule geschlossen wird (OVG Koblenz,
NVwZ 1986, 1036). Auch der Abbruch eines Schulversuchs hat Regelungscharakter mit Außenwirkung (a. A. BVerwG, DÖV 1976, 316; kritisch dazu auch
Stern, Verwaltungsprozessuale Probleme, Rd.-Nr. 141).

g) Maßnahmen im Beamtenverhältnis

45   Besonders auffällig ist der Wandel der Rechtsprechung bei **beamtenrechtlichen Klagen.** Hier war die Unterscheidung zwischen „Grundverhältnis" und „Betriebsverhältnis", also zwischen
„eigenem Rechtskreis" und lediglich innerdienstlichem Weisungs-
verhältnis, wie sie *Ule* in den 50er Jahren entwickelt hatte (dazu
Ule, VVDStRL 15 (1957), 151) lange Zeit zugleich konstitutiv für
den Rechtsschutz überhaupt. Dieser hing also davon ab, ob der
Beamte in seinem eigenen rechtlichen **Grundstatus** als Beamter
betroffen war.

46   **Beispiele** für VA: Das Grundverhältnis und damit die persönliche Rechtsstellung des Beamten berühren *Ernennung, Entlassung, Abordnung* und *Versetzung* zu einer anderen Behörde bzw. deren Ablehnung (BVerwGE 60, 144;
Peine, AVwR, Rd.-Nr. 26). Auch die Anordnung, mit der der Vorgesetzte
dem Beamten aufgibt, sich zur Klärung einer Krankheit oder des Alkoholmiß-
brauchs einer medizinischen Untersuchung zu unterziehen, ist ein die persönliche Rechtssphäre des Beamten berührender VA (OVG Koblenz, NVwZ-RR
1990, 150; OVG Lüneburg, NVwZ 1990, 1194). Nach richtiger Auffassung ist
auch die Ernennung eines Konkurrenten um eine Beförderungsstelle dem Mitbewerber gegenüber ein belastender VA, den dieser mit der Anfechtungsklage
angreifen kann (BVerwGE 80, 127 = NVwZ 1989, 158).

Gegenbeispiele: Kein VA sind solche Entscheidungen, die nicht das Amt   **47**
im statusrechtlichen Sinne und auch nicht die persönliche Rechtssphäre des
Beamten betreffen, z. B. die **Umsetzung,** also die dauerhafte Zuweisung eines
anderen Aufgabenkreises bei derselben Behörde (BVerwGE 60, 144, 146), und
zwar unabhängig davon, ob der neue Aufgabenbereich vom Prestige der Stellung, der Vorgesetztenfunktion usw. dem alten entspricht (BVerwG, NJW
1991, 2980). Ob der neue Aufgabenbereich oder förmliche Dienstposten eine
Beförderung verheißt, ist unerheblich. Deshalb ist auch die Dienstpostenbe-
wertung selbst nicht VA (BVerwGE 36, 192, 218). Das gleiche gilt für reine
Organisationsmaßnahmen, die ohne förmliche Umsetzung den Aufgaben-
kreis verändern (BVerwG, DVBl. 1981, 495). Entscheidend ist in diesen Fällen
aber, ob dem Beamten überhaupt ein Tätigkeitsbereich verbleibt, der seinem
Amt im statusrechtlichen Sinne entspricht (BVerwG, NVwZ 1992, 1096). Bei
der dienstlichen **Beurteilung** fehlt es schon am Merkmal der Regelung
(BVerwGE 28, 181; 49, 351), nicht an der Außenwirkung. Ebenso bei inner-
dienstlichen Anweisungen, die sich nur auf die Art und Weise der zu erledigenden Dienstaufgaben beziehen, auch wenn sie für den Betroffenen noch so
ärgerlich sein mögen.

Beispiel: Ungültigerklärung einer Schulaufgabe durch den Schulleiter –
VGH München, BayVBl. 1986, 729; Untersagung amtlicher fachlicher Stellungnahmen in einem laufenden Planfeststellungsverfahren; so – nicht unproblematisch – VGH München, BayVBl. 1992, 469; Entbindung von Amtsaus-
übung wegen Befangenheit – BVerwG, DVBl. 1994, 1070).

Auch bei Maßnahmen ohne Außenwirkung „hilft" die Recht-   **48**
sprechung aber teilweise mit der allgemeinen Leistungs- oder der
Feststellungsklage, wenn z. B. mit der Umsetzung oder dem Auf-
gabenentzug eine *verdeckte Disziplinierung oder eine Diskriminierung*
verbunden ist. Dies wird in der Regel mit einem möglichen Verstoß gegen die beamtenrechtliche Fürsorgepflicht begründet und
trägt der Erfahrung Rechnung, daß der Beamte sich gegen solche
Maßnahmen wehren können muß, die z. B. aus Anlaß einer negativ bewerteten Stellungnahme, wegen des Streits mit einem Vorgesetzten usw. ausgesprochen werden, ohne einen direkten Vorwurf zu enthalten (BVerwGE 60, 144, 148 ff.). In nicht untypi-
scher Weise werden allerdings auch hier Außenwirkung und geschütztes Rechtsgut vermengt.

Literatur zu § 14 I 7: *Bachof,* Verwaltungsakt und innerdienstliche Weisung, FS Laforet (1952), 285; *Obermayer,* Verwaltungsakt und innerdienstlicher
Rechtsakt (1956); *Bryde,* Die Kontrolle von Schulnoten in verwaltungsrechtlicher Dogmatik und Praxis, DÖV 1981, 193.

8. Die Beschränkung der Anfechtungsklage auf einen Teil des VA

49   Der Kläger muß mit der Anfechtungsklage nicht immer den „ganzen VA" anfechten. Statthaft ist grundsätzlich auch die teilweise Anfechtung eines nur insofern rechtswidrigen oder den Kläger nur teilweise belastenden VA. Die Zulässigkeit der Teilanfechtungsklage folgt aus § 113 I 1 VwGO, wonach das Gericht den VA und den etwaigen Widerspruchsbescheid aufhebt, *soweit der Verwaltungsakt rechtswidrig und der Kläger dadurch in seinen Rechten verletzt ist.* Kann demnach das Gericht den VA teilweise aufheben, muß es dem Kläger auch möglich sein, eine solche Teilaufhebung zu beantragen. Die Bedeutung der Teilanfechtungsklage hat sich auch durch das Vordringen der Allgemeinverfügung gesteigert, die vor allem in Gestalt der sachbezogenen Allgemeinverfügung aus einem ganzen Regelwerk von Einzelbestimmungen bestehen kann. Voraussetzung der Teilanfechtung ist, daß der VA *objektiv teilbar* ist, d. h. daß der verbleibende Teil noch einen eigenen Sinn behält und nicht in seinem Regelungsgehalt verändert würde, wenn das Gericht einen Teil aufhebt (BVerwGE 55, 136; 81, 185). Teilweise aufhebbar sind demnach zahlenmäßig, örtlich, zeitlich, gegenständlich oder personell abgrenzbare Entscheidungen.

> **Beispiel:** Vermarktungsverbot für alle Produkte eines Einzelhändlers, wenn nur ein Teil verdorben ist; Räum- und Streupflicht für Gehweg und Teil der Straße; überhöhter Teil eines Gebührenbescheids; Verpflichtung zum ärztlichen Notdienst für eine bestimmte Zeit.

50   Von der teilweisen Anfechtung eines VA **strikt zu trennen** ist die *Anfechtung von Teilgenehmigungen* und sonstigen Verwaltungsakten im gestuften Genehmigungsverfahren. Diese sind (ebenso wie der Vorbescheid und der vorläufige VA) eigenständige VAe, die als solche angefochten werden können. Gleiches gilt für die abschnittsweise Planfeststellung, die eine Kette aufeinanderfolgender Planfeststellungsbeschlüsse und damit anfechtbarer VAe ist.

51   Zweckmäßigerweise unterscheidet man die Teilanfechtung auch von der sogenannten *isolierten Anfechtungsklage.* Letztere ist die gesonderte Anfechtung eines ablehnenden Bescheids statt der an sich gegebenen Verpflichtungsklage. Die Teilanfechtung ist dagegen durch die Beschränkung der Anfechtung auf einen Teil des erlassenen VA gekennzeichnet.

9. Die Begrenzung der Anfechtung auf den Widerspruchsbescheid (§ 79 I Ziff. 2 und II VwGO)

Gleichfalls eine Teilanfechtung (nicht aber eine isolierte Anfech- **52** tungsklage) liegt vor, wenn sich der Kläger nach § 79 I 2 bzw. § 79 II VwGO auf die Anfechtung des Widerspruchsbescheids beschränkt (dazu *Laubinger*, FS Menger, 445). Das ist der Fall bei dem durch den Widerspruchsbescheid erstmalig beschwerten Dritten oder beim zusätzlich beschwerten Adressaten des ursprünglichen VA. In beiden Fällen mutet § 79 dem Kläger nicht zu, neben dem Widerspruchsbescheid auch den (ihn möglicherweise nicht belastenden oder nicht rechtswidrigen) Ausgangsbescheid anzufechten.

Für den *erstmals beschwerten Dritten* stellt die Statthaftigkeit schon **53** deshalb kein Problem dar, weil ihm gegenüber nur der Widerspruchsbescheid ergangen ist. Für den Adressaten des ursprünglichen VA kommt es dagegen auf die „zusätzliche selbständige Beschwer" an. Ob die Möglichkeit einer Rechtsverletzung gegeben ist, ist nicht Frage der Statthaftigkeit sondern der Klagebefugnis.

Hat sich der Kläger **nicht** von sich aus auf den Widerspruchsbescheid be- **54** schränkt, sondern den ganzen VA angegriffen, so ist fraglich, ob das Gericht im Falle einer zusätzlichen Beschwer von sich aus ausschließlich den Widerspruchsbescheid aufheben, den (möglicherweise rechtmäßigen) Ausgangs-VA aber bestehen lassen kann. Letzteres dürfte im Sinne der Prozeßökonomie richtig sein, denn es entspricht dem Ziel des Gesetzgebers, die Aufhebung auf den rechtswidrigen und zusätzlich belastenden Teil der Gesamtentscheidung zu beschränken (wie hier *Seibert*, BayVBl. 1983, 174 f.; wohl auch VGH Mannheim, NVwZ 1990, 1085; zum Problem insgesamt *Dawin*, NVwZ 1987, 872; *Kopp*, JuS 1994, 742).

Literatur zu § 14 I 9: *Seibert*, Die isolierte Aufhebung von Widerspruchsbescheiden, BayVBl. 1983, 174; *Dawin*, Der Gegenstand der Anfechtungsklage nach § 79 I Nr. 1 VwGO, NVwZ 1987, 872; *Paetow*, Die Teilbarkeit von Planungsentscheidungen, DVBl. 1985, 369; *Laubinger*, Die isolierte Anfechtungsklage, FS Menger (1985), 443; *Markus*, Effektiver Rechtsschutz durch isolierte Anfechtung, DÖV 1988, 449.

10. Die Anfechtung von Nebenbestimmungen

55   Die Anfechtung von Nebenbestimmungen des VA ist eines der brisantesten Klausurprobleme überhaupt. Nebenbestimmungen sind nach § 36 II VwVfG **Befristung, Bedingung** und **Widerrufsvorbehalt** als unselbständige Teile des VA sowie **Auflage** und **Auflagenvorbehalt,** die selbst VA sind.

56   Für die Statthaftigkeit galt lange Zeit als „Faustregel", daß die als integraler Bestandteil des Haupt-VA begriffenen Befristungen, Bedingungen und Widerrufsvorbehalte grundsätzlich nicht anfechtbar sein sollten (BVerwGE 29, 261, 265), während Auflage und Auflagenvorbehalt als selbständige Verwaltungsakte grundsätzlich Gegenstand der Anfechtungsklage sind. Diese einfache Faustregel hatte viel für sich. Sie hat sich aber nach und nach als zu undifferenziert erwiesen und ist daher heute **nicht** mehr Grundlage der Lösung des Problems (für eine Rückkehr zur älteren Auffassung *Pietzcker,* NVwZ 1995, 15). Trotz vielfältiger Bemühungen in Rechtsprechung und Literatur läßt sich dabei bei weitem noch nicht von einer einheitlichen Lösung der vielfältigen Fragen oder auch nur von einer einheitlichen Grundlinie sprechen (vgl. die Übersicht bei *Maurer,* AVwR, § 12, Rd.-Nr. 23 ff. sowie die prägnante Zusammenstellung der Rechtsprechung bei *Richter/ Schuppert,* Casebook VwR, 138 ff.).

57   Für die adäquate Lösung der Probleme kommt es auf folgende **Einzelfragen** an:
- das eigentliche Klageziel,
- die Frage, ob es sich wirklich um eine Nebenbestimmung oder eine Inhaltsbestimmung des VA handelt (Problem der sogenannten „modifizierenden Auflage"),
- das Problem der Teilanfechtung bei unselbständigen Nebenbestimmungen (Bedingung, Befristung),
- die getrennte Anfechtbarkeit der Auflage bei Ermessensentscheidungen.

a) Klageziel

Wie bei allen Fragen der Statthaftigkeit stellt sich auch bei den **58**
Nebenbestimmungen zunächst die Frage des **Klageziels.** Hat die
Behörde einen begünstigenden VA (z. B. eine Genehmigung) er-
lassen, aber mit einer zusätzlichen belastenden Nebenbestim-
mung versehen, dann will der Kläger primär die Beseitigung der
Belastung – also die Anfechtung der Nebenbestimmung. Mit
dieser allein erreicht er, was er letztlich mit seinem Antrag will.
Es geht dann also nicht um eine Verpflichtungsklage auf den
„VA ohne Nebenbestimmungen".

Beispiel: Wird eine Gaststättengenehmigung nur befristet erteilt, dann erreicht der Kläger grundsätzlich mit der Anfechtung der Befristung, was er
will: die uneingeschränkte Gaststättenerlaubnis. Hier wäre es falsch, mit einer
Verpflichtungsklage helfen zu wollen.

*b) Nebenbestimmung als Inhaltsänderung („modifizierende Nebenbe-
stimmung")*

Weder die zugrundeliegenden materiellen Rechtsgrundlagen **59**
noch § 36 VwVfG verpflichten die Behörde zu einer klaren Aussage darüber, **ob** sie einen VA mit bestimmtem Inhalt oder eine
Nebenbestimmung erläßt. Unter den Bezeichnungen „Bedingung" und „Auflage" verbergen sich vielmehr in der Praxis nicht
selten Bestimmungen, die im Grunde nicht Nebenbestimmungen
sind, die vielmehr den beantragten VA *modifizieren.*

Für diesen Fall hat zunächst *Weyreuther,* DVBl. 1969, 232 und DVBl. 1984, **60**
365 den Begriff der „modifizierenden Auflage" entwickelt. Dieser Begriff
wurde teilweise von der Rechtsprechung (insbesondere BVerwG, NVwZ
1984, 366 – Pipeline) übernommen. Wählt die Behörde lediglich die Sprache
einer Nebenbestimmung, um in Wirklichkeit dem Kläger ein „Minus" oder
gar ein „Aliud" zuzugestehen, so liegt hierin zwar eine Belastung im Vergleich zum ursprünglich beantragten VA, inhaltlich aber gerade **keine** Nebenbestimmung, sondern schlicht eine Teilablehnung des VA, bzw. eine völlige Ablehnung verbunden mit einem „Gegenangebot". Dies hat Bedeutung
für die Statthaftigkeit, denn nun geht es in der Sache nicht mehr um die
Anfechtung einer „Nebenbestimmung" sondern um die Verpflichtung zur
uneingeschränkten bzw. unveränderten Begünstigung – also um eine **Verpflichtungsklage.**

Beispiel für ein Minus: Die Behörde erteilt eine Baugenehmigung für einen Hotelneubau mit der „Auflage", das Haus mit 20 statt der beantragten 30 Zimmer zu bauen.

Beispiel für ein „Aliud": Baugenehmigung für ein Haus mit Flachdach statt mit Giebel.

In dieser Fallgruppe haben die Bezeichnung „modifizierende Auflage" und die Rechtsprechung des BVerwG zunächst zu großer Verwirrung geführt. Das lag zum einen daran, daß das BVerwG Auflagen, die durchaus echte Nebenbestimmungen waren, zu „modifizierenden Auflagen" erklärt hat (so z. B. im Fall BVerwG, DÖV 1974, 380 – Lärmschutzauflage bei Transportbetonanlage); es lag aber auch an der „Grundkonstruktion". Für die Fallgruppe, die gemeint war, stimmte zwar die Bezeichnung „Modifizierung", nicht aber die „modifizierende *Auflage*". Diese Bezeichnung ließ nicht erkennen, daß es sich in diesen Fällen von vornherein nicht um Auflagen oder Nebenbestimmungen handelte. Es ging vielmehr um eine Modifikation bzw. Inhaltsbestimmung *des VA selbst* (so auch die Kritik des überwiegenden Teils der Literatur, vgl. etwa *Kopp,* VwVfG, § 36, Rd.-Nr. 6; *Schenke,* VwProzR, Rd.-Nr. 290; *Peine,* AVwR, Rd.-Nr. 170). Dieser Einsicht folgt das BVerwG seit BVerwGE 69, 37 – Schweres Heizöl: Die Modifizierung des Genehmigungsinhalts wird nunmehr nicht mehr als „modifizierende Auflage", sondern als „modifizierende Genehmigung" (Aliud) behandelt, bei dem die Behörde das „so nicht" mit einem Angebot auf „aber so" verbindet. Statthafte Klageart ist also die Verpflichtungsklage auf ungeteilte bzw. unveränderte Genehmigung (VGH München, BayVBl. 1985, 150).

Für die Klausurbearbeitung ist es in diesem Falle also wichtig, klar zu entscheiden, ob es sich um eine Nebenbestimmung oder um eine veränderte Genehmigung handelt. Nur im ersten Fall kommt eine getrennte Anfechtung in Betracht. Im zweiten Fall ist die Verpflichtungsklage die statthafte Klageart.

c) Sogenannte unselbständige Nebenbestimmungen (Bedingung, Befristung)

61   Als Teile des VA galten unselbständige Nebenbestimmungen wie **Befristung** und **Bedingung** früher grundsätzlich als nicht getrennt anfechtbar (BVerwGE 29, 261, 265; 35, 145, 154). Demgegenüber wurde in der Literatur schon immer darauf verwiesen, daß auch „unselbständige" belastende Nebenbestimmungen als belastende Teile des VA nach den Grundregeln der Teilanfechtung anfechtbar seien. Abgeleitet wurde auch dies zu Recht aus § 113 I 1 VwGO, der die Teilaufhebung, „soweit der VA rechtswidrig ist", vorsieht. Für eine selbständige Anfechtung des belastenden Teiles kommt es also nicht mehr auf die Trennung von Bedingung und Auflage sondern ausschließlich darauf an, ob die belastende Nebenbestimmung vom „Haupt-VA" in der Weise trennbar ist, daß der VA als solcher noch bestehen bleiben kann, wenn die Nebenbestimmung aufgehoben wird (so insbesondere *Kopp,* VwGO, § 42, Rd.-Nr. 18; *Laubinger,* VerwArch 73 (1982), 345; *Schenke,* VwProzR, Rd.-Nr. 294; anders aber *Pietzcker,* NVwZ 1995, 15).

Beispiele: Wird die Gaststättenerlaubnis mit einer Befristung erteilt, so ist die Anfechtungsklage gegen die Befristung durchaus sinnvoll und auch möglich, denn die Gaststättenerlaubnis bliebe unbefristet bestehen, was exakt dem Ziel des Klägers entspricht. Ebenso verhält es sich bei der „auflösenden" Bedingung. Wird eine Güterfernverkehrsgenehmigung unter der „auflösenden Bedingung" des Beibehaltens des Firmensitzes (BVerwGE 78, 114) erteilt, dann ist eine Klage auf ungeteilte Genehmigung unnötig, die auflösende Bedingung kann getrennt angefochten werden (OVG Münster, NJW 1993, 488).

Anders verhält es sich bei der **aufschiebenden** Bedingung. Erläßt die Behörde den VA mit der Maßgabe, daß dessen Wirksamkeit erst mit der Erfüllung der Bedingung eintreten soll, dann reicht die Anfechtungsklage nicht. Wird die Bedingung nämlich aufgehoben, wird der VA gerade nicht wirksam. Richtige Klage ist hier die Verpflichtungsklage (a. A. *Schenke,* VwProzR, Rd.-Nr. 295; wie hier dagegen *Stern,* Verwaltungsprozessuale Probleme, Rd.-Nr. 117).

Für die Möglichkeit einer getrennten Anfechtung auch „unselbständiger" Nebenbestimmungen spricht auch § 79 VwGO. Fügt die Widerspruchsbehörde im Wege der reformatio in peius dem begünstigenden VA eine (belastende) Befristung oder Bedingung bei, so ist diese als zusätzliche selbständige Beschwer i. S. v. § 79 II VwGO selbständig anfechtbar. Es ist also nicht einzusehen, daß bei der von der Ausgangsbehörde sogleich beigefügten Nebenbestimmung etwas anderes gelten sollte.

Nach anfänglichem Zögern ist auch das BVerwG auf die Linie des größten Teils der Literatur eingeschwenkt. So hat es erstmals in der Entscheidung (BVerwGE 60, 269, 275 – Krankenhausbedarfsplan) eine Befristung ausdrücklich für getrennt anfechtbar erklärt (dazu *Schenke,* JuS 1983, 182).

d) Auflage und Auflagenvorbehalt

62 Nach heute nahezu unbestrittener Auffassung sind Auflage und Auflagenvorbehalt selbständige Verwaltungsakte, die nach § 36 VwVfG mit dem VA lediglich „verbunden", also nicht dessen Bestandteil sind. Ihre rechtliche Selbständigkeit verdanken sie gerade dem Umstand, daß der VA nicht von ihnen und sie nicht vom VA abhängig sind, daß der getrennte Erlaß und vor allem die getrennte Vollstreckung also möglich wären.

Beispiele: Die Behörde erteilt eine Fahrerlaubnis mit einer Auflage des Inhalts, daß die dauernde Alkoholabstinenz nachgewiesen werden muß (OVG Koblenz, NJW 1990, 1194); eine Gaststättenerlaubnis an eine Wirtin wird mit der Auflage verbunden, daß der (mehrfach straffällig gewordene) Ehemann die Gaststätte nicht betreten darf (VGH Kassel, NVwZ 1988, 1149).

Im Grundsatz war bei diesen selbständigen Auflagen schon immer klar, daß sie sowohl selbständig anfechtbar als auch (z. B. von einem Drittbetroffenen) selbständig erzwingbar sind (BVerwGE 36, 145, 154; 41, 178, 181). Abgesehen vom Problem der Abgrenzung zur „modifizierenden Auflage" – die nach dem zuvor Gesagten keine Auflage ist – besteht hier also der **Grundsatz der selbständigen Anfechtbarkeit.** Das gilt zumal dann, wenn der Kl. einen Anspruch auf den VA hat (gebundene Erlaubnis), der Behörde also kein Ermessensspielraum zukommt, und bei der **nachträglichen Auflage** (BVerwG, NVwZ 1988, 149), die ohnehin wie ein (Teil-)widerruf wirkt und deshalb nur aufgrund eines besonderen Auflagenvorbehalts oder eines Gesetzes ergehen darf.

e) Ermessensentscheidungen

63 Die getrennte Anfechtbarkeit von Auflagen kann aber bei **Ermessensentscheidungen** zu Problemen führen. Hier wird auch die getrennte Auflage häufig in einem inneren Zusammenhang zur Ermessensbetätigung stehen, d. h. die Behörde wird ihr Ermessen in der Weise ausüben, daß sie eine Genehmigung mit einer belastenden Auflage verbindet. Hätte sie diese Möglichkeit nicht, so würde sie das Ermessen ggf. anders ausüben, d. h. die Genehmigung nicht oder nur eingeschränkt erteilen. Das Gericht hätte dann hinsichtlich der Genehmigung selbst wegen § 114 VwGO nur eine eingeschränkte Überprüfungsmöglichkeit. Die erfolgreiche Anfechtung der Auflage kann dagegen dazu führen, daß eine Genehmigung bestehen bleibt, die die Behörde **so** gerade nicht wollte oder die in ihrem bleibenden Kern sogar rechtswidrig wäre. Es schien daher konsequent, keine Anfechtung von solchen Nebenbestimmungen zuzulassen, deren Aufhebung oder Änderung im Ergebnis die Ermessensentscheidung der Behörde verändern würden (so z. B. *Meyer/Borgs*, VwVfG, § 36, Rd.-Nr. 44; *Maurer*, AVwR, § 12, Rd.-Nr. 27 ff.; *Würtenberger*, PdW, 131 ff.). Folgt man dieser Auffassung, dann bleibt dem Kläger nichts anderes übrig, als durch Verpflichtungsklage ein Bescheidungsurteil (§ 113 V VwGO) anzustreben. Deshalb betrifft dieses Problem durchaus nicht nur die Begründetheit (Spruchreife), sondern auch schon die Statthaftigkeit.

Wichtig: Das Problem darf nicht mit der „modifizierenden Auflage" verwechselt werden. Hier geht es nicht um eine modifizierende Nebenbestimmung, sondern genau genommen um die „Modifizierung" der einheitlichen Ermessensentscheidung der Behörde durch ein selbständiges Anfechtungsurteil des Gerichts.

Das BVerwG folgte eine Zeitlang diesen Bedenken (vgl. insbesondere **64** BVerwGE 55, 135; 56, 254). Es stellte auf die einheitliche Ermessensgrundlage ab und erklärte die Anfechtung der Nebenbestimmungen in solchen Fällen für unzulässig, in denen VA und Auflage auf einer einheitlichen Ermessensbetätigung der Behörde beruhten. Inzwischen ist das Gericht – zu Recht – von dieser Auffassung aber wieder abgerückt und zur selbständigen Anfechtbarkeit der Auflage zurückgekehrt (insbesondere BVerwGE 65, 139; BVerwG, NJW 1983, 640). Maßgeblich hierfür war neben der grundsätzlichen Trennbarkeit von Auflage und VA die Erwägung, daß die Behörde auch im Falle des „aufgezwungenen" auflagenlosen VA nicht schutzlos sei, vielmehr durch Erlaß einer – nunmehr rechtmäßigen – Nebenbestimmung oder durch einen wegen der letztlich nicht erfüllten Nebenbestimmung möglichen Widerruf (§ 49 II 2) eine ihrem Ermessen entsprechende Lösung herbeiführen könne.

Dem ist uneingeschränkt zuzustimmen. Erhält der Kläger einen **65** begünstigenden VA mit einer selbständigen belastenden Nebenbestimmung, so ist ihm nicht zuzumuten, die Entscheidung darauf zu überprüfen, ob und in welchem Ermessenszusammenhang sie erteilt wurde. Bei trennbarem Gehalt der Nebenbestimmung will er durch deren Anfechtung eine uneingeschränkte Begünstigung erreichen. In diesem Fall greift das Gericht überdies nicht unmittelbar in das Ermessen der Behörde ein; es hebt lediglich nach § 113 I eine Auflage, also einen belastenden VA, ganz oder teilweise auf, soweit dieser rechtswidrig ist und den Kläger in seinen Rechten verletzt. Entspricht die nach der Aufhebung der Nebenbestimmung bestehenden „Gesamtlage" nicht dem Willen der Behörde, so kann sie durch Widerruf des VA oder Erlaß einer nunmehr rechtmäßigen Nebenbestimmung reagieren (krit. dazu *Schenke*, VwProzR, Rd.-Nr. 807 a f.).

66   Inzwischen zeichnet sich in der Rechtsprechung des BVerwG aber zumindest für den Fall die Tendenz ab, in dem nach Aufhebung der Nebenbestimmung ein VA bestehen bleiben würde, der letztlich rechtswidrig wäre (BVerwGE 81, 185, 186; BVerwG, NVwZ 1984, 366). Danach soll eine getrennte Anfechtung nur möglich sein, soweit die Genehmigung nach Aufhebung der Nebenbestimmung mit einem Inhalt bestehen bleiben kann, der der Rechtsordnung entspricht. Es zeigt sich hier also die Angst vor der Herstellung eines rechtswidrigen Zustands. Auch in dieser Fallkonstellation darf aber nicht vergessen werden, daß das Gericht die Auflage nur dann aufhebt, wenn **diese** rechtswidrig ist. Die Rechtmäßigkeit der Hauptentscheidung gehört nicht zum Streitgegenstand. Würde der Haupt-VA durch die Aufhebung der Auflage rechtswidrig, dann wäre es – ebenso wie bei allen übrigen Fällen – Sache der Behörde, die Hauptentscheidung nach § 48 VwVfG zurückzunehmen oder durch eine neue Nebenbestimmung insgesamt rechtmäßig zu machen. Das gilt nicht nur bei gebundenen Entscheidungen, sondern auch bei Ermessensentscheidungen.

67   Grundsätzlich bleibt es also nach hier vertretener Auffassung bei der getrennten Anfechtbarkeit von Nebenbestimmungen. Wer der neuen Rechtsprechung des BVerwG folgen will, muß allerdings fragen, ob nach einer Aufhebung der Auflage der VA mit rechtmäßigem Inhalt fortbestehen würde. Diese Auffassung zwingt also zu einem erheblichen Vorgriff auf die Prüfung der Rechtmäßigkeit.

68   Im **Ergebnis** kommt es für die Statthaftigkeit einer Anfechtungsklage gegen eine Nebenbestimmung nur darauf an, ob es sich um eine vom Inhalt des Haupt-VA trennbare Nebenbestimmung handelt oder ob es um die Inhaltsänderung des VA geht. Für die Klausur empfehlen sich drei Prüfungsschritte:

– **Erster Prüfungsschritt:** Es ist zu klären, ob eine Inhaltsänderung des VA oder eine Nebenbestimmung vorliegt. Der Begriff „modifizierende Auflage" ist irreführend. Es geht um Modifizierung des Inhalts des VA. Liegt diese vor, so kommt nur eine Verpflichtungsklage auf ungeteilten oder unveränderten VA in Betracht.

– **Zweiter Prüfungsschritt:** Geht es um eine Nebenbestimmung, dann ist wie bei jeder anderen Teilanfechtung zu klären, ob diese einen vom Haupt-VA trennbaren Inhalt hat. Dies ist bei einer Auflage stets der Fall, bei Bedingung, Befristung usw. gesondert zu prüfen.

– **Dritter Prüfungsschritt:** Es ist zu klären, ob es bei dem beantragten Haupt-VA um einen Fall gebundener Verwaltung geht. Dann bestehen keine Probleme der isolierten Anfechtbarkeit der Nebenbestimmung, und es ist auch auf Ermessensfragen nicht einzugehen. Handelt es sich dagegen um eine Ermessensentscheidung, so sollte auf die Probleme der einheitlichen Ermessensbetätigung hingewiesen werden. Nach der neuesten Rechtsprechung des BVerwG (BVerwGE 81, 185, 186) hängt die Anfechtbarkeit der Nebenbestimmung nicht mehr von der Ermessensentscheidung als solcher, sondern nur noch davon ab, ob der VA nach der Aufhebung mit einem Inhalt bestehen bleiben kann, der der Rechtsordnung entspricht. Ist dies nicht der Fall, kann der Kläger nach dieser Auffassung nur durch Verpflichtungsklage ein Bescheidungsurteil erreichen. Nach der hier vertretenen Auffassung kommt es weder auf das Ermessen der Behörde noch auf die Rechtmäßigkeit des „Haupt-VA" an. Die getrennte Anfechtungsklage ist vielmehr immer statthaft. Die Behörde kann durch Rücknahme, Widerruf oder Erlaß einer nunmehr rechtmäßigen Nebenbestimmung angemessen reagieren.

Literatur zu § 14 I 10: *Weyreuther,* Modifizierende Auflagen, DVBl. 1984, 365; H. J. *Schneider,* Nebenbestimmungen und Verwaltungsprozeß, 1981; *Laubinger,* Die Anfechtbarkeit von Nebenbestimmungen, VerwArch 73 (1982), 345; *Schenke,* Rechtsschutz gegen Nebenbestimmungen, JuS 1983, 182; *Stelkens,* Das Problem Auflage, NVwZ 1985, 469; *Fehn,* Die isolierte Auflagenanfechtung. Unter Berücksichtigung des Rechts der Planfeststellung, DÖV 1988, 202; *Erichsen,* Nebenbestimmungen zu Verwaltungsakten, JURA 1990, 214; *Pietzcker,* Rechtsschutz gegen Nebenbestimmungen – unlösbar?, NVwZ 1995, 15; *Maurer,* AVwR, § 12; *Pietzner/Ronellenfitsch,* Assessorexamen, § 9, Rd.-Nr. 10; *Erichsen,* AVwR, § 14; *Peine,* AVwR, Rd.-Nr. 161 ff.

II. Klagebefugnis

1. Allgemeines

Soweit gesetzlich nichts anderes bestimmt ist, ist nach § 42 II **69** VwGO die Klage nur zulässig, wenn der Kläger geltend macht, durch den VA oder seine Ablehnung oder Unterlassung in seinen Rechten verletzt zu sein (Klagebefugnis). Trotz dieser klaren gesetzlichen Bestimmung gehört die Klagebefugnis nach wie vor zu den schwierigsten und dogmatisch kompliziertesten Problemen des Verwaltungsprozeßrechts. Sie soll die Verwaltungsgerichte vor ungerechtfertigter Inanspruchnahme entlasten, belastet aber vielfach die Zulässigkeitsprüfung mit umfangreichen Erwägungen zur Definition subjektiver Rechte, die eher bei der Rechtsverletzung – also im Begründetheitsteil (§ 113) – zu erörtern wären. Daher kann grundsätzliche Kritik an der Überbetonung der Klagebefugnis nicht verwundern (vgl. insbesondere H. H. *Rupp,* DVBl. 1982, 144 ff.), zumal die wirkliche Entlastungswirkung schon wegen des hohen dogmatischen Begründungsaufwandes abweisender Entscheidungen gering sein dürfte. Gleichwohl kann das vorgeschlagene „Durchstarten zum Klagegrund" (*Gierth,* DÖV 1980, 893, 898) gerade für Klausuren ebensowenig empfohlen werden wie ein kritikloses „Vorziehen" materiellrechtlicher Erwägungen in den Zulässigkeitsteil.

70   a) Der **rechtliche und historische Hintergrund** der Klagebefugnis liegt in der Abkehr vom Verständnis der Verwaltungsgerichtsbarkeit im Sinne einer objektiven Rechtmäßigkeitskontrolle, wie er im „norddeutschen System" angelegt war. Wie oben (§ 2 III) dargelegt, setzte sich gegen Ende des 19. Jahrhunderts die „süddeutsche Lösung" der individuellen **Verletztenklage** durch. Damit rückte das subjektive, also das dem einzelnen zuzuordnende Recht, in den Mittelpunkt des Interesses. Nur auf ein vom Gesetz oder kraft Grundrechts ihm selbst unmittelbar zugeordnetes Recht soll sich der Kläger berufen können, nicht auf Rechte eines anderen oder einer Gruppe. Schon gar nicht soll sich der Bürger durch eine Verwaltungsklage zum Sachwalter der Gemeinwohlbelange machen und damit das Verwaltungsgericht in den Konflikt unterschiedlicher Interpretationen des öffentlichen Interesses ziehen. Zugleich diente die Klagebefugnis der klaren Abgrenzung und Individualisierung berechtigter Kläger sowie der Trennung von lediglich politischen und wirtschaftlichen Interessen einerseits und Rechten im vollen Sinne des Wortes andererseits. Dieser historisch vorgezeichneten Grundlinie folgt auch Art. 19 IV GG, der den Rechtsweg für jeden gewährleistet, der in

seinen Rechten verletzt ist und damit zugleich die drei Grundelemente der Klagebefugnis: Recht, individuelle Zuordnung des Rechts zum Kläger und Möglichkeit der Rechtsverletzung, in sich vereinigt.

b) Angesichts dieses klaren dogmatischen Hintergrunds verwundert die immer noch vorhandene Begriffsvielfalt. Für die Anforderung der Geltendmachung eigener Rechte im Prozeß hat sich in allen Prozeßordnungen und Verfahren die Bezeichnung „**Befugnis**" durchgesetzt. Sie sollte daher immer dann gebraucht werden, wenn es um die Berechtigung geht, in einem bestimmten Verfahren ein Recht geltend zu machen. Schon zur Vermeidung von unnötigen Fehlern und Verwechslungen sollten andere Begriffe vermieden werden. **71**

Beispiele: Klagebefugnis bei 42 II VwGO; Antragsbefugnis i. S. v. § 47 und § 123 VwGO; Beschwerdebefugnis i. S. v. § 90 BVerfGG; Antragsbefugnis im Organstreitverfahren nach § 64 I BVerfGG.

c) **Aktuelle Bedeutung** erlangt die Klagebefugnis, weil die Verhinderung von Popularklagen und die klare Abgrenzung von rechtlich möglicherweise Verletzten einerseits und lediglich faktisch Interessierten und Belästigten andererseits als Problem in den zahlreichen Prozessen gegen VAe mit Drittwirkung besteht. Schon der Wegfall des Enumerationsprinzips hatte den Rechtsschutz unabhängig vom belastenden VA und dessen Klärungswirkung gemacht und die prinzipielle Klageberechtigung auf eine Vielzahl Betroffener erweitert. Zusätzlich liegt es in der Struktur moderner „Großentscheidungen" vom Typus Planfeststellung, Anlagengenehmigung, Allgemeinverfügung – vielfach aber auch schon bei einfachen Baugenehmigungen – daß sie eine große „Streubreite" erzeugen, die von höchst gravierenden individuellen Belastungen bis zu ebenso höchst abstrakter und in einer modernen Industriegesellschaft hinzunehmender Behelligungen und Unannehmlichkeiten reicht. Im Geflecht vielfach vernetzter Rechte, Interessen, Risiken und Chancen kann auch der Gesetzgeber immer weniger abstrakt-generell festlegen, wer „Allgemeinheit" und wer „individuell betroffen", d. h. klagebefugt ist, und in welchen **72**

Fällen der Umweltschutz zugleich klageberechtigender Individu-
alschutz sein soll (*Breuer,* DVBl. 1986, 849; *Lorenz,* FS Menger,
1985, 148). Die Klagebefugnis hat dann Abgrenzungsfunktion in
mehrfachem Sinne: In fachlicher Hinsicht trennt sie Rechtsverletzung von hinzunehmender Behelligung und im personellen Sinne
geht es um die Grenze zwischen konkret betroffenem Individuum
und dem nur allgemein interessierten Bürger.

73   Ungeachtet aller berechtigten Kritik an der Überbetonung der Klagebefugnis ist der Ausschluß der Popularklage in einer Situation besonders wichtig, in
der die Sorge um Umweltbelastungen, die heute mit jeder nennenswerten
Genehmigung oder jedem planfeststellungsbedürftigem Vorhaben verbunden
sind, Kräfte auf den Plan ruft, die sich als Wahrer von Natur und Umwelt im
Verwaltungsprozeß verstehen, ohne selbst unmittelbar betroffen zu sein. Eine
Popularklage sieht, abgesehen von landesrechtlichen Ausnahmen, die VwGO
aber nicht vor. So kennzeichnet die Klagebefugnis auch die Grenze zwischen
potentiell Verletztem und individuellem Verteidiger des Gemeinwohls (zum
Ausschluß der Popularklage bereits BVerwGE 17, 87, 91; 19, 269, 271; 36,
192, 199). Ob angesichts der Vielzahl von Klagebefugten gerade bei Großvorhaben diese Entlastungsfunktion wirklich wirksam wird, mag auf einem anderen Blatt stehen (zur potentiellen Belastung der Verwaltungsgerichtsbarkeit
durch Popularklagen und objektive Kontrolle st. w. Nachw. *Schmidt-Aßmann,*
FS Menger, 1985, 5).

74   d) Die genannten Probleme zeigen, daß bei der Klagebefugnis
die Frage der **analogen Anwendung auf andere Klagearten** immer größere Bedeutung erlangt. Die Ursachen sind aus historischer **und** praktischer Sicht leicht verstehbar. Unter der Geltung
des Enumerationsprinzips waren es der klärende Verwaltungsakt
einerseits und die gesetzliche Schutznormbestimmung andererseits, die allein das „Klagerecht" verliehen. Das Problem „anderer
Klagearten" stellte sich insofern nicht.

Für den Einzelnen und für die geschilderten Abgrenzungsfunk-
tionen der Klagebefugnis kommt es aber heute nicht mehr auf die
Rechtsform des staatlichen Handelns an. Auch Art. 19 IV GG formuliert – insoweit offener und „moderner" – den Rechtsschutz
dessen, der verletzt ist, ohne auf die Rechtsform der verletzenden
Handlung einzugehen. Die geschilderten Abgrenzungsprobleme
von Verletzten und nur mittelbar Belasteten, subjektiv Berechtigten und lediglich von Chancen und Rechtsreflexen Profitierenden

sind aber auch bei tatsächlichen Verwaltungshandlungen zu lösen. Schon deshalb ist die Anwendbarkeit der Klagebefugnis auf Unterlassungs- und Leistungsklage heute nahezu unbestritten (BVerwGE 17, 91; 18, 157; zuletzt 62, 14; *Schmidt-Aßmann,* FS Menger, 1985, 109; seit 10. Aufl. auch *Kopp,* VwGO, § 42, Rd.-Nr. 38). Auch bei der Normenkontrolle nach § 47 VwGO läßt sich nachweisen, daß der an sich weiter konzipierte Kreis der „Benachteiligten", dem die Antragsbefugnis zustehen sollte, sich letztlich doch wieder der Klagebefugnis annähert (dazu unten, § 19). Einzig bei der *Feststellungsklage* ist die Anwendbarkeit der Klagebefugnis problematisch (dazu unten, § 18, Rd.-Nr. 26).

e) Der **Aufbau der Prüfung** ist von den eingangs genannten **75** drei Elementen bestimmt. So ist zuerst zu fragen, ob der Kläger selbst unmittelbarer **Adressat** eines belastenden VA ist. Dann ist die Klagebefugnis ohne weiteres zu bejahen (dazu Rd.-Nr. 77).

Alle weiteren Probleme stellen sich also nur bei der **Klage durch einen Dritten.** Dann ist zweckmäßigerweise nacheinander zu fragen, ob der Kläger geltend machen kann:

- ein **Recht** – im Unterschied zum bloßen Interesse, Situationsvorteil usw.,
- die **Zuordnung** des Rechts als subjektiv ihm zugehörig (im Unterschied zum Recht der Allgemeinheit oder eines Dritten),
- die **Möglichkeit der Verletzung** dieses ihm subjektiv zuzuordnenden Rechts durch die angegriffene Maßnahme.

f) Selbstverständlich kann der Gesetzgeber die Klagebefugnis **76** auch unmittelbar verleihen bzw. über § 42 II VwGO hinaus vorsehen. Von der Möglichkeit „gesetzlich etwas anderes zu bestimmen" (§ 42 II VwGO) hat der Gesetzgeber aber nur sehr zurückhaltend Gebrauch gemacht.

Beispiele: Aufsichts- oder Beanstandungsklage der Behörden gegen Widerspruchsbescheide nach § 17 Rh.-Pf.AGVwGO; Klagebefugnis der Wehrbereichsverwaltung nach § 35 II WehrpflG; Klagebefugnis des Bundesbeauftragten für Asylangelegenheiten gem. § 5 II AsylVfG sowie der Kammern nach § 8 IV und 12 HandwerksO.

Literatur zu § 14 II 1: *Bühler,* Die subjektiv öffentlichen Rechte und ihr Schutz in der deutschen Verwaltungsrechtsprechung (1914); *Erichsen,* Verfassungs- und verwaltungsrechtsgeschichtliche Grundlagen der Lehre vom fehlerhaften belastenden VA und seiner Aufhebung im Prozeß (1971); *Henke*, Das subjektive öffentliche Recht (1968); *Gierth*, Klagebefugnis und Popularklage, DÖV 1980, 893; *Achterberg*, Die Klagebefugnis – eine entbehrliche Sachurteilsvoraussetzung?, DVBl. 1981, 278; *Rupp*, Kritische Bemerkungen zur Klagebefugnis im Verwaltungsprozeß, DVBl. 1982, 144; *Jarass*, Der Rechtsschutz Dritter bei der Genehmigung von Anlagen, NJW 1983, 2844; *Krebs*, Subjektiver Rechtsschutz und objektive Rechtskontrolle, FS Menger, 1985, 191; *Bauer*, Geschichtliche Grundlagen der Lehre vom subjektiven öffentlichen Recht (1986); *Scherzberg*, Grundlagen und Typologie des subjektiven öffentlichen Rechts, DVBl. 1988, 129; *Erichsen*, Die Klagebefugnis gem. § 42 II VwGO, JURA 1989, 220 ff.; *Maurer*, AVwR, § 8; *Stern*, Verwaltungsprozessuale Probleme, § 14 I; *Ule*, VwProzR, § 1 und § 33; *Pietzner/Ronellenfitsch*, Assessorexamen, § 14; *Schmitt Glaeser*, VwProzR, Rd.-Nr. 150 ff.; *Schenke*, VwProzR, Rd.-Nr. 485 ff.

2. Der Adressat des belastenden VA

77   Die oben genannten Merkmale der Klagebefugnis können unterstellt werden, wenn der Kläger selbst unmittelbarer **Adressat** eines ihn (möglicherweise) **belastenden VA** ist. Ein solcher VA betrifft mindestens die allgemeine Handlungsfreiheit (Art. 2 I GG) als *Rechts*position; diese steht auch dem Kläger als Abwehrrecht gegen ungesetzlichen Zwang zu, und in dem Verbot oder Gebot durch den belastenden VA liegt immer eine (zumindest mögliche) Rechtsverletzung.

Das ist der Hintergrund der sogenannten **„Adressatentheorie"**, die sich nicht nur allgemein durchgesetzt hat, sondern – anders als die Klagebefugnis als solche – die Verwaltungsgerichte auch von unangemessener Doppelprüfung entlastet (vgl. zuletzt BVerwG, NJW 1988, 2752, 2753). Auch in der Klausur erübrigt sich dann ein weiteres Eingehen auf die Klagebefugnis.

78   Der **Adressat des belastenden VA** ist also **immer klagebefugt.** Das gilt sowohl für den Bürger als auch für Körperschaften, z. B. für die Gemeinde bei der Klage gegen Aufsichtsmaßnahmen. Bei letzteren darf allerdings nicht auf Art. 2 I als möglicherweise verletztes Recht abgestellt werden – im Hintergrund steht hier vielmehr die Selbstverwaltungsgarantie (Art. 28 II GG).

79   Die Adressatentheorie gilt **nur bei der Anfechtungsklage.** Der Adressat des eine Begünstigung ablehnenden Bescheides ist zwar

auch „belastet"; für die Klagebefugnis muß er aber geltend machen, über die Ablehnung hinaus in einem weiteren Recht verletzt
zu sein, denn es macht handgreiflich keinen Sinn, dem Urheber
eines reinen Phantasieantrags nach dessen unweigerlicher Ablehnung ohne weiteres die Klagebefugnis einzuräumen (so auch
Schenke, VwProzR, Rd.-Nr. 512). Bei den übrigen Klagearten
fehlt es schon am Adressaten.

Dagegen können allgemeine Bedenken gegen die Adressatentheorie nicht **80**
überzeugen. Hier ist weder zu befürchten, daß schon die Form des VA ein
verletztes Rechtsgut schafft, noch daß die Behörde durch zu viele „Adressaten"
eine Vielzahl eigentlich nicht betroffener Dritter produziert. Die wirkliche
Verletzung durch den VA ist erst bei der Begründetheit zu prüfen. Eine Anfechtungsklage gegen eine Maßnahme, für die die Behörde zu Unrecht die
Form des VA gewählt hat, ist ohnehin zulässig.

Im übrigen hat die Behörde es zumindest teilweise selbst in der Hand, den
Kreis unmittelbarer Adressaten zu bestimmen. Auch die bestimmbaren Adressaten der personenbezogenen Allgemeinverfügung sind ohne weiteres klagebefugt, wenn sie wirklich zum Adressatenkreis zählen. Beim Planfeststellungsbeschluß kann die Behörde durch die Bekanntgabe an Dritte klarstellen, auf wen
sie die Bindungswirkung erstrecken will, muß dann aber auch die Klagebefugnis als selbstverständliche Konsequenz hinnehmen. Es sind hier nicht die allgemeine Bindungswirkung oder der „Duldungsbefehl" des Planfeststellungsbeschlusses als solche, die die Adressatenstellung erzeugen, sondern die förmliche
Einbeziehung in den Kreis der Adressaten des VA.

Grundsätzlich nicht anwendbar ist die Adressatentheorie dage-   **81**
gen beim rein dinglichen VA, der sich ohne konkreten Adressaten
auf die Nutzung einer Sache beschränkt, soweit die Behörde sich
nicht selbst entschließt, durch Bekanntgabe z. B. an einen Anlieger
oder Nutzungsberechtigten einen unmittelbaren Adressaten zu
schaffen.

3. Geschütztes Recht

Rechte im vollen Sinne des Wortes können dem Kläger sowohl   **82**
aufgrund gesetzlicher Bestimmungen als auch aus den Grundrechten zustehen. In diesen beiden Fällen empfiehlt es sich, Recht und
subjektive Zuordnung (Schutznorm) gemeinsam zu prüfen (hierzu sogleich).

Oft scheitert die Klage aber nicht erst an der fehlenden Zuordnung eines Belangs zum „Recht", sondern bereits daran, daß es sich beim geltend gemachten Nachteil nicht um ein Recht, sondern nur um einen Situationsvorteil, ein **Interesse,** eine **(Un-)Annehmlichkeit** oder eine **Chance** handelt. Die Abgrenzung von Recht und „Nicht-Recht" erschließt sich am ehesten von den jeweiligen Gegenbegriffen und -beispielen her:

83   a) **Kein** geschütztes Recht sind **bloße Annehmlichkeiten,** deren Einschränkung oder Beseitigung durch einen VA droht bzw. Unannehmlichkeiten, die durch den VA entstehen. Hierzu zählen z. B. die schöne Aussicht auf eine Landschaft, die Freude an einem Natur- oder Kulturdenkmal usw. Unannehmlichkeiten unterhalb der Schwelle einer konkreten Rechtsposition sind geringfügiger Lärm, ästhetisches Unbehagen, Ärger und Verdruß. Schon gar nicht kann sich derjenige auf irgendein „Recht" berufen, der in seiner Umgebung keine Kranken, Behinderte, Asylanten oder Kinder wünscht. In die Kategorie der nicht geschützten „Annehmlichkeiten" gehören auch der Gebrauch eines bestimmten Produkts (BVerwG, NJW 1993, 3003), die Freude an einer Fernsehsendung, der „Schleichweg" auf dem Weg zur Arbeitsstelle oder das Vorhandensein eines Bahnhofs mit einer bestimmten Zugfrequenz in einer Gemeinde.

Beispiele für „keine Rechtsposition" aus der Rechtsprechung: Freihaltung einer landschaftlich schönen Aussicht (VGH München, BayVBl. 1991, 369); Freude an einem durch Baumschutzsatzung geschützten und durch Ausnahmegenehmigung gefährdeten Baum auf Nachbargrundstück; „Anspruch" des Rundfunkteilnehmers auf eine bestimmte Sendung bzw. gegen Absetzung derselben (VGH München, BayVBl. 1991, 689 – Scheibenwischer); Zugehörigkeit zu einer bestimmten Gemeinde im Zusammenhang mit der Gebietsreform (OVG Koblenz, NVwZ 1983, 303); Unbehagen eines Anliegers an Straßenumbenennung nach homosexuellem Schriftsteller (OVG Münster, NJW 1988, 2695); „Reinhaltung" eines Familiennamens (OVG Münster, NJW 1993, 2131) oder eines Berufsstandes (BVerwG, NJW 1993, 2066 – Rechtsanwaltskammer).

84   b) **Keine** Rechte i. S. v. § 42 II VwGO stellen ferner bloße **Erwerbschancen,** wirtschaftliche und politische **Interessen** dar, soweit sie sich nicht oder noch nicht zu echten Vermögenspositionen verdichtet haben. So kann ein Einzelhändler im Innenstadtbereich nicht gegen die Baugenehmigung eines Supermarktes „auf der grünen Wiese" klagen; der Hotelier hat kein Recht auf einen ungeteilten Kundenstamm oder die staatliche Anerkennung seines Standorts als Heilbad (BVerwG, NVwZ 1993, 63).

c) **Kein** geschütztes Rechtsgut sind ferner bloße Situationsvor- 85
teile geographischer oder struktureller Art.

Beispiele: Vorteile für Anlieger durch Ausweisung eines Landschafts-
schutzgebietes; Lage eines Betriebs im denkmalgeschützten Ortskern oder in
der Nähe einer durch Neueröffnung der Autobahn entlasteten Bundesstraße;
Lage eines bestimmten Taxenstandes (OVG Koblenz, NJW 1986, 2845).

d) Gleichfalls noch in die Fallgruppe **„ideelle Interessen"** fallen 86
solche Positionen, die das Ansehen einer Person, die Attraktivität
einer Stadt oder den Ruf einer Vereinigung usw. betreffen, ohne
daß sie durch das Persönlichkeitsrecht oder die Selbstverwaltungsgarantie geschützt sind. So kann sich der Lebensmitteleinzelhänd-
ler nicht gegen Probenahmen in seinem Geschäft wehren, weil
dies den „Ruf" seines Geschäfts beeinträchtigt; eine Stadt darf eine
politische Veranstaltung nicht allein wegen ihres guten Rufes als
Fremdenverkehrsgemeinde verbieten usw.

e) Ficht jemand die **Begünstigung eines Konkurrenten** an, so 87
kommt es – unabhängig von Statthaftigkeit und Rechtschutzinter-
esse – darauf an, ob er sich hierbei auf ein Recht i. S. v. § 42 II
VwGO berufen kann oder ob es wieder nur um wirtschaftliche
Chancen, Standortvorteile usw. geht, die auch im Wettbewerb
grundsätzlich nicht geschützt sind.

Jede gewerbliche Erlaubnis und erst recht jede finanzielle Begünstigung,
Subvention usw. beeinflußt in irgendeiner Weise die Markt- und Wettbe-
werbschancen von Gewerbetreibenden, jede Beförderung beeinflußt zumin-
dest mittelbar die Chancen zum beruflichen Fortkommen im Öffentlichen
Dienst, jede Zulassung zu einer öffentlichen Einrichtung vermindert die für
Mitbewerber zur Verfügung stehende Kapazität. Die Abgrenzung von bloßen
Chancen und Interessen einerseits und Rechten andererseits ist deshalb im
Bereich der sogenannten „negativen Konkurrentenklage", also der Abwehr-
klage gegen Begünstigung eines Wettbewerbers, besonders schwierig.
Auch Grundrechte schützen nicht vor der Verschlechterung einer Marktsi-
tuation durch private oder öffentliche Konkurrenz (BVerwGE 71, 183, 193).
Einigkeit besteht aber heute darin, daß sowohl die **berufliche Existenzgrundlage** als auch die **Wettbewerbsfreiheit** Rechtsgüter sind, auf die sich
der Einzelne berufen kann. Unmittelbare Eingriffe in den Wettbewerb direkter
Konkurrenten (z. B. durch eine Subvention) können daher die durch Art. 2 I,
ggf. auch durch Art. 3 GG geschützte Wettbewerbsfreiheit tangieren. Insofern
kann sich der Einzelne auch auf diese Rechte berufen, wenn z. B. eine Behörde
gezielt in den Wettbewerb eingreift und/oder dadurch einen Konkurrenten in
den Ruin zu treiben droht.

Auch im zweiten großen Anwendungsgebiet der „negativen Konkurrentenklage", dem Recht des **Öffentlichen Dienstes,** kann – die Statthaftigkeit einer
Klage vorausgesetzt – der unmittelbare Konkurrent Eingriffe in Rechte wie
Gleichheit, Diskriminierungsverbote und das Leistungsprinzip geltend machen.

Im direkten Wettbewerb stehen auch Konkurrenten im **Zugang zu öffentlichen Einrichtungen** bei knapper Kapazität. Ist ein Platz in einer öffentlichen
Einrichtung (Studienplatz, Stand auf einem gemeindlichen Volksfest usw.) bei
mehreren Bewerbern nur einmal zu vergeben, so kann der nicht berücksichtig-
te Bewerber in einem Grundrecht (Art. 12 GG usw.), im Recht auf Gleichbehandlung, in der Wettbewerbsfreiheit (Art. 2 I GG) oder in einem gesetzlich
begründeten Nutzungs- und Zugangsrecht verletzt sein.

Beispiele für die Klagebefugnis in Konkurrenzsituationen: Klage gegen eine
unmittelbar den Mitbewerber begünstigende Subvention durch den in seiner
Existenz gefährdeten Unternehmer (BVerwGE 30, 191, 197 – Weinhandel);
Klage des nicht begünstigten Konkurrenten wegen gezielter Wettbewerbs-
beeinflussung (BVerwGE 60, 154, 160 – Pflegesatzfestsetzung); Klage eines
Taxiunternehmers gegen eine Konzession außerhalb einer Vormerkliste (OVG
Münster, NVwZ-RR 1991, 147); Klage eines Presseunternehmens gegen Sub-
ventionierung einer Konkurrenzzeitschrift (OVG Berlin, OVGE 13, 108, 118 –
Kreditaktion).

88   **Keine Klagebefugnis** schon wegen fehlender Rechtsbeein-
trächtigung besteht dagegen grundsätzlich dann, wenn sich der
Kl. nur gegen die Zulassung eines Konkurrenten zum Markt
oder eine bestimmte den Konkurrenten begünstigende Erlaubnis
wehrt.

Beispiele: BVerwGE 16, 187 – Kraftdroschkenunternehmer; BVerwG
NJW 1989, 1175 – Klage eines Rechtsanwalts gegen (objektiv rechtswidrige)
Rechtsberatungserlaubnis an Dritten; OVG Koblenz, NJW 1982, 1301 – Klage
eines Gastwirts gegen gaststättenrechtliche Erlaubnis an Konkurrenten;
BVerwGE 65, 167, 174; OVG Koblenz, NVwZ 1993, 699 – Klagebefugnis
eines Konkurrenten gegen ladenschluß- oder feiertagsrechtliche Ausnahmegenehmigung.

Insgesamt besteht also kein Schutz gegen Wettbewerb, Konkurrenz und die Zulassung weiterer Konkurrenten. Erst dann, wenn
eine Behörde gezielt in den Wettbewerb eingreift, eine Vormerkliste überspringt oder die Existenz eines Wettbewerbers durch behördliche Maßnahmen zu Gunsten eines Konkurrenten beeinträchtigt, liegt ein Recht i. S. v. § 42 II VwGO vor (wie hier
Brohm, FS Menger, 244).

Literatur speziell zu § 14 II 3e (negative Konkurrentenklage): H. J. *Friehe,* Die Konkurrentenklage gegen einen öffentlichrechtlichen Subventionsvertrag; DÖV 1980, 673; *Schenke,* Die Konkurrentenklage im Beamtenrecht, FS O. Mühl, 1981, 571; *Scherer,* Öffentlichrechtliche Konkurrentenklagen im Wirtschafts- und Beamtenrecht, JURA 1985, 11; N. *Müller,* Die Konkurrentenklage im Beamtenrecht, NVwZ 1983, 755; *Frers,* Die Konkurrentenklage im Gewerberecht, DÖV 1988, 670; W. *Brohm,* Die Konkurrentenklage, FS Menger, 1985, 235 ff.; P.-M. *Huber,* Konkurrenzschutz im Verwaltungsrecht, 1991; *ders.,* in: *Stober* (Hg.), Rechtsschutz, S. 64 ff.

f) Grundsätzlich **keine** Klagebefugnis schaffen **obligatorische** **89** **Rechte** am Grundstück aus Miete, Pacht-, Arbeitsvertrag usw. Dies gilt vor allem im baurechtlichen Nachbarstreit, läßt sich aber verallgemeinern. Grundstücke sollen hinsichtlich der sie betreffenden Belastungen nur einmal repräsentiert werden. Würde man die Klagebefugnis auf Mieter, Pächter usw. ausdehnen, so wäre nicht nur der Kreis der Kläger noch schwieriger abgrenzbar, sondern es bestünde auch die Gefahr, daß die Verwaltungsgerichte in Streitigkeiten zwischen Eigentümern und Mietern hineingezogen würden. Nur das Eigentum am Grundstück verleiht also die Klagebefugnis gegen Verwaltungsakte, die das Grundstück und seine Nutzung betreffen. Das schließt aber die Klagebefugnis des Mieters im Hinblick auf Lärm, gesundheitsbeeinträchtigende Gefahren usw. nicht aus (*Thews,* NVwZ 1995, 224).

Beispiele: Keine Klage des Mieters gegen Baugenehmigung für Nachbargrundstück (BVerwG, NVwZ 1983, 672; BVerwG, NJW 1989, 2766); keine Klagebefugnis für Pächter im Flurbereinigungsverfahren (BVerwG, DÖV 1984, 37) oder eines Vorkaufsberechtigten gegen Baugenehmigung (VGH Mannheim, NJW 1995, 1308).

Keine unmittelbare Auswirkung auf die Klagebefugnis scheint auch die Stärkung der Mieterposition i. S. eines eigentumsgleichen Rechts durch das BVerfG (BVerfGE 89, 1, 6 ff. = NJW 1993, 2035) zu gewinnen. So hat das BVerwG (BVerwG, NJW 1994, 1233) im Hinblick auf den Abwehranspruch gegen eine Straßenplanung die fehlende Klagebefugnis des Mieters bestätigt.

Ausgeschlossen sind damit aber selbstverständlich nicht zivilrechtliche An- **90** sprüche des Mieters. So kann der Mieter ggf. den Eigentümer aus dem Mietvertrag zwingen, auch im Klageweg unzumutbare Belastungen vom Grundstück fernzuhalten. Unberührt bleibt auch die Möglichkeit des Mieters, wegen einer möglichen Verletzung seiner Gesundheit (Art. 2 II GG), seiner beruflichen Existenz oder aus eingerichtetem und ausgeübtem Gewerbebetrieb zu klagen.

91   Eine Ausnahme von der fehlenden Klagebefugnis des obligatorisch Berechtigten wird man dann machen müssen, wenn sich diese Stellung schon „dinglich verfestigt" hat und z. B. eine Anwartschaft auf das Grundstück besteht. So kann der Erwerber eines Grundstücks bei vorliegender Auflassungsvormerkung und nach Inbesitznahme des Grundstücks gegen eine Baugenehmigung für ein Vorhaben auf dem Nachbargrundstück klagen (BVerwG, DÖV 1983, 344). Gegen die Ausübung des gemeindlichen Vorkaufsrechts nach § 24 BauGB kann sich neben dem Verkäufer auch der Käufer eines Grundstücks wehren (VGH Kassel, NJW 1989, 1626).

92   Ein ähnliches Problem betrifft die Klagebefugnis des **Miteigentümers.** Gegen das Grundstück betreffende Verwaltungsakte besteht diese grundsätzlich, kann aber nicht isoliert und insbesondere nicht gegen Genehmigungen an andere Miteigentümer ausgeübt werden. Auch hier gilt der Grundsatz der einheitlichen Repräsentation des Grundstücks im öffentlich-rechtlichen Rechtsstreit (vgl. zuletzt BVerwG, NJW 1989, 250; BVerwG, NVwZ 1990, 655). Streitigkeiten zwischen den Miteigentümern um die (genehmigungspflichtige) Nutzung sind ausschließlich zivilrechtlich auszutragen.

93   g) Sehr umstritten ist die Frage, ob als eigenständige Rechtsposition i. S. v. § 42 II VwGO ein **Recht auf fehlerfreie Ermessensausübung** oder gerechte Abwägung in Betracht kommt, das der Kläger unabhängig von anderen Rechtsgütern geltend machen kann. Betrachtet man die Fälle, die für ein solches Recht angeführt werden, so stellt sich schnell heraus, daß es nicht um einen Anspruch auf bestimmte Ermessensausübung geht, sondern um „dahinterstehende" Rechtsgüter.

Beispiel: Hinter dem Anspruch auf fehlerfreie Ermessensausübung bei der Änderung eines Straßennamens (VGH Mannheim, BWVwPrax 1982, 206) stehen Anliegerstellung und Persönlichkeitsrecht; hinter dem Ermessensanspruch gegen unverhältnismäßige Verkehrsbeschränkungen (BVerwG, NVwZ 1983, 93) steht die allgemeine Handlungsfreiheit (Art. 2 I GG); hinter dem „Abwägungsanspruch" (BVerwGE 48, 56, 66; 56, 110, 123) stehen Eigentum oder Gesundheit; hinter dem Anspruch auf sachgerechte Abwägung vor Schließung einer Schule (OVG Koblenz, NVwZ 1986, 1036) stehen Elternrecht, Gleichheitssatz und Vermeidung von unzumutbaren Gesundheitsgefährdungen auf dem geänderten Schulweg.

4. Eigenes Recht

Die Klagebefugnis setzt voraus, daß das geltend gemachte Recht **94** **dem Kläger selbst** zustehen kann. Damit ist der eigentliche Zweck von § 42 II VwGO – die Verhinderung der Popularklage und der altruistischen Klage – umrissen. Macht der Kläger die Rechte der Allgemeinheit oder eines anderen geltend, so handelt es sich hierbei lediglich um Rechtsreflexe, nicht aber um (eigene) Rechte und die Klagebefugnis steht ihm nicht zu.

Beispiel: Keine Klage eines Bürgers gegen eine an seine Gemeinde gerichtete Aufsichtsverfügung, keine Klage eines Vereinsmitglieds gegen eine den Verein als solche betreffende Verfügung (anders aber VGH Mannheim, NJW 1990, 61 zur Klage eines Vereinsmitglieds gegen das Vereinsverbot – hier sei zugleich das Recht des Kl. aus Art. 9 I betroffen).

Das Recht muß gerade dem Kl. zuzuordnen, also ein **subjektives 95 Recht** sein.

Diese Subjektivierung kann geschehen:

– durch **gesetzliche** Zuordnung **(Schutznorm),**
– durch **richterrechtliche Ausfüllung** gesetzlicher Lücken (z. B. das Gebot der Rücksichtnahme),
– durch **Grundrechte** (Art. 1 III GG), auch Grundrechte der Landesverfassungen.

a) Gesetzliche Schutznormen

Das Öffentliche Recht ist traditionell gemeinschaftsorientiert. Es **96** schützt vor allem das **öffentliche Interesse** und stellt diesem das Recht des Einzelnen oder einer gesellschaftlichen Gruppe gegenüber. Selbst dort, wo Schranken individueller Freiheit errichtet werden, geschieht dies – aus der Sicht eines Dritten – zumeist nicht in seinem Interesse sondern im öffentlichen Interesse an Sicherheit, Umweltschutz, Landschaftsschutz usw. Dem Einzelnen kommt dieser Schutz vielfach nur als Teil der Allgemeinheit zugute; sein Interesse ist im „ideellen Gesamtinteresse" des Staates aufgehoben. Schutznormen zugunsten des Einzelnen sind eher die Ausnahme.

Diesen ideengeschichtlichen Hintergrund muß man sich verdeutlichen, wenn man den Stellenwert der Lehre vom Schutzzweck einer Gesetzesnorm erkennen will. Wichtig ist zum einen, daß nur

öffentlich-rechtliche Normen die Klagebefugnis gegen hoheitliche Entscheidungen vermitteln. So kann sich ein Bauherr z. B. nicht auf ein mit dem Nachbarn vereinbartes privates Bauverbot oder eine Grunddienstbarkeit berufen, denn die Baugenehmigung ergeht **„unbeschadet privater Rechte Dritter"** (vgl. § 68 Rh.-Pf. LBauO. Weiteres interessantes Beispiel: BVerwG, NVwZ 1994, 682 – Kein klagefähiges Recht aus Architektenvertrag und Urheberrecht gegen Gestaltung eines Autobahntunnels; näher dazu *Koch/Hendler,* BauR, S. 390).

Im Hinblick auf öffentlich-rechtliche Normen stellt die **Schutznormtheorie** auf zwei wesentliche Elemente ab:

- Einen nach dem Gesetz klar abgrenzbaren Kreis von potentiellen Klägern (vgl. zuletzt BVerwG 52, 122, 129)
- den Zweck der Norm, der zumindest auch auf den Schutz des Klägers gerichtet sein mußte (BVerwGE 7, 355; zuletzt BVerwG, NJW 1984, 38).

97   Eine exakte Trennung im Sinne dieser Kriterien gelang aber selbst im „klassischen" Feld des Nachbarschutzes immer weniger. Das lag nicht nur daran, daß der Gesetzgeber die ihm gestellte Aufgabe einer exakten Bezeichnung subjektiv nachbarschützender Rechte nicht erfüllt, sondern vor allem daran, daß die modernen Anlagengenehmigungen und Planfeststellungsverfahren des Umwelt-, Verkehrs-, Planungs- und Wirtschaftsrechts immer neue „Nachbarn" schufen. Durch die „Rundumwirkung" der Entscheidungen erwies sich das Kriterium der **Abgrenzbarkeit** des Klägerkreises als nicht mehr handhabbar und die Rechtsprechung stellte mehr und mehr auf die Abgrenzung von Allgemein- und Individualrecht ab, wobei letzteres durchaus bei einem großen und zunächst unabsehbaren Kreis von Betroffenen gegeben sein kann (vgl. BVerwG, NVwZ 1987, 409). So wurde die Ausfüllung der Schutznormtheorie immer mehr eine Sache des Richterrechts. Unabdingbar ist die Kenntnis der wichtigsten **Fallgruppen** (kritisch zur Schutznormtheorie H. *Bauer,* AöR 113 [1988], 582; *Peine,* AVwR, Rd.-Nr. 83).

98   **(1) Bauordnungsrechtliche Normen:** Generell **nachbarschützend** sind:

- die sogenannte bauordnungsrechtliche Generalklausel (soweit nicht ohnehin das Rücksichtnahmegebot angenommen wird),
- Vorschriften über Grenzabstände,
- Vorschriften über Brandschutz,
- spezifische Vorschriften zum Schutz vor Lärm und sonstigen Immissionen;
- teilweise nachbarschützend sind die Vorschriften über Grenzgaragen und die Nutzung von Freiflächen.

Durchweg sind auch die genannten Vorschriften nur dann nachbarschützend, wenn sie gerade den Kläger betreffen. So kann sich ein Nachbar selbstverständlich nicht auf die Einhaltung des Abstands zu einem dritten Grundstück berufen.

Nicht nachbarschützend sind alle das Haus selbst, dessen Sicher-   **99**
heit, Benutzbarkeit und auch Gestaltung betreffende Normen,
z. B.

– Sicherheitsnormen für die Bewohner,
– Bestimmungen zur Grundfläche,
– Bestimmungen zur Geschoßhöhe und -flächenzahl,
– Bestimmungen zur äußeren Gestaltung (soweit nicht Rücksichtnahme betroffen).

Weitere Einzelheiten hierzu bei *Finkelnburg-Ortloff,* Öff. BauR II,
3. Aufl. (1994), 224 ff.; *Koch/Hendler,* BauR, RaumO- u. LaPlaR,
2. Aufl. (1995), S. 370 ff.

(2) **Bauplanungsrechtliche Normen:** Sie dienen – so die tra-   **100**
ditionelle Auffassung – grundsätzlich der Bodenordnung und
städteplanerischen Gestaltung im **öffentlichen Interesse,** sind also
i. d. R. **nicht** nachbarschützend. Diese strenge Auffassung hat
sich aber längst als nicht mehr in dieser Eindeutigkeit durchhaltbar erwiesen – schon weil der Wortlaut der entsprechenden Vorschriften zumindest den Schutz privater Planbetroffener miterfaßt:

– So sind nach § 1 VI BauGB bei der Aufstellung der Bauleitpläne die öffentlichen *und privaten* Belange gegeneinander und untereinander gerecht abzuwägen. Private Belange gehen also in das Ergebnis des Plans ein. Trotzdem hat nicht jede planerische Festlegung i. S. des **§ 30 BauGB** nachbarschützende Wirkung. So kann sich der einzelne z. B. nicht auf das Erschließungsgebot des § 30 BauGB berufen (BVerwGE 50, 282). Die eigentliche Festsetzung von Baugebieten im Bebauungsplan ist aber immer Ergebnis einer planerischen Konfliktlösung (*Koch/Hendler,* BauR, RaumOR u. LaPlaR, 2 VI 35 ff.); es besteht eine „rechtliche Schicksalsgemeinschaft", gegen deren einseitige Veränderung sich der einzelne wehren kann. Das gilt insbesondere, wenn von einer planerischen Festlegung befreit werden soll, die selbst Ergebnis der Konfliktlösung in der Planung ist. Deshalb haben Baugrenzen und Baulinien nach der BauNVO (§§ 14, 23) auch regelmäßig nachbarschützende Wirkung zugunsten des an derselben Grundstücksseite liegenden Nachbarn (VGH Mannheim, NJW 1992, 1060).

– Zahlreiche Inhaltsbestimmungen des Bebauungsplanes (§ 9 BauGB) beziehen sich sowohl auf öffentliche als auch auf private Belange. So kann – um nur ein Beispiel zu nennen – § 9 I Nr. 24 i. V. m. immissionsschutzrechtlichen Normen nachbarschützend für denjenigen sein, der von freizuhaltenden Schutzflächen und besonderen Anlagen und Vorkehrungen zum Schutz vor schädlichen Umwelteinwirkungen profitiert (BVerwG, NJW 1989, 467).

– Die durch § 30 BauGB i. V. m. der BauNVO bezweckte planerische Konfliktbewältigung zwischen den Grundstücken und deren Nutzung wird durch Ausnahmegenehmigungen nach § 31 II BauGB durchbrochen. Auch in diesem Zusammenhang hat die Rechtsprechung bestimmten Festlegungen des Bebauungsplans nachbarschützende Wirkung zugesprochen (BVerwG, NVwZ 1987, 409; BVerwG, DÖV 1990, 205).

– Von Anfang an war umstritten, ob § 34 **BauGB** – in der jeweils geltenden Fassung – nachbarschützende Wirkung im Hinblick auf die Eigenart der Umgebung und das „sich-Einfügen" erlangt. Einem großen Teil der Literatur zuwider hat die Rechtsprechung zuerst zum BBauG 1960 (BVerwGE 32, 173, 175), dann auch für die seit 1976 geltende Fassung (BVerwG, NJW 1981, 1973) die nachbarschützende Wirkung von § 34 selbst immer verneint und mit der (freilich nicht überzeugenden) Berufung auf das Rücksichtnahmegebot „geholfen" (zu dieser Rechtsprechung vgl. *Dürr*, DÖV 1994, 848). Eine (fast) vollständige, im Hinblick auf das Verhältnis von § 30 und § 34 II BauGB aber konsequente Wende brachte erst das „Garagenurteil" (BVerwGE 94, 151 = NJW 1994, 1546). Mit diesem wurde klargestellt, daß zumindest in Gebieten des Innenbereichs, die baugebietstypisch i. S. d. BauNVO sind, der gleiche Schutz gegen Veränderungen besteht wie im beplanten Bereich des § 30 BauGB. Die Folgen sind erheblich: Dem einzelnen wird ein subjektiver Anspruch **unmittelbar aus § 34 II BauGB** und den entsprechenden Normen der BauNVO auf **Bewahrung des Gebietscharakters** eingeräumt. Er kann sich also gegen „gebietscharakterverändernde" Vorhaben (z. B. eine den Anwohnerbedarf übersteigende Zahl von Garagen) wehren (dazu *Werninghausen*, NJW 1994, 1546; *Schmidt-Preuß*, DVBl. 1994, 288). Für die Hilfskonstruktion des Rücksichtnahmegebots und die unmittelbare Berufung auf Art. 14 GG (vgl. BVerwGE 89, 78) bleibt **insoweit** kein Raum.

– Bei § 35 **BauGB** handelt es sich um keine nachbarschützende Vorschrift, da hier der öffentliche Belang der Verhinderung einer Zersiedelung im Mittelpunkt steht, es also gerade keine Nachbarn geben soll. Schon früh wurde aber anerkannt, daß die Träger der durch § 35 privilegierten Vorhaben zumindest dann einen Schutzanspruch aus dieser Vorschrift haben, wenn es darum geht, die ungestörte Ausübung einer nur im Außenbereich konfliktfrei möglichen Nutzung gegen eine herannahende Wohnbebauung zu verteidigen (BVerwG, DVBl. 1969, 263; ebenso BVerwG, DVBl. 1971, 746, 748 – Kraftfutterfabrik).

(3) **Immissionsschutzrecht:** Klarer sind die Grundlinien der **101**
Rechtsprechung im **Immissionsschutzrecht,** wenn es um die
klägerschützende Wirkung von solchen Normen geht, die der
Bekämpfung oder Einschränkung von Lärm, Abgasen und vergleichbaren Belastungen und Gefahren dienen. Schon im Begriff
„Immissionsschutz" und im mehrfachen expliziten Nachbarbe-
zug in Normen wie § 4 I und § 5 I Ziff. 1 2. Alt. BImSchG wird
deutlich, daß diese nicht nur der Verhinderung von Belastungen
der Umwelt sondern auch dem Schutz des immissionsrechtlichen Nachbarn dienen. Die besondere Art der Immissionen
führt auch zu einer Erweiterung des Nachbarbegriffs: Für jeden,
der im Einwirkungsbereich einer emittierenden Anlage liegt,
gilt die Schutzwirkung bestimmter immissionsrechtlicher Normen (Einzelheiten bei *Schenke,* VwProzR, 500; *Dürr,* DÖV
1994, 850; *Berger,* Grundfragen umweltrechtlicher Nachbarklagen, 1982).

Nachbarschützend sind z. B.: §§ 5 I 1 u. 22 BImSchG soweit es um Belästigung für die Nachbarschaft geht, Normen des Planungsrechts, die den
Schutz des Planbetroffenen bewirken (so früher § 17 IV BFernStrG – heute
§ 74 II VwVfG; BVerwG, DVBl. 1975, 713), § 29b LuftVG hinsichtlich der
Vermeidung von Fluglärm, § 69a I 3 GewO hinsichtlich des von einem
Wochenmarkt oder Jahrmarkt ausgehenden Lärms (BVerwG, NVwZ 1987,
794).
Ähnliche Vorschriften bestehen für sonstige Anlagen, z. B. im **Atom-
recht** (BVerwG, NJW 1981, 359, 361), im **Abfallrecht** (zur Planfeststel-
lung hinsichtlich einer Mülldeponie OVG Koblenz, NJW 1977, 595), im
sonstigen Planungsrecht öffentlicher Anlagen usw. Der Unterschied zwischen Individualrisiko und allgemeinem Risiko ist insbesondere bei der
Kernenergie schwierig zu treffen und oft rein theoretischer Natur (vgl. etwa
VGH Mannheim, NJW 1983, 63).
Nicht nachbarschützend sind alle Vorschriften, die den Zielen sparsamer
Energieverwendung, der Reststoffverwertung und Abfallvermeidung, dem
Wasserschutz oder der Entsorgung dienen (VGH Mannheim, DVBl. 1984,
880). **Nicht** nachbarschützend sind auch allgemeine umweltschützende Bestimmungen, z. B. § 5 I Ziff. 2–4, die Normen zur Umweltverträglichkeitsprüfung und die Generalklausel des § 5 I 1 BImSchG, soweit es um schädliche Umwelteinwirkungen und sonstige Gefahren für die Allgemeinheit –
nicht für die Nachbarschaft – geht.

102   (4) **Sonstige Bereiche des Umwelt- und des Naturschutz-
rechts:** Sehr zurückhaltend ist die Rechtsprechung mit der Zuerkennung subjektiver Rechte im sonstigen **Umwelt- und Naturschutzrecht.** So vermittelt das **Wasserrecht** nur denjenigen subjektive Rechte, deren Position eigentumsähnlich verfestigt ist,
während der allgemeine Grundwasserschutz und die Sicherung
von Trinkwasser rein öffentliche Belange sind (BVerwG, NVwZ
1988, 534; VGH München, BayVBl. 1985, 179). Ähnliches gilt im
Straßenrecht, wo allenfalls der Anlieger, nicht aber jeder Benut-
zer klagebefugt gegen Änderungen, Einschränkungen usw. ist.
Auch der **Denkmalschutz** dient allein öffentlichen Belangen und
vermittelt allenfalls Reflexwirkungen für Anwohner, Touristen
usw. Selbst derjenige, der in einem Denkmal wohnt, ist durch
denkmalschützende Vorschriften nicht gegen dessen Veränderung
geschützt (OVG Münster, NVwZ-RR 1989, 614).

103   (5) **Weitere Gebiete: Keinen** Klägerschutz zugunsten eines betroffenen Konkurrenten vermitteln schließlich nach (allerdings be-
streitbarer) Rechtsprechung die Normen zur Beschränkung **wirtschaftlicher Betätigung** der Gemeinden (BVerwGE 39, 329, 336;
71, 183, 193; BVerwG, NJW 1995, 2938 – Maklertätigkeit der
Gemeinde). Anderes gilt erst bei Existenzgefährdung oder unzumutbarer Beeinträchtigung des Wettbewerbs, insbesondere bei
einer (drohenden) Monopolstellung des öffentlichen Anbieters
(BVerwGE 17, 306, 314). Nachbarschützend sind dagegen bestimmte Normen des **Gaststättenrechts,** so insbesondere § 4 I
Nr. 3 GastG in Verbindung mit den einschlägigen Normen des
Immissionsrechts hinsichtlich des von einer Gaststätte ausgehenden zu erwartenden Lärms (VGH Kassel, NVwZ 1991, 278), § 18
GastG im Hinblick auf die Sperrzeiten (BVerwGE 11, 331). **Nicht
drittschützend** ist dagegen § 4 I Nr. 1 GastG hinsichtlich der Zuverlässigkeit und der sonstigen persönlichen Eigenschaften des
Gastwirts (BVerwG, NVwZ 1989, 258).

Literatur zu § 14 II 3 (Schutznorm und Nachbarschutz): *Berger,*
Grundfragen umweltrechtlicher Nachbarklagen. Zum verwaltungsrechtlichen
Drittschutz (1982); *S. König,* Drittschutz. Der Rechtsschutz Drittbetroffener
gegen Bau- und Anlagengenehmigungen im öffentlichen Baurecht, Immis-

sionsschutzrecht u. Atomrecht (1993); *Wahl*, Der Nachbarschutz im Baurecht, JuS 1984, 577 ff.; *H. Bauer*, Altes und Neues zur Schutznormtheorie, AöR 113 (1988), 582; *Frers*, Die Nachbarklage im Gewerberecht, GewArch 1989, 73 ff.; *Schlotterbeck*, Nachbarschutz im anlagenbezogenen Immissionsschutzrecht, NJW 1991, 2669; *Dürr*, Das öffentliche Baunachbarrecht, DÖV 1994, 841 ff.; *Mampel*, Aktuelle Entwicklungen im öffentlichen Baunachbarrecht, DVBl. 1994, 1053; *M. Thews*, Der „Eigentümer-Mieter" im baurechtlichen Nachbarstreit, NVwZ 1995, 224; *Schmidt-Preuß*, Kollidierende Privatinteressen im Verwaltungsrecht (1992), S. 552 ff.; *Steinberg*, Fachplanung, S. 336 ff.; *Stelkens/Bonk/Leonhardt*, VwVfG, § 50, Rd.-Nr. 11 ff.; *Finkelnburg/Ortloff*, Öffentliches Baurecht II, § 21; *Maurer*, Allgemeines Verwaltungsrecht, § 8; *Peine*, AVwR, Rd.-Nr. 79 ff.; *Hoppe/Grotefels*, Öff. Baurecht (1995), § 17, 19 ff.; *Steiner*, PdW Baurecht, S. 39 ff.; *Pietzner/Ronellenfitsch*, Assessorexamen, § 14, Rd.-Nr. 12 ff.

b) Klagebefugnis aus Gebot der Rücksichtnahme

Als „Irrgarten des Richterrechts" hat *Breuer* (DVBl. 1982, 1065) **104** das in der Rechtsprechung des BVerwG zunächst als objektivrechtliches Prinzip (BVerwGE 28, 145, 152), dann zunehmend auch als subjektives Recht entwickelte **Rücksichtnahmegebot** bezeichnet (BVerwGE 52, 122, 126). Diese Kritik besteht nicht zu Unrecht, denn nicht nur der Anwendungsbereich des Rücksichtnahmegebots ist ungewiß, sondern auch seine dogmatischen Strukturen. So ist unsicher, ob das Gebot der Rücksichtnahme als allgemeines Rechtsprinzip gleichsam zwischen den konkreten baurechtlichen Normen steht, ob es Ausdruck grundrechtlicher Gewährleistungen, bzw. des Verhältnismäßigkeitsprinzips ist oder ob es lediglich bestehenden gesetzlichen Normen eine subjektiv-rechtliche Wendung gibt, also in diesen enthalten ist (so zu § 34 BauGB und insbesondere § 15 I BauNVO immer wieder die Rspr. des BVerwG, zuletzt NVwZ 1992, 977). Nach der geschilderten Wende in der Rechtsprechung zu § 34 II BauGB ist ohnehin die wichtigste Fallgruppe weggefallen (Übersicht über die Entwicklung auch bei *Dürr*, DÖV 1994, 845).

Auf die (insgesamt berechtigte) Kritik, daß in die jeweiligen **105** Normen mehr hineingelesen als herausgeholt wird (*Maurer*, AVwR, § 8, Rd.-Nr. 9), soll hier nicht weiter eingegangen werden. Festzuhalten ist lediglich, daß zu einer Geltendmachung des Gebots der Rücksichtnahme zwei Elemente gehören:

– ein objektives Gebot wie das „sich-Einfügen" in § 34 BauGB **und**
– eine „subjektive Wendung" dieser Norm, wenn in qualifizierter und zugleich individualisierter Weise auf schutzwürdige Interessen eines erkennbar abgegrenzten Kreises Dritter Rücksicht zu nehmen ist (BVerwGE 67, 334, 338; BVerwG, NJW 1990, 1192).

Letztlich bleibt nur die Bildung von **Fallgruppen:**

106   Im **beplanten Innenbereich** (§ 30 BauGB) hat das Gebot der Rücksichtnahme nachbarschützende Wirkung, wenn von einem Vorhaben unzumutbare Belästigungen oder Störungen auf die Umgebung ausgehen (BVerwGE 67, 334, 338). Dem „in § 15 I BauNVO verankerten" Gebot der Rücksichtnahme kommt demnach drittschützende Wirkung zu, *soweit in qualifizierter und zugleich individualisierter Weise auf schutzwürdige Interessen eines erkennbar abgegrenzten Kreises Dritter Rücksicht zu nehmen ist.* Das gilt aber nur für diejenigen Ausnahmefälle, in denen die tatsächlichen Umstände handgreiflich ergeben, auf wen Rücksicht zu nehmen ist und daß eine besondere rechtliche Schutzwürdigkeit des Betroffenen anzuerkennen ist (BVerwG, NJW 1990, 1193). Diese Grundsätze wendet das BVerwG auch auf diejenigen Fälle an, in denen es nicht um die Planung als solche, sondern um die Erteilung einer Baugenehmigung im Widerspruch zu den Festsetzungen eines Bebauungsplanes geht. Dies wird damit begründet, daß der Nachbarschutz nicht hinter demjenigen aus § 31 II BauGB (Befreiungen vom Bebauungsplan) zurückbleiben dürfe (BVerwG, NVwZ 1987, 409).

107   Von besonderer Bedeutung war das Gebot der Rücksichtnahme im **unbeplanten Innenbereich** (§ 34 I und II BauGB). Hier wurde in der Rechtsprechung immer betont, daß § 34 in seinen verschiedenen Fassungen keine nachbarschützende Wirkung hat, daß aber das Gebot des Sich-Einfügens ein Ausdruck der Rücksichtnahme sei. Nachdem das BVerwG (NJW 1994, 1546) einen individuellen Abwehranspruch gegen gebietsverändernde Maßnahmen unmittelbar aus § 34 II BauGB bejaht hat, kommt insofern ein Rückgriff auf das allgemeine Rücksichtnahmegebot nicht mehr in Betracht. Anwendungsbereich bleibt allein der „unspezifische" Innenbereich (§ 34 I).

Beispiele: Belästigung aus Kuhstall (VGH München, BayVBl. 1989, 755); Lärmbelästigung von Getränkemarkt (BVerwG, DVBl. 1989, 371); Lärm von Kinderspielplatz (grds. hinzunehmen – BVerwG, NJW 1992, 1779, 1780), Verbot der Löwenhaltung (VGH München, BayVBl. 1983, 212).

108   Auch im **Außenbereich** stellt das Gebot der Rücksichtnahme eine Handhabe zur Individualisierung der an sich nur objektivrechtlichen Zielsetzungen von § 35 BauGB dar. So erging eine der „Grundentscheidungen" zur Rücksichtnahme (BVerwGE 52, 122, 126 – Schweinemäster) zum Schutz eines privilegierten Vorhabens gegen heranrückende Wohnbebauung; es konnte sich aber auch ein privater Erholungsbetrieb zum Schutz gegen die Ansiedlung eines emittierenden Betriebs auf dieses Gebot berufen (VG Augsburg, BayVBl. 1982, 697).

Literatur zu § 14 II 3b: *Weyreuther,* Das bebauungsrechtliche Gebot der Rücksichtnahme und seine Bedeutung für den Nachbarschutz, Baurecht 1975, 1 ff.; *Breuer,* Das baurechtliche Gebot der Rücksichtnahme: ein Irrgarten des Richterrechts, DVBl. 1982, 1065; *Peine,* Das Gebot der Rücksichtnahme im baurechtlichen Nachbarschutz, DÖV 1984, 963; *Alexy,* Das Gebot der Rücksichtnahme im baurechtlichen Nachbarschutz, DÖV 1984, 953; *Dürr,* Das öffentliche Baunachbarrecht, DÖV 1994, 841, 845; *Kopp,* VwGO, § 42, Rd.-Nr. 70.

c) Klagebefugnis aus europäischem Gemeinschaftsrecht

Noch nicht einheitlich kann die Frage beantwortet werden, ob **108a** und unter welchen Voraussetzungen sich der einzelne Bürger gegenüber Maßnahmen nationaler Behörden auf die Verletzung **europäischen Gemeinschaftsrechts** berufen kann. Zwar ist unbestritten, daß Verordnungen und – unter den oben geschilderten Voraussetzungen – auch Richtlinien der EG als unmittelbar geltendes Recht alle Behörden und Gerichte binden. Damit ist aber noch nicht gesagt, daß über die Geltung als objektives Recht hinaus auch subjektive Rechte aus Europarecht abgeleitet werden können. Das ist zumindest nach deutschem Verständnis entscheidend für die Zubilligung der Klagebefugnis.

In mehreren Entscheidungen hat der EuGH ausgeführt, daß sich der einzelne Bürger auf europäische Normen (bzw. auf deren fehlende Umsetzung durch nationale Institutionen) berufen kann, wenn diese Normen „inhaltlich unbedingt und hinreichend genau" sind (EuGH, NJW 1963, 974; NJW 1982, 499; NVwZ 1990, 649; zuletzt NVwZ 1994, 885). Allgemeine Zielsetzungen reichen demgegenüber nicht (EuGH, NVwZ 1994, 885). Dabei wird sofort erkennbar, daß es – in „deutscher Terminologie" – um die Unmittelbarkeit und Bestimmtheit der Begünstigung geht, daß aber das eigentliche subjektive Element: der auf den einzelnen gerichtete Schutzzweck, fehlt (zu den unterschiedlichen dogmatischen Grundlagen *Classen,* NJW 1995, 2457 ff.). Die Definition scheint – ähnlich wie im französischen Recht und bei der Antragsbefugnis nach § 47 VwGO – auf eine allgemeine Interessen- oder „Schutzwirkungstheorie" hinauszulaufen: Die Klagebefugnis liegt nicht nur vor, wenn eine europäische Norm den Schutz eines Bürgers bezweckt, sondern bereits dann, wenn eine hinreichend bestimmte und unmittelbar vollziehbare Norm tatsächlich den Schutz des Bürgers **bewirkt** und dieser dadurch ein **schutzwürdiges Interesse** geltend machen kann (*Classen,* NJW 1995, 2459; *Jarass,* DVBl. 1995, 955; *Rengeling/Middeke/Gellermann,* Rechtsschutz, S. 541).

Es liegt auf der Hand, daß dies mit der deutschen Definition der Klagebefugnis, insbesondere der Schutznormlehre, nicht in Einklang steht. Deshalb bleibt abzuwarten, ob der EuGH in seiner Rechtsprechung das bisher fehlende „subjektive Element" einfügt, oder ob sich letztlich die deutsche Klagebefugnis in die genannte Richtung „europäisieren" muß. Wie der Streit zwischen „norddeutscher und süddeutscher Lösung" im 19. Jh. (dazu oben, § 2, Rd.-Nr. 13 f.), wie aber auch § 47 VwGO zeigt, ist der Weg des EuGH für das deutsche Prozeßrecht nicht so fremd, wie es auf den ersten Blick erscheint. Der allgemeine „Interessentenanspruch" nach dem Umweltinformationsgesetz deutet zumindest in einem Bereich eine solche Entwicklung an (*Kollmer*, NVwZ 1995, 858).

d) Klagebefugnis aus Grundrechtspositionen

109   Daß die Möglichkeit der Verletzung eines Grundrechts die Klagebefugnis verleiht, ist angesichts von Art. 1 III GG selbstverständlich. Deshalb kann man sich nur wundern, wenn von einer Betonung der Grundrechte in diesem Zusammenhang gelegentlich eine Auflösung der verwaltungsrechtlichen Dogmatik oder eine Überlagerung der klaren Konturen des Verwaltungsrechts befürchtet wird (in diesem Sinne *Gassner*, DÖV 1981, 615). Auch hinter der Schutznormtheorie stehen letztlich Grundrechte. Selbst wenn in erster Linie der Gesetzgeber berufen ist, die subjektiven Rechte des Einzelnen zu konkretisieren, bestimmt er nicht allein über den Schutzgehalt der Grundrechte. Daher erlangen Grundrechte als Schutznormen zunehmende Bedeutung zur Begründung der Klagebefugnis (ähnlich *Maurer*, AVwR, § 8, Rd.-Nr. 10 ff.; *Pietzcker*, FS Bachhof, 139; *Jarass*, NJW 1983, 2844, 2846).

110   Ganz allgemein notwendig für das Vorliegen der Klagebefugnis aus einem Grundrecht ist:

– daß der Kläger als **Träger des Grundrechts** in Betracht kommt **und**
– daß speziell für ihn der **Schutzbereich des Grundrechts** eröffnet ist, das Grundrecht also grundsätzlich einschlägig ist.
– Die Frage des potentiellen Eingriffs und dessen Schwere und Erheblichkeit ist dagegen erst unter dem Stichwort „Möglichkeit der Rechtsverletzung" zu prüfen.

(1) Das in der Praxis wohl am häufigsten die Klagebefugnis verleihende **111**
Grundrecht ist die **Eigentumsgarantie** (Art. 14 GG). Ist diese von einer staatlichen Maßnahme direkt und gezielt betroffen – insbesondere durch Entziehung des Eigentums –, dann ist die Klagebefugnis gegen den entsprechenden
VA immer gegeben (BVerwGE 32, 173, 178 st. Rspr.). Der mit enteignender
Wirkung Betroffene erreicht dann zumindest bei Abwägungsentscheidungen
sogar eine „Vollprüfung" des VA auf dessen Rechtmäßigkeit – d. h. er kann
sich auch auf die Verletzung solcher Normen berufen, die nicht *seinem* Schutz
dienen (BVerwGE 67, 78; 74, 109; BVerwG, DVBl. 1989, 510; im Hinblick
auf fehlende UVP abw. aber BVerwG, NVwZ 1994, 688). Im Hinblick auf die
Klagebefugnis ist das auch nicht nötig, weil sich diese schon aus Art. 14 GG –
nicht erst aus den sonstigen zu prüfenden Belangen – ergibt (das ist verkannt in
BVerfG [Kammer-E.], NVwZ 1987, 969). Der Kläger beruft sich in einem
solchen Fall nicht auf „fremde" Positionen, sondern auf **sein** Eigentum, und er
hat Anspruch darauf, daß dieser Eingriff **in jeder Hinsicht** rechtmäßig ist.
Während die Rechtsprechung diese Konstellation in der Regel auf Abwägungsentscheidungen beschränkt (BVerwG, NVwZ 1983, 93), besteht nach richtiger
Auffassung die Möglichkeit der Rechtsverletzung durch andere Rechtsfehler
auch bei allen übrigen Verwaltungsakten (*Kopp*, VwGO, § 42, Rd.-Nr. 51 a).
– An der grundsätzlichen Bedeutung von Art. 14 GG als Grundlage der Klagebefugnis hat sich weder durch die neuere Rechtsprechung des BVerfG
zur Abgrenzung von Inhalt und Schranken bei Art. 14 noch durch die Zubilligung von Nachbarschutz unmittelbar aus gesetzlichen Bestimmungen
wie § 30 oder § 34 II BauGB etwas geändert. Auch wenn das BVerfG nahezu alle das Eigentum nicht unmittelbar entziehenden Eingriffe als Inhaltsbestimmungen, bzw. Ausdruck der Sozialpflichtigkeit des Eigentums
sieht, bleibt es jedoch bei der Möglichkeit der Rechtsverletzung. Ob diese
förmliche Enteignung oder „nur" übermäßige Belastung ist, kann nicht
entscheidend sein. Zwar ist es richtig, einen Fall dann einfachgesetzlich zu
lösen, wenn der Gesetzgeber den Konflikt zwischen angegriffenem Vorhaben und Eigentum wirklich vorentschieden hat (BVerwGE 89, 69, 78).
Das betrifft z. B. auch § 34 II BauGB in seinem neu interpretierten Schutzgehalt zugunsten des einzelnen. Gerade diese Bestimmung zeigt aber auch,
daß der Gesetzgeber immer **typisieren** muß und den vielen Fällen atypi-
scher Grundrechtseingriffe und unverhältnismäßiger Sozialbindung **im
Einzelfall** nicht im vorhinein gerecht werden kann. Für diese muß es dann
nach wie vor möglich sein, sich unmittelbar auf Art. 14 GG zu berufen (so
auch *Schenke*, VwProzR, Rd.-Nr. 517; zur Gegenauffassung s. *Ortloff*,
NVwZ 1994, 234; *Manpel*, DVBl. 1994, 1053; die immer wieder zitierten
Belege für die Ablehnung des unmittelbaren Eigentumsschutzes in der
Rechtsprechung des BVerwG betreffen bei näherem Hinsehen Fälle, in de-
nen entweder der Konflikt wirklich nach einfachem Recht gelöst ist
[BVerwGE 89, 69, 78] oder in denen es ohnehin nur um durch Art. 14 GG
nicht geschützte Erwerbschancen geht [so BVerwG, NVwZ 1993, 1184]).
Jede andere Auffassung würde neben Art. 14 GG auch Art. 19 IV GG ver-
letzen.

- Bei **nicht gezielter** Beeinträchtigung des Eigentums verlangt die Rechtsprechung für die Klagebefugnis eine schwere und nachhaltige Veränderung
  der Grundrechtssituation (**„Schweretheorie"** – BVerwGE 32, 173, 178; 52,
  122, 130). In der Sache geht es bei diesem Merkmal um die Abgrenzung von
  Inhaltsbestimmung und Eigentumseingriff, im Hinblick auf die Klagebefugnis also nicht um das Recht als solches, sondern um die Möglichkeit der
  Rechtsverletzung. Mit der Subjektivität der Eigentümerposition hat dieses
  Merkmal nichts zu tun.
- Keine Erweiterung des Anwendungsbereichs von Art. 14 GG hat die Stellung des „Mieter-Eigentümers" durch das BVerfG (BVerfG 89, 1 = NJW
  1993, 2035) gebracht (dazu oben, Rd.-Nr. 89 sowie *Schmidt-Preuß,* NJW
  1995, 27).
- Gelöst ist inzwischen die Frage der nur zum Zweck des Rechtsstreits erwor-
  benen Eigentumsposition (**„Sperrgrundstück"**). Hier haben einzelne Gerichte versucht, die Klagebefugnis oder das Rechtsschutzinteresse zu verneinen (VGH München, NVwZ 1989, 684; OVG Münster, NVwZ 1991, 387),
  weil der Eigentümer des Sperrgrundstücks in Wahrheit nicht das Grundstück, sondern das Klagerecht habe erwerben wollen. In dieser Frage geht
  das BVerwG den richtigen Weg. Der Kläger kann sich wie jeder andere
  Eigentümer auf sein Eigentum berufen; seine geringere Betroffenheit kann
  aber im Rahmen der Abwägungsentscheidung berücksichtigt werden
  (BVerwG, NVwZ 1991, 781).
- Dem Grund- und Sacheigentum nahezu gleichgestellt ist das **Recht am
  eingerichteten und ausgeübten Gewerbebetrieb,** dessen Einbeziehung
  in den Schutzbereich des Art. 14 GG das BVerfG aber stets offengelassen hat
  (vgl. BVerfGE 51, 193, 221). Gleichwohl schützt Art. 14 GG nicht nur das
  Eigentum an Grund und Boden und das konkrete Sacheigentum, sondern
  auch die berufliche Existenz und den Gewerbebetrieb als solchen (BVerwGE
  60, 154, 158; BVerwG, NVwZ 1983, 151). Was exakt dazu zählt, ist allerdings vom Kreis (nicht geschützter) wirtschaftlicher Chancen, situationsbe-
  dingter Vorteile usw. kaum exakt abzugrenzen.

112   (2) Für die umweltrechtliche Nachbarklage ist die Bedeutung
des **Grundrechts auf Gesundheit und körperliche Unversehrt-
heit** (Art. 2 II GG) in den vergangenen Jahrzehnten stark gewachsen. Der durch Lärm, Abgase, Rauch usw. in seiner Gesundheit
gefährdete Bürger kann sich nach inzwischen gefestigter Rechtsprechung (seit BVerwGE 54, 211, 222) nicht nur auf konkrete
Schutznormen, sondern grundsätzlich auch auf Art. 2 II GG berufen (ausführlich dazu *Steinberg,* Fachplanung, S. 80; *R. Schmidt,*
Einführung in das Umweltrecht, 3. Aufl., S. 26 ff.). Die praktische Bedeutung liegt nicht nur in der Heranziehung des Grundrechts selbst, sondern insbesondere darin, daß sich – im Unter-

schied zum Eigentum – auch der obligatorisch Berechtigte (also Mieter, Pächter, Arbeitnehmer am Ort einer Gefahr) auf die Gesundheitsgefährdung berufen kann (BVerwG, NJW 1989, 2766). Probleme bestehen hier vor allem bei der Abgrenzung von bloßen Belästigungen und Behelligungen einerseits und echten Gesundheitsgefährdungen andererseits („Erheblichkeitsschwelle") sowie bei der Möglichkeit der Rechtsverletzung bei einem von der Immissionsquelle weit entfernt wohnenden Betroffenen. Für das Verhältnis von Grundrechtsschutz und Gesetz gilt das gleiche wie bei Art. 14: Soweit der Gesundheitsschutz durch das BImSchG und vergleichbare Gesetze hinreichend konkretisiert ist, kommt **daneben** ein Rückgriff auf Art. 2 II GG nicht in Betracht. Ist das aber nicht der Fall, bleibt für atypische oder „gesetzlich nicht vorgesehene" Fälle Art. 2 II GG als Begründung der Klagebefugnis.

Beispiele für bejahte Klagebefugnis aus Art. 2 II GG: Klage gegen Kernkraftwerk Grafenrheinfeld (VGH München, DVBl. 1979, 673); Klage gegen Flughafen München II (VGH München, BayVBl. 1981, 481); Gesundheitsgefährdung eines Mieters durch WC-Wagen vor Schlafzimmerfenster (VGH Kassel, NVwZ 1989, 266); mögliche Rechtsverletzung durch 8,9 km entfernte gentechnische Anlage (VGH Kassel, NJW 1990, 336).

(3) **Weitere Freiheitsrechte:** Auch weitere Grundrechte kommen **113** zur Begründung der Klagebefugnis in Betracht.

Beispiele: Klagebefugnis gegen Ausweisung eines Ehepartners aus Art. 6 GG – (BVerwGE 42, 141); Recht der Eltern gegen Schließung einer Schule (BVerwG, NJW 1979, 176); Klagebefugnis einer Religionsgemeinschaft, die sich gegen sie belastende Entscheidungen wehrt (BVerwG, NJW 1991, 1770); Klagebefugnis des Künstlers Christo unmittelbar aus Art. 5 III GG gegen ein Bauvorhaben während Reichstagsverhüllung (VG Berlin, NJW 1995, 2650).

(4) Als **allgemeines Freiheitsrecht** schützt **Art. 2 I GG** sämtli- **114** che nicht durch spezielle Grundrechte erfaßten Betätigungen des Individuums. Für die Klagebefugnis besonders bedeutsam ist die allgemeine Handlungsfreiheit auch für Ausländer, soweit sie sich nicht auf spezifische Bürgerrechte berufen können, sowie für nicht speziell geschützte Tätigkeiten wie Tierhaltung, Rauchen, Teilnahme am Straßenverkehr, Betreten eines Platzes usw. Nach all-

gemeiner Auffassung schützt Art. 2 I GG auch die Wettbewerbsfreiheit, z. B. gegen die Subventionierung eines Konkurrenten
(BVerwGE 30, 191, 198). Eine weitere wichtige Fallgruppe stellt
der Schutz der Mitglieder von öffentlichrechtlichen Vereinigungen gegen die Überschreitung der Verbandskompetenz, z. B.
durch Ausübung eines allgemeinpolitischen Mandats, dar
(BVerwGE 64, 115, 117; dazu *Huber,* in: *Stober,* Rechtsschutz,
S. 85 f.).

115   (5) Schwierig abzugrenzen sind die Fälle, in denen eine Klagebefugnis aus **Art. 3 GG (Gleichheitssatz)** abgeleitet wird. Sofern
nicht bereits Schutznormen oder Freiheitsrechte die Klagebefugnis
verleihen, kommt hier die Möglichkeit der Rechtsverletzung in
Betracht, wenn die Verwaltung zwei wesentlich gleiche Tatbestände ohne sachliche Begründung ungleich behandelt. Die wichtigsten Anwendungsfälle sind die Klage gegen eine Begünstigung
des Konkurrenten (wichtig hier auch Art. 3 III und 33 II GG), die
Verletzung der Chancengleichheit im Wahlkampf und die gleich-
heitswidrige Anwendung von ermessenssteuernden Verwaltungsvorschriften.

116   (6) Die Klagebefugnis vermitteln grundsätzlich auch **Grundrechte der Landesverfassungen,** wenn auch die Fälle selten
sind, in denen diese über die entsprechenden Grundrechte des
GG hinausgehen. In Bayern gibt Art. 141 I BV (Recht auf Na-
turgenuß) allerdings keinen Abwehranspruch gegen Maßnahmen mit naturverändernder Wirkung (BayVerfGH, BayVBl.
1985, 683).

117   e) **Verfahrensnormen:** Während früher das gesamte Verwaltungsverfahren dem öffentlichen Interesse zugeordnet wurde (in
diesem Sinne noch BVerwGE 41, 58, 63), besteht heute Einigkeit
darüber, daß Verfahrensbestimmungen klägerschützende Wirkung haben, wenn sie die Rechte der Verfahrensbeteiligten schützen.

BVerwGE 87, 62, 69; *Schenke* VwProzR, Rd.-Nr. 502; zu den Grundlagen
Rupp, FS Bachof, 166; *Geist-Schell,* Verfahrensfehler und Schutznormtheorie,
1988; *Hufen,* Fehler im Verwaltungsverfahren, Rd.-Nr. 536 ff..

Neben bestimmten allgemeinen Verfahrensgrundsätzen, wie **118**
verfahrensrechtliche Chancengleichheit, Ausschluß befangener
Amtsträger usw., sind die Rechte auf Beteiligung von Betroffenen
am Verwaltungsverfahren (§ 13 II 2 VwVfG), auf Akteneinsicht,
Anhörung (§ 28 VwVfG) und Begründung (§ 39 VwVfG) kläger-
schützend. Auch die Sachaufklärung und die Mitwirkung anderer
Behörden haben heute nicht mehr ausschließliche Klärungsfunk-
tion für die Verwaltung. Sie können zumindest dann klägerschüt-
zend sein, wenn sie sich auf bestimmte, dem Kläger zuzuordnende
Aspekte und Belange beziehen. Dagegen kommt nach herrschen-
der (aber nicht unproblematischer) Auffassung der Einhaltung der
richtigen **Verfahrensart** keine klägerschützende Wirkung zu. Der
Einzelne kann also z. B. eine Genehmigung nicht mit der Begründung anfechten, es sei ein Planfeststellungsverfahren erforderlich
gewesen, weil die „Planbedürftigkeit" selbst dann nur im Interesse
der Allgemeinheit besteht, wenn die Durchführung eines Planungsverfahrens für den Nachbarn erhöhte Beteiligungsrechte
und einen größeren verfahrensrechtlichen Rechtsschutz mit sich
bringt (BVerwGE 44, 235, 239; BVerwG, NJW 1983, 92; NVwZ
1991, 369; zu Recht kritisch *v. Danwitz,* DVBl. 1993, 422). Anders
kann es sich aber verhalten, wenn ein Vorhaben ohne erforderliche
Genehmigung in Betrieb geht und im Genehmigungsverfahren
Belange des Kl. als Nachbar zu berücksichtigen gewesen wären
(BVerwG, NVwZ 1993, 177).

Noch umstrittener und schwieriger zu beurteilen ist die **Möglichkeit der Rechtsverletzung** durch den Verfahrensfehler. Diese
liegt nach der Rspr. nur bei der gleichzeitigen Verletzung eines
materiellen Rechts vor (st. Rspr.: BVerwGE 61, 256; BVerwG,
NVwZ 1988, 363; NJW 1992, 256; DVBl. 1993, 1149).

Diese Auffassung beruft sich zu Unrecht darauf, daß ein subjektives Recht **119**
nur bei einer materiellen Rechtsposition vorliege. Auch Verfahrenspositionen
sind subjektive Rechte und dienen, wenn sie als solche dem Einzelnen zugeordnet sind, immer der Durchsetzung subjektiver Rechte (vgl. BVerfGE 53, 30,
66 – Mülheim–Kärlich). Zum anderen beruht der Befund, dem Kläger stehe
kein materielles Recht zu, im Stadium der Zulässigkeitsprüfung oft auf bloßer
Spekulation. Gerade wenn der Kläger nicht „zugleich" ein materielles Recht
geltend machen kann, muß er sich auf die Verfahrensbestimmung berufen

können, da nicht ausgeschlossen werden kann, daß seine Rechte bei ordnungsgemäßem Verfahren nicht oder in weniger einschneidender Weise berührt
worden wären. Auf die Selbständigkeit oder gar „Absolutheit" einer Verfah-
rensposition kommt es hierbei nicht an (so aber BVerwGE 81, 95, 106).

Literatur zu § 14 II 4e: H.-J. *Papier,* Der verfahrensfehlerhafte Staatsakt
(1973); H. H. *Rupp,* Zum verfahrensfehlerhaften VA, FS Bachof, 1984, 151;
J. *Ipsen,* Einwendungsbefugnis und Einwendungsausschluß im atomrechtli-
chen Genehmigungsverfahren, DVBl. 1980, 146; *Wahl/Pietzcker,* Verwaltungsverfahren zwischen Verwaltungseffizienz und Rechtsschutzauftrag,
VVDStRL 41, 1982, 151, 193; *Laubinger,* Grundrechtsschutz durch Gestaltung
des Verwaltungsverfahrens, VerwArch 73, 1982, 60 ff.; *Grimm,* Verfahrensfehler als Grundrechtsverstöße, NVwZ 1985, 865; *Hill,* Das fehlerhafte Verfahren
und seine Folgen im Verwaltungsrecht, 1986, insbes. 403 und passim; *Hufen,*
Fehler im Verwaltungsverfahren, 2. Aufl., Rd.-Nr. 545 ff.; *Raeschke-Kessler/*
Eilers, Die grundrechtliche Dimension des Beteiligungsgebots in § 13 II
VwVfG, NVwZ 1988, 37 ff.; *v. Danwitz,* Zum Anspruch auf Durchführung
des „richtigen" Verwaltungsverfahrens, DVBl. 1993, 422.

120   f) **Klagebefugnis von Ausländern:** Adressatentheorie und
Schutznormtheorie sind unterschiedslos auf ausländische Staatsan-
gehörige anwendbar. Die Klagebefugnis der Ausländer folgt insofern schon aus Art. 19 IV GG (BVerfGE 35, 382, 401). Das heißt:
Ausländische Betroffene können sich im Verwaltungsprozeß auf
einfache Schutznormen und Grundrechte berufen, soweit sie Träger dieser Rechte sind. Die Klagebefugnis endet auch nicht an der
Staatsgrenze. Das gilt insbesondere für im grenznahen Bereich
wohnende Nachbarn einer emittierenden Anlage.

Beispiel: BVerwGE 75, 285, 289 = NJW 1987, 1154 – Klagebefugnis eines
Niederländers gegen ein grenznahes Atomkraftwerk.

Literatur: *Bothe,* Klagebefugnis eines Ausländers im Atomrecht, UPR
1987, 170 ff.; K. *Brandt,* Grenzüberschreitender Nachbarschutz im dt. Umweltrecht, DVBl. 1995, 779; *Kopp,* VwGO, § 42, Rd.-Nr. 52.

121   g) Die **Klagebefugnis des Rechtsnachfolgers:** Ist der VA gegenüber einem Rechtsvorgänger – z. B. dem früheren Eigentümer
eines Grundstücks – ergangen oder wirken Belastungen auf ein
neuerworbenes Grundstück ein, so stellt sich das Problem der
Klagebefugnis für den Rechtsnachfolger. Hierfür fehlen in der
VwGO spezifische Rechtsvorschriften. Da die Klagebefugnis auf
Schutznorm oder Grundrechtsstellung abhebt, verbietet sich eine

unterschiedslose Anwendung der entsprechenden zivilprozessualen Vorschriften wie z. B. § 265 ZPO, weil der Eigentumsübergang über eine streitbefangene Sache sehr wohl Einfluß auf die Klagebefugnis hat (so zu Recht *Spannowsky*, NVwZ 1992, 426, 430 – weitere Einzelheiten dort).

Unbestritten ist jedenfalls: Bei Verwaltungsakten mit höchstpersönlichem Charakter kommt die Klagebefugnis eines Rechtsnachfolgers grundsätzlich **nicht** in Betracht, weil es insofern keinen Rechtsnachfolger gibt. Beim Übergang nicht unmittelbar persönlicher Rechte, insbesondere dem Eigentumsübergang, gilt grundsätzlich, daß der Rechtsnachfolger in die Rechtsstellung des Vorgängers eintritt. Er kann sich auf die Verletzung seines Rechts oder auf jede das Eigentum betreffende Schutznorm berufen, muß aber umgekehrt alle bereits eingetretenen Beschränkungen wie Fristablauf, Präklusion, Verwirkung, Rechtskraft usw. gegen sich gelten lassen (zur bereits eingetretenen Unanfechtbarkeit eines Planfeststellungsbeschlusses: BVerwG, NVwZ 1989, 967).

5. Die Klagebefugnis für Verbände – Verbandsklage

Von „Verbandsklage" sprechen wir, wenn ein Verband einen **122** Prozeß nicht wegen der Verletzung eigener Rechte (Art. 9 GG) führt, sondern entweder für die Interessen seiner Mitglieder (**egoistische Verbandsklage**) oder für Belange der Allgemeinheit wie Umweltschutz, Naturschutz, Denkmalschutz usw. (**altruistische Verbandsklage**). Die Verbandsklage wird oft mit der Popularklage verwechselt – mit ihr hat sie gemeinsam, daß sie eine Durchbrechung des Systems der Verletztenklage der VwGO darstellt.

Die Einführung einer Verbandsklage gehört wegen der von ihren Befürwor- **123** tern vermuteten Vernachlässigung des Umweltschutzes seit langem zu den prominentesten rechtspolitischen Forderungen. Schon jetzt haben einige Länder für die nach § 29 BNatSchG anerkannten Naturschutzverbände eine eigenständige Klagebefugnis vor den Verwaltungsgerichten eingeführt: *So § 39a BerlinerNatSchG; § 65 BrandbNatSchG; § 44 BremNatSchG; § 41 HambNatSchG; § 36 HessNatSchG; § 33 b SaarlNatSchG; § 58 SächsNatSchG; § 52 Sachs-AnhNatSchG; § 46 ThürNatSchG.* Sie haben damit von der Ermächtigung des § 42 II VwGO („soweit gesetzlich nichts anderes bestimmt ist") und von der Regelungssystematik konkurrierender Gesetzgebungszuständigkeit nach Art. 72 GG Gebrauch gemacht.

In den genannten Bundesländern sind die anerkannten Naturschutzverbände **124** damit nach Maßgabe des § 29 BNatSchG am Verwaltungsverfahren zu beteiligen; sie haben auch – unabhängig von individueller Betroffenheit – die Klagebefugnis gegen bestimmte umweltberührende Vorhaben (gesetzliche Prozeßstandschaft). Trotz mancher Bedenken hat die Rechtsprechung des Bundesverwaltungsgerichts dies gebilligt (vgl. bereits zur Reichweite der gesetzlichen Ermächtigung in § 42 II VwGO BVerwGE 37, 47, 50; zur Verbandsklage selbst BVerwG, NVwZ 1988, 364; NVwZ 1991, 162). Sind die Verbände beteiligungsfähig, dann können sie sogar die fehlende Beteiligung im Verwaltungsverfahren als eigenständige Rechtsposition rügen (BVerwG, NVwZ 1991, 162; dazu R. M. *Krüger*, NVwZ 1992, 592). Diese Rechte erstrecken sich aber nur auf landesrechtliche Verwaltungsverfahren, nicht auch auf Verfahren von Bundesbehörden (z. B. Planfeststellungsverfahren der Deutschen Bundesbahn – BVerwG, NVwZ 1993, 891; berechtigte Kritik b. *Laubinger*, VerwArch 95 (1994), 291 ff.).

125   Mit dieser Rechtsprechung ist die Diskussion um die Verbandsklage nicht abgeschlossen. So wird schon die Landeskompetenz zur Erweiterung der Klagebefugnis nach § 42 II VwGO in Frage gestellt (*Lässig*, NVwZ 1989, 97). Problematisch ist auch die Frage der Legitimation der Verbände für öffentliche Belange des Umweltschutzes, während die Verantwortlichkeit der sachlich zuständigen **öffentlichen** Träger des Umwelt- und Naturschutzes durch die Verbandsklage eher verschleiert wird. Fraglich ist auch der Nutzen einer so weitgehenden Durchbrechung des Prinzips des Individualrechtsschutzes.

Auch in der Literatur überwiegen die kritischen Stimmen zur Verbandsklage. Ablehnend insbes. *Schmitt Glaeser*, VwProzR, Rd.-Nr. 170; *Ule*, VwProzR, 208 f.; *Breuer*, Gutachten B zum 59. Deutschen Juristentag, 1992, B 110; früher bereits *Ule/Laubinger*, Gutachten B zum 52. DJT, 1978, B 9 sowie der Beschl., 52. DJT, II, 1978, K 215 ff.; *Lorenz*, FS Menger, 149; übertrieben polemisch *Ronellenfitsch*, in: Pietzner/Ronellenfitsch, Assessorexamen, § 14, Rd.-Nr. 31).

Weitere **Literatur zu § 14 II 5 (Verbandsklage)**

Skouris, Über die Verbandsklage im Verwaltungsprozeß, JuS 1982, 100 ff.; *Faber*, Die Verbandsklage im Verwaltungsprozeß (1972); *Schenke*, VwProzR, Rd.-Nr. 525; *Steinberg*, Fachplanung, S. 327 ff.

6. Die Klagebefugnis von Körperschaften des Öffentlichen Rechts – insbesondere von Gemeinden

a) Allgemeines

Körperschaften und andere Rechtsträger des Öffentlichen **126** Rechts sind klagebefugt, soweit ihnen ein Recht **als eigenes** zustehen und verletzt sein kann. Schwierigkeiten, die sich bei der Anwendung dieses einfachen Grundsatzes ergeben, entstehen zumeist aus Mißverständnissen über die Einheit der öffentlichen Gewalt und die Reichweite sogenannter „Insichprozesse", aus einer zu restriktiven Zuordnung subjektiver Rechte oder aus der überholten Vorstellung, nur vom Staat getrennte „gesellschaftliche" Subjekte könnten Träger subjektiver Rechte sein.

Wie für alle Rechtssubjekte gilt allerdings, daß sich auch Kör- **127** perschaften des Öffentlichen Rechts nur auf **Rechte** (im Gegensatz zu bloßen Rechtsreflexen), und zwar nur auf **eigene** Rechte berufen können. Wie alle Verbände können sich Körperschaften des Öffentlichen Rechts daher **nicht** auf übergeordnete Rechte der Allgemeinheit und auch nicht auf Belange ihrer Mitglieder, Einwohner usw. berufen. Der Vorschlag einer Art „mitgliederorientierten" Verbandsklage (so für die Gemeinden *Blümel,* VVDStRL 36 [1978], 121) hat sich wegen fehlender Interessenidentität und vor allem wegen unüberwindbarer Legitimationsprobleme nicht durchgesetzt.

Beispiele:
– Eine **Gemeinde** kann gegen eine Fernstraße nur wegen der Verletzung ihrer Planungshoheit, nicht aber wegen einer Gesundheitsgefahr für die Anwohner klagen. Schon am „Recht" scheitert die Klage einer Gemeinde gegen Verkehrsbeschränkungen im Nachbarort, die den Verkehr auf die klagende Gemeinde verlagern (BVerwG, DVBl. 1984, 88).
– Eine **Handwerkskammer** kann die Verletzung **ihrer** eigenen Rechte durch Maßnahmen der Gewerbeaufsicht und deren Aufhebung (OVG Koblenz, DÖV 1981, 845), nicht aber die Unzuverlässigkeit eines Gewerbetreibenden im Verwaltungsprozeß geltend machen (rein öffentlicher Belang – zum Problem BVerwG, BayVBl. 1990, 285). Auch die Rechte der Mitglieder verleihen der Handwerkskammer selbst keine Klagebefugnis (instruktives Beispiel: keine Klage der Handwerkskammer gegen die Schließung eines Schlachthofs – VGH Kassel, NVwZ 1989, 779).

– Eine Universität kann sich nur gegen eine Verletzung der Wissenschaftsfreiheit, nicht aber gegen eine wegen Gesundheitsgefährdung der Studenten bedenkliche Verkehrslenkung wehren.

128   Rechtssubjekt mit eigenen Rechten kann **auch der Staat selbst,** also z. B. ein Land im Rechtsstreit mit einem anderen Bundesland oder mit der Bundesrepublik Deutschland sein. Soweit der Streit nichtverfassungsrechtlicher Art und die Klage statthaft ist, kann ein Land durch die Planung des Bundes oder die Planung eines Nachbarlandes verletzt und daher klagebefugt sein – dies allerdings nur, soweit es um eine Position des Landes selbst geht. Auf die Beteiligung eines Naturschutzverbandes des Landes kann sich das Land daher nicht berufen (BVerwG, NVwZ 1993, 886).

Literatur: *Bauer,* Subjektive öffentliche Rechte des Staates, DVBl. 1986, 208; *Gassner,* Landesklagen gegen Planfeststellungen des Bundes, UPR 1989, 254; *Laubinger,* Naturschutzrecht in Planfeststellungen von Bundesbehörden. Zur Klagebefugnis der Länder bei der Anfechtung bundesbehördlicher Verwaltungsakte, VerwArch 95 (1994), 291 ff.

b) Adressatentheorie

129   Ist eine Körperschaft des Öffentlichen Rechts Adressat eines sie umittelbar belastenden VA, dann spricht nichts gegen die Anwendung der „Adressatentheorie". Eine solchermaßen belastende Körperschaft ist immer klagebefugt. Die Begründung folgt hierbei aber nicht aus Art. 2 I GG, da weder das Persönlichkeitsrecht noch die allgemeine Handlungsfreiheit Gemeinden und andere Rechtsträger des Öffentlichen Rechts schützen. Entscheidend ist vielmehr, daß auch Körperschaften des Öffentlichen Rechts ein subjektives Recht darauf haben, daß in ihre Rechte (z. B. aus Art. 4, 9, 5 und 28 II GG) nur auf gesetzlicher Grundlage eingegriffen werden darf. Basis der Adressatentheorie ist das Prinzip des Gesetzesvorbehalts (lesenswert zur Adressatentheorie in Bezug auf eine Klage der Deutschen Bundespost etwa BVerwG, NJW 1988, 2752, 2753).

c) Schutznorm, Gebot der Rücksichtnahme

130   Dient eine Norm (auch) dem Schutz eines öffentlichen Trägers, so verleiht sie die Klagebefugnis. Spezifische Schutznormen zugunsten von Körperschaften sind selten. Hochschulen, Kirchen, Gemeinden usw. haben aber ebenso wie alle sonstigen Nachbarn teil an den schutzvermittelnden Normen des Baurechts, Immissionsschutzrechts und am Rücksichtnahmegebot.

d) Grundrechte

Umstritten ist die Klagebefugnis aus der möglichen Verletzung **131**
von Grundrechten öffentlicher Körperschaften. Hier ist die Rechtsprechung des Bundesverfassungsgerichts besonders restriktiv
(BVerfGE 61, 82, 103ff.; 75, 190, 1996). Sie läuft darauf hinaus,
daß sich Körperschaften des Öffentlichen Rechts nur in besonderen Ausnahmefällen auf Grundrechte sollen berufen können.
Trotz dieser Einschränkung gibt es wichtige **Fallgruppen** eines
Grundrechtsschutzes für Körperschaften des Öffentlichen Rechts
und vergleichbare Rechtsträger:

– Die **Religionsfreiheit** für die Religionsgemeinschaften (BVerfGE 19, 129,
  132; 21, 362, 373; VGH Kassel, NVwZ 1995, 505),
– die **Rundfunkfreiheit** für öffentliche Rundfunkanstalten (BVerfGE 31,
  314, 322; 74, 297, 317; 78, 101, 102),
– die **Wissenschaftsfreiheit** und ggf. die Kunstfreiheit für öffentliche Hochschulen (BVerfGE 15, 256, 262),
– die **Vereinigungsfreiheit** für bestimmte berufsständische Körperschaften,
  wenn diese die Interessen ihrer Mitglieder wahrnehmen (BVerfGE 70, 1,
  21).

Dagegen sollen sich Körperschaften und andere Rechtsträger des Öffentli- **132**
chen Rechts grundsätzlich nicht auf ihr **Eigentum** (Art. 14 GG) berufen können. Begründet wird das mit dem Hinweis auf die Grundrechte als Abwehrrechte **gegen** den Staat, nicht **des** Staates gegen sich selbst sowie mit der
These, geschützt sei durch Art. 14 GG nur das Eigentum Privater, nicht das
Privateigentum als solches. Eigentumspositionen öffentlicher Körperschaften
selbst im fiskalischen Bereich befänden sich in keiner grundrechtsspezifischen
Gefährdungslage; etwaige Enteignungsentschädigungen liefen nur auf die Verlagerung von Beträgen zwischen öffentlichen Kassen hinaus (zu dieser grundsätzlichen Position BVerfGE 61, 82, 105; 68, 100, 93). Dieser Rechtsprechung
des BVerfG hat sich nach anfänglichem Zögern auch das BVerwG angeschlos-
sen (insbes. BVerwG, NVwZ 1989, 247 und NJW 1989, 3168), während der
BayVerfGH das Grundeigentum der bayerischen Landesverfassung auch für
die Gemeinden verteidigt (BayVerfGH, BayVBl. 1993, 177).
  Die einschränkende Rechtsprechung und die Argumente der ihr zustimmen-
den Autoren können **nicht** überzeugen. Sie beruhen auf abstrakten Prämissen
über „spezifische Grundrechtsgefährdungen" und eine bipolare Sicht des Ver-
hältnisses von Bürger und Staat. Sie lassen aber außer acht, daß Selbstverwaltungskörperschaften historisch eben nicht „Teil des Staates", sondern mit eigener Rechtsfähigkeit und Selbstverwaltungskompetenz sowie zumindest par-
tieller Grundrechtsfähigkeit (Art. 19 III GG) ausgestattete Rechtsträger sind.
Deren Eigentum ist heute vielfach durchaus „grundrechtsspezifischen Gefähr-

dungslagen" ausgesetzt – insbesondere durch überörtliche Planungen, Beeinträchtigungen durch Immissionen usw. Wenn Gemeinden und Universitäten Träger privatrechtlicher Eigentumspositionen und als solche durch § 903 BGB geschützt sind (BVerwG, NVwZ 1993, 364, 365), dann muß dieser Schutz ohnehin auch voll im Zuge komplexer Abwägungsentscheidungen und der nachträglichen gerichtlichen Kontrolle zum Tragen kommen (BVerwG, NVwZ 1995, 905) und es ist nicht einzusehen, warum sie nicht in den Genuß der umfassenden Abwägungskontrolle bei Eigentumsentzug kommen sollen. Schlicht inkonsequent ist die Auffassung der Rechtsprechung in Bereichen, wo die öffentlich-rechtliche Struktur eher zufällig und austauschbar ist; so bei Versicherungen (BVerfGE 21, 362, 377; 39, 302, 316); im Bereich der Energieversorgung (BVerfG, NJW 1990, 1783); bei Sparkassen (BVerfGE 75, 192, 195) und beim Schutz des Urheberrechts für Rundfunkanbieter (BVerfGE 78, 101). In allen diesen Fällen sind private Angebotsträger grundrechtsgeschützt, öffentliche Träger können sich dagegen nicht auf Art. 14 GG berufen, was – dies nur am Rande – auf eine Enteignung privater Anteilseigentümer an solchen öffentlichen Unternehmen hinauslaufen kann (Ansätze zu einer solchen Differenzierung bei *Seidl*, FS für Zeidler, II (1987), 1459; kritisch zur heute h. L. auch *Knemeyer*, BayVBl. 1988, 129; *Mögele*, NJW 1983, 805; *Erlenkämper*, NVwZ 1991, 326; *Steinberg*, Fachplanung, S. 342; *Schenke*, VwProzR, Rd.-Nr. 500).

Literatur zu § 14 d: *Bethge*, Grundrechtsschutz von kommunalem Eigentum?, NVwZ 1985, 402; *Seidl*, Grundrechtsschutz Juristischer Personen des Öffentlichen Rechts in der Rechtsprechung des BVerfG, FS Zeidler (1987), II, 1459; *Knemeyer*, Die bayerischen Gemeinden als Grundrechtsträger, BayVBl. 1988, 129; *Mögele*, Grundrechtlicher Eigentumsschutz für Gemeinden, NJW 1983, 805; *Badura*, Grundrechte der Gemeinden?, BayVBl. 1989, 1 ff.

e) Selbstverwaltung und Planungshoheit der Gemeinde

133   Das verfassungsrechtliche **Recht zur Selbstverwaltung** der Gemeinden stellt das in der Praxis wichtigste Körperschaftsrecht dar. Es gewährleistet den Gemeinden das Recht, alle Angelegenheiten der örtlichen Gemeinschaft im Rahmen der Gesetze in eigener Verantwortung zu regeln. Selbst der Gesetzgeber darf den Kernbereich der so verstandenen Selbstverwaltung nicht aushöhlen (BVerfGE 79, 127, 143; 83, 363, 381).

134   (1) Für Angelegenheiten der örtlichen Gemeinschaft ist die Selbstverwaltungskompetenz zunächst umfassend. Es ist deshalb verfehlt, dieses Verfassungsgebot vorschnell auf die Planungshoheit zu reduzieren. Diese ist vielmehr nur ein Teil der kommunalen Selbstverwaltungsgarantie – wenn auch ein besonders wichtiger. Geschützt ist aber über die Planung hinaus die gesamte Selbstverwaltung.

Wichtige Komponenten der Selbstverwaltungsgarantie sind:

– Die umfassende Regelungskompetenz (**Allzuständigkeit**) für Angelegenheiten der örtlichen Gemeinschaft (BVerfGE 21, 117, 128; 79, 127, 147);
– die **Organisationshoheit** für die Gemeindeverwaltung und die innere Gemeindeverfassung (BVerfGE 83, 363, 382);
– die **Personalhoheit**, d. h. insbesondere die Auswahl und der Einsatz der Beamten und Angestellten (BVerfGE 17, 172, 182);
– die **Finanzhoheit**, d. h. die eigenverantwortliche Einnahmen- und Ausgabenwirtschaft (BVerfGE 26, 228, 247; 71, 25, 36).

Ist das Selbstverwaltungsrecht möglicherweise verletzt, dann erreicht die Gemeinde – ähnlich wie der Enteignungsbetroffene – eine „Vollkontrolle" planerischer Maßnahmen, d. h. die Gemeinde kann sich auch darauf berufen, andere, ihr nicht unmittelbar zustehende öffentliche Belange seien nicht hinreichend berücksichtigt worden.

(2) Ein wichtiger Anwendungsfall ist die **Abwehr von Maßnahmen der Staatsaufsicht** im Selbstverwaltungsbereich, also im eigenen Wirkungskreis der Gemeinde. Hier ist die Staatsaufsicht auf Rechtsaufsichtsmaßnahmen beschränkt. Die Klagebefugnis beim Streit über die Rechtmäßigkeit und Reichweite von Aufsichtsmaßnahmen folgt unmittelbar aus Art. 28 II GG. Fachliche Weisungen in diesem Bereich sind von vornherein rechtswidrig. Auch gegen sie hat die Gemeinde stets die Klagebefugnis. Eine Verletzung der Selbstverwaltung droht auch, wenn der Streit gerade darum geht, ob eine bestimmte Aufgabe durch die Gemeinde wahrgenommen werden darf und ob es sich um eine (weisungsfreie) Angelegenheit des eigenen Wirkungskreises handelt. **135**

Beispiele: Staatliche Weisung gegen einen Beschluß zur Gemeinde als atomwaffenfreie Zone; Streit um Denkmalschutz; Streit um Abgrenzung von Straßenbaulast (eigener Wirkungskreis) und Straßenverkehrsrecht (übertragener Wirkungskreis).

(3) Sehr umstritten ist es, ob der Gemeinde die Klagebefugnis auch gegenüber **Fachaufsichtsmaßnamen** im übertragenen Wirkungskreis zukommt, in dem die Gemeinde allgemeine öffentliche Aufgaben erfüllt. Hier verneint die Rechtsprechung zum Teil schon die Statthaftigkeit der Klage (BVerwGE 6, 101, 102; 19, **136**

123; 45, 207, 211) und übersieht dabei, daß die Gemeinde **nie** – auch nicht im übertragenen Wirkungskreis – Teil des Staates ist. Andererseits ist hier auch der Schutzbereich der Selbstverwaltungsgarantie nicht berührt, da es i. d. R. nicht um Angelegenheiten der örtlichen Gemeinschaft geht. Das gilt aber nicht uneingeschränkt. So hat die Gemeinde gegenüber *Maßnahmen übergeordneter Straßenverkehrsbehörden* zwar kein Recht auf Anordnung oder Aufhebung von Geschwindigkeitsbegrenzungen. Sie kann sich aber sehr wohl auf § 45 I Satz 1, 5 (Berücksichtigung städtebaulicher Gründe) berufen (BVerwG, NVwZ 1995, 165; NVwZ 1995, 1265).

Der Gemeinde steht ferner aus Art. 28 II GG in Verbindung mit dem Verhältnismäßigkeitsgrundsatz ein subjektives Recht gegen unnötig detaillierte oder überzogene Weisungen zu, weil sie auch in diesem Bereich nicht einfach Staatsbehörde ist (umstr.). Begrenzt schon die Gemeindeordnung die Fachaufsichtsmaßnahme auf das Notwendige, so kann hierin eine **Schutznorm** zugunsten der Gemeinde gesehen werden (so insbes. zu Art. 109 II 2 BayGO der VGH München, BayVBl. 1985, 368 – Klage gegen überzogene Fachaufsichtsweisung im Bereich der StVO).

Selbstverständlich ist die Gemeinde auch immer dann klagebefugt, wenn es darum geht, ob es sich um eine Angelegenheit des übertragenen Wirkungskreises handelt oder ob die staatliche Aufsichtsbehörde in unzulässiger Weise mit Fachaufsichtsmaßnahmen in den Selbstverwaltungsbereich „übergreift". In gleicher Weise kann sie sich dagegen wehren, daß ihr ohne gesetzliche Grundlage staatliche Aufgaben übertragen oder – selbst auf gesetzlicher Grundlage – eigene Aufgaben entzogen werden (BVerfGE 79, 127, 147 ff. – Rastede).

137   (4) Teil der Selbstverwaltungsgarantie ist die **Planungshoheit.** Sie umfaßt das Recht der Gemeinde, die städtebauliche Entwicklung im Rahmen der Gesetze eigenverantwortlich zu gestalten und zu planen (BVerfGE 56, 298, 312; BVerwGE 40, 323, 329; 79, 318, 325). Unter Berufung auf die Planungshoheit kann sich die Gemeinde zum einen gegen Maßnahmen und Eingriffe in ihre eigenen Planungen wehren.

Beispiele: Klage gegen Auflagen zum Bebauungsplan; Klage gegen Planfeststellungsbeschluß (*Steinberg,* Fachplanung, S. 341).

Zum anderen kann die Gemeinde sich unter bestimmten Voraussetzungen gegen fremde Vorhaben wehren, die die Planungshoheit tangieren, so insbes. gegen Fachplanungsmaßnahmen

(BVerwG, NVwZ 1993, 894), aber auch gegen eine Baugenehmigung durch die staatliche Baubehörde (BVerwGE 31, 263, 264; BVerwG, NVwZ 1994, 265).

(5) Besonders wirksam wird die Planungshoheit durch das Erfordernis des **Einvernehmens** bei Bauvorhaben im Gemeindebereich (§ 36 BauGB) geschützt. Wurde das Einvernehmen nicht erteilt oder die Weigerung der Gemeinde übergangen, so ist diese gegen eine entsprechende Genehmigungsentscheidung immer klagebefugt (BVerwG, NVwZ 1982, 310). In diesem Fall ist die Klage auch begründet. Ähnliches gilt, wenn die Gemeinde dadurch in ihrer Planungshoheit beeinträchtigt wird, daß die Baugenehmigung für ein nicht hinreichend erschlossenes Grundstück erteilt wird (OVG Koblenz, DÖV 1983, 819).

138

In allen übrigen Fällen reicht allerdings die bloße Abwehrhaltung der Gemeinde gegenüber fremden Vorhaben nicht aus. Schon die Klagebefugnis besteht vielmehr erst dann, wenn die Gemeinde ihrerseits eine **hinreichend konkretisierte planerische Absicht** vorweisen kann, die durch das angegriffene Vorhaben nachhaltig beeinträchtigt wird (BVerwGE 69, 256, 261; 74, 124, 132 st. Rspr.). Hinreichend konkret ist eine Planung in diesem Sinne nur dann, wenn mindestens der Entwurf eines Flächennutzungsplanes mit bestimmtem Inhalt besteht (BVerwGE 74, 124; VGH Mannheim, NVwZ 1990, 487; strenger OVG Lüneburg, NVwZ 1987, 997). Die bloße „Freihalte" oder „Negativplanung" sowie die Darstellung einer Außenbereichsfläche lediglich als „Fläche für Landwirtschaft" reichen für die Klagebefugnis also nicht – eine solche „außenbereichstypische" Bezeichnung steht einem privilegierten Vorhaben nicht entgegen (BVerwG, NVwZ 1991, 161; zur „Negativplanung" auch BVerwG, NVwZ 1991, 875). Auch die Sorge der Gemeinde um das allgemeine Orts- oder Landschaftsbild gilt nicht als hinreichend konkretisierter planerischer Belang der Gemeinde (VGH München, DÖV 1986, 208).
Diese Position ist ein verwaltungsprozessuales Randprodukt der Planungseuphorie der 60er und 70er Jahre. Sie „belohnt" diejenige Gemeinde mit der Klagebefugnis, die statt des Abwartens und „sich-entwickeln-Lassens" möglichst aktiv und umfassend ihr gesamtes Gebiet „überplant" und konkreten Funktionen zuordnet. Daß Planungshoheit und Selbstverwaltung auch die Freiheit zur Nichtplanung – zum Offenhalten einer Situation – umfassen können, kommt hierbei nicht zum Ausdruck. Auch schützt diese Rechtsprechung tendenziell nur diejenigen Bereiche vor der Umgestaltung, die überplanbar sind. Die Gemeinden können sich paradoxerweise gegen Vorhaben im (bisher) unbebauten Außenbereich eher wehren als gegen Maßnahmen in ihrem historischen Ortskern.

Beispiel: Bau eines staatlichen Behördengebäudes im Innenstadtbereich; wasserrechtliche Genehmigung für ein Flußkraftwerk in einem historischen Flußwehr, das das gesamte Ortsbild prägt.

139   (6) Um so wichtiger ist neben der „aktivistisch" interpretierten Planungshoheit ein **„Selbstgestaltungsrecht",** das den Gemeinden die Möglichkeit zur Bewahrung und behutsamen Entwicklung ihrer kulturellen und städtegeographischen Identität gibt und ihnen auch ein eigenständiges Rechtsgut gegen Einzelvorhaben verleiht, die einen grundlegenden Strukturwandel bewirken (Ansätze hierzu BVerwGE 74, 84, 89; BVerwG, NJW 1976, 2175, 2176; VGH München, BayVBl. 1985, 628; BayVBl. 1988, 141. Allgem. dazu auch *Blümel,* Das Selbstgestaltungsrecht der Städte und Gemeinden, FS Ule, 1987, 19).

Im engen Zusammenhang mit dem Selbstgestaltungsrecht der Gemeinde steht deren Aufgabe bei der Wahrung des **örtlichen Denkmalschutzes**, die gegenwärtig allenfalls sporadisch als gemeindeeigene Aufgabe anerkannt wird (Ansätze bei VGH Kassel, NVwZ 1989, 484, 485 – Grube Messel; offengel. in BVerwG, NVwZ 1992, 289).

140   (7) Ausdruck der gegenseitigen Achtung der Planungshoheit ist die **Abstimmungspflicht** benachbarter Gemeinden (§ 2 II BauGB). Die Planungshoheit verleiht der Gemeinde grundsätzlich die Befugnis, sich gegen Planungen und andere Maßnahmen der Nachbargemeinde zu wehren, wenn das Abwägungsgebot zu Lasten der klagenden Gemeinde vernachlässigt worden ist (BVerwGE 40, 323; 84, 210; allgem. auch *Kriener,* Die planungsrechtliche Gemeindenachbarklage, BayVBl. 1984, 97).

Beispiele aus der Rechtsprechung (Klagebefugnis bejaht): VGH München, BayVBl. 1984, 303 – Klage gegen überörtliche Planung wegen geplanten Naherholungsgebietes; OVG Münster, DÖV 1988, 843 – Schutz der Planungshoheit auch bei bereits verwirklichter Planung; VGH München, NVwZ-RR 1990, 243 – Klagebefugnis einer Gemeinde gegenüber aufsichtlicher Beanstandung einer von ihr beschlossenen RVO; BVerwG, NVwZ 1984, 584 – Klage gegen eine Eisenbahnkreuzung und der sich daraus ergebenden Notwendigkeit, einen gemeindeeigenen Gehweg anzulegen.

Beispiele (Klagebefugnis verneint): VGH Mannheim, NVwZ 1990, 390 – keine Klagebefugnis einer Gemeinde gegen Erweiterung des Friedhofs der Nachbargemeinde ohne eigene konkrete Planungsabsicht im fraglichen Bereich; BVerwG, BayVBl. 1983, 731 – keine Klagebefugnis gegen verkehrsbeschränkende Maßnahmen der Nachbargemeinde, auch wenn die Verkehrsströme in die klagende Gemeinde umgeleitet werden; BVerwGE 77, 47, 51 – keine Klagebefugnis gegen die Einführung des fernmelderechtlichen Nahdienstes durch Bundespost; BVerwG, NVwZ 1994, 285 – Einkaufszentrum in Nachbargemeinde.

f) Schutz der Gemeindeeinrichtungen und der Erfüllung von Gemeindeaufgaben

Im Verwaltungsprozeß kann die Gemeinde auch geltend ma- **141** chen, ein konkretes Vorhaben gefährde vorhandene **Einrichtungen** der Gemeinde oder die **Erfüllung von Gemeindeaufgaben** des eigenen Wirkungskreises. Auch dieser Schutz geht letztlich auf die Selbstverwaltungsgarantie als Gewährleistung der Allzuständigkeit der Gemeinden im Bereich örtlicher Angelegenheiten zurück.

Fast alle bisher entschiedenen **Beispielsfälle** betreffen die Gefährdung der Trinkwasserversorgung oder gemeindeeigener Badeseen durch abfallrechtliche Genehmigungen und Planfeststellungsbeschlüsse oder Kernenergieanlagen (exempl. VGH München, BayVBl. 1979, 673 – KKW Grafenrheinfeld; OVG Hamburg, NVwZ 1987, 1002; OVG Koblenz, NVwZ 1987, 71; VGH Mannheim, NVwZ 1990, 484; zur Gefährdung eines kommunalen Schwimmbads an einem Kiessee: VGH Kassel, NVwZ 1987, 987). **Keine** Klagebefugnis besteht dagegen, wenn die Aufgabenerfüllung im Bereich des Straßenverkehrsrechts gefährdet ist (BVerwGE 52, 234 – übertragener Wirkungskreis); wenn eine Nachbargemeinde eine Schule errichtet und dadurch die Schule der Kl. in ihrem Bestand gefährdet ist (OVG Lüneburg, DVBl. 1985, 1074) und wenn es um Belange des Denkmalschutzes geht (bedenklich OVG Münster, DVBl. 1989, 1016; zu Recht kritisch *Erlenkämper*, NVwZ 1991, 327).

g) Die Klagebefugnis von Behörden

Behörden haben Kompetenzen, keine Rechte. Ihnen steht daher **142** im Normalfall die Klagebefugnis nach § 42 II VwGO nicht zu. Können sie aber nach Landesrecht Beteiligte am Verwaltungsprozeß sein (§ 61 Ziff. 3 VwGO), dann haben sie unabhängig von der Verletzung eines eigenen Rechts ausnahmsweise die Klagebefugnis, soweit sie am VwVf selbst beteiligt waren. Das ist z. B. nach § 15 I SaarlAGVwGO und § 17 Rh.-Pf. AGVwGO hinsichtlich der Aufsichts- oder Beanstandungsklage einer höheren Aufsichtsbehörde gegen den Widerspruchsbescheid eines Ausschusses der Fall (weitere Beispiele bei *Kopp,* § 42, Rd.-Nr. 104; zur Antrags-

befugnis von Behörden im Rahmen der Normenkontrolle unten,
§ 19 IV).

Literatur zu § 14 II 6: *Kriener,* Die planungsrechtliche Gemeindenachbarklage, BayVBl. 1984, 97; *Brohm,* Gemeindliche Selbstverwaltung und staatliche Raumplanung, DÖV 1989, 429; *Czybulka,* Verwaltungsprozessuale Probleme bei der Klage gegen die Festlegung von Flugrouten, DÖV 1991, 410.

7. Möglichkeit der Rechtsverletzung

143   a) Nach dem Vorliegen eines Rechts und dessen Zuordnung
zum Kläger ist als dritte Grundvoraussetzung der Klagebefugnis
die **Möglichkeit der Rechtsverletzung** zu prüfen. Bei der Anfechtungsklage ist diese gegeben, wenn der Kläger hinreichend
substantiierte Tatsachen vorträgt, aus denen sich ergibt, daß der
angefochtene VA das dem Kläger zukommende Recht möglicherweise verletzt („Möglichkeitstheorie"). Gefordert ist also nur eine
hinreichende Plausibilität; nicht dagegen eine Schlüssigkeitsprüfung (BVerwGE 28, 131; *Ule,* VwProzR, 202; *Stern,* Verwaltungsprozessuale Probleme, Rd.-Nr. 286). Die Schlüssigkeit ist
vielmehr erst bei der Begründetheit zu prüfen.

Zur Begründetheit gehört i. d. R. auch die Frage, ob ein Eingriff in das
jeweilige Rechtsgut „schwer und nachhaltig" ist oder die vorgegebene Situation entsprechend verändert (anders die ständige Rspr. des BVerwG – vgl.
BVerwGE 32, 173; 41, 58, 66; 52, 122, 130; in diesem Sinne auch *Brohm,* FS
Menger (1985), 240). Diese Formel, die aus der „Schweretheorie" des BVerwG
zur Abgrenzung von Inhaltsbestimmung und Sozialbindung des Eigentums
einerseits und Enteignung andererseits stammt, ist durch die neuere Rechtsprechung des BVerfG überholt, denn auch unterhalb der Enteignungsschwelle
sind unverhältnismäßige Eingriffe in das Eigentum möglich. Dies reicht für die
Klagebefugnis nach § 42 II VwGO.

144   b) Für den **Adressaten** des belastenden VA ist die Möglichkeit
der Rechtsverletzung stets gegeben (so zu Recht *Redeker/von Oertzen,* § 42, Rd.-Nr. 16). Das gleiche gilt für denjenigen, dem ein
Planfeststellungsbeschluß Pflichten auferlegt (*Löwer,* DVBl. 1981,
528) oder der zum (bestimmbaren) Adressatenkreis einer personenbezogenen Allgemeinverfügung gehört.

145   c) Probleme bestehen vor allem hinsichtlich des von einer Maßnahme tatsächlich betroffenen Dritten, des **„Nichtadressaten"**.

Dieser muß nicht nur ein eigenes Recht, sondern auch dessen mögliche Verletzung durch die nicht an ihn gerichtete Maßnahme darlegen (BVerwGE 61, 256, 262).

Ob ein Vorhaben im Falle seiner Realisierung über bloß allgemein hinzunehmende Erschwernisse hinaus den einzelnen individuell und in qualifizierter Weise betrifft („Erheblichkeitsschwelle" – vgl. BVerwG, DVBl. 1983, 183), kann nicht nach allgemeinen Kriterien beantwortet werden. Besonders im wichtigsten Problembereich des Immissionsschutzrechts ist der „Nachbarbegriff" offen und die Möglichkeit der Rechtsverletzung letztlich Fallfrage (ausf. dazu *Steinberg*, Fachplanung, S. 85 ff.). Auch ist die Rechtsprechung ein Spiegelbild jeweils aktueller Umweltängste. Eine Baugenehmigung für ein Einfamilienhaus ist hier anders zu beurteilen als ein Vorhaben, dessen Gefahrenpotential über die unmittelbare Nachbarschaft hinausreicht. Auch ist derjenige eher in seinen Rechten verletzt, dessen Lebensmittelpunkt oder Arbeitsplatz in unmittelbarer Nähe zu dem Vorhaben liegt als derjenige, der sich nur gelegentlich in diesem Bereich aufhält (OVG Lüneburg, NVwZ 1985, 357).

Beispiele: (Klagebefugnis bejaht): BVerwG, DVBl. 1972, 678 – Klagebefugnis eines 4 km vom KKW Würgassen wohnenden Klägers; VGH Kassel, NJW 1990, 336 – Kläger wohnt 8,9 km entfernt von einer gentechnischen Produktionsanlage; VGH Mannheim, NVwZ 1989, 376 – Klagebefugnis hinsichtlich des einer Deponie zuzurechnenden Lastwagenverkehrs; OVG Lüneburg, DVBl. 1984, 891 – Klage gegen Flüssiggas-Terminal durch im Hafen beschäftigten Arbeitnehmer.

Beispiele: (Klagebefugnis verneint): BVerwGE 61, 256, 261 – Klagebefugnis nur bei Darlegung einer Überschreitung der Dosisgrenzwerte aus § 45 Strahlenschutz-VO; BVerwG, NJW 1983, 1507 – nur gelegentlicher Aufenthalt im Gefahrenbereich; BVerwG, NVwZ 1989, 1170 – keine Klagebefugnis unter Hinweis auf Katastrophe von Tschernobyl und Restrisiko einer Kernenergieanlage; OVG Berlin, NVwZ 1995, 1023 – Freisetzung gentechnisch veränderter Zuckerrüben; OVG Lüneburg, NVwZ 1995, 917 – „Elektrosmog" durch Mobilfunkantenne.

Wichtig: Soweit der Kl. nur die Verletzung einer (Lärm-)- Schutznorm geltend macht, kann er nur entsprechende Lärmschutzmaßnahmen verlangen – für die Anfechtung des Vorhabens insgesamt fehlt es an der Möglichkeit der Rechtsverletzung (BVerwGE 56, 110, 132).

d) Problematisch ist die Möglichkeit der Rechtsverletzung auch **146** bei **Vorab- und Teilgenehmigungen.** Gemeint sind hier nicht die einzelnen Stufen mehrstufiger Verwaltungsverfahren, bei denen es für die Anfechtung einzelner Stufen und Mitwirkungsakte schon an der Außenwirkung fehlt, die Klage also unstatthaft ist (dazu oben, § 14, Rd.-Nr. 39). Bei Vorbescheiden und Teilgenehmigungen geht es vielmehr um echte Verwaltungsakte. Für die Klage eines Dritten gilt auch hier grundsätzlich, daß die Möglichkeit der Rechtsverletzung durch die konkrete Teilentscheidung gegeben sein muß. Das gleiche Problem stellt sich, wenn mehrere Planfeststellungsbeschlüsse (z. B. beim Bau einer Fernstraße hinsichtlich einzelner Abschnitte) oder Genehmigungen aufeinander folgen.

In diesen Fällen ist der Adressat von der ersten Teilgenehmigung möglicherweise (noch) nicht unmittelbar betroffen; die Entscheidung schafft aber vollendete Tatsachen, so daß der Kl. im weiteren Verlauf zwar möglicherweise klagebefugt ist, die dann zulässige Klage aber zu spät kommt.

In beiden Fallgruppen tendiert die Rechtsprechung berechtigterweise dazu, zumindest dann bereits gegen die erste Entscheidung Rechtsschutz zu gewähren, wenn aus ihr mit rechtlicher, tatsächlicher oder geographischer Zwangsläufigkeit weitere Entscheidungen folgen, bei denen die Möglichkeit einer Rechtsverletzung des Kl. zu bejahen ist. Um den Drittschutz zu wahren, muß die Genehmigungsbehörde dann jeweils die Reichweite der Billigung des Gesamtkonzepts zum Ausdruck bringen (so schon *Ossenbühl,* NJW 1980, 1355; BVerwG, DÖV 1972, 757; BVerwGE 72, 300, 306 = NVwZ 1986, 208, 210; BVerwG, NVwZ 1989, 1169; NVwZ 1993, 177).

Beziehen sich Genehmigungen oder Planfeststellungsbeschlüsse auf das Gesamtkonzept einer Fernstraße, so kann nach inzwischen gefestigter Rechtsprechung der erst im weiteren Verlauf betroffene Kläger gegen vorangehende Entscheidungen klagen, wenn diese bewirken, daß die festgestellte Linienführung mit Zwangsläufigkeit dazu führt, daß sein Grundstück betroffen wird (sogen. **„Zwangspunkt"** – BVerwGE 62, 342, 351; 72, 282, 288; BVerwG, NVwZ 1993, 887). Klagebefugt ist auch derjenige, den zwar eine Genehmigung nicht unmittelbar betrifft, auf den aber zwangsläufig eine Belastung im nachfolgenden Umlegungs- oder Flurbereinigungsverfahren zukommt (VGH Mannheim, DÖV 1981, 925).

Literatur zu § 14 II: 7a–7d: *Löwer,* Klagebefugnis und Kontrollumfang der richterlichen Planprüfung bei straßenrechtlichen Planfeststellungsbeschlüssen, DVBl. 1981, 528 ff.; *Ibler,* Die Gerichtskontrolle mehrstufiger Fachplanungen, insbes. der Abfallentsorgungsplanung, DVBl. 1989, 639; *Jarass,* Der Rechtsschutz Dritter bei der Genehmigung von Anlagen, NJW 1983, 2844; *Sellner,* Gestuftes Genehmigungsverfahren, Schadensvorsorge, verwaltungsgerichtliche Kontrolldichte, NVwZ 1986, 616; *Schenke,* Rechtsprobleme gestufter Verwaltungsverfahren am Beispiel von Bauvorbescheid und Baugenehmigung, DÖV 1990, 489; *Salis,* Gestufte Verwaltungsverfahren im Umweltrecht. Eine neue Dogmatik gestufter Verwaltungsverfahren über raumbedeutsame Großvorhaben (1991).

e) Bei der **„negativen Konkurrentenklage"** ist hinsichtlich der **147**
Klagebefugnis zu prüfen, ob die den Konkurrenten begünstigende
Entscheidung unmittelbar eine mögliche Rechtsverletzung des
Klägers bewirkt. Das ist im Beamtenrecht z. B. dann der Fall,
wenn der Kl. substantiiert vortragen kann, die Ernennung verletze
sein Recht auf Chancengleichheit durch eine Durchbrechung des
Leistungsprinzips. Nach der Ernennung des „Konkurrenten" fehlt
dann allerdings das Rechtschutzbedürfnis für die Klage (BVerwGE
80, 127; BVerfG [Kammer-E], NJW 1990, 501).

Ähnlich verhält es sich beim „Konkurrenzkampf" um eine nur einmal zur
Verfügung stehende Begünstigung wie z. B. den Standplatz auf einem Jahrmarkt, einen Studienplatz usw. Schwierig ist die Frage der Möglichkeit der
Rechtsverletzung bei der Begünstigung des Konkurrenten im Wirtschaftsverwaltungsrecht zu beantworten. Hier stellt bei weitem nicht jede Begünstigung
eines Konkurrenten eine mögliche Rechtsverletzung des Wettbewerbers dar.
Nur wenn gezielt der Wettbewerb verfälscht oder die Existenzgrundlage des
Kl. unmittelbar gefährdet wird, besteht die Möglichkeit der Rechtsverletzung
im Sinne von § 42 II VwGO.

Beispiel: Keine Klagebefugnis gegen objektiv rechtswidrige Ausnahmegenehmigung nach LadenschlußG, gegen Subvention ohne konkrete Wettbewerbsverzerrung usw.

III. Sonstige besondere Zulässigkeitsvoraussetzungen

1. Widerspruchsverfahren

Zulässigkeitsvoraussetzung der Anfechtungsklage ist nach § 68 **148**
VwGO die Durchführung eines Widerspruchsverfahrens (Vorverfahrens). Soweit dieses **statthaft** ist, ist es damit auch erforderlich.
Fehlt es, so muß das Gericht den Prozeß aussetzen. Das gilt auch
nach einer Verweisung an das VG nach § 17a GVG (*Schenke,*
VwProzR, Rd.-Nr. 159). Eine Nachholung ist grundsätzlich bis
zum Abschluß der mündlichen Verhandlung möglich. Ist das Widerspruchsverfahren aber wegen Fristversäumnis bereits nicht
mehr durchführbar, so ist die Klage grundsätzlich unzulässig.

Voraussetzungen und Statthaftigkeit des Widerspruchsverfahrens sind oben (§ 7 III) ausführlich dargestellt.

Das Widerspruchsverfahren muß **erfolglos** durchgeführt sein. **149**
Die Formulierung „ordnungsgemäßes Vorverfahren" (*Schoch,*

Übungen im ÖR, 117) ist mißverständlich, denn nicht im Widerspruch selbst liegende Fehler des Widerspruchsverfahrens machen die Klage nicht etwa unzulässig, sondern führen unter den Voraussetzungen des § 79 VwGO sogar zur Begründetheit der Klage, wenn insofern eine zusätzliche Beschwer vorliegt. Wurde der VA im Widerspruchsverfahren ganz oder teilweise aufgehoben, so ist die Klage insoweit bereits unstatthaft. Zulässig ist sie hinsichtlich der fortbestehenden Belastung (zur „Erfolglosigkeit" als Zulässigkeitsvoraussetzung auch *Schmitt Glaeser,* VwProz, Rd.-Nr. 174; *Hofmann,* FS Menger (1985), 611).

Erfolglos durchgeführt ist das Widerspruchsverfahren grundsätzlich auch dann, wenn der Widerspruch als unzulässig zurückgewiesen wurde. Dann sind Statthaftigkeit und Klagebefugnis erst im Verwaltungsprozeß zu prüfen. Umstritten ist die Behandlung des **bereits verfristeten oder formfehlerhaften Widerspruchs.** Ist der VA wegen Verfristung (§ 70 VwGO) bereits unanfechtbar und weist die Widerspruchsbehörde den Widerspruch deshalb als unzulässig zurück, so kann es im nachfolgenden Prozeß nur noch um die Frage gehen, ob die Verfristung zu Recht angenommen wurde. Die Klage selbst ist als unzulässig durch Prozeßurteil oder Gerichtsbescheid zurückzuweisen.

150 Entscheidet die Widerspruchsbehörde als „Herrin des Verfahrens" aber **zur Sache** oder läßt sie sich im Verwaltungsprozeß auf die Klage ein, ohne die Unanfechtbarkeit geltend zu machen, dann ist nach der Rechtsprechung des BVerwG die nachfolgende Klage nicht unzulässig (BVerwGE 15, 306, 310; 28, 305, 308; VGH München, BayVBl. 1983, 309; VGH Mannheim, NJW 1992, 1582; zust. *Schmitt Glaeser,* VwProzR, Rd.-Nr. 193; dagegen U. *Meier,* Die Entbehrlichkeit des Widerspruchsverf. [1992] S. 69, 77). Das gleiche gilt, wenn die Widerspruchsbehörde zu Unrecht die Wiedereinsetzung in den vorigen Stand gewährt hat. Auch nach dieser Auffassung bleibt die Klage aber unzulässig, wenn ein Dritter durch die Unanfechtbarkeit bereits eine gefestigte Rechtsposition erlangt hat oder wenn die Widerspruchsbehörde den Prüfungsmaßstab beschränkt, also nicht „Herrin des Verfahrens" ist. Das „Sich-Einlassen" wäre dann ein Eingriff in Rechte Dritter bzw. in das Selbstverwaltungsrecht der Gemeinde als Ausgangsbehörde (BVerwG, NVwZ 1983, 285).

Beispiel: Legt der Betroffene verspätet Widerspruch gegen eine Gewerbeuntersagung ohne Drittbetroffenen ein, dann bleibt die Klage zulässig, wenn die Behörde sich ohne Rüge im Prozeß auf die Sache einläßt und nicht sofort ein Prozeßurteil beantragt. Dagegen ist die Nachbarklage gegen eine wegen Fristversäumnis bereits bestandskräftige Baugenehmigung unzulässig, weil das Widerspruchsverfahren nicht ordnungsgemäß durchgeführt wurde und der Bauherr bereits eine gefestigte Rechtsposition erlangt hat.

2. Klagefrist – Rechtsmittelbelehrung – Wiedereinsetzung

a) Klagefrist

Die Anfechtungsklage muß innerhalb **eines Monats** nach Zustellung des Widerspruchsbescheids bzw. – wenn dieser nicht erforderlich ist – nach Bekanntgabe des VA erhoben werden (§ 74 I VwGO). Bundesgesetzliche Ausnahmen von dieser Bestimmung sind möglich, aber selten (z. B.: § 190 I 4 VwGO i. V. m. § 142 I FlurberG). Für die Berechnung der Frist gelten § 57 II VwGO i. V. m. §§ 222 I ZPO, 188 II, 187 I BGB. Die Frist beginnt mit der Zustellung des Widerspruchsbescheids (dazu oben, § 9 III). Zustellungsmängel bewirken, daß die Frist nicht in Gang gesetzt wird. Der Fristbeginn gilt auch für einen etwaigen Rechtsnachfolger (BVerwG, NVwZ 1989, 967; weitere Einzelh. zur Frist bei *Schenke,* VwProzR, Rd.-Nr. 700 ff.). **151**

Die Frist ist erst mit der ordnungsgemäß erhobenen Klage gewahrt. Die Klage muß spätestens am letzten Tag der Frist um 24.00 Uhr bei Gericht eingehen (zur notw. Form unten, § 23 I). Wird sie vor dem falschen, d. h. unzuständigen Gericht oder falschen Rechtsweg erhoben, ist die Sache nach § 17 a GVG an das zuständige Gericht zu verweisen, die Klage also nicht mehr unzulässig. Nicht fristwahrend wirkt dagegen die „Klage" an die Ausgangs- oder Widerspruchsbehörde.

Die nach Ablauf der Frist erhobene Klage ist **unzulässig.** Sie kann durch Gerichtsbescheid (§ 84 I VwGO) abgewiesen werden.

b) Rechtsmittelbelehrung

Nach § 58 I VwGO beginnt die Klagefrist des § 74 nur bei (zutreffender) Rechtsmittelbelehrung im Widerspruchsbescheid bzw. im Ausgangsbescheid, wenn ein Widerspruchsbescheid nicht erforderlich ist (zum notwendigen Inhalt oben § 9 IV). Fehlt die **152**

Rechtsmittelbelehrung oder ist sie unzutreffend, so gilt die Jahresfrist des § 58 II VwGO. Die Behörde kann aber nach richtiger Auffassung mit der ordnungsgemäßen Nachholung der Rechtsbehelfsbelehrung die Frist des § 74 auch nachträglich in Gang setzen.

153   **Wichtig:** Wird der Widerspruchsbescheid erst gar nicht wirksam zugestellt, so ist dies kein Fall des § 58 VwGO. Die Frist des § 74 und auch die des § 58 II werden dann nicht in Gang gesetzt. Hätte aber der Adressat (z. B. der Nachbar) erkennen müssen, daß eine Genehmigung erteilt wurde, dann muß er sich nach der Rechtsprechung des BVerwG (vgl. BVerwGE 44, 294, 300; BVerwG, NJW 1988, 839) so behandeln lassen, als ob er die Genehmigung (ohne Rechtsbehelfsbelehrung) zugestellt erhalten hätte. Die Rechtsprechung wendet in diesem Fall die Frist des § 58 II (Jahresfrist) an. Systematisch richtiger wäre es aber, diese Konstellation als Unterfall der Verwirkung unter dem Stichwort „Rechtsschutzinteresse" zu behandeln. Die Jahresfrist ist dann kein Fall des § 58 II, sondern ein „Richtwert" für die Unzulässigkeit der Rechtsausübung.

c) Wiedereinsetzung in den vorigen Stand

154   Gegen die Versäumung der Frist kann der Kl. Wiedereinsetzung in den vorigen Stand beantragen, wenn die Versäumung unverschuldet war. Die Wiedereinsetzungsgründe sind im wesentlichen die gleichen wie beim Widerspruch (dazu oben, § 6 V).

Literatur zu § 14 III: *Stelkens,* Die Rechtsbehelfsbelehrung bei Verwaltungsmaßnahmen, NuR 1982, 10; *Pietzner/Ronellenfitsch,* Assessorexamen, § 48; *Hofmann,* Das Widerspruchsverfahren als Sachentscheidungsvoraussetzung und als Verwaltungsverfahren, FS Menger (1985), 605; *Förster,* Anwaltsverschulden, Büroversehen und Wiedereinsetzung, NJW 1980, 460; *U. Meier,* Die Entbehrlichkeit des Widerspruchsverfahrens (1992).

155   **Übersicht 5: Sachentscheidungsvoraussetzungen der Anfechtungsklage**

I. Rechtsweg und zuständiges Gericht
  1. *Deutsche Gerichtsbarkeit (§§ 18 ff. GVG)*
  2. Eröffnung des Verwaltungsrechtsweges (§ 40 VwGO)
     a) *besondere gesetzliche Zuweisung*
     b) öffentlich-rechtliche Streitigkeit
     c) Ausschluß von Streitigkeiten verfassungsrechtlicher Art
     d) keine gesetzliche Zuweisung an andere Gerichtsbarkeit
  3. Zuständiges Verwaltungsgericht
     a) sachliche Zuständigkeit (§§ 45 ff. VwGO)
     b) örtliche Zuständigkeit (§ 52 VwGO)

II. Zulässigkeit der Klage
1. Beteiligtenbezogene Zulässigkeitsvoraussetzungen
   a) Beteiligtenfähigkeit (§ 61 VwGO)
   b) *Prozeßfähigkeit (§ 62 VwGO) und ordnungsgemäße Vertretung*
   c) *Prozeßführungsbefugnis des Klägers*
2. Statthaftigkeit: Aufhebung eines VA als Klageziel (§ 42 I 1 VwGO)
3. Klagebefugnis (§ 42 II VwGO)
   a) Adressat des belastenden VA
   b) Probleme der Drittbetroffenheit
   c) Möglichkeit der Rechtsverletzung
4. Erfolglos durchgeführtes Widerspruchsverfahren (§ 68 VwGO)
5. Frist (§ 74 VwGO)
6. Ordungsgemäße Klageerhebung (§ 81 VwGO)
7. *richtiger Beklagter (§ 78 VwGO) (nach h. M. erst bei Begründetheit – Passivlegitimation – zu prüfen)*
8. Allgemeines Rechtsschutzbedürfnis
   a) keine leichtere Möglichkeit des Rechtsschutzes
   b) *kein Mißbrauch, keine Verwirkung*
   c) *Klage richtet sich nicht lediglich gegen Verfahrenshandlung (§ 44 a VwGO)*
9. Sonstige Zulässigkeitsvoraussetzungen
   a) keine anderweitige Rechtshängigkeit
   b) keine rechtskräftige Entscheidung in gleicher Sache

§ 15 Die Verpflichtungsklage

I. Statthaftigkeit

Mit der Verpflichtungsklage kann die Verurteilung zum Erlaß **1**
eines abgelehnten oder unterlassenen VA begehrt werden. Vom
Typus her ist die Verpflichtungsklage also eine **Leistungsklage
auf Erlaß eines VA,** sollte aber nicht mit der allgemeinen Leistungsklage (unten, §§ 16/17) verwechselt werden. Anders als bei
der Anfechtungsklage gestaltet das Gericht mit dem Urteil nicht
selbst die Rechtslage; der Beklagte wird vielmehr zum Erlaß eines
VA und damit zur Einwirkung auf die materielle Rechtslage verurteilt, soweit die Klage begründet ist. Die Geschichte der Verpflichtungsklage ist als solche vergleichsweise jung, weil diese
Klageart nicht der klassischen Eingriffsverwaltung sondern der
Leistungsverwaltung entstammt. Im Bereich der Ordnungsverwaltung lebt das „liberale Modell" von der grundsätzlichen *Erlaubnis mit Verbotsvorbehalt;* d. h. Handlungen sind grundsätzlich

erlaubt, soweit sie nicht auf gesetzlicher Grundlage verboten werden. Gegen ein solches Verbot kann sich der Betroffene sodann mit der Anfechtungsklage wehren.

2   In einer Rechtsordnung, die auf die modernen Gefährdungs- und Konfliktpotentiale durch die starke Ausdehnung von generellen Genehmigungsvorbehalten reagiert hat, wurde aber mehr und mehr das **Verbot mit Erlaubnisvorbehalt** zur Regel. In einer Vielzahl von Fällen ist daher nicht mehr die grundsätzliche Erlaubnis zum individuellen Tun der rechtliche Ausgangspunkt; der Einzelne muß vielmehr zunächst die Voraussetzungen eines Verbots mit Erlaubnisvorbehalt (Kontrollerlaubnis) erfüllen (allgem. dazu *Maurer,* AVwR, § 5, Rd.-Nr. 51 ff.). Bleibt die Erlaubnis aus oder wird sie verweigert, dann kann er seine Handlungsfreiheit nur durch **Verpflichtungsklage** durchsetzen. Diese Klageart ist daher im klassischen Bereich der Ordnungsverwaltung heute zumindest ebenso wichtig wie im Bereich der Leistungsverwaltung geworden. Sie kann keineswegs mehr als typische Klageart für die Leistungsverwaltung bezeichnet werden (so z. B. *Stern,* Verwaltungsprozessuale Probleme, § 4, Rd.-Nr. 111).

1. Gegenstand und Arten der Verpflichtungsklage

3   Klageziel bei der Verpflichtungsklage ist der Erlaß eines VA. Exakter *Streitgegenstand* ist nach dem oben Gesagten (vgl. § 10) die Behauptung des Kl., durch die Verweigerung oder Unterlassung des VA in einem Recht verletzt zu sein. Ob die Behörde durch VA entscheiden darf oder ob für den beantragten VA eine Rechtsgrundlage vorliegt, ist keine Frage des Streitgegenstands sondern der Begründetheit. So ist etwa auch die Klage auf einen zugesicherten oder durch ÖR-Vertrag zugesagten VA stets Verpflichtungsklage – unabhängig von der Rechtsgrundlage. Die Klage auf einen feststellenden VA ist gleichfalls Verpflichtungsklage, nicht etwa Feststellungsklage (BVerwG, NVwZ 1991, 267).

Hat die Behörde den VA bereits durch Versagungsbescheid abgelehnt, so wird von einer **Versagungsgegenklage** gesprochen. Auch hier richtet sich die Klage aber genau genommen nicht **gegen** die Versagung, sondern **auf** die Verpflichtung zu einer Leistung. Die Versagungsgegenklage enthält also nicht etwa zum Teil eine Anfechtung (der Ablehnung), sondern sie ist ausschließlich Verpflichtungsklage. Das gilt auch, obwohl es gebräuchlich ist, die Aufhebung des ablehnenden Bescheids und ggf. eines Widerspruchsbescheids im Verpflichtungsurteil auszusprechen.

Hat die zuständige Behörde den VA nicht abgelehnt aber auch **4** nicht erlassen, sprechen wir von einer **Untätigkeitsklage** (der Begriff „Unterlassungsklage" sollte wegen der Verwechslungsgefahr mit der „allgemeinen Unterlassungsklage" – dazu § 16 – vermieden werden). Die Untätigkeitsklage ist nicht etwa eine eigene Klageart, sondern i. d. R. ein Unterfall der Verpflichtungsklage, für die § 75 VwGO Ausnahmen vom Erfordernis des Widerspruchsverfahrens schafft. Allerdings kommt auch keine „isolierte Verpflichtungsklage" (nur auf Erlaß des Widerspruchsbescheids) in Betracht. Da sie sich grundsätzlich auf den Erlaß eines begünstigenden VA richtet, stellen sich keine besonderen Probleme der Statthaftigkeit. Die Besonderheiten sind vielmehr beim Erfordernis des Widerspruchsverfahrens und beim Rechtsschutzbedürfnis zu behandeln (unten, § 15 III). Eine ohne vorherigen Antrag an die zuständige Behörde oder unmittelbar nach dem Antrag erhobene Verpflichtungsklage ist nicht unstatthaft, sondern wegen fehlenden Vorverfahrens bzw. mangelnden Rechtsschutzbedürfnisses unzulässig. Mit der Anfechtungsklage hat die Verpflichtungsklage gemeinsam, daß sie nur statthaft ist, wenn es um einen VA im Sinne von § 35 VwVfG geht. Hinsichtlich der einzelnen Merkmale kann daher auf oben, § 14, verwiesen werden. Die nachfolgenden Ausführungen beziehen sich also speziell auf Abgrenzungsprobleme der **Verpflichtungs**klage.

2. Abgrenzung zur Anfechtungsklage

Der Kl. der Verpflichtungsklage will mit seinem Antrag eine **5** Begünstigung, d. h. eine im Vergleich zur Ausgangslage verbesserte Situation, erreichen. Deshalb ficht er in der Regel nicht die Ablehnung des VA an (Ausnahme: isolierte Anfechtungsklage), sondern er will die Behörde zu einem ihn begünstigenden VA verpflichten. Deshalb sollte man – schon um Fehler zu vermeiden – den ablehnenden VA grundsätzlich nicht als „belastenden VA" bezeichnen.

6   Verpflichtungsklage ist auch stets die sogenannte **positive Konkurrentenklage**. Sie ist dadurch gekennzeichnet, daß der Kl. in einer Konkurrenzsituation eine Vergünstigung erreichen will. Hat die Behörde diese bereits an einen Dritten vergeben, dann ist diese Vergabeentscheidung für den Kl. zwar belastend, es reicht aber in der Regel nicht aus, wenn die Begünstigung des Dritten durch Anfechtungsklage aufgehoben wird. Will der Kl. die umstrittene Position selbst erreichen, dann ist vielmehr grundsätzlich die Verpflichtungsklage die statthafte Klageart (*Schenke,* NVwZ 1993, 718). Die Anfechtung der Begünstigung ist dann nicht **zusätzlich** erforderlich (anders VGH München, DVBl. 1993, 274 – Rezeptsammelstelle). Sie geht am eigentlichen Ziel des Klägers vorbei und würde bei mehreren Begünstigten zu einer Vielzahl von Anfechtungsklagen führen. Zu beachten ist aber, daß es in der Sache nur um die **Bescheidung des Kl.** geht, wenn der Behörde bei Rechtswidrigkeit der Begünstigung des Konkurrenten noch eine Auswahlentscheidung bleibt. Das ändert aber nichts an der grundsätzlichen Einordnung der Klage als Verpflichtungsklage.

Beispiele: Klage auf Zuteilung eines Baugrundstücks (OVG Koblenz, NVwZ 1993, 381); Klage auf Zulassung als Anbieter auf dem Wochenmarkt, Klage auf Zulassung einer privaten Rundfunkanstalt (VGH Mannheim, NJW 1990, 340); Klage auf Taxi- oder Güterfernverkehrkonzession (BVerwGE 80, 270, 271); Klage auf beamtenrechtliche Ernennung; teilw. anders bei BVerwG, NVwZ 1995, 478 – VKlage auf Spielbankkonzession, aber verbunden mit AKlage hins. der Begünstigung des Konkurrenten.

7   Kann die Begünstigung nicht mehr rückgängig gemacht werden (wie z. B. beamtenrechtliche Ernennung des Konkurrenten), so fehlt der Verpflichtungsklage zwar das Rechtsschutzbedürfnis (BVerwGE 80, 127; BVerwGE, NJW 1990, 501); die Statthaftigkeit ist insoweit aber nicht berührt.

8   Verpflichtungsklage ist auch die **Klage auf Rücknahme oder Widerruf** eines begünstigenden VA. Diese käme wegen des Vorrangs der Anfechtungsklage aber nur nach der Bestandskraft des jeweiligen VA in Betracht (nicht überzeugend BVerwGE 49, 244 – Verpflichtungsklage auf Rücknahme eines vertragswidrigen VA). Dann ist sie zwar nicht unstatthaft, aber allenfalls bei einer grundlegenden Änderung der Sach- u. Rechtslage zulässig, weil

sonst die Fristen der Anfechtungsklage unterlaufen werden (VGH
München, BayVBl. 1984, 405; *Schenke,* VwProzR, Rd.-Nr. 278).
Verpflichtungsklage ist auch die **Klage auf Belastung eines** 9
Dritten durch VA. Hier kommt es jeweils auf den Entscheidungs-
stand und die Perspektive des Kl. an. Will dieser als Nachbar die
Baugenehmigung beseitigen, so erreicht er sein Ziel mit der Anfechtungsklage. Das hat für ihn auch Vorteile im Hinblick auf den
vorläufigen Rechtsschutz (§§ 80/80 a VwGO). Will er aber z. B.
eine den Nachbarn belastende Schallschutzauflage erreichen, dann
ist die Verpflichtungsklage statthaft.

3. Abgrenzung zur allgemeinen Leistungsklage

Will der Kl. nur eine faktische Leistung ohne Regelung, z. B. 10
eine schlichte Auskunft, Information, Beratung, Widerruf von
Tatsachenbehauptungen usw., dann ist nicht die Verpflichtungs-,
sondern die allgemeine Leistungsklage statthaft (dazu § 16). Das
gilt auch, wenn bereits ein Bescheid über tatsächliche Leistungen
ergangen ist und es nur noch um deren Abwicklung geht. Anders
verhält es sich, wenn der faktischen Leistung eine förmliche Prüfung der Voraussetzungen und eine (Ermessens-) Entscheidung
über die Leistung vorausgeht. Diese Entscheidung ist dann Regelung, die Verpflichtungsklage ist statthaft. Diese „Zweistufigkeit"
ist aber keinesfalls die Regel. Realakte kann die Verwaltung auch
im hoheitlichen Bereich vielmehr ohne förmlichen „Titel" in
Gestalt des „Vorab-VA" erlassen (so zu Recht *Schenke,* VwProzR,
Rd.-Nr. 195; *Steiner,* JuS 1984, 853, 858).

Übertrieben ist dagegen die Bezeichnung einer Entscheidung über Akteneinsicht und schlichte Informationen als VA. Die Vorabentscheidung durch
VA – und damit die Verpflichtungsklage – kommt (nur) dann in Betracht,
wenn eine solche durch Gesetz vorgeschrieben ist oder der spezifischen Verfahrensstruktur bestimmter Bereiche entspricht. Der Rspr. ist aber die traditionelle „Bevorzugung" des VA durchweg noch anzumerken.

Beispiele: Klage auf Aussagegenehmigung eines Beamten (BVerwGE 18,
58, 59; 34, 252, 254); Einsicht in Kfz-Halterkartei (VGH Mannheim, NJW
1984, 1911 – offengelassen); Vernichtung einer Akte (VGH Kassel, NJW 1993,
3011), wohl auch Zugang zum Archiv.

4. Keine Verpflichtungsklage auf Regelung ohne Außenwirkung

11   Mit der Verpflichtungsklage können keine Maßnahmen erreicht werden, die im Innenbereich der Verwaltung verbleiben, also z. B. innerdienstliche Weisungen, Verwaltungsvorschriften, Maßnahmen der Sitzungsleitung im Gemeinderat usw. Geht die Klage aber auf Regelungen gegenüber Dritten (auch z. B. auf Rechtsaufsichtsmaßnahmen gegenüber einer Gemeinde), dann ist sie zwar als Verpflichtungsklage statthaft; dem Kl. fehlt aber in der Regel mangels eines subjektiven Rechts auf derartige Maßnahmen die Klagebefugnis.

5. Klage auf Nebenbestimmung

12   Die Verpflichtungsklage kann sich auch auf eine selbständige Nebenbestimmung zum VA (Auflage und Auflagenvorbehalt) richten. Da Nebenbestimmungen den Adressaten belasten (§ 36 VwVfG), kommt dies in der Regel nur auf Klage eines betroffenen Dritten in Betracht. Der häufigste Fall ist die Klage auf eine **nachbarschützende Auflage,** insbesondere auf Schallschutzauflagen zu Verkehrsprojekten (früher § 17 IV BFernStrG, jetzt § 74 II VwVfG). Diese ist für den Bauherrn belastend, für den Nachbarn begünstigend, also mit der Verpflichtungsklage zu verfolgen (BVerwGE 51, 15, 22; 80, 7, 12 – Klage durch „planbetroffene Gemeinde"; *Steinberg, Fachplanung,* S. 347; einprägsames Beispiel auch VGH München, NVwZ 1995, 1021 – Lärmschutzauflage für Biergarten).

13   Auch die nachträgliche Ergänzung oder Verschärfung einer solchen Auflage ist rechtlich eine neue Auflage oder eine (Teil-) Rücknahme und kann durch die Verpflichtungsklage erstritten werden. Die Rechtsprechung geht sogar so weit, daß der Planfeststellungsbeschluß wegen gefürchteter Lärmeinwirkungen als Ganzes nicht mehr durch die Anfechtungsklage angegriffen werden darf, die Klage sich also nur noch als Verpflichtungsklage auf klägerschützende Maßnahmen richten kann (BVerwGE 56, 110, 133; 71, 150, 161).

Schwieriger ist die Klageart bei *unselbständigen Nebenbestimmungen.* Hier wäre es z. B. durchaus denkbar, daß ein Kläger – statt den VA selbst anzugreifen – Verpflichtungsklage auf Befristung oder auflösende Bedingung erhebt, doch würde dies inhaltlich auf eine Anfechtungsklage bzw. eine „VA-Abänderungs-klage" hinauslaufen, die die VwGO nicht kennt. Deshalb bleibt nur die (ggf. eingeschränkte) Anfechtungsklage.

6. Klage auf Teilregelung

Keine Besonderheiten bietet die Verpflichtungsklage auf Teilre- **14** gelungen, die selbst VA sind, also z. B. Bauvorbescheid, Standort-genehmigung, Betriebserlaubnis usw. Auch im übrigen kann die Verpflichtungsklage auf *Teile eines begünstigenden VA* beschränkt werden, wenn diese auf eine entsprechend teilbare Vergünstigung gerichtet ist (*Kopp*, VwGO, § 42, Rd.-Nr. 20; *Schenke*, VwProzR, Rd.-Nr. 266).

Beispiel: Klage auf Leistungsbescheid über einen Teilbetrag; Klage auf zeit-lich beschränkte Erlaubnis; Klage auf Leistungsbescheid dem Grunde nach.

7. „Bescheidungsklage"

Um eine „freiwillige Klagebeschränkung" handelt es sich auch **15** bei der sogenannten **„Bescheidungsklage",** mit der der Kl. nicht die Verurteilung zur eigentlichen Begünstigung sondern eine Be-scheidung unter Beachtung der Rechtsansicht des Gerichts gem. § 113 V 2 VwGO erreichen will.

Hierbei geht es nicht um eine eigene Klageart. Die Klage ist vielmehr Verpflichtungsklage und bedarf daher auch keiner be-sonderen Grundlage. Gleiches gilt für die „Klage auf Ausübung des Ermessens", die sich in der Sache als Verpflichtungsklage auf eine Ermessensentscheidung erweist. Schon aus Kostengründen (§ 155 I VwGO) ist es dem Kl. nicht zuzumuten, die Klage auf mehr zu erstrecken, als er erreichen kann (so implizit auch BVerwG, NVwZ 1991, 1181 – Güterfernverkehr; *Pietzner/Ronel-lenfitsch*, Assessorexamen, § 10, Rd.-Nr. 8; *Würtenberger*, PdW, 128 f. – zur Gegenauffassung *Schröder*, FS Menger (1985), 487, 490.

Literatur zu § 15 I: *Czermak*, Gibt es eine verwaltungsgerichtliche Beschei-dungsklage?, BayVBl. 1981, 427; *Finkelnburg*, Über die Konkurrentenklage im Beamtenrecht, DVBl. 1980, 809; *Peine*, Rechtsprobleme des Verkehrslärm-schutzes, DÖV 1988, 937; *Weides/Bertrams*, Die nachträgliche Verwaltungsentscheidung im Verfahren der Untätigkeitsklage, NVwZ 1988, 673; *Schenke,* Rechtsproblem des Konkurrentenrechtsschutzes im Wirtschaftsverwaltungsrecht, NVwZ 1993, 718; *Schmidt-Preuß,* Kollidierende Privatinteressen im Verwaltungsrecht. Das subjektiv öffentliche Recht im multipolaren Verwaltungsrechtsverhältnis (1992); *Wittkowski,* Die Konkurrentenklage im Beamtenrecht, NJW 1993, 817; *Pietzner/Ronellenfitsch,* Assessorexamen, § 10 III; *Stern,* Verwaltungsprozessuale Probleme, § 4, Rd.-Nr. 111 ff.; *Ule,* VwProzR, 154; *Schmitt Glaeser,* VwProzR, § 4, Rd.-Nr. 288 ff.

II. Klagebefugnis

1. Allgemeines

16   Ähnlich wie die Anfechtungsklage ist auch die Verpflichtungsklage nur zulässig, wenn der Kl. geltend macht, durch die Ablehnung oder Unterlassung des VA in seinen Rechten verletzt zu sein. Die Klagebefugnis setzt also nicht beim (positiven) *Anspruch* auf den VA an, sondern gleicht die Voraussetzungen der Klagebefugnis der Verletztenklage an. Die Prüfung der Klagebefugnis verläuft daher ähnlich wie bei der Anfechtungsklage.

Voraussetzungen sind:
– ein Recht,
– dessen Zuordnung zum Kläger,
– die Möglichkeit der Rechtsverletzung durch Ablehnung oder Unterlassung des VA.

Dagegen ist die vorherige Beantragung des VA bei der zuständigen Behörde keine Frage der Klagebefugnis (so aber *Schmitt Glaeser,* Rd.-Nr. 293) oder des „richtigen Antrags" (*Schenke,* VwProzR, Rd.-Nr. 563). Hat der Kl. den VA nicht einmal beantragt, so liegt kein Rechtsschutzbedürfnis für die Verpflichtungsklage vor, weil er insoweit einfacher zu seinem Ziel gelangen kann.

17   Zu beachten ist zunächst, daß bei der Verpflichtungsklage die *Adressatentheorie* **nicht** gilt (anders *Stern,* Verwaltungsprozessuale Probleme, Rd.-Nr. 291). Insbesondere ist der Adressat eines abgelehnten Bescheids nicht etwa schon wegen dieser „Belastung" klagebefugt. Andernfalls würde es ausreichen, einen reinen Phantasieantrag an eine möglicherweise unzuständige Behörde zu stellen, um durch dessen zwangsläufige Ablehnung mit der Klagebefugnis „belohnt" zu werden. Hinzu kommt, daß Art. 2 I GG, die verfassungsrechtliche Basis der Adressatentheorie, keinen allgemeinen Leistungsanspruch enthält. Auch die Beteiligung am Verwaltungsverfahren reicht als solche für die Klagebefugnis nicht.

2. Recht

Trotz der „negativen Fassung" der Klagebefugnis in § 42 II **18** VwGO ist für die Klagebefugnis bei der Verpflichtungsklage zunächst erforderlich, daß sich der Kl. auf ein **Recht** (im Gegensatz zum bloßen wirtschaftlichen Interesse oder zum Rechtsreflex) beruft.

Beispiele für Nichtvorliegen eines Rechts in diesem Sinne: Keine Klage auf Abgabe einer behördlichen Zusicherung aus wirtschaftlichem Interesse (BVerwG, NVwZ 1986, 1011); kein Recht auf Einberufung einer Bürgerversammlung für den einzelnen Einwohner (VGH München, BayVBl. 1990, 718); kein Recht auf Untersagung der Teilnahme von Soldaten an der Umbettung Friedrichs II. von Preußen (VG Köln, NVwZ 1992, 90).

3. Zuordnung zum Kläger

Auch bei der Verpflichtungsklage kann sich der Kl. nur auf ein **19** **eigenes** Recht berufen. Nicht erforderlich für die Klagebefugnis ist eine Schlüssigkeitsprüfung. Die Zuordnung des Rechts zum Kl. darf lediglich **nicht von vornherein ausgeschlossen** sein. Als Rechtsgrundlagen werden zumeist gesetzliche Ansprüche, Grundrechte und der „Anspruch auf fehlerfreie Ermessensentscheidung" genannt.

a) Ohne weiteres ist die Klagebefugnis gegeben, wenn sich der Kl. auf eine **20** **gesetzliche Anspruchsnorm** berufen kann, die ihn als möglicherweise Begünstigten ausweist. Nach dem jeweiligen Tatsachenvortrag muß der Anspruch aber wenigstens in Betracht kommen. So schaffen die gesetzlichen Zulassungsansprüche für Anstalten und Einrichtungen von vornherein nur einen Anspruch auf widmungsgerechte Nutzung (BVerwGE 39, 235).

b) Die Klagebefugnis kann sich auch bei der Verpflichtungsklage aus einem **21** **Grundrecht** ergeben. Das gilt im Prinzip immer dann, wenn der Kl. Inhaber eines Grundrechts ist, von dem er erst Gebrauch machen kann, wenn die beantragte Genehmigung vorliegt. Das hat nichts mit einer Umdeutung von

Abwehrrechten in Leistungsrechte zu tun. Es hängt vielmehr mit dem Entscheidungstypus „Verbot mit Erlaubnisvorbehalt" zusammen. Hier stellt die Genehmigung bei Vorliegen der tatbestandsmäßigen Voraussetzung die grundrechtliche Freiheit wieder her, der Kl. hat aus dem jeweils einschlägigen Freiheitsrecht einen Anspruch auf die Erteilung der Genehmigung (BVerfGE 20, 150 – SammlungsG).

22   Auch beim **repressiven Verbot mit Erlaubnisvorbehalt** hat der Gesetzgeber zwar eine grundsätzliche Vermutung für den Vorrang öffentlicher Interessen vor der individuellen Freiheit aufgestellt; der Kl. hat aber zumindest einen Anspruch auf Prüfung der Voraussetzungen einer Ausnahmegenehmigung. In ähnlicher Weise wirken sich die Grundrechte auch auf die Geltendmachung von Ansprüchen auf Sondernutzungen und widmungsüberschreitende Anstaltsnutzung aus.

23   c) Geht es bei der Verpflichtungsklage allerdings nicht nur um die Befreiung von einem gesetzlichen Verbot, sondern um eine **zusätzliche Leistung,** dann reicht die Berufung auf ein Freiheitsrecht nicht aus. Das möglicherweise verletzte Recht liegt dann entweder in einer gesetzlichen Konkretisierung derartiger Ansprüche (**Beispiel:** Zugangsanspruch zu öffentlichen Einrichtungen der Gemeinde; Anspruch auf Auskunft über gespeicherte Daten) oder in einer Grundrechtsposition in Verbindung mit dem Gleichheitssatz. Die wichtigste Fallgruppe hierfür ist die Hochschulzulassung (BVerfGE 33, 303 ff.).

24   d) Will der Kl. durch die Verpflichtungsklage in Wirklichkeit keine Begünstigung für sich selbst erreichen sondern die **Belastung eines Dritten** (z. B. durch Baueinstellung, Schutzauflage oder Rücknahme einer Begünstigung), dann geht es gleichsam spiegelbildlich um den Nachbarschutz. Die Voraussetzungen der Klagebefugnis richten sich dann nach den entsprechenden Regeln (Schutznorm, Rücksichtnahme, Grundrechtsbeeinträchtigung usw.).

Beispiel: Der Mieter kann nicht die Baueinstellung aus Art. 14 GG, möglicherweise aber Schallschutz aus Art. 2 II GG verlangen.

4. Möglichkeit der Rechtsverletzung

25   Gerade bei der Verpflichtungsklage darf die Möglichkeit der Rechtsverletzung nicht zu streng aufgefaßt werden. Andernfalls

würden Fragen der Begründetheit vorweggenommen. So ist bei der Verpflichtungsklage die Klagebefugnis nur dann zu verneinen, wenn das geltend gemachte Recht offensichtlich und eindeutig nach keiner Betrachtungsweise besteht oder dem Kl. zustehen kann (BVerwGE 44, 1, 3; 81, 329, 330). Hat der Kl. einen subjektiven Anspruch auf den Verwaltungsakt plausibel vorgetragen, dann impliziert die Unterlassung oder Versagung immer die **Möglichkeit der Rechtsverletzung.**

5. Klagebefugnis bei positiver Konkurrentenklage

Bei der **positiven Konkurrentenklage** reicht die Berufung auf 26 Art. 3 GG bzw. einen der besonderen Gleichheitssätze der Verfassung oder deren beamtenrechtlicher Ausformung in der Regel für die Klagebefugnis aus (BVerfGE 30, 191, 194). Auch eine evidente Wettbewerbsverzerrung durch eine Subvention kann die Klagebefugnis begründen. Ist die Begünstigung schon unwiderruflich vergeben, fehlt es nicht an der Klagebefugnis sondern erst am Rechtsschutzbedürfnis (BVerwGE 80, 127).

6. Selbständiger Anspruch auf fehlerfreie Ermessensentscheidung?

Geht es bei der beantragten oder unterlassenen Regelung um 27 eine Ermessensentscheidung der Behörde und liegt eine andere Anspruchsnorm nicht vor, so gewinnt der **„Anspruch auf fehlerfreie Ermessensentscheidung"** Bedeutung. Rechtsprechung und Literatur bejahen vor allem im Polizei- und Sicherheitsrecht unter bestimmten Voraussetzungen die Klagebefugnis, wenn die Behörde bei ihrer Ermessensentscheidung nicht nur öffentliche Interessen, sondern auch Belange des Kl. zu berücksichtigen hat.

Beispiele: Anspruch auf polizeiliches Tätigwerden (BVerwGE 11, 95, 97); Anspruch auf Maßnahmen der Bauaufsicht gegen nachbarbeeinträchtigende Garagenausfahrt (BVerwGE 37, 112, 113); Einschreiten gegen kirchliches Glockengeläut (OVG Lüneburg, NVwZ 1991, 801).

28   Ein derartiger Anspruch darf aber nicht isoliert gesehen werden. So existiert kein *vom materiellen Recht unabhängiges* subjektives Recht auf die Ermessenswahrnehmung in bestimmter Weise, weil sich das Ermessen auf das „Wie" einer Entscheidung bezieht, also lediglich modaler Natur ist. Es kann **als solches** auch kein subjektives Recht und damit auch keine Klagebefugnis verschaffen. Sieht man sich die Fälle der Rechtsprechung an, dann wird vielmehr deutlich, daß es entweder um ohnehin vorhandene gesetzliche Ansprüche oder um die Entscheidung über ein präventives Verbot mit Erlaubnisvorbehalt, um Grundrechte oder um den Gleichheitssatz geht. Insbesondere polizei- und sicherheitsrechtliche Normen haben vielfach neben dem Schutz der Allgemeinheit auch den Schutz von Nachbarn, Verkehrsteilnehmern, Anliegern usw. zum Zweck. **Dieser** und nicht die Eröffnung des Ermessens schafft dann die Klagebefugnis. Einen Anspruch auf Einschreiten der Behörde hat auch in diesen Fällen der Kläger daher nur, wenn die zugrundeliegende Norm zumindest **auch seinem Schutz** dient oder wenn er sich auf ein Grundrecht (unter Einschluß des Gleichheitssatzes) berufen kann. Der subjektive Anspruch auf fehlerfreie Ermessensausübung ist daher insgesamt entbehrlich.

Literatur zu § 15 II: *Wilke,* Der Anspruch auf behördliches Einschreiten im Polizei-, Ordnungs- und Baurecht, FS Scupin (1983), 831 ff.; *Pietzcker,* Der Anspruch auf ermessensfehlerfreie Entscheidung, JuS 1992, 106 ff.; *Dietlein,* Der Anspruch auf polizei- oder ordnungsbehördliches Einschreiten, DVBl. 1991, 685; *Götz,* Allgemeines Polizei- und Ordnungsrecht, 9. Aufl. (1988), Rd.-Nr. 264 ff.

III. Sonstige besondere Zulässigkeitsvoraussetzungen

1. Widerspruchsverfahren

29   Vor Erhebung der Verpflichtungsklage ist nach § 68 II VwGO ein Vorverfahren durchzuführen, wenn der Antrag auf Vornahme des VA abgelehnt worden ist. Das Widerspruchsverfahren ist also – sofern es allgemein statthaft ist – Zulässigkeitsvoraussetzung der **Versagungsgegenklage.** Das gilt auch dann, wenn die Behörde dem Antrag nur teilweise entsprochen oder eine inhaltlich „modifizierte" Genehmigung erteilt hat.

30   Die wichtigste Ausnahme besteht für den Fall der zulässigen **„Untätigkeitsklage"** (§ 75 VwGO). Diese kommt naturgemäß fast ausschließlich bei der Verpflichtungsklage vor, ist aber auch bei der Anfechtungsklage denkbar. Dabei müssen Kläger und Antragsteller nicht identisch sein. So kann der Bauherr z. B. Untätigkeitsklage erheben, wenn die Behörde den Widerspruch des Nachbarn nicht bescheidet (VGH Mannheim, NVwZ 1995, 280). Nach § 75 VwGO ist die Klage abweichend von § 68 zulässig, wenn über einen Widerspruch oder einen Antrag auf Vornahme eines VA ohne zureichenden Grund in angemessener Frist sachlich nicht entschieden worden ist.

Einen Regelmaßstab für die „angemessene Frist" enthält § 75 **31** S. 2 selbst: Die Klage kann nicht vor Ablauf von 3 Monaten seit Einlegung des Widerspruchs oder seit dem Antrag auf den VA erhoben werden, außer wenn wegen besonderer Umstände (z. B. besondere Dringlichkeit bei einem Prüfungsfall, Hilfsbedürftigkeit, Zugang zu termingebundener Veranstaltung) eine kürzere Frist geboten ist.

Nach Ablauf der Dreimonatsfrist – gerechnet ab Antrag bzw. Einlegung des Widerspruchs – ist die Klage ohne Vorverfahren zulässig. Das Gericht muß entscheiden, wenn die Behörde nicht ihrerseits zureichende Gründe für die Verzögerung geltend macht. Ein solcher Grund kann z. B. in der besonderen Schwierigkeit des Falles, in der Notwendigkeit der Beteiligung Dritter oder anderer Behörden, **nicht** aber in allgemeiner Arbeitsüberlastung (OVG Hamburg, NJW 1990, 1379) oder in der fehlenden Vorauszahlung von Gebühren (VGH Mannheim, VBlBW 1988, 263) liegen. Kann die Behörde einen zureichenden Grund für die Verzögerung anführen, dann ist die Untätigkeitsklage deshalb nicht etwa unzulässig. Das Gericht muß vielmehr das Verfahren bis zum Ablauf einer von ihm bestimmten (angemessenen) Frist aussetzen. Wird dem Widerspruch innerhalb der vom Gericht gesetzten Frist stattgegeben oder der VA erlassen, so fehlt für eine Fortsetzung der Klage das Rechtsschutzbedürfnis. Die Hauptsache kann dann von Kläger und Beklagtem für erledigt erklärt werden. Das gilt unabhängig von der Möglichkeit der Klagerücknahme nach § 92 VwGO. Die Kosten trägt dann stets der Beklagte (§ 161 III VwGO), und zwar auch dann, wenn der Kläger nicht in vollem Umfang durchdringt (BVerwG, DÖV 1991, 1025).

Wird **nach der Klageerhebung** der Antrag abgelehnt, so kann **32** der Kläger die Klage unter Einbeziehung der ergangenen Verwaltungsentscheidung ohne Nachholung des Widerspruchsverfahrens fortführen (BVerwGE 66, 342, 344). War vor der Entscheidung der Behörde die Dreimonatsfrist des § 75 S. 2 bereits abgelaufen oder hatte die Behörde nicht innerhalb der gerichtlichen Frist nach § 75 S. 3 entschieden, bedarf es ebenfalls keines erneuten Vorverfahrens. Das gilt erst recht, wenn das Gericht das Verfahren nicht ausgesetzt hat und die Sperrfrist bereits abgelaufen war (BVerwG, NVwZ 1992, 180).

33   Da in diesem Fall die Möglichkeit verwaltungsinterner Kontrolle wegfällt, kann sich das für den Kl. aber auch negativ auswirken. Ihm muß daher in diesem Fall die Möglichkeit offenstehen, die Aussetzung des Verfahrens zu beantragen und das Widerspruchsverfahren „freiwillig" durchzuführen. Die Widerspruchsbehörde muß dann trotz der Rechtshängigkeit unverzüglich entscheiden (BVerwG, NVwZ 1987, 969). In die gleiche Richtung zielt der Vorschlag zur Einführung eines „Untätigkeitswiderspruchs", also eines Widerspruchsverfahrens auf Antrag des Bürgers, wenn die Ausgangsbehörde über den Antrag binnen einer bestimmten Frist nicht entschieden hat. Im Vergleich zur erheblich aufwendigeren Untätigkeitsklage kann dies ein angemessenes Mittel sein, dem Bürger gegen die „säumige" Verwaltungsbehörde zu seinem Recht zu verhelfen.

2. Frist

34   Gerechnet ab der Bekanntgabe des VA bzw. der Zustellung des ablehnenden Widerspruchsbescheids, beträgt die Frist für die Erhebung der **Versagungsgegenklage** einen Monat (§ 74 II VwGO). Für die Rechtsmittelbelehrung, die verlängerte Frist des § 58 II VwGO und die Wiedereinsetzung gilt das gleiche wie bei der Anfechtungsklage.

35   Die **Untätigkeitsklage** kann, soweit nicht besondere Gründe vorliegen, erst nach Ablauf der Dreimonatsfrist des § 75 VwGO erhoben werden. Zuvor ist sie wegen des noch fehlenden Widerspruchsverfahrens, nicht etwa wegen eines Verstoßes gegen die Klagefrist, unzulässig. Eine Klagefrist im eigentlichen Sinne ist seit 1977 (Fortfall des früheren § 76 mit dessen Einjahresfrist) nicht mehr einzuhalten, doch übernimmt die Rechtsprechung faktisch die Jahresfrist als Maßstab der Verwirkung bzw. des Fortfalls des Rechtsschutzbedürfnisses. Hat der Betroffene die an sich mögliche

Untätigkeitsklage nicht erhoben und ergeht schließlich doch noch ein ablehnender oder ein Widerspruchsbescheid, dann gelten selbstverständlich die normalen Fristen der §§ 70/74 bzw. § 58 II VwGO.

3. Rechtsschutzbedürfnis

Wie bei jeder Klage fehlt das Rechtsschutzbedürfnis, wenn der 36 Kl. auf leichterem Weg zum Erfolg kommen könnte und wenn die Klage mißbräuchlich oder das Klagerecht verwirkt ist. Insbesondere setzt die Verpflichtungsklage voraus, daß der Kl. überhaupt einen Antrag auf den begünstigenden VA gestellt hat (*Frank/Langrehr*, VwProzR, 92; *Schmitt Glaeser*, VwProzR, Rd.-Nr. 287).

Kann der Kl. mit seiner Verpflichtungsklage unter keinem 37 denkbaren Gesichtspunkt zum Erfolg kommen, so fehlt – abgesehen von der in der Regel nicht vorliegenden Klagebefugnis – auch das Rechtsschutzbedürfnis. Wichtigster Fall: Die positive Konkurrentenklage ist mangels Rechtsschutzbedürfnis unzulässig, wenn die erstrebte Begünstigung bereits unwiderruflich an Mitbewerber vergeben oder erschöpft ist (BVerwGE 80, 127; BVerfG [Kammer-E], NJW 1990, 501; sehr problematisch aber BVerwG, NJW 1981, 2426 u. BVerwG, NVwZ 1994, 482 – unüberwindbare zivilrechtliche Hindernisse als Grund für fehlendes Rechtsschutzbed.).

Literatur zu § 15 III: *Ehlers,* Die Problematik des Vorverfahrens nach der gerichtlichen Aussetzung der Untätigkeitsklage, DVBl. 1976, 71: *Weides/Bertrams,* Die nachträgliche Verwaltungsentscheidung im Verfahren der Untätigkeitsklage, NVwZ 1988, 673.

Übersicht 6: Sachentscheidungsvoraussetzungen der 38
Verpflichtungsklage

I. Rechtsweg und zuständiges Gericht (Einzelheiten wie Übersicht 5)

II. Zulässigkeit
1. Beteiligtenbezogene Voraussetzungen
2. Statthaftigkeit: begünstigender VA als Klageziel (§ 42 I, 2. Alt. VwGO)
   a) ablehnender VA = „Versagungsgegenklage"
   b) unterlassener VA = „Untätigkeitsklage"

3. Klagebefugnis (§ 42 II, 2. Alt. VwGO)
4. Widerspruchsverfahren (§ 68 II VwGO – entfällt bei zulässiger Untätigkeitsklage im Falle von § 75 VwGO)
5. Frist (bei Versagungsgegenklage: § 74 II VwGO; bei Untätigkeitsklage
   nach § 75: keine Frist – Verwirkung beachten)
6. Allgemeines Rechtsschutzbedürfnis
7. Sonstige Zulässigkeitsvoraussetzungen

§ 16 Die Unterlassungsklage – allgemeine Abwehrklage

I. Allgemeines – Statthaftigkeit

1. Die Unterlassungsklage als negative Leistungsklage

1   Begehrt der Kl. die Unterlassung oder den Abbruch einer ihn
belastenden hoheitlichen Handlung, die nicht VA ist, so kommt
hierfür die **Unterlassungsklage als Unterform der allgemeinen
Leistungsklage** in Betracht. Der verfassungsrechtliche Hintergrund ist Art. 19 IV GG, nach dem eine Abwehrklage gegen jedes
hoheitliche Handeln – unabhängig von der Einordnung als VA –
zur Verfügung stehen muß. Die Unterlassungsklage wird hier
(wie die Anfechtungsklage vor der Verpflichtungsklage) vor der
positiven Leistungsklage behandelt. Ihre Zuordnung zur allgemeinen Leistungsklage ist unbestreitbar richtig, birgt aber auch Probleme:

2   So kommt in der zivilrechtlichen Gleichsetzung von Tun und Unterlassen
(§ 194; § 241 S. 2 BGB) der grundsätzliche Unterschied von Belastung und
Begünstigung durch hoheitliche Entscheidungsträger, wie dieser dem Öffentlichen Recht eigen ist, nicht angemessen zum Ausdruck. Der Kläger der Unterlassungsklage befindet sich in einer Lage, die derjenigen des Anfechtungs-
klägers weit näher steht als derjenigen des auf Begünstigung zielenden Klägers
der allgemeinen Leistungs- oder der Verpflichtungsklage. Auch die Struktur
der Begründetheitsprüfung ähnelt derjenigen der Anfechtungsklage. Schon
sprachlich scheint die Einordnung der Unterlassungsklage als allgemeine „Leistungsklage" schwer zu vermitteln. Sie wird daher hier gesondert behandelt,
wenn auch klargestellt bleibt, daß es sich bei der Unterlassungsklage um eine
Form der in § 43 II und an anderen Stellen der VwGO wenigstens erwähnten
Leistungsklage handelt. Der Begriff „allgemeine Abwehrklage" wird als Ober-
begriff gewählt, weil es nicht nur vorbeugend um Unterlassung eines künfti-

gen oder sich wiederholenden Eingriffs, sondern auch um die Abwehr, den Abbruch oder die Nichtwiederholung einer schon geschehenen oder andauernden Belastung gehen kann **(Beispiele** für die Vielfalt der Unterlassungsklage auch bei *Stern,* Verwaltungsprozessuale Probleme, § 4, Rd.-Nr. 150 ff.).

Wie die allgemeine Leistungsklage auf positives Tun der Ver-   **3** waltung wird auch die Unterlassungsklage als „negative Leistungsklage" in §§ 42 ff. VwGO nicht ausdrücklich geregelt, aber in einer ganzen Reihe von Vorschriften anerkannt bzw. vorausgesetzt (wichtigstes Beispiel: § 43 II VwGO). Sie ist daher grundsätzlich statthaft (BVerwGE 31, 301; 60, 144; *Steiner,* JuS 1984, 853). Die VwGO von 1960 hat sie als allgemeine Leistungsklage schon vorgefunden, und ihre Anerkennung ist heute so selbstverständlich, daß ihre Nichtregelung in der VwGO nicht mehr in jeder Klausur erwähnt werden muß. Dabei ist es kaum noch angebracht, lediglich von einer „Auffangklageart" zu sprechen. Subsidiär ist die Unterlassungsklage nur gegenüber der Anfechtungsklage und dem Normenkontrollantrag – und auch dies nur, soweit VA bzw. Rechtsnorm bereits erlassen sind. Ein allgemeiner Vorrang der Anfechtungs- oder Verpflichtungsklage im Über-/Unterordnungsverhältnis, wenn ein VA auch nur in Betracht kommt *(Kopp,* VwGO, § 42, Rd.-Nr. 29), läßt sich jedenfalls nicht mehr begründen. Das ändert allerdings nichts daran, daß die praktische Bedeutung der Unterlassungs- wie auch der Leistungsklage durch die extensive Interpretation des VA-Begriffs ebenso eingeschränkt wird wie durch die (§ 43 II VwGO durchbrechende) Rechtsprechung des BVerwG, nach der die Feststellungsklage gegen einen öffentlichen Entscheidungsträger auch statthaft sein soll, wenn an sich eine Leistungsklage gegeben wäre (BVerwGE 36, 179, 181; 40, 323, 327; Einzelheiten dazu unten, § 18 I).

2. Die Unterlassungsklage gegen schlichthoheitliches Verwaltungshandeln

Streitgegenstand der Unterlassungsklage ist die Behauptung des   **4** Klägers, er werde durch die bevorstehende bzw. andauernde hoheitliche Handlung in seinem Recht verletzt. In der Sache geht es

um den **Anspruch auf Unterlassung oder Beendigung** einer Störung, die nicht VA ist. Die wichtigsten Fallgruppen betreffen:
- Informationshandlungen, Warnungen,
- Immissionen,
- formlos errichtete oder unterhaltene öffentliche Anlagen
- sonstige tatsächliche Handlungen.

5   Statthaft ist die Unterlassungsklage zum einen gegen sogenannte **„Informationshandlungen"**, also Behauptungen, Warnungen, Werturteile; auch gegen die Erhebung und Weitergabe von Daten, die Veröffentlichung eines Berichts oder einer Liste usw. Da die Behörden vielfach statt zu förmlichen Entscheidungen zu informatorischen (und informellen) Lösungen bestehender Probleme greifen, ist diese Fallgruppe in der Praxis besonders wichtig.

   Beispiele: Ein typisches und aktuelles Beispiel betrifft sogenannte Warnmitteilungen im Lebensmittelrecht (BVerwGE 87, 37 = NJW 1991, 1766 – Glykolwein; OLG Stuttgart, NJW 1990, 2690 – Birkel-Nudeln) und zur Tätigkeit von Jugendsekten (BVerwGE 82, 76 = NJW 1989, 2272; NJW 1991, 1776); auch im übrigen ist das Spektrum weit gespannt: Es reicht von der Klage auf Unterlassung der Speicherung und Weitergabe von Informationen (OVG Bremen NJW 1995, 1769) über die Klage gegen bestimmte Unterrichtsinhalte in der Schule (BVerwGE 57, 360, 370; *Hennecke,* RdJB 1986, 272) bis zur Klage gegen allgemeinpolitische Äußerungen durch Zwangsverbände wie Kammern, Studentenschaften usw. (BVerwGE 64, 298, 300; 71, 183, 188). Übersicht über die Vielfalt des Realakts b. *Peine,* AVwR, Rd.-Nr. 312.

6   Die zweite wichtige Fallgruppe der Unterlassungsklage betrifft die Klage gegen **Immissionen,** die von öffentlichen Einrichtungen ausgehen, bzw. die formlos errichtete Anlage selbst *(Störungsabwehrklage).* Solche Störungen sind – rechtstechnisch gesehen – schlichtes Verwaltungshandeln; die Unterlassungsklage ist also die richtige Klageart.

   Beispiele: Feuerwehrsirene (BVerwGE 68, 62; BVerwG, NJW 1988, 2396); Glockengeläut (BVerwG, NJW 1992, 2779); Lärm vom Hundezwinger der Polizei; Abwehrklage gegen Schullärm (OVG Koblenz, NVwZ 1990, 279); Lärm von öffentlichen Sport-, Kinderspiel- und Grillplätzen (dazu eine vielfältige Rechtsprechung).

7   Zu beachten ist, daß in diesen Fällen der Vorrang der Anfechtungsklage nicht unterlaufen werden darf. So muß sich z. B. die

Anfechtungsklage gegen eine immissionsrechtliche Genehmigung richten und kann nicht erst als Unterlassungsklage gegen die im Rahmen des Genehmigten liegende faktische Beeinträchtigung erhoben werden. Geht es um die Beseitigung der Anlage, dann handelt es sich um eine (positive) Leistungsklage.

In Subsidiarität gegenüber der Anfechtungsklage kommt die **8** Unterlassungsklage auch in Betracht, wenn sich das tatsächliche Handeln der Behörde nicht gegen den Kläger selbst, sondern an einen primär begünstigten „Adressaten" richtet und der Kl. dadurch belastet wird. Solche faktischen Störungen können dann mit der Unterlassungsklage abgewehrt werden.

Beispiel: Geldzahlungen an „Sektenwarnungs-Verein" (BVerwG, NJW 1992, 2497).

3. Weitere Fälle

Als statthafte Klageart wird die Unterlassungsklage auch in sol- **9** chen Fällen angenommen, in denen es um Belastungen im Innenrechtsverhältnis der Verwaltung geht. Hier scheitert die Anfechtungsklage nicht nur an der fehlenden Regelung, sondern auch an der nicht vorhandenen Außenwirkung. Die wichtigsten Problemgruppen sind nach h. L. der Kommunalverfassungsstreit und ähnliche Organklagen (dazu unten, § 21), aber auch Unterlassungsklagen im Beamtenrecht, soweit kein VA vorliegt. In den genannten Fällen wird in der Praxis (systemwidrig) auch die vorbeugende Feststellungsklage angewandt (dazu unten, § 18 III).

Beispiele: Abwehrklage gegen (drohende) Umsetzung eines Beamten; Unterlassungsklage gegen Vergabe eines Dienstpostens an einen Mitbewerber; Klage gegen Eintragung in eine Personalakte, gegen Beurteilung oder Teile daraus; Klage gegen fürsorgewidrige Zuweisung unterwertiger Tätigkeit oder mißbilligende Äußerung durch Vorgesetzten (VGH Kassel, NJW 1989, 1753).

4. Die vorbeugende Unterlassungsklage gegen VA und Rechtsnorm

In den meisten Fällen ist die Unterlassungsklage „vorbeugend"; **10** d. h. sie ist auf die Abwehr einer erst noch bevorstehenden hoheitlichen Maßnahme gerichtet – unabhängig von deren Rechtsform. Allgemeine Voraussetzung ist nur, daß sich die drohende Handlung der Behörde jedenfalls so konkret abzeichnen muß, daß sie Gegenstand eines Unterlassungsurteils sein kann. Ein Problem der **Statthaftigkeit** stellen diejenigen Fälle dar, in denen es um den Rechtsschutz gegen solche bevorstehenden Maßnahmen geht, gegen die **nach ihrem Erlaß** eine besondere Klageart gegeben wäre. Das ist insbesondere bei der vorbeugenden Klage gegen den **drohenden VA** und den **drohenden Normerlaß** der Fall.

a) Vorbeugende Unterlassungsklage gegen VA

11   Die Anfechtungsklage selbst ist erst statthaft, wenn der VA erlassen, also bekanntgegeben worden ist. Da die rechtliche Wirksamkeit erst mit der Bekanntgabe eintritt (§ 43/41 VwVfG), reicht im Regelfall der auf Aufhebung gerichtete nachträgliche Rechtsschutz aus. Auch gegen faktische Auswirkungen des VA hilft nicht die Unterlassungsklage sondern die Anfechtungsklage – verbunden mit der aufschiebenden Wirkung des § 80 VwGO.

12   Die vorbeugende Unterlassungsklage gegen einen VA kann daher nur in **besonderen Ausnahmefällen** in Betracht kommen; insbesondere wenn die faktische Vorwirkung des VA selbst schon so erheblich ist, daß ein Abwarten der eigentlichen Entscheidung für den Kl. unzumutbar ist. Rechtsschutz kann hier nur die vorbeugende Unterlassungsklage bieten, denn eine „vorbeugende Anfechtungsklage" kommt nicht in Betracht, weil es noch keinen Gegenstand einer Anfechtung und möglichen Aufhebung gibt.

Die vorbeugende Unterlassungsklage gegen einen VA wird heute ebenso wie diejenige gegen eine noch zu erlassende Norm grundsätzlich für statthaft gehalten. In diesen Fällen geht es z. B. um strafbewehrte, wegen Zeitablaufs kurzfristig erledigte oder mit besonders negativen Folgen behaftete Verwaltungsakte, bei denen eine nachträgliche Anfechtungsklage nicht ausreichen würde, um schwerwiegende Folgen für den Kläger auszuschließen.

Beispiele: Eine angekündigte Gewerbeuntersagung oder ein Beschäftigungsverbot bedroht im Falle seines Ergehens die berufliche Existenz (VGH München, NJW 1986, 3221); mit einer Genehmigung droht die Rodung eines für Erholungszwecke wichtigen Waldes (OVG Berlin, DVBl. 1977, 901); allg. zum vorbeugenden RSchutz *Pitschas,* in *Stober,* Rechtsschutz, § 8.).

Grundsätzliche Bedenken gegen die Statthaftigkeit der vorbeugenden Un-   **13** terlassungsklage gegen einen VA (*Schenke,* VwProzR, Rd.-Nr. 355) schlagen nicht durch. Insbesondere folgt aus dem Gewaltenteilungsgrundsatz nicht, daß der Rechtsschutz gegen konkrete Verwaltungsmaßnahmen stets nachträglich zu sein habe. Auch die Umgehung des Vorverfahrens ist keine Frage der grundsätzlichen Statthaftigkeit. Zuzugeben ist den Kritikern aber, daß der **vorbeugende** Rechtsschutz in dem Maße entbehrlich wird, wie der **vorläufige** Rechtsschutz zuverlässig vollendete Tatsachen zu Lasten des Kl. verhindert (*Peine,* JURA 1983, 285, 289; *Schmitt Glaeser,* VwProzR, Rd.-Nr. 313).

b) Vorbeugende Unterlassungsklage gegen drohende Rechtsnorm

Bei der vorbeugenden Unterlassungsklage gegen eine drohende   **14** Rechtsnorm der Verwaltung (Satzung einschließlich Bebauungsplan, RVO usw.) gilt grundsätzlich nichts anderes. Auch hier bestehen keine durchschlagenden Bedenken gegen die Statthaftigkeit einer vorbeugenden Unterlassungsklage (BVerwGE 40, 323, 326 – Krabbenkamp; *Karpen,* NJW 1986, 885). Insbesondere handelt es sich nicht um einen Eingriff in die Rechte der Legislative oder das „freie Mandat" (so aber *Schenke,* VwProzR, Rd.-Nr. 505, 1089) sondern es geht um abstrakt-generelles **Verwaltungs**handeln. Allerdings stellt der vorbeugende Rechtsschutz gegen eine Rechtsnorm besondere Anforderungen an das Rechtsschutzbedürfnis (dazu unten Rd.-Nr. 21 ff.).

II. Klagebefugnis

Nach (nicht unbestrittener) Meinung ist auch die Unterlas-   **15** sungsklage nur zulässig, wenn der Kl. plausibel geltend machen kann, die angegriffene Handlung verletze ihn möglicherweise in seinen Rechten. § 42 II VwGO ist also auf die Unterlassungsklage analog anzuwenden. Für die Notwendigkeit des Ausschlusses der Popularklage und die Voraussetzungen der Verletztenklage macht es keinen Unterschied, ob der Kl. durch einen VA oder durch eine tatsächliche Handlung belastet ist. Bloße Unannehmlichkeiten, Positionen der Allgemeinheit oder Rechte Dritter kann der Kl. z. B. gegen Warnmitteilungen oder öffentliche Immissionen ebensowenig ins Feld führen wie gegen einen VA. Desgleichen ist die Unterlassungklage unzulässig, wenn die abzuwehrende Handlung nicht zu einer Rechtsverletzung führen kann (Vgl. OVG Koblenz, DVBl. 1995, 629 – Kritik des Vorgesetzten an Amtsführung).

16   Wie bei der Anfechtungsklage kann sich ein Recht in diesem Sinne aus einer **gesetzlichen Schutznorm** (einschließlich deren richterrechtlichen Fortentwicklung) und aus **Grundrechtspositionen** ergeben. Die Adressatentheorie ist mangels unmittelbarer Regelung nicht anwendbar.

17   Besonders wichtig im Falle von Informationshandlungen sind in diesem Zusammenhang das **allgemeine Persönlichkeitsrecht** (dazu BGH, NJW 1983, 1183), das **Recht auf informationelle Selbstbestimmung** und das **Recht am eingerichteten und ausgeübten Gewerbebetrieb**. Bei Immissionen und dgl. kommt neben den klägerschützenden Gesetzen vor allem **Art. 2 II GG** in Betracht.

18   Gemeinden und andere Körperschaften des Öffentlichen Rechts dürften kaum durch tatsächliches Verwaltungshandeln, möglicherweise aber (bei der vorbeugenden Unterlassungsklage) durch drohende Verwaltungsakte oder Planungen (z. B. der Nachbargemeinde) in ihrer **Selbstverwaltung** verletzt sein. Auch auf die Verletzung von Persönlichkeitsrechten durch Werturteile oder auf andere Grundrechte kann sich die Gemeinde nach h. L. nicht berufen (anders zur Abwehr von Ehrkränkungen für Juristische Personen des Öffentlichen Rechts aus § 1004/823 II BGB, § 185 StGB: VGH Kassel, DÖV 1989, 911). Denkbar ist die Unterlassungsklage wegen Gefährdung öffentlicher Einrichtungen und Aufgaben. So ist die Gemeinde z. B. klagebefugt, wenn Lärm oder andere Immissionen aus hoheitlicher Quelle den Betrieb eines städtischen Altenheimes gefährden.

III. Sonstige besondere Zulässigkeitsvoraussetzungen

1. Widerspruchsverfahren

Außer in gesetzlich besonders angeordneten Fällen (insbesonde- **19** re § 126 III BRRG) kommt vor der Unterlassungsklage ein Widerspruchsverfahren nicht in Betracht.

2. Frist

Für die Unterlassungsklage gilt keine explizite Klagefrist. Insbe- **20** sondere sind § 74 und § 58 VwGO nicht anwendbar, doch kann das Klagerecht verwirkt sein, wenn der Kl. eine tatsächliche Beeinträchtigung ohne Gegenwehr über einen längeren Zeitraum hinnimmt.

3. Rechtsschutzbedürfnis

Bei der allgemeinen Unterlassungsklage stellt das **Rechts-** **21** **schutzbedürfnis** in der Regel kein besonderes Problem dar. Voraussetzung ist wie stets, daß es gegen die hoheitliche Beeinträchtigung kein leichter zum gewünschten Ergebnis führendes Mittel als die Klage gibt. Letzteres ist z. B. der Fall, wenn der Kl. die Beendigung einer bestehenden Belastung von der verantwortlichen Behörde noch nicht selbst gefordert hat. Umgekehrt liegt das Rechtsschutzbedürfnis i. d. R. vor, wenn der Kl. das Unterlassen einer zu erwartenden Wiederholung erreichen will (zur Wiederholungsgefahr vgl. etwa BVerwGE 64, 298, 299). Die Möglichkeit informeller Rechtsbehelfe schließt das Rechtsschutzbedürfnis ebensowenig aus wie bei anderen Klagearten. Kann sich der Kl. durch Widerspruch oder Anfechtungsklage wehren, liegt also ein VA vor, dann ist die Unterlassungsklage bereits unstatthaft. Wurde eine Anfechtungsklage versäumt, so fehlt gleichfalls das Rechtsschutzbedürfnis für eine Klage auf Unterlassung der vom genehmigten Vorhaben ausgehenden Beeinträchtigungen – jedenfalls soweit sich diese im genehmigten Umfang halten.

Richtet sich der Kl. gegen eine falsche Tatsachenbehauptung, **22** Warnmitteilung usw., so kann er **sowohl** für eine Klage auf Widerruf (Leistungsklage) als auch für die Klage auf Unterlassen der Behauptung ein Rechtsschutzinteresse geltend machen. Insbesondere schafft der Widerruf einer solchen Behauptung keine Gewißheit darüber, daß die Behörde (z. B. durch einen anderen Bediensteten) für alle Zukunft die Wiederholung vermeiden wird (umstr.).

23   Schließlich ist zu beachten, daß die Unterlassungsklage im Einzelfall auch die Klage eines Hoheitsträgers gegen einen Privaten sein kann. Kann in einem solchen Fall die Behörde durch VA eine einseitig verbindliche Regelung treffen, dann fehlt ihr für die Unterlassungsklage das Rechtsschutzbedürfnis.

> **Beispiel:** Unterlassungsklage einer Schulbehörde gegen eine Gewerkschaft wegen Aufrufs zum Lehrerstreik – OVG Hamburg, DÖV 1989, 127; nicht dagegen bei Klage auf Unterlassen eines gegen einen ÖR-Vertrag verstoßenden privaten Handelns, wenn der Vertrag nicht ausdrücklich die Durchsetzung durch einseitige Regelung vorsieht.

24   Auf Seiten des Bürgers fehlt das allgemeine Rechtsschutzbedürfnis an der Unterlassungsklage ferner, wenn er sich in Widerspruch zu seinem eigenen vorangegangenen Tun setzt.

> **Beispiel:** Der Kl. verkauft ein Grundstück für einen öffentlichen Spielplatz und klagt dann gegen dessen widmungsgemäße Nutzung.

4. Qualifiziertes Rechtsschutzbedürfnis beim vorbeugenden Rechtsschutz

25   Richtet sich die Unterlassungsklage auf ein künftiges Tun der Verwaltung, dann gilt ganz allgemein, daß der Kl. das besondere Bedürfnis auf **vorbeugenden** Rechtsschutz darlegen muß. Die Voraussetzungen sind streng, weil die VwGO allgemein auf nachträglichen Rechtsschutz ausgerichtet ist. Das gilt zumal dann, wenn der vorbeugende Rechtsschutz sich gegen einen „drohenden" VA oder eine künftige Rechtsnorm richtet. Hier tritt die belastende Wirkung in der Regel erst mit dem Erlaß ein. Überdies stellt die VwGO für den Adressaten und auch für Dritte mit dem *vorläufigen Rechtsschutz* ein hochdifferenziertes Instrumentarium der Risikoabgrenzung und des Schutzes vor vollendeten Tatsa-

chen zur Verfügung, dessen Stellenwert und Vorrang durch § 80 I 2, § 80 a, aber auch durch § 47 VIII (vorläufiger Rechtsschutz im Normenkontrollverfahren) zusätzlich bestätigt und ausgebaut wurde. Dagegen bedeutet der vorbeugende Rechtsschutz in diesem Fall einen Eingriff in einen noch nicht abgeschlossenen Entscheidungsvorgang der Verwaltung und ggf. eine Umgehung des Widerspruchsverfahrens. Er kommt daher grundsätzlich **nur in** besonders gelagerten **schwerwiegenden Fällen** in Betracht.

Das ist nach der Rechtsprechung (vgl. BVerwGE 26, 23, 24; **26** 40, 323, 326; 54, 211, 215 – jeweils zur vorbeugenden Feststellungsklage) insbesondere der Fall, wenn

– schon im Vorfeld eines VA oder einer Rechtsnorm gravierende Eingriffe im Hinblick auf ein besonders schutzwürdiges Interesse des Kl. drohen oder durch die Behörde angedroht wurden **und**
– dem Betroffenen – auch unter Berücksichtigung der für die bevorstehende Entscheidung sprechenden Belange – das Abwarten der Regelung nicht zumutbar ist **und**
– wenn feststeht, daß dem Kl. durch nachträglichen Rechtsschutz (einschließlich des vorläufigen Rechtsschutzes nach §§ 80, 47 VIII oder 123 VwGO) nicht geholfen werden kann.

Nimmt man hinzu, daß die meisten Judikate aus der Zeit vor der geschil- **27** derten Erweiterung des vorläufigen Rechtsschutzes stammen, dann wird rasch deutlich, daß das qualifizierte Rechtsschutzinteresse nur in Einzelfällen in Betracht kommen kann. So dürfte sehr fraglich sein, ob dies im fast schon legendären „Krabbenkamp-Fall" (BVerwGE 40, 323, 326) heute noch bejaht werden könnte. Auch vorbeugender Rechtsschutz einer Gemeinde gegen die Planung einer Nachbargemeinde kommt nach Inkrafttreten von § 47 VIII kaum noch in Betracht (*Kriener,* BayVBl. 1984, 97 f.). Ähnliches gilt für die Klage auf Unterlassung einer Baugenehmigung, einer Ortsplanung oder eines bußgeldbewehrten VA (instruktiv auch das Beispiel der Einweisung von Obdachlosen – VGH München, BayVBl. 1992, 439 – vorläufiger Rechtsschutz reicht aus). Unwiderruflich vollendete Tatsachen werden dagegen aber wohl in Fällen der Betriebsstillegung, der Gaststättenschließung (VGH München, NJW 1986, 3221) oder auch der Rodung eines Waldes (OVG Berlin, DVBl. 1977, 901) und ähnlicher nicht wieder zu korrigierender Entscheidungen geschaffen.

5. Passive Prozeßführungsbefugnis – „richtiger Beklagter"

28   Auch die Klage auf Unterlassen von Informationen, diskriminierenden öffentlichen Äußerungen usw. richtet sich **nie** gegen den betreffenden Bediensteten, sondern gegen denjenigen Rechtsträger, für den er tätig geworden ist.

Beispiel: BVerwG, DVBl. 1987, 738 – Anspruch gegen ehrenrührige dienstliche Beanstandung nicht gegen Vorgesetzten persönlich, sondern nur gegen den Dienstherrn.

Literatur zu § 16: *Frotscher,* Rechtsschutz gegen „Nicht-Verwaltungsakte", JURA 1980, 1; *Peine,* Vorbeugender Rechtsschutz im Verwaltungsprozeß, JURA 1983, 285; *Steiner,* Die allgemeine Leistungsklage im Verwaltungsprozeß, JuS 1984, 853; *Kriener,* Die planungsrechtliche Gemeindenachbarklage, BayVBl. 1984, 97; *Hennecke,* Klagen gegen bzw. auf bestimmte Unterrichtsinhalte?, RdJB 1986, 272; *Robbers,* Schlichtes Verwaltungshandeln. Ansätze einer dogmatischen Strukturierung, DÖV 1987, 272; *Dreier,* Vorbeugender Verwaltungsrechtsschutz, JA 1987, 415; *ders.,* Präventive Klagen gegen hoheitliche Handlungen im Gewerberecht, NVwZ 1988, 1073; *Sachs,* Unterlassungsansprüche gegen hoheitliche Immissionen aus § 22 BImSchG, NVwZ 1988, 127; *Lapp,* Vorbeugender Rechtsschutz gegen Normen (1994); *Geislinger,* Unterlassungsansprüche Drittbetroffener gegen rechtswidrig formlos errichtete Anlagen der öffentlichen Hand, BayVBl. 1994, 72.

29   ## Übersicht 7: Sachentscheidungsvoraussetzungen der Unterlassungsklage

I. Rechtsweg und zuständiges Gericht (wie Übersicht 5)

II. Zulässigkeit
1. Beteiligtenbezogene Zulässigkeitsvoraussetzungen
2. Statthaftigkeit
   a) Störungsabwehrklage gegen schlichthoheitliches Verwaltungshandeln (Realakt)
   b) vorbeugende Unterlassungsklage (unter besonderen Voraussetzungen) gegen drohenden VA oder drohende Rechtsnorm
3. Klagebefugnis (§ 42 II analog)
4. Kein Widerspruchsverfahren (außer § 126 III BRRG)
5. Keine Frist (ggf. Verwirkung)
6. Rechtsschutzbedürfnis: bei vorbeugender U-Klage besonderes Rechtsschutzbedürfnis erforderlich
7. Sonstige Zulässigkeitsvoraussetzungen

§ 17 Die allgemeine Leistungsklage

I. Die positive Leistungsklage im System der Klagearten – Statthaftigkeit

1. Allgemeines

Leistungsklagen im weiteren Sinne sind alle Klagen, mit denen 1 nicht die Gestaltung oder eine Feststellung, sondern ein Tun oder Unterlassen begehrt wird. Aus diesem weiten Kreis verwaltungsprozessualer Leistungsklagen wurden bereits die „Leistungsklage auf VA" = Verpflichtungsklage und die Unterlassungsklage behandelt. Auch die „positive" allgemeine Leistungsklage wird in der VwGO nicht ausdrücklich geregelt, sondern nur vorausgesetzt (BVerwGE 31, 301; zur Geschichte auch *Ule*, FS Menger, 95).

Mit der allgemeinen Leistungsklage kann grundsätzlich **jede** 2 Handlung begehrt werden, die nicht VA ist. In der Mehrzahl der Fälle dürfte es sich hierbei um tatsächliches Verwaltungshandeln mit Wirkung gegenüber dem Bürger handeln, doch kommen auch vielfältige andere Handlungsformen bis hin zur Leistungsklage auf Normerlaß in Betracht. Auch muß der Klagegegner nicht immer auf der Seite der Behörden stehen. Leistungsklagen sind vielmehr auch zwischen mehreren Trägern hoheitlicher Gewalt und zwischen Behörde und Bürger möglich. Selbst im „Innenrechtsstreit" wird – unter nicht immer hinreichender Klärung der dogmatischen Grundlagen – mit der allgemeinen Leistungsklage gearbeitet. Sie ist also immer mehr zur „prozessualen Allzweckwaffe" geworden (*Steiner*, JuS 1984, 853) – jedenfalls zu weit mehr als zu einer bloßen „Auffangklage".

2. Statthaftigkeit

Klageziel der allgemeinen Leistungsklage kann jede Leistung 3 sein, die nicht VA ist. Im Regelfall (Klage des Bürgers gegen den Staat) kommt der weite Bereich des schlichthoheitlichen Verwaltungshandelns in Betracht; gestritten wird hier also um den **Anspruch des Klägers auf einen Realakt** (tatsächliches Verwaltungshandeln).

4   Die wichtigsten **Fallgruppen** wurden bereits erwähnt.

a) Zum einen handelt es sich um **Informationshandlungen** oder „Wissenserklärungen", soweit diese keinen VA voraussetzen, also

- Auskunft, Beratung (z. B. OVG Lüneburg, NJW 1994, 2634 – Kindesmutter nach Inkognito – Adoption),
- Abgabe öffentlicher Willenserklärungen,
- Widerruf einer Tatsachenbehauptung (nicht jedoch „Widerruf" von Wertungen – hier nur Unterlassungsklage – VGH München, BayVBl. 1987, 401),
- Bekanntgabe eines Informanten (BVerwGE 31, 301 geht hier von V-Klage aus; richtig dagegen VG Gießen, NVwZ 1992, 401).
- Erfüllung des presserechtlichen Informationsanspruchs nach PresseG (OVG Münster, NJW 1995, 2741).

5   b) Auch schlichte **Leistungen der Daseinsvorsorge** können Gegenstand der Leistungsklage sein, z. B.

- Schulunterricht,
- Betreuung eines Behinderten,
- Reparatur einer Straße.

6   c) Das gleiche gilt für **Geldzahlungen.** Hier ist aber der Vorrang der Verpflichtungsklage zu beachten, wenn der Zahlung ein Leistungsbescheid vorausgeht. Für die allgemeine Leistungsklage bleiben also Streitigkeiten

- über die Auszahlung oder Erstattung eines bereits bewilligten oder gesicherten Betrags (BVerwGE 75, 72; OVG Münster, DÖV 1967, 722),
- Schadensersatz- und Entschädigungsansprüche, soweit sie nicht vor der ordentlichen Gerichtsbarkeit zu verfolgen sind.

7   Ob der tatsächlichen Verwaltungshandlung ein VA zugrundeliegt – mithin die Verpflichtungsklage vorrangig zur Anwendung kommt – ist nur anhand des Einzelfalles zu entscheiden. Zu einer übertriebenen Ausdehnung des VA-Begriffs besteht kein Anlaß. Maßgebliche Kriterien **für** das Vorliegen eines VA sind Anordnung durch Gesetz, bereichsspezifische Üblichkeit der Regelung durch VA oder gesonderte Sachprüfung und Entscheidung vor der eigentlichen Leistung (*Steiner,* JuS 1984, 857).

d) In Einzelfällen „hilft" die Rechtsprechung sich auch mit der **8** allgemeinen Leistungsklage, wenn es in der Sache um einen Akt der **Normsetzung** geht (dazu unten, § 19) und wenn es für die Statthaftigkeit der Verpflichtungsklage an der Außenwirkung fehlt (also im Innenrechtsstreit, aber auch in bestimmten beamtenrechtlichen Streitigkeiten usw.).

Beispiele: Kommunalverfassungsstreit (unten, § 21), Widerruf einer ehrenrührigen Behauptung durch Vorgesetzten, Entfernung eines Vorgangs aus der Personalakte (*Sellmann, VerwArch* 1982, 122), Rückgängigmachung einer Umsetzung (BVerwGE 75, 138, 140) oder einer innerorganisatorischen Maßnahme (BVerwG, NVwZ 1992, 572), Korrektur einer Beurteilung oder einer Note.

Die Beispiele zeigen, daß die *Außenwirkung* nicht in jedem Fall **9** Voraussetzung der Statthaftigkeit einer allgemeinen Leistungsklage ist (obwohl dies systematisch richtig wäre). Allgemeine Leistungsklagen kommen vielmehr auch bei „Innenrechtsstreitigkeiten" in Betracht.

e) Auch die **Klage auf Folgenbeseitigung** ist vom Typus her **10** allgemeine Leistungsklage. Deren wichtigster Unterfall – Folgenbeseitigung nach Aufhebung eines angefochtenen VA – ist in § 113 I 2 VwGO kodifiziert worden. Ist die Sache noch nicht spruchreif, so kann auch in diesem Fall der Betroffene die Folgenbeseitigung mit der Leistungsklage getrennt verfolgen. Das gleiche gilt für den „allgemeinen Folgenbeseitigungsanspruch", der immer dann in Betracht kommt, wenn es um die Rückgängigmachung der noch andauernden Folgen einer rechtswidrigen Verwaltungshandlung geht.

Beispiele: Beseitigung einer Baugrube nach rechtswidriger Einbeziehung **11** eines Grundstücks in eine Bauplanung (BVerwG, DÖV 1971, 857); zeitweise Sperrung eines Spielplatzes durch besondere Vorkehrungen (VGH München, NVwZ 1989, 269); Vernichtung erkennungsdienstlicher Unterlagen oder anderer in das Persönlichkeitsrecht eingreifender Informationen und Daten (VGH Mannheim, DÖV 1973, 464; OVG Münster, OVGE 27, 314, 317).

Nur wenn in diesem Fall die Folgenbeseitigung ihrerseits durch VA erfolgen muß (z. B. durch eine Lärmschutzauflage), kommt wieder der Vorrang der Verpflichtungsklage zum Tragen.

12   f) Als echte Auffangklageart kommt die Leistungsklage für eine Vielzahl von **weiteren Handlungen** in Betracht:

- für Verfahrenshandlungen (§ 44a VwGO betrifft erst das Rechtsschutzbedürfnis),
- für eine Klage auf die öffentliche Zustimmung zum Löschen einer Baulast,
- für Klagen gegen Bürger aus öffentlich-rechtlichem Vertrag oder aus anderen Rechtsverhältnissen („Bürgerverurteilungsklage"), dazu unten III und BVerwGE 50, 171; VGH München, BayVBl. 1986, 726,
- für die Klage auf Abgabe einer Zusage oder auf Abschluß oder Änderung eines öffentlich-rechtlichen Vertrags (zum Anpassungsverlangen BVerwG, DVBl. 1995, 1088),
- für die Klage auf Korrektur der Schreibweise eines Namens im Telefonbuch (unabhängig von der Klagebefugnis – BVerwG, NJW 1989, 470 – dort Feststellungsklage),
- Klage auf Abhängen eines Kruzifixes in der Schule (VGH München, NVwZ 1991, 1099; BVerfG, NJW 1995, 2477).

II. Klagebefugnis

13   Auch die Leistungsklage ist nur zulässig, wenn der Kl. *klagebefugt* ist. Das ist der Fall, wenn er geltend machen kann, durch die Verweigerung oder Unterlassung der Handlung möglicherweise in einem seiner Rechte verletzt zu sein. Die Struktur der Prüfung ist insofern die gleiche wie bei der Verpflichtungsklage. § 42 II VwGO ist auf die Leistungsklage analog anzuwenden (BVerwGE 36, 192, 199; 44, 1, 3; 60, 144, 150; *Schenke*, VwProzR, Rd.-Nr. 492; *Steiner*, JuS 1984, 853, 856).

14   Zu beachten ist aber, daß – wie bei der Verpflichtungsklage – keine zu strengen Anforderungen an das Vorliegen eines subjektiven Rechts zu stellen sind. Die Klagebefugnis ist vielmehr nur zu verneinen, wenn der Anspruch auf die Leistung offensichtlich und eindeutig nach keiner Betrachtungsweise bestehen oder dem Kl. zustehen kann (BVerwGE 36, 192, 199; 44, 1, 3). Diese notwendige Individualisierung des Rechts kann durch Schutznorm (Anspruchsgrundlage) oder Grundrecht geschehen. Ein abstrakter Anspruch auf fehlerfreie Ermessensentscheidung reicht nicht aus – es muß vielmehr ein subjektives Recht hinter einem solchen Ermessensanspruch stehen (oben, § 14 II).

III. Sonstige besondere Zulässigkeitsvoraussetzungen

1. Ein **Widerspruchsverfahren** kommt – abgesehen vom Son- **15** derfall der beamtenrechtlichen Leistungsklage (§ 126 III BRRG) – nicht in Betracht.

2. Eine **Klagefrist** ist nicht einzuhalten. **16**

3. Das **Rechtsschutzbedürfnis** folgt im allgemeinen schon dar- **17** aus, daß der Kl. geltend macht, Inhaber der behaupteten Rechtsposition zu sein (BVerwG, DVBl. 1989, 718). Es besteht aber erst dann, wenn der Kl. die entsprechende Leistung bei der Behörde selbst beantragt hat (BVerwG, DVBl. 1978, 608). Es besteht nicht mehr, wenn der Kl. über den Anspruch schon einen vollstreckbaren Titel besitzt.

Desgleichen fehlt das Rechtsschutzbedürfnis, wenn Folgeleistungen aus einem VA begehrt werden, der dem Kl. gegenüber bestandskräftig abgelehnt wurde. Auch die allgemeine Leistungsklage auf tatsächliche Handlungen darf insoweit die Fristen der Verpflichtungsklage nicht unterlaufen (A. A. *Schenke*, VwProzR, Rd.-Nr. 562 a: Frage der Begründetheit).

Für die **Klage einer Behörde auf Leistungen des Bürgers** fehlt das **18** Rechtsschutzbedürfnis, wenn die Behörde den Anspruch selbst durch einseitige Regelung, insbesondere durch Leistungsbescheid, durchsetzen könnte (BVerwGE 21, 270; 25, 280). Daran ist trotz Gegenauffassung in der Literatur (vgl. etwa *Ule*, VwProzR, 210) festzuhalten. Auch das Argument, die Klage sei zumindest dann zulässig, wenn ohnehin zu erwarten sei, daß es zu einer gerichtlichen Klärung des Leistungsanspruchs kommen werde (vgl. z. B. BVerwGE 24, 225, 227; 58, 316, 318), ist abzulehnen, denn es unterläuft sowohl das dem Leistungsbescheid nachfolgende Widerspruchsverfahren als auch den Vorrang der Anfechtungsklage (so zu Recht angedeutet bei BSG, DÖV 1987, 209). Die Behörde hat auch in diesen Fällen also kein Wahlrecht zwischen Leistungsklage und belastendem VA. Anders verhält es sich zwangsläufig, wenn die Möglichkeit einseitiger Regelung nicht besteht, – sei es, daß die dafür notwendige Rechtsgrundlage fehlt (BVerwGE 50, 171), sei es, daß in einem öffentlich-rechtlichen Vertrag die Möglichkeit einseitigen Vertragsvollzugs ausgeschlossen ist (BVerwGE 50, 173). Auch dann ist die Leistungsklage aber erst zulässig, wenn die Behörde zuvor eine einfache Leistungsaufforderung an den Bekl. gerichtet hat (BVerwGE 29, 310, 312; *Maurer*, AVwR, § 10, Rd.-Nr. 7).

19 Auch die Leistungsklage kann durch Zeitablauf **verwirkt** (BVerwGE 44, 294, 298) oder rechtsmißbräuchlich sein. Das gilt insbesondere, wenn die erstrebte Leistung keinerlei individuelle rechtliche Bedeutung hat (so hinsichtlich einer Klage auf Notenverbesserung ohne Konsequenzen für die weitere Schullaufbahn VGH Mannheim, DÖV 1982, 164; BVerwG, BayVBl. 1983, 477), oder der Kl. sich mit seiner Klage in Widerspruch zu eigenem vorangegangenem Tun setzt.

Literatur zu § 17: *Holland,* Die Leistungsklage im Verwaltungsprozeß, DÖV 1965, 410; *Friehe,* Die Klage auf Abschluß eines subordinationsrechtlichen Verwaltungsvertrags, JZ 1980, 516; *Sellmann,* Zum Recht des Beamten auf Entfernung einzelner Vorgänge aus den Personalakten, VerwArch 1982, 122; *Steiner,* Die allgemeine Leistungsklage im Verwaltungsprozeß, JuS 1984, 853; *Berg,* Zum Widerruf ehrkränkender Behauptungen im Öffentlichen Recht, NJW 1982, 2333; *Jakobs,* Verpflichtungsklage bei auf Geldleistung gerichteten Klagebegehren?, NVwZ 1984, 28; *Schenke,* VwProzR, Rd.-Nr. 343 ff. *Stern,* Verwaltungsprozessuale Probleme, § 4, Rd.-Nr. 6; *Ule,* VwProzR, 174.

20 **Übersicht 8: Sachentscheidungsvoraussetzungen der allgemeinen Leistungsklage**

I. Rechtsweg und zuständiges Gericht

II. Zulässigkeit
1. Beteiligtenbezogene Zulässigkeitsvoraussetzungen (§§ 61/62 VwGO)
2. Statthaftigkeit: tatsächliches Verwaltungshandeln oder sonstige Leistungen als Klageziel
3. Klagebefugnis (§ 42 II VwGO analog)
4. Kein Widerspruchsverfahren (außer § 126 III BRRG)
5. Keine Frist – ggf. Verwirkung
6. Rechtsschutzbedürfnis
7. Sonstige Zulässigkeitsvoraussetzungen

§ 18 Feststellungsklagen

I. Feststellungsklagen im System der Klagearten

1 Von allen Klagearten gilt die Feststellungsklage nicht zu Unrecht als die schwierigste. Das liegt schon daran, daß sie (in Subsidiarität zu anderen Klagearten) zur Klärung höchst unterschiedlicher Problemkonstellationen und Rechtsverhältnisse dient, weshalb der Begriff „Feststellungsklage" auch hier im Plural gebraucht wird.

So sind zu unterscheiden: **2**

– Die **allgemeine Feststellungsklage** zur Feststellung des Bestehens oder Nichtbestehens eines Rechtsverhältnisses (§ 43 I 1. Alt.),
– die **vorbeugende Feststellungsklage** – bezogen auf ein künftiges Handeln,
– die **Klage auf Feststellung der Nichtigkeit** eines VA (§ 43 I 2. Alt.),
– die **Fortsetzungsfeststellungsklage** auf Feststellung der Rechtswidrigkeit von erledigtem Verwaltungshandeln (§ 113 I 4),
– die **Zwischenfeststellungsklage** zur Feststellung eines prozessualen Rechtsverhältnisses (§ 173 VwGO i. V. m. § 256 II ZPO).

Nur im ersten und im letzten Fall geht es vom Streitgegenstand **3** her um „echte" Feststellungsklagen im Sinne der bloßen Feststellung eines Rechtsverhältnisses. Bei der „vorbeugenden" Feststellungsklage handelt es sich im Grunde um ein zukünftiges Rechtsverhältnis und damit um eine Unterlassungsklage, die wegen der Subsidiarität der Feststellungsklage nicht unbedenklich ist. Bei der Nichtigkeitsfeststellungsklage und der Fortsetzungsfeststellungsklage steht (wie bei der Anfechtungsklage) ein VA im Mittelpunkt und es kommt nur zur Feststellungsklage, weil das Objekt gerichtlicher Gestaltung nicht oder nicht mehr wirksam, die Anfechtungsklage also unstatthaft ist.

Die zweite Schwierigkeit besteht in der Offenheit und Vielge- **4** staltigkeit des **Begriffs des Rechtsverhältnisses,** der im Mittelpunkt steht. Aus der Fülle abstrakter und konkreter, individueller und überindividueller, aktueller, vergangener und künftiger Rechtsbeziehungen müssen Kläger und Gericht diejenigen herausfiltern, die im Feststellungsurteil Gegenstand eines verbindlichen Ausspruchs über die bestehende Rechtslage sein können, ohne sich aber zum Streit um einen konkreten VA verdichtet zu haben.

Daß die Feststellungsklage in der Praxis gleichwohl zunehmende Bedeutung **5** erlangt, hat im wesentlichen zwei Gründe: Zum einen bewirkt die Bindung der Verwaltung an Gesetz und Recht (Art. 20 III GG), daß ein Feststellungsurteil im allgemeinen eine große Geltungskraft entfaltet; zum anderen schaffen abstrakte rechtliche Verpflichtungen und Risikozuordnungen und die geringe

Detailliertheit vieler technischer Regelungen auch unterhalb der Regelungsebe-
ne einen hohen „Konkretisierungsbedarf", den die Behörden in zu geringem
Umfang durch feststellende Verwaltungsakte und sonstige Formen der Klarstellung ausfüllen. Von den Verwaltungsgerichten wird dann die Klärung bestehender Pflichten und Risiken erwartet.

II. Die allgemeine Feststellungsklage (§ 43 I 1. Alt.)

1. Gegenstand

6   Mit der allgemeinen Feststellungsklage kann die Feststellung des
Bestehens (positive F-Klage) oder Nichtbestehens (negative
F-Klage) eines Rechtsverhältnisses begehrt werden. Streitgegenstand ist also das Bestehen oder Nichtbestehen des Rechtsverhältnisses selbst.

7   Unter **Rechtsverhältnis** sind *die aus einem konkreten Sachverhalt
aufgrund einer Rechtsnorm (des Öffentlichen Rechts) sich ergebenden
rechtlichen Beziehungen einer Person zu einer anderen Person oder zu
einer Sache* zu verstehen. (Zu dieser „Standarddefinition" s. BVerw-
GE 40, 323, 325; *Redeker/von Oertzen,* VwGO, § 43, Rd.-Nr. 3;
Ule, VwProzR, 157; *Schenke,* VwProzR, Rd.-Nr. 378 ff.; *Peine,*
AVwR, Rd.-Nr. 86 f.). Da dieser Begriff denkbar weit ist und auch
einzelne Berechtigungen oder Verpflichtungen erfassen kann, fallen auch Rechte und Pflichten aus dem VA sowie Ansprüche auf
Leistung oder Unterlassung eigentlich darunter, und jede öffentlich-rechtliche Streitigkeit könnte durch eine Feststellungsklage
geklärt werden. Deshalb mußte der Gesetzgeber den Vorrang von
Gestaltungs- und Leistungsklage explizit regeln (§ 43 II VwGO).
Für den **Fallaufbau** bedeutet dies, daß man zur Feststellungsklage
erst kommt, wenn zuvor die übrigen Klagearten als unstatthaft
abgelehnt wurden. Andernfalls ist über die Feststellungsklage und
deren Subsidiarität kein Wort mehr zu verlieren. Nur wenn konkret nach der Zulässigkeit einer (bereits eingelegten oder erhobenen) Feststellungsklage gefragt ist, ist unter dem Stichwort „statthafte Klageart" mit der Feststellungsklage zu beginnen, dann aber
sogleich auf deren Subsidiarität einzugehen. Die Frage der Subsidiarität steht also auch dann am Anfang der Prüfung.

2. Die Subsidiarität der Feststellungsklage und ihre Durchbrechung in der Rechtsprechung

Nach § 43 II 1 VwGO kann die Feststellung nicht begehrt wer- **8** den, *soweit der Kläger seine Rechte durch Gestaltungs- oder Leistungsklage verfolgen kann oder hätte verfolgen können.* Dieser Aspekt wird unter „Statthaftigkeit" geprüft, findet seinen eigentlichen Grund aber im allgemeinen Gedanken des Rechtsschutzbedürfnisses. Ein Rechtsbehelf ist unzulässig, wenn der Kläger auf andere Weise schneller oder besser zum Ziele kommen könnte. Besteht daher ein Rechtsverhältnis gerade in einem Verbot oder einer Erlaubnis, dann erzielt der Kläger mit der Anfechtungs- oder Verpflichtungsklage mehr und erreicht direkt, was er erreichen will, nämlich die Aufhebung der Belastung bzw. eine vollziehbare Verpflichtung zur Leistung. Ähnlich verhält es sich gegenüber der allgemeinen Leistungsklage. Die Verurteilung zu einer konkreten Leistung oder Unterlassung ist ein im Rechtsstreit entscheidbares (und damit auch zu entscheidendes) „Mehr" im Vergleich zur einfachen Feststellung, daß eine Pflicht zur Unterlassung oder zur Leistung bestehe.

Es ist also die **klare Aussage von § 43 II VwGO,** daß das Ver- **9** waltungsgericht nur dann eine Rechtslage verbindlich feststellen soll, wenn gerade insoweit eine Gestaltungs- oder Leistungsklage nicht in Betracht kommt; genauer: Wenn der Kläger nicht durch eine andere Klageart Rechtsschutz im gleichen Umfang und mit derselben Wirkung erlangen kann oder erlangen konnte. Die Feststellungsklage ist daher nur dann die statthafte Klageart, wenn sich eine solche konkrete Handlung noch nicht abzeichnet oder wenn durch die Feststellungsklage das Rechtsverhältnis klarer, weitergehend und dauerhafter geklärt werden kann, als dies bei einer sonstigen Klage der Fall wäre.

Beispiel: Feststellungsklage auf Klärung der Rechtspflicht zur Übernahme von Schulen in staatliche Schulträgerschaft – weitergehende Klärung ist möglich im Vergleich zu einer Vielzahl von Leistungsklagen zur Übernahme einzelner Schulen (VGH München, BayVBl. 1985, 146).

10   Der klare Vorrang der übrigen Klagearten wird in der Rechtsprechungspraxis aber bekanntlich dadurch unterlaufen, daß die Feststellungsklage bei
an sich möglicher Leistungs- oder Unterlassungsklage gegen öffentliche Entscheidungsträger anerkannt wird, der Grundsatz der Subsidiarität also nicht
angewandt wird. Das gleiche gilt hinsichtlich der vorbeugenden Feststellungsklage bei noch nicht ergangenem VA oder nicht erlassener Rechtsnorm
(ausführlich zu diesen Fällen *Dreier*, JA 1987, 424). Insbesondere das Bundesverwaltungsgericht wendet § 43 II VwGO bei Klagen gegen Träger öffentlicher Gewalt grundsätzlich nicht an und übernimmt damit die ältere
Rechtsprechung der Zivilgerichte zu § 256 ZPO (vgl. bereits RGZ 92, 376,
378).

Die Begründung ergibt sich aus der Leitentscheidung BVerwGE
36, 179, 181; vgl. auch BVerwGE 40, 323, 327; 51, 69, 75:

– Zum einen sei es das klare Ziel von § 43 II VwGO, daß durch die Feststellungsklage die Fristen, das Vorverfahren und die sonstigen besonderen Zulässigkeitsvoraussetzungen nicht unterlaufen werden sollen. Dieser Grund
treffe für die Leistungsklage (anders als für Anfechtungs- und Verpflichtungsklage) aber nicht zu.
– Zum anderen könne davon ausgegangen werden, daß angesichts der Rechtsbindung der Verwaltung Behörden sich in der Regel rechtstreu verhalten
werden, also sich auch ohne Leistungsurteil an eine gerichtlich festgestellte
Rechtslage halten. Ein Vollstreckungsdruck sei also nicht gegeben („Ehren-
manntheorie" genannt).
– Eine Feststellungsklage könne im Einzelfall eine Vielzahl von Leistungs-
oder Unterlassungsklagen erübrigen (so VGH Kassel, NJW 1979, 1720 –
zum Organstreit; BVerwGE 37, 234, 247 – zur Beamtenbesoldung).

11   Diese Begründung kann bis auf das letztgenannte „Entlastungselement"
nicht überzeugen. Sie unterläuft zum einen mit fragwürdigen Spekulationen
über Ziele und Motive des Gesetzgebers und unter Anlehnung an eine unter
gänzlich anderen Voraussetzungen ergangene zivilrechtliche Rechtsprechung
den eindeutigen Gesetzeswortlaut, ist aber auch in der Sache falsch. So ist es
eben nicht nur Ziel der Subsidiaritätsklausel, Vorverfahren und Fristeinhaltung
zu sichern, sondern der Kl. erreicht mit der Leistungsklage auch mehr: nämlich
einen vollstreckbaren und auf eine konkrete Handlung bezogenen Titel. Das
„Rechtstreueargument" ist so wenig überzeugend wie andere Varianten des
„da nicht sein kann, was nicht sein darf".

12   Entgegen der Rechtsprechung des BVerwG ist also daran festzuhalten, daß die Feststellungsklage **auch gegenüber öffentlichen
Entscheidungsträgern** unzulässig ist, wenn eine Unterlassungs-
oder Leistungsklage in Betracht kommt (so auch die eindeutige
Mehrheit der Literatur, vgl. etwa *von Mutius*, VerwArch 63
(1972), 229; *Kopp*, VwGO, § 43, Rd.-Nr. 28; *Schenke*, VwProzR,

Rd.-Nr. 420, 565; *Stern,* Verwaltungsprozessuale Probleme, Rd.-Nr. 268; *Würtenberger,* PdW, 181 ff.).

Ergibt sich die Statthaftigkeit einer vorrangigen Klageart erst **13** nach Erhebung der Feststellungsklage – etwa dadurch, daß die Behörde nunmehr einen VA zum gleichen Streitgegenstand erläßt – bleibt die Feststellungsklage nicht etwa zulässig, sondern die Klage ist auf eine Anfechtungsklage umzustellen (a. A. *Schmitt Glaeser,* VwProzR, Rd.-Nr. 338).

Auch im übrigen darf die Feststellungsklage andere Klagearten **14** und deren Fristen und sonstigen Zulässigkeitsvoraussetzungen nicht umgehen: So ist die Klage auf Feststellung der Unzulässigkeit der Nutzung eines Landeplatzes unzulässsig, wenn die luftverkehrsrechtliche Genehmigung nicht angefochten wurde (vgl. den Fall des VGH Mannheim, NVwZ-RR 1989, 530).

3. Bestehen oder Nichtbestehen eines Rechtsverhältnisses

Voraussetzung der Statthaftigkeit der allgemeinen Feststellungs- **15** klage ist ein hinreichend konkretes Rechtsverhältnis. Folgt man der oben genannten Definition, so besteht ein Rechtsverhältnis aus drei Elementen:

– Eine sich aus einem **konkreten Sachverhalt** ergebende
– (öffentlich-)**rechtliche Beziehung**
– **von Person zu Person** oder **Person zu Sache**

Auch selbständige Teile eines Rechtsverhältnisses, insbesondere **16** einzelne Pflichten oder Berechtigungen, können Gegenstand der Feststellungsklage sein (soweit nicht die Subsidiarität von Gestaltungs- und Leistungsklage entgegensteht).

Nicht statthaft ist die Feststellungsklage dagegen: **17**

– Wenn sich die Klage lediglich auf eine abstrakte Rechtsfrage oder den Inhalt einer Rechtsnorm bezieht (BVerwGE 14, 235, 236; BVerwG, NJW 1983, 2208);
– wenn es um rein tatsächliche Belange ohne rechtlichen Bezug bzw. um reine Vorfragen oder unselbständige Teile eines Rechtsverhältnisses geht (BVerwGE 14, 235, 80).

Rechtsnormen, Verträge und Einzelentscheidungen enthalten eine Fülle von **18** Rechten und Pflichten, die „latent" zum Gegenstand eines Rechtsverhältnisses und damit einer Feststellungsklage werden können. Das reicht aber nicht aus, um die Möglichkeit der Feststellungsklage zu eröffnen. Insbesondere ist diese Klageart nicht eine allgemeine „Auskunftsklage" über die Rechtslage ohne konkreten Anlaß. Notwendig ist vielmehr ein „Auslöser", der die abstrakte Rechtsfrage so verdichtet, daß sie Gegenstand eines Rechtsverhältnisses ist. Diese Verdichtung kann durch tatsächliches Geschehen oder Verhalten der Beteiligten, insbesondere aber durch Meinungsverschiedenheiten über den Inhalt von Rechten und Pflichten, ausgelöst werden. Insofern sprechen wir von „streitigem Rechtsverhältnis".

19   Dieses ist z. B. dann gegeben, wenn die Behörde zwar keinen (anfechtbaren) VA erläßt, sich aber **berühmt**, den Kläger treffe eine bestimmte Pflicht, bzw. ein wahrgenommenes Recht sei nicht oder nicht erlaubnisfrei gegeben. Das kann durch eine Beanstandung, einen warnenden Hinweis, durch die Drohung mit einem Straf- oder Bußgeldverfahren (ggf. auch gegen einen Mitarbeiter), durch Verwaltungspraxis oder die Regelung zu einem parallelen Sachverhalt geschehen. Ist die Behörde bereits mehrfach in diesem Sinne tätig geworden, dann reicht ihre Beteuerung, eine Maßnahme sei nicht zu erwarten, nicht aus, um ein konkretes Rechtsverhältnis zu verneinen. Die Rechtspflicht muß dann auch nicht gegenwärtig oder unmittelbar bevorstehend sein; sie kann – bei gegenwärtigem Streit – auch erst in Zukunft entstehen (**Beispiel:** BVerwGE 38, 346, 347 – Witwengeldanspruch; BVerwGE 45, 224 – Recht auf Verstreuen von Totenasche auf eigenem Grundstück). Das gleiche gilt für ein „vergangenes" Rechtsverhältnis, doch handelt es sich dann in der Sache um eine Fortsetzungsfeststellungsklage. Ob die Behörde eine Rechtsgrundlage für die Maßnahme hätte, ist Frage der Begründetheit und für die Statthaftigkeit ohne Belang (das verkennt BVerwG, NVwZ 1993, 65 – Schluß aus fehlender Rechtsmacht der Behörde auf nichtbestehendes Rechtsverhältnis).

Beispiele für hinreichend konkrete Rechtsverhältnisse: Streit um gewerbliche oder gaststättenrechtliche **Erlaubnispflicht,** z. B. Eintragungspflicht in Handwerksrolle (BVerwGE 16, 92, 93); Teppichhandel (BVerwGE 39, 247, 249); Mineralwasserausschank (VGH München, BayVBl. 1969, 436); Streit um Genehmigungsfreiheit von Tierversuchen (BVerwG, NJW 1988, 1534); Abfallsammlung und -sortierung (BVerwG, NVwZ 1990, 467); Streit um **Mitgliedschafts- und Statusrechte** in Körperschaften, Selbstverwaltungsorganen oder im Öffentlichen Dienst; Nichtmitgliedschaft in ÖR-Körperschaft (BVerwG, DÖV 1983, 548); Mitwirkungsrecht in Selbstverwaltungsgremium (OVG Münster, NVwZ 1986, 851); Streit um **Inhalt von Dienstpflichten** (Nichtbestehen einer Umzugspflicht, VGH Mannheim, NVwZ 1992, 595; Rechtspflicht zum Tragen einer Richterrobe, BVerwG, DVBl. 1983, 1110).

Beispiele für **nicht** hinreichend konkretisierte Rechtsverhältnisse: Allgemeiner Streit um Kompetenzen und Befugnisse von Behörden ohne Anlaß; Streit über die Gültigkeit einer Rechtsnorm oder einer Verwaltungsvorschrift ohne konkrete Auswirkung auf Beteiligte; abstrakter Streit um Bebaubarkeit eines Grundstücks oder Genehmigungsfähigkeit eines Vorhabens ohne Maßnahmen der Bauaufsicht oder des Eigentümers (VGH München, NVwZ 1988,

944); Streit um die allgemeine Gültigkeit einer Frauenförderungsrichtlinie außerhalb eines konkreten Bewerbungsverfahrens (falsch: VG Bremen, NJW 1988, 3224 – Zulässigkeit wurde in einem solchen Fall angenommen); Inhalt und Ausmaß künftiger beamtenrechtlicher Versorgung ohne konkreten Anlaß (BVerwG, NJW 1990, 1866); Art und Umfang lebensmittelrechtlicher Verkehrs- und Untersuchungspflichten (BVerwGE 77, 207; BVerwG, NVwZ 1993, 65; zur Gegenauffassung: *Janßen*, ZLR 1987, 628; *Hufen*, ZLR 1989, 562; kritisch auch *Brodersen*, JuS 1988, 825; *Pitschas*, in: *Stober*, Rechtsschutz, 207; vgl. zu einem ähnlichen Fall auch VGH München, NVwZ 1989, 976 – betriebliche Aufsichtspflichten. Hier wurde ein Rechtsverhältnis ohne weiteres bejaht).

Bei dem Rechtsverhältnis muß es um eine **rechtliche** Beziehung 20 gehen, die durch Rechtssatz, Vertrag, VA und dgl. begründet sein kann (BVerwGE 62, 351). Reine Tatsachenfragen, Vorfragen und unselbständige Teile eines Rechtsverhältnisses sind nicht feststellungsfähig (z. B. Zuverlässigkeit eines Gewerbetreibenden, Intensität des von einer Gaststätte ausgehenden Lärms).

4. Feststellungsinteresse

a) Die Feststellung des Bestehens oder Nichtbestehens eines 21 Rechtsverhältnisses kann nur begehrt werden, wenn der Kl. ein **berechtigtes Interesse** an der **baldigen** Feststellung hat. Die besondere „Leistung" des Gerichts, die verbindliche Feststellung eines Rechtsverhältnisses, kann also nur unter bestimmten Voraussetzungen beansprucht werden. Sie bestehen in einer **subjektiven** Komponente („berechtigtes Interesse") und einer **zeitlichen** Komponente („baldige Feststellung"). Ziel des Gesetzgebers ist es, zu verhindern, daß die Gerichte funktionswidrig zu Auskunfts- oder Gutachterstellen in Rechtsfragen werden (*Trzaskalik*, Rechtsschutzzone, 22).

b) Der Begriff des „berechtigten Interesses" ist unscharf und 22 wandelbar. Einerseits ist er weiter als der strenge Begriff des subjektiven Rechts bei § 42 II VwGO und auch als der des „rechtlichen Interesses" bei § 256 I ZPO. Andererseits reicht nicht jedes beliebige Interesse; es muß sich vielmehr um ein durch die Rechtsordnung geschütztes Interesse handeln. Wann dies der Fall ist, kommt auf den Einzelfall an. Gängige Definitionen nehmen auf

vernünftige Erwägungen, auf **allgemeine Rechtsgrundsätze** und **konkrete Rechtsgrundlagen** sowie auf die **Schutzwürdigkeit** Bezug. Wichtig ist, daß auch **wirtschaftliche, persönliche, kulturelle** und **ideelle** Interessen gemeint sein können, wenn sie nur hinreichend dem Kl. zuzuordnen und durch die Rechtsordnung geschützt sind.

23 c) Das rechtlich geschützte Interesse muß durch die Feststellung des Gerichts gesichert oder gefördert werden. Nicht jede Unklarheit in Bezug auf das Rechtsgut reicht hierfür aus. Es kommt vielmehr darauf an, daß ein **konkreter Klärungsbedarf** besteht, z. B. weil zwischen Kl. und Behörde eine Meinungsverschiedenheit in einer für den Kl. wichtigen Frage besteht, weil der Kl. sein Verhalten oder seine wirtschaftlichen Dispositionen auf die Rechtslage einstellen muß, weil er klären will, was notwendig ist, um sich in einer umstrittenen Frage rechtskonform zu verhalten, oder weil er bevorstehende oder angedrohte Sanktionen – insbesondere ein Straf- oder Bußgeldverfahren – vermeiden will. Diese Fallgruppen sind nicht getrennt zu sehen; sie können sich auch überschneiden. Bestehen Meinungsverschiedenheiten über Rechte und Pflichten, dann besteht im allgemeinen auch das Feststellungsinteresse, weil die Dispositionsfreiheit betroffen und weil dem Kl. nicht zuzumuten ist, die Klärung der Rechtsfrage gleichsam „auf der Anklagebank" zu erleben (BVerwG, Buchholz, 310, § 43, Nr.31).

Insbesondere die letztgenannte „**Damokles-Definition**" des Feststellungsinteresses ist vor dem Hintergrund vielfältiger Handlungs-, Organisations- und Verkehrssicherungspflichten des Technik- und Umweltrechts von größter Bedeutung. Hier reichen schon die konkrete Gefahr der Ahndung oder die Drohung mit einer Strafanzeige aus, um den Klärungsbedarf der Feststellungsklage auszulösen. Das gleiche gilt, wenn es gerade um das Bestehen oder Nichtbestehen einer konkreten Erlaubnispflicht z. B. im Gewerbe-, Straßen- oder Beamtenrecht geht (instruktiv insbes. VGH Kassel, NVwZ 1988, 445 – Streit um die Zulässigkeit von Werbemaßnahmen; BVerwGE 39, 247, 249 – Versagung der Erlaubnis wegen Unzuverlässigkeit).

Ein Feststellungsinteresse ist auch gegeben, wenn die Behörde behauptet, ein bestimmtes Verhalten sei rechtswidrig, werde aber geduldet (BVerwG, NVwZ 1986, 35).

d) Die **zeitliche Komponente** („*baldige* Feststellung") setzt vor- **24**
aus, daß das Feststellungsinteresse **gerade im Zeitpunkt des Ur-**
teils besteht und daß die Feststellung keinen Aufschub duldet. Ist
die Frage gegenwärtig offen und klärungsbedürftig oder droht
eine Verschlechterung oder Wiederholung (BVerwGE 80, 355,
365) in unmittelbarer Zukunft, dann werden in zeitlicher Hinsicht   *(+)*
in der Regel keine Probleme bestehen.

Die theoretisch mögliche, aber praktisch seltene **Feststellungs-** **25**
klage der Behörde gegen den Bürger scheidet aus, wenn die
Behörde durch feststellenden Verwaltungsakt die angestrebte
Klärung selbst erreichen kann. Feststellungsklagen **mehrerer Trä-**
ger öffentlicher Verwaltung gegeneinander sind mangels Feststellungsinteresse unzulässig, wenn eine gemeinsame Entschei-
dungsspitze den Konflikt ausräumen kann (BVerwG, NJW 1992,
927).

5. Klagebefugnis

Sind die Konkretheit des Rechtsverhältnisses und das qualifizier- **26**
te Rechtsschutzbedürfnis an der Feststellung bejaht worden, so
besteht im Normalfall kein Anlaß, **zusätzlich** die Klagebefugnis
(§ 42 II VwGO analog) zu prüfen.

Die gleichwohl bestehende Tendenz in der Rechtsprechung, die Klagebe- **27**
fugnis auf die Feststellungsklage auszudehnen (insbes. BVerwG, NVwZ 1991,
470; vgl. auch OVG Koblenz, NVwZ 1983, 303) ist in dieser Allgemeinheit
also bedenklich. Zum einen besteht hier keine Lücke, denn die Popularklage
wird bei konsequenter Anwendung des Merkmals „konkretes Rechtsverhältnis" und durch das Feststellungsinteresse zuverlässig ausgeschaltet. Wie hier
Knöpfle, FS Lerche (1993), 771; *Laubinger,* VerwArch 82 (1991), 459; *Schenke,*
VwProzR, Rd.-Nr. 410).
So ist das Ergebnis im Fall des OVG Koblenz, NVwZ 1983, 303 (kein Recht
des Gemeindeeinwohners auf Zugehörigkeit seines Wohnsitzes zu einer bestimmten Gemeinde) auch ohne Berufung auf die Klagebefugnis erreichbar,
weil kein Rechtsverhältnis zwischen Einwohner und beklagtem Land bestand.
Das gleiche gilt für den vom *BVerwG* entschiedenen Fall (NVwZ 1991, 470):
Auch hier war die Klage von Bürgern auf Feststellung, daß eine Kirchenstif-
tung weiter von der Kirche und nicht von der Stadt verwaltet werde, mangels
Rechtsverhältnis zwischen Bürger und den übrigen Beteiligten unzulässig, ohne daß es des Rückgriffs auf § 42 II VwGO bedurft hätte.

28   Auch aus der Notwendigkeit der Klagebefugnis bei Nichtigkeitsfeststel-
lungsklagen (BVerwG, NJW 1982, 2205) und bei der Fortsetzungsfeststellungsklage kann nicht für **alle** Feststellungsklagen abgeleitet werden, § 42 II
VwGO müsse analog angewandt werden (so aber anscheinend BVerwG,
NVwZ 1991, 470), weil es hierbei gerade in der Sache um Klagen gegen einen
(unwirksamen) VA geht und der Kl. insofern nicht anders gestellt ist als bei der
Anfechtungsklage.

29   Einzig im Bereich der verwaltungsprozessualen **Organklagen** ist die Anwendung von § 42 II VwGO unentbehrlich, wenn hier mangels Außenwirkung die Feststellungsklage zur Klärung von Organrechten und -pflichten
eingesetzt wird. Hier muß der Kl. (z. B. das Mitglied eines Gemeinderats)
geltend machen, im Rahmen des streitigen Rechtsverhältnisses gerade in *seinen*
Organrechten verletzt zu sein (dazu *Ehlers,* NJW 1990, 105, 111 und unten,
§ 21).

6. Weitere Zulässigkeitsvoraussetzungen

30   Abgesehen vom Sonderfall der beamtenrechtlichen Feststellungsklage (§ 126 III BRRG) ist vor Erhebung der allgemeinen
Feststellungsklage **kein Widerspruchsverfahren** durchzuführen.

31   Desgleichen besteht **keine Klagefrist.** Das Feststellungsinteresse
kann aber verwirkt sein, wenn der Kl. die Erhebung unangemessen verzögert. Dies ist in der Regel aber bereits beim Stichwort
„Interesse an *baldiger* Feststellung" zu prüfen und ggf. zu verneinen.

Literatur zu § 18 I und II: *Trzaskalik,* Die Rechtsschutzzone der Feststellungsklage im Zivil- und Verwaltungsprozeß (1978); *Duken,* Feststellungsklage nach § 43 VwGO im Baurecht, NVwZ 1990, 443; *Laubinger,* Feststellungsklage und Klagebefugnis (§ 42 II VwGO), VerwArch 82 (1991), 459; *Knöpfle,*
Feststellungsinteresse und Klagebefugnis bei verwaltungsprozessualen Feststellungsklagen, FS Lerche (1993), 771.

**32 Übersicht 9: Sachentscheidungsvoraussetzungen der Allgemei-
nen Feststellungsklage (§ 43 I, 1. Alt. VwGO)**

I. Rechtsweg und zuständiges Gericht

II. Zulässigkeit
   1. Beteiligtenbezogene Zulässigkeitsvoraussetzungen
   2. Statthaftigkeit
      a) Ausschluß von Anfechtungs-, Verpflichtungs- und Leistungsklage;
      – Subsidiarität (§ 43 II VwGO)

b) Feststellung des Bestehens oder Nichtbestehens eines hinreichend konkreten Rechtsverhältnisses
3. Besonderes Feststellungsinteresse
4. *Klagebefugnis (umstritten – bei kommunalverfassungsrechtlichen Organklagen immer prüfen)*
5. Kein Widerspruchsverfahren (außer § 126 III BRRG)
6. Keine Frist – ggf. Verwirkung
7. Sonstige Zulässigkeitsvoraussetzungen

III. Vorbeugende Feststellungsklage

1. Allgemeines

Vorbeugender Rechtsschutz kommt in Betracht, wenn dem Kl. **33** das Abwarten bis zum Eintritt einer Belastung nicht zugemutet werden kann, das Gericht also vorbeugend eine Handlung untersagen oder wenigstens deren Rechtswidrigkeit feststellen muß. Hierfür stehen die vorbeugende Unterlassungsklage und ggf. die vorbeugende Feststellungsklage zur Verfügung. Bei letzterer geht es um die Feststellung der Rechtswidrigkeit eines sich erst in Zukunft konkretisierenden Rechtsverhältnisses.

2. Subsidiarität

Nach der hier vertretenen strengen Geltung der Subsidiarität **34** (§ 43 II VwGO) bleibt für die Anwendung der vorbeugenden Feststellungsklage wenig Raum. Besteht das streitige Rechtsverhältnis in der Zulässigkeit einer bestimmten (künftigen) Handlung, dann geht es der Sache nach um deren Abwehr. Statthaft ist also die Unterlassungsklage, die als Unterform der Leistungsklage der Feststellungsklage vorgeht. Die vorbeugende Feststellungsklage ist daher allenfalls gegen eine nachteilige Veränderung innerhalb eines Rechtsverhältnisses statthaft (so insbesondere *Stern,* Verwaltungsprozessuale Probleme, Rd.-Nr. 161).

In der Praxis wird dieser Vorrang nicht beachtet und die vorbeugende Fest- **35** stellungsklage dient ganz allgemein der Abwehr nahezu sämtlicher Handlungen, Veränderungen und Nachteile – unabhängig von deren Rechtsform (BVerwGE 40, 323, 327; zahlr. Beispiele bei *Kopp,* VwGO, § 43, 31). Das führt u. a. dazu, daß vorbeugende Unterlassungsklage und vorbeugende Feststellungsklage in parallelen oder sogar exakt gleichen Fallgestaltungen ohne jede Systematik angewandt werden.

3. Vorbeugende Feststellungsklage gegen VA oder Rechtsnorm?

36   Die vorbeugende Feststellungsklage wird auch herangezogen, wenn es um die Abwehr eines drohenden VA (z. B. BVerwGE 26, 23, 24) oder einer „drohenden" Rechtsnorm (BVerwGE 40, 323, 326) geht, – obwohl auch hier der Kl. mit der Unterlassungsklage einen konkreten Titel gegen die drohende Maßnahme erreichen würde, während er bei der Feststellungsklage auf die Rechtstreue der Behörde angewiesen bleibt.

37   Für die **Statthaftigkeit** ist es notwendig, daß sich das Rechtsverhältnis, an dem der Kl. zumindest beteiligt sein muß, bereits hinreichend konkretisiert hat, so daß aufgrund eines bereits überschaubaren Sachverhalts mit negativen Folgen für den Kl. zu rechnen ist (BVerwG, NVwZ 1986, 35). Selbst wenn das Rechtsverhältnis sich noch nicht konkretisiert hat, so muß dieser Schritt doch jedenfalls absehbar sein (unabhängig vom Feststellungsinteresse). Die Konkretheit des Rechtsverhältnisses ist also auch bei der vorbeugenden Feststellungsklage zu prüfen (BVerwGE 45, 224, 226; 51, 69, 74).

> **Beispiel:** Eine vorbeugende Feststellungsklage gegen die Ernennung eines Konkurrenten kommt nur in Betracht, wenn bereits ein Verfahren zur Besetzung der entsprechenden Stelle läuft. Die vorbeugende Feststellungsklage wegen Bevorzugung einer bestimmten Gruppe ist dagegen unstatthaft. Die wichtigsten „Auslöser" sind auch hier die Androhung einer Maßnahme durch die Behörde oder konkrete Meinungsverschiedenheiten über ein Rechtsverhältnis.

4. Feststellungsinteresse

38   Bei der vorbeugenden Feststellungsklage muß das Feststellungsinteresse gerade darin bestehen, schon jetzt die Rechtswidrigkeit einer **künftigen** Handlung verbindlich festgestellt zu erhalten. Die Anforderungen hierfür sind streng. In der Regel ist dem Kl. zuzumuten, die anstehende Entscheidung abzuwarten. Vorbeugender

Rechtsschutz kommt nur in Betracht, wenn dem Betroffenen Rechtsnachteile drohen, die mit einer späteren Anfechtungs- oder Leistungsklage nicht mehr ausgeräumt werden können oder wenn ein sonst nicht wieder gutzumachender Schaden droht (BVerwG, NVwZ 1986, 35; früher bereits BVerwGE 26, 23; 40, 326; 51, 74).

Besonders streng sind die Anforderungen an das Feststellungsinteresse, **39** wenn sich die vorbeugende Feststellungsklage gegen einen VA oder eine Rechtsnorm richtet. Hier greift das Gericht in Wertungen der Verwaltungsbehörde oder des Normgebers ein. Deshalb ist in der Regel ein Abwarten zumutbar, zumal bei der Anfechtungsklage vollendete Tatsachen in der Regel durch die aufschiebende Wirkung nach § 80 VwGO verhindert werden und bei der Normenkontrolle Nachteile (soweit sie schon unmittelbar durch die Norm entstehen) durch vorläufigen Rechtsschutz nach § 47 VIII VwGO bekämpft werden können.

Beispiele: Vorbeugende Feststellungsklage gegen Verbote, die einen Gewerbetreibenden schon als solche ruinieren können (vgl. VGH München, NJW 1987, 2604 – Gebrauchtwagenmarkt); Klage gegen beamtenrechtliche Ernennung des Konkurrenten, weil diese nicht mehr widerrufbar ist.

5. Klage- bzw. Antragsbefugnis

Nach dem zuvor Gesagten ist für die Feststellungsklage im all- **40** gemeinen die Klagebefugnis nicht erforderlich. Das gilt auch für die vorbeugende Feststellungsklage. Anders verhält es sich, wenn die Klage der Sache nach auf die Unterlassung eines VA oder eines Realaktes gerichtet ist. Dann muß der Kl. vorbeugend geltend machen, durch die Handlung möglicherweise in seinem Recht verletzt zu sein (VGH München, BayVBl. 1985, 84).

Literatur zu § 18 III: *Peine,* Vorbeugender Rechtsschutz im Verwaltungsprozeß, JURA 1983, 285, 294; R. *Maaß,* Beamtenrechtliche Konkurrentenklage in der Form der vorbeugenden Feststellungsklage, NJW 1985, 303; H. *Dreier,* Vorbeugender Verwaltungsrechtsschutz, JA 1987, 415; *Lässig,* Zulässigkeit der vorbeugenden Feststellungsklage bei drohendem Bußgeldbescheid, NVwZ 1988, 410.

IV. Die Klage auf Feststellung der Nichtigkeit eines VA

1. Allgemeines

41 Mit der Feststellungsklage kann nach § 43 I 2. Alt. VwGO die **Feststellung der Nichtigkeit eines VA** begehrt werden. Die Feststellungsklage füllt hier eine Lücke: Der nichtige VA ist unwirksam und kann damit durch eine Gestaltungsklage eigentlich nicht angegriffen werden, weil es nichts zu gestalten gibt. Der Sache nach steht die Nichtigkeitsfeststellungsklage (wie die Fortsetzungsfeststellungsklage) aber der Anfechtungsklage näher als der allgemeinen Feststellungsklage, weil das Rechtsverhältnis ausschließlich im Streit um die Wirksamkeit des VA besteht. Im Interesse des Kl. wird eine A-Klage gegen den richtigen VA daher nicht abgewiesen; sie ist vielmehr auf die Nichtigkeitsfeststellungsklage umzustellen.

2. Statthaftigkeit

42 **Streitgegenstand** der Nichtigkeitsfeststellungsklage ist wie bei der Anfechtungsklage die Behauptung des Kl., er werde durch einen (nichtigen) VA bzw. durch den von diesem ausgehenden Rechtsschein in einem seiner Rechte verletzt. Problematisch ist nur, daß oft zu Prozeßbeginn nicht feststeht, ob der VA nichtig oder „nur" rechtswidrig ist. Das in dieser offenen Frage liegende Risiko darf dem Kl. nicht zugemutet werden. Deshalb ist nach richtiger Auffassung die Anfechtungsklage in jedem Fall statthaft, auch wenn das Ergebnis die Feststellung der Nichtigkeit des VA ist (BFH, NVwZ 1987, 359; *Eyermann/Fröhler,* VwGO, § 43, Rd.-Nr. 18). Die eigentliche Nichtigkeitsfeststellungsklage kommt daher in der Praxis hauptsächlich in Hilfsanträgen vor oder sie ist Ergebnis einer auf entsprechenden Hinweis des Vorsitzenden (§ 86 III VwGO) vorgenommenen Umstellung.

43 Voraussetzung der Statthaftigkeit ist, daß objektiv ein dem Kl. gegenüber bekanntgegebener VA vorliegt (BVerwGE 74, 1, 3). Daneben muß der Kl. Tatsachen vortragen, deren rechtliche Bewertung auf einen Nichtigkeitsgrund schließen läßt. Die Nichtigkeit **selbst** ist also nicht Voraussetzung der Statthaftigkeit sondern Begründetheitsfrage (Ausf. dazu *Peine,* AVwR, Rd.-Nr. 223 ff.). Wurde Nichtigkeitsfeststellungsklage erhoben, erweist sich der VA aber als nicht nichtig (einschließlich „einfacher" Rechtswidrigkeit), dann muß der Kl. auf einen Anfechtungsantrag umstellen, denn die Nichtigkeitsfeststellungsklage würde an der Subsidiarität (§ 43 II) scheitern und wäre überdies unbegründet.

War die **Ablehnung** eines VA nichtig, so ist nicht die Feststel- **44** lungsklage, sondern die Verpflichtungsklage statthaft. Die Subsidiaritätsschranke des § 43 II VwGO ist in diesem Fall nicht durchbrochen. **Nicht statthaft** ist die Klage auf Feststellung der Nichtigkeit einer Rechtsnorm – auch wenn diese im Wege der Ersatzvornahme erlassen wurde (BVerwG, DÖV 1993, 1093).

Die Klage auf Feststellung der Wirksamkeit eines VA ist nach richtiger **45** Auffassung allenfalls als allgemeine F.Klage statthaft (*Schmitt Glaeser,* VwProzR, Rd.-Nr. 336), soweit hierdurch die Anfechtungs- oder Verpflichtungsklage und deren besondere Voraussetzungen nicht unterlaufen werden.

3. Klagebefugnis (§ 42 II analog)

In der Sache richtet sich die Nichtigkeitsfeststellungsklage gegen **46** einen belastenden VA. Auch diese Klage ist nicht Popularklage und eröffnet dem Kl. nicht die Möglichkeit der objektiven Rechtskontrolle. So kann ein weit vom Geschehen lebender Kl. z. B. nicht die Nichtigkeit einer Baugenehmigung wegen § 44 II 3 VwVfG geltendmachen. Das (ohnehin erforderliche) Feststellungsinteresse reicht nicht aus, und der Kl. muß die Möglichkeit der Rechtsverletzung durch den VA bzw. den von diesem ausgehenden Rechtsschein geltend machen (so zu Recht BVerwG, NJW 1982, 2205; OVG Koblenz, NVwZ 1983, 308; a. A. *Kopp,* VwGO, § 43, Rd.-Nr. 21). Das ist beim „Adressaten" des nichtigen VA immer der Fall.

4. Besonderes Feststellungsinteresse

47   Auch bei der Nichtigkeitsfeststellungsklage muß der Kl. ein besonderes Interesse an der baldigen Feststellung des Rechtsverhältnisses haben. Dieses muß sich darauf richten, den auch von einem nichtigen VA ausgehenden **Rechtsschein** zu beseitigen. Das setzt voraus, daß der VA die Rechtsstellung des Kl. zumindest berühren kann und die begehrte Feststellung geeignet ist, die Position des Kl. in rechtlicher, wirtschaftlicher oder ideeller Hinsicht zu verbessern (BVerwGE 74, 1, 4; BVerwG, NJW 1990, 1804).

48   Das Feststellungsinteresse ist aber nur gegeben, wenn der Kl. zuvor bereits erfolglos einen Antrag nach § 44 V VwVfG auf Feststellung der Nichtigkeit durch die Behörde selbst gestellt hat (anders *Schenke,* VwProzR, Rd.-Nr. 576). Hat diese dem Antrag stattgegeben, dann fehlt gleichfalls das Feststellungsinteresse für die nachfolgende Nichtigkeitsfeststellungsklage; es sei denn, es bestehe trotz der Feststellung noch eine Vollzugs- oder Wiederholungsgefahr.

5. Widerspruchsverfahren

49   Ein Widerspruchsverfahren kommt mangels Wirksamkeit des VA bei der Nichtigkeitsfeststellungsklage nicht in Betracht. Wie die Anfechtungsklage selbst ist der Widerspruch aber auch nicht unstatthaft, weil sich die Nichtigkeit erst im Widerspruchsverfahren herausstellen kann (*Pietzner/Ronellenfitsch,* Assessorexamen, § 31, Rd.-Nr. 6). Stellt sich im Widerspruchsverfahren die Nichtigkeit heraus, dann kann und muß die Widerspruchsbehörde durch Widerspruchsbescheid den (nicht vorhandenen) VA nicht etwa aufheben, sondern die Nichtigkeit feststellen (anders *Schenke,* VwProzR, Rd.-Nr. 686).

50   Auch hier darf aber die Nichtigkeitsfeststellungsklage nicht zum Unterlaufen des Widerspruchsverfahrens oder der Fristen der Anfechtungsklage führen. Erhebt daher der Kl. Nichtigkeitsfeststellungsklage ohne Widerspruchsverfahren und stellt sich im Prozeß heraus, daß der VA nicht nichtig ist, dann ist das Verfahren auszusetzen und zunächst ein Widerspruchsverfahren durchzuführen. Dann muß die Erhebung der Nichtigkeitsfeststellungsklage als fristwahrend i. S. v. § 74 VwGO gelten. War die Frist aber schon vor Erhebung der Nichtigkeitsfeststellungsklage abgelaufen, dann ist die Klage endgültig unzulässig. Ein „einfaches" Anfechtungsurteil kann nicht mehr ergehen, es sei denn, die Behörde würde sich auf die Klage einlassen.

6. Frist

Als Feststellungsklage kennt die Nichtigkeitsfeststellungsklage **keine Frist** im eigentlichen Sinne doch kann das Rechtsschutzbedürfnis fehlen, wenn der Kl. die Möglichkeit der rechtlichen Klärung versäumt. In keinem Fall darf aber ein nichtiger VA durch Versäumen der Frist eine Art „Bestandskraft" erlangen. Auch kann eine wegen Fristablaufs an sich unzulässige Anfechtungsklage in eine Nichtigkeitsfeststellungsklage **umgedeutet** werden. 51

7. Anwendbarkeit auf nicht wirksam bekanntgegebenen VA

Ist der VA nicht wirksam bekanntgegeben, so ist er gleichfalls unwirksam („Nichtakt"). Hier liegt es nahe, die Nichtigkeitsfeststellungsklage anzuwenden, doch sieht das BVerwG (NVwZ 1987, 330) statt dessen eine „einfache" Feststellungsklage als gegeben an. Das wird mit dem Unterschied im Feststellungsinteresse zwischen dem erst gar nicht bekanntgegebenen und dem bekanntgegebenen, aber nichtigen VA begründet. 52

V. Die Fortsetzungsfeststellungsklage

1. Allgemeines

Nach § 113 I 4 VwGO spricht das Gericht auf Antrag durch Urteil aus, daß der VA rechtswidrig gewesen ist, wenn der Kl. ein berechtigtes Interesse an dieser Feststellung hat. Die Fortsetzungsfeststellungsklage wird also in § 43 **nicht** erwähnt. Sie ist auch keine eigenständige Klageart, denn in der Sache geht es wie bei der Nichtigkeitsfeststellungsklage um einen VA, von dem keine Wirksamkeit (mehr) ausgeht. Hier wäre eigentlich die Klage für erledigt zu erklären und über die Kosten zu entscheiden (§ 161 VwGO). Es wird aber eine Klageart zur Verfügung gestellt, die bei einem besonderen Feststellungsinteresse die **Fortsetzung des Prozesses nach Erledigung** eröffnet, um noch die Klärung der mit dem Prozeß aufgeworfenen Rechtsfragen zu ermöglichen. Die Fortsetzungsfeststellungsklage ist im Hinblick auf Art. 19 IV GG 53 erforderlich und ein mittlerweile fest etabliertes Institut im System des verwaltungsprozessualen Rechtsschutzes (vgl. auch § 100 I 4 FGO; § 131 I 3 SGG; § 28 I 4 EGGVG).

Die Fortsetzungsfeststellungsklage wird auch als „nachträgliche Feststellungsklage" bezeichnet (*Schmitt Glaeser*, VwProzR, Rd.-Nr. 352). Zumindest im Regelfall des § 113 IV VwGO trifft dies aber den Zusammenhang zur ursprünglichen Klageart nicht. Es geht nämlich nicht um eine selbständige „nachträgliche" Klage, sondern in der Tat um die **Fortsetzung** des ursprünglichen Prozesses (*Schenke*, FS Menger [1985], 461). So sehr die FF-Klage der Struktur nach Feststellungsklage ist (*Lüke*, ZZP 1994, 159), so deutlich setzt sie den Ausgangsprozeß fort.

54   Die Fortsetzungsfeststellungsklage ist in der Praxis äußerst bedeutsam. Das liegt nicht nur an ihren weit über den engen Rahmen von § 113 I 4 VwGO hinaus erweiterten „Einsatzmöglichkeiten" bei praktisch allen Klagearten, sondern auch schlicht daran, daß es immer häufiger vorkommt, daß sich Maßnahmen von Behörden vor Abschluß eines Rechtsstreits erledigen. Vor allem im Sicherheits- und Polizeirecht (insbes. beim unmittelbaren Zwang) ist die Fortsetzungsfeststellungsklage sogar schon deshalb die einzige mögliche Klageart, weil diese Maßnahmen ihrer Natur nach auf kurze Zeit angelegt und in der Regel längst beendet sind, wenn es zum Verwaltungsprozeß kommt.

55   Bei der Prüfung der Zulässigkeitsvoraussetzungen ist zu beachten, daß die Fortsetzungsfeststellungsklage die ursprüngliche Klage („Eingangsklage") fortsetzt. **Deren** Voraussetzungen sind grundsätzlich Maßstab für die Zulässigkeit, müssen im Moment der Erledigung also erfüllt sein (VGH München, BayVBl. 1982, 151). Deshalb darf es auch nicht offengelassen werden, ob es sich um eine einfache Feststellungs- oder um eine *Fortsetzungs*feststellungsklage handelt, und welche Klageart ursprünglich statthaft war (so aber BVerwGE 83, 242; VGH München, NVwZ 1988, 1055; zu Recht kritisch *Schoch*, Übungen, 269).

2. Statthaftigkeit

Die „Klagefortsetzung" setzt voraus, daß die ursprüngliche Kla- **56**
ge vor der Erledigung **selbst statthaft** war und daß sich der Streitgegenstand **erledigt hat.**

a) Ursprünglicher belastender VA (§ 113 I 4 VwGO)

Wörtlich gilt § 113 I 4 nur im Bereich der Anfechtungsklage. **57**
Unmittelbar anwendbar ist diese Vorschrift also nur beim erledigten belastenden VA. Deshalb kann die Art der erledigten Handlung **nicht** offenbleiben, sondern es ist stets zu klären, ob die
Maßnahme ein VA war („kleine" Statthaftigkeitsprüfung) und ob
sie den Kl. belastete (Abgrenzung zur Verpflichtungsklage). Insbesondere sind die Abgrenzungsprobleme zwischen VA und Realakt festzuhalten.

Beispiel: Nach einer erledigten Räumung eines Platzes ist zu klären, ob es
sich um tatsächliches Verwaltungshandeln oder um eine sofort vollzogene
Polizeiverfügung handelt.

b) Begriff und Arten der Erledigung

Zulässig ist die Fortsetzungsfeststellungsklage nach § 113 I 4, **58**
wenn sich der VA „vorher", d. h. vor dem für das Urteil maßgeblichen Zeitpunkt, erledigt hat. Dabei nennt das Gesetz selbst den
Fall der **Erledigung durch Zurücknahme,** bezieht mit der Formulierung **„oder anders"** aber auch jede andere Form der Erledigung ein. Die Erledigung wird zumeist etwas oberflächlich mit
dem „Wegfall der Beschwer" gleichgesetzt (BVerwGE 66, 75,
77), doch geht es genauer um den Fortfall des **Regelungsgehalts**
gegenüber dem Adressaten, bzw. der belastenden Wirkung gegenüber einem Dritten. Es kommt also stets auf den Inhalt des VA
an. Ein VA ist erledigt, wenn er nicht mehr vollziehbar und auch
eine Rücknahme mangels Gegenstandes sinnlos geworden ist.
Hierfür kommen **rechtliche** oder **tatsächliche** Gründe in Betracht.

Rechtlich erledigt ist ein VA z. B. durch Rücknahme, Widerruf oder eine **59**
andere Aufhebung, nach Eintritt einer auflösenden Bedingung, durch gesetzliches Erlöschen, durch Ersetzung durch einen inhaltsgleichen anderen VA oder

sonstige Maßnahmen (z. B. die Freilassung einer festgehaltenen Person; Aufhebung eines das Vorkaufsrecht der Gemeinde begründenden Kaufvertrags – VGH Mannheim, NJW 1995, 2574).

60   Eine Erledigung aus **tatsächlichen** Gründen tritt durch das faktische Ende einer Maßnahme, durch Zeitablauf, Verstreichen eines Ereignisses oder Ende einer Rechtspflicht, aber auch – bei einem höchstpersönlichen VA – durch Ableben eines Beteiligten, den Wegfall eines Regelungsobjekts (z. B. bei einer Beseitigungsverfügung) oder sonstige faktische Veränderungen, z. B. den Verkauf einer Gaststätte oder eines Gewerbes, ein.

61   **Keine** Erledigung liegt nach allgemeiner Auffassung dagegen vor, wenn der VA bereits vollstreckt ist oder auch freiwillig befolgt wurde. Dann geht es in der Sache nicht um die Feststellung der Rechtswidrigkeit, sondern der Folgenbeseitigungsanspruch (vgl. § 113 I 2 VwGO) hat Vorrang. Das entspricht auch der Subsidiarität der Feststellungsklage gegenüber der Leistungsklage (vgl. § 43 II VwGO). Der Kl. hat also kein Wahlrecht (anders aber BVerwGE 54, 314, 316; wie hier *Kopp*, VwGO, § 113, Rd.-Nr. 52).

62   Nach richtiger Auffassung (*Schenke*, VWProzR, Rd.-Nr. 326) kommt die FF-Klage auch in Betracht, wenn sich der rechtswidrige VA zwar nicht erledigt hat, der Kl. aber aus anderen Gründen – z. B. wegen Heilung oder Unbeachtlichkeit eines Verfahrensfehlers oder aufgrund einer zwischenzeitlich geänderten Sach- oder Rechtslage mit der Anfechtungsklage nicht durchdringt. In beiden Fällen kann durchaus ein Interesse an der Feststellung der „ursprünglichen Rechtswidrigkeit" bestehen. Gegen den Wortlaut von § 113 I 4 und den Grundsatz ne ultra petita wird aber verstoßen, wenn dem **Beklagten** die Möglichkeit gegeben wird, die Feststellung zu verlangen, daß die Klage vor dem erledigenden Ereignis unbegründet war (so BVerwG, NVwZ 1989, 860; NVwZ 1992, 1092 – Klage einer Gemeinde auf Zurücknahme eines Baugesuchs). So erwägenswert es sein mag, auch eine beklagte Gemeinde oder ein Beigeladener dürfe nicht um die Früchte des bisherigen Prozesses gebracht werden, so deutlich ist doch schon nach dem Wortlaut von § 113 I 4 VwGO, daß die Fortsetzungsfeststellungsklage ein Instrument in der Hand des **Klägers** ist. Die Erweiterung auf andere Beteiligte wäre Sache des Gesetzgebers.

c) Die Erledigung vor Klageerhebung

63   § 113 I 4 selbst betrifft nur die Erledigung während des Prozesses, also **nach** Klageerhebung. In zahlreichen Fällen tritt die Erledigung aber vor der Klageerhebung ein, so daß eine Gestaltungsklage nicht mehr statthaft ist. Hier bestände offenkundig eine Rechtsschutzlücke, wenn keine gerichtliche Klärung mehr möglich wäre. Das würde insbesondere für die Vielzahl bereits abgeschlossener polizeilicher Maßnahmen gelten.

64   Deshalb hat die Rechtsprechung schon früh in analoger Anwendung von § 113 I 4 die Fortsetzungsfeststellungsklage auch dann

zugelassen, wenn die Erledigung bereits **vor Klageerhebung** eingetreten war (BVerwGE 12, 87, 90; 26, 161, 165; 49, 36, 39; st. Rspr. zuletzt BVerwG, NJW 1991, 581). Auch hier wird die Klage aber nicht etwa „erweitert", eigentlicher Gegenstand bleibt vielmehr der ursprüngliche VA. Voraussetzung ist deshalb auch, daß dessen Prüfung noch möglich ist, daß also im Moment der Klageerhebung im Falle der fortbestehenden Wirksamkeit die Anfechtungsfrist noch nicht abgelaufen war. Umstritten ist, ob in diesem Fall ein Widerspruchsverfahren durchzuführen ist.

d) Die Fortsetzungsfeststellungsklage nach erledigter Verpflichtungsklage

Nicht nur ein belastender VA kann sich erledigen. Auch bei **65** einer statthaften, aber erledigten Verpflichtungsklage kommt die Fortsetzung des Rechtsstreits in Betracht.

Beispiel: Die Zulassung zu einem Volksfest oder die Sondernutzungserlaubnis wird durch Zeitablauf gegenstandslos; eine Baugenehmigung wird nach Verkauf eines Grundstücks versagt.

In diesen Fällen ist die Verpflichtungsklage gegenstandslos, weil eine Erlaubnis zu spät kommt oder weil der Anspruch bereits erfüllt ist (zur „Erledigung" durch Erteilung einer Erlaubnis vgl. etwa BVerwGE 56, 31, 54). Auch hier kann der Kl. die Rechtswidrigkeit der ursprünglichen Ablehnung oder der Untätigkeit feststellen lassen, vorausgesetzt, die Sache war spruchreif und er hat ein Feststellungsinteresse. In diesen Fällen macht es keinen Unterschied, ob eine Belastung durch einen erledigten VA oder durch eine zunächst versagte oder unterlassene, dann aber gegenstandslos gewordene Begünstigung vorliegt. Deshalb hat die Rechtsprechung schon früh § 113 I 4 VwGO auf Verpflichtungsklagen analog angewandt (BVerwG, DÖV 1963, 384, 385 f.).

War die Sache im Moment der Erledigung aber noch nicht spruchreif – etwa weil der Behörde ein Ermessens- oder Beurteilungsspielraum zustand –, dann kann die Verurteilung im Fortsetzungsfeststellungsstreit nicht weitergehen, als dies im Prozeß auf Erteilung der Begünstigung selbst der Fall wäre. Der Antrag muß dann auf Feststellung der Rechtswidrigkeit der Ablehnung und ggf. Pflicht zur Neubescheidung gehen (BVerwGE 72, 41; BVerwG, NVwZ 1985, 573). Wichtig für die Zulässigkeit der Fortsetzungsfeststellungsklage ist es in diesem Fall auch, daß es sich um den gleichen Gegenstand handelt und die gleiche Beurteilungsgrundlage gegeben ist. Andernfalls ist der Antrag unzulässig (BVerwG, NVwZ 1992, 563).

e) Fortsetzungsfeststellungsklage nach Unterlassungs- oder Leistungsklage

66   Nicht nur Regelungen können sich „erledigen". Auch tatsächliche Verwaltungshandlungen können ihre rechtliche Bedeutung verlieren; dies zwar nicht in dem Sinne, daß sie unwirksam werden, aber dadurch, daß die in ihnen liegende faktische Belastung endet oder dadurch, daß eine tatsächliche Leistung wertlos oder gegenstandslos wird. Dann wäre eine Unterlassungs- oder Leistungsklage für erledigt zu erklären. Deshalb sind auch bei tatsächlichem Verwaltungshandeln Fälle denkbar, in denen Bedarf an einer gerichtlichen Feststellung der Rechtswidrigkeit des tatsächlichen Verwaltungshandelns oder dessen Verweigerung besteht.

Beispiele: Leistungsklage auf Benennung eines Informanten, die sich durch anderweitige Information des Kl. erledigt hat; Leistungsklage auf Beseitigung eines Müllcontainers, der inzwischen an eine andere Stelle verbracht wurde; Unterlassungsklage gegen eine lebensmittelrechtliche Warnmitteilung nach Rückzug des Lebensmittels vom Markt und Widerruf durch die Behörde; Nachholung einer fehlerhaften Abstimmung im Gemeinderat.

67   Die Ausdehnung der Fortsetzungsfeststellungsklage auf diese Fälle ist erforderlich, wenn auch nicht unbestritten (vgl. *Pietzner/Ronellenfitsch,* Assessorexamen, § 11, Rd.-Nr. 9; dagegen *Schenke,* VwProzR, Rd.-Nr. 337; *Rozek,* JuS 1995, 414, 416; OVG Hamburg NVwZ 1995, 1135). Eingewandt wird u. a., daß die Fortsetzungsfeststellungsklage eng an den VA gebunden sei und daß in ihrer Übertragung auf die Leistungsklage eine Umgehung der Anfechtungs- oder Verpflichtungsklage liegen könne. Diese Einwände überzeugen aber nicht. So zeigen schon die Beispiele, daß insbesondere bei Wiederholungsgefahr einer faktischen Belastung oder der Verweigerung einer tatsächlichen Handlung ein Bedürfnis für die Feststellung der Rechtswidrigkeit bestehen kann. Die allgemeine Feststellungsklage hilft hier nicht, wenn die Wirkungen des Rechtsverhältnisses nicht mehr andauern. Wie eine Anfechtungs- oder Verpflichtungsklage umgangen werden soll, wenn es gerade nicht um eine Regelung geht, ist gleichfalls nicht ersichtlich. Daher ist unter den (analog zu übertragenden) Bedingungen des § 113 I 4 auch die Fortsetzungsfeststellungsklage nach Erledigung der allgemeinen Leistungsklage statthaft (wie hier VGH München, NVwZ-RR 1991, 519; VGH München, BayVBl. 1992, 310).

f) Die Fortsetzungsfeststellungsklage nach „Erledigung" einer Rechts-norm

Sehr umstritten ist auch, ob die Fortsetzungsfeststellungsklage **68** nach Außerkrafttreten einer Rechtsnorm in Betracht kommt. Auch hier zeigen zunächst Fallbeispiele, daß durchaus eine Lücke bestehen würde, wenn die Feststellung der Rechtswidrigkeit in diesen Fällen nicht möglich wäre.

Beispiele: Außerkrafttreten der Festlegungen in einem Bebauungsplan, Aufhebung einer Veränderungssperre (BVerwGE, NJW 1984, 881); Ablauf einer Gebührensatzung oder eines für allgemeinverbindlich erklärten Tarifvertrags.
Die Normenkontrolle nach § 47 ist nur statthaft, solange die Norm erlassen ist. Sie ist im allgemeinen nicht (mehr) statthaft, wenn die Rechtsnorm schon außer Kraft getreten ist. Hier besteht aber Einigkeit darin, daß zumindest dann ein fortgesetzter Rechtsschutz nötig ist, wenn von der außer Kraft getretenen Norm noch Wirkungen ausgehen, wenn z. B. auf ihrer Grundlage noch Rechtsverhältnisse abgewickelt werden (BVerwGE 56, 172, 176; 68, 12, 14). In diesen Fällen bleibt eine schon erhobene Normenkontrollklage zulässig (zuletzt BVerwG, NJW 1984, 881).

g) Feststellung nach Normerlaß

Geht man von der Zulässigkeit einer „Normerlaßklage" aus, so **69** kann die „Fortsetzungsfeststellungsklage" dahingehen, daß die Versagung des Normerlasses rechtswidrig war, wenn der Kl. ein Interesse zur Feststellung hat (so zu Recht *Duken,* NVwZ 1993, 548; angedeutet bei BVerwG, DÖV 1989, 449 – Verweigerung der Allgemeinverbindlicherklärung eines Tarifvertrags).

h) Fortsetzungsfeststellungsklage nach Feststellungsklage?

Keine **Fortsetzungs**feststellungsklage i. S. v. § 113 I 4 und deren **70** sonstige Voraussetzungen liegt vor, wenn die „Ausgangsklage" selbst eine Feststellungsklage war. Ist das streitige Rechtsverhältnis beendet, dann ist eine „Fortsetzung" des Rechtsstreits allerdings denkbar, wenn dieses Rechtsverhältnis noch Wirkungen erzeugt. Es handelt sich dann aber um eine „einfache" Feststellungsklage, und eine Anwendung von § 113 I 4 VwGO kommt nicht in Betracht.

3. Besonderes Feststellungsinteresse

71   Die Fortsetzungsfeststellungsklage ist wie jede Feststellungsklage nur zulässig, wenn der Kl. ein besonderes *Feststellungsinteresse* geltend machen kann. Das Feststellungsinteresse wird im allgemeinen bejaht:

– bei **Wiederholungsgefahr,**

– zur Beseitigung einer fortbestehenden Diskriminierung **(Rehabilitationsinteresse),**

– zur Klärung der Rechtswidrigkeit beim beabsichtigten **Amtshaftungs–** oder **Entschädigungsprozeß,**

– bei Beeinträchtigung einer wesentlichen **Grundrechtsposition.**

a) Wiederholungsgefahr

72   Augenfällig besteht das Feststellungsinteresse, wenn eine **Wiederholung** der erledigten Maßnahme droht. Ohne die Fortsetzungsfeststellungsklage müßte der Kl. dann erneut eine entsprechende Maßnahme abwarten, die aber wieder erledigt sein könnte, bevor ihre Rechtmäßigkeit geklärt ist. Für das Feststellungsinteresse wegen Wiederholungsgefahr reicht die abstrakte Möglichkeit einer künftigen Handlung aber nicht aus. Es müssen vielmehr **konkrete Anhaltspunkte** für den Eintritt einer erneuten Belastung bei einem vergleichbaren und abzusehenden Sachverhalt vorgetragen werden (BVerwGE 42, 318, 326; 80, 355, 365; VGH München, BayVBl. 1983, 434).

> **Beispiele:** Zu erwartendes Verbot bei Wiederaufnahme einer Tätigkeit; Ankündigung eines Versammlungsverbots für ähnliche Demonstration; Ankündigung der Beschlagnahme des Instruments eines Straßenmusikers, wenn dieser wieder in der gleichen Stadt spielen sollte; Wahlbeeinflussung bei erneuter Bewerbung des Kandidaten bei nächster Bürgermeisterwahl (VGH München, BayVBl. 1984, 79).

73   Bei der Fortsetzungsfeststellungsklage nach erledigter **Verpflichtungs–** oder **Leistungsklage** besteht die Wiederholungsgefahr dann, wenn aufgrund der Sachlage abzusehen ist, daß der Kl. einen entsprechenden Antrag wieder stellen und die Behörde unter den gleichen rechtlichen und tatsächlichen Verhältnissen den Antrag wieder ablehnen wird (BVerwG, DVBl. 1983, 850); z. B. weil sie nach bestimmten Vergaberichtlinien handelt (**Beispiel:** Zulassung von Schaustellern zum Volksfest – VGH München, NVwZ-RR 1991, 550).

Erklärt die Behörde ernsthaft, sie werde es von sich aus nicht zur Wiederho- **74** lung kommen lassen, dann kann dies das Feststellungsinteresse ausschließen – es sei denn, es lägen Anhaltspunkte für ein widersprüchliches Verhalten und für eine Änderung der Verwaltungspraxis vor. Das Feststellungsinteresse fällt fort, wenn der Kl. sich selbst aus dem „Gefahrenbereich" einer Wiederholung begeben hat – z. B. ein Gewerbe aufgegeben hat, auf das sich die Maßnahme bezog (**Beispiel:** Aufgabe eines Mietwagenunternehmens und ungeklärte Absicht der Wiederaufnahme – VGH München, BayVBl. 1973, 383). Von Wiederholungsgefahr kann auch nicht die Rede sein, wenn die Entscheidung auf eine ganz bestimmte der Natur nach einmalige Situation zugeschnitten war (**Beispiel:** Beamtenernennung hinsichtlich einer konkreten Stelle mit einem individuellen Anforderungsprofil), oder wenn der Kl. auf leichtere oder weitergehende Weise eine Wiederholung vermeiden kann (**Beispiel:** Klage wegen Rechtswidrigkeit der Entziehung eines Reisepasses, wenn jederzeit ein neuer Paß beantragt werden kann).

b) Rehabilitationsinteresse

Unter dem Stichwort **„Rehabilitationsinteresse"** werden Fälle **75** zusammengefaßt, in denen von der ursprünglichen Maßnahme eine diskriminierende Wirkung ausgeht, die auch nach der Erledigung fortwirkt.

Beispiele: Behandlung als Störer während einer Demonstration (BVerwGE 26, 168); rechtswidriges Urteil über die berufliche Eignung eines Beamten; Überwachung des Post- und Fernmeldeverkehrs wegen Verdachts einer Straftat (BVerwG, NJW 1991, 581); rechtswidrige Prüfungsentscheidung oder Nichtversetzung im Schul- und Hochschulbereich; Versagung einer Gaststättenerlaubnis wegen Unzuverlässigkeit (nicht aber wegen schlechten baulichen Zustands des Gebäudes).

In diesen Fällen entfällt das Feststellungsinteresse grundsätzlich, **76** wenn die „Rehabilitation" auf andere Weise erreicht wurde oder (z. B. durch Ausscheiden aus einem Beruf oder dem Gemeinderat) entbehrlich wurde (BVerwG, NVwZ 1991, 570 – kein Feststellungsinteresse nach Betriebseinstellung). Die von einer rechtswidrigen Prüfung ausgehende „Negativwirkung" wird aber nicht allein dadurch beseitigt, daß der Kandidat die Wiederholungsprüfung besteht (so zu Recht BVerwGE 55, 355, 357; BVerwG,

NVwZ 1992, 56: Das „Image" eines Wiederholers wirkt im weiteren Berufsleben diskriminierend).

c) Vorbereitung eines Amtshaftungs- oder Entschädigungsprozesses

77   Lange Zeit umstritten war die dritte Fallgruppe. Geht es um eine rechtswidrige Maßnahme, die möglicherweise geeignet ist, Entschädigungs- oder Amtshaftungsansprüche auszulösen, so ist das Zivilgericht nach § 121 VwGO durch die Rechtskraft des Feststellungsurteils gebunden (BVerwGE 9, 196, 198). Dann soll dem Kl. nach Erledigung des Verwaltungsprozesses nicht zugemutet werden, in einem entsprechenden Amtshaftungsprozeß vor dem Zivilgericht „von vorn anzufangen". (umstr.; anders z. B. VGH Mannheim, NVwZ-RR 1991, 518; Bedenken auch bei *Schenke*, VwProzR, Rd.-Nr. 578).

78   Die Begründung, den Kl. nicht um die „Früchte" des bereits begonnenen Verwaltungsprozesses zu bringen, deutet aber auch schon auf die wichtigste Ausnahme: Hat sich die Maßnahme schon **vor** der Klageerhebung erledigt, dann besteht kein Interesse an der Aufnahme eines Verwaltungsprozesses. Hier erreicht der Kl. eindeutig mehr, wenn er sogleich vor dem ordentlichen Gericht klagt. Alles andere würde auf eine „freie Wahl" der Rechtswege hinauslaufen und im übrigen gegen den Grundgedanken von Art. 14 III bzw. Art. 34 GG verstoßen. Deshalb kann und muß hier die Rechtswidrigkeit durch das ordentliche Gericht geprüft werden (BVerwG, NJW 1989, 2486). Ebenso fehlt das Feststellungsinteresse, wenn sich der Mißerfolg des angestrebten Amtshaftungsprozesses bereits aufdrängt.

Beispiele: Schadensersatz wegen Nichternennung bei verspäteter Einweisung in eine begehrte Planstelle (BVerwG, NVwZ 1987, 229); „sich-Aufdrängen" des Mißerfolgs (BVerwG, NVwZ 1991, 568).

d) Grundrechtsbeeinträchtigung

79   Fraglich ist, ob ein Forsetzungsfeststellungsinteresse sich alleine aus einer Grundrechtsbeeinträchtigung durch die ursprüngliche Maßnahme ergibt. Das hat die Rechtsprechung – teilweise „in Kombination" mit anderen Gründen – z. B. bei Abhörmaßnahmen (BVerwGE 87, 23) sowie bei Eingriffen in die Versammlungsfreiheit (OVG Bremen, NVwZ 1987, 235) angenommen. Gründe hierfür werden im effektiven Rechtsschutz und wohl auch im Recht auf Freiheit vor ungesetzlicher Grundrechtsbeeinträchtigung gesehen.

Beispiel: Streit um Elternrecht und Schulbuchzulassung nach Entlassung des Kindes aus der Schule (BVerwGE 61, 174); Streit um Teilnahmepflicht an Tierversuchen nach erfolgreicher Beendigung des Praktikums (VGH Mannheim, NJW 1984, 1832).

Bei näherem Hinsehen kann aber der Schluß auf das Feststellungsinteresse **80** bei einem „besonders wichtigen Grundrecht" nicht überzeugen. In nahezu allen Fällen berührt erledigtes Verwaltungshandeln irgendein Grundrecht (so auch *Schenke,* FS Menger, 472), und die Heraushebung besonders wichtiger Grundrechte würde hier zu einer unangemessenen Klassifizierung grundrechtlicher Schutzbereiche führen. Es erscheint deshalb besser, Wiederholungsgefahr, Rehabilitationsinteresse und Vorbereitung eines Amtshaftungsprozesses als wesentlich konkretere Fallgruppen zu benennen und die Berührung eines Grundrechts allenfalls als zusätzliches Indiz für das Feststellungsinteresse anzunehmen. Liegen dagegen weder Wiederholungsgefahr noch Rehabilitationsinteresse vor, dann kann auch ein ursprünglich tangiertes Grundrecht das Feststellungsinteresse nicht begründen.

e) Sonstige Fälle

Geschildert wurden nur typische Fallgruppen des Feststellungs- **81** interesses. Dieses kann sich aber auch aus weiteren Gründen ergeben. So kann eine Gemeinde z. B. ein Interesse an der Feststellung der Bebaubarkeit eines Grundstücks haben oder die Klärung der Rechtmäßigkeit einer Maßnahme zur Abwehr von drohenden Amtshaftungsansprüchen betreiben.

4. Klagebefugnis

Die Fortsetzungsfeststellungsklage setzt die Ausgangsklage le- **82** diglich fort. Deshalb müssen im Moment ihrer Erhebung deren Zulässigkeitsvoraussetzungen (außer der Wirksamkeit der ursprünglichen Entscheidung) gegeben sein. Schon daraus wird deutlich, daß die **Klagebefugnis** gegeben sein muß, wenn diese für die ursprüngliche Klage erforderlich wäre (BVerwG, NJW 1982, 2513). Kein Gegenargument ist auch hier das notwendige

Feststellungsinteresse, denn dieses richtet sich nur auf die Feststellung als solche, nicht notwendigerweise auf die Möglichkeit der Rechtsverletzung durch die ursprüngliche Maßnahme oder deren Unterlassung (so zu Recht *Knöpfle,* FS Lerche, 774).

Die Fortsetzungsfeststellungsklage ist also nur zulässig, wenn der Kl. geltend machen kann, daß er selbst durch die ursprüngliche Maßnahme oder deren Unterlassung möglicherweise in seinen Rechten verletzt war. Über die Anfechtungs- und Verpflichtungsklage hinaus gilt das nach richtiger Auffassung auch für Unterlassungs- und Leistungsklagen. Einzig bei Feststellung der Rechtswidrigkeit einer außer Kraft getretenen Norm reicht konsequenterweise die Antragsbefugnis nach § 47 VwGO.

5. Widerspruchsverfahren

83   Ist der Verwaltungsprozeß bei Erledigung schon anhängig, stellt sich die Frage des Widerspruchsverfahrens nicht. Auch für den Fall der Erledigung **vor** Klageerhebung geht die Rechtsprechung durchweg davon aus, daß ein Widerspruchsverfahren nicht mehr durchzuführen sei, weil dieses gegenstandslos ist (BVerwGE 26, 161, 165; 56, 24, 26; 81, 226, 229).

84   In der Literatur wird aber vertreten, daß der Widerspruch sich nicht nur auf Aufhebung oder Erledigung richtet, sondern daß im Rahmen von § 68 auch die Feststellung der Rechtswidrigkeit möglich sei. Der Kl. müsse also in diesem Fall vor Überprüfung durch das VG Widerspruch einlegen, um der Verwaltung die Möglichkeit der Überprüfung des erledigten Verwaltungshandelns zu geben (so insbes. *Schenke,* FS Menger, 467; *Pietzner/Ronellenfitsch,* Assessorexamen, § 31, Rd.-Nr. 29; besonders ausführlich auch *Schoch,* Übungen, 250).

Letztlich kann diese Auffassung aber nicht überzeugen. Nur die Feststellung durch das Gericht schafft eine verbindliche Klärung, und das Widerspruchsverfahren ist nicht auf die abstrakte Prüfung der Rechtswidrigkeit einer schon erledigten Maßnahme ausgerichtet, sondern setzt den (noch) wirksamen VA voraus. Hat sich dieser schon erledigt, kann das Widerspruchsverfahren seine wesentliche Funktion nicht mehr erfüllen.

Dagegen erscheint es grundsätzlich nicht zwingend, dem Kl. und der Verwaltung jede Möglichkeit zur Überprüfung der Rechtmäßigkeit eines VA durch die Verwaltung selbst zu verwehren. Die Einführung eines „Fortsetzungsfeststellungswiderspruchs" wäre aber – ähnlich wie der Antrag nach § 44 V VwVfG – Sache des Gesetzgebers.

6. Frist

Bei der Erledigung **nach** Klageerhebung stellt sich kein Frist- 85
problem. Bei Erledigung **vor** Erhebung der Klage darf aber die
Widerspruchsfrist nicht unterlaufen werden. Es besteht daher Einigkeit, daß der VA im Moment der Erledigung **jedenfalls noch
anfechtbar** sein mußte. War die Frist schon abgelaufen, dann
eröffnet auch diese Klage keine Möglichkeit zur gerichtlichen
Überprüfung des vor Erledigung bereits bestandskräftigen VA (so
zu Recht BVerwGE 26, 161, 167; *Erichsen,* JURA 1989, 50).

7. Antrag

Für die Fortsetzungsfeststellungsklage ist nach § 113 I 4 VwGO 86
ein besonderer **Antrag** erforderlich. Das Gericht darf also nicht
etwa von Amts wegen die Rechtswidrigkeit der erledigten Maßnahme feststellen. Der Feststellungsantrag ist auch nicht im ursprünglichen Aufhebungsantrag enthalten (*Schenke,* FS Menger,
463). Für den Antrag ist, da es sich nicht um eine Klageänderung
handelt, keine Zustimmung der übrigen Beteiligten erforderlich.

Literatur zu § 18 V: *Schenke,* Rechtsschutz gegen erledigtes Verwaltungshandeln, JURA 1980, 133; *ders.,* Die Fortsetzungsfeststellungsklage, FS Menger (1985), 461; *Erichsen,* Die Fortsetzungsfeststellungsklage, JURA 1989,
49 ff.; *Rozek,* Grundfälle zur verwaltungsgerichtlichen Fortsetzungsfeststellungsklage, JuS 1995, 414, 598, 697; *Kopp,* in: *Stober,* Rechtsschtuz, S. 45 ff.

Übersicht 10: Sachentscheidungsvoraussetzungen der   87
Fortsetzungsfeststellungsklage

I. Rechtsweg und zuständiges Gericht

II. Zulässigkeit
   1. Beteiligtenbezogene Zulässigkeitsvoraussetzungen
   2. Statthaftigkeit
      a) Ursprünglicher Klagegegenstand: VA
      b) Erledigung nach Klageerhebung (§ 113 I 4 VwGO)
         – *analoge Anwendung bei Erledigung vor Klageerhebung*
         – *analoge Anwendung bei Verpflichtungs- und Leistungsklagen (für letztere
           umstritten)*
   3. Klagebefugnis (bezogen auf den ursprünglichen VA usw.)
   4. Besonderes Feststellungsinteresse

a) Wiederholungsgefahr
b) Rehabilitationsinteresse
c) beabsichtigte Geltendmachung von Amtshaftungsansprüchen (nicht bei Erledigung vor Klageerhebung)
d) Beeinträchtigung eines Grundrechts durch erledigte Entscheidung
5. Kein Widerspruchsverfahren (umstritten)
6. Keine Klagefrist – mögliche Verwirkung bei Unanfechtbarkeit vor Klageerhebung
7. Sonstige Zulässigkeitsvoraussetzungen

VI. Zwischenfeststellungsklage (§ 173 VwGO i. V. m. § 256 II ZPO) und sonstige Feststellungsklagen

1. Allgemeines

88   Nach § 256 II ZPO kann der Kläger bis zum Schluß der mündlichen Verhandlung durch Erweiterung des Klageantrags, der Beklagte durch Erhebung einer Widerklage beantragen, daß ein im Laufe des Prozesses streitig gewordenes Rechtsverhältnis, von dessen Bestehen oder Nichtbestehen die Entscheidung des Rechtsstreits ganz oder zum Teil abhängt, durch richterliche Entscheidung festgestellt werde.

Die Zwischenfeststellungsklage dient also der **Fixierung** eines im Verlauf des Rechtsstreits streitig gewordenen Rechtsverhältnisses, das für die Entscheidung in der Hauptsache entscheidend („vorgreiflich") ist. Ihr Zweck ist die Erstreckung der Rechtskraft auf dieses Rechtsverhältnis, das ja nicht unbedingt Gegenstand der Entscheidung in der Hauptsache sein muß (*Thomas/Putzo,* ZPO, § 256 II 1).

2. Zulässigkeit

89   Nach allgemeiner Auffassung ist die Zwischenfeststellungsklage auch im Verwaltungsprozeß nach § 173 VwGO statthaft (in der Rechtsprechung stets offengelassen, zur h. L. vgl. aber *Kopp,* VwGO, § 43, Rd.-Nr. 33 ff.; *Pietzner/Ronellenfitsch,* Assessorexamen, § 11 Rd.-Nr. 17).

Voraussetzung ist, daß das streitig gewordene Rechtsverhältnis dem Öffentlichen Recht zugehört und über die Hauptsache hin-

ausgeht. Die Zwischenfeststellungsklage ermöglicht also keinen
Vorgriff auf die Hauptsache. Nach h. L. wird das Feststellungsinteresse durch die „Vorgreiflichkeit" des streitigen Rechtsverhältnisses ersetzt.

3. Bestätigung eines Vereinsverbots

Ein Sonderfall des Feststellungsurteils ist die Bestätigung eines 90
Vereinsverbots nach dem Vereinsgesetz (BVerwG, NJW 1981,
1796).

§ 19 Die Normenkontrolle

I. Allgemeines

1. Begriff

Gerichtliche Normenkontrolle ist die Überprüfung von Rechts- 1
normen durch die Gerichtsbarkeit. Sie ist **abstrakt,** d. h. vom Einzelfall losgelöst, oder **konkret,** d. h. eingebettet in die Entscheidung eines bestimmen Falles. Normen können als solche unmittelbar kontrolliert werden (prinzipale Normenkontrolle) oder bei
der gerichtlichen Entscheidung über eine auf ihrer Grundlage ergangene Einzelfallregelung (Incidenter-Kontrolle).

> **Beispiele** für die abstrakte Normenkontrolle sind das Verfahren nach
> Art. 93 I 2 GG, die Verfassungsbeschwerde (Art. 93 I 4a GG), wenn sich diese
> gegen eine Rechtsnorm richtet, aber auch die sog. „Popularklage" nach Art. 98
> S. 4 BayVerf. Die **konkrete** Normenkontrolle durch das Bundesverfassungs-
> gericht ist abschließend in Art. 100 GG geregelt. Sie wird durch Richtervorlage
> ausgelöst.

Grundsätzlich wichtig zum Verständnis der Normenkontrolle 2
ist ihr Prüfungsmaßstab: Dieser kann sich **objektiv** auf die Einhaltung höherrangigen Rechts beziehen, er kann aber auch **subjektiv**
sein; dann kommt eine Aufhebung der Norm nur in Betracht,
wenn sie konkret in Rechte eines Einzelnen eingreift.

2. Verfassungsrechtlicher Hintergrund

3 Die oben genannten Beispiele für die Normenkontrolle betreffen nicht umsonst die *Verfassungsgerichtsbarkeit.* Dieser steht im Normalfall die Normenkontrolle zu. Eine Verwerfungskompetenz der Gerichte über formelle Gesetze würde der Gewaltenteilung widersprechen, denn der Richter steht nicht über dem Parlamentsgesetz. Das ist der Grund, warum auch § 47 VwGO die Normenkontrolle auf untergesetzliche Normen beschränkt. Gewaltenteilungsprobleme waren es auch, die den Bundesgesetzgeber zögern ließen, die Normenkontrolle „flächendeckend" einzuführen. § 47 VwGO überließ zunächst die Entscheidung dem Landesgesetzgeber, bevor nach langem Ringen durch Gesetz vom 24. 8. 1976 (BGBl. I, S. 2437) wenigstens für die Satzungen und Rechtsverordnungen nach dem damaligen BBauG und dem StBauFG (heute einheitlich: BauGB) die Normenkontrolle vorgeschrieben wurde. Für die übrigen im Range unter dem Landesgesetz stehenden Normen sind die Länder nach wie vor frei: (Einzelh.: Rd.-Nr. 13 ff.)

4 Bei näherem Hinsehen zeigt sich, daß die Argumente gegen eine durchgängige gerichtliche Normenkontrolle von untergesetzlichem Recht nicht mehr tragfähig sind: Zumal aus dem **Demokratieprinzip** läßt sich gegen die Normenkontrolle nichts einwenden. So kann auch die historisch überholte und mißverständliche Bezeichnung von Rechtsverordnungen und Satzungen als „Gesetz im materiellen Sinne" nicht darüber hinwegtäuschen, daß es sich bei diesen Normen um nichts anderes als um abstrakt-generelle Regelungen der **Exekutive** handelt, die auch dem Gericht gegenüber nicht an der Dignität des Gesetzes teilhaben. Sie können also voll auf ihre Gesetz- und Verfassungsmäßigkeit überprüft und ggf. verworfen werden.

Auch aus dem Gesichtspunkt der **Selbstverwaltungsgarantie** (z. B. Art. 28 II GG) besteht kein Anlaß zur Einschränkung der Normenkontrolle. Satzungen und andere Rechtsnormen der Gemeinde sind nicht weniger überprüfbar als Rechtsverordnungen im übertragenen Wirkungskreis und vom Gemeinderat verabschiedete Einzelentscheidungen. Das Planungsermessen spricht nicht gegen eine grundsätzliche gerichtliche Überprüfung von Gemeindeplänen; es ist allenfalls – wie bei anderen Abwägungs- und Planungsentscheidungen auch – im Rahmen der Begründetheit zu beachten.

5 Aus verfassungsrechtlicher Sicht sind eher die noch bestehenden Einschränkungen der Normenkontrolle bedenklich. Wenn abstrakt-generelle Regelungen unmittelbar in die Rechte von Normenbetroffenen eingreifen, handelt es sich unstreitig um „öffentliche Gewalt" im Sinne von Art. 19 IV GG, die bei weitem nicht immer erst durch nachfolgende Vollzugsmaßnahmen konkretisiert wird. Demnach ist die alte Auffassung, diese Verfassungsbestimmung verlange nicht zwingend die Einführung einer prinzipalen Normenkontrolle (BVerfGE 31, 364, 370) nicht mehr haltbar. Das gilt umso mehr, als Rechtsnormen immer häufiger Rechte des Bürgers tangieren (Prüfungsordnungen, Zulassungsordnungen, Baumschutzsatzungen, Gebührensatzungen usw.). Auch in denjenigen Ländern, die sich bis jetzt nicht zur Einführung der Normenkontrolle verstanden haben, muß daher nach Art. 19 IV GG die Möglichkeit der gerichtlichen Kontrolle bestehen. Dies kann im Wege der Feststellungsklage geschehen. Art. 19 IV GG setzt auch jedem weiteren gesetzgeberischen Versuch Grenzen, die Rechtsfolgen von Verfahrens- und anderen Fehlern für unbeachtlich zu erklären (krit. wie hier *Schmitt Glaeser,* VwProzR, Rd.-Nr. 403; *Stern,* Verwaltungsprozessuale Probleme, Rd.-Nr. 174).

3. Klage oder Antrag?

Die Normenkontrolle wird nach der strikten Sprachregelung in **6** Literatur und Rechtsprechung durch einen **Antrag** eingeleitet, also nicht als „Klage" bezeichnet. Begründet wird das damit, es handle sich nicht primär um ein Verfahren des subjektiven Rechtsschutzes, sondern um ein **objektives Beanstandungsverfahren.** Zum anderen wird betont, daß sich Antragsteller und Normgeber nicht unmittelbar als Partei gegenüberstehen; das Urteil also nicht „inter partes" sondern „inter omnes", also „in der ganzen Rechtsgemeinschaft", wirke (BVerwGE 56, 172, 174; gegen jedes subjektive Element *Renck,* BayVBl. 1979, 226; differenz. *Maurer,* FS Kern [1968], 288).

Über diese Argumente ist die Entwicklung der Normenkontrolle aber längst hinweggegangen. Als einzige Verfahrensart der VwGO richtet sie sich zwar auf eine objektive Kontrolle; sie dient aber zumindest gleichgewichtig auch dem subjektiven Rechtsschutz (BVerwGE 68, 12, 14 = NJW 1984, 811; BVerwG, NVwZ 1990, 158). Das subjektive Element kommt auch in einer weitgehenden Annäherung von Antragsbefugnis und Klagebefugnis zum Ausdruck. Überdies stehen sich Antragsteller und Normgeber im Verfahren praktisch doch als Beteiligte gegenüber; die Klage gegen den falschen Normgeber ist mindestens unbegründet, wenn nicht unzulässig. Zu Recht hat auch das BVerfG die Normenkontrolle als vor der Verfassungsbeschwerde zu erschöpfenden Rechtsweg im Sinne von § 90 II BVerfGG angesehen (BVerfGE 70, 35, 53). Es spricht also nichts dagegen, die alten Zöpfe abzuschneiden und das Verfahren als das zu behandeln, was es ohnehin längst ist: die **Normenkontrollklage** der VwGO.

Literatur zu § 19 I: H. *Maurer,* Rechtsschutz gegen Rechtsnormen, FS Kern (1968), 275; *Schenke,* Rechtsschutz bei normativem Unrecht (1979); W. *Berg,* Alte und neue Fragen zur verwaltungsgerichtlichen Normenkontrolle, DÖV 1981, 889; *Papier,* Normenkontrolle, § 47 VwGO, FS Menger (1985), 517; *Renck,* Verwaltungsgerichtliche Normenkontrolle: Rechtsschutz oder Rechtsbeanstandungsverfahren?, BayVBl. 1985, 263; *Paetow,* Erfahrungen mit der verwaltungsgerichtlichen Normenkontrolle – eine Zwischenbilanz, NVwZ 1985, 309; *Schenke,* VwProzR, Rd.-Nr. 871.

II. Rechtsweg und zuständiges Gericht

1. Allgemeines

7   Nach § 47 I entscheidet das OVG (bzw. der VGH) **im Rahmen seiner Gerichtsbarkeit.** Das bedeutet, daß der Verwaltungsrechtsweg eröffnet sein muß. Schon daraus folgt, daß private Benutzungsordnungen, allgemeine Geschäftsbedingungen usw. nicht Gegenstand der Normenkontrolle sein können. Die Normenkontrolle nach § 47 VwGO ist nichts anderes als die gerichtliche Kontrolle gewöhnlicher (abstrakt-genereller) **Verwaltungshandlungen.** Sie ist daher auch **nicht verfassungsrechtliche Streitigkeit** i. S. v. § 40 VwGO (anders aber *Schenke,* VwProzR, Rd.-Nr. 132).

2. Zuständigkeit

Sachlich zuständig ist immer das OVG bzw. der VGH. Ab- **8**
grenzungsprobleme der örtlichen Zuständigkeit kann es nicht geben, da der Gegenstand immer untergesetzliches Landesrecht ist
und in jedem Land nur ein zuständiges Gericht vorhanden ist. Als
Ausnahmevorschrift ist die Zuständigkeitsregel des § 47 I VwGO
restriktiv auszulegen. Eine analoge Anwendung – z. B. auf Klagen
auf Erlaß einer Norm oder bei Feststellungsklagen auf Nichtigkeit
einer Norm – kommt nicht in Betracht.

3. Der Vorbehalt zugunsten der Landesverfassungsgerichts-
barkeit

Unsicherheit besteht über die exakte Einordnung der Vorbe- **9**
haltsklausel des § 47 III VwGO. Nach dieser prüft das OVG die
Vereinbarkeit der Rechtsvorschrift mit Landesrecht nicht, soweit
gesetzlich vorgesehen ist, daß die Rechtsvorschrift ausschließlich
durch das Verfassungsgericht eines Landes nachprüfbar ist. Nachdem die „Vorgänger" der heutigen Fassung in Rechtsprechung
und Literatur erhebliche Verwirrung gestiftet hatten, schafft die
Betonung des **„ausschließlich"** Klarheit: Der Vorbehalt besteht
nur dann, wenn es in einem Prozeß **nur** um die Vereinbarkeit einer
Rechtsvorschrift mit Landesverfassungsrecht geht. Besteht inhaltsgleiches Bundesrecht oder sind in eine Abwägungsentscheidung nach bundesgesetzlichen Bestimmungen Aspekte der Landesverfassung einzubeziehen, so ergibt sich keine Einschränkung.
Praktisch wichtig ist der Fall nur noch in Bezug auf Art. 132 Hess-
Verf und vor allem in Bezug auf die Popularklage nach Art. 98
S. 4 BayVerf i. V. m. Art. 53 BayVerfGHG (vgl. BayVerfGH,
BayVBl. 1984, 235; M. *Sachs,* BayVBl. 1982, 396).

Umstritten ist noch, ob es sich bei § 47 III um eine Zulässigkeitsvoraussetzung oder nur um eine Frage des Prüfungsmaßstabs (also ein Begründungspro-
blem) handelt. Beruft sich ein Antragsteller ausschließlich auf Landesverfassungsrecht, so kann in Bayern und Hessen der Antrag von vornherein keinen
Erfolg haben. Dann liegt insofern **kein Rechtsschutzbedürfnis** vor. Im übrigen ist auf die Frage allenfalls bei der Begründetheit einzugehen (*Ule,*
VwProzR, 160).

III. Beteiligte, Beteiligtenfähigkeit

1. Allgemeines

10   Beteiligtenfähigkeit und Prozeßfähigkeit richten sich nach
§§ 61/62 VwGO, soweit sich nicht aus § 47 etwas besonderes ergibt. Zu beachten ist, daß es sich nach der überkommenen Terminologie bei § 47 VwGO nicht um „Kläger" und „Beklagten" sondern um **Antragsteller** und **Antragsgegner** handelt.

2. Antragsfähigkeit von Behörden

11   Über die Beteiligungsfähigen im Sinne von § 61 VwGO hinaus
können auch Behörden den Antrag nach § 47 stellen. Das gilt auch
in denjenigen Bundesländern, die von der Ermächtigung des § 61
Ziff. 3 nicht Gebrauch gemacht haben. Gemeinden und andere
Körperschaften des Öffentlichen Rechts können also auf zwei Wegen Beteiligte sein: Als Betroffene (z. B. des Bebauungsplans einer
Nachbargemeinde) und als Behörde, soweit sie eine Rechtsnorm
anzuwenden haben (vgl. BVerwGE, DVBl. 1989, 662). Nicht
antragsfähig sind dagegen Gerichte.

Antragsgegner ist nach § 47 II 2 die Körperschaft, Anstalt oder
Stiftung, die die Rechtsvorschrift erlassen hat. Es gilt also das
Rechtsträgerprinzip. Zu beachten ist, daß die Gemeinde auch An-
tragsgegner für die im übertragenen Wirkungskreis erlassenen
Rechtsverordnungen ist.

3. Beiladung

12   Nach wie umstritten ist die Frage, ob im Normenkontrollverfahren nach § 47 VwGO eine Beiladung möglich ist. Das wird
von der Rechtsprechung (vgl. insbes. BVerwGE 65, 131, 136)
verneint, da der Kreis der Beizuladenden nicht abzugrenzen sei
und es der Rechtskrafterstreckung durch Beiladung nicht bedürfe,
da das Urteil ohnehin inter omnes (also zwischen allen am Rechts-
leben Beteiligten) wirke.

Diese Auffassung ist formalistisch und lebensfern, weil sie verkennt, daß es bei der Beiladung nicht nur um die Erstreckung der Rechtskraft, sondern auch um die Verfahrensstellung geht. So kann es sinnvoll und sogar im Hinblick auf Art. 19 IV GG erforderlich sein, daß der von einer Norm Begünstigte zu einem Verfahren beigezogen wird, in dem die Nichtigerklärung droht (wie hier auch OVG Münster, DVBl. 1980, 603; *Kopp,* VwGO, § 47, Rd.-Nr. 23). Wer aber – entgegen der hier vertretenen Auffassung – die Beiladung zum Normenkontrollverfahren verneint, muß denjenigen, die durch die Entscheidung in ihren Rechten betroffen werden, wenigstens Gelegenheit zur Äußerung geben.

Nicht beteiligt werden diejenigen juristischen Personen des Öffentlichen Rechts, die nach § 47 II 3 Gelegenheit zur Äußerung erhalten können, wenn ihre Zuständigkeit durch die Rechtsvorschrift berührt wird.

Literatur zu § 19 II und III: *Sachs,* § 47 III VwGO und dem GG inhaltsgleiches Landesverfassungsrecht, BayVBl. 1982, 396; *Dienes,* Beiladung im Normenkontrollverfahren gem. § 47 VwGO, DVBl. 1980, 672; *Stober,* Beiladung im Verwaltungsprozeß, FS Menger [1985], 401.

IV. Statthaftigkeit

Der Antrag nach § 47 kann sich beziehen auf **13**

– Satzungen, die nach den Vorschriften des BauGB erlassen worden sind bzw. Rechtsverordnungen nach § 246 II BauGB (§ 47 I 1),
– andere im Range unter dem Landesgesetz stehende Rechtsvorschriften, sofern das Landesrecht dies bestimmt (§ 47 I 2).

1. Rechtsvorschriften nach BauGB

Bundesweit können Satzungen (sowie die in Bremen und Ham- **14** burg an deren Stelle tretenden Rechtsverordnungen nach § 246 II BauGB) zum Gegenstand der Normenkontrolle gemacht werden. Es handelt sich also um die kraft gemeindlicher Planungshoheit im Selbstverwaltungsbereich erlassenen Normen.

Die wichtigsten **Beispiele** sind: der Bebauungsplan (Satzung nach § 10 BauGB) einschließlich dessen Änderungen oder Ergänzungen, die Satzung über die Veränderungssperre nach § 16 I/14 BauGB, die Arrondierungssatzung nach § 34 IV BauGB, die Erschließungssatzung nach § 132 BauGB, die Sanierungssatzung nach § 142, die Erhaltungssatzung nach § 172 BauGB, die nach § 246 II BauGB an die Stelle der Satzung tretenden Rechtsvorschriften (ausf. *Koch/Hendler,* BauR, S. 258 ff.).

Abgesehen von § 246 II BauGB bezieht sich § 47 I 1 also ausschließlich auf Satzungen, die als solche erlassen wurden. Nicht nach § 47 I 1 sondern nach § 47 I 2 (soweit das Landesrecht dies vorsieht) sind – jedenfalls bis zur Übernahme der Vorschriften in das BauGB – die Satzungen nach BauGBMaßnG (dazu *Birk,* NVwZ 1995, 629) sowie **sonstige** Rechtsverordnungen nach dem BauGB zu prüfen, z. B. die Verordnung der Landesregierung nach § 22 BauGB zur Fremdenverkehrsprägung von Gemeinden sowie die RVO über das Umlegungsverfahren nach § 46 II BauGB.

In einer umstrittenen Entscheidung hat das BVerfG (BVerfGE 70, 35 ff.) die Statthaftigkeit der Normenkontrolle auch für einen in Form eines Landesgesetzes ergangenen Bebauungsplan bejaht. Nahegelegen hätte, das Gesetz wegen Unterlaufens des rechtlichen Gehörs (Art. 19 IV GG) für verfassungswidrig zu erklären (kritisch zu der Entscheidung auch *Schenke,* DVBl. 1985, 1367).

15   Wie bei allen übrigen Gegenständen der Normenkontrolle kommt es auch bei der Satzung auf die äußere Form, nicht auf die „an sich" gebotene Form an. So ist der Normenkontrollantrag gegen einen einfachen Beschluß des Gemeinderats unstatthaft, auch wenn in diesem die Nichtigkeit eines Bebauungsplanes festgestellt wird (VGH Kassel, NJW 1987, 1661).

2. Andere Rechtsvorschriften

16   Nach § 47 I 2 ist der Normenkontrollantrag ferner gegen „andere im Range unter dem Landesgesetz stehende Rechtsvorschriften" statthaft, sofern das Landesrecht dies bestimmt.

Voraussetzungen sind also:

– Es muß sich um eine **Rechtsvorschrift** handeln,
– sie muß im Rang **unter dem Landesgesetz** stehen,
– das **Landesrecht** muß die Überprüfung durch das OVG vorsehen.

17   a) **Rechtsvorschriften** sind alle abstrakt-generellen Regelungen mit Außenwirkung. Es kommt auch hier auf die äußere Form oder die Bezeichnung als RVO oder Satzung an. Keine Rechtsvorschriften sind Benutzungsordnungen, soweit sie in der Form der Allgemeinverfügung ergehen, Verträge usw. Nach richtiger Auffassung kommt auch Gewohnheitsrecht **nicht** als Gegenstand der

Normenkontrolle in Betracht, da es sich nicht um eine Rechts**vor-schrift** handelt, die für nichtig erklärt werden könnte. Hier bleibt allenfalls eine Feststellungsklage (wie hier *Kopp,* VwGO, § 47, Rd.-Nr. 15; *Ule,* VwProzR, § 32 III 2; *Stern,* Verwaltungsprozessuale Probleme, Rd.-Nr. 177 – anders für eine sogen. Observanz, also auf Ortsebene bestehendes Gewohnheitsrecht, *Eyermann/Fröhler,* VwGO, § 47, Rd.-Nr. 19).

b) **Im Range unter dem Landesgesetz** stehen alle Rechtsnor- **18** men des Landesrechts, die nicht als förmliches Gesetz erlassen sind. Auf die Ermächtigungsgrundlage (Bundes- oder Landesrecht) kommt es nicht an. Gegenstand können niemals bundesrechtliche Normen, sehr wohl aber Rechtsverordnungen oder Satzung auf bundesrechtlicher Ermächtigungsgrundlage sein, es sei denn, das Landesrecht gibt eine bundeseinheitliche Regelung nur wieder (so VGH München, BayVBl. 1985, 240 für die „Notenskala" in der Juristenausbildung).

Gegenstand der Normenkontrolle sind daher vor allem

– .**Rechtsverordnungen** der Landesregierung (nicht in allen Bundesländern), eines Landesministers oder nachgeordneter Behörden, insbes. Gefahrenabwehrverordnungen und Verordnungen der Gemeinden im übertragenen Wirkungskreis,
– **Satzungen** der Gemeinden außerhalb des BauGB und sonstiger Körperschaften (Beispiel: Satzung über den Zugang zu öffentlichen Einrichtungen, Abgabensatzung, Satzung über Anschluß- und Benutzungszwang, auch im Wege der Ersatzvornahme in Kraft gesetzte Satzungen – dazu BVerwG, DVBl. 1993, 886).

Die Statthaftigkeit der Normenkontrolle ist nicht an den Begriff **19** der Satzung oder der RVO gebunden. Diese sind die häufigsten, aber nicht die einzigen Gegenstände der Normenkontrolle. So gilt § 47 auch für Rechtsnormen besonderer Art, die Außenwirkung entfalten, ohne daß ihre exakte Rechtsnatur geklärt ist.

Beispiele: Schul- und Studienordnungen, die Geschäftsordnung des Gemeinderats, die zwar keine Außenwirkung gegenüber dem Bürger entfaltet, aber die Mitwirkungsrechte der Gemeindeordnung bestimmt (nicht unbestritten, wie hier BVerwG, NVwZ 1988, 1119; VGH München, BayVBl. 1990, 53), einzelne Festlegungen der Raumordnung und Landesplanung.

20   Die letztgenannte Fallgruppe führt in der Praxis immer wieder zu Schwierigkeiten. Die Frage der Statthaftigkeit ist nur dann einfach zu beantworten, wenn Einzelmaßnahmen in einer bestimmten Rechtsform ergehen (so z. B. das in Form einer RVO ergehende Landesentwicklungsprogramm – LEP – in Bayern), ebenso Regionalpläne, die als Satzung erlassen werden. Die Allgemeinverbindlicherklärung eines Planes ist gegenüber den betroffenen Gemeinden Allgemeinverfügung, kann also mit der Anfechtungsklage angegriffen werden. Bleibt die Rechtsform einer Maßnahme offen, dann verlangt gleichwohl Art. 28 II GG, daß für verbindliche abstrakt-generelle Entscheidungen unabhängig von der Rechtsform Rechtsschutz gewährt werden muß. Es spricht dann auch nichts dagegen, solche Entscheidungen als untergesetzliche Rechtsnormen besonderer Art zu behandeln und die Normenkontrolle zu eröffnen (so zu Recht *Evers*, BayVBl. 1982, 709). Das hat die Rechtsprechung bejaht für **sachliche Teilabschnitte eines Regionalplans** (VGH München, NVwZ-RR 1991, 332) sowie für **einzelne Ziele** und vergleichbare Festlegungen in Regionalplänen (vgl. VGH München, BayVBl. 1982, 727; VGH München, NVwZ 1985, 502).

21   Rechtsnorm im Range unter dem Landesgesetz ist auch die auf Landesebene erfolgende **Allgemeinverbindlicherklärung** eines Tarifvertrags (BVerwGE 80, 355, 358; vgl. BVerfGE 44, 322; 55, 20).

22   Grundsätzlich **keine** Rechtsvorschriften sind dagegen solche Regelungen, die ausschließlich im Innenbereich der Verwaltung verbleiben und auch nicht die Stellung von Körperschaften und deren Organen berühren. Die wichtigsten Beispiele sind:

–   Der **Flächennutzungsplan.** Dieser ist nur eine Form vorbereitender Bauleitplanung; ihm fehlt es nach h. L. bereits an der Regelung, mindestens aber an der Außenwirkung (erneut bestät. durch BVerwGE, NVwZ 1991, 262).
–   **Verwaltungsvorschriften** und verwaltungsinterne Richtlinien, auch soweit sie normkonkretisierend wirken. (Nach wie vor h. L. vgl. BVerwGE 58, 45, 49; zur beachtlichen Gegenauffassung s. insbes. *Ossenbühl*, DVBl. 1969, 556; *Hill*, NVwZ 1989, 410; differenzierend *Wahl*, NVwZ 1991, 417; *Erbguth*, DVBl. 1989, 473).

23   Keine Rechtsnorm ist auch der **Geschäftsverteilungsplan** von Gerichten. Unabhängig vom Streit um dessen Rechtsnatur (dazu *Kopp*, VwGO, § 4, Rd.-Nr. 10) entfaltet der GVP gegenüber dem Bürger ohnehin keine Rechtswirkung. Mit beachtlichen Argumenten wird aber vertreten, daß ein Richter sich z. B. gegen seine „Kaltstellung" durch Festlegungen des GVP im Wege der Normenkontrolle wehren können muß (so *Kopp*, VwGO, § 4, Rd.-Nr. 10; *Ule*, § 10 IV 2).

c) Die Überprüfung von anderen im Range unter dem Landes- **24**
gesetz stehenden Rechtsvorschriften ist **landesrechtlich einge-**
führt in Baden-Württemberg, Bayern, Brandenburg, Bremen,
Hessen, Mecklenburg-Vorpommern, Niedersachsen, Rheinland-
Pfalz, Sachsen, Sachsen-Anhalt, Schleswig-Holstein und Thüringen. In Rheinland-Pfalz sind nach § 4 S. 2 AGVwGO Rechtsnormen, die durch ein Verfassungsorgan im Sinne des Art. 130 I der
Landesverfassung erlassen wurden, nicht angreifbar. Das ist nicht
unbedenklich, aber nach BVerwG, NVwZ-RR 1991, 54 bundesrechtlich nicht zu beanstanden. In Sachsen-Anhalt eröffnet § 10
AGVwGO die Normenkontrolle nur für Satzungen und andere
von den Gemeinden und Kreisen erlassene Rechtsvorschriften.

3. Erlassene Rechtsnorm

Die zu überprüfende Rechtsvorschrift muß bereits **erlassen** wor- **25**
den sein. Das gilt über § 47 I 1 hinaus auch für andere im Range
unter dem Landesgesetz stehende Rechtsvorschriften. „Erlassen"
ist eine Norm, wenn über sie entschieden wurde, eine etwa notwendige Genehmigung erteilt ist und wenn sie verkündet bzw.
bekanntgegeben wurde. **Nicht** erforderlich ist also, daß die Norm
bereits in Kraft getreten ist (VGH Mannheim, NJW 1976, 1706).
Vor Erlaß der Rechtsnorm ist die Normenkontrolle unstatthaft.
Das gilt erst recht für den bloßen Entwurf. Hier kommt eine
vorbeugende Unterlassungs- oder Feststellungsklage in Betracht.

Ist die Norm bereits außer Kraft getreten, sei es durch Zeitab- **26**
lauf, sei es durch einen Aufhebungs- oder Änderungsbeschluß des
Normgebers, so bleibt nach h. L. die Normenkontrolle jedenfalls
dann statthaft, wenn von der Rechtsnorm noch Wirkungen ausgehen (BVerwGE 56, 172; 68, 12, 14). Da hier aber keine Nichtigerklärung möglich ist, handelt es sich der Sache nach um einen
Fortsetzungsfeststellungsantrag.

Literatur zu § 19 IV: *Erbguth,* Zur Rechtsnatur von Programmen und
Plänen der Raumordnung und Landesplanung, DVBl. 1981, 564; D. *Hahn,*
Normenkontrolle von Satzungen nach dem BBauG, JuS 1983, 678; *Renck,*
Geschäftsverteilungsplan und Normenkontrolle, NJW 1984, 2928; *Weidemann,*
Regionale Raumordnungspläne als Gegenstand der verwaltungsgerichtlichen

Normenkontrolle – Zur Rechtsnatur regionalplanerischer Ziele, DVBl. 1984, 767; *Henseler,* Rechtsschutz gegen Bebauungspläne in Gesetzesform, JURA 1986, 249; *Kuhla,* Die Veränderungssperre in der Normenkontrolle, NVwZ 1988, 1084; *Hill,* Normkonkretisierende Verwaltungsvorschriften, NVwZ 1989, 401; *Schoch,* Die verwaltungsgerichtliche Prüfung von Bebauungsplänen, AöR 115 (1990), 93; *Kuhla/Hüttenbrink,* VwProz, S. 89.

V. Die Antragsbefugnis

1. Begriff

27   Bei der Formulierung von § 47 VwGO stand der Gesetzgeber vor einem Dilemma. Einerseits war deutlich, daß das Normenkontrollverfahren als objektives Beanstandungsverfahren keine reine Verletztenklage darstellt. Anders als bei § 113 VwGO prüft das Gericht nicht, ob der Antragsteller durch die Norm in **seinen** Rechten verletzt ist. Deshalb konnte auch nicht § 42 II VwGO zur Anwendung kommen und es liefe auf einen **Systembruch** hinaus, § 47 an § 42 II VwGO anzupassen (so aber erneute Vorschläge – BRatsDrucks. 327/94). Andererseits war mit § 47 VwGO keine reine Popularklage gemeint (dazu BVerwGE 81, 307, 311; NVwZ 1992, 1090). Vor diesem Hintergrund trägt die Bestimmung des § 47 II 1 Kompromißcharakter. Nach ihr kann den Antrag jede natürliche oder juristische Person stellen, *die durch die Rechtsvorschrift oder deren Anwendung einen Nachteil erlitten oder in absehbarer Zeit zu erwarten hat.* Neben der Antragsfähigkeit wird hier die Antragsbefugnis geregelt. Wie die meisten Kompromißformeln ist die Vorschrift ungenau und hat zu manchen Schwierigkeiten der Rechtsprechung geführt.

28   Die Antragsbefugnis setzt jedenfalls voraus:

– Einen **Nachteil** für ein rechtlich geschütztes Interesse,
– dieses Interesse muß **dem Antragsteller zuzuordnen** sein,
– durch die Rechtsnorm oder deren Anwendung muß ein Nachteil bereits **eingetreten** oder **zu erwarten** sein.

29   a) Was ein „**Nachteil**" in diesem Sinne ist, ist schwer zu definieren. Als solches ist der Begriff inhaltsleer, weil stets zu fragen ist: „Nachteil – in Bezug worauf?" Als Bezugsgröße muß also ein

geschütztes Gut bezeichnet werden, bei dem ein Nachteil eintreten kann. Geschützt in diesem Sinne sind jedenfalls alle Positionen, die auch die Klagebefugnis nach § 42 II VwGO begründen würden. Darüber hinaus aber besteht Einigkeit, daß es nicht um ein subjektives Recht im geschilderten Sinne gehen muß, daß vielmehr ein rechtlich geschütztes **Interesse** ausreicht. Der Begriff ist weit auszulegen (BVerwGE 56, 172, 175; 64, 77, 80; BVerwG, DÖV 1994, 873). Auch in diesem Sinne **nicht** geschützt sind allerdings bloße Annehmlichkeiten, wirtschaftliche Chancen, Rechtsreflexe usw. Die Abgrenzung ist im Einzelfall schwierig, sie läßt sich wiederum nur an Beispielen verdeutlichen:

Beispiele für **anerkannte** rechtlich geschützte Interessen: Interesse eines Studienbewerbers am Inhalt der Kapazitätsverordnung (BVerwGE 64, 77, 80); Interesse gegen Erhöhung einer Verkehrsbelastung (BVerwG, NVwZ 1994, 683), Interesse des Eigentümers eines in einem Dirnensperrbezirk liegenden Grundstücks (VGH Mannheim, NVwZ-RR 1989, 443).

Beispiele für **nicht geschützte** rein ideelle oder wirtschaftliche Interessen: Absatzchancen von Baustoffherstellern in Bezug auf Wärmedämmungsvorschriften, Bebauungspläne oder Friedhofssatzungen (zum letztgenannten Fall VGH Kassel, DÖV 1989, 360), Erhaltung einer schönen Aussicht (BVerwGE 59, 97; BVerwG, NVwZ 1995, 895); problematisch dagegen VGH München, BayVBl 1993, 721 – Antragsbefugnis bei „außergewöhnlich schöner Aussicht". Sichtschneise im Innenstadtbereich (VGH Mannheim, VlBW 1990, 428), Verlust von Parkmöglichkeiten (VGH Mannheim, NVwZ 1995, 610), Konkurrenzschutz gegen Ausnahmeregelung zum Ladenschluß (VGH München, NJW 1985, 1180), Antrag eines Betreibers gegen den eine zusätzliche Abfallbeseitigungsanlage vorsehenden Abfallentsorgungsplan (BVerwG, DÖV 1989, 588) oder gegen planerische Ermöglichung eines großflächigen Einzelhandelsbetriebs, auch wenn Abwanderung von Kunden aus Innenstadtbereich droht (BVerwG, DÖV 1990, 479 – zahlreiche weitere Nachw. bei *Stüer,* DVBl. 1985, 471).

Im Hinblick auf die **obligatorischen Rechte** (des Mieters, Pächters usw.) **30** ist zu differenzieren: Einerseits gilt der Grundsatz einer einheitlichen Repräsentation von Grundstücken auch bei der Normenkontrolle. So kann sich der Inhaber eines nur gemieteten Blumengroßmarkts z. B. nicht gegen die Schulplanung auf dem Nachbargrundstück wenden (OVG Berlin, NVwZ 1989, 267). Ein Kaufvertrag vermittelt keine Antragsbefugnis in Bezug auf einen bereits bestehenden Bebauungsplan (OVG Koblenz, NVwZ 1983, 617). Andererseits hat die Rechtsprechung zu Recht anerkannt, daß auch ein Mieter oder Pächter Träger von schutzwürdigen Abwägungsbelangen sein kann (BVerwG 59, 87; BVerwG, NVwZ 1989, 553). Darüber hinaus kommen Verfassungsgüter wie das Recht am eingerichteten und ausgeübten Gewerbebetrieb oder Art. 2 II GG als Nachteile in Betracht. Eine neue Erweiterung hat das BVerwG im Hinblick auf Antragsteller einer Baugenehmigung (Pfandgläubiger eines in Konkurs gefallenen Eigentümers) zugelassen (BVerwG, NVwZ 1995, 264).

31   b) Das Rechtsgut oder rechtlich geschützte Interesse muß **dem Antragsteller zugeordnet** sein. Hierin unterscheidet sich die Antragsbefugnis nach § 47 nicht von § 42 II VwGO. So ist der Antrag nur zulässig, wenn die zu erwartende Beschwer gerade den Antragsteller betrifft. Dies ist der eigentliche Ausschluß der Popularklage. Der Antragsteller kann sich also nicht auf Belange eines Dritten, auf Belange der Allgemeinheit oder auf Rechte eines Verbandes berufen, dem er angehört.

Beispiel: Kein Nachteil eines Einzelnen in Bezug auf Landschaftsschutz (BVerwG, NVwZ 1988, 728), Denkmalschutz usw.

Trifft ein Nachteil aber sowohl den einzelnen als auch die Körperschaft oder Gemeinschaft, der er angehört, sind beide antragsbefugt.

Beispiel: Benachteiligung einer Religionsgemeinschaft und deren Mitglieder durch restriktive Friedhofssatzung.

32   c) Der **Rechtsnachfolger** tritt auch in Bezug auf die Antragsbefugnis an die Stelle seines Vorgängers. Bestand die Antragsbefugnis bei Kauf des Grundstücks nicht oder nicht mehr, dann entsteht sie auch nicht neu durch die Rechtsnachfolge (BVerwG, NVwZ 1983, 617; a. A. *Kopp,* VwGO, § 47, Rd.-Nr. 31 a).

33   d) Der Nachteil muß durch die Rechtsnorm oder deren Anwendung **bereits eingetreten** sein oder **drohen.** Nachteil in diesem Sinne ist eine nicht unerhebliche Beeinträchtigung bzw. eine für den Antragsteller negative Veränderung eines Zustands. Die Möglichkeit einer Verletzung im Sinne von § 42 II ist auch insofern nicht erforderlich. Eine nur geringfügige Beeinträchtigung (BVerwG, NVwZ 1993, 513) oder die bloße Behauptung eines Nachteils reichen nicht.

34   e) Der Nachteil muß **gerade durch die Norm** oder deren Anwendung eintreten. Mittelbare oder rein faktische Auswirkungen kommen nicht in Betracht. An diesem Zusammenhang fehlt es z. B. bei einer bloßen Zuständigkeitsregelung, die keinen direkten Nachteil begründen kann (VGH Mannheim, NVwZ 1988, 842), bei einer staatlichen Prüfungsordnung im Hinblick auf die Wissenschaftsfreiheit eines Hochschullehrers (VGH Kassel, NVwZ-RR 1991, 80) oder bei der Verweigerung der Verleihung der Rechtsfähigkeit einer Fachhochschule hinsichtlich des einzelnen Fachhochschullehrers (VGH Mannheim, DVBl. 1986, 626).

35   **In absehbarer Zeit zu erwarten** ist ein Nachteil dann, wenn er bei regulärem Ablauf der Entwicklungen mit großer Wahrscheinlichkeit eintreten wird bzw. vorauszusehen ist. Kein Nachteil droht z. B. von einer Baumschutzsatzung, wenn ein Eigentümer nicht über geschützte Bäume verfügt; umgekehrt ist nicht erforderlich, daß Antragsteller gerade plant, einen bestimmten Baum zu fällen. Eine wichtige Fallgruppe für eine drohende Benachteiligung betrifft die heranrückende Bebauung aus der Sicht eines emittierenden Betriebs (Schweinemästerproblematik – z. B. VGH München, BayVBl. 1983, 368).

f) Geht der Nachteil nur von einem **Teil** der Norm aus (z. B. von einem **36** abgrenzbaren Abschnitt eines Bebauungsplans, einer Einzelvorschrift einer Satzung usw.), so besteht die Antragsbefugnis auch nur insoweit. Der Antragsteller darf sich also nicht ausschließlich auf Teile der Norm beziehen, durch die er nicht benachteiligt ist (BVerwG, NVwZ 1990, 157). Das heißt aber nicht, daß z. B. beim Bebauungsplan das Grundstück von diesem selbst erfaßt sein muß. Die Antragsbefugnis ist vielmehr auch gegeben, wenn von einem zu erwartenden Baugebiet nach außen Nachteile drohen (BVerwG, NVwZ 1991, 980), oder wenn von der Standortentscheidung in einer Abfallentsorgungsanlage für einen räumlich eingegrenzten Bereich konkretisierbare nachteilige Wirkungen feststellbar sind (BVerwG, NVwZ-RR 1991, 235).

2. Antragsbefugnis bei planerischen Abwägungsentscheidungen

Besonders schwierig und praktisch auswirkungsreich ist die Ab- **37** grenzung des Kreises der Antragsbefugten bei **planerischen Abwägungsentscheidungen,** die die Erreichung eines planerischen Zieles unter Abwägung verschiedener Belange bezwecken. Das typische Beispiel hierfür ist § 1 V BauGB, der als „insbesondere" zu berücksichtigende Belange eine Vielzahl öffentlicher und privater, allgemeiner und konkreter Ziele und Belange formuliert und damit sowohl konkret Betroffene als auch einen höchst diffusen Kreis von nur allgemein „Interessierten" umreißt.

In seiner bekannten Entscheidung vom 9. 11. 1979 (BVerwGE **38** 59, 87 ff.) stellt das BVerwG gleichwohl bei der Definition des Nachteils auf *die bei der Planung zu berücksichtigenden Belange* ab:

Bei näherem Hinsehen erweist sich aber, daß diese Formel die eigentlichen Probleme der Antragsbefugnis nicht lösen kann. So sind die Belange von § 1 V BauGB nur ein Indiz für berücksichtigungsfähige Aspekte, und der Hinweis auf das private Interesse ersetzt nicht die konkrete Zuordnung des Belangs zum einzelnen. Es bleibt daher zu fordern, daß es sich auch bei dieser Fallgruppe um ein rechtlich geschütztes Interesse handeln muß, das dem Betroffenen konkret zuzuordnen ist, und daß diesem Interesse durch den Bebauungsplan oder eine sonstige Abwägungsentscheidung ein Nachteil droht.

Beispiele: Die Erhaltung, Erneuerung und Fortentwicklung vorhandener Ortsteile und das Bedürfnis nach Sicherheit (§ 1 V Ziff. 1 und 4) schaffen keine Antragsbefugnis gegen ein Wohngebiet für die Unterbringung von Aussiedlern (VGH Mannheim, NVwZ 1992, 189), aus der Berücksichtigung von Belangen der Wirtschaft (bzw. ihrer mittelständischen Strukturen – § 1 V Ziff. 8) läßt sich kein Konkurrenzschutz gegen die Ansiedlung eines Einkaufszentrums auf der „grünen Wiese" ableiten (allgem. dazu auch *Brohm*, NJW 1981, 1689). Gegen eine Planänderung ist der „Planbegünstigte" stets antragsbefugt (BVerwG, NVwZ 1993, 468).

3. Antragsbefugnis von Gemeinden und anderen Körperschaften

39   Gemeinden und andere Körperschaften des Öffentlichen Rechts kommen sowohl als Träger eigener Belange, denen ein Nachteil im Sinne von § 47 II 1 droht, als auch als antragsfähige Behörden im Sinne von § 47 II 1 2. Alt. in Betracht.

40   Treten sie als Träger **eigener** Belange auf, so sind nur solche Aspekte zu berücksichtigen, die sich gerade den Gemeinden zurechnen lassen. In der Regel wird es hierbei entweder um die Planungshoheit, um die Erhaltung und Sicherung von Selbstverwaltungsaufgaben oder um Gemeindeeinrichtungen gehen. Dagegen droht Gemeinden und anderen Körperschaften und Vereinigungen **kein** Nachteil, wenn es um Rechte oder Interessen von Gemeindeeinwohnern oder um allgemein nicht gerade der Gemeinde zugeordnete öffentliche Belange geht. Umgekehrt können sich auch Gemeindeorgane oder einzelne Bürger nicht auf Nachteile der Gemeinde insgesamt berufen.

Beispiele: Keine Antragsbefugnis der Gemeinde gegen ein Vorhaben zur Ansiedlung von Industrie im geographischen Umfeld der Gemeinde unter Hinweis auf die Gesundheit der Bürger; keine Antragsbefugnis der Gemeinde im Hinblick auf den Landschaftsschutz.

41   Beim Normenkontrollantrag einer Gemeinde gegen die Planung der Nachbargemeinde kommt es vor allem auf das **Abstimmungsgebot** des § 2 II BauGB an, um den Nachteil zu bezeichnen.

42   Beruft sich die Gemeinde auf ihre Planungshoheit, so gilt wie bei § 42 II VwGO das Erfordernis, daß die eigene Planung bereits

hinreichend konkretisiert sein muß. Das kann durch konkrete Festlegungen im Flächennutzungsplan oder im Bebauungsplan geschehen (BVerwGE 40, 323, 331; VGH Mannheim, NVwZ 1987, 1088; allg. dazu auch *Kniener,* Die planungsrechtliche Gemeindenachbarklage, BayVBl. 1983, 97).

Auch Maßnahmen der Raumordnung und Landesplanung kön-   **43** nen Nachteile im Sinne von § 47 für die Gemeinde bewirken.

Beispiele: (Eigene) Nichtaufnahme in den Kreis zentraler Orte (VGH München, NVwZ 1985, 504), Planung eines großflächigen Einkaufszentrums in der Nachbargemeinde (BVerwG, NVwZ 1995, 266; OVG Koblenz, NVwZ 1995, 266);

Gegenbeispiele: keine Antragsbefugnis gegen die Nichtberücksichtigung einer Gemeinde bei Bildung von telefonischen Nahdienstbereichen (BVerwG, NJW 1987, 2390); keine Antragsbefugnis zur „Gemeindekonkurrentenklage", z. B. gegen die Berücksichtigung der Nachbargemeinde als zentraler Ort (VGH München, NVwZ 1985, 504), oder gegen einen Bebauungsplan mit der allgemeinen Behauptung, dieser widerspreche den Zielen eines Regionalplans (VGH Mannheim, NVwZ 1987, 1088).

4. Die Antragsbefugnis von Behörden

§ 47 II 2. Alt. verleiht Behörden sowohl die Antragsfähigkeit als   **44** auch die Antragsbefugnis, sagt aber über deren Voraussetzungen nichts aus. Klargestellt ist nur, daß Behörden (Umkehrschluß aus der 1. Alt.) keinen subjektiven Rechtsnachteil geltendmachen müssen. Die Abgrenzung der Antragsbefugnis von Behörden ergibt sich aber aus dem Sinn der Bestimmung. Anders als die Gerichte haben die normanwendenden Behörden keine Verwerfungskompetenz; auch eine Aufsichtsbehörde kann nicht einfach über die anzuwendende Rechtsnorm verfügen. Will man vermeiden, daß Behörden die von ihnen für rechtswidrig gehaltene Norm anwenden müssen, hilft nur der Normenkontrollantrag, der insoweit Parallen zur konkreten Normenkontrolle nach Art. 100 GG aufweist.

Daraus folgt, daß nicht etwa jede beliebige Behörde den Antrag   **45** nach § 47 VwGO stellen kann, sondern nur diejenige, die die **Rechtsvorschrift auszuführen** hat.

Beispiele: Die mit der Gemeinde nicht identische Bauaufsichtsbehörde beim Vollzug eines Bebauungsplanes (VGH München, BayVBl. 1982, 654); und zwar auch dann, wenn sie den Bebauungsplan zuvor genehmigt oder im Anzeigenverfahren nicht beanstandet hat (BVerwG, NVwZ 1990, 57; VGH München, BayVBl. 1983, 86); die Gemeinde, die einzelne Ziele eines Regionalplans auszuführen hat (BVerwG, NVwZ 1989, 654).

Die Rechtsprechung verleiht der Gemeinde also eine Doppelstellung als Behörde und als benachteiligte Körperschaft. Das ist nicht unproblematisch: Geht es der Gemeinde um einen Nachteil im Hinblick auf die Planungshoheit, so muß sie konkrete Planungsabsichten geltend machen; wendet sie dagegen den Regionalplan an, so ist dies nicht der Fall. Hier scheint eine klare Grenzziehung nötig.

In keinem Fall ist die Gemeinde ausführende Behörde des Bebauungsplans der Nachbargemeinde. Hier bleibt nur der „normale", d. h. nachteilsbezogene Normenkontrollantrag (BVerwG, NVwZ 1989, 654; zum Ganzen auch *Papier, FS Menger* [1985], 517, 526).

5. Normenkontrolle als Verbandsklage

46   In einigen Bundesländern besteht auch im Rahmen der Normenkontrolle die Antragsbefugnis für bestimmte anerkannte Verbände (vgl. § 29 II BNatSchG; VGH Kassel, DÖV 1988, 565).

VI. Rechtsschutzbedürfnis

47   Besondere Bedeutung hat das allgemeine Rechtsschutzbedürfnis bei der Normenkontrolle erlangt. Das hängt vor allem mit der „Mehrspurigkeit" des Rechtsschutzes gegen die Norm selbst und gegen Vollzugsakte, aber auch mit dem Fehlen einer Frist zusammen, wodurch die Frage der Verwirkung aktuell ist.

Drei besondere Fallgruppen möglicherweise fehlenden Rechtsschutzbedürfnisses sind zu unterscheiden:

– Einfachere Möglichkeit oder offenkundige Aussichtslosigkeit des Rechtsschutzbegehrens,
– Mißbrauch, Widerspruch zu vorangegangenem Tun,
– Verwirkung durch Zeitablauf.

1. Einfachere Möglichkeit des Rechtsschutzes; Aussichtslosigkeit

Normenkontrolle und Rechtsschutz gegen Vollzugsentschei   **48**
dungen stehen in der Regel unabhängig nebeneinander. Der Antragsteller nach § 47 VwGO kann also grundsätzlich **nicht** auf die
Anfechtungsklage gegen eine planverwirklichende Baugenehmigung verwiesen werden, auch wenn der Richter im Anfechtungsprozeß den Bebauungsplan incidenter prüft. Das folgt schon daraus, daß die Wirkung des Anfechtungsurteils nur zwischen den
Parteien (inter partes) besteht, die Normenkontrolle aber allgemeine Wirksamkeit erreicht (inter omnes-Wirkung – BVerwGE
68, 13). Auch ist zu beachten, daß mit der Normenkontrolle eine
Vielzahl von Einzelprozessen verhindert und der allgemeinen
Rechtsunsicherheit im Falle eines einzelnen erfolgreichen Anfechtungsprozesses vorgebeugt wird. Umgekehrt beseitigt die Antragsbefugnis bei der Normenkontrolle nicht etwa das Rechtsschutzbedürfnis für eine Anfechtungsklage gegen einen normvollziehenden VA, z. B. gegen die Baugenehmigung zugunsten des
Nachbarn.

Umstritten ist, ob eine als solche **antragsbefugte Behörde ein**   **49**
Rechtsschutzbedürfnis im Falle solcher Normen hat, über die sie
entweder selbst verfügen oder die sie mit Hilfe einfacher Aufsichtsmaßnahmen beseitigen kann. Nach richtiger Auffassung
führt nur die Normenkontrolle zur allgemeingültigen Klärung,
das Rechtsschutzbedürfnis ist also auch in diesen Fällen nicht zu
versagen (anders wohl BVerwG, DVBl. 1989, 662, 663).

Anderes soll gelten, wenn der Kläger sein eigentliches Klageziel   **50**
unter keinen Umständen erreichen kann, z. B. weil eine Baugenehmigung oder deren Ablehnung unanfechtbar geworden ist,
also auch die „erfolgreiche" Normenkontrolle nicht zur Verhinderung oder Verwirklichung eines Vorhabens führen kann. Hier
wird das Rechtsschutzbedürfnis teilweise verneint (vgl. insbes.
BVerwG, NJW 1988, 839; NVwZ 1990, 158). Das ist nicht unproblematisch, weil die Behörde durch die Nichtigerklärung eines
Bebauungsplans möglicherweise veranlaßt werden kann, auch be

standskräftige Baugenehmigungen zurückzunehmen oder zu widerrufen oder klägerschützende Auflagen „nachzuschieben" (richtig VGH Mannheim, NVwZ 1984, 44), bzw. eine bestandskräftig abgelehnte Genehmigung noch zu erteilen (BVerwG, NVwZ 1994, 268).

51   Das Rechtsschutzbedürfnis ist auch zu verneinen, wenn die Normenkontrolle vor dem VGH wegen § 47 III VwGO (Vorrang der Landesverfassungsgerichtsbarkeit) nicht zum Erfolg führen kann. Dagegen beseitigt die Möglichkeit einer Verfassungsbeschwerde grundsätzlich nicht das Rechtsschutzbedürfnis nach § 47. Die Normenkontrolle ist vielmehr umgekehrt ein Rechtsweg, der vor Erhebung der Verfassungsbeschwerde erschöpft sein muß (BVerfGE 70, 35, 53; 76, 107, 114).

2. Mißbrauch

52   Zurückhaltung ist bei der zweiten Fallgruppe (Rechtsmißbrauch oder schikanöse Normenkontrolle) angebracht. Insbesondere muß nicht jedes Einverständnis oder jedes Gebrauchmachen von den Festlegungen eines Bebauungsplanes heißen, daß das Rechtsschutzbedürfnis für den Normenkontrollantrag entfällt.

Beispiele: Ein Bauherr, der von den Festlegungen eines Bebauungsplans Gebrauch gemacht hat, kann diesen als Ganzes zwar nicht angreifen, sehr wohl aber die unzureichende Erschließung seines Grundstücks im Bebauungsplan rügen (BVerwG, NVwZ 1992, 974). Hat der Bürger ein Grundstück mit dem Ziel der Bebauung verkauft oder erworben, kann im Einzelfall die Normenkontrolle als solche rechtsmißbräuchlich sein (OVG Koblenz, NJW 1984, 444). Anders verhält es sich aber, wenn der Bebauungsplan anders ausfällt als bei Kauf oder Verkauf zu erwarten war. Hat der Kl. ein Grundstück nur erworben, um sich gegen einen Bebauungsplan zu wehren („Sperrgrundstück"), so entfällt zwar nicht das Rechtsschutzbedürfnis, das Gericht kann aber bei der Abwägung der Belange den geringeren planerischen Stellenwert dieser Art von Eigentum berücksichtigen (BVerwG, NVwZ 1991, 781).

3. Verwirkung

Bei der Normenkontrolle gegen Bebauungspläne dürfte neben   53
§ 215 I BauGB kein Spielraum für eine Verwirkung wegen Zeitablauf bestehen. Bei allen anderen Rechtsnormen ist vor einem
starren Maßstab (etwa einer allgemeinen „Ein-Jahres-Regel") zu
warnen.

VII. Sonstige Zulässigkeitsvoraussetzungen

1. Antrag

Selbstverständliche Zulässigkeitsvoraussetzung der Normen-   54
kontrolle ist der **ordnungsgemäße Antrag.** Dieser muß den Voraussetzungen des § 81 I VwGO entsprechen, auch wenn es sich
nach h. L. nicht um eine Klage handelt. Der Antrag ist auf Nichtigerklärung der Norm zu richten. Eine Erhebung durch Niederschrift des Urkundsbeamten der Geschäftsstelle kommt nicht in
Betracht, da diese nach § 81 I 2 VwGO nur vor dem VG möglich
ist.

2. Frist

Der Antrag ist **nicht** fristgebunden. Das Antragsrecht kann aber   55
in Einzelfällen durch Verspätung verwirkt sein (OVG Koblenz,
NJW 1984, 444).

3. Widerspruchsverfahren

Ein Widerspruchsverfahren kommt bei der Normenkontrolle   56
nicht in Betracht.

Literatur zu § 19 V und VI: *Mößle,* Die Antragsbefugnis im Normenkontrollverfahren nach § 47 VwGO, BayVBl. 1976, 609; *Löwer,* Die Antragsbefugnis im verwaltungsprozessualen Normenkontrollverfahren, NJW 1969,
1265; M. *Schröder,* Die Klagebefugnis bei Anfechtungs- und Normenkontroll-
klagen, JA 1981,617; *Blümel,* Zur Verwirkung des Antragsrechts im Normenkontrollverfahren nach § 47 VwGO, VerwArch 74 (1983), 153; *Dürr,* Die
Antragsbefugnis bei der Normenkontrolle von Bebauungsplänen (1987); *Grzi-*

wotz, Die Antragsbefugnis einer Gemeinde im verwaltungsgerichtlichen Normenkontrollverfahren, DVBl. 1988, 768; B. *Schneider,* Die planungsrechtliche Gemeindenachbarklage, VwRS 1989, 17; *Rasch,* Der Begriff des Nachteils und das Rechtsschutzbedürfnis bei Anträgen auf Normenkontrolle, FS Gelzer (1991), 325.

57   ## Übersicht 11: Sachentscheidungsvoraussetzungen der Normenkontrolle

I. Rechtsweg und zuständiges Gericht
   1. Verwaltungsrechtsweg
   2. Zuständigkeit: OVG/VGH (sollte nach Auffassung vieler Autoren erst nach Statthaftigkeit geprüft werden, da von dieser abhängig)

II. Zulässigkeit
   1. Beteiligtenfähigkeit (§ 61 VwGO, zusätzlich: Behörden, die mit Ausführung der Norm befaßt sind)
   2. Statthaftigkeit
      a) Satzungen und Rechtsverordnungen nach BauGB
      b) andere im Rang unter dem Landesgesetz stehende Rechtsvorschriften
      c) Rechtsnorm bereits erlassen?
   3. Ordnungsgemäßer Antrag
   4. Antragsbefugnis
   5. Rechtsschutzbedürfnis
   6. Kein Widerspruchsverfahren
   7. Keine Frist – mögliche Verwirkung beachten
   8. Sonstige Zulässigkeitsvoraussetzungen

§ 20 Die Normerlaßklage

I. Allgemeines

1. Die Lücke im System der Klagearten

1   Im Klagesystem der VwGO steht für jede hoheitliche Handlungsform je eine Abwehr- und eine Leistungsklage zur Verfügung. Nur in Bezug auf Rechtsnormen der Verwaltung kann zwar die Nichtigerklärung, nicht aber der Erlaß begehrt werden. Eine Normerlaßklage sieht die VwGO nicht vor.

Diese Lücke ist – nicht zuletzt im Hinblick auf Art. 19 IV GG – bedenklich, weil Bürger und Körperschaften nicht nur von Einzelentscheidungen sondern zunehmend auch vom fehlenden Erlaß von Rechtsnormen betroffen sind. Das Unterlassen einer den Bürger begünstigenden Norm kommt – zumal im grundrechtsgeschützten Bereich – nicht selten einem Eingriff gleich, der von hoheitlicher Gewalt im Sinne von Art. 19 IV ausgeht (so zu Recht *Duken*, NVwZ 1993, 546 ff.).

Beispiele: Eine Gemeinde erläßt eine an sich mögliche Ausnahme-VO zum Ladenschlußgesetz nicht oder klammert einen Stadtteil aus (VGH Mannheim, GewArch 1981, 204; OVG Koblenz, NJW 1988, 1684). An einer Universität fehlt die gesetzlich vorgeschriebene Promotionsordnung. Die durch eine Rechtsvorschrift vorzusehende Allgemeinverbindlichkeit eines Tarifvertrags unterbleibt (BVerwGE 80, 355, 361). Eine Gemeinde weigert sich, einen Bebauungsplan zu erlassen, obwohl sie sich hierzu in einem sogen. Bauherrenvertrag verpflichtet hat. Ein gemeindefreies Gebiet wird nicht durch RVO eingegliedert, obwohl dafür alle gesetzlichen Voraussetzungen vorliegen (vgl. Art. 11/12 BayGO – weitere Beispiele bei *Robbers*, JuS 1988, 950).

Seit langem wird die Einführung einer Normerlaßklage bzw. **2** die Ausdehnung bestehender Klagearten auf den Normerlaß gefordert. Bei dieser Diskussion und auch in entsprechenden Fallösungen sind zu unterscheiden:

– Die (nur) rechtspolitische Frage der Einführung durch den Gesetzgeber,
– die Zulässigkeit einer Normerlaßklage de lege lata als solcher,
– die Zuordnung einer als solcher für möglich gehaltenen Normerlaßklage zum Klagesystem der VwGO.

Was die grundsätzliche Zulässigkeit der Normerlaßklage an- **3** geht, so kann die sogenannte **„unechte Normerlaßklage"** von vornherein ausgeklammert bleiben. Diese ist nichts anderes als ein Normenkontrollantrag mit der Begründung, der Normgeber habe einen bestimmten Sachverhalt gleichheitswidrig nicht erfaßt. Greift z. B. die Gemeinde einen Regionalplan an, weil dieser sie nicht als Kleinzentrum ausweist oder rügt der Bürger die fehlende Einbeziehung seines Grundstücks in einen Bebauungsplan, dann geht es im Grunde nicht um den Normerlaß, sondern um die Beseitigung einer gleichheitswidrigen Norm im Wege der „normalen" Normenkontrolle.

Von einer **echten Normerlaßklage** sprechen wir daher nur, **4** wenn der Normgeber durch die Entscheidung des Gerichts zum

Erlaß einer Rechtsnorm verpflichtet werden soll, sei es durch Ergänzung einer bestehenden Regelung, sei es durch Erlaß einer Norm insgesamt.

2. Bedenken

5   Allgemeine Bedenken gegen die Zulässigkeit einer verwaltungsgerichtlichen Normerlaßklage lassen sich unter folgenden Stichworten zusammenfassen (ausf. *Schenke,* VwProzR, Rd.-Nr. 132, 347):

– Die **Einführung** einer Normerlaßklage sei Sache des Gesetzgebers, durch Richterrecht könne es nicht zur Begründung einer neuen Klageart oder zur Erweiterung bestehender Klagearten über deren gesetzlich bestimmten Anwendungsbereich hinaus kommen.

– Die „Verurteilung zum Normerlaß" verstoße gegen die **Gewaltenteilung** und laufe auf eine Überschreitung der Befugnis der Gerichte zu Lasten des legitimierten Normgebers hinaus.

– Norm- und Plangebung seien Inbegriffe der Planungshoheit und der **Selbstverwaltung**.

– Von Ausnahmefällen abgesehen gebe es **keinen Anspruch** auf Erlaß von Rechtsnormen, die Normerlaßklage sei daher entbehrlich.

– Nach § 47 sei die Normenkontrolle – abgesehen von Satzungen des BauGB – in das **Ermessen der Länder** gestellt. Dies müsse erst recht für eine Normerlaßklage gelten.

In diesem Sinne vor allem VGH Kassel, NJW 1983, 2895; NVwZ 1992, 68; OVG Koblenz, NJW 1988, 1684; aus der Literatur (grundsätzlich ablehnend): *Schenke,* VwProzR, Rd.-Nr. 132, 347, der die prinzipale Normenkontrolle mit Ausnahme von § 47 VwGO ohnehin als verfassungsgerichtliche Streitigkeit begreift.

6   Diese Bedenken schlagen indessen nicht durch. Gewaltenteilungs- und Demokratieaspekte können nur hinsichtlich des Parlamentsgesetzes geltend gemacht werden. Bei der Normerlaßklage aber geht es ausschließlich um **exekutives Recht.** Auch der Gemeinderat ist nicht „Parlament" (BVerfGE 78, 344, 348); erst recht ist der Streit nicht verfassungsrechtlicher Natur. Es geht vielmehr um nichts anderes als den Erlaß untergesetzlicher Normen vom Regeltypus Satzung oder Rechtsverordnung, deren Zuordnung zur Norm zudem oft zufällig ist. Deshalb wird auch die **Selbstverwaltungsgarantie** bei der Normerlaßklage nicht mehr tangiert als bei der Verpflichtungsklage auf Erlaß einer Allgemeinverfügung. Der bei Normerlaß immer bestehende Ermessensspielraum kann auch durch eine Art Bescheidungsurteil oder die analoge Anwendung von § 113 V/114 VwGO gesichert werden. Ob der Bürger einen Anspruch auf Normerlaß hat, ist grundsätzlich Sache der **Begründetheit** und

hat mit der Zulässigkeit nichts zu tun. Hinzuweisen ist auch darauf, daß das System der Klagearten nach der VwGO nicht abgeschlossen ist – zumal, wenn es nicht um die „Einführung" einer neuen Klageart geht, sondern die Klage auf Normerlaß in das System bestehender Klagearten eingeordnet wird.

Entsprechend ist auch das BVerwG und ein Teil der übrigen Verwaltungs- **7** rechtsprechung ohne großes Aufheben zur grundsätzlichen Zulässigkeit der Normerlaßklage übergegangen (vgl. insbes. BVerwGE 80, 355, 361 zur Allgemeinverbindlicherklärung von Tarifverträgen – im gleichen Sinne bereits früher BVerwGE 7, 82ff.; 7, 188; VGH München, BayVBl. 1975, 168 – Klage auf Normergänzung im Landesentwicklungsprogramm; BayVBl. 1980, 209; BayVBl. 1981, 499).

Deshalb wird in der Folge von der grundsätzlichen Notwendigkeit und Zulässigkeit einer Klage auf Erlaß untergesetzlicher Normen ausgegangen. Deren Zulässigkeitsvoraussetzungen im einzelnen werden in der Folge untersucht.

II. Rechtsweg – zuständiges Gericht

1. Rechtsweg

Vor der Verwaltungsgerichtsbarkeit kann nur der Erlaß einer **8** Rechtsnorm begehrt werden, wenn diese auf dem Gebiet des **Öffentlichen Rechts** liegt. Bei einem Streit um untergesetzliche Normen handelt es sich – abgesehen vom Fall parlamentarischer Geschäftsordnungen – **nicht** um verfassungsrechtliche Streitigkeiten i. S. v. § 40 VwGO (BVerwGE 80, 355, 361; strikt dagegen **Schenke**, VwProzR, Rd.-Nr. 132).

2. Zuständiges Gericht

Ungeachtet der Klageart ist für die Normerlaßklage stets das **9** **Verwaltungsgericht** sachlich zuständig (§ 45). Selbst wenn man sich für eine analoge Anwendung von § 47 VwGO entscheidet, kann jedenfalls die Zuständigkeit des OVG nicht angenommen werden, weil es sich bei § 47 VwGO um eine auf die Normenkontrolle beschränkte Ausnahmevorschrift handelt. Eine analoge Anwendung würde schon dem Gebot des gesetzlichen Richters widersprechen (so im Ergebnis auch *Würtenberger,* PdW, 334.

III. Statthafte Klageart

10   Mit der grundsätzlichen Zulässigkeit der Normerlaßklage ist über die statthafte Klageart im einzelnen noch nicht entschieden. Denkbar sind sowohl eine am Vorbild der Normenkontrolle ausgerichtete Klage eigener Art (§ 47 analog o. ä.), als auch die Klage auf Feststellung der Verpflichtung zum Normerlaß und die allgemeine Leistungsklage. Eine Verpflichtungsklage kommt von vornherein nicht in Betracht, weil sie sich ausschließlich auf den Erlaß eines VA richtet.

1. Eigene Klageart?

11   Um den Vorschlag einer **eigenständigen Normerlaßklage nach § 47 analog** (angedeutet bei VGH München, BayVBl. 1980, 209, 211) ist es zu Recht still geworden. Mit der Einführung dieser besonderen Klageart würden die Grenzen des Richterrechts in der Tat überdehnt (so auch *Robbers*, JuS 1988, 949, 951). § 47 VwGO ist überdies so stark auf die Normenkontrolle zugeschnitten, daß eine analoge Anwendung nicht möglich ist. Das gilt auch für das Ergebnis der Normenkontrolle (Feststellung der Nichtigkeit), das in keiner Weise auf die Verpflichtung zum Normerlaß übertragbar wäre.

2. Feststellungsklage

12   In der Praxis behilft sich die Rechtsprechung inzwischen vorwiegend mit der **Feststellungsklage** (so vor allem BVerwGE 80, 355, 361; BVerwG NVwZ 1990, 162; VGH München, BayVBl. 1981, 499) und setzt damit die Linie der systemwidrigen Ausdehnung der Feststellungsklage zu Lasten der Leistungsklage fort.

Hiergegen spricht nicht nur die eindeutige Subsidiarität der Feststellungsklage gegenüber der Leistungsklage (§ 43 II VwGO). Der Kläger erreicht mit der Feststellungsklage auch nicht die Verpflichtung zur Normsetzung sondern nur die abstrakte Feststellung, daß die Behörde entsprechend verpflichtet

sei. Auf Schwierigkeiten der Definition des konkreten Rechtsverhältnisses beim Erlaß von Normen sei nur hingewiesen.

Wird im Einklang mit der Mehrzahl der angeführten Urteile die
Feststellungsklage angenommen, so richten sich die weiteren Zulässigkeitsvoraussetzungen selbstverständlich nach § 43 VwGO.
Neben der Konkretheit des Rechtsverhältnisses muß also ein Feststellungsinteresse gegeben sein.

3. Allgemeine Leistungsklage

Letztlich überzeugend ist nur die Konstruktion der Normerlaß-   **13**
klage als **allgemeine Leistungsklage.** Diese dient auch im übrigen
nicht nur zur Durchsetzung des Anspruchs auf tatsächliches Verwaltungshandeln im Einzelfall; sie ist vielmehr längst zur allgemeinen Auffangklage für alle Formen hoheitlichen Handelns geworden, die nicht VA sind. Daß sich die Leistungsklage nur auf
Einzelentscheidungen richten könne (so *Robbers,* JuS 1988, 952),
steht nirgends geschrieben. Überdies entspricht die Annahme der
Leistungsklage nicht nur § 43 II VwGO; der Kläger erreicht mit
der Verurteilung zum Normerlaß auch mehr als bei der bloßen
Feststellungsklage. Diese Lösung wird auch im folgenden zugrun-
degelegt (in diesem Sinne auch *Kopp,* VwGO, § 47, Rd.-Nr. 9;
Duken, NVwZ 1993, 546, 548; *Würtenberger,* PdW, 334).

Als Leistungsklage ist die Normerlaßklage statthaft, wenn sie
sich auf den Erlaß einer untergesetzlichen Rechtsvorschrift richtet.
Die Leistungsklage auf ein Parlamentsgesetz ist in jedem Fall
unstatthaft, soweit sie nicht ohnehin als verfassungsrechtliche
Streitigkeit nach § 40 VwGO ausgeschlossen ist. Nach (nicht unbestrittener) Ansicht ist die Leistungsklage auf Handeln mit Außenwirkung beschränkt, sie kann sich also nicht auf Verwaltungsvorschriften, Richtlinien, den Erlaß technischer Anweisungen
usw. richten. Gegenstände können sein: Eine Rechtsverordnung
der Exekutive, eine autonome Satzung, sonstige Rechtsnormen
eigener Art einschließlich der Festlegungen im Regionalplan, nach
neuester Rechtsprechung auch eine Norm in einer Geschäftsordnung des Gemeinderats (zur Statthaftigkeit der Normenkontrolle

bei Geschäftsordnungen oben, § 19 Rd.-Nr. 19). Hierfür ist es belanglos, ob das jeweilige Bundesland die Normenkontrolle nach § 47 VwGO eingeführt hat, da es um diese nicht geht.

IV. Klagebefugnis

14   Folgt man der Konstruktion der Normerlaßklage als Leistungsklage, so ist § 42 II VwGO analog anzuwenden. Der Kläger muß also einen Anspruch auf Normerlaß geltend machen. Ist dieser gesetzlich ausgeschlossen, so heißt das nicht, daß er sich nicht aus Grundrechten, einer Zusage oder einem öffentlich-rechtlichen Vertrag ergeben kann. Der Kläger muß nicht Adressat der begünstigenden Norm sein.

V. Sonstige Zulässigkeitsvoraussetzungen

15   Wegen der Einordnung der Normerlaßklage als Leistungs- oder als Feststellungsklage ist weder eine Frist noch das Vorverfahren einzuhalten. Das Rechtsschutzbedürfnis kann allerdings fehlen, wenn der Anspruch auf Normerlaß bereits gesetzlich oder aus anderen Gründen ausgeschlossen ist, das Gericht also unter keinen denkbaren Umständen eine Verpflichtung zum Normerlaß aussprechen kann.

Als Feststellungsklage ist die Klage auf Feststellung der Verpflichtung des Normgebers; als allgemeine Leistungsklage auf Verurteilung zum Normerlaß zu richten. Klagegegner ist in beiden Fällen der potentielle Normgeber bzw. dessen Rechtsträger. Als Leistungsklage kommen auch eine „Bescheidungsklage" auf grundsätzliche Verpflichtung zur Normsetzung mit offenem Inhalt oder eine Begrenzung auf eine normative Teilregelung in Betracht.

Literatur zu § 20: *Renck,* Die Normerlaßklage – VGH München, BayVBl. 1980, 209, JuS 1982, 338; *Würtenberger,* Die Normerlaßklage als funktionsgerechte Fortbildung verwaltungsprozessualen Rechtsschutzes AöR 105 (1980), 370 ff.; *Robbers,* Anspruch auf Normerlaß; OVG Koblenz, NJW 1988, 1684, JuS 1988, 449; *Schenke,* Rechtsschutz gegen das Unterlassen von Rechtsnormen, VerwArch 82 (1991), 307; *Duken,* Normerlaßklage und fortgesetzte Normerlaßklage, NVwZ 1993, 546; *Gleixner,* Die Normerlaßklage (1993).

§ 21 Verwaltungsgerichtliche Organklagen.
Insbesondere: Der Kommunalverfassungsstreit

I. Allgemeines

1. Funktion und Stellenwert der Organklage

Von seiner Entstehung her war der Verwaltungsprozeß zu- 1
nächst ein Rechtsstreit zwischen Bürger und Staat. Das entsprach
sowohl der traditionellen Trennung von Staat und Gesellschaft als
auch dem Verständnis des Rechtsverhältnisses als Beziehung zwischen selbständigen natürlichen oder juristischen Personen.

Innerhalb einer Körperschaft oder sonstigen juristischen Person
schienen lange Zeit Rechtsstreitigkeiten schon logisch ausgeschlossen. Organstreitigkeiten waren im Verfassungsrecht vor allem den obersten Staatsorganen vorbehalten. Innerhalb von Körperschaften des Öffentlichen Rechts war ein Rechtsstreit schon
mangels (Außen)-Rechtsbeziehung ebensowenig denkbar wie innerhalb des staatlichen Behördenaufbaus: Ein Verständnis, das in
der Redeweise vom verbotenen (weil die Einheit der Verwaltung
gefährdenden) **Insichprozeß** zum Ausdruck kommt. Eine Person
kann eben nicht gegen sich selbst prozessieren.

Mehr und mehr aber wurde deutlich, daß es auch **innerhalb** von 2
Körperschaften zwischen deren verschiedenen Organen, ja sogar

innerhalb eines Kollegialorgans zu Rechtsstreitigkeiten kommen kann, wobei nicht alle Kläger idealtypisch Rechte ein und derselben Person geltend machen, sondern eigene und ggf. durchaus konfligierende Positionen – ob man diese nun mit „Rechten" oder mit „Kompetenzen" bezeichnet.

Beispiele: Der Senat einer Hochschule weist die Berufungsliste eines Fachbereichs zurück. Ein Bürgermeister behandelt ein wichtiges Problem der Gemeinde als Angelegenheit der laufenden Verwaltung, ohne den Gemeinderat einzuschalten. In einer Handwerkskammer überzieht ein Gremium seine Kompetenzen („Kammerverfassungsstreit" – *Stober/Lahme*, in: *Stober*, Rechtsschutz, S. 92). Rundfunkrat und Intendant einer Rundfunkanstalt geraten in Streit.

3   Solche Konflikte sind unstreitig öffentlichrechtlicher Natur, und sie verlangen nach gerichtlicher Klärung. Das wurde trotz aller Bedenken gegen den „Innenrechtsstreit" zunehmend anerkannt (zu den Anfängen OVG Lüneburg, OVGE 2, 225; *Henrichs,* Kommunalverfassungsstreitverfahren vor den Verwaltungsgerichten, DVBl. 1959, 548; *Erichsen,* FS Menger (1985), 219).

Die Konsequenz sind verwaltungsprozessuale Organklagen innerhalb ein- und derselben Juristischen Person, wobei die Bezeichnung „Innenrechtsstreit" mißverständlich ist. Beteiligte sind entweder die Organe einer Juristischen Person (**inter**-organischer Rechtsstreit) oder einzelne Rechtsträger innerhalb desselben Organs (**intra**-organischer Rechtsstreit). Das verhält sich nicht anders als bei den „großen" Organklagen des Verfassungsrechts (vgl. Art. 93 I 1 GG; §§ 63 ff. BVerfGG).

2. Dogmatische Probleme des „Innenrechtsstreits"

4   Obwohl die Notwendigkeit der verwaltungsprozessualen Organklage von niemandem mehr geleugnet wird, werden aus dem überkommenen Verständnis des „Innenrechtsstreits" zahlreiche Probleme mitgeschleppt, die für eine moderne verwaltungsprozessuale Organklage eigentlich nicht bestehen müßten. Das beginnt schon mit der Frage, ob z. B. ein Gemeinderatsmitglied als „natürliche Person", als Teil einer Juristischen Person oder als „sonstiger Rechtsträger" beteiligungsfähig ist. Das setzt sich fort

in der grundsätzlichen Verneinung der Außenwirkung. Auch wird daran festgehalten, daß das Organ nicht etwa personenbezogene Rechte und schon gar nicht Grundrechte geltend machen kann, sondern sich auf Mitwirkungsrechte berufen muß. Schließlich verhindert das Rechtsträgerprinzip teilweise, daß sich der verwaltungsprozessuale Streit zwischen den eigentlichen „Streitenden" abspielt.

II. Besondere Probleme des Rechtswegs

1. Allgemeines

Kommunalverfassungsrecht und vergleichbares Organisations- 5 recht der öffentlichen Körperschaften und Anstalten zählen zum spezifisch **Öffentlichen Recht,** denn sie betreffen als Sonderrecht die Struktur von Entscheidungsträgern, wie sie im Privatrecht gerade nicht vorkommen.

Organstreitigkeiten im Gemeindebereich sind **nicht verfassungsrechtliche Streitigkeiten** im Sinne von § 40 VwGO. Schon deshalb empfiehlt es sich, den Begriff des Kommunalverfassungsrechts nur zu benutzen, wenn man sich verdeutlicht, daß es nicht um „Parlamentsrecht" sondern um schlichtes Organisationsrecht im Bereich der (Selbst)-Verwaltung geht.

2. Besondere Fallgruppen

Zwei besondere Abgrenzungsprobleme des Rechtswegs bei der 6 Organklage seien angesprochen.

a) Bei **mißbilligenden Äußerungen** im Gemeinderat stellt sich die Frage, ob es sich um eine private Auseinandersetzung oder um einen öffentlichrechtlichen Streit der Organe handelt. Abzustellen ist auf die **wahrgenommene Funktion.** Äußerungen in Wahrnehmung der Leitungs- und Ordnungsfunktion des Bürgermeisters oder des Vorsitzenden sind daher auch bei einem „Exzeß" grundsätzlich öffentlichrechtlicher Natur.

Beispiel: Zurechtweisung durch Bürgermeister. Klage auf Widerruf der Behauptung des Bürgermeisters, ein Gemeinderat sei von einem ortsansässigen Bauunternehmer „gekauft", Unterlassungsklage gegen die Bemerkung, ein Gemeinderatsmitglied sei ein „notorischer Querulant".

Anders verhält es sich nur bei gewöhnlichen Beleidigungen zwischen Personen, die sich am Rande oder **bei Gelegenheit** einer Gemeinderatssitzung abspielen.

7   b) Besonders umstritten ist die Frage des Rechtswegs bei Streitigkeiten um die Mitgliedschaft in einer **Fraktion** des Gemeinderats.

Das OVG Münster (NJW 1989, 1105), das OVG Lünbebrug (DÖV 1993, 1101) und der VGH Kassel (NVwZ 1990, 391) ordnen den Streit um die Zugehörigkeit zu einer Gemeinderatsfraktion dem **Verwaltungsrechtsweg** zu, da es sich um eine besondere öffentlichrechtliche Beziehung innerhalb einer ständigen Gliederungseinheit des Gemeinderats handle. Dagegen vertritt der VGH München (NJW 1988, 2754) die Auffassung, die Klage gegen einen Fraktionsausschluß sei eine bürgerliche Streitigkeit, die vor die ordentlichen Gerichte gehöre, weil zwischen Fraktionsmitglied und Fraktion kein Sonderrecht und keine Subordination bestehe. Das führt zu der Schwierigkeit, daß der VGH München den Fraktionsausschluß als zivilrechtliche Vorfrage im Streit um den „Rückzug" aus einem Ausschuß behandeln muß (VGH München, NVwZ 1989, 494).

Die Zuordnung zum Verwaltungsrechtsweg verdient den Vorzug: Das gilt nicht nur wegen der Untrennbarkeit von Streitigkeiten um die Fraktionszugehörigkeit und anderen intra-organischen Streitigkeiten, sondern auch wegen des Funktionswandels der „Fraktion" im Gemeinderat. Diese ist heute kein privater Zusammenschluß mehr, sondern ein in der Regel fest organisierter und in den meisten Gemeindeordnungen erwähnter Funktionsträger im innerorganischen Bereich. Rechte des Gemeinderats gegen die Fraktion müssen daher auch verwaltungsprozessual klärbar sein (ähnlich *Ehlers*, NVwZ 1990, 107; *Erdmann*, DÖV 1988, 907). Ebensowenig kommt es auf die Über- und Unterordnung an, denn Organe im Organstreit können grundsätzlich gleichgeordnet sein.

III. Beteiligte

1. Beteiligtenfähigkeit

Hinsichtlich der Begründung der Beteiligtenfähigkeit besteht **8**
Streit darüber, welche der Alternativen nach § 61 VwGO in Betracht kommt.

Beispiel: Klage eines Gemeinderatsmitglieds gegen den Bürgermeister als Gemeinderatsvorsitzenden.

In Betracht kommt die Beteiligungsfähigkeit
- als natürliche Person (§ 61 Ziff. 1 1. Alt.),
- als juristische Person bzw. deren Teil (§ 61 Ziff. 1 2. Alt.),
- als (sonstige) Vereinigung, der ein Recht zustehen kann bzw. deren Teil (§ 61 Ziff. 2).

Klagt ein Gemeinderatsmitglied oder der Bürgermeister, so tut er dies nach h. L. nicht als natürliche Person, weil diese Alternative auf Außenrechtsbeziehungen beschränkt sei (vgl. etwa *Schoch,* JuS 1987, 786; VGH Kassel, DVBl. 1991, 777). Die Mehrheit der Autoren wendet für die Beteiligungsfähigkeit **§ 61 Ziff. 2 unmittelbar oder analog** an, und stellt damit darauf ab, ob dem jeweiligen Organ ein Recht zustehen kann.

Das ist zumindest bei „Person-Organen" wie Bürgermeister oder Gemeinderatsmitglied nicht einsichtig, zumal hier von Rechten auf die Art der Beteiligung geschlossen wird. Eine natürliche Person bleibt als solche natürliche Person, auch wenn sie als Gemeindeorgan klagt (so zu Recht *Kopp,* VwGO, § 61, Rd.-Nr. 5; VGH Mannheim, DÖV 1980, 573). Nur bei einem zusammengesetzten Organ wie dem Gemeinderat als Gesamtheit, kommt daher eine Beteiligungsfähigkeit nach § 61 Ziff. 2 in Betracht (ähnlich auch *Dolde,* FS Menger [1985], 427, 435).

2. Prozeßfähigkeit

Die Prozeßfähigkeit richtet sich nach § 62 I, soweit eine natürli- **9**
che Person handelt; im übrigen richtet sie sich nach § 62 III (Vereinigungen, für die der gesetzliche Vertreter, Vorstand usw. handelt). Für die Vertretungsbefugnis ist das jeweilige Organisationsrecht heranzuziehen.

3. Passive Prozeßführungsbefugnis – „richtiger Beklagter"

10   Umstritten ist auch, **gegen wen** die Klage zu richten ist. Im verwaltungsprozessualen Organstreit führt das Rechtsträgerprinzip zu Schwierigkeiten, da sich danach die Klage stets gegen die ganze Körperschaft als Rechtsträger des Gemeinderats usw. richten muß, obwohl es in der Sache um einen Streit zwischen den Organen oder sogar innerhalb ein und desselben Organs geht.

Deshalb zeichnet sich in Literatur und Rechtsprechung eine Mehrheit für ein Abweichen vom Rechtsträgerprinzip ab. Danach ist die Klage gegen denjenigen Funktionsträger zu richten, demgegenüber die mit der Organklage beanspruchte Innenrechtsposition bestehen soll (OVG Münster, NVwZ 1990, 188; ähnlich zur Passivlegitimation VGH Mannheim, DÖV 1990, 627; *Ehlers,* FS Menger, 394; *Schoch,* Übungen, 193). Diese Auffassung hat den Vorteil, daß nur dasjenige Organ bzw. derjenige Funktionsträger als Beklagter herangezogen wird, der über das streitige Rechtsverhältnis entscheiden kann.

Beispiel: Streit um ein Rauchverbot nicht gegen die Gemeinde sondern gegen den Gemeinderat bzw. dessen Vorsitzenden; Streit um Äußerung des BM im GRat gegen BM.

Nach der *Gegenauffassung* ist die Klage dagegen grundsätzlich gegen denjenigen Rechtsträger zu richten, dem das Organ bzw. der Organteil zugehört. Diese Auffassung wird vor allem vom VGH München (vgl. etwa BayVBl. 1990, 111) vertreten. Sie führt schon deshalb zu Schwierigkeiten, weil die Gemeinde als ganzes ein intraorganisches Rechtsverhältnis nicht immer beeinflussen kann.

IV. Klageart

1. Allgemeines

11   Besonders nachhaltig und „problemträchtig" wirkt sich die alte Vorstellung vom „Innenrechtsstreit" bei der Klageart aus. Einigkeit besteht lediglich darin, daß Kommunalverfassungsstreit und

Organstreitigkeit **keine eigene Klageart** sind. Sie sind vielmehr in das System der üblichen Klagearten einzuordnen (vgl. *Schoch,* JuS 1987, 787). Nur in diesem Rahmen wird bei bestimmten Fallkonstellationen eine „Klage sui generis" diskutiert, z. B. wenn es um die Kassation eines Gemeinderatsbeschlusses geht.

2. Ablehnung der Anfechtungs- und Verpflichtungsklage

Durchweg wird im Organstreit die Statthaftigkeit von Anfechtungs- und Verpflichtungsklagen **abgelehnt,** weil es hier mangels Außenwirkung keinen VA gebe. Das Außenrechtsverhältnis wird also dem Rechtsstreit Körperschaft – Bürger vorbehalten. Das gilt – anders als im Beamtenrecht – selbst bei Streitigkeiten über den Grundstatus und über den organschaftlichen „Rechtskreis" des Klägers.   **12**

> **Beispiel:** Ausschluß eines Gemeinderatsmitglieds aus der Sitzung: kein VA (VGH München, BayVBl. 1988, 16; *Schoch,* Übungen, 186; *Preusche,* NVwZ 1987, 855).

> Auch in diesem Punkt kann die h. L. nicht mehr überzeugen. Sie verkennt, daß sich die Funktionen des Innenrechtsstreits gewandelt haben. Unter der Geltung des Enumerationsprinzips diente das Erfordernis der Außenwirkung dazu, den Innenbereich von Rechtsstreitigkeiten freizuhalten. Mit der Anerkennung von inter- und intraorganischen Streitigkeiten wird aber zugleich anerkannt, daß hier Rechte und Rechtsbeziehungen möglich sind, in die eingegriffen werden kann. Jedes Organ hat also gleichsam einen subjektiven „Rechtskreis", der von Maßnahmen eines anderen Organs oder der Organleitung betroffen sein kann. Dann spricht auch nichts dagegen, solche Maßnahmen als Verwaltungsakt zu qualifizieren. Voraussetzung ist nur, daß die Handlung den organschaftlichen **Rechtskreis** des Organs selbst berührt. Auf die Außenwirkung gegenüber dem Bürger kommt es gerade nicht an (wie hier *Streinz,* BayVBl. 1983, 747; *Kopp,* VwGO, vor § 40, Rd.-Nr. 7).

Das ändert aber nichts daran, daß Kommunalverfassungsstreitigkeiten in der gegenwärtigen Rechtsprechung **nicht** als Anfechtungs- oder Verpflichtungsklagen behandelt werden.

> **Gegenbeispiele:** Streit um Antrag, aus dem Gemeinderat auszuscheiden (*Martensen,* JuS 1995, 989, 992). Wird das Gemeinderatsmitglied wegen einer Störung zunächst von der Sitzung ausgeschlossen (nach h. L. kein VA), stört dann gleichsam als „einfacher Bürger" auf der Besuchertribüne weiter und

wird des Raumes verwiesen, dann handelt es sich bei letztgenannter Entscheidung um einen VA wie gegenüber jedem anderen Bürger.

3. Allgemeine Leistungs- und Unterlassungsklagen

13   Wegen der Ablehnung von Anfechtungs- und Verpflichtungsklagen dienen der Praxis vielfach die Unterlassungs- und Leistungsklage als Ausweichmöglichkeit (vgl. etwa VGH München, BayVBl. 1988, 166; *Schoch,* JuS 1987, 788). Das ist freilich nicht konsequent, weil nach herkömmlichem Verständnis auch für diese Klagearten eine Außenrechtsbeziehung erforderlich ist. Auch bleibt das Problem, daß Unterlassungs- und Leistungsklage nicht auf alle Fallkonstellationen passen. Gleichwohl kann eine Vielzahl von Fällen in dieser Weise gelöst werden:

> **Beispiele:** Klage auf Unterlassung oder Widerruf einer mißbilligenden Äußerung im Gemeinderat, Klage auf Zulassung zu einer Gemeinderats- oder Ausschußsitzung, Klage auf Aufnahme eines Gegenstandes in die Tagesordnung, Klage auf Rauchverbot im Gemeinderat.
> Problematisch sind solche Fälle, in denen es um die **Rechtsgestaltung,** z. B. die Aufhebung eines Beschlusses, geht. Für diesen Fall hat der VGH München (etwa BayVBl. 1976, 753; BayVBl. 1985, 339) die sogenannte **„kassatorische Leistungsklage"** entwickelt. Bei dieser Konstruktion wird aber verkannt, daß Kassation und Leistungsklage ein Widerspruch in sich sind, denn das Leistungsurteil „kassiert" nicht rechtsgestaltend, sondern verurteilt zu einer Leistung.

4. Feststellungsklage

14   Im Vordringen befindet sich wegen der mit den anderen Klagearten zusammenhängenden Probleme offenkundig die Feststellungsklage. Man begnügt sich also mit dem Anspruch auf Feststellung der Rechtswidrigkeit eines Sitzungsausschlusses, des Unterlassens eines Rauchverbots usw. und vertraut insofern auf die Rechtstreue des verklagten Organs. Wird die Feststellungsklage angenommen, so gilt § 43 VwGO unmittelbar, d. h. es ist auch das Feststellungsinteresse zu prüfen.

Ein weites Anwendungsfeld findet im Organstreit auch die **Fortsetzungsfeststellungsklage,** und zwar unabhängig vom Vorliegen eines VA. War eine erledigte organinterne Maßnahme rechtswidrig und besteht ein Feststellungsinteresse infolge Wiederholungsgefahr oder Rehabilitationsbedürfnisses, dann kommt eine Fortsetzungsfeststellungsklage auch dann in Betracht, soweit als „Hauptklageart" die Leistungs- oder Unterlassungsklage anzunehmen wäre.

Beispiel: Fortsetzungsfeststellungsklage hinsichtlich der Rechtswidrigkeit der Entziehung des Rederechts (VG Stuttgart, NVwZ 1990, 190; grundsätzlich auch *Ehlers,* NVwZ 1990, 107; zur Gegenauffassung (nur Fklage) s. oben § 18 Rd.-Nr. 66ff.).

5. Normenkontrolle

Geht der Streit um die Geschäftsordnung des Gemeinderats oder **15** eine vergleichbare Rechtsnorm des Selbstorganisationsrechts, so kommt im Rahmen der Organklage auch die **Normenkontrolle** nach § 47 VwGO in Betracht (BVerwG, NVwZ 1988, 1119). Danach richten sich auch die Zulässigkeitsvoraussetzungen.

Die Klage auf Ergänzung der Geschäftsordnung, also ein Sonderfall der **Normerlaßklage,** ist als allgemeine Leistungsklage zu behandeln.

6. Klage sui generis/Allgemeine Gestaltungsklage

Folgt man der Auffassung, daß die Anfechtungsklage im Innen- **16** rechtsverhältnis grundsätzlich nicht in Betracht kommt, geht es aber in der Sache um die unmittelbare Rechtsgestaltung, z. B. die Aufhebung eines Beschlusses, dann kann – abgesehen von der abzulehnenden „kassatorischen Leistungsklage" – nur eine (besondere) **Gestaltungsklage** helfen. Die Klage ist also auf Aufhebung (Kassation) eines Beschlusses zu richten.

Grundsätzliche Bedenken dagegen bestehen nicht. Die Aufhebung eines Gemeinderatsbeschlusses im Organstreit greift nicht mehr in die Selbstverwaltung ein als jede andere gerichtliche Aufhebung von Gemeindeentscheidungen. Auch besteht durchaus ein Bedarf zur Beseitigung des von einem rechtswidrigen Beschluß ausgehenden Rechtsscheins.

Beispiel: Klage auf Aufhebung eines rechtswidrigen Befangenheitsbeschlusses des Gemeinderats, Klage auf Aufhebung einer rechtswidrigen Eilentscheidung des Bürgermeisters.

Zur „atypischen" Gestaltungsklage s. *Pietzner/Ronellenfitsch,* Assessorexamen, § 9, Rd.-Nr. 6 f.; ablehnend zur Anwendung im Kommunalverfassungsrecht *Ehlers,* NVwZ 1990, 105; *Schmidt-Aßmann,* FS Menger (1985), 107; *Schoch,* JuS 1987, 789.

V. Klagebefugnis

1. Allgemeines

17   Weitgehende Einigkeit besteht heute darüber, daß auch der Kläger im Organstreit klagebefugt sein muß. Die Stellung als Organ verleiht **kein** Recht zur Popularklage. Die Notwendigkeit der Klagebefugnis besteht unabhängig von der Klageart.

Wichtig: Auch bei der **Feststellungsklage** muß nach der Rechtsprechung des BVerwG der Kläger geltendmachen, er werde durch die Maßnahme oder das Unterlassen, deren Rechtswidrigkeit festgestellt werden soll, in seinen (Organ-) Rechten verletzt (BVerwG, NVwZ 1989, 470; NVwZ 1991, 470; VGH Mannheim, DÖV 1988, 469; *Ehlers,* NJW 1990, 105, 111).

2. Recht

18   Wie in jedem anderen Fall ist das Vorliegen einer Rechtsposition von bloßen Rechtsreflexen, ideellen und wirtschaftlichen Interessen zu trennen.

Beispiel: Der Gemeinderat kann sich nicht auf das Ansehen der Gemeinde oder des Rates bzw. auf bloße wirtschaftliche Interessen berufen.

3. Zuordnung zum Organ

19   Das Recht muß auch im Kommunalverfassungsstreit dem Kläger zuzuordnen sein, und zwar in seiner **Eigenschaft als Organ.**

Folgende Hauptprobleme sind zu lösen:

– Die Existenz von Organrechten als subjektive Rechte,
– das Problem kommunalverfassungsrechtlicher Schutznormen,
– die Teilhabe eines einzelnen Organmitglieds an Rechten des Gesamtorgans,
– die Frage der Geltung der „bürgerlichen" Außenrechtsposition, insbesondere der Grundrechte.

a) Abzulehnen ist die ältere Auffassung, ein Organ habe über- **20**
haupt keine eigenen Mitwirkungsrechte sondern nur Kompetenzen oder eine aus der Stellung des Gesamtorgans abgeleitete
Rechtsposition.

Anders als im Innenbereich der Behörden bestehen im Selbstverwaltungsbereich durchaus „wehrfähige", durch Wahl erworbene Mitwirkungsrechte, die
den Organen und deren Mitgliedern durch Gesetz (z. B. Gemeindeordnung,
Hochschulgesetz usw.) zugewiesen sind und bei einem Eingriff verteidigt werden können (BVerwGE 45, 207, 209 f.; *Schnapp,* VerwArch 1987, 407, 415;
Schoch, Übungen, 183, der treffend von „Kontrastorganen" spricht). Das
heißt: Das Gemeinderats- oder Fakultätsmitglied macht nicht etwa abgeleitete
Rechte des Gesamtorgans oder des Gremiums geltend, sondern eine **eigene
Mitwirkungsposition,** die er durch Wahl oder Bestellung erworben hat.

b) **Schutznormen** sind primär die Mitwirkungsrechte, die die **21**
Gemeindeordnung, das Hochschulrecht oder die Geschäftsordnung dem jeweiligen Organ verleihen. Wichtigster Fall ist das in
einigen Gemeindeordnungen nur andeutungsweise erwähnte bzw.
aus den dort niedergelegten Pflichten abzuleitende **Mitwirkungsrecht**.

Dieses umfaßt im einzelnen:

- Das Recht auf ordnungsgemäße Ladung,
- das Recht auf Behandlung eines beantragten Tagesordnungspunktes,
- das Recht auf Teilnahme an Sitzungen einschließlich Rede- u. Abstim-
  mungsrecht,
- das Recht auf Information über die Entscheidungsgrundlagen und gleiche
  Teilhabe an den Verwaltungsressourcen (Fraktionszimmer, Telephon
  usw.).

Umstritten ist, ob diese Rechte eine verfassungsrechtliche Basis in Art. 38
GG oder der entsprechenden Norm des Landesverfassungsrechts haben (so
BayVerfGH, BayVBl. 1984, 621). Das ist **abzulehnen** (BVerfGE 78, 344,
348). Das Gemeinderatsmandat ist zwar im Hinblick auf Unabhängigkeit,
Gewissenbindung usw. dem Parlamentsrecht ähnlich und es wurde gleichfalls
durch Wahl erworben. Art. 38 GG ist aber durch die Parlamentsfunktion geprägt, während der Gemeinderat nicht „Parlament" ist. Die Stellung des Gemeinderats ist daher zwar aus der Wahl begründet; er hat aber nicht an dem
freien Mandat aus Art. 38 GG teil und genießt auch keineswegs Indemnität und
Immunität. Eine verfassungsrechtliche Stärkung erfährt allerdings das Mitwirkungsrecht der Hochschulmitglieder an der Selbstverwaltung der Hochschule
durch Art. 5 III GG.

22   c) Das Erfordernis der Geltendmachung eigener Rechte des jeweils klagenden Organs schließt es aus, daß dieses sich auf Rechte des Gesamtorgans oder der Gesamtkörperschaft berufen kann.

Beispiel: Ein Gemeinderat kann sich nicht gegen Aufsichtsmaßnahmen gegen die ganze Stadt wenden.

Das heißt aber nicht, daß die jeweilige Maßnahme direkt gegen ihn gerichtet sein muß. Möglicherweise wird ein einzelnes Mitglied auch durch die Verletzung der Rechte des Gemeinderats insgesamt in seinem Mitwirkungsrecht verletzt. Beruft etwa der Bürgermeister den Rat nicht ordnungsgemäß ein oder setzt er rechtswidrig einen Tagungsordnungspunkt ab, so ist sowohl der Gemeinderat als Ganzes **als auch** jedes einzelne Mitglied verletzt (anders hins. rechtswidr. Eilentsch. des BM aber VGH Mannheim, NVwZ 1993, 396 – ähnl. zur Stellung der Fraktion OVG Münster NVwZ 1989, 989 – krit. zu beiden J. *Müller*, NVwZ 1994, 120. Das gilt umso mehr, wenn Bürgermeister und Gemeinderatsmehrheit zum Schaden der Minderheit zusammenwirken.

23   d) Sehr umstritten ist die Frage, ob das einzelne Gemeinderatsmitglied sich auch auf „bürgerliche" Rechtspositionen, insbesondere die **Meinungsfreiheit,** berufen kann, wenn z. B. der Bürgermeister ihm das Wort entzieht, ihn auffordert, eine überdimensionale Anti-Atomkraft-Plakette abzulegen oder wenn Sanktionen an die Mitteilung gemeindeinterner Vorgänge geknüpft werden.

Der „reinen Lehre" des Organrechtsverhältnisses entspricht es, auch und gerade im Hinblick auf die Grundrechtsposition streng zwischen Außenrechtsbeziehungen und Innenrecht zu trennen. Deshalb beharrt die h. L. darauf, daß sich nur der Bürger, nicht aber das Organ im Kommunalverfassungsstreit auf Grundrechte, insbesondere die Meinungsfreiheit, berufen kann (BVerfGE 48, 344, 348).

Eine pragmatische Position scheint das Bundesverwaltungsgericht einzunehmen (BVerwG, NWwZ 1988, 837; 1989, 975). Es sieht in den Vorschriften der Gemeindeordnungen Schranken der Meinungsfreiheit nach Art. 5 II GG, ohne die Frage einer Anwendbarkeit des Grundrechts näher zu erörtern (kritisch dazu *Geis*, BayVBl. 1992, 41 f.).

Die Frage der Grundrechtsträgerschaft von Gemeinderatsmitgliedern darf aber nicht offen bleiben. Sie sind an den Rechtsverhältnissen im Kommunalverfassungsstreit in der Tat nicht als Bürger (und insoweit Grundrechtsträger) beteiligt; machen vielmehr grundsätzlich Mitwirkungsrechte **als Organ** geltend. Das schließt aber nicht aus, daß die Mitwirkungsrechte durch Grundrechtspositionen verstärkt werden.

Beispiel: Weist der Bm. ein Gemeinderatsmitglied aus dem Raum, weil dieses sich weigert, eine Plakette abzulegen, so ist sowohl das Mitwirkungsrecht als auch die Meinungsfreiheit berührt. Verbietet er einem Angehörigen der Bhagwan-Sekte, in bhagwantypischer Kleidung im Gemeinderat zu erscheinen, ist selbstverständlich die Religionsfreiheit berührt. Der Anspruch auf Erlaß eines Rauchverbots folgt nicht nur aus dem Recht auf ungestörte Mitwirkung; er ist durch Art. 2 II GG zumindest überlagert und verstärkt. Das alles ist sehr umstritten. Jedenfalls muß der Unterschied von Außenrechts- und Innenrechtsposition, von individuellem bürgerlichem Grundrecht und Organrecht hervorgehoben und müssen Einwirkungen des einen auf den anderen Rechtskreis genau bezeichnet werden. Außerdem muß natürlich darauf geachtet werden, daß in diesem Fall die Beteiligtenstellung ausnahmsweise aus § 61, **Ziff.** 1 abgeleitet wird.

4. Möglichkeit der Rechtsverletzung

Das Organ muß geltend machen, daß es durch die streitige **24** Maßnahme möglicherweise in seinen Organrechten verletzt ist. Es reicht die Plausibilität der Rechtsverletzung.

Beispiel: Die fehlende Tagesordnung bei der Ladung gefährdet das Mitwirkungsrecht.

Gegenbeispiel: Ein Überschreiten der Verbandskompetenz kann Rechte des einzelnen Gemeinderats nicht tangieren; ebensowenig ein Beschluß über den Ausschluß der Öffentlichkeit (*Schnapp*, VerwArch 78 [1987], 407, 415).

VI. Sonstige Zulässigkeitsvoraussetzungen

1. Rechtsschutzbedürfnis

Abgesehen vom (besonderen) Feststellungsinteresse bei der **25** kommunalen Feststellungsklage muß bei jeder Organklage auch das allgemeine Rechtsschutzbedürfnis gegeben sein. Das heißt: Das Organ muß auf den Rechtsschutz durch die Verwaltungsgerichtsbarkeit angewiesen sein, und es darf kein leichterer Weg zur Rechtsverfolgung zur Verfügung stehen. So fehlt das Rechtsschutzbedürfnis, wenn das Ziel durch einfachen Antrag im Gemeinderat erreicht werden könnte, ein solcher aber noch nicht gestellt wurde. **Nicht** ausgeschlossen wird das Rechtsschutzbedürfnis aber durch die Möglichkeit der Mobilisierung der Rechtsaufsicht. Zwar kann ein Gemeinderat die aufsichtliche Beanstandung eines Beschlusses anregen; die Rechtsaufsicht folgt aber grundsätzlich anderen Maßstäben, und es besteht überdies ein Ermessensspielraum auf Seiten der Aufsichtsbehörde (*Würtenberger,* PdW, 326).

Das Rechtsschutzbedürfnis fehlt, wenn die Organklage mißbraucht wird, um politische Ziele „durchzudrücken" oder wenn das Organ die Verletzung seiner Rechte selbst herbeigeführt hat und sich insofern in Widerspruch zu vorangegangenem Tun setzt. Das Rechtsschutzbedürfnis kann auch fehlen, wenn es bei gleichgeordneten Körperschaften, Anstalten oder Organen eine gemeinsame höhere Instanz gibt, durch die der Konflikt bereinigt werden kann.

2. Frist

26   Im Kommunalverfassungsstreit ist eine Frist nicht einzuhalten. Der Klageanspruch kann aber verwirkt sein, wenn das Organ die Entscheidung z. B. lange Zeit hinnimmt und erst in einem verspäteten Zeitpunkt rügt.

Literatur zu § 21: *Kisker,* Insichprozeß und Einheit der Verwaltung (1968); *Tsatsos,* Der verwaltungsrechtliche Organstreit (1969); *Hoppe,* Organstreitigkeiten vor den Verwaltungs- und Sozialgerichten (1970); *Krebs,* Grundfragen des verwaltungsrechtlichen Organstreits, JURA 1981, 569; *Löwer,* Der Insichprozeß in der Verwaltungsgerichtsbarkeit, VerwArch 68 (1977), 327; *Staupe,* Klagebefugnis von Schulgremien im Schulverfassungsstreit, RdJB 1978, 188 ff.; *Renck-Laufke,* Verwaltungsrechtliche Kassation kommunalverfassungsrechtlicher Akte?, BayVBl. 1982, 75; *Erichsen,* Der Innenrechtsstreit, FS Menger (1985), 211; *Schröder,* Die Geltendmachung von Mitgliedschaftsrechten im Kommunalverfassungsstreit, NVwZ 1985, 246; *Schoch,* Der Kommunalverfassungsstreit im System des verwaltungsgerichtlichen Rechtsschutzes, JuS 1987, 783; *Preusche,* Zu den Klagearten für kommunalverfassungsrechtliche Organstreitigkeiten, NVwZ 1987, 854; *Erdmann,* Der Fraktionsausschluß im Gemeinderecht und seine Auswirkungen, DÖV 1988, 907; *Ehlers,* Die Klagearten und besonderen Sachentscheidungsvoraussetzungen im Kommunalverfassungsstreitverfahren, NVwZ 1990, 105; *Geis,* Zum Recht des Gemeinderatsmitglieds auf freie Meinungsäußerung in der Gemeinderatssitzung. Versuch einer dogmatischen Klarstellung, BayVBl. 1992, 41; *J. Müller,* Zu den Abwehrrechten des Ratsmitglieds gegenüber organisationsrechtswidrigen Eingriffen in seine Mitwirkungsrechte, NVwZ 1994, 120; *Martensen,* Grundfälle zum Kommunalverfassungsstreit, JuS 1995, 989.

§ 22 Weitere Klagearten

I. Allgemeines

Die Klagearten der VwGO sind nicht abschließend (*Schmitt*   **1**
Glaeser, VwProzR, Rd.-Nr. 396). Insbesondere gibt es keine bundesstaatlichen Bedenken gegen eine richterrechtliche Fortentwicklung der Klagearten. Maßgeblich sind vielmehr Art. 19 IV GG und § 40 VwGO. Nach ihnen **muß** für jede öffentlichrechtliche Streitigkeit nichtverfassungsrechtlicher Art eine rechtschutzermöglichende Klageart zur Verfügung stehen.

Bei näherem Hinsehen erweisen sich aber die meisten Fälle der   **2**
„Klage sui generis" oder ähnliche Fortentwicklungen als Varianten wohlbekannter Klagearten, also Leistungs-, Gestaltungs- oder Feststellungsklagen.

So ist die **Untätigkeitsklage** i. d. R. Verpflichtungsklage,
– die **Bescheidungsklage** ist Verpflichtungs- oder Leistungsklage,
– die **Normerlaßklage** ist allgemeine Leistungsklage,
– der **Kommunalverfassungsstreit** spielt sich vorwiegend in den Formen der Leistungs- oder der Feststellungsklage ab.

Einzig bei bestimmten Innenrechtsstreitigkeiten kommt die be-   **3**
sondere **Gestaltungsklage** zur Aufhebung von Entscheidungen in Betracht, die (eben wegen der Beschränkung auf den Innenbe-

reich) nicht Verwaltungsakt sind. Neben dem Kommunalverfassungsstreit (dazu § 21 IV) kann das in bestimmten beamtenrechtlichen Streitigkeiten und bei Problemen der Geschäftsverteilung der Fall sein (Beispiele bei *Pietzner/Ronellenfitsch,* Assessorexamen, § 9, Rd.-Nr. 5–7).

II. Prozessuale Gestaltungsklagen

4   Eine Sonderstellung nehmen die auch im Verwaltungsprozeß vorkommenden besonderen prozessualen Gestaltungsklagen ein, die hier nur erwähnt werden können.

1. Abänderungsklage

5   Mit der **Abänderungsklage** (§ 31 VwGO i. V. m. § 323 ZPO) kann die Änderung eines Urteils auf künftig wiederkehrende Leistungen, z. B. bestimmter Subventionsbeträge, Sozialhilfebeträge usw., erreicht werden. Voraussetzung ist eine wesentliche Änderung derjenigen Verhältnisse, die für die Verurteilung zur Entrichtung der Leistung, für die Bestimmung der Höhe der Leistungen oder der Dauer ihrer Entrichtung maßgeblich waren (§ 323 I ZPO). Das Urteil darf nur für die Zeit nach Erhebung der (Abänderungs-) Klage abgeändert werden.

2. Vollstreckungsabwehrklage

6   Die Vollstreckungsabwehrklage (Vollstreckungsgegenklage – § 167 VwGO i. V. m. § 767 ZPO) ist das letzte Hilfsmittel gegen die Zwangsvollstreckung. Sie kommt in Betracht, wenn der Verurteilte bestimmte Einwendungen geltend machen kann, die erst nach dem Schluß der mündlichen Verhandlungen entstanden sind (§ 767 II ZPO). Die Vollstreckungsabwehrklage zielt auf die Aufhebung, also Gestaltung eines Vollstreckungstitels. Mit ihr wird ein neuer Rechtsstreit eingeleitet, nicht etwa der ursprüngliche Rechtsstreit fortgesetzt.

Beispielfälle: BVerwGE 70, 227; VGH Kassel, NVwZ-RR 1989, 507.

3. Drittwiderspruchsklage

Auch die **Drittwiderspruchsklage** ist eine Vollstreckungsab- 7
wehrklage. Sie kann durch einen Dritten mit der Behauptung erhoben werden, daß ihm an dem Gegenstand der Zwangsvollstrek-
kung ein die Veräußerung hinderndes Recht zustehe (§ 167
VwGO i. V. m. § 771 ZPO). Auch sie ist im Verwaltungsprozeßrecht denkbar, aber äußerst selten.

Abänderungsklage, Vollstreckungsabwehrklage und Drittwiderspruchsklage kommen auch in Betracht, wenn die Vollstrek-
kung aus einem Prozeßvergleich (§ 106 VwGO) erfolgen soll, dessen Geschäftsgrundlagen entfallen sind (*Pietzner/Ronellenfitsch,*
Assessorexamen, § 9, Rd.-Nr. 18).

Literatur: *Schenke/Baumeister,* Probleme des Rechtsschutzes bei der Vollstreckung von Verwaltungsakten, NVwZ 1993, 1, allg. zur Vollstreckung
Peine, AVwR, Rd.-Nr. 479 ff.

Zu den **Wiederaufnahmeklagen** s. unten, § 43.

§ 23 Weitere allgemeine Zulässigkeitsvoraussetzungen

I. Allgemeines

Nach den klageartbezogenen (besonderen) Zulässigkeitsvoraus- 1
setzungen sind in der Regel weitere allgemeine Voraussetzungen
zu klären, die die Zulässigkeitsprüfung abschließen. Dazu gehören
formelle Aspekte, wie die **ordnungsgemäße Klageerhebung,** das
**Nichtvorliegen einer rechtskräftigen Entscheidung in gleicher
Sache** oder eines bereits **anhängigen Rechtsstreits** sowie das **allgemeine Rechtsschutzbedürfnis.** Sämtliche dieser Fragen sind
klageartunabhängig zu prüfen, setzen aber zumeist klageartbezogene Klärungen voraus, wie sie in den vorigen Abschnitten untersucht worden sind. Deshalb ist die Trennung von den übrigen
allgemeinen Voraussetzungen sinnvoll, und es macht wenig Sinn,

z. B. die ordnungsgemäße Klageerhebung vor Klärung der Klageart zu prüfen, weil der wesentliche Inhalt von der Klageart abhängt. Ähnliches gilt für das Verhältnis von Klagebefugnis und
Rechtsschutzbedürfnis. Es kann sich aber im Einzelfall durchaus
empfehlen, eine bestimmte Zulässigkeitsvoraussetzung vorzuziehen. Das gilt insbesondere dann, wenn der Sachverhalt einen besonderen Problemschwerpunkt nahelegt.

II. Ordnungsgemäße Klageerhebung, Form und Inhalt
der Klage

2   Die Klage ist nur zulässig, wenn sie **ordnungsgemäß erhoben**
ist (§ 81 VwGO) und wenn ihr Mindestinhalt den zwingenden
Bestimmungen von § 82 VwGO entspricht. Ob dies der Fall ist,
muß im Prozeß von Amts wegen geprüft werden. In der Klausur
ist aber darauf nur näher einzugehen, wenn Anlaß dazu besteht.

1. Form

3   Wie § 253 ZPO schreibt auch § 81 VwGO für die Klageerhebung im Regelfall die **Schriftform** vor. Das dient der Rechtssicherheit und ist im Verwaltungsprozeß besonders wichtig, weil
hier mit der Klageerhebung selbst bereits die Rechtshängigkeit
eintritt (§ 90), in der Regel die aufschiebende Wirkung erreicht
und das Eintreten der Bestandskraft verhindert wird.

Schriftliche Erhebung der Klage bedeutet nicht nur, daß diese
als ganze in Schriftform und in deutscher Sprache niedergelegt ist
(zum Erfordernis der deutschen Sprache BVerwG, NJW 1990,
3103); es bedeutet vor allem auch, daß die Klage mit einer **eigen-
händigen Unterschrift** versehen sein muß, die den Kläger identi-
fiziert (GSOBG, BVerwGE 58, 359, 365). Die Unterschrift muß
zwar nicht unbedingt lesbar sein (BVerwGE 78, 123, 126), sie
muß aber vom Kläger oder dessen Bevollmächtigten selbst stammen. Faksimile, Stempel, maschinenschriftliche Namenswiedergabe usw. reichen also nicht (BVerwG, BayVBl. 1984, 251).

Diese strengen Regeln werden aber in der Praxis mehr und mehr relativiert. Dazu tragen vor allem die neuen technischen Möglichkeiten wie Telefax usw. bei, die in der Rechtsprechung grundsätzlich anerkannt werden. Besonders die inzwischen uneingeschränkt anerkannte Möglichkeit der Klageerhebung durch Telefax (Fernkopie – BVerwGE 81, 32, 34 = NJW 1989, 1175) oder sogar von einem (mißbrauchsgesicherten) Btx-Auschluß aus (BVerwG, NJW 1995, 2121) haben dabei die früheren Formen der fernschriftlichen oder telegrafischen Klageerhebung (mitsamt der Probleme von deren handschriftlicher Unterzeichnung) weitgehend verdrängt. Wichtig ist aber, daß auch die übermittelte Fernkopie die Unterschrift des Ausstellers trägt (BVerwG, NJW 1991, 1193). Nach den genannten Entscheidungen des BVerwG soll die Schriftlichkeit auch ohne eigenhändige Namenszeichnung gewahrt sein, wenn sich aus anderen Anhaltspunkten eine der Unterschrift vergleichbare Gewähr für die Urheberschaft und den Rechtsverkehrswillen ergeben. Auch hierin zeigt sich die pragmatische Linie des BVerwG bei der Handhabung der Formvoraussetzungen.

Nur bei dem Verwaltungsgericht, nicht also bei OVG/VGH   4
oder BVerwG ist nach § 81 VwGO ferner die **Klageerhebung zur Niederschrift des Urkundsbeamten** der Geschäftsstelle möglich. Dies setzt die wörtliche Niederschrift der Klage voraus; ein bloßer Aktenvermerk genügt nicht. Die Niederschrift muß nochmals vorgelesen und vom Kläger genehmigt werden. Nicht zuletzt wegen dieser komplizierten Voraussetzungen ist diese Form der Klageerhebung heute praktisch unbedeutend.

Fehlen der Klage notwendige Formerfordernisse, so muß der Vorsitzende darauf hinweisen. Anders als bei § 82 (Ergänzung des Klageinhalts) ist aber eine Klage noch nicht erhoben, wenn sie die Voraussetzungen von § 81 nicht erfüllt. Eine Heilung ist daher nur innerhalb der Frist des § 74 möglich. Andernfalls ist die Klage – unabhängig von der Möglichkeit der Wiedereinsetzung – endgültig unzulässig (BVerwG, NVwZ 1985, 34).

Wie andere verfahrenseinleitende Anträge ist auch die verwal-   5
tungsprozessuale Klage grundsätzlich **bedingungsfeindlich** (BVerwGE 59, 302, 304). Weitere Anforderungen an die äußere Form kommen nicht in Betracht. Auch die grob unhöflich formulierte, nach Form oder Inhalt „beleidigende" Klage ist nicht deshalb unzulässig. § 81 VwGO ist eine Form- und keine „Benimmvorschrift". Zu beachten ist noch, daß die Voraussetzungen des § 81 auch auf andere prozeßeinleitende Anträge anwendbar sind,

insbesondere also für den Normenkontrollantrag nach § 47 VwGO.

2. Inhalt der Klage

6   Während § 81 nur die äußere Form betrifft, regelt § 82 bestimmte Mindestinhalte der Klage. Dabei sind **zwingende** Anforderungen (§ 82 I 1) und **Sollbestimmungen** zu unterscheiden, von denen in (begründeten) Einzelfällen abgewichen werden kann (§ 82 I 2 VwGO).

Zwingend erforderlich sind nach § 82 I 1 die Bezeichnung des **Klägers,** des **Beklagten** und des **Gegenstandes** des Klagebegehrens. Fehlen sie, so ist die Klage unzulässig. „Entschärft" wird dies aber durch die *Hinweispflicht* des Vorsitzenden oder des Berichterstatters nach § 82 II sowie durch die Bestimmung des § 78 I Nr. 1 S. 2, wonach zur Bezeichnung des Beklagten die Angabe der Behörde ausreicht. Für die Angabe des Streitgegenstandes kommt es nicht auf eine fachlich korrekte Bezeichnung in diesem umstrittenen Feld an; es geht vielmehr nur darum, daß die angefochtene oder erstrebte Entscheidung angegeben und die wichtigsten Elemente des Sachverhalts genannt werden (VGH München, BayVBl. 1992, 438). Auch ein falsch bezeichneter oder mehrdeutiger Schriftsatz kommt als Klageschrift in Betracht. Unklarheiten sind im Sinne von § 82 II VwGO zu bereinigen (BVerwG, NJW 1991, 508). Kommt der Kläger aber einer Aufforderung nach § 82 II nicht oder nicht rechtzeitig nach, so bleibt die Klage unzulässig. Für den Fall eines unverschuldeten Versäumnisses sieht § 82 II 3 die Möglichkeit der Wiedereinsetzung in den vorigen Stand vor. Zu den nicht unbedingt notwendigen Inhalten der Klageschrift rechnet die Sollvorschrift des § 82 I insbesondere die zur Begründung dienenden Tatsachen und Beweismittel („Muster" einer Verwaltungsklage bei *Kuhla/Hüttenbrink,* VProz, S. 408).

III. Fehlen anderweitiger Rechtshängigkeit

Die Klage ist nur zulässig, wenn sie nicht bereits anderweitig **7**
rechtshängig, also z. B. bei einem anderen Gericht anhängig ist.
Das ist nunmehr allgemein in § 17 I 2 GVG geregelt.
Anderweitig rechtshängig ist eine Klage dann, wenn sie zum
gleichen Gegenstand durch die gleichen Beteiligten bei einem anderen Gericht (unter den entsprechenden Voraussetzungen) erhoben ist. Maßgeblich ist also auch hier der **Streitgegenstand**. Die
Rechtshängigkeit und die daraus folgende Klagesperre wirkt auch
für und gegen Beigeladene (*Kopp*, VwGO, § 90, Rd.-Nr. 15).

IV. Keine rechtskräftige Entscheidung in der gleichen Sache

Wie das anderweitig schwebende gerichtliche Verfahren schließt **8**
auch das bereits abgeschlossene Verfahren zu demselben Streitgegenstand die Zulässigkeit einer weiteren Klage aus. Maßgeblich ist
auch insofern der exakte Streitgegenstand. Ist über diesen entschieden (§ 121 VwGO), so hindert die materielle Rechtskraft des
ersten Urteils nicht nur eine inhaltlich abweichende Entscheidung;
sie bewirkt vielmehr bereits die Unzulässigkeit der Klage als solcher (BVerwG, NVwZ 1986, 293 m. w. N.). Das kann aber nicht
uneingeschränkt gelten, wenn die Behörde selbst unter Verstoß
gegen die materielle Rechtskraft eines Urteils bei unveränderter
Sach- und Rechtslage zum gleichen Streitgegenstand einen erneuten VA erlassen hat. Dann muß es dem Kläger möglich sein, sich
durch eine Verwaltungsklage gegen diese neue Entscheidung zu
wehren.

V. Kein Klageverzicht

Unzulässig ist die Klage, wenn der Kläger zuvor wirksam auf **9**
sein Klagerecht verzichtet hat. Die Verzichtserklärung muß eindeutig und unzweifelhaft sein. Deshalb kann sie auch in der Regel
erst nach dem Erlaß eines VA erklärt werden, auf den die zulässige
Klage sich bezogen hätte (relativierend OVG Münster, NVwZ

1983, 681 für den Fall, daß der Kl. bereits zuvor genaue Kenntnis von dem beantragten VA hatte). Auf die Motive für den Klageverzicht kommt es nicht an; insbesondere ist auch der durch finanzielle Gegenleistungen eines Dritten bewirkte Verzicht wirksam (BGHZ 79, 131).

Vom Klageverzicht, der die Klage unzulässig macht, ist der Verzicht auf den materiellen Anspruch zu unterscheiden. Bei letzterem ist die Klage zwar zulässig, möglicherweise aber unbegründet.

Literatur zu § 23 I–V: *Buckenberger,* Die Einlegung von Rechtsmitteln mit Hilfe moderner Kommunikationswege, NJW 1983, 147; *Wilms,* Die Unterschrift bei Klageschriften im Verwaltungsprozeß, NVwZ 1987, 479; *Schenke,* VwProzR, Rd.-Nr. 69, 598 ff.

VI. Das allgemeine Rechtsschutzbedürfnis

1. Begriffsklärung, Funktion

10   Allen Prozeßordnungen ist gemeinsam, daß sie den Rechtsschutz davon abhängig machen, daß der Kläger wirklich der Hilfe des Gerichts bedarf, um zu seinem Recht zu kommen, und daß die Inanspruchnahme des Rechtsschutzes nicht mißbräuchlich sein darf. Das folgt – auch ohne besondere gesetzliche Grundlage – schon aus der Reichweite der verfassungsrechtlichen Rechtsschutzgarantie (Art. 19 IV GG), ist umgekehrt aber auch im Lichte dieses Grundrechts zu interpretieren. Gleichwohl ist nicht unbestritten, ob es neben der Klagebefugnis und den besonderen Formen des Feststellungsinteresses der Prüfung eines „allgemeinen" Rechtsschutzbedürfnisses bedarf (skeptisch insbes. *Schumann,* Kein Bedürfnis für das Rechtsschutzbedürfnis, in: FS Firsching [1988], 439).

11   In der Tat werden viele Probleme bereits unter Stichworten wie „Beteiligungsfähigkeit", „Klagebefugnis", „Feststellungsinteresse", aber auch in anderen klageartspezifischen Formen des Rechtsschutzbedürfnisses geprüft. Deshalb findet sich dieses Stichwort auch oben bei den jeweiligen Klagearten. Das „allgemeine Rechtsschutzbedürfnis" soll hier – wie auch im Klausuraufbau – nur noch als Auffangkategorie dienen, um Fälle überflüssiger oder mißbräuchlicher Inanspruchnahme des Gerichts zu kennzeichnen. Die wichtigsten Fallgruppen sind:

- Der Kläger kann auf **leichterem Wege** zum Erfolg kommen, oder er hat sein Ziel bereits erreicht;
- der Kläger kann auch mit Hilfe der Klage sein **Ziel nicht (mehr) erreichen,**
- die Inanspruchnahme des Gerichts ist **mißbräuchlich** wegen eigenen vorgegangenen Verhaltens oder Zeitablaufs.

Die Beispiele zeigen, daß es durchaus ein „Bedürfnis für ein allgemeines Rechtsschutzbedürfnis" gibt. So wird bei der **Klagebefugnis** nur die Möglichkeit der Rechtsverletzung, nicht gerade der Anspruch auf gerichtliche Klärung und deren Verhältnis zu anderen Möglichkeiten der Konfliktlösung geprüft. Auch das **besondere** Rechtsschutzinteresse bei der Feststellungsklage hebt nur einen Sonderfall hervor. Die genannten Fallgruppen dagegen werden nur erfaßt, wenn nach Beteiligtenfähigkeit, Prozeßführungsbefugnis, Klagebefugnis usw. beim Vorliegen entsprechender Anhaltspunkte das allgemeine Rechtsschutzbedürfnis geprüft wird (in diesem Sinne auch BVerwG, NVwZ 1989, 673).

2. Einfacheres Erreichen des Zieles

Ausgeschlossen ist das Rechtsschutzbedürfnis dann, wenn der 12 Kläger sein Ziel anders als durch die Klage leichter erreichen kann oder bereits erreicht hat. So ist ihm zuzumuten, daß er zunächst einen Antrag stellt. Die Behörde muß vor einer Leistungsklage gegen den Bürger von der ihr zu Gebote stehenden Möglichkeit einer einseitigen Regelung Gebrauch machen (dazu oben, § 17 Rd.-Nr. 18). Das Rechtsschutzbedürfnis fehlt auch, wenn der Kläger in der Sache bereits erreicht hat, was er mit der Klage anstrebt.

Die **„leichtere Alternative"** muß aber gleichwertig sein und die Rechtsfrage wirklich klären. Die bloße Anerkennung der Rechtsmeinung des Klägers durch die Behörde reicht nicht, solange noch ein nicht zurückgenommener oder anders aufgehobener VA oder dessen nachteilige Folgen fortbestehen (BVerwGE 62, 18). Als nachteilige Folge gilt z. B. auch der „Makel" des Nichtbestehens einer Prüfung (BVerwG, DVBl. 1991, 756). Der Kläger darf ferner nicht wegen eines fehlenden Rechtsschutzbedürfnisses zurückgewiesen werden, weil noch ein **anderes** Genehmigungsverfahren zu Gebote steht oder bereits durchlaufen wurde.

Beispiele: Rechtsschutzbedürfnis für Klage auf Gaststättenerlaubnis auch dann, wenn die Baugenehmigung für die vorgesehene Nutzungsänderung bestandskräftig abgelehnt wurde (BVerwG, DVBl. 1990, 206), Rechtsschutzbedürfnis im Hinblick auf Asylantrag auch dann, wenn ein ausländerrechtliches Aufenthaltsrecht besteht (BVerwGE 75, 304), Rechtsschutzbedürfnis für Anerkennung als Kriegsdienstverweigerer aus Gewissensgründen auch dann, wenn Kl. die Zurückstellung wegen Vorbereitung auf ein Priesteramt in Anspruch nehmen könnte (BVerwG, NVwZ 1987, 417).

3. Aussichtslosigkeit der Klage

13   Kein Rechtsschutzbedürfnis besteht auch im umgekehrten Fall, d. h. wenn die Klage deshalb sinnlos ist, weil sie auch im Erfolgsfall den Kläger in der Sache seinem Ziel nicht näher bringt, weil dieses aus rechtlichen oder tatsächlichen Gründen nicht erreichbar ist oder weil der Erfolg einer Klage ohne jede praktische Bedeutung ist.

Wichtigste Fälle: Kein Rechtsschutzbedürfnis für Verpflichtungsklage auf beamtenrechtliche Ernennung, wenn die Stelle bereits vergeben ist (BVerwGE 80, 127; bestät. durch BVerfG [Kammer-E], NJW 1990, 501, krit. *Schenke,* VwProzR, Rd.-Nr. 562a). Keine Klage auf Notenverbesserung, die keinerlei praktische Bedeutung hat (BVerwG, DÖV 1983, 819). Anders aber, wenn die Note in eine numerus clausus-Entscheidung eingeht (VGH Mannheim, DVBl. 1990, 533).

Die Fallgruppe „Aussichtslosigkeit" darf aber unter keinen Umständen dazu führen, schwierige oder mit geringen Erfolgsaussichten versehene Verwaltungsklagen schon sogleich für unzulässig zu erklären. Auch die nahezu „hoffnungslose" Klage ist allenfalls unbegründet, nicht aber deshalb schon unzulässig. Der Grund für die Aussichtslosigkeit muß also außerhalb der Klagebegründung selbst liegen. Ein wirtschaftlich unsinniges Bauvorhaben beseitigt nicht das Rechtsschutzbedürfnis für die Nachbarklage (BVerwG, NVwZ 1995, 894; problematisch deshalb BVerwG, NVwZ 1994, 482 – fehlendes Rechtsschutzbedürfnis wegen nicht ausräumbarer zivilrechtlicher Hindernisse. Hier wird die grundsätzliche Trennung öffentlicher privatrechtlicher Genehmigungsvoraussetzungen durchbrochen).

Nicht ganz unproblematisch ist es ferner, wenn das Rechtsschutzbedürfnis bei der Verpflichtungsklage grundsätzlich verneint wird, wenn sich diese auf eine Belastung des Klägers selbst oder auf Rücknahme eines begünstigenden VA richtet (vgl. etwa BVerwG, NVwZ 1989, 1172). So kann der Kläger durchaus ein berechtigtes Interesse an einer klärenden belastenden Verfügung haben, wenn er andernfalls über eine bestehende Verpflichtung im Unklaren bleibt. Auch im übrigen spricht vieles dafür, es dem Kläger selbst zu überlassen, ob er sich etwas von der Klage verspricht und wie er das Klagerisiko einschätzt.

4. Mißbrauch, Verwirkung

Die dritte und in sich gewiß vielfältigste Fallgruppe betrifft den **14** **Mißbrauch** des Klagerechts. So soll das Rechtsschutzbedürfnis entfallen, wenn es dem Kläger im Grunde nicht um die Durchsetzung seines Rechts, sondern nur auf die Schädigung des Gegners oder eines Dritten ankommt (Schikaneverbot).

Auch hier ist aber sorgfältig zu differenzieren und strikt darauf zu achten, daß unter Stichworten wie „Mißbrauchsverbot" oder „Verbot querulatorischer Klagen" nicht voreilig der Rechtsschutz unbequemer Bürger eingeschränkt wird und diese damit erst zu Querulanten gemacht werden. Das Rechtsschutzbedürfnis ist kein Anlaß zu einer allgemeinen Motivforschung hinsichtlich der Beweggründe einer Klage. Auch erscheint es bedenklich, Rechtsgedanken aus dem durch Gleichordnung gekennzeichneten Privatrecht wie „Treu und Glauben" in das Verwaltungsprozeßrecht zu übernehmen und zur Zulässigkeitsschranke zu erheben. Wurde daher die Klagebefugnis bejaht und macht die Klage für den Kläger Sinn, dann sind nur wenige Fälle denkbar, in denen das Rechtsschutzbedürfnis wegen Mißbrauch des Rechtsschutzes entfällt. So kann man von Mißbrauch insbesondere dann sprechen, wenn sich der Kläger gegen eine Entscheidung wendet, die er selbst mit herbeigeführt hat oder von der er bereits selbst profitiert.

Beispiele: Anfechtung eines selbst beantragten oder mit Zustimmung versehenen VA (BVerwGE 54, 278); der Kläger stimmt einer Grenzbebauung ausdrücklich zu, klagt dann aber gegen die Baugenehmigung, weil er sich zwischenzeitlich mit seinem Nachbarn verfeindet hat; Klage gegen Baugenehmigung nach Grundstücksverkauf als Baugrund für exakt das beantragte Vorhaben.

Auch bei dieser Fallgruppe gilt aber das **Verbot der Verallgemeinerung.** So kann der Verkäufer eines Grundstücks die Bebauung unter den allgemeinen Voraussetzungen dann durchaus anfechten, wenn das Vorhaben in wesentlichen Punkten von den beim Verkauf angegebenen Vorgaben abweicht, oder wenn der Kläger aus anderen Gründen belastet ist (vgl. VGH München, BayVBl. 1981, 481 – Klage gegen Flughafen auch nach Verkauf eines Grundstücks).

15 Das Klagerecht kann auch durch **Zeitablauf** oder durch **Untätigkeit** verwirkt sein, wenn der Kläger eine Belastung, die er erkannt hatte oder hätte erkennen müssen, zunächst hinnimmt und zu einem sehr viel späteren Zeitpunkt klagt.

Wichtigster Beispielsfall: Die Baugenehmigung wird einem Nachbarn des Bauherrn nicht oder fehlerhaft zugestellt, so daß sie ihm gegenüber nicht wirksam wird. Trotz erkennbarer Bauabsicht unternimmt der Kläger zunächst nichts und klagt, nachdem das Bauvorhaben bereits fortgeschritten ist (BVerwGE 44, 294, 300; 44, 339, 343).

Hier muß sich der Kläger zwar nicht in vollem Umfang so behandeln lassen, als sei ihm die Baugenehmigung rechtzeitig zugestellt worden. Insbesondere gelten die Fristen der §§ 70, 74, gilt aber auch § 58 II VwGO jedenfalls nicht unmittelbar. Die Rechtslage ist aber ähnlich wie bei § 58 II VwGO: Trotz fehlender Belehrung über die Rechtsschutzmöglichkeiten ist es dem Nachbarn zumutbar, sich in angemessener Zeit um sein eigenes Abwehrrecht zu bemühen. Das gilt nicht nur für den unmittelbaren Grenznachbarn und hat auch nichts mit einem „nachbarschaftlichen Treueverhältnis" oder dgl. zu tun: es ist lediglich Ausdruck des allgemeinen Prinzips, daß der Rechtsschutz (Art. 19 IV GG) in einer für alle Beteiligten angemessenen Weise ausgeübt wird. Starre Fristen, insbesondere eine undifferenzierte Anwendung von § 58 II, sind für die vielfältigen Probleme dieser Fallgruppe ihrerseits unangemessen (zur Anwendung von § 58 II VwGO insbes. BVerwGE 78, 85, 91). In jedem Fall ist die „Verwirkungsfrist" länger zu bemessen als die Frist bei korrekter Bekanntgabe (BVerwG, NVwZ 1991, 1182).

16 Keine Frage der Zulässigkeit der Klage ist die **Präklusion** verspäteten Vorbringens, obwohl auch sie eine Form der Verwirkung ist. Das gilt auch für § 87b III (Zurückweisung von Erklärungen und Beweismitteln). Sie kann aber dazu führen, daß die Klage aus anderen Gründen unzulässig ist, etwa wenn der Kläger versäumt, die Voraussetzungen der Klagebefugnis rechtzeitig darzulegen.

Literatur zu § 23 VI: *Schumann,* Kein Bedürfnis für das Rechtsschutzbedürfnis, FS Firsching (1988), 439; *Degenhart,* Präklusion im Verwaltungsprozeß, FS Menger (1985), 621; *Schenke,* VwProzR, Rd.-Nr. 557 ff.

VII. Kein isolierter Rechtsschutz in Bezug auf Verfahrenshandlungen (§ 44a VwGO)

17 Der im Zusammenhang mit dem Erlaß des VwVfG in die VwGO aufgenommene § 44a bestimmt, daß Rechtsbehelfe gegen behördliche Verfahrenshandlungen nur gleichzeitig mit den gegen die Sachentscheidung zulässigen Rechtsbehelfen geltend gemacht werden können. Diese kompliziert formulierte Vorschrift besagt: **Der Kläger kann die Einhaltung von Verfahrensbestimmungen in der Regel nicht gesondert erzwingen, ohne die Entscheidung als Ganzes anzugreifen.** Andernfalls ist die Klage nicht nur unbegründet sondern unzulässig.

1. Bedeutung

Mit § 44a VwGO wollte der Gesetzgeber die Verfahrensherrschaft der Behörden vor Abschluß des Verfahrens sichern und die Mehrspurigkeit von Verwaltungsprozessen vermeiden. Die Vorschrift dient damit insgesamt der Verfahrenseffizienz. Ausgeschlossen wird nicht die Statthaftigkeit, denn § 44a VwGO gilt unabhängig von der Rechtsform der strittigen Verfahrenshandlung. Nach richtiger Auffassung geht es vielmehr um das Rechtsschutzbedürfnis (*Stern,* Verwaltungsprozessuale Probleme, Rd.-Nr. 255; aA. *Schenke,* VwProzR; Rd.-Nr. 566), das durch § 44a VwGO auf die endgültige Entscheidung und deren gerichtliche Prüfung gelenkt wird.

18

Die allgemeinen Probleme dieser Vorschrift können hier nur angedeutet werden. Abgesehen von der unklaren Formulierung und der schwierigen Abgrenzbarkeit von Verfahrenshandlungen und sonstigen Handlungen bestehen diese Probleme darin, daß die möglichst frühzeitige gerichtliche Klärung von Verfahrensfragen durchaus effizienzsichernd wirken kann, während § 44a VwGO geradezu zwingt, Verfahrensfehler und deren Konsequenzen bis zum Verwaltungsprozeß in der Hauptsache zu „speichern". Dann ist es für eine Klärung zu spät, zumal auch die Heilungsmöglichkeit des § 45 VwVfG bekanntlich nur vor dem Verwaltungsprozeß gilt.

Auch aus verfassungsrechtlicher Sicht problematisch ist der Fall der „Kombination" von § 44a VwGO und § 46 VwVfG (Unbeachtlichkeit von Verfahrensfehlern). Hier kann es vorkommen, daß der Kläger wegen § 44a im Verwaltungsverfahren eine bestimmte Verfahrenshandlung nicht durchsetzen kann; liegt hierin ein Verfahrensfehler, so kann dieser bei der nachträglichen Kontrolle wegen § 46 VwVfG unbeachtlich sein. In Bezug auf die streitige Verfahrenshandlung wird hier im Ergebnis jeder Rechtsschutz ausgeschlossen. Das ist nur bei einer verfassungskonformen Interpretation der Ausnahmeregeln zu § 44a hinnehmbar.

2. Anwendungsfälle

19   Ausgeschlossen ist durch § 44a VwGO **nur** die isolierte Klage auf oder gegen bestimmte behördliche Verfahrenshandlungen, also nicht etwa die Berufung auf Verfahrensfehler im **nachfolgenden** Verwaltungsprozeß gegen die Hauptentscheidung. Ausgeschlossen sind aber auch entsprechende Anträge im vorläufigen Rechtsschutz (VG Hannover, NVwZ 1986, 960). Auf die Klageart der „Hauptsache" kommt es hierbei ebensowenig an wie darauf, welche Klageart für die Verfahrenshandlung selbst in Betracht käme. § 44a erfaßt sowohl Abwehrklagen gegen bestimmte Verfahrenshandlungen als auch Verpflichtungs- oder Leistungsklagen auf deren Vornahme. Auch die Klage auf Feststellung, die Behörde sei zu einer bestimmten Handlung verpflichtet, kann durch § 44a VwGO ausgeschlossen sein.

Beispiele: Klage auf Entgegennahme eines Antrags nach § 22 VwVfG, Klage auf Beteiligung am Verfahren als solche, Klage auf Hinzuziehung zur Anhörung im Rahmen eines Genehmigungsverfahrens (OVG Koblenz, DVBl. 1987, 1027); Klage auf Unterlassen einer Maßnahme der Amtshilfe, auf Hinzuziehung oder Weitergabe von Akten; Klage gegen die Bestellung eines bestimmten Sachverständigen (zu letztgenanntem Fall VGH Kassel, NVwZ 1992, 391; VGH München, NVwZ 1988, 1054); Feststellungsklage in Bezug auf die Befangenheit eines Amtsträgers; Klage auf oder gegen Akteneinsicht oder Einsichtnahme in bestimmte sonstige Unterlagen (VGH München, NVwZ 1989, 266 – nicht unproblematisch, weil Entscheidung über Akteneinsicht nach h. L. eigenständiger VA ist).

20   § 44a VwGO ist auch auf Handlungen mitwirkender oder in Amtshilfe tätiger Behörden anwendbar (VGH München, NVwZ 1988, 742).

3. Ausnahmen

21   Nicht vom Verbot des § 44a VwGO erfaßt werden solche behördlichen Verfahrenshandlungen, die (selbständig) vollstreckt werden können oder gegen einen Nichtbeteiligten ergehen. Selbständig vollstreckbar sind alle Verfahrenshandlungen, die die Behörde selbständig durchsetzen kann oder die sich auf unabhängig vom Verfahren bestehende Rechtspositionen beziehen. Die Betonung liegt also weniger auf „vollstreckbar" als auf „selbständig".

Beispiele: Anordnung zur Blutentnahme im Rahmen einer Sachaufklärung; Probenahme verdorbener Lebensmittel; Durchsuchung eines Anwalts vor Anhörung (OVG Koblenz NVwZ 1989, 1178), Anordnung, nach der ein amtlich bestellter Sachverständiger das Werksgelände eines Beteiligten betreten darf (VGH Kassel, NVwZ 1992, 391) Anspruch auf Umweltinformation nach UmwInfoG (*Kollmer,* NVwZ 1995, 862).

Nichtbeteiligte im Sinne von § 44a VwGO sind alle natürlichen und juristischen Personen, die nicht selbst im Sinne von § 13 I VwVfG mit eigenen Rechten am Verfahren beteiligt sind, also Zeugen, Sachverständige und Bevollmächtigte.   **22**

Die genannten Ausnahmebestimmungen dürfen nicht isoliert betrachtet werden. Sie sind Ausdruck des allgemeinen Grundsatzes, daß eine Vorschrift wie § 44a VwGO nur auf solche Fälle anwendbar ist, in denen der Streit über Verfahrensrechte im nachfolgenden Verwaltungsprozeß über die Sache selbst ausgetragen werden kann. Kommt es dazu nicht mehr, so müssen die Ausnahmebestimmungen analog auf alle Fälle angewandt werden, in denen es um unabhängige Rechtspositionen des Klägers geht und/oder in denen ein Verfahrensstreit im nachfolgenden Verfahren gegen die „Hauptsache" nicht mehr ausgetragen werden kann.   **23**

Beispiele: Klage auf Preisgabe eines Informanten (VG Gießen, NVwZ 1992, 401), Klage gegen die Weitergabe einer Information bei Verstoß gegen das Grundrecht auf informationelle Selbstbestimmung, einstweilige Anordnung gegen Durchsuchung einer Wohnung im Zusammenhang mit einem Verwaltungsverfahren.

Ferner gilt § 44a VwGO nicht, wenn über die Hauptsache bereits entschieden wurde, der Betroffene aber noch Rechte (z. B. auf nachträgliche Akteneinsicht) geltend macht (VG Berlin, NVwZ 1982, 576).   **24**

Literatur zu § 23 VII: *Stelkens,* Verfahrenshandlungen im Sinne des § 44a S. 1 VwGO, NJW 1982, 1137; *Hill,* Rechtsbehelfe gegen behördliche Verfahrenshandlungen (§ 44a VwGO), JURA 1985, 61; *Eichberger,* Die Einschränkung des Rechtsschutzes gegen behördliche Verfahrenshandlungen (1986); *Hufen,* Fehler im Verwaltungsverfahren, Rd.-Nr. 633 ff.

4. Teil. Die Begründetheit der Klage

§ 24 Allgemeines zur Begründetheitsprüfung

I. Stellenwert und innere Struktur der Begründetheitsprüfung

1 In Darstellungen des Verwaltungsprozeßrechts wird die Begründetheitsprüfung der Klage oft vernachlässigt, so als komme es vor allem auf die Zulässigkeit an. Auch verwaltungsprozessuale Klausuren zeigen oft ein unangemessenes Schwergewicht im Zulässigkeitsteil, während für die Begründetheitsprüfung – und damit für den Schwerpunkt der Fallösung – nicht mehr genügend Raum bleibt.

2 Diese „Vernachlässigung der Begründetheitsprüfung" scheint freilich in der VwGO schon angelegt. Diese enthält als Verfahrensgesetz kaum Aussagen über die Begründetheit. Im Teil II „*Verfahren*" finden sich lediglich im 10. Abschnitt Bestimmungen im Bezug auf „*Urteile und Entscheidungen*", in deren Rahmen zugleich festgelegt wird, unter welchen Voraussetzungen das Gericht wie entscheidet. Dabei geben §§ 113 I 1 und § 113 V 1 an, wann das Gericht den VA aufhebt bzw. die Behörde verpflichtet, den VA zu erlassen. Diese beiden Normen definieren für Anfechtungs- und Verpflichtungsklage zugleich die Begründetheit der Klage im materiellen Sinne und damit die Voraussetzungen für eine stattgebende Entscheidung; sie sind also die wichtigste **Brücke vom Verwaltungsprozeßrecht zum materiellen Verwaltungsrecht.**

3 Das läßt sich besonders plastisch an der Begründetheit der Anfechtungsklage verdeutlichen, für die § 113 I 1 VwGO zwei wesentliche Voraussetzungen **(Rechtswidrigkeit** und **Rechtsverletzung)** formuliert. Da aber selbst bei Vorliegen dieser Voraussetzungen die Klage nicht begründet sein kann, wenn sie sich gegen einen Rechtsträger richtet, der nicht über die streitige Position

verfügen kann, ist die **Passivlegitimation** des Beklagten vorab zu prüfen.

Für die **Anfechtungsklage** steht damit die Grundstruktur der Begründetheitsprüfung fest. Sie lautet:

– Passivlegitimation des Beklagten,
– Rechtswidrigkeit des VA,
– dadurch Rechtsverletzung des Klägers.

Fehlt auch nur eine dieser Voraussetzungen, so ist die Klage unbegründet und sie **muß** durch das Gericht abgewiesen werden. Liegen die drei Voraussetzungen vor, so ist die Anfechtungsklage immer begründet. Deshalb stellt hier die **Spruchreife** kein Problem dar, obwohl die Einschränkung der gerichtlichen Überprüfungskompetenz bei Ermessensentscheidungen (§ 114 VwGO) für Anfechtungs- und Verpflichtungsklagen in gleichem Maße gilt. Hat die Behörde ermessensfehlerfrei gehandelt, so ist der VA nicht rechtswidrig, die Klage also in jedem Fall unbegründet. Liegt dagegen ein Ermessensfehler vor, dann **muß** das Gericht in Bezug auf den rechtswidrigen VA stets „durchentscheiden" und diesen aufheben. Dann besteht kein Raum für ein Bescheidungsurteil; die Anfechtungsklage ist immer spruchreif, und zwar unabhängig davon, ob die Behörde möglicherweise eine andere Alternative gewählt hätte. Aus der Sicht des Klägers besteht hier ein prozessualer Anspruch auf Aufhebung (vgl. auch die Formulierung in § 46 VwVfG: „kann **beansprucht** werden...").

Anders verhält es sich bei **Verpflichtungsklagen** und **allgemeinen Leistungsklagen.** Hier bedeutet ein Ermessensfehler keineswegs immer, daß der Behörde keine **andere** Entscheidungsmöglichkeit mehr verbleibt, der Kläger also sogleich mit seinem Verpflichtungsantrag durchdringt. Deshalb sieht § 113 V 1 als zusätzliche Voraussetzung der Begründetheit der Klage die **Spruchreife** vor. Die Grundstruktur der Begründetheitsprüfung lautet hier also:

– Passivlegitimation des Beklagten,
– Rechtswidrigkeit der Ablehnung oder Unterlassung des VA,
– dadurch Rechtsverletzung des Klägers,
– Spruchreife.

Diese Voraussetzungen sind auf die allgemeine Leistungsklage zu übertragen (wobei aber Passivlegitimation und Rechtsverletzung in dem Leistungsanspruch bereits „mitgeprüft" sind). Auch hier aber darf es nicht an der Spruchreife fehlen: Hat die Behörde einen Ermessenspielraum, ob sie eine bestimmte Leistung (z. B. die Nennung eines Informanten) erbringen will, so fehlt es – außer bei der Ermessensreduzierung auf Null – auch hier an der Spruchreife und das Gericht kann nur ein Bescheidungsurteil erlassen.

II. Das Verhältnis zum materiellen Öffentlichen Recht

5   Die Begründetheitsprüfung stellt die Verbindung von Prozeßrecht und materiellem Recht her. Auch dies ist ein Grund für die vergleichsweise kurze Behandlung, die sie in den meisten Darstellungen des Verwaltungsprozeßrechts findet: Die Fallgestaltungen sind zu vielfältig. Auch hier muß insofern auf die Lehrbücher des Allgemeinen und Besonderen Verwaltungsrechts verwiesen werden.

Umso wichtiger ist es aber, sich zu verdeutlichen, daß der dargestellte Strukturrahmen der Begründetheitsprüfung zugleich den „roten Faden" für die Gliederung der öffentlichrechtlichen Klausur darstellt. In diesen Rahmen ist die materielle Problemlösung hineinzustellen.

6   Grundsätzlich ist für die Beurteilung der Rechtmäßigkeit und der Rechtsverletzung das gesamte Öffentliche Recht, soweit es Kläger und Beklagten berechtigen und verpflichten kann, heranzuziehen. Zur Aufhebung des VA führt nach § 113 VwGO aber nur ein Verstoß gegen solche Normen, auf die sich der Kläger als das **ihm** zustehende Recht berufen kann.

III. Maßgeblicher Zeitpunkt der Beurteilung der Sach- und Rechtslage

1. Allgemeines

Im Verlauf eines langen Verwaltungsverfahrens und des an- **7** schließenden Verwaltungsprozesses kann sich die Sach- und Rechtslage entscheidend verändern. So können z. B. neue Gesichtspunkte für oder gegen die Zuverlässigkeit eines Gewerbetreibenden (§ 35 GewO) bekannt werden; der nach dem Stand von Wissenschaft und Technik erreichte Grad der Sicherheit ist ständig im Fluß; neue Auslegungsrichtlinien können die Verwaltungspraxis beeinflussen; die Genehmigungsfähigkeit eines Vorhabens kann durch das Inkrafttreten eines Bebauungsplanes positiv oder negativ beeinflußt werden. Daher kann sich die Beurteilung der Rechtmäßigkeit einer Behördenentscheidung immer nur auf eine „Momentaufnahme" beziehen. Für die Begründetheit kommt es auf diesen Zeitpunkt der Beurteilung der Sach- und Rechtslage entscheidend an. Anders als im Zivilprozeßrecht, wo dieser Zeitpunkt immer auf die letzte mündliche Verhandlung des Gerichts bezogen ist, gehört im Öffentlichen Recht die Frage des maßgeblichen Zeitpunkts für die Beurteilung der Sach- und Rechtslage zu den besonders schwierigen und zudem klageartabhängigen Problemen.

Wenig sinnvoll erscheint es dabei, die vertretenen Auffassungen (Übersicht bei *Schenke,* VwProzR, Rd.-Nr. 782) nach „prozeßrechtlichen" und „materiellrechtlichen" zu trennen. Enthält das materielle Recht selbst eine Aussage über den maßgeblichen Zeitpunkt, dann ist selbstverständlich, daß sich die Entscheidung danach richtet (BVerwG, NJW 1993, 1729, 1730). Ergibt sich aber aus dem materiellen Recht gerade nichts zum maßgeblichen Zeitpunkt, dann kann sich die Frage auch nicht „ausschließlich" nach materiellem Recht richten. Dann bleibt es bei den im Zweifel geltenden prozessualen „Faustregeln", die in der Folge wiedergegeben werden.

2. Anfechtungsklage

Die Anfechtungsklage ist Gestaltungsklage; sie hat eine be- **8** stimmte Entscheidung der Behörde (zumeist in Gestalt des Widerspruchsbescheids) zum Gegenstand. Daher kommt es grundsätzlich auf die Rechtmäßigkeit der Behördenentscheidung im Moment von deren Fixierung durch die Behörde an. Maßgeblicher Zeitpunkt für die Beurteilung dieser Frage ist bei der Anfechtungsklage im Zweifel der **Moment der Bekanntgabe des Widerspruchsbescheids,** der dem Verwaltungsakt die für den Prozeß entscheidende Gestalt gibt (§ 79 I 1 VwGO – BVerwGE 34, 155, 158; 60, 133, 135; auch BVerwG, NJW 1993, 1729, 1730).

9   **Ausnahmen** können sich aber aus dem anzuwendenden Recht ergeben, so z. B. nach § 77 AsylVfG und generell bei **Dauerverwaltungsakten,** z. B. Verkehrszeichen (BVerwGE 59, 148, 160; BVerwG, NJW 1993, 1729, 1730; Anordnung v. Anschluß- und Benutzungszwang (OVG Münster, NVwZ 1993, 1017). Diese sind nicht nur eine einmalige, unveränderliche Entscheidung der Behörde: Sie werden gleichsam laufend neu bekanntgegeben und müssen daher auch nach der jeweils aktuellen Sach- und Rechtslage beurteilt werden.

10   In einer zweiten Fallgruppe muß sich die Beurteilung der Sach- und insbesondere der Rechtslage aus Gründen des **Vertrauensschutzes** und der **Billigkeit** nach dem gegenwärtigen Zeitpunkt – aus der Sicht des Gerichts also nach der letzten mündlichen Verhandlung – richten. Das gilt für alle noch nicht vollzogenen Verwaltungsakte, deren Vollstreckung billigerweise nicht mehr erfolgen kann, weil sie sogleich wieder zurückgenommen werden müßten, bzw. eine entsprechende Erlaubnis erteilt werden müßte.

     Beispiele: Beseitigungsanordnung zu einem Haus, das durch einen zwischenzeitlich in Kraft getretenen Bebauungsplan genehmigungsfähig wäre (BVerwGE 5, 351, 353; BVerwG, NJW 1986, 1187); Ausweisung eines Ausländers, obwohl ihm zwischenzeitlich durch Heirat mit einer deutschen Staatsangehörigen ein Aufenthaltsrecht zusteht.

11   Besonders umstritten war lange Zeit der maßgebliche Zeitpunkt für die Beurteilung einer **Gewerbeuntersagung** nach § 35 GewO. Diese ist zwar ein VA mit Dauerwirkung, weshalb die Rechtsprechung zunächst davon ausging, daß bei der gerichtlichen Entscheidung sowohl nachträglich eingetretene positive wie negative Aspekte zu berücksichtigen waren (so die früher h. M. – BVerwGE 22, 16; 28, 202). An dieser Auffassung hat die Rechtsprechung nach Inkrafttreten des neuen § 35 VI GewO (Wiedergestattungsantrag) nicht mehr festgehalten. Auch bei der Gewerbeuntersagung und ähnlichen statusentziehenden Entscheidungen kommt es also nicht auf den Zeitpunkt der letzten mündlichen Verhandlung, sondern – wie bei allen übrigen Anfechtungsklagen – auf die letzte Behördenentscheidung an (BVerwGE 65, 1; BVerwG, NVwZ 1991, 372). Eine „Standardausnahme" zum geschilderten Grundsatz ist also

weggefallen, wobei allerdings anzumerken ist, daß die Begründung mit § 35 VI GewO nicht unbedingt überzeugt. So macht es sehr wohl einen Unterschied, ob der Betroffene die Aufhebung der Untersagung wegen zwischenzeitlich eingetretener für seine Zuverlässigkeit sprechende Aspekte erreicht, oder ob er – und dies in der Regel erst nach Ablauf eines Jahres – auf einen Wiedererteilungsantrag angewiesen ist (zur Verfassungskonformität BVerfG, KammerE, NVwZ 1995, 1096).

Ähnliches gilt für die Entziehung der Fahrerlaubnis (BVerwG, NVwZ 1990, 654 – späteres „Wohlverhalten" ist nur für die Wiedererteilung, nicht aber für die Rechtmäßigkeit der ursprünglichen Entziehung von Bedeutung).

Vieldiskutiert ist auch die Beurteilung der Sach- und Rechtslage bei Anfech- **12** tungsklagen eines Dritten gegen einen **VA mit Doppelwirkung.** Hier wird teilweise angenommen, es komme letztlich wie bei der Verpflichtungsklage darauf an, ob ein Anspruch auf die Begünstigung bestehe. Maßgeblicher Zeitpunkt sei also – wie bei der Verpflichtungsklage – die letzte mündliche Verhandlung (BVerwGE 4, 164; 50, 49). Das klingt einleuchtend, ist aber nicht sachgerecht. Auch bei der Anfechtungsklage des Dritten gegen einen VA mit Doppelwirkung kann das Gericht dessen Rechtmäßigkeit nur anhand der wirksamen Behördenentscheidung **dem Kläger gegenüber** beurteilen. Das gilt zumal bei Ermessensentscheidungen. Auch kann einem Begünstigten eine Rechtsposition nicht dadurch wieder entzogen werden, daß sich z. B. zwischen Genehmigungserteilung und letzter mündlicher Verhandlung technische Standards verändern. Ein Interessenausgleich zwischen Betreiber und Nachbarn muß in diesen Fällen auf anderem Wege (z. B. durch nachträgliche Schutzauflagen, Wiederaufgreifen des Verwaltungsverfahrens usw.) gefunden werden (in diesem Sinne zu Recht BVerwG, NVwZ-RR 1991, 236; OVG Münster, DVBl. 1984, 896 für den Sonderfall der immissionsrechtlichen Genehmigung).

Eine letzte Problemgruppe bildet die Beurteilung der Rechtmäßigkeit be- **13** stimmter **Abgabenentscheidungen,** wenn zwischen Bescheid und letzter mündlicher Verhandlung eine im Moment des Bescheids nicht vorhandene Rechtsgrundlage in Kraft getreten ist. Ein Abstellen allein auf den Zeitpunkt der Entscheidung würde hier bedeuten, daß die mit „heilender Wirkung" in Kraft getretene Gebührensatzung nicht mehr berücksichtigt werden könnte. Auf das materielle Recht abstellend, hat hier das BVerwG die Fragestellung „umgedreht" und gefragt, ob der Betroffene einen Anspruch auf Aufhebung des Gebührenbescheids hätte (BVerwG, NVwZ 1990, 653). Dies wäre wegen der zwischenzeitlich in Kraft getretenen Satzung zu verneinen. Der Fall zeigt, wie wichtig der Zeitpunkt der Beurteilung der Sach- und Rechtslage ist. Wird dieser Fall allein nach der Regel: „Anfechtungsklage = letzte behördliche Entscheidung" behandelt, so ist der Klage stattzugeben. Folgt man der Auffassung des BVerwG, so ist sie abzuweisen.

3. Verpflichtungsklage

14 Anders als bei der Anfechtungsklage ist bei der Verpflichtungsklage nicht der ablehnende VA und **dessen** Zeitpunkt maßgeblich. Es kommt vielmehr auf das „Verpflichtetsein" der Behörde an. Daher kann auch das Gericht nicht für den vergangenen Zeitpunkt der ablehnenden Behördenentscheidung urteilen, sondern es muß klären, ob dem Kläger die angestrebte Begünstigung **jetzt,** d. h. im Zeitpunkt der letzten mündlichen Verhandlung, zusteht (ähnlich *Kopp,* VwGO, § 113, Rd.-Nr. 95).

15 Bei der Verpflichtungsklage und auch bei anderen Leistungsklagen gilt also grundsätzlich die **letzte mündliche Verhandlung** als für die Beurteilung der Sach- und Rechtslage maßgeblicher Zeitpunkt (st. Rspr. BVerwGE 1, 291, 294; 29, 304; 74, 115, 118). Das Gericht darf also die Behörde z. B. nicht zur Erteilung einer Genehmigung verurteilen, wenn diese im Moment der Behördenentscheidung noch zu erteilen war, mittlerweile aber nicht mehr erteilt werden muß.

> **Beispiel:** War ein Vorhaben bei Antragstellung bzw. im Moment des Widerspruchsbescheids genehmigungsfähig, schließt aber ein zwischenzeitlich in Kraft getretener Bebauungsplan die Genehmigung aus, so bleibt die Verpflichtungsklage erfolglos. Weitere Beispiele: OVG Münster, NJW 1990, 2216 – Namensänderung; BVerwG, NVwZ 1990, 654 – Asylklage.

16 Ausnahmen von diesem Grundsatz ergeben sich, wenn das geltende Recht etwas anderes bestimmt (BVerwGE 65, 313, 315); insbesondere wenn das Gesetz für eine bestimmte Zeit eine Begünstigung anordnet oder ermöglicht („Zeitabschnittsgesetz" – BVerwGE 42, 296, 300).

17 Umstritten ist, ob der Grundsatz auch bei **„Wettbewerbs-** bzw. **Konkurrenzsituationen"** gelten kann. So sei z. B. für eine Zulassung in einem numerus clausus-Fach der Zeitpunkt der behördlichen Entscheidung maßgeblich (BVerwGE 42, 296; 60, 25, 38). M. E. kann es aber auch hier nur auf den Zeitpunkt der letzten mündlichen Verhandlung ankommen, zumal sich auch die Kapazität der Hochschule und das „Freisein" der angestrebten Position auf diesen Zeitpunkt beziehen (so zu Recht BVerwGE 82, 260 = NJW 1989, 3233 – Zulassung eines Linienverkehrs).

4. Feststellungsklage

Bei der Feststellungsklage ist zu unterscheiden: Richtet sich der **18** Antrag auf die Feststellung des (gegenwärtigen) Bestehens oder Nichtbestehens eines Rechtsverhältnisses, dann ist selbstverständlich, daß es auch auf die Gegenwart, also den Zeitpunkt der letzten mündlichen Verhandlung, ankommt. Liegt das streitige Rechtsverhältnis aber in der Vergangenheit, so ist dessen Zeitpunkt maßgeblich.

Anders verhält es sich bei den beiden Arten der Feststellungskla- **19** ge, die der Anfechtungsklage nahestehen, also Nichtigkeitsfeststellungsklage und Fortsetzungsfeststellungsklage. Für die Feststellung der Nichtigkeit eines VA kommt es wie bei der Anfechtungsklage auf den Zeitpunkt der letzten Behördenentscheidung an, denn ein ursprünglich nichtiger VA kann auch durch Änderungen der Sach- und Rechtslage nicht etwa wirksam werden. Ebenso beurteilt sich die Sach- und Rechtslage der Fortsetzungsfeststellungsklage schon von der Struktur dieser Klageart her nach dem Zeitpunkt der letzten Behördenentscheidung. Das gefürchtete Problem des maßgeblichen Zeitpunkts bearbeitet man in der Klausur also zweckmäßigerweise in folgenden Denkschritten:

1. Maßgeblicher Zeitpunkt gesetzlich angeordnet (z.B. durch Rückwirkungsregel)?
2. Anfechtungsklage – maßgeblicher Zeitpunkt: letzte Behördenentscheidung;
3. VA mit Dauerwirkung und Klage eines Dritten (nur h.L.): letzte mündliche Verhandlung;
4. alle übrigen Klagearten außer auf Vergangenheit bezogene F-Klage): letzte mündliche Verhandlung.

Literatur zu § 24 I – III: *Bachof,* Der maßgebliche Zeitpunkt für die gerichtliche Beurteilung von Verwaltungsakten, JZ 1954, 416; *H.H. Rupp,* Rechtsschutz im Sozialrecht, Beiträge zum ersten Jahrzent der Rechtsprechung des Bundessozialgerichts (1965), S. 173 ff.; *Schenke,* Die Bedeutung einer nach Abschluß des Verwaltungsverfahrens eintretenden Veränderung der Rechts- oder Sachlage für die Anfechtung eines Verwaltungsakts, NVwZ 1986, 522 ff.; *Mager,* Der maßgebliche Zeitpunkt für die Beurteilung der Rechtswidrigkeit von Verwaltungsakten (1994). *Kleinlein,* Der maßgebliche Zeitpunkt für die

Beurteilung der Rechtmäßigkeit von Verwaltungsakten, VerwArch 81 (1990), 149; *Scherzberg,* Nachschieben einer kommunalen Abgabensatzung im Anfechtungsprozeß?, BayVBl. 1992, 426; *Schmitt Glaeser,* VwProzR, § 13; *Ule,* VwProzR, § 57; *Schenke,* VwProzR, Rd.-Nr. 782 ff.

IV. Zu berücksichtigende Sach- und Rechtsaspekte.
Insbesondere: Das „Nachschieben von Gründen"

1. Das Problem

20   Bei der Anfechtungsklage muß das Gericht – wie dargelegt – grundsätzlich die Sach- und Rechtslage im Moment der letzten behördlichen Entscheidung beurteilen. Bei der Verpflichtungsklage liegt dieser Zeitpunkt zwar später; das Gericht ist aber – unabhängig von der Geltung des Untersuchungsgrundsatzes zumindest teilweise auf die Begründung der ablehnenden Entscheidung in den Darlegungen der Behörde angewiesen. In beiden Fällen stellt sich das Problem der Berücksichtigung „nachgeschobener Gründe", also solcher Sach- oder Rechtsaspekte, die – obwohl bei Erlaß des VA objektiv schon vorhanden – durch die Behörde erst im Prozeß eingebracht wurden. Das ist **kein** Fall von § 39 VwVfG. Dieser erfaßt nur das völlige Fehlen oder eine völlig unzulängliche Begründung, während es hier um Verwaltungsakte geht, die zwar begründet worden sind, für die aber im Prozeß neue Gründe vorgetragen werden.

21   Die Probleme des „Nachschiebens von Gründen" erst im Prozeß liegen auf der Hand. Zum einen wird die Stellung des Bürgers benachteiligt, wenn die Behörde erst im Prozeß „neue Pfeile aus dem Köcher" zieht. Zum anderen können nachgeschobene Gründe aber auch zeigen, daß die Behörde vor Erlaß des VA den Sachverhalt nicht ordnungsgemäß ermittelt, daß sie wichtige Erwägungen nicht angestellt, daß sie wesentliche Belange nicht berücksichtigt hat. Deshalb ist das Nachschieben von Gründen oft ein Indiz für einen Ermessens- oder Abwägungsfehler.

2. Grundsätzliche Zulässigkeit

Trotz der bestehenden Bedenken wird das Nachschieben von 22
Gründen im Verwaltungsprozeß grundsätzlich für zulässig gehalten, wenn die nachträglich angegebenen Gründe **schon beim Erlaß des VA vorlagen,** dieser durch sie **nicht in seinem Wesen
geändert wird** und der Betroffene **nicht in seiner Rechtsverteidigung beeinträchtigt** wird (exemplarisch BVerwGE 38, 191, 195;
85, 163, 166; w. N. bei *Maurer,* AVwR, § 10, Rd.-Nr. 40).

Das heißt auch, daß die nachgeschobenen Gründe auch bei der
Beurteilung der Rechtmäßigkeit einer Maßnahme zu berücksichtigen sind. Das folgt aus dem Untersuchungsgrundsatz und dem
Grundsatz der Mündlichkeit: Das Gericht hat alle angebotenen Erkenntnisse zu berücksichtigen (grundsätzliche Bedenken bei
Schenke, NVwZ 1988, 1 ff.; *Kopp,* VwGO, § 113, Rd.-Nr. 28/
28 a).

3. Ausnahmen

Schon nach dem zuvor Gesagten besteht die Möglichkeit des 23
Nachschiebens von Gründen aber nicht in allen Fällen. Ein „Nachschieben" kommt in folgenden Fällen **nicht** in Betracht:

– Wenn der VA **überhaupt keine Begründung** oder eine Begründung ent-
  hielt, die den Mindestanforderungen von § 39 nicht entspricht. Dann ist er
  wegen Verstoßes gegen § 39 VwVfG bereits formfehlerhaft und damit
  rechtswidrig, außer wenn die Begründung bereits nach § 45 II VwVfG im
  Widerspruchsverfahren nachgeholt wurde. Problematisch ist es deshalb
  auch, wenn das BVerwG (NVwZ 1993, 976) einen kompletten „Begrün-
  dungstausch" zulassen will.
– Grundsätzlich heikel ist das Nachschieben von Gründen bei **Ermessensentscheidungen** – zumal dann, wenn die Widerspruchsbehörde auf die Rechtskontrolle beschränkt war. Auch wenn man das Nachschieben von Gründen
  bei Ermessensentscheidungen nicht grundsätzlich ablehnt (so etwa *Schoch,*
  Übungen, 125), ist ein nachgeschobener Ermessensgrund in jedem Fall ein
  Indiz für die Fehlerhaftigkeit des ursprünglichen VA.
– Wenn sich das **Wesen des VA** durch die nachgeschobene Begründung **ändert** (vgl. BVerwGE 64, 356, 358; BVerwG, DVBl. 1983, 1105, 1107 –
  „Umstellung" einer disziplinarrechtlichen Entlassung auf eine Entlassung
  während der Probezeit).
– Wenn durch die nachgeschobenen Gründe die **Verfahrensstellung eines**

Beteiligten so sehr **beeinträchtigt** wird, daß ihre Berücksichtigung das rechtliche Gehör oder den Grundsatz der Chancengleichheit im Prozeß verletzen würde. Das Gericht darf also nachgeschobene Gründe nur dann akzeptieren, wenn es konkret feststellt, daß der Kläger aus seiner Sicht nicht schlechter gestellt ist, als er in einem Ausgangsverfahren gestanden hätte, in dessen Rahmen die jeweiligen Gründe schon zur Sprache hätten kommen müssen (*Hufen*, Fehler im Verwaltungsverfahren, Rd.-Nr. 605).

24   Sind die nachgeschobenen Gründe erst **während** des Verwaltungsprozesses entstanden, dann handelt es sich nicht um ein „Nachschieben von Gründen" sondern um eine Änderung des Sachstandes. Das Gericht muß dann selbständig prüfen, ob der geänderte Sachgrund noch zu berücksichtigen ist. Das ist bei der Anfechtungsklage grundsätzlich nicht, bei der Verpflichtungsklage grundsätzlich immer der Fall (s. oben).

Literatur zu § 24 IV: *Schoch*, Nachholen der Begründung und Nachschieben von Gründen, DÖV 1984, 401 ff.; *Rupp*, Nachschieben von Gründen im verwaltungsgerichtlichen Verfahren (1987); *Schenke*, Das Nachschieben von Gründen im Rahmen der Anfechtungsklage, NVwZ 1988, 1; *Horn*, Das Nachschieben von Gründen und die Rechtmäßigkeit von Verwaltungsakten, DV 25 (1992), 203 ff.; *Hufen*, Fehler im Verwaltungsverfahren, Rd.-Nr. 604.

§ 25 Begründetheit der Anfechtungsklage

1   Die Anfechtungsklage ist nach § 113 I 1 VwGO begründet, wenn der Beklagte **passivlegitimiert** ist, der VA **rechtswidrig** und der Kl. dadurch in seinen Rechten **verletzt** ist.

I. Passivlegitimation

2   Mit der **Passivlegitimation** wird das „materielle Gegenstück" zur passiven Prozeßführungsbefugnis umschrieben. Sie kennzeichnet die Sachlegitimation desjenigen Trägers öffentlicher Verwaltung, dessen Behörde den angegriffenen VA erlassen hat und die insofern über den Streitgegenstand verfügen kann. Der Begriff der Passivlegitimation ist an sich nicht umstritten. (Ausführl. Darstellung bei *Klein/Czajka*, GutA u. Urteil, S. 101 ff.) Desgleichen

besteht Einigkeit darüber, daß sie bei der Begründetheit zu prüfen ist. Umstritten ist nur die Zuordnung von § 78 VwGO. Diese Bestimmung gehört – wie oben (§ 12) begründet – nach Wortlaut, systematischem Zusammenhang und der Kompetenzordnung des GG zur **Zulässigkeitsprüfung.**

Die Gegenauffassung läßt die Prüfung des richtigen Beklagten 3 im Zulässigkeitsteil weg und prüft diesen Gesichtspunkt nur bei der **Begründetheit.** Zwangsläufig sieht sie damit § 78 VwGO als Regelung der Passivlegitimation (insbes. *Kopp,* VwGO, § 78, Rd.-Nr. 3; VGH München, BayVBl. 1988, 630).

Die wichtigsten bei der Klausur zu beachtenden Anwendungsprobleme dieser Regel wurden bereits oben, § 12, Rd.Nr. 45 ff., dargestellt.

Insgesamt ist die Passivlegitimation für die Untersuchung der Begründetheit der Klage unentbehrlich. Sie sollte auch dann zumindest kurz erwähnt werden, wenn die Prüfung des „richtigen Beklagten" bereits bei der Zulässigkeit erfolgte.

Dagegen empfiehlt es sich, den zivilprozessualen Begriff der 4 **„Aktivlegitimation",** also die Sachlegitimation des Klägers, im Verwaltungsprozeß **nicht** zu benutzen (angedeutet bei *Schmitt Glaeser,* VwProzR, Rd.-Nr. 82). Dieser Begriff führt nicht nur zu kaum lösbaren Aufbauproblemen. Er ist auch sachlich ungenau, weil die Aktivlegitimation im Verwaltungsprozeß im Merkmal des subjektiven Rechts aufgegangen ist und unter dem Stichwort „Rechtsverletzung" geprüft wird.

II. Rechtswidrigkeit

1. Aufbaufragen

Rechtswidrig ist ein VA zunächst dann, wenn er gegen gelten- 5 des Recht verstößt. Unterschieden wird im allgemeinen zwischen „formeller" Rechtswidrigkeit (Zuständigkeit, Verfahren und Form) sowie „materieller" Rechtswidrigkeit (inhaltliche Rechtsverstöße); (ausf. *Maurer,* AVwR, § 10, Rd.-Nr. 9 ff.). In der ohnehin zumeist überfrachteten Gliederung des Begründetheitsteiles der Klausur ist letztgenannte Unterscheidung allerdings überflüssig.

Der einfache Satz: *„Rechtswidrigkeit = Verstoß gegen geltendes Recht"* bedarf aber für die Anfechtungsklage der Ergänzung. Hier bewirken der Gesetzesvorbehalt und die Schrankensystematik der Grundrechte, daß ein belastender VA nicht nur mit höherrangigem Recht vereinbar sein muß, sondern – umgekehrt – nur dann rechtmäßig ist, wenn er seinerseits auf einer Eingriffsgrundlage im höherrangigen Recht beruht.

6   Die **Eingriffsgrundlage** steht also im Mittelpunkt der Begründetheitsprüfung. Das heißt zwar nicht unbedingt, daß sie auch an deren Anfang stehen muß, zumal das VwVfG bis auf wenige Spezialmaterien heute praktisch alle Verfahrensfragen regelt. Gleichwohl hat sich inzwischen offenbar die Meinung durchgesetzt, nach der zu Beginn der Rechtswidrigkeitsprüfung, d. h. vor Zuständigkeit und Verfahren, die Eingriffsgrundlage zumindest als solche **zu benennen** ist (vgl. *Maurer,* AVwR, § 10, Rd.-Nr. 29; *Schmitt/Glaeser,* VwProzR, Rd.-Nr. 239; *Schenke,* VwProzR, Rd.-Nr. 731; *Schoch,* Übungen, 14, 75). Das empfiehlt sich besonders, wenn mehrere Eingriffsgrundlagen oder unterschiedliche Zuständigkeiten in Betracht kommen. Es ergibt sich also folgender Regelaufbau:
1. Eingriffsgrundlage (bzw. streitentscheidende materielle Norm)
2. Verfahren, Form des VA
3. Vereinbarkeit des VA mit Eingriffsgrundlage (Subsumtion)
4. Verstoß gegen sonstiges Recht.

7   Für die **polizei- und sicherheitsrechtliche Klausur** hat sich folgendes Begründetheitsschema herausgebildet, dessen zusätzliche Elemente sich allerdings leicht der vorgenannten Gliederung zuordnen lassen (Einzelheiten z. B. bei *Knemeyer,* Pol.- und OrdnungsR, Rd.-Nr. 44 ff.; *Schoch,* JuS 1995, 217).

1. Nennung der Eingriffsgrundlage (Befugnisnorm)
2. Zuständigkeit der Behörde
3. Verfahren und Form
4. Polizeiliche Aufgabe (wird nur teilweise getrennt von Zuständigkeit geprüft)
5. Vereinbarkeit der Maßnahmen mit Befugnisnorm (Eingriffsgrundlage)
6. Störer (richtiger Adressat)
7. Verhältnismäßigkeit des Eingriffs
8. Kein Verstoß gegen sonstiges Recht, insbesondere Grundrechte.

Insgesamt kann nur erneut darauf verwiesen werden, daß es für den Aufbau immer auf den Einzelfall ankommt. Auch im übrigen kann es sich empfehlen, von den genannten Schemata abzuweichen, insbesondere, wenn sich aus dem Sachverhalt eine andere Fragestellung ergibt.

2. Zuständigkeitsmängel

Der Verwaltungsakt ist rechtswidrig, wenn er von der sachlich, **8** örtlich oder instanziell unzuständigen Behörde erlassen worden ist (ausführl. *Peine,* AVwR, Rd.-Nr. 179; *Ule/Laubinger,* VwVfR § 10). Das gilt hinsichtlich des Widerspruchsbescheids auch für die unzuständige Widerspruchsbehörde, und zwar ohne Rücksicht darauf, ob die an sich zuständige Behörde anders entschieden hätte oder entscheiden konnte. Zuständigkeitsfehler sind auch nicht nach § 45 VwVfG heilbar. Nur bei der örtlichen Zuständigkeit führt ein Fehler im Anwendungsbereich von § 46 VwVfG nicht zur Aufhebung. Wie nach § 46 insgesamt, betrifft dies aber nicht die Rechtswidrigkeit, sondern nur den Aufhebungsanspruch. Bestimmte besonders schwerwiegende Zuständigkeitsfehler machen den VA sogar nichtig. Dagegen ist es kein Zuständigkeitsfehler, wenn nur die **interne** Geschäftsverteilung der Behörde nicht eingehalten wurde. Der Bürger hat kein „Recht auf den gesetzlichen Verwaltungsbeamten".

3. Verfahrensfehler

Die Einordnung von Verfahrensfehlern bietet deshalb Schwie- **9** rigkeiten, weil das deutsche Verfahrensrecht von Stichworten wie „dienende Funktion des Verfahrens" und „Vorrang des materiellen Rechts" geprägt ist (s. oben § 1 Rd.-Nr. 38 ff.).

a) Regelfolge Rechtswidrigkeit

Unabhängig vom letztlich durchsetzbaren Aufhebungsanspruch **10** ist der unter Verstoß gegen Verfahrensvorschriften zustandegekommene VA **immer** rechtswidrig (*BSG* (GS) NJW 1992, 2444; Einzelheiten bei *Hufen,* Fehler im Verwaltungsverfahren, Rd.-Nr. 322 ff.). Der Fehler im Verwaltungsverfahren schlägt also insofern auf das Ergebnis durch. Es gibt keinen Unterschied zwischen „absoluten" Verfahrensfehlern, die die Rechtswidrigkeit herbeiführen, und nur relativen Verfahrensfehlern, bei denen dies nicht der Fall ist. Das folgt schon aus dem rechtsstaatlichen Grundsatz der Gesetzesbindung der Verwaltung (Art. 20 III GG), kann aber auch aus § 59 II 2 VwVfG geschlossen werden *(„ein VA mit entsprechendem Inhalt nicht nur wegen eines Verfahrens- oder Formfehlers ... rechtswidrig wäre")*.

Die wichtigsten Fälle sind:

– die unterlassene Beteiligung eines Betroffenen und die fehlende Anhörung eines Beteiligten,
– die unterbliebene Mitwirkung einer anderen Behörde,
– die Mitwirkung eines befangenen Beamten,
– die rechtswidrig verweigerte Beratung oder Akteneinsicht,
– der Verstoß gegen das Begründungsgebot (§ 39 VwVfG).

Auch die **fehlerhafte Sachaufklärung** ist ein Verfahrensfehler, die den VA – ungeachtet der „Nachbesserung" durch die Sachaufklärung im Verwaltungsprozeß – zunächst rechtswidrig macht. Das gleiche gilt für die **Wahl der falschen Verfahrensart.** Erläßt eine Gemeinde statt der notwendigen Satzung eine Allgemeinverfügung oder ergeht eine abfallrechtliche Genehmigung, obwohl ein Planfeststellungsbeschluß erforderlich wäre, so liegt hierin ein Form- bzw. Verfahrensfehler. Das Ergebnis ist unabhängig vom subjektiven Aufhebungsanspruch rechtswidrig. Die **fehlerhafte Bekanntgabe des VA** ist zwar gleichfalls ein Verfahrensfehler. Sie führt aber schon zur Unwirksamkeit, nicht nur zur Rechtswidrigkeit des VA.

b) Heilung von Verfahrensfehlern

11   Unter den Voraussetzungen von § 45 VwVfG kann der Fehler im Moment des verwaltungsgerichtlichen Urteils und damit auch für die Begründetheitsprüfung geheilt sein. Voraussetzung hierfür ist,

– daß der Verfahrensfehler **heilbar** im Sinne von § 45 VwVfG ist,
– daß die entsprechende Verfahrenshandlung bis zum Abschluß des Vorverfahrens bzw. bis zur Erhebung der verwaltungsgerichtlichen Klage **wirksam** nachgeholt worden ist (s. oben § 8 Rd.-Nr. 34 ff.).

Ist der Fehler geheilt, so ist er unbeachtlich, d. h. er darf **12** durch das Gericht nicht mehr berücksichtigt werden. Das ändert aber nichts an der ursprünglichen Rechtswidrigkeit, weshalb § 45 III VwVfG im Hinblick auf die Wiedereinsetzung und § 80 VwVfG im Hinblick auf die Kosten einen gewissen Ausgleich schaffen.

c) Unbeachtlichkeit nach § 46 VwVfG

Dagegen sind die Voraussetzungen und Folgen von § 46 **13** VwVfG umstritten. Hier gilt zunächst, daß ungeachtet von § 46 Verfahrenshandlungen auch in Fällen der gebundenen Verwaltung nachgeholt werden können. Dann treten die Folgen von § 45 ein. Geschieht dies nicht, dann bleibt es bei der Rechtswidrigkeit des VA. § 46 VwVfG schließt nämlich nach richtiger Auffassung nicht die Rechtswidrigkeit, sondern nur den gerichtlichen Aufhebungsanspruch aus („die Aufhebung eines VA... kann nicht beansprucht werden"), weil der VA sogleich wieder erlassen werden müßte. Bei der Prüfung der Rechtswidrigkeit kommt es hierauf folglich noch nicht an.

d) Ausschluß der Rechtswidrigkeit aus anderen Gesetzen

Zu beachten ist ferner, daß die Folgen von Verfahrensfehlern **14** auch in anderen Gesetzen eingeschränkt werden. Das gilt vor allem für die Gemeindeordnungen, soweit der Fehler auf Abstimmungen im Gemeinderat beruht (vgl. § 4 VI NRWGO; § 4 IV BadWürttGO; Art. 49 III BayGO). Das ist rechtsstaatlich gesehen nicht unbedenklich, führt aber nach dem derzeitigen Stand dazu, daß der aufgrund eines fehlerhaften Beschlusses ergangene VA nicht rechtswidrig ist, es sei denn, der Fehler habe sich auch im Ergebnis niedergeschlagen.

e) Formfehler

Relativ selten sind schon wegen des Grundsatzes der Form- **15** freiheit des VA (§ 10 VwVfG) echte Formfehler. Ist die Schriftlichkeit vorgeschrieben, ergeht der VA aber mündlich, dann liegt ein solcher Fehler vor. Führt der Formfehler zur unwirksamen Bekanntgabe (§ 41 VwVfG), so ist er nicht nur rechtswidrig sondern unwirksam.

4. Eingriffsgrundlage

16   Nach den Grundsätzen des Gesetzesvorbehalts und nach Art. 2 I GG benötigt die Verwaltung für **Eingriffe** in die Rechte der Bürger grundsätzlich eine gesetzliche Grundlage, die ihrerseits der verfassungsmäßigen Ordnung entsprechen muß. Das Vorliegen einer hinreichend bestimmten **Eingriffsgrundlage** ist also Voraussetzung der Rechtmäßigkeit des belastenden VA. In der Eingriffsgrundlage selbst müssen die wesentlichen Voraussetzungen nach Gegenstand, Inhalt, Zweck und Ausmaß geregelt sein. Das gilt auch für Eingriffe im Bereich der sogenannten „Leistungsverwaltung". Die Rücknahme einer Subvention oder der Schulverweis bedürfen deshalb ebenso einer gesetzlichen Grundlage wie Maßnahmen der „Eingriffsverwaltung".

Für die Prüfung der inhaltlichen Rechtmäßigkeit jedes belastenden VA's ergibt sich damit folgendes Schema:

– Es muß eine (hinreichend bestimmte) Eingriffsgrundlage vorhanden sein,
– diese muß ihrerseits rechtmäßig sein,
– die konkrete Entscheidung muß durch die Eingriffsgrundlage gedeckt sein (Subsumtion).

a) Eingriffsgrundlage

17   Die Eingriffsgrundlage ist zunächst in spezielleren, dann in allgemeineren Normen zu suchen. Spezialgesetzliche Eingriffsgrundlagen finden sich z. B. in nahezu allen **bereichsspezifischen** Sicherheitsgesetzen. Kommt eine Spezialnorm nicht in Betracht, so ist auf **allgemeinere** Befugnisnormen, insbesondere des Polizei- und Sicherheitsrechts, zurückzugreifen. Letztes Mittel ist die polizeirechtliche Generalklausel als Befugnisnorm für die Abwehr von konkreten Gefahren für die öffentliche Sicherheit und Ordnung.

b) Rechtmäßigkeit der Eingriffsgrundlage

Liegt die Befugnis zum Eingriff im Gesetz, dann ist auf dessen **18**
Verfassungsmäßigkeit in der Regel in der verwaltungsprozessualen Klausur **nicht** einzugehen. Das folgt schon daraus, daß selbst
bei Verfassungswidrigkeit der gesetzlichen Grundlage die Verwaltungsklage nicht ohne weiteres Erfolg hätte, weil das Gericht **keine Verwerfungskompetenz** hinsichtlich des Gesetzes besitzt. Allenfalls kommt eine Richtervorlage nach Art. 100 GG (konkrete
Normenkontrolle) in Betracht. Deshalb ist es falsch, wenn ohne
Anlaß die Verfassungsmäßigkeit der gesetzlichen Grundlage in der
verwaltungsprozessualen Klausur geprüft oder gar die Klage wegen Verfassungswidrigkeit der Eingriffsgrundlage für begründet
erklärt wird.

Anders verhält es sich, wenn die Eingriffsgrundlage in einer **19**
untergesetzlichen Norm (RVO oder Satzung) liegt. Hier muß
auch das Verwaltungsgericht die Rechtmäßigkeit der Norm incidenter überprüfen, und die Anfechtungsklage ist begründet, wenn
die Rechtsgrundlage insofern nichtig ist. Zu beachten ist insbesondere, daß Satzung und Rechtsverordnung ihrerseits einer hinreichend bestimmten Rechtsgrundlage bedürfen, die zu gerade diesem Eingriff ermächtigt (deshalb sprechen wir hier von Ermächtigungsgrundlage).

c) Anwendbarkeit auf den Fall

Für die Rechtmäßigkeit reicht es nicht aus, daß irgendeine Eingriffsgrundlage „vorhanden" ist. Zu prüfen ist vielmehr, ob diese **20**
auf den Tatbestand des konkreten Falles anwendbar ist. Das ist die
eigentliche Subsumtion. Diese ist im einzelnen so vielfältig wie die
Rechtsgrundlagen und die Fälle.

5. Bedeutung des Europäischen Gemeinschaftsrechts

Wegen des Vorrangs unmittelbar anwendbaren EG-Rechts vor **20a**
nationalem Recht muß in der Begründetheitsprüfung immer häufiger auch in gewöhnlichen öffentlich-rechtlichen Fällen auf europarechtliche Fragen eingegangen werden (exemplarisch BVerwGE 87, 154, 158 ff.).

Dabei ist auf folgendes zu achten:

– Unmittelbar anwendbare Normen des Gemeinschaftsrechts können eine Rechtsgrundlage für Eingriffe deutscher Behörden in Rechte der Bürger bilden, soweit sie vom deutschen Zustimmungsgesetz gedeckt sind (BVerfGE 89, 155, 175). Kommt ein Verstoß gegen höherrangiges Gemeinschaftsrecht in Betracht, dann kann das Gericht die betreffende Norm des sekundären Gemeinschaftsrechts nicht einfach verwerfen (unangewendet lassen), sondern muß den Fall nach Art. 177 EGV dem EuGH vorlegen (*Rengeling/Middeke/Gellermann*, Rechtschutz in der EG, S. 544).

– Verstößt **der VA selbst** gegen den EG-Vertrag oder eine Verordnung der Gemeinschaft, dann treten die gleichen Folgen ein wie bei einem Verstoß gegen (deutsches) höherrangiges Recht, d.h., die Entscheidung ist rechtswidrig und wird auf Anfechtungsklage des Betroffenen aufgehoben, wenn dieser in seinen Rechten verletzt ist. Das gilt entsprechend bei einem Verstoß gegen solche Richtlinien, denen unmittelbare Geltung zukommt, die also „unbedingt und hinreichend genau" sind (vgl. oben, § 3, Rd.-Nr. 15). Umgekehrt kann ein solcher VA zurückgenommen werden; ggf. **muß** die deutsche Behörde ihn sogar zurücknehmen (bedeutsam für Anfechtungsklage gegen die Rücknahme).

– Beruht der VA auf einer deutschen gesetzlichen Grundlage, die ihrerseits gegen unmittelbar geltendes Gemeinschaftsrecht verstößt und nicht „europarechtskonform" ausgelegt werden kann (dazu *Jarass*, DVBl. 1995, 957), so verlangt der EuGH, daß nationale Gerichte und sogar deutsche Behörden bis hinunter zur Gemeindeebene diese gesetzliche Grundlage verwerfen, d.h., nicht anwenden (exemplarisch EuGH, NVwZ 1990, 649, 650). Die entsprechende Norm ist damit zwar nicht nichtig, aber auch nicht anwendbar. Anders als bei Nichtübereinstimmung mit nationalem Erfassungsrecht (Art. 100 GG) kommt also auch für das Gericht nur in Zweifelsfällen, nicht aber bei einer eindeutigen Kollisionslage, die Vorlage einer EG-rechtlichen Auslegungsfrage nach Art. 177 EGV in Betracht. Die „Europarechtswidrigkeit" des deutschen Gesetzes führt – anders als die Verfassungswidrigkeit – daher unmittelbar zur Rechtswidrigkeit der Maßnahme und damit ggf. zur Gegründetheit der Klage. Das ist wegen der Bindung des Richters und der Verwaltung an das Gesetz (Art. 20 III GG) nicht unbedenklich.

Besonders umstritten ist in diesem Zusammenhang die Rücknahme von gegen Art. 92 EGV verstoßenden **Subventionen**. Hier führt der Vorrang des Gemeinschaftsrechts nach der Rechtsprechung des EuGH (vgl. EuGH, Urteil v. 20. 9. 1990, NVwZ 1990, 1161; s. auch BVerwG, NJW 1993, 2764) zur Rücknahmepflicht, auch wenn die Voraussetzungen von § 48 VwVfG nicht erfüllt sind, bzw. die Frist des § 48 IV VwVfG abgelaufen ist. Kann man die Feststellung der Europarechtswidrigkeit noch als *„die Rücknahme rechtfertigende Tatsache"* werten, deren Kenntnisnahme durch die Behörde die Jahresfrist des § 48 IV in Gang setzt, und mag man auch mit dem EuGH den Vorrang des öffentlichen Interesses an der Rücknahme bei einem Verstoß des VA gegen Gemeinschaftsrecht für den Regelfall bejahen, so würden aber die Rücknahme nach mehr als einem Jahr und die entschädigungslose Rücknahme zu Lasten eines nach § 48 II VwVfG schutzwürdigen Adressaten nicht nur das nationale Recht unbeachtet lassen. Die genannten Vorschriften sind vielmehr ihrerseits Ausdruck zentraler rechtsstaatlicher Grundsätze, insbesondere des Vertrauenschutzes und der Verhältnismäßigkeit, die in den genannten Entscheidungen des EuGH grundsätzlich anerkannt werden. **20b**

Der Vorrang des Gemeinschaftsrechts kann auch im übrigen nicht gelten, wenn dieses seinerseits mit zentralen rechtsstaatlichen und demokratischen Grundsätzen sowie mit dem Kern der Grundrechte kollidiert (BVerfGE 73, 339, 378; 89, 155, 175; zum Problem *Maurer*, AVwR, § 4, Rd.-Nr. 56). Unabhängig davon, ob etwa Art. 79 III GG eine Grenze für die Übertragung nationaler Souveränitätsrechte auf die Gemeinschaft bildet (Art. 23 I S. 3 GG), dürften das Rechtsstaatsprinzip und der Kern grundrechtlicher Gewährleistungen heute auch bereits als **20c** gemeinsames „Europäisches Verfassungsrecht" anzusehen sein, gegen das sonstige Gemeinschaftsrecht nicht verstoßen darf. Der richtige Weg zur Klärung besteht aber weder in der schlichten Nichtanwendung noch in nationalen Alleingängen, sondern in der Entscheidung des EuGH auf Vorlage nationaler Gerichte (vgl. jetzt etwa den Vorlagebeschluß des BVerwG, NVwZ 1995, 703). Art. 177 II und III EGV erweisen sich damit nicht nur als die entscheidende Schnittstelle zwischen nationalem und europäischem Recht, sondern auch als Mechanismus zur fortschreitenden Entwicklung eines allgemein anerkannten europäischen Verfassungsrechts.

Literatur zu § 25 II 5: S. oben § 3, Rd.-Nr. 15 sowie *Burgi,* Deutsche Verwaltungsgerichte als Gemeinschaftsrechtsgerichte, DVBl. 1995, 772; *Jarass,* Konflikte zwischen EG-Recht und nationalem Recht vor den Gerichten der Mitgliedstaaten, DVBl. 1995, 954; *Kokott,* Nationales Subventionsrecht im Schatten der EG, DVBl. 1993, 1235; *Pache,* Rechtsfragen der Aufhebung gemeinschaftsrechtswidriger nationaler Beihilfebescheide, NVwZ 1994, 318 ff.; *Ress,* die richtlinienkonforme „Interpretation" innerstaatlichen Rechts, DÖV 1994, 489; *Ehlers,* in Erichsen, § 3 , Rd.-Nr. 46; *Streinz,* Europarecht, Rd.-Nr. 556 ff.; *Rengeling/Middeke/Gellermann,* Rechtsschutz in der EU, S. 471 ff.; *Maurer,* AVwR, § 4, Rd.-Nr. 56; § 11, Rd.-Nr. 33 a.

6. Verfassungskonforme Auslegung – Grundrechtsprobleme

21   Alle bekannten Gliederungsschemata prüfen zunächst die Eingriffsgrundlage und deren Voraussetzungen und kommen dann unter dem Stichwort: „Verstoß gegen sonstige Rechtsnormen" ggf. zu Grundrechtsproblemen. Dieser Aufbau empfiehlt sich in der Regel auch, denn es wirkt anfängerhaft, wenn die Prüfung der materiellen Rechtmäßigkeit im Sinne einer „kleinen Verfassungsklausur" begonnen wird. Anders als bei der Verfassungsbeschwerde prüft das Verwaltungsgericht die Rechtmäßigkeit im umfassenden Sinne, so daß die alleinige Prüfung auf einen Grundrechtsverstoß auf eine falsche Weichenstellung hinausläuft. Der aus der Grundrechtsklausur bekannte Aufbau: Schutzbereich – Eingriff – Schranke – Verhältnismäßigkeit usw. – ist also für die verwaltungsprozessuale Klausur in der Regel verfehlt.

Andererseits gibt es Fälle, in denen die Nennung grundrechtlicher Schutzbe- **22**
reiche am Schluß der materiellrechtlichen Prüfung schlicht „zu spät" kommt.
Das folgt schon daraus, daß es sich – rechtstechnisch gesehen – bei der Eingriffsgrundlage um eine gesetzliche Schranke eines Grundrechts handelt, die
nach der Rechtsprechung des BVerfG ihrerseits „im Lichte des jeweils betroffenen Grundrechts" anzuwenden ist (**Wechselwirkungstheorie**, vgl. insbes.
BVerfGE 7, 198 ff.).

Beispiele: Für ein Versammlungsverbot ist die Eingriffsgrundlage (§ 15
VersG) stets im Lichte von Art. 8 und ggf. Art. 5 I GG auszulegen; es ist also
schon **vor** der Anwendung der Eingriffsgrundlage zu prüfen, ob Schutzbereich und Grundrechtsträgerschaft vorliegen; für die Rücknahme einer Sondernutzungserlaubnis eines Straßenkünstlers kommt es darauf an, ob diese Tätigkeit unter Art. 5 III GG fällt, usw.

Das gilt umso mehr bei Grundrechten ohne Schrankenvorbehalt
(Religionsfreiheit, Wissenschaftsfreiheit, Kunstfreiheit). Ist hier
der Schutzbereich eröffnet, so kann eine Einschränkung nur aufgrund einer Eingriffsgrundlage erfolgen, die ihrerseits ein gleich-
rangiges Recht, also Grundrechte und andere Verfassungsgüter,
schützt.

Beispiel: Für die Schließung einer Koranschule reicht nicht allein die Eingriffsgrundlage in § 35 GewO oder in den Privatschulgesetzen der Länder;
diese ist vielmehr nur zur Durchsetzung verfassungsrechtlicher Ziele wie Sozialstaat, Elternrecht, Menschenwürde usw., anzuwenden.

7. Verstoß gegen sonstige Rechtsnormen

Für die Rechtmäßigkeit des belastenden VA ist die Eingriffs- **23**
grundlage notwendige, aber nicht hinreichende Bedingung. Die
Maßnahme darf auch nicht gegen andere klägerschützende Normen verstoßen. Hier kommen gesetzliche Normen und Grundrechte in Betracht. Insbesondere ist die **Verhältnismäßigkeit** des
Eingriffs unter diesem Stichwort zu prüfen.

Beispiel: Macht der Kläger geltend, ein gewerberechtliches Verbot greife in
seine Berufsfreiheit ein, so ist an dieser Stelle zu klären, ob das Grundrecht
grundsätzlich einschlägig ist (Schutzbereich), ob ein Eingriff in Berufsaus-
übung oder Berufswahl vorliegt und ob dieser Eingriff nach der Rechtsprechung des BVerfG **verhältnismäßig** im Hinblick auf die jeweils angegebenen
Ziele des Gemeinwohls ist. Die Prüfung der Verhältnismäßigkeit darf – unabhängig vom jeweils anzuwendenden Grundrecht – in keiner Begründetheitsprüfung der Anfechtungsklage fehlen.

8. Ermessensentscheidungen (§ 114 VwGO/§ 40 VwVfG)

a) Allgemeines

24   Die Rechtsbindung der Verwaltung (§ 20 III GG) und das Grundrecht auf rechtliches Gehör fordern grundsätzlich, daß das Verwaltungsgericht die Rechtsanwendung der Behörde **in vollem Umfang** überprüft. Auch unbestimmte Rechtsbegriffe, die der Auslegung und ggf. auch der Wertung bedürfen, können in diesem Sinne durch das Gericht in vollem Umfang geprüft werden (*Maurer*, AVwR, § 7, Rd.-Nr. 26).

25   Von diesem umfassenden Grundsatz enthält § 114 VwGO die wichtigste Ausnahme in Gestalt einer Sonderregelung für **Ermessensentscheidungen.** Soweit hiernach die Verwaltungsbehörde ermächtigt ist, nach ihrem Ermessen zu handeln, *„prüft das Gericht auch, ob der Verwaltungsakt oder die Ablehnung oder Unterlassung des Verwaltungsakts rechtswidrig ist, weil die gesetzlichen Grenzen des Ermessens überschritten sind oder von dem Ermessen in einer dem Zweck der Ermächtigung nicht entsprechenden Weise Gebrauch gemacht ist."*

26   Diese Vorschrift schränkt die richterliche Kontrolldichte ein. Die Entscheidungskompetenz der Gerichte wird auf bestimmte Fehlertypen reduziert, und das Verwaltungsgericht prüft – anders als die Verwaltungsbehörde – **nicht** die Zweckmäßigkeit des Verwaltungshandelns. Demnach ist § 114 zu lesen:

„Soweit die Verwaltungsbehörde ermächtigt ist, nach ihrem Ermessen zu handeln, prüft das Gericht **nur,** *ob der VA ..."*

Wichtig: § 114 und die Einschränkung der richterlichen Kontrolldichte gelten sowohl für die Anfechtungs- als auch für die Verpflichtungsklage. Unterschiedlich sind nur die Rechtsfolgen.

27   Letztlich wird aber nur derjenige eine Norm wie § 114 und deren „Zusammenspiel" mit § 113 I und V richtig verstehen, der sich den historischen Hintergrund und die in § 114 zum Ausdruck kommenden Aspekte des Gewaltenteilungsprinzips vergegenwärtigt. Historisch waren Ermessensentscheidungen Vorbehaltsbereiche der Exekutive, die als „arcanum" der Verwaltung

gerichtsfrei waren (dazu *Grawert,* FS Menger [1985], 51 und oben, § 2
III). Heute bezeichnet das Ermessen nicht mehr einen originären Vorbehaltsbereich der Exekutive sondern eine durch den demokratischen Gesetzgeber der Exekutive legitimerweise zugewiesenen Entscheidungsspielraum.
Das Ermessen ist also weder undemokratisch, noch bedeutet es eine grundsätzliche Freisetzung von rechtsstaatlicher Bindung (BVerwGE 44, 159).
Seine eigentliche Rechtfertigung findet es vielmehr in der Einzelfallgerech-
tigkeit und der notwendigen „Flexibilitätsreserve" der Verwaltung gegenüber der Vielfalt der Lebensverhältnisse. In diesem Sinne hat die Exekutive
und nicht die Verwaltungsgerichtsbarkeit die **Letztentscheidungskompetenz.** Ermessen und Beurteilungsspielraum sind auch gegenwärtig aufgrund der notwendigen Flexibilität und der Eilbedürftigkeit zahlreicher
Entscheidungen in der Diskussion. Gegenüber einer wesentlichen Erweiterung jener Spielräume der Verwaltung bestehen aber auch erhebliche
rechtsstaatliche Bedenken (zu diesem Problem insgesamt *Götz/Klein/Starck,*
Die öffentliche Verwaltung zwischen Gesetzgebung und richterlicher Kontrolle [1985]).

b) Voraussetzungen

Eine Ermessensentscheidung liegt vor, wenn die Behörde auf-   28
grund einer Rechtsnorm tätig werden kann, aber nicht tätig werden muß **(Entschließungsermessen),** oder wenn sie unter verschiedenen Lösungsmöglichkeiten wählen kann **(Auswahlermes-
sen).** Ob dies der Fall ist, ergibt sich aus dem Gesetz und wird dort
in der Regel mit Formulierungen wie „kann", „darf" usw. ausge-
drückt. Gelegentlich läßt sich die Ermessensentscheidung auch
nur aus dem Zusammenhang ermitteln (Beispiele bei *Maurer,*
AVwR, § 7, Rd.-Nr. 9).

Die **„Soll-Vorschrift"** kennzeichnet demgegenüber eine rechtlich gebundene Entscheidung, eine Bindung, von der aber in (zu
begründenden) Einzelfällen abgewichen werden kann.

c) Folgen für die verwaltungsgerichtliche Kontrolle

Liegt eine Ermessensentscheidung vor, dann bedeutet dies   29
zwar nicht mehr, daß jede verwaltungsgerichtliche Kontrolle
ausgeschlossen ist; die verwaltungsgerichtliche Überprüfung beschränkt sich aber auf bestimmte **Ermessensfehler.** Erst diese
machen die Entscheidung rechtswidrig und eröffnen damit die
gerichtliche Aufhebungskompetenz. Ermessensfehler sind Verstöße gegen die rechtlichen Bindungen, also Rechtsfehler in

umfassendem Sinne. Unzweckmäßige Entscheidungen beruhen dagegen nicht auf einem Ermessensfehler. Sie können deshalb auch nicht gerichtlich gerügt werden. Insbesondere darf das Gericht nicht seine eigenen Erwägungen zu Zweck, Wirtschaftlichkeit, Billigkeit usw. an die Stelle derjenigen der Behörde setzen.

d) Ermessensfehler

30   Die **Fehlertypen** sind durch § 114 VwGO und § 40 VwVfG vorgezeichnet:

- **Ermessensnichtgebrauch, Ermessensunterschreitung**
  (Die Behörde hält sich für rechtlich gebunden oder übt aus anderen Gründen das bestehende Ermessen nicht oder nicht in vollem Umfang aus).

Beispiel: Eine Baubehörde meint entgegen § 31 BauGB, Ausnahmen vom Bebauungsplan seien grundsätzlich ausgeschlossen oder sie sei beim Vorliegen von Rücknahmegründen **immer** zur Rücknahme des VA verpflichtet (OVG Schleswig, NVwZ 1993, 911).

- **Ermessensfehlgebrauch, Ermessensmißbrauch**
  (Die Behörde läßt sich nicht vom gesetzlichen Zweck der Ermessensvorschrift leiten, sondern verbindet in unzulässiger Weise verschiedene Verwaltungszwecke miteinander [Koppelungsverbot]).

Beispiel: Auflage zu einer Gaststättenerlaubnis aus rein fiskalischen Gründen.

- **Ermessensüberschreitung**
  (Die Behörde wählt eine Alternative, zu der sie nicht ermächtigt war, hält sich also nicht im durch die Norm eingeräumten Ermessensrahmen).

Beispiel: Verwaltungsgebühr über den Rahmen einer Gebührenordnung hinaus.

e) Folgen

31   Hält die Behörde sich im Rahmen des eingeräumten Ermessens, dann muß das Gericht auch unzweckmäßige Entscheidungen hinnehmen, jedenfalls soweit die Zweckwidrigkeit nicht ihrerseits

Unverhältnismäßigkeit, also einen Rechtsverstoß, signalisiert. Das Gericht darf seine eigenen Zweckmäßigkeitserwägungen nicht an die Stelle derjenigen der Behörde setzen. Die Entscheidung ist nicht rechtswidrig und darf auch nicht aufgehoben werden.

Stellt das Gericht dagegen einen Ermessensfehler fest, so ist die **32** Entscheidung rechtswidrig. Das führt bei der **Anfechtungsklage** immer zur Aufhebung, sofern der Kläger in seinem Recht verletzt ist. Darauf, ob die Behörde andere (ggf. ermessensfehlerfreie) Entscheidungen treffen konnte, kommt es hier nicht an, da jedenfalls der zu prüfende VA rechtswidrig und unter den Voraussetzungen von § 113 I aufzuheben ist. Eine besondere Prüfung der Spruchreife findet nicht statt (*Kopp*, VwGO, § 113, Rd.-Nr. 19).

Anders bei der **Verpflichtungsklage:** Hier besagt der Fehler **33** noch nicht unbedingt, daß der Kläger mit der Klage durchdringt, weil die Behörde möglicherweise noch andere rechtmäßige Alternativen für ihre Entscheidung hat, auf die sie das Gericht nicht ohne weiteres festlegen kann. Deshalb ist die Spruchreife bei der Verpflichtungsklage gesondert zu prüfen, und es kommt ggf. nur zu einem Bescheidungsurteil (dazu unten, § 26).

Hinzuweisen ist noch auf folgenden Zusammenhang: Je weiter der Ermes- **34** sensspielraum der Behörde ist, desto größer ist die Bedeutung des Verwaltungsverfahrens. Die geringere gesetzliche Steuerung durch die Ermessensnorm kann rechtsstaatlich und auch aus der Sicht des Grundrechtsschutzes nur hingenommen werden, wenn das Verwaltungsverfahren entsprechend aufwendig ausgestaltet ist. Verfahrensfehler sind bei Ermessensentscheidungen daher immer beachtlich: Das ist die Kernaussage von § 46 VwVfG (zur sog. „Ermessensreduzierung auf Null" s. aber unten, Rd.-Nr. 66). Umso problematischer ist es, wenn der Behörde erlaubt ist, einzelne Ermessengründe erst im Verfahren „nachzuschieben". Diese Verspätung ist als solches bereits ein sicheres Indiz für einen Ermessensfehler im Ausgangsverfahren.

§ 114 VwGO bezieht sich wörtlich nur auf den VA, also auf Anfechtungs- **35** und Verpflichtungsklage, ist aber ebenso auf andere Klagearten analog anwendbar. So darf die Behörde nicht zur Leistung verurteilt werden, wenn ihr – abgesehen von der ermessensfehlerhaften Ablehnungsentscheidung – noch andere Alternativen bleiben. Auch durch die Feststellung eines Rechtsverhältnisses darf das Gericht nicht an § 114 vorbei und auf Kosten der Behörde seinen eigenen Kontrollmaßstab erweitern. Dabei ist es gleichgültig, ob dies direkt aus der Ermessensnorm oder aus § 114 analog abgeleitet wird.

Literatur zu § 25 II 8: *Bachof,* Beurteilungsspielraum, Ermessen und unbestimmter Rechtsbegriff, JZ 1955, 97; *Jesch,* Unbestimmter Rechtsbegriff und Ermessen in rechtstheoretischer und verfassungsrechtlicher Sicht, AöR 82 (1957), 163; *Ehmke,* „Ermessen" und „unbestimmter Rechtsbegriff" im Verwaltungsrecht (1960); *Rupp,* Grundfragen der heutigen Verwaltungsrechtslehre, 2. Aufl. (1991), 177 ff.; *ders.,* Ermessensspielraum und Rechtsstaatlichkeit, NJW 1969, 1273; *ders.,* „Ermessen", „unbestimmter Rechtsbegriff" und kein Ende, FS für W. Zeidler (1987), 455; *Bullinger,* Das Ermessen der öffentlichen Verwaltung. Entwicklung, Funktionen, Gerichtskontrolle, JZ 1984, 1001; *ders.,* (Hg.), Verwaltungsermessen im modernen Staat (1986); *Pietzcker,* Der Anspruch auf ermessensfehlerfreie Entscheidung, JuS 1982, 106; *Götz/Klein/Starck,* Die öffentliche Verwaltung zwischen Gesetzgebung und richterlicher Kontrolle (1985); *Alexy,* Ermessensfehler, JZ 1986, 701 ff.; *Starck,* Das Verwaltungsermessen und dessen gerichtliche Kontrolle, FS Sendler (1991), 167; *Maurer,* AVwR, § 7; *Ule/Laubinger,* VwVfR, § 55; *Schenke,* VwProzR, Rd.-Nr. 735 ff.

9. Besonderheiten bei planerischen Abwägungsentscheidungen

a) Allgemeines

36   Betrachtet man die modernen Planungsnormen des Bau-, Umwelt- und Verkehrsrechts, dann fällt schon auf den ersten Blick auf, daß sie vom gewöhnlichen Typus der verwaltungsrechtlichen Gebots- oder Verbotsnorm abweichen. Sie ordnen nicht mehr bestimmte Rechtsfolgen bestimmten Tatbeständen nach dem „Wenn – dann – Schema" zu, sondern sie formulieren Ziele, die in den Planungs- und Entscheidungsprozessen der Verwaltung verwirklicht werden sollen. Die Normstruktur ist nicht mehr **konditional** sondern **final.**

Das typische Beispiel hierfür ist nach wie vor § 1 VI BauGB: *„Bei der Aufstellung der Bauleitpläne sind die öffentlichen und privaten Belange gegeneinander und untereinander gerecht abzuwägen."*

b) Problem gerichtlicher Kontrolle

37   Rechtstechnisch handelt es sich bei Planungsnormen mit ausformulierten Zielen und Belangen um nichts anderes als um unbestimmte Rechtsbegriffe, die aufeinander zu beziehen sind. Das bedeutet, daß wir es nicht mit Ermessensentscheidungen zu tun haben, sondern daß es grundsätzlich bei der vollen Kontrollierbarkeit durch die Verwaltungsgerichtsbarkeit bleibt. Das heißt, das

Gericht muß prüfen, ob in der Planungsentscheidung die Abwägung unterschiedlicher Belange und Interessen im richtigen Verfahren und mit dem richtigen Ergebnis erfolgte.

Schon früh zeigte sich aber, daß diese Wertung den Erfordernissen moder- **38**
ner Planung nicht gerecht wird. Insbesondere wurde erkannt, daß Planungs-
und Abwägungsentscheidungen selbst idealtypisch nicht auf ein einzig richti-
ges Ergebnis festzulegen sind, daß es vielmehr um planerische Gestaltung und
um die **Abwägung, Optimierung** und **Konfliktbewältigung** zwischen privaten und öffentlichen Belangen geht, die in konzentrierter Weise aufeinander
zu beziehen sind und schon deshalb gerichtlich kaum voll nachvollziehbar sind
(zum Optimierungsgebot s. etwa BVerwGE 71, 163, 165; *Steinberg,* NVwZ
1986, 814; zuletzt *Hoppe,* DVBl. 1992, 853). Würde das Gericht hier auf die
Klage eines Betroffenen einen einzelnen Belang herausheben, so würde es das
gesamte komplexe System der aufeinander bezogenen Interessen und Belange
im Nachhinein in Frage stellen.

c) Abwägungsfehler

Aus dieser Problemkonstellation hat die Rechtsprechung schon **39**
früh die Konsequenz gezogen, daß Planungsentscheidungen zwar
grundsätzlich gerichtlicher Kontrolle unterliegen, daß das Verwaltungsgericht aber in der „Vollkontrolle" beschränkt und auf bestimmte Fehlertypen konzentriert ist. Es war dabei von Anfang an
weniger die Rechtsform der Entscheidung (Bebauungsplan, Planfeststellungsbeschluß, Anlagengenehmigung mit planerischem
Einschlag usw.) als vielmehr die grundlegenden Probleme planerischer **Abwägung,** die den Anwendungsbereich dieser Fehlertypik
bestimmten. Sie kommen daher sowohl bei der Normenkontrolle
eines Bebauungsplanes als auch bei der Anfechtungsklage gegen
einen Planfeststellungsbeschluß oder bei der Verpflichtungsklage
auf Erteilung einer Anlagengenehmigung in Betracht. Die Rechtsprechung hat den Anwendungsbereich folgerichtig auf nahezu
alle entsprechenden Verfahren des Baurechts, Straßenrechts, Was-
serrechts, Luftverkehrsrechts usw. ausgedehnt (Übersicht bei
Pietzner/Ronellenfitsch, Assessorexamen, § 15, Rd.-Nr. 1 ff.; *Kühling,* Fachplanungsrecht (1988), Rd.-Nr. 4 ff.; *Wahl,* NVwZ 1990,
427; exemplarische Fälle aus der Rechtsprechung: BVerwGE 34,
301, 309; 45, 309, 316; 47, 144, 146; 48, 56, 63; 56, 110, 116; 61,
295, 301).

Kennzeichnend scheint auch zu sein, daß sich der Typus „Abwägungsentscheidung" mit den entsprechenden Fehlertypen über das Planungsrecht hinaus ausdehnt, so z. B. bei planerischen Maßnahmen der Schulorganisation (OVG Koblenz, NVwZ 1986, 1036); bei der Zuordnung privater und öffentlicher Verkehrsinteressen im Personenbeförderungsrecht (BVerwG, NJW 1989, 3233); ja selbst bei der Abwägung von Tierschutz, Landwirtschaft und öffentlichen Interessen bei der Beurteilung der Intensivtierhaltung (VGH Mannheim, NJW 1986, 395). Dagegen zeigt das BVerwG neuerdings erkennbar Zurückhaltung, die Grundsätze der Abwägung auf andere Entscheidungen, insbesondere auf die „einfache" Baugenehmigung, zu übertragen (BVerwG, NVwZ 1995, 598).

40 Die einzelnen Fehlertypen seien hier wiederum nur zusammengefaßt:

Wichtig ist zunächst, daß Planung sich nicht aus sich selbst rechtfertigt, daß die Rechtsprechung vielmehr unter dem Stichwort **„Planrechtfertigung"** prüft, ob das geplante Vorhaben überhaupt erforderlich ist (exemplarisch BVerwGE 56, 110, 119; BVerwGE 72, 282 ff; dazu *Steinberg,* NVwZ 1986, 812). Dabei darf die Planrechtfertigung sich nicht auf den konkreten Abschnitt beschränken sondern muß das Gesamtvorhaben begründen (BVerwG, NVwZ 1991, 781).

Die eigentlichen „Abwägungsfehler" erinnern stark an die Typik der Ermessensfehler. Sie wurden in mehreren Leitentscheidungen entwickelt (vgl. vor allem BVerwGE 34, 301, 309; 45, 309, 316; 56, 110, 119, 123).

41 Im einzelnen:

– Fehler im Abwägungs**verfahren**: Sie richten sich nach dem jeweils einschlägigen Gesetz, also insbesondere § 73 VwVfG. Gerade bei Abwägungsentscheidungen verschiebt sich die Grenze zwischen Verfahrens- und (materiellen) Abwägungsfehlern i. e. S. immer mehr.
– **Abwägungsausfall:** (Die Behörde hat überhaupt nicht abgewogen und schon dadurch den Auftrag zur planerischen Konfliktbewältigung und Optimierung privater und öffentlicher Belange verfehlt.)
– **Abwägungsdefizit:** (Eine Abwägung hat zwar stattgefunden. Die Behörde hat aber einen entscheidungserheblichen Belang nicht in diese Abwägung „eingestellt".)
  Beispiel: Fehlende Würdigung von Wiederherstellungs- und Ausgleichsmaßnahmen vor einem wasserrechtlichen Planfeststellungsbeschluß (BVerwG, NVwZ 1991, 364); fehlende Berücksichtigung der wirtschaftlichen Existenz eines von der Planung betroffenen Betriebs (BVerwG, NVwZ 1989, 245),

– **Abwägungsfehleinschätzung/Abwägungsdisproportionalität:** (Die Belange sind zwar ordnungsgemäß ermittelt und eingestellt worden, sie sind aber je für sich und in ihrem Verhältnis zueinander falsch und damit unverhältnismäßig gewichtet).

Ähnlich wie bei den Ermessensentscheidungen ist es auch hier 42 wichtig, daß das Gericht zwar bei der eigentlichen Abwägungskontrolle beschränkt ist, daß aber ebenso selbstverständlich sonstige Rechtsverstöße – sei es gegen Verfahrens-, sei es gegen materielles Recht – geahndet werden können.

Auf **Kritik** an diesem Prüfungsschema ist hier nur kurz einzugehen: Es ist zur Kontrolle einer einzelnen Abwägungsentscheidung durchaus angemessen, scheint aber nicht hinreichend auf die offene Entscheidungssituation der Planung bezogen. Schließlich geht es nicht nur darum, ob das vorhandene Planungsergebnis rechtmäßig ist; zu fragen ist auch, ob nicht möglicherweise weniger einschneidende Planungsalternativen zur Verfügung gestanden hätten. Dieser Aspekt wird jedenfalls künftig auch bei der gerichtlichen Beurteilung planerischer Entscheidungen verstärkt zu berücksichtigen sein (andeutungsweise enthalten in BVerwG, NJW 1986, 80: Planalternativen müssen schon in die Planung mit einbezogen werden, andernfalls liegt Abwägungsdefizit vor; dagegen jetzt aber BVerwG, NVwZ 1995, 901 – Prüfung von Alternativen ist nicht Sache des Gerichts).

Wichtige Konsequenzen der Kontrolle von Abwägungsentscheidungen 43 durch das Gericht kommen weniger bei der Rechtswidrigkeitsprüfung als bei der Rechtsverletzung und bei der gerichtlichen Reaktion auf Fehler im Abwägungsvorgang zum Tragen. So liegt es an den Besonderheiten der Abwägungsentscheidung, daß der Enteignungsbetroffene auch die Verletzung solcher Belange geltend machen kann, die nicht unmittelbar **seinem** Schutz zu dienen bestimmt sind (BVerwG, NJW 1983, 2459; NJW 1986, 80; NJW 1987, 3146), weil das Abwägungsergebnis auch durch solche Fehler beeinflußt sein kann. Wegen dieses untrennbaren Zusammenhangs ist es besonders bedenklich, wenn der Gesetzgeber immer unverhohlener dazu übergeht, Abwägungsmängel für unbeachtlich zu erklären, wenn sie sich nicht nachweislich im Ergebnis niedergeschlagen haben (vgl. § 17 VI c BFernstrG; weitere Beispiele bei *Steiner*, NVwZ 1994, 318). Es liegt in der Struktur der Abwägungsentscheidung, daß sich jeder **Abwägungsmangel** im Ergebnis niederschlägt, auch wenn die Behörde im nachhinhein selbstverständlich behauptet, daß dies nicht der Fall sei.

Die fehlende Reproduzierbarkeit der „Abwägungssituation" bewirkt für das 44 Gericht, daß dieses bei einer unzureichenden Sachaufklärung und Ermittlung des Abwägungsmaterials nicht seinerseits mit „heilender Wirkung" Aspekte des Abwägungsvorgangs nachholen kann (BVerwG, NVwZ 1989, 152; NVwZ-RR 1989, 619; NVwZ 1991, 364).

Literatur zu § 25 II 9: *Hoppe,* Gerichtliche Kontrolldichte bei komplexen Verwaltungsentscheidungen, FG zum 25jährigen Bestehen des BVerwG (1978), 295 ff.; *ders.,* Planung und Pläne in der verwaltungsgerichtlichen Kontrolle, FS Menger (1985), 747; *Koch,* Abwägungsvorgang und Abwägungsergebnis als Gegenstände gerichtlicher Plankontrolle, DVBl. 1989, 399; *Heinze,* Das planungsrechtliche Abwägungsgebot, NVwZ 1986, 87; *Steinberg,* Fachplanung, Rd.-Nr. 146 ff.; *Hillermeier,* Methoden und Maßstäbe für die planerische Abwägung, BayVBl. 1994, 140; *Schulze-Fielitz,* Das Fachglas-Urteil des BVerwG – BVerwGE 45, 309. Zur Entwicklung der Diskussion um das planungsrechtl. Abwägungsgebot, JURA 1992, 201 ff.

10. Entscheidungen mit Beurteilungsspielraum

a) Allgemeines

45   Der sogenannte „Beurteilungsspielraum" betrifft nicht – wie das Ermessen – die Rechtsfolgenseite der Entscheidung, sondern die Einstufung des gesetzlichen Tatbestands. Er bezieht sich auf **unbestimmte Rechtsbegriffe,** die aufgrund der Schwierigkeit ihres Nachvollzugs oder ihrer Wertungsabhängigkeit Probleme bei der gerichtlichen Kontrolle bereiten.

Auf unterschiedlichen theoretischen Grundlagen kommt die Lehre vom Beurteilungsspielraum zu dem Ergebnis, daß es Behördenentscheidungen gibt, die nur in ihren Voraussetzungen und Grenzen, nicht aber in der eigentlichen Bewertung gerichtlich voll überprüfbar sind. Gründe sind die Abhängigkeit von subjektiven Wertungen des Entscheidenden, die fehlende Nachvollziehbarkeit oder Vorhersehbarkeit oder auch die besondere Entscheidungssituation.

46   **Bedenken** gegen diese Argumentationsfigur sind in der Literatur nie verstummt (vgl. *Rupp,* FS Zeidler [1987], 455; *Kopp,* VwVfG, § 40, Rd.-Nr. 32; *Schenke,* VwProzR, Rd.-Nr. 751 ff.). Entsprechend ist die Rechtsprechung Schwankungen unterworfen: Nachdem der Beurteilungsspielraum zunächst auf wenige Ausnahmefälle beschränkt war, schien es eine Zeitlang so, als eröffne sich ein weiter Raum für eine Entscheidungsprärogative der Behörden in allen technisch, wirtschaftlich oder sozial schwierig zu überprüfenden Bereichen. Mittlerweile ist unter dem Einfluß der Rechtsprechung des BVerfG das Pendel wieder zurückgeschlagen: Das zeigt sich sowohl in einer Einschränkung der Anwendungsbereiche als auch in einer Verschärfung der Prüfungsmaßstäbe (vgl. v. a. BVerfGE 83, 130, 146 ff. – Josefine Mutzenbacher und BVerfGE 84, 59 = NJW 1991, 2005, 2008 – multiple-choice-Prüfung; BVerfG,

NVwZ 1993, 666 – Anerkennung des besonderen pädagogischen Interesses gemäß Art. 7 V GG und dazu *Geis,* DÖV 1993, 22. Übersicht b. Ch. *Hofmann,* NVwZ 1995, 740; *Brohm,* JZ 1995, 369; krit. allg. *Sendler,* DVBl. 1994, 1089). Der EuGH scheint dagegen eher „großzügiger" im Hinblick auf Entscheidungsspielräume der Verwaltung zu sein (dazu Classen, NJW 1995, 2460).

b) Fallgruppen

(1) **Prüfungs- und prüfungsähnliche Entscheidungen** 47
Bereits im Jahre 1959 erkannte das BVerwG an, daß der Nichtversetzung in der Schule pädagogische Wertungen zugrunde liegen, die vom Gericht nicht in vollem Umfang nachvollziehbar sind (BVerwGE 8, 272). Das gleiche gilt für die eigentlichen Bewertungen im Rahmen sonstiger Prüfungsentscheidungen, Notengebung, Abitur, Staatsexamen usw. (weitere Beispiele: BVerwGE 38, 105; 70, 143; 73, 376, 377; Übersicht bei *Niehues,* Schul- und Prüfungsrecht, 2. Aufl. [1983], Rd.-Nr. 356 ff.). Diese eingeschränkte Kontrolle von Prüfungsentscheidungen gilt – soweit sie in einem besonderen Verfahren begründet ist – selbst für die Widerspruchsbehörde (vgl. BVerwGE 70, 4, 9 und oben, § 7 Rd.-Nr. 33 ff.).

Die Rechtsprechung hat die gerichtliche Kontrolle im Prüfungsbereich auf folgende Aspekte zurückgenommen:

– auf die Einhaltung des **Prüfungsverfahrens** einschließlich der Unvoreingenommenheit der Prüfer,
– auf eine ordnungsgemäße Ermittlung der Voraussetzungen des **Sachverhalts,**
– auf die **Chancengleichheit** der Prüfung (vgl. hierzu insbesondere BVerwG, NJW 1991, 442 – Baulärm; BVerwGE 79, 211 = JuS 1990, 1013),
– auf die Einhaltung **allgemeiner Bewertungsgrundsätze** und die Ausrichtung des Inhalts am Zweck der Prüfung (BVerwGE 78, 55 = NVwZ 1987, 977 – Mali).

In dieser Rechtsprechung brachten zwei Entscheidungen des BVerfG vom 48
17. 4. 1991 (BVerfGE 84, 34 ff. u. 59 = NJW 1991, 2005, 2008) eine Wende. Aus der Bedeutung bestimmter Prüfungen als berufszugangsbestimmende Entscheidungen leitet das BVerfG seither ab, daß ein Beurteilungsspielraum nur bei wirklich prüfungsspezifischen Wertungen in Betracht kommt. Dagegen seien Sachfragen durchaus gerichtlich überprüfbar und auch für einen Gegenbeweis offen. Eine in der Literatur als richtig bezeichnete Entscheidung dürfe nicht als falsch gewertet werden.

Das BVerfG stellt damit den Beurteilungsspielraum zwar nicht vollends in 49

Frage, läßt aber eine grundsätzliche Einschränkung erkennen und verankert die Rechtsfigur dort, wo sie ihren eigentlichen Grund findet: im Grundsatz der Chancengleichheit. So bedeutet das Herausgreifen einer einzelnen Prüfungsentscheidung aus dem Gesamtzusammenhang stets, daß das Gericht in die Chancengleichheit der nicht klagenden sonstigen Prüfungsteilnehmer eingreift. Auch wird eine Tendenz erkennbar, daß das BVerfG den Beurteilungsspielraum auf wirklich prüfungsspezifische Entscheidungen einschränkt. Vollzogen wird diese Wendung jetzt auch durch die verwaltungsgerichtliche Rechtsprechung (BVerwG, NVwZ 1993, 677, 681, 686, 689).

50   (2) **Beamtenrechtliche Beurteilungen**

Auch beamtenrechtliche Beurteilungen sind prüfungsähnliche Entscheidungen, die sich auf einen zurückliegenden Sachverhalt beziehen, den das Gericht nicht in vollem Umfang nachvollziehen kann.

Deshalb hat die Rechtsprechung auch hier bereits früh einen Beurteilungsspielraum anerkannt (BVerwGE 21, 127, 129; 60, 245; BVerwG, DÖV 1987, 1074; BVerwG, DVBl. 1991, 867 – jeweils zur Beurteilung vor Einstellungen und Beförderungen, bzw. zur Ablösung wegen mangelnder Eignung).

51   (3) **Wissenschaftliche und künstlerische Wertungen durch weisungsfreie Gremien und Ausschüsse**

Gerichtlich nicht in vollem Umfang nachvollziehbar sind auch solche Entscheidungen, die auf spezifisch wissenschaftlichen und/oder künstlerischen Wertungen beruhen, wie sie typischerweise in Gremien, Sachverständigenausschüssen oder einer Jury usw. gefällt werden.

Der bekannteste Fall betrifft die Entscheidung der Bundesprüfstelle bei der Indizierung jugendgefährdender Schriften (BVerwGE 39, 197; vgl. zuletzt auch BVerwGE 77, 75 = NJW 1987, 1431; BVerwG, NJW 1993, 1490; dazu *Würkner/Kerst-Würkner,* NJW 1993, 1446). Weitere **Beispiele:** Erteilung eines Prädikats durch die Filmbewertungsstelle (VGH Kassel, NJW 1987, 1436); Zulassung von privatem Rundfunkveranstalter (VGH Mannheim, NJW 1990, 340); Beurteilung der künstlerischen Qualität und Arbeiten eines Kunsthandwerkers („Kunst am Bau – Liste" – OVG Lüneburg, NJW 1983, 1218); Erteilung des Gütezeugnisses „Guter Unterhaltungsfilm" nach § 7 FFG (OVG Berlin, NJW 1988, 365).

52   Gegen die Zuerkennung eines Beurteilungsspielraums an solche Gremien bestehen weder rechtsstaatliche noch grundrechtliche Bedenken (anders *Mau-*

rer, AVwR, § 7, Rd.-Nr. 45). In ihrer Unabhängigkeit liegt zwar eine gewisse Durchbrechung der Weisungskompetenz und Verantwortlichkeit der Exekutive, die mit einer Begrenzung der gerichtlichen Kontrolle gekoppelt ist. Legitimiert wird dies aber aus der besonderen wissenschaftlichen und/oder künstlerischen Beurteilungskompetenz, die ihrerseits in der Eigengesetzlichkeit von Wissenschaft und Kunst begründet ist (in diesem Sinne auch BVerwG, NJW 1993, 1491, 1493).

Es besteht aber kein Anlaß, die Besonderheiten dieser Fallgrup- **53** pe auf ohne weiteres nachvollziehbare Bewertungsentscheidungen allgemeiner Art zu übertragen – auch wenn diese besonderen Sachverstand erfordern. **Nicht** anerkannt wurde der Beurteilungsspielraum bei folgenden Fällen und Begriffen:

Deutscher Kulturbesitz und wesentlicher Verlust in § 1 KulturschutzG (VGH Mannheim, NJW 1987, 1440); Prüfung der Sachkunde für die öffentliche Bestellung eines Sachverständigen nach § 36 I GewO (BVerwG, NVwZ 1991, 268); Kör-Entscheidung nach TierzuchtG (BVerwG, NVwZ 1991, 566); wissenschaftliche Vertretbarkeit eines Pflanzenschutzmittels (BVerwG, NVwZ-RR 1990, 134; sensorische Beurteilung von Wein (BVerwG, NVwZ 1993, 707).

(4) Sonstige Wertungen und Prognosen   54

In teilweise recht unsystematischer Form hat die Rechtsprechung einen Beurteilungsspielraum oder eine Einschätzungsprärogative der Verwaltung anerkannt, wenn es um technische, wirtschaftliche und soziale Wertungen und Prognosen ging, die schon der Sache nach durch große Unsicherheit gekennzeichnet waren.

Beispiel: Entwicklung des Straßenverkehrsvolumens (BVerwGE 71, 166); Kundenentwicklung im Taxigewerbe (BVerwGE 79, 208, 213; 82, 295, 299); Betriebsrisiko von Kernkraftwerken – BVerwGE 72, 300, 316; Schutz kerntechnischer Anlagen gegen Störmaßnahmen durch Dritte – BVerwGE 81, 185; Anordnung sog. Tieffluggebiete (BVerwG, NJW 194, 535; BVerwG, DVBl. 1995, 242).

Solche Überlegungen schienen in der Betonung der Verantwortlichkeit der Exekutive für bestimmte technische Entscheidungen eine Stütze zu finden, wie sie – dort freilich auf das Verhältnis zum Gesetzgeber gemünzt – in den Entscheidungen des BVerfG zu den Kernenergieanlagen Kalkar und Whyl (BVerfGE 49, 89, 136; 61, 82, 115) enthalten waren (zum Ganzen auch *Jannasch,* FS Zeidler [1987], 487, 490). Vorschläge in Literatur und Rechtspolitik gingen noch weiter: Sie forderten die Einführung eines § 114a VwGO, nach dem die Nachprüfung von unbestimmten Rechtsbegriffen dann auf eine bloße Vertretbarkeitskontrolle beschränkt sein sollte, wenn ihr Abwägungen, Prognosen oder Wertungen zugrundeliegen (vgl. hierzu die Diskussionsbeiträge *Götz/ Klein/Starck*, Die öffentliche Verwaltung zwischen Gesetzgebung und richterlicher Kontrolle [1985]; *Ossenbühl*, FS Menger [1985], 731; *Wahl*, NVwZ 1991, 409; krit. *Ewer*, NVwZ 1994, 140).

55   Um solche Vorschläge ist es zu Recht still geworden, und auch der einschränkenden Rechtsprechung des BVerwG zur gerichtlichen Beurteilung von Risikobewertungen kann **nicht** gefolgt werden. In der Beurteilung technikbezogener Entscheidungen ist die Prognose über ungewisse Entwicklungen nicht die Ausnahme sondern die Regel. Behörden **und** Gerichte urteilen hier nicht lediglich retrospektiv sondern prognostisch. Das Gericht kann sich mit Hilfe von Sachverständigen und ggf. technischen Richtlinien durchaus selbst ein Urteil über die Wahrscheinlichkeit bestimmter Entwicklungen bilden. Den Befürwortern eines erweiterten Prognosespielraums der Behörden geht es in der Sache auch weniger um die Überlastung der Verwaltungsgerichtsbarkeit bei der Beurteilung technischer Entwicklungen. Im Mittelpunkt steht vielmehr das Bestreben nach einer Erweiterung der Letztentscheidungskompetenz der Verwaltungsbehörden zu Lasten der Verwaltungsgerichte im technischen und wirtschaftlichen Bereich. Dabei bietet die Prognoseentscheidung der Exekutive weit weniger als oft angeführt die Gewähr für Sachgerechtigkeit und Problemnähe. Gerade hier sind vielmehr die Gefahren unkontrollierter technokratischer Entwicklungen und die unreflektierten Übernahme der Risikoeinschätzung interessierter Sachverständiger und Betreiber nicht von der Hand zu weisen. Die Kontrolle durch unabhängige Gerichte bleibt also auch in diesen Bereichen unabdingbar. Schon gar nicht darf es zur einfachen Formel kommen: Alles, was auf komplizierten technischen Bewertungen beruht, obliegt der Letztentscheidungskompetenz der Exekutive (differenzierend *Erbguth*, DVBl. 1992, 398 ff.).

c) Folgen für die Begründetheit der Anfechtungsklage

56   Ist der Behörde – unter den eingeschränkten Voraussetzungen der neueren Rechtsprechung des BVerfG – ein Beurteilungsspielraum zuzugestehen, dann beschränkt sich die gerichtliche Kontrolle und damit auch die Begründetheitsprüfung auf **Verfahrensfehler,** Fehler in der Ermittlung des **Sachverhalts,** Einführung **sachfremder Erwägungen,** Verstöße gegen den **Gleichheitssatz** und die Mißachtung **allgemeiner Bewertungsgrundsätze.** Hält sich die Behörde an diesen Rahmen, so kann das Gericht die eigenen Sachwertungen nicht an die Stelle derjenigen der Behörde setzen.

57   Überschreitet die Behörde aber den Beurteilungsspielraum oder unterläuft ihr einer der genannten Fehler, dann ist auch der auf

einer Wertungsentscheidung beruhende VA rechtswidrig und – sofern der Kl. dadurch in seinen Rechten verletzt ist – aufzuheben. Die Anfechtungsklage ist dann begründet, jedenfalls soweit sich die Klage auf den Aufhebungsantrag beschränkt. (Zur Verpflichtungsklage: § 26 Rd.-Nr. 28).

Literatur zu § 25 II 9: *Bachof,* Beurteilungsspielraum, Ermessen und unbestimmter Rechtsbegriff, JZ 1955, 97; *Oebbecke,* Weisungs- und unterrichtungsfreie Räume in der Verwaltung (1986); *Ossenbühl,* Die richterliche Kontrolle von Prognoseentscheidungen der Verwaltung, FS Menger (1985), 731; *Jannasch,* Die Stellung der Verwaltungsgerichtsbarkeit im Rahmen der staatlichen Funktionen, FS Zeidler (1987), 487; *Niehues,* Stärkere gerichtliche Kontrolle von Prüfungsentscheidungen, NJW 1991, 1077; *Würkner,* BVerfG auf Abwegen? Gedanken zur Kontrolldichte verwaltungsgerichtlicher Rechtsprechung, NVwZ 1992, 340; *Rozek,* Neubestimmung der Justitiabilität von Prüfungsentscheidungen, NVwZ 1992, 343; *Muckel,* Neues zum Rechtsschutz gegenüber Prüfungsentscheidungen, JuS 1992, 201; *Geis,* Josefine Mutzenbacher und die Kontrolle der Verwaltung, NVwZ 1992, 25; *ders.,* Die Anerkennung des „besonderen pädagogischen Interesses" nach Art. 7 V GG, DÖV 1993, 22; *Schulze-Fielitz,* Neue Kriterien für die verwaltungsgerichtliche Kontrolldichte bei der Anwendung unbestimmter Rechtsbegriffe, JZ 1993, 77; *Erbguth,* Anmerkungen zum adiministrativen Entscheidungsspielraum, DVBl. 1992, 398; *Ch. Hofmann,* Der Beitrag der neueren Rechtsprechung des BVerfG zur Dosmatik des Beurteilungsspielraumes, NVwZ 1995, 740; *Brohm,* Ermessen und Beurteilungsspielraum im Grundrechtsbereich JZ 1995, 369; *Sendler,* Die neue Rechtsprechung des Bundesverfassungsgerichts zu den Anforderungen an die verwaltungsgerichtliche Kontrolle, DVBl. 1994, 1089; *Peine,* AVwR, Rd.-Nr. 75 ff.; *Schenke,* VwProzR, Rd.-Nr. 772.

III. Rechtsverletzung und Aufhebungsanspruch

1. Allgemeines

Ist der Verwaltungsakt zwar objektiv rechtswidrig, wird der **58** Kläger aber durch ihn nicht in seinen Rechten verletzt, dann ist die Klage unbegründet, weil es am subjektiven Aufhebungsanspruch fehlt. Die Rechtsverletzung nach § 113 I 1 und V 1 ist also das materielle Gegenstück zur Klagebefugnis nach § 42 II. Im Hinblick auf die wichtigsten Abgrenzungen (Recht/Chance, eigenes Recht/Recht der Allgemeinheit, Berührung/Eingriff) kann also auf die Ausführungen zur Klagebefugnis, verwiesen werden. Der wichtigste **Unterschied:** Reicht für die Klagebefugnis noch der plausible Vortrag bzw. die **Möglichkeit** der Rechtsverletzung aus, so muß für die Begründetheit im Moment der gerichtlichen Entscheidung, d. h. nach der letzten mündlichen Verhandlung, feststehen, daß der Kläger in einem seiner Rechte verletzt **ist**.

2. Adressat des belastenden VA

59   Immer in seinen Rechten verletzt ist der unmittelbare Adressat des belastenden rechtswidrigen VA. Richtet die Behörde ein Gebot oder ein Verbot an den Bürger oder nimmt sie eine ihm zugekommene Begünstigung zurück, so bedarf sie hierfür der Eingriffsgrundlage und darf auch sonst nicht gegen das geltende Recht verstoßen. Der Adressat des belastenden VA ist sonst mindestens in seiner allgemeinen Handlungsfreiheit (Art. 2 I GG) verletzt; man kann auch von der **Freiheit vor ungesetzlichem Zwang** sprechen.

3. Rechtsverletzung des Dritten

60   Wie bei der Klagebefugnis stellen sich Probleme der Rechtsverletzung vor allem beim Drittbetroffenen. Dieser muß ein (öffentliches) **Recht** geltend machen, das ihm zuzuordnen ist **(Schutznorm)** und das durch den VA **verletzt** wird. Ist das nicht der Fall, so kann der VA rechtswidrig, die Anfechtungsklage gleichwohl aber **unbegründet** sein.

> **Beispiel:** Objektive Rechtswidrigkeit wegen Verletzung von Naturschutzrecht ohne nachbarschützende Wirkung (BVerwG, NVwZ 1995, 904).
> Ist der VA objektiv rechtswidrig, weil er z. B. gegen eine Vorschrift des Denkmalschutzes, Naturschutzes usw. verstößt, wird der Kl. aber nicht in seinem Recht verletzt, so ist die Klage gleichwohl unbegründet.
> Im Hinblick auf den Verstoß gegen **gemeinschaftsrechtliche Normen** führt dies zu Problemen, da der EuGH auf Unbedingtheit und Bestimmtheit der Norm, weniger aber auf die Ausrichtung auf den Individualrechtsschutz abstellt (zum Problem *Classen,* NJW 1995, 2457, 2461). Letztlich kommt das Verwaltungsgericht aber auch bei der Verletzung von Gemeinschaftsrecht mit einer rein objektiv-rechtlichen Kontrolle nicht aus und es wird immer darum gehen, ob die betreffende Norm neben Bestimmtheit und Unbedingtheit auch eine Schutzrichtung für den Kläger aufweist.

4. Verfahrensrechte – Präklusion

a) Sehr umstritten ist nach wie vor, ob **Verfahrensfehler** allein **61** zur Begründetheit der Klage und damit zur Aufhebung des VA führen können. Dem Schlagwort von der dienenden Funktion des Verfahrens folgend, nimmt die Rechtsprechung durchweg an, daß „allein" ein Verfahrensfehler nicht zur Aufhebung des VA führen könne, wenn der Kl. nicht zugleich in einer materiellen Rechtsposition verletzt ist. Andernfalls wird größtenteils schon die Klagebefugnis verneint (exemplarisch BVerwGE 61, 256, 275; 65, 287, 289; BVerwG, NVwZ 1988, 363; NVwZ 1989, 1168; NVwZ 1992, 256). Insbesondere sei der Kl. durch die Wahl der falschen Verfahrensart (z. B. Genehmigung statt Planfeststellung) in seinen Rechten nicht verletzt (BVerwGE 70, 35, 56; BVerwG, NVwZ 1991, 369; DVBl. 1993, 1149; krit. *von Danwitz,* DVBl. 1993, 422).

Das klingt plausibel, ist aber rechtsstaatlich äußerst bedenklich, weil es dem **62** Kläger die sanktionslose Hinnahme eines rechtswidrigen belastenden VA zumutet. Feststeht jedenfalls, daß die Verletzung eines materiellen Rechts immer zur Aufhebung führt, wenn der VA rechtswidrig ist, sei es auch aufgrund eines Verfahrensfehlers. Liegt ein solcher Fehler vor, so ist dies außerdem zumindest ein Indiz dafür, daß der nicht angehörte, zu Unrecht von der Akteneinsicht ausgeschlossene, durch die Befangenheit eines Amtsträgers benachteiligte Kläger auch in „dahinterstehenden" materiellen Rechten verletzt ist (Einzelheiten hierzu und zum folgenden bei *Hufen,* Fehler im Verwaltungsverfahren, Rd.-Nr. 535 ff.).

b) Hat der Kl. allerdings Verfahrensrechte nicht rechtzeitig **63** geltend gemacht oder einen Verfahrensfehler nicht rechtzeitig gerügt, dann droht ihm die Präklusion. Das bedeutet nicht nur, daß er in **diesem** Verwaltungsverfahren nicht mehr beteiligt wird **(formelle Präklusion),** sondern auch, daß er mit seiner Rüge im nachfolgenden Verwaltungsprozeß nicht mehr gehört wird **(materielle Präklusion).** Als Einschränkung des rechtlichen Gehörs kann die materielle Präklusion nur auf gesetzlicher Grundlage erfolgen (**Beispiel:** § 7 I AtomVfV; § 17 WStrG; § 10 III 3 BImSchG). **Keinen** Fall der materiellen Präklusion enthält dagegen das „normale" Planfeststellungsverfahren in § 73 VwVfG (zur

nicht unbestrittenen Verfassungsmäßigkeit der materiellen Präklusion s. BVerwGE 60, 297; BVerwG, NVwZ 1987, 131; BVerf-
GE 61, 82, 109 ff.).

64   c) Ist ein Verfahrensfehler schon im Widerspruchsverfahren geheilt (§ 45 VwVfG), dann ist der VA insofern nicht mehr rechtswidrig. Zur Prüfung der Rechtsverletzung aus **diesem** Grund
kann es nicht mehr kommen. Die Klage ist also unbegründet.

65   d) Unbegründet ist die Klage auch, wenn § 46 VwVfG (Unbeachtlichkeit von Verfahrensfehlern) zur Anwendung kommt.
Dies ist schon nach dem Wortlaut von § 46 und auch nach dem
eindeutigen Sinnzusammenhang nur dann der Fall, **wenn keine
andere Entscheidung in der Sache hätte getroffen werden können, dieselbe Entscheidung also sofort wieder ergehen müßte**
(BVerwGE 61, 45, 48). Fühlt sich die Behörde lediglich aus tatsächlichen Gründen gebunden, kann § 46 nicht angewandt werden
(anders aber VGH München, NVwZ 1982, 510, 512). Bei Ermessensentscheidungen, Abwägungsentscheidungen und Entscheidungen mit Beurteilungsspielraum sind Verfahrensfehler also niemals unbeachtlich.

66   Eine Ausnahme von diesem Grundsatz macht die Rechtsprechung allerdings
im Fall der sogenannten „**Ermessensreduzierung auf Null**". Hier sei § 46
auch bei Ermessensentscheidungen anwendbar (BVerwGE 62, 108, 116;
BVerwG, NVwZ 1988, 525; *krit. Steinberg,* Fachplanung, Rd.-Nr. 169). Auch
das ist nur auf den ersten Blick plausibel, weil es den Prozeßcharakter von
Ermessensentscheidungen verkennt. Das „auf Null" reduzierte Ermessen stellt
sich in der Regel erst im Verlauf eines Entscheidungsvorgangs heraus, und es
kann auch in solchen Fällen nicht ausgeschlossen werden, daß ein korrektes
Verfahren der Ausübung des Ermessens eine andere Richtung gegeben hätte.
Deshalb kann die Anwendung von § 46 VwVfG bei Ermessensentscheidungen
allenfalls dann in Betracht kommen, wenn das Ergebnis der Ermessensbetätigung **von vornherein** als einzig rechtmäßiges feststand (in diesem Sinne wohl
auch BVerwG, NVwZ 1988, 525). Verfahrensfehler, die auf einem Verstoß
gegen Gemeinschaftsrecht beruhen, sollen nach EuGH, Slg. 1983, 911, 929
grundsätzlich beachtlich sein (krit. dazu *Kokott,* DVBl. 1993, 1235, 1239).

5. Rechtsverletzung durch den VA

Das Recht des Kl. muß durch den rechtswidrigen VA verletzt **67**
sein (vgl. § 113 I: „dadurch"). Verletzt ist ein Recht, wenn es im
Vergleich zur Situation ohne den VA in nicht ganz unbeachtlicher
Weise eingeschränkt, erschwert, belastet usw. ist. Ein gezielter
Eingriff durch den VA muß nicht vorliegen. Die Rechtsverletzung
kann vielmehr auch unbeabsichtigt sein, z. B. von einem genehmigten Vorhaben ausgehen.

Die Rechtsverletzung muß **durch** den VA erfolgen. Dieser muß
also kausal für die dem Kl. zugefügte Belastung sein. Damit ist
umgekehrt klargestellt, daß eine Rechtsverletzung nur durch eine
objektiv rechtswidrige Entscheidung möglich ist (so *Weyreuther,*
FS Menger [1985], 681, 688). Die Bedeutung des Wortes „dadurch" in § 113 VwGO ist also eher banal.

Es muß aber **keine Kausalität gerade zwischen dem Rechtsfehler und der Verletzung** gegeben sein. Insbesondere kommt es
nicht darauf an, ob die Entscheidung bei korrektem Verfahren
anders ausgefallen wäre. Auch für eine Formulierung wie: „eine
Rechtsverletzung durch den Fehler liegt vor, wenn sich dieser im
Verfahrensergebnis niederschlägt" bietet § 113 VwGO keine gesetzliche Handhabe.

Dagegen finden sich vor allem in der Rechtsprechung des BVerwG zahlrei- **68**
che Entscheidungen, in denen von einer Kausalität zwischen Verfahrensver-
stoß und Rechtsverletzung, also nicht lediglich zwischen VA und Rechtsverletzung, ausgegangen wird (vgl. etwa BVerwGE 69, 256, 269; 75, 214, 228 =
NVwZ 1987, 579; noch weitergehend VGH München, NVwZ 1982, 508, 510
– keine Rechtsverletzung, wenn die Behörde den VA ohne die fehlerhafte
Handlung im Ergebnis unverändert erlassen hätte).
Diese Auffassung ist **abzulehnen.** Greift die Behörde in subjektive Rechte
ein und begeht sie dabei einen Fehler, dann **ist** – außer im Falle des § 46
VwVfG – der Bürger durch diesen rechtswidrigen VA immer in seinen Rechten verletzt, auch wenn die Behörde beteuert – und das wird sie in der Regel
tun –, sie hätte den gleichen VA auch bei korrektem Verfahren erlassen.

6. Verbandsklage

69 Eine Ausnahme vom Erfordernis subjektiver Rechtsverletzung besteht in Fällen der zugelassenen Verbandsklage. Die Klage ist dann – abweichend von § 113 – begründet, wenn der VA rechtswidrig war und dabei Belange verletzt sind, die durch den zugelassenen Verband vertreten werden (BVerwG, NVwZ 1991, 182).

Literatur zu § 25 III: *Weyreuther,* Die Rechtswidrigkeit eines Verwaltungsaktes und die „dadurch" bewirkte Verletzung „in ... Rechten" (§ 113 Abs. 1 S. 1 und Abs. 4 S. 1 VwGO), FS Menger [1985], 681; *Meyer,* Die Kodifikation des Verwaltungsverfahrens und die Sanktion für Verfahrensfehler; *Hufen,* Zur Systematik der Folgen von Verfahrensfehlern – eine Bestandsaufnahme nach zehn Jahren VwVfG, DVBl. 1988, 69 ff.; *ders.,* Fehler im Verwaltungsverfahren, Rd.-Nr. 535 ff.; *von Danwitz,* Zum Anspruch auf Durchführung des „richtigen" Verwaltungsverfahrens, DVBl. 1993, 422.

70 ### Übersicht 14: Begründetheit der Anfechtungsklage

1. Passivlegitimation
2. Rechtswidrigkeit des VA (§ 113 I VwGO)
   a) Benennung der Eingriffsgrundlage (streitentscheidende Norm)
   b) *Verfahrensfehler (evtl. Heilung); Formfehler*
   c) Verfahrensfehler
   d) Anwendung der Eingriffsgrundlage
      aa) Eingriffsgrundlage anwendbar
      bb) *Eingriffsgrundlage selbst rechtmäßig (nur bei Satzung und RVO)*
      cc) Eingriffsgrundlage richtig angewandt (Besonderheiten bei Ermessensentscheidung, Abwägungsentscheidung, Beurteilungsspielraum)
   e) Verstoß gegen sonstige Rechtsnormen
3. Rechtsverletzung durch den VA (§ 113 I VwGO)

§ 26 Begründetheit der Verpflichtungsklage

1 Für die Begründetheit der Verpflichtungsklage gilt § 113 V VwGO. Danach ist die Verpflichtungsklage begründet, wenn der Beklagte passivlegitimiert ist, die Ablehnung oder Unterlassung des VA rechtswidrig war, der Kl. dadurch in seinen Rechten verletzt ist **und** die Sache spruchreif ist.

Die Begründetheitsvoraussetzungen der Verpflichtungsklage

werden in der VwGO also in Anlehnung an die Anfechtungsklage formuliert. Einfacher hätte es auch heißen können: *„soweit der Kl. einen Anspruch auf Erlaß des beantragten VA hat, spricht das Gericht die Verpflichtung der Verwaltungsbehörde aus . . .".* Die doppelte Negation (Rechtswidrigkeit der Unterlassung) ist zwar eigentümlich, muß aber beim Aufbau der Begründetheitsprüfung beachtet werden.

I. Passivlegitimation

Die Begründetheit setzt voraus, daß die Klage sich gegen den **2** Rechtsträger derjenigen Behörde richtet, die den VA versagt hat oder den unterlassenen VA erlassen müßte. Richtet sich die Verpflichtungsklage gegen eine sachlich unzuständige Behörde, dann ist sie mangels Passivlegitimation unbegründet (Einzelheiten bei *Schmitt Glaeser,* VwProzR, Rd.-Nr. 293). Die Zuständigkeitsprüfung ist damit aber nicht entbehrlich. Hat nämlich die unzuständige Behörde einen VA in der Sache abgelehnt, so ist dieser Ablehnungsbescheid formell rechtswidrig.

Soweit (entgegen der hier vertretenen Auffassung) § 78 VwGO als Ort der Passivlegitimation betrachtet wird, ist zu beachten, daß sich diese Bestimmung unmittelbar nur auf die Versagungsgegenklage bezieht. Sie ist aber analog anzuwenden, also in etwa zu lesen: „ . . . oder hätte erlassen müssen" (so zu Recht *Frank/Langrehr,* VwProzR, 91).

II. Rechtswidrigkeit der Ablehnung oder des Unterlassens des VA

Rechtswidrig ist die Ablehnung oder das Unterlassen des bean- **3** tragten VA, wenn der Kl. einen Anspruch auf den begehrten VA hat. Bei der Verpflichtungsklage kann also im Grunde nicht zwischen objektiven und subjektiven Elementen der Rechtswidrigkeit getrennt werden. Die objektivrechtliche Verpflichtung zum Erlaß gerade dieses VA bedingt vielmehr nahezu immer die subjektive Seite, da sich die objektive Verpflichtung zumeist aus der subjektiv formulierten Anspruchsgrundlage ergibt.

1. Zuständigkeit

4   Hat die unzuständige Behörde den VA abgelehnt, so ist diese Ablehnung schon deshalb rechtswidrig. Damit allein ist die Klage aber nicht etwa begründet. Das ist vielmehr nur bei vorliegender Spruchreife (unten Rd.-Nr. 19) der Fall.

Hat der Kl. einen Antrag auf Erlaß des VA an die unzuständige Behörde gestellt und diese den Antrag nicht beschieden, den beantragten VA also unterlassen, so ist diese Unterlassung nicht rechtswidrig. Die Klage ist vielmehr mangels Widerspruchsverfahren (§ 75 VwGO ist hier nicht anwendbar) bzw. mangels vorherigen Antrags bereits unzulässig, soweit keine Wiedereinsetzung gewährt wurde.

2. Verfahren

5   Verfahrensfehler sind bei der Verpflichtungsklage – vor allem wegen der nach h. L. bestehenden Unanwendbarkeit von § 28 VwVfG beim begünstigenden VA – selten, aber durchaus denkbar.

Beispiel: Ein befangener Beamter lehnt den Antrag auf eine Baugenehmigung ab.

6   Auch hier führt der nicht wirksam geheilte Verfahrensfehler zur Rechtswidrigkeit des ablehnenden Bescheides. Hat der Kl. einen Anspruch auf den VA und kann die Behörde nicht anders entscheiden, dann ist der Fehler nach § 46 VwVfG aber unbeachtlich; der Klage ist aus materiellen Gründen stattzugeben. Bei Ermessensentscheidungen fehlt es aber an der Spruchreife, wenn der Behörde noch ein Ermessensspielraum verbleibt. **Klausurhinweis:** Stellen Zuständigkeit und Verfahren bei der Verpflichtungsklage keine besonderen Probleme sollte sogleich mit der Anspruchsgrundlage begonnen werden.

3. Ablehnung trotz bestehenden Anspruchs

7   Ob der Kl. einen Anspruch auf den VA hat, richtet sich nach materiellem Recht. Ein solcher Anspruch kann sich ergeben aus

Gesetz oder aufgrund eines Gesetzes, aus einem **Grundrecht** (einschließlich Gleichheitssatz), aus einer **Zusicherung** (§ 38 VwVfG) und aus **öffentlichrechtlichem Vertrag.**

a) Gesetzlicher Anspruch

Am einfachsten ist die Lösung, wenn das Gesetz explizit einen **8** Anspruch formuliert und der Betroffene die gesetzlichen Voraussetzungen des Anspruchs erfüllt. Dann ist die Ablehnung immer rechtswidrig.

Beispiel: Exakt bezifferter Anspruch auf bestimmte Sozialleistungen.

b) Präventives Verbot mit Erlaubnisvorbehalt

Besonders deutlich ist die Verbindung von Verwaltungsprozeß- **9** recht einerseits sowie materiellem Verwaltungsrecht und Verfassungsrecht andererseits beim **präventiven Verbot mit Erlaubnisvorbehalt.** Auf diese Fallkonstellation dürfte sich der größte Anteil aller Verpflichtungsklagen beziehen.

Beim präventiven Verbot mit Erlaubnisvorbehalt wird die grundsätzliche Handlungsfreiheit im Interesse des Gemeinwohls gesetzlich eingeschränkt, um (präventiv) überprüfen zu können, ob der Antragsteller die Voraussetzungen für eine bestimmte Tätigkeit erfüllt (Einzelheiten dazu bei *Maurer,* AVwR, § 9, Rd.-Nr. 51). Deshalb sprechen wir auch von „Kontrollerlaubnis". Erfüllt der Antragsteller exakt die gesetzlich bestimmten Voraussetzungen, dann hat er einen Anspruch auf Erteilung der Erlaubnis. Dieser Anspruch folgt nicht nur aus der gesetzlichen Bestimmung mit ihrer i. d. R. klar bezeichneten „wenn – dann – Struktur", sondern auch aus dem „dahinterstehenden" Grundrecht (BVerfGE 20, 150, 155).

Beispiele: Anspruch auf Baugenehmigung, wenn das Vorhaben genehmigungsfähig ist; Anspruch auf Gaststättenerlaubnis, wenn die gesetzlichen Voraussetzungen erfüllt sind.

c) Repressives Verbot (Ausnahmebewilligung, Dispens)

10   Anders verhält es sich beim **repressiven Verbot mit Dispens-vorbehalt.** Hier steht die Schädlichkeit oder die Gefahr der Tätigkeit für das Gemeinwohl von vornherein fest und das Gesetz will im Grunde die Tätigkeit als solche verhindern. Nur unter engen Voraussetzungen werden Ausnahmen zugelassen. Deren Erfüllung ist notwendige, aber in der Regel nicht hinreichende Bedingung für den Anspruch und damit die Begründetheit der Verpflichtungsklage. Zumeist besteht hier ein (verfassungsrechtlich anerkanntes) Dispensermessen (dazu *Brohm,* JZ 1995, 371).

> **Beispiel:** Befreiung von an sich zwingenden Vorschriften des Bauplanungs-rechts (§ 31 II BauGB); Ausnahme vom Demonstrationsverbot in der Bann-meile des Parlaments.

d) Ermessensnorm als Anspruchsgrundlage

11   Steht der Behörde nach der in Frage kommenden Anspruchs-grundlage ein Ermessen zu, so gilt § 114 VwGO. Demnach ist die Ablehnung oder Unterlassung nur dann rechtswidrig, wenn sie auf einem Ermessensfehler beruht. Die eingeschränkte gerichtliche Kontrollkompetenz bedeutet aber nicht etwa, daß die Klage von vornherein unbegründet ist. Der Kl. hat vielmehr auch subjektiv einen Anspruch auf zweckentsprechende Ermessensaus-übung. Der Ermessensfehler selbst bedeutet in der Regel aber noch nicht die Begründetheit der Klage. Diese ist vielmehr nur gegeben, wenn die Sache spruchreif ist (dazu unten IV).

e) Anspruch aus Grundrechten

12   Die Begründetheit der Verpflichtungsklage kann sich ggf. auch unmittelbar aus einem Grundrecht ergeben, doch ist diese Fall-konstellation wesentlich seltener, als man vermuten sollte. Das liegt zum einen daran, daß Grundrechte als solche die erlaubnis-oder zulassungs**freie** Handlung ermöglichen. Dann bedarf es selbstverständlich auch keiner Verpflichtungsklage. In Betracht kommt nur eine Feststellungsklage auf Erlaubnisfreiheit der Tä-tigkeit.

Liegt aber eine gesetzliche Schranke der grundrechtlichen Betä-   **13**
tigung vor, dann ergibt sich der unmittelbare Anspruch aus der
gesetzlichen Norm selbst. So sind z. B. Entscheidungen, die eine
Berufszulassungsregelung enthalten, stets durch Gesetz oder aufgrund eines Gesetzes zu treffen („Wesentlichkeitstheorie" – vgl.
BVerfGE 33, 303, 347 – numerus clausus, st.Rspr.). Auch hier
ergibt sich – aus der Sicht der Begründetheitsprüfung der Verpflichtungsklage – der Anspruch aus dem Gesetz, nicht unmittelbar aus dem Grundrecht.

Überdies verleihen nach h. L. Grundrechte keine unmittelbaren
Teilhabeansprüche sondern nur ein Recht auf Teilhabe an vorhandenen Einrichtungen und Leistungen. Dieser Anspruch besteht
dann nach Maßgabe gesetzlicher Bestimmungen (Einzelheiten dazu bei *Pieroth/Schlink*, Grundrechte, Rd.-Nr. 107 ff.).

Dagegen kann der **allgemeine Gleichheitssatz** durchaus einen   **14**
subjektiven Anspruch auf Gleichbehandlung im Sinne des Erlasses
eines begünstigenden VA vermitteln. So kann eine Verpflichtungsklage begründet sein, wenn die Behörde willkürlich von einer langjährigen Verwaltungspraxis abweicht oder sich selbst gebunden hat. Das gleiche gilt, wenn die Verwaltung von Verwaltungsvorschriften abweicht, mit denen sie selbst ihr Ermessen
steuern will.

Zu beachten ist aber: Beruft sich der Kläger allein darauf, die Behörde   **15**
versage gleichheitswidrig die einem anderen zugebilligte Begünstigung (z. B.
eine Subvention), so kann diese Vergabeentscheidung zwar durchaus als solche
rechtswidrig sein. Gleichwohl ist die Sache aber zumindest dann **nicht
spruchreif,** wenn der Behörde eine andere Möglichkeit zur Behebung der
Ungleichbehandlung bleibt (vgl. VGH Kassel NJW 1993, 2888 – Trennungs-
geld). Diese kann auch in der Einziehung der gewährten Begünstigung zulasten des „Konkurrenten" bestehen.

f) Zusicherung – öffentlichrechtlicher Vertrag

Die Verpflichtungsklage ist auch begründet, wenn die Behörde   **16**
den unterlassenen oder versagten VA wirksam **zugesichert** hat
(§ 38 VwVfG) oder wenn sie sich in einem **öffentlichrechtlichen
Vertrag** zum Erlaß des VA verpflichtet hat.

Wichtig: Für die Wirksamkeit der Zusicherung und des Vertrags ist **nicht** Voraussetzung, daß sie rechtmäßig sind. Voraussetzung für die Wirksamkeit der Zusicherung ist nur, daß die zuständige Behörde schriftlich entschieden hat und daß die Entscheidung nicht nichtig ist. Selbst bei einer rechtswidrigen Zusicherung besteht also ein Anspruch, und die Verpflichtungsklage ist begründet – es sei denn nach Maßgabe von § 38 VwVfG hätte sich die Sach- und Rechtslage zwischenzeitlich nachhaltig verändert. Auch die wirksame Zusicherung eines Verkehrszeichens ist möglich (BVerwG, NJW 1995, 1977).

17   Ähnliches gilt für den **öffentlichrechtlichen Vertrag.** Auch dieser macht die Verpflichtungsklage auf den vertraglich zugesagten VA begründet, sofern der Vertrag selbst nicht nichtig ist (§§ 54/59 VwVfG).

III. Rechtsverletzung

18   Anders als bei der Anfechtungsklage fallen objektive und subjektive Seite der Rechtswidrigkeit bei der Verpflichtungsklage in der Regel zusammen. Die Ablehnung des VA ist rechtswidrig, wenn sie gegen eine anspruchsvermittelnde Norm verstößt. Gleichwohl ist die Zuordnung des Rechts zum Kläger unter dem Stichwort „Rechtsverletzung" zu klären und es ist klarzustellen, daß die geltendgemachte und rechtswidrig verweigerte Begünstigung gerade dem Kläger zukommt, **dieser** also durch die Versagung oder die Untätigkeit der Behörde in seinem Recht verletzt ist (*Weyreuther,* FS Menger [1985], 681, 687).

Beispiel: Beantragt eine Gemeinde eine Schutzauflage für ein bestimmtes Straßenbauvorhaben, die nach bestehenden Lärm-Richtwerten objektiv geboten ist, so ist die Verpflichtungsklage nur begründet, wenn die Gemeinde hierfür ein subjektives Recht (z. B. auf störungsfreien Betrieb des Gemeindekindergartens) geltend machen kann.

IV. Spruchreife

1. Allgemeines

19   Der wichtigste Unterschied in der Begründetheit von Anfechtungs- und Verpflichtungsklage besteht im Erfordernis der **Spruchreife** vor Erlaß des Verpflichtungsurteils (§ 113 V 1 – die

Nennung der Spruchreife innerhalb von Abs. 1 betrifft nur den Folgenbeseitigungsanspruch). **Spruchreife** bedeutet, daß alle tatsächlichen und rechtlichen Voraussetzungen für eine abschließende gerichtliche Entscheidung über das Klagebegehren gegeben sind. Der Begriff ist zwar an sich rein prozessualer Natur, hat aber auch materiellrechtliche Voraussetzungen. So ist bei fehlender Spruchreife die Klage unbegründet, soweit das Gericht nicht selbst befugt ist, die Spruchreife herzustellen. Es sind also solche Voraussetzungen zu unterscheiden, die das Gericht selbst erfüllen kann, und solche, die ausschließlich der Behörde obliegen und in die das Gericht sich nicht einmischen darf.

2. „Herstellung" der Spruchreife durch das Gericht

Im Normalfall hat das Gericht alle sachlichen und rechtlichen **20** Voraussetzungen zu prüfen und ggf. herzustellen, um eine Entscheidung in der Sache zu ermöglichen. Es muß also die Streitigkeit „spruchreif machen" (BVerwGE 69, 198, 201). Insbesondere muß das Gericht die fehlende Sachaufklärung durch die Behörde nachholen, unklare Rechtsfragen selbständig entscheiden usw. Das gilt auch, wenn die Behörde überhaupt noch nicht entschieden hat, also im Anwendungsbereich von § 75 VwGO (a. A. *Kopp*, VwGO, § 113, Rd.-Nr. 91).

3. Ausnahmen

Die Spruchreife fehlt und kann aus rechtlichen Gründen **nicht** **21** hergestellt werden, wenn der Behörde auch nach Feststellung von Rechtswidrigkeit und Rechtsverletzung noch ein selbständiger Entscheidungsspielraum verbleibt. Dann liefe es auf einen Verstoß gegen die Gewaltenteilung hinaus, wenn das Gericht der Klage in vollem Umfang stattgäbe. § 113 V formuliert hier also einen Kompromiß zwischen der Letztentscheidungskompetenz von Behörden und Gerichten.

a) Ermessensentscheidungen

22   Der wichtigste Anwendungsfall fehlender Spruchreife betrifft **Ermessensentscheidungen.** Liegt ein Ermessensfehler vor, dann ist die Ablehnung des VA zwar rechtswidrig und verletzt den Kläger auch in einem subjektiven Recht. Die Verpflichtungsklage ist gleichwohl nicht in vollem Umfang begründet, solange es noch weitere (rechtmäßige) Alternativen gibt, über die die Behörde im Rahmen ihres fortbestehenden Ermessensspielraums entscheiden kann. Dieses Ermessen darf das Gericht nicht durch eine eigene Entscheidung rückwirkend beseitigen. In diesen Fällen ergeht ein Bescheidungsurteil nach § 113 V, der Kläger dringt also nur teilweise mit seiner Klage durch.

> **Beispiel:** Klage auf bestimmte Polizeimaßnahmen, um Störungen eines Anliegers zu verhindern. Hier kann das Gericht nur entscheiden, daß die Polizei überhaupt tätig werden muß, muß aber in der Regel die Art und Weise der Störungsbeseitigung der Polizei überlassen (ähnlich VG Berlin, NJW 1981, 1748 – Hausbesetzung).

23   Eine „Ausnahme von der Ausnahme" besteht aber im Fall der sogenannten **Ermessensreduzierung auf Null.** Diese liegt vor, wenn auch bei einer Ermessensentscheidung nur eine einzige Handlungsalternative in Betracht kommt, weil jede andere Entscheidung rechtswidrig wäre (BVerwGE 11, 95, 97; 16, 214, 218; 69, 94).

24   Eine Ermessensreduzierung auf Null kommt auch bei sogenannten **„Koppelungsvorschriften"** bzw. **„Mischtatbeständen"** in Betracht. Als solche bezeichnet man Rechtsnormen, die einen unbestimmten Rechtsbegriff enthalten und auf der Rechtsfolgenseite ein Ermessen einräumen. Hier kann der Tatbestand (z. B. „Vermeidung einer unbilligen Härte") bedingen, daß für die Behörde faktisch kein Ermessen auf der Rechtsfolgenseite bleibt (zum Problem: Gemeinsamer Senat der Obersten Bundesgerichte, BVerwGE 39, 355; *Seewald,* JURA 1980, 175).

b) Unzuständige Ausgangsbehörde, komplexe Sachaufklärung

Die Spruchreife kann auch bei rechtlich gebundenen Entschei- **25** dungen fehlen. Das ist insbesondere dann der Fall, wenn die unzuständige Behörde entschieden hat, die verklagte zuständige Behörde also noch nicht mit der Sache befaßt war. Die Spruchreife kann aber auch z. B. fehlen, wenn die Sachlage so kompliziert oder von bestimmten fachlichen Ermittlungen abhängig ist, daß der Fehler in der Sachaufklärung nicht durch das Gericht selbst ausgeglichen werden kann. Hier würde das Gericht durch Herstellung der Spruchreife verwaltungsspezifische Ermittlungen ergreifen, zu denen ihm fachlich und auch rechtlich die Möglichkeiten fehlen. Trotz grundsätzlich bestehender Kontrollkompetenz ist die Sache dann an die Behörde zurückzuverweisen.

Beispiel: Komplizierte Risikoabschätzung hinsichtlich einer Atomanlage (BVerwGE 61, 82, 114; BVerwG, NVwZ 1986, 208, 212).

Einen Teil der damit angesprochenen Problematik regelt § 113 III VwGO. **26** Hält das Gericht demnach eine weitere Sachaufklärung für erforderlich, so kann es, ohne in der Sache selbst zu entscheiden, den (ablehnenden) VA und den Widerspruchsbescheid aufheben, soweit nach Art oder Umfang die noch erforderlichen Ermittlungen erheblich sind und die Aufhebung auch unter Berücksichtigung der Belange des Beteiligten sachdienlich ist. Diese Vorschrift will aber keine endgültige Entscheidung vorwegnehmen: Es geht vielmehr um eine Art vorläufige Regelung, die eine weitere Sachaufklärung bei der Behörde ermöglichen soll.

c) Abwägungsentscheidungen

Begehrt der Kläger eine Entscheidung, die auf der Abwägung **27** zwischen mehreren berührten Belangen beruht, so kann das Gericht zwar ggf. einen Abwägungsfehler der Behörde feststellen, in der Regel aber nicht „durchentscheiden", ohne die gesamte Abwägungsentscheidung im Nachhinein in ein Ungleichgewicht zu bringen. Deshalb liegt auch hier die Spruchreife nicht vor, wenn zunächst noch andere Belange geklärt werden müssen.

d) Entscheidungen mit Beurteilungsspielraum

28   In Fällen des **Beurteilungsspielraums** (oben § 25 Rd.-Nr. 45 ff.)
kann das Gericht aber nur auf Verfahrensmängel und bestimmte
grundlegende Bewertungsmängel überprüfen, aber nicht die eigene fachliche Wertung an die Stelle derjenigen der Behörde setzen.
Es kann also zwar eine fehlerhafte Prüfungsentscheidung aufheben
oder die Behörde verpflichten, den Kläger zu einer Wiederholungsprüfung zuzulassen, es kann sich aber nicht selbst zur Prü-
fungskommission erheben und die Prüfung für bestanden erklären
oder eine bessere Note vergeben. Auch hier kommt also nur ein
Bescheidungsurteil in Betracht. Eine „Reduzierung des Beurteilungsspielraums auf Null" ist allenfalls in Ausnahmefällen denkbar. Sie kommt in Betracht, wenn – z. B. bei fixierten Punkte-
tabellen – ohne jede zusätzliche Bewertungsentscheidung sich das
Ergebnis der Prüfung schon aus den so fixierten Vorgaben ergibt.

4. Bescheidungsurteil

29   Im Falle fehlender Spruchreife hat das Gericht nach § 113 V
VwGO die Verpflichtung auszusprechen, den Kläger unter Beachtung der Rechtsauffassung des Gerichts zu bescheiden. Die
Klage auf uneingeschränkte Begünstigung ist insofern (teilweise)
unbegründet. Nur eine (zulässige) Bescheidungsklage würde in
vollem Umfang durchdringen.

Das Bescheidungsurteil hat die Bindung der Behörde an die im
Urteil ausgesprochene Rechtsauffassung des Gerichts zur Folge.
Die Rechtskraft eines Bescheidungsurteils umfaßt dabei nicht nur
die Verpflichtung der Behörde, überhaupt neu zu entscheiden,
sondern auch die „Rechtsauffassung des Gerichts", die nicht nur
aus dem Tenor der Entscheidung, sondern auch aus den tragenden
Gründen zu ermitteln ist (BVerwG, DVBl. 1995, 925). Kommt
die Behörde der Verpflichtung zur Bescheidung nicht nach, so
kann sie der Kläger gem. § 172 VwGO dazu zwingen.

5. Teilverpflichtung

Nur teilweise begründet ist die Klage auch, wenn die Ableh- **30**
nung zwar rechtswidrig und insofern rechtsverletzend ist, der Kläger aber nur eine eingeschränkte Genehmigung oder sonstige Begünstigung verlangen kann. Es ergeht dann ein Teilurteil, d. h. die
Verpflichtung wird auf denjenigen Teil der beantragten Begünstigung beschränkt, auf die der Kläger einen Anspruch hat. Ist die
Entscheidung aber nicht teilbar (z. B. die Gesamtnote bei einer
Prüfung), dann kommt wieder nur ein Bescheidungsurteil in Betracht.

Literatur zu § 26: *Schwabe,* Das Verbot mit Erlaubnisvorbehalt, JuS 1973,
133; *Gusy,* Verbot mit Erlaubnisvorbehalt – Verbot mit Dispensionsvorbehalt,
JA 1981, 80; *Schröder,* Bescheidungsantrag und Bescheidungsurteil, FS Menger
(1985), 487; *Stüer,* Zurückverweisung und Bescheidungsverpflichtung im Verwaltungsprozeß, FS Menger (1985), 779; *Brohm,* Ermessen und Beurteilungsspielraum im Grundrechtsbereich, JZ 1995, 369.

Übersicht 15: Begründetheit der Verpflichtungsklage   31

1. Passivlegitimation
2. Rechtswidrigkeit der Ablehnung oder Unterlassung des VA (§ 113 V 1
   VwGO)
   a) *Zuständigkeit der Ausgangsbehörde*
   b) *Verfahren, Form*
   c) Anspruchsgrundlage
3. Rechtsverletzung durch Ablehnung oder Untätigkeit
4. Spruchreife

§ 27 Begründetheit der Unterlassungsklage

Die Unterlassungs- oder allgemeine Abwehrklage ist vom Typ **1**
her eine „negative Leistungsklage". Sie wird in der VwGO zwar
vorausgesetzt (§ 43), schon zur Zulässigkeit fehlen aber exakte
Bestimmungen. Vollends enthält die VwGO keine Regel zur Begründetheit, so daß man entweder auf eine Analogie zu § 113 oder
auf Anleihen beim Zivilprozeß angewiesen ist. Beides ist unbefrie-
digend und wird der zunehmenden Bedeutung dieser Klageart
nicht gerecht. Die Unterlassungsklage kommt sowohl zur Ab-

wehr bereits bestehender faktischer Beeinträchtigungen und Belästigungen als auch zur vorbeugenden Abwehr gegen andere Handlungen – bis hin zum noch nicht erlassenen VA – in Betracht (vgl. oben, § 15). Auch die Streitgegenstände sind sehr unterschiedlich.

I. Passivlegitimation

2   Da die Unterlassungsklage Leistungsklage ist, ist der „richtige Anspruchsgegner" Voraussetzung des Anspruchs und daher bei der materiellen Anspruchsgrundlage zu prüfen. Es gibt aber Fälle, in denen sich eine gesonderte Klärung der Passivlegitimation empfiehlt. Das ist insbesondere dann der Fall, wenn es unklar ist, wem eine Information, Warnung usw. zuzuordnen ist. Nach h. L. ist § 78 VwGO (Rechtsträgerprinzip) dabei analog anzuwenden (vgl. *Schenke* VwProzR Rd.-Nr. 554).

Beispiel: Klage auf Unterlassung einer Warnmitteilung durch Bürgermeister: Passivlegitimiert ist nicht der Bm. sondern die Gemeinde; Klage gegen Verwendung bestimmter Unterrichtsmaterialien in der Sexualkunde: Klagegegner ist der Staat, nicht etwa der einzelne Lehrer.

II. Die Anspruchsgrundlagen der Störungsabwehr

3   Die Unterlassungsklage ist begründet, wenn der Kläger einen Anspruch auf Unterlassung der bevorstehenden oder andauernden Handlung hat. In Rechtsprechung und Literatur haben sich bisher aber erst in Ansätzen klare Konturen für die Begründung dieses Anspruchs herausgebildet. Das liegt am Fehlen einer gesetzlichen Regelung, aber auch daran, daß es bisher nicht zu einer richterrechtlichen Rechtsfortbildung wie beim Folgenbeseitigungsanspruch gekommen ist.

Als grundlegende Lösungen lassen sich erkennen:

– Der Abwehranspruch unmittelbar aus Grundrechtspositionen,
– der quasi negatorische Abwehranspruch aus § 1004 BGB, § 862 BGB usw. analog.

Der daneben erwähnte Beseitigungsanspruch als Schadensersatzanspruch ist im Kern der Leistungsklage zuzuordnen (vgl. zuletzt VGH München, NVwZ 1995, 793 – Warnung vor Jugendsekten).

1. Abwehranspruch aus Grundrechten

Ohne „Einschaltung" von § 1004 BGB hat die Rechtsprechung **4** vor allem bei Fällen herabsetzender hoheitlicher Äußerungen oder der Weitergabe von Daten Abwehransprüche unmittelbar aus Grundrechten, insbesondere dem allgemeinen Persönlichkeitsrecht, dem Recht auf informationelle Selbstbestimmung und dem Recht am eingerichteten und ausgeübten Gewerbebetrieb, abgeleitet. Ist der Staat an die Grundrechte kraft Art. 1 III GG gebunden, dann folgt für Vertreter dieser Auffassung daraus ein subjektiver Abwehranspruch gegen Eingriffe des Staates – auch durch faktisches Handeln (dazu insbesondere *Weyreuther,* Gutachten zum 47. Deutschen Juristentag [1968], 83 ff.; kritisch *Laubinger,* VerwArch 80 [1989], 83).

Beispiele: Abwehr gegen die Herabsetzung eines Betriebs (VGH Mannheim, NJW 1986, 340); Unterlassungsklage gegen „schwarzes Schaf"-Bezeichnung; Abwehranspruch gegen Warnmitteilung vor Jugendsekten unmittelbar aus Art. 4 GG (BVerwG, NJW 1989, 2272).

Der unmittelbare Durchgriff auf Grundrechtspositionen ist in diesem Zusammenhang nicht unproblematisch, denn hier fehlt für die speziell verwaltungsprozessuale Störungsabwehr das dogmatische „Zwischenglied". Grundrechte begründen zwar subjektive Abwehrrechte und die Bindung der hoheitlichen Gewalt, sagen aber nichts über mögliche Eingriffsgrundlagen und Duldungspflichten.

2. Immissionsrechtliche Bestimmungen

Erörtert wurde auch, ob bei Lärm und ähnlichen Belästigungen **5** § 22 BImSchG ein subjektives Abwehrrecht des Bürgers gegen hoheitlich betriebene Anlagen gewährt. Das ist zu Recht abgelehnt worden (vgl. BVerwGE 79, 254, 257; *Sachs,* NVwZ 1988, 127; *Laubinger,* VerwArch 80 [1989], 261, 265). § 22 BImSchG regelt

nur die Pflichten des Betreibers im Hinblick auf Gemeinwohlbelange, nicht aber Abwehrrechte und Duldungspflichten des
„Nachbarn".

3. Quasi-negatorischer Abwehranspruch (insbesondere § 1004 BGB analog)

6   Es bleibt also mangels spezifisch öffentlichrechtlicher Abwehr-
grundlagen nur die Analogie zu § 1004 BGB. Auch das ist problematisch, weil Normen wie §§ 1004, 862 und 906 BGB den spezifischen Anforderungen und Konflikten des Öffentlichen Rechts
kaum gerecht werden können. Insbesondere ist normalerweise gegen die im Zusammenhang mit einer öffentlichen Aufgabe entstehende Immission kein „privatrechtliches Kraut" gewachsen (*Laubinger*, VerwArch 80 [1989], 263). Bei der Lösung von öffentlich-
rechtlichen Fällen sind die Besonderheiten des verwaltungsrechtlichen Abwehranspruchs daher stets im Auge zu behalten. Dazu
gehört, daß § 1004 BGB – in diesem Bereich angewandt – eben
nicht mehr „privatrechtliches Kraut", sondern Öffentliches Recht
zu sein hat.

Andererseits kann nicht verkannt werden, daß die umfangreiche
Rechtsprechung zum quasi-negatorischen Abwehranspruch eine
gewisse dogmatische Grundstruktur entwickelt hat, die durchweg
auch zur Lösung öffentlichrechtlicher Fälle geeignet ist und sich
deshalb mehr und mehr durchsetzt. **Nicht empfohlen** werden
kann dagegen, die Rechtsgrundlage – Grundrechte oder Abwehranspruch aus § 1004 BGB analog – einfach offenzulassen (so aber
BVerwGE 79, 254, 257).

Für den öffentlichrechtlichen Abwehranspruch und damit für
die Begründetheit der Unterlassungsklage ergibt sich in etwa folgender Aufbau:

– Es liegt ein geschütztes **Rechtsgut** des Klägers vor,
– dieses Rechtsgut wird durch **hoheitliche Einwirkungen** beeinträchtigt,
– diese Beeinträchtigung ist **rechtswidrig,** und der Kläger ist nicht zur Duldung verpflichtet.

III. Anspruchsvoraussetzungen im einzelnen

1. Geschütztes Rechtsgut

Dem Wortlaut nach schützt § 1004 BGB nur vor Eigentumsbe-   7
einträchtigungen, § 862 nur vor Besitzstörung. In einfacher Analogie sind also Abwehransprüche gegen hoheitliche Immissionen
aus Eigentum und Besitz zu behandeln. Gleiches gilt für den eingerichteten und ausgeübten Gewerbebetrieb.

Über das Eigentum hinaus wird von der zivilrechtlichen Recht-   8
sprechung in entsprechender Anwendung des § 1004 BGB ein Ab-
wehr- und Unterlassungsanspruch auch im Hinblick auf sonstige
absolute Rechte wie Persönlichkeitsrecht, Gesundheit usw. anerkannt. Diese werden im Öffentlichen Recht durch das jeweilige
Grundrecht verstärkt.

2. Beeinträchtigung

Durch die hoheitliche Einwirkung muß das betroffene Rechts-   9
gut – anders als durch Entziehung oder Vorenthaltung – **beeinträchtigt** sein. Diese Beeinträchtigung muß „wesentlich" sein, sie
braucht aber nicht „schwer und unerträglich" zu sein (VGH Kassel, NuR 1988, 297). Die Beeinträchtigung muß fortbestehen,
oder es muß ihre Wiederholung drohen. Auch eine unmittelbar
bevorstehende Beeinträchtigung reicht aus.

3. Rechtswidrigkeit/Duldungspflicht

Die Unterlassungsklage ist nur begründet, wenn die Beeinträch-   10
tigung rechtswidrig ist.

a) Rechtswidrig ist der Eingriff bei **Unzuständigkeit** der infor-
mierenden, warnenden usw. Behörde. Auch außerhalb des Anwendungsbereichs der Regeln zum VA darf schon aus rechtsstaatlichen Gründen keine Behörde ihren Kompetenzbereich für Informationen, Warnungen, Datenerhebungen und -weitergaben überschreiten.

Schon deshalb sind die „Warnmitteilungs-Entscheidungen" des BVerwG (BVerwGE 87, 37 – Glykolwein; NJW 1989, 2272 – Jugendsekte) bedenklich. In der Literatur besteht weitgehend Einigkeit darüber, daß nur die im polizeirechtlichen Sinne zuständige Behörde tätig werden darf (vgl. *Lübbe-Wolff,* NJW 1987, 2705, 2707; *Heintzen,* NJW 1990, 1448). Insbesondere darf eine Bundesbehörde nicht den Vorrang der Landesexekutive unterlaufen; eine Gemeinde darf nicht staatliche Aufgaben usurpieren (Instruktiv: VGH Kassel, NVwZ 1995, 611 – Warnung vor Getränkekartons).

11   b) Nach richtiger Auffassung sind Informationseingriffe auch rechtswidrig, wenn sie auf einem **fehlerhaften Verfahren** beruhen. Zwar sind die Bindungen des VwVfG nicht anwendbar (vgl. § 9 VwVfG), es ergibt sich aber aus rechtsstaatlichen Aspekten und ggf. aus dem Grundrechtsschutz durch Verfahren, daß die Behörde vor einer Information oder einem vergleichbaren Eingriff zu einer angemessenen Sachaufklärung (§ 24–26 VwVfG analog), zur Beratung des potentiell Betroffenen bzw. zur Anhörung verpflichtet ist, wenn das nach der jeweiligen Sachlage möglich ist.

12   c) Gezielte Informationen und Warnungen, die einen bestimmten Bürger, ein Unternehmen usw. betreffen, sind – grundrechtsdogmatisch gesehen – Eingriffe. Schon daraus folgt, daß eine **Eingriffsgrundlage** erforderlich ist (so zu Recht OVG Koblenz, NJW 1991, 2659). Bei Fehlen einer spezialgesetzlichen Grundlage bleibt zur Abwehr konkreter Gefahren die polizeirechtliche Generalklausel. Dagegen kann nie aus allgemeinen Ermächtigungen zur Information der Öffentlichkeit auf die Befugnis zum Eingriff in Rechte des Bürgers geschlossen werden (so aber z. B. OVG Koblenz, NJW 1991, 2659 – Umdeutung des presserechtlichen Informationsrechts in Eingriffsbefugnis zu Lasten des von einer Information Betroffenen; BVerwG, NJW 1989, 2272 und DÖV 1992, 81 – Jugendsekte; BVerwGE 87, 37 = NJW 1991, 1766 – Glykolwein; zu Recht kritisch *Schoch,* DVBl. 1991, 667).

Unabhängig vom Vorliegen der Eingriffsgrundlage ist die Information oder Warnmitteilung stets rechtswidrig, wenn sie nicht den Tatsachen entspricht oder nicht wenigstens auf einer sachadäquaten Ermittlungsarbeit beruht. Auch eine wahrheitsgemäße Mitteilung an die Öffentlichkeit muß die Belange des Betroffenen beachten und darf im Vergleich von zu bekämpfender Gefahr und drohendem Nachteil für den Betroffenen nicht **unverhältnismäßig** sein (*Leidinger,* Hoheitliche Warnungen, Empfehlungen und Hinweise im Spektrum staatlichen Informationshandelns, DÖV 1993, 925; *Papier,* in: *Maunz/Dürig,* GG, Art. 14, Rd.-Nr. 96 ff.).

d) Bei **faktischen Beeinträchtigungen,** die aus öffentlichen Immissionen entstehen, gibt es weder Zuständigkeit noch Verfahren. Auch eine „Eingriffsgrundlage" kommt nicht in Betracht. Die Grundlage besteht hier vielmehr in der **öffentlichen Aufgabe,** die die Einrichtung erfüllt. Diese bedarf keiner gesetzlichen Grundlage, zumal die geschilderten Immissionen nicht gezielte Beeinträchtigungen fremder Rechtsgüter sind. 13

Die Prüfung der Rechtswidrigkeit einer festgestellten Beeinträchtigung entscheidet sich somit danach, ob der Einzelne zur **Duldung verpflichtet** ist. Diese Duldungspflicht kann sich aus Gesetz, aus einer öffentlichrechtlichen Genehmigung oder aus Vertrag ergeben. Fehlt eine solche Grundlage, so ist über die Duldungspflicht wiederum nach allgemeinen Regeln (insbesondere § 1004 II und § 906 BGB jeweils analog) zu entscheiden. Dulden muß nach § 906 I der Eigentümer solche Einwirkungen, die entweder nur unwesentlich sind oder die durch eine ortsübliche Benutzung verursacht sind. Neben diese „geographische Adäquanz" tritt bei öffentlichen Beeinträchtigungen aber auch die **Sozialadäquanz** der Einwirkung. Maßgeblich sind sowohl die Intensität der Beeinträchtigung, die situationsbedingte Vorbelastung des Grundstücks als auch die Gemeinwohlbelange, die mit der Beeinträchtigung zusammenhängen bzw. verfolgt werden. Hierbei geht es im Grunde um eine Art Verhältnismäßigkeitsprüfung zwischen öffentlichem Zweck und privatem Abwehranspruch.

Beispiele für als ortsüblich und sozialadäquat hinzunehmenden Beeinträchtigungen: Ortsüblicher Schullärm (OVG Koblenz, NVwZ 1990, 279); Betrieb einer Telefonzelle (VGH Mannheim, DVBl. 1984, 881); Lärm von einem Kinderspielplatz (VGH Mannheim, NVwZ 1990, 988; VG Braunschweig, NVwZ 1991, 1211); Bolzplatz für Jugendliche (VGH München, BayVBl. 1987, 398); liturgisches Glockengeläut (BVerwGE 67, 62 = NJW 1984, 989); Feuerwehrsirene im allgemeinen (BVerwGE 79, 254).

Beispiele für Überschreiten der hinzunehmenden Beeinträchtigung: Gesundheitsgefährdende Stärke der Sirene (BVerwGE 79, 254, 258); nächtliches Schlagen einer Kirchturmuhr, das eine bestimmte Lautstärke überschreitet (OVG Saarlouis, NVwZ 1992, 72; BVerwG, NJW 1992, 2779).

14   Bei der Bemessung des zu duldenden Lärms wendet die Rechtsprechung sowohl auf der Grundlage der einschlägigen Normen des Immissionsschutzrechts (insbes. § 48 u. 21 BImSchG) die sich aus der TA-Luft und TA-Lärm ergebenden Grenzwerte als auch die Nutzungsmaßstäbe der Baunutzungs-VO an. **Wichtig:** Die Maßstäbe der Zumutbarkeit gegenüber öffentlichen Sportanlagen sind abschließend durch die *Sportanlagenlärmschutz VO* geregelt (BVerwG, NVwZ 1995, 993).

15   Aus dem Grundsatz der Verhältnismäßigkeit folgt, daß der Kläger keinen Unterlassungsanspruch auf Schließung oder Unterlassung der Nutzung der ganzen Anlage hat, wenn sich andere – mildere – Möglichkeiten der Behebung ergeben.

Beispiel: Vorkehrungen gegen vom Sportplatz hinüberfliegende Bälle statt Schließung der Anlage (BVerwG, NVwZ 1990, 858).

Kommt eine Unterlassung des Betriebs nicht in Betracht, weil der Kl. zwar beeinträchtigt ist, aber die Betriebseinstellung unangemessen wäre, so ist dem Kl. ggf. ein angemessener Geldausgleich zu gewähren (BVerwGE 79, 254, 262).

4. Rechtsverletzung

16   Ist das Rechtsgut des Kl. rechtswidrig beeinträchtigt und braucht er dies nicht zu dulden, so kommt eine besondere Prüfung der Rechtsverletzung nicht mehr in Betracht. Der Unterlassungsanspruch ist dann vielmehr stets begründet (Einzelheiten bei *Steinberg,* Öffentliches Nachbarrecht I, Rd.-Nr. 29).

IV. Vorbeugende Unterlassungsklage gegen VA oder Rechtsnorm

17   Im Falle der vorbeugenden Unterlassungsklage gegen einen **VA** ist die Klage begründet, wenn der VA rechtswidrig und der Kl.

durch ihn in seinem Recht verletzt wäre. Die Rechtsverletzung muß wirklich drohen, braucht aber noch nicht eingetreten zu sein. Bei der vorbeugenden Unterlassungsklage gegen eine **Rechts-norm** ist zu beachten, daß es sich um eine Leistungsklage handelt, nicht um einen Normenkontrollantrag. Es ist also zu prüfen, ob die Norm rechtswidrig ist und der Kl. im Falle des Inkrafttretens durch diese Norm in seinen Rechten verletzt wäre.

Literatur zu § 27: *Frotscher,* Ehrenschutz im Öffentlichen Recht, JuS 1978, 505, 509; *Lübbe-Wolff,* Rechtsprobleme der behördlichen Umweltberatung, NJW 1987, 2705; *Sachs,* Unterlassungsansprüche gegen hoheitliche Immissionen aus § 22 BImSchG, NVwZ 1988, 127; *Laubinger,* Der öffentlichrechtliche Unterlassungsanspruch, VerwArch 80 (1989), 261, 261 ff.; *Heintzen,* Hoheitliche Warnungen und Empfehlungen im Bundesstaat, NJW 1990, 1448; *Köcker-bauer/Büllesbach,* Der öffentlichrechtliche Unterlassungsanspruch, JuS 1991, 373; *Schoch,* Staatliche Informationspolitik und Berufsfreiheit, DVBl. 1991, 667; *Karin Engler,* Der öffentlich-rechtliche Immissionsabwehranspruch (1995).

Übersicht 16: Begründetheit der Unterlassungsklage   18

1. Passivlegitimation
2. Abwehranspruch, z. B. § 1004 BGB analog i. V. m. Schutznorm (Allgem. Persönlichkeitsrecht, Eigentum usw.)
   a) Geschütztes Rechtsgut
   b) Störung
   c) Rechtswidrigkeit, Duldungspflicht
   d) Unzumutbarkeit
3. Rechtsverletzung

§ 28 Begründetheit der allgemeinen Leistungsklage

I. Allgemeines

Im modernen Gesetzesstaat werden öffentliche Leistungen in 1 aller Regel auf gesetzlicher Grundlage und nach vorherigem be-günstigenden VA erbracht. Der Anwendungsbereich der (gegen-über der Verpflichtungsklage subsidiären) allgemeinen Leistungs-klage ist also eher gering. Als „Auffangklageart" kommt sie aber in vielen sehr unterschiedlichen Fällen in Betracht (Information,

Widerruf, tatsächliche Handlungen der Daseinsvorsorge, Geldlei-
stungen, Handlungen eines Organs im Kommunalverfassungsstreit, Folgenbeseitigung usw.).

II. Anspruchsgrundlagen

1. Allgemeines

2   Im Prinzip ist die Begründetheitsprüfung bei der allgemeinen
Leistungsklage einfach: Die Klage ist begründet, wenn der Kläger
gegen den Rechtsträger der beklagten Behörde einen Anspruch
auf die Handlung hat. Wie die Fälle, so sind aber auch die Anspruchsgrundlagen und deren Voraussetzungen grundverschie-
den.

Ein solcher Anspruch kann sich ergeben

– aus europäischem Gemeinschaftsrecht,
– unmittelbar aus der Verfassung (einschließlich Art. 3 GG),
– aus Gesetz,
– aus Zusage,
– aus öffentlichrechtlichem Vertrag.

3   Der gelegentlich auch genannte „allgemeine Ermessensanspruch" stellt dagegen **keine** besondere Rechtsgrundlage dar. So
folgt der Anspruch auf Bekanntgabe eines Denunzianten nicht aus
dem „Ermessensanspruch" (OVG Koblenz, NJW 1983, 2957),
sondern aus Persönlichkeitsrecht und informationeller Selbstbestimmung.

4   Einer besonderen Prüfung der „Passivlegitimation" bedarf es bei
der Leistungsklage nicht, da der richtige Anspruchsgegner bei dieser immer mitzuprüfen ist. In diesem Rahmen ist dann allerdings
stets zu klären, gegen wen sich der Anspruch konkret richtet, also
z. B. gegen ein einzelnes Organ oder die Gemeinde (dazu *Beck-
mann*, DVBl. 1994, 1342).

2. Ansprüche unmittelbar aus der Verfassung

Ohne nähere Klärung der dogmatischen Grundlagen werden **5** teilweise Leistungsansprüche unmittelbar aus Grundrechten, einschließlich Gleichheitssatz, abgeleitet.

Beispiel: Anspruch auf Widerruf ehrenrühriger Behauptung unmittelbar aus Art. 2 I i. V. m. Art. 1 GG (BVerwGE 38, 336, 346); weitere Beispiele bei *Berg,* JuS 1984, 524.

Unbedenklich ist das nur, soweit das Grundrecht selbst wirklich einen subjektiven Leistungsanspruch gewährt, wie z. B. der Informationsanspruch aus Art. 5 I GG; oder soweit sich aus Art. 3 GG ein Recht auf derivative Teilhabe an zur Verfügung gestellten Leistungen ergibt. Auch den beamtenrechtlichen Fürsorgeanspruch mag man unmittelbar aus Art. 33 V GG ableiten; er folgt heute aber auch konkret aus den Beamtengesetzen.

3. Gesetzliche Ansprüche

Die meisten Leistungsansprüche des Öffentlichen Rechts werden **6** heute durch VA zuerkannt, sind also kein Anwendungsfeld für die allgemeine Leistungsklage. Der größte Anwendungsbereich für einfachgesetzliche Leistungsansprüche sonstiger Art sind also Entschädigungs-, Erstattungs- und Folgenbeseitigungsansprüche. Auch hier folgt der Anspruch nicht unmittelbar aus einer Schutznorm oder einem geschützten Rechtsgut; er wird vielmehr aus analoger Anwendung zivilrechtlicher Normen gewonnen. Neben § 823 II oder 826 BGB i. V. m. dem Persönlichkeitsrecht, Art. 14 GG usw. sind auch hier der Störungsabwehranspruch (§ 1004 BGB) in seiner Funktion als Störungs**beseitigungs**anspruch sowie der Bereicherungsanspruch (allgemeiner Erstattungsanspruch – § 812 BGB analog) aktuell (*Würtenberger,* PdW, 165).

Fallgruppen:
- Anspruch auf Widerruf geschäftsschädigender oder beleidigender Äußerungen aus § 823 II oder 1004 BGB i. V. m. Art. 14 oder Art. 2 I GG;
- positiver Störungsbeseitigungsanspruch (§ 823 II, 906 I – **Beispiel:** Entfernung von Fußballtoren auf öff. Bolzplatz (VGH München, NVwZ 1993, 1006)

– allgemeiner Erstattungsanspruch, wenn die Behörde sich auf Kosten des
  Antragstellers ungerechtfertigt bereicherte (§ 812 BGB analog);
– öffentlichrechtlicher Anspruch aus Geschäftsführung ohne Auftrag (§ 677,
  683 BGB analog);

Der **öffentlich-rechtliche Erstattungsanspruch** sowie der Anspruch aus
Geschäftsführung ohne Auftrag folgen dabei jeweils eigenen Voraussetzun-
gen (Einzelheiten bei *Peine,* AVwR, Anhang zu Rd.-Nr. 380 und Rd.-
Nr. 392).

4. Insbesondere: Anspruch auf Folgenbeseitigung

7   Der Folgenbeseitigungsanspruch ist ein Unterfall des öffentlich-
rechtlichen Schadensersatzanspruchs. Er folgt dem Grundgedanken von § 249 BGB und richtet sich auf **Wiederherstellung eines
durch hoheitliches Handeln rechtswidrig veränderten Zustands.**

8   a) Gesetzlich geregelt ist nur der Folgenbeseitigungsanspruch
(FBA), über den nach erfolgreicher **Anfechtungsklage** mitentschieden wird. So kann nach § 113 I 1 VwGO das Gericht bei
einem vollzogenen VA auf Antrag auch aussprechen, daß und wie
die Verwaltungsbehörde die Vollziehung rückgängig zu machen
hat. Es handelt sich hierbei um eine Spezialregelung, die dem
allgemeinen Folgenbeseitigungsanspruch vorgeht (VGH München, NJW 1984, 2237).

Für den FBA regelt § 113 I 2 VwGO aber nur die prozessuale
Seite, nicht die Anspruchsgrundlage. Diese ist vielmehr in der
schadensersatzbegründenden Norm (z. B. § 823 II oder 826 BGB –
analog), im Störungsbeseitigungsanspruch (§ 1004 oder 862 BGB
analog) jeweils i. V. m. § 249 BGB analog zu suchen. Die rein
objektive Gesetzes- und Verfassungsbindung der Behörde aus
Art. 1 III und 20 III GG vermag dagegen allein einen subjektiven
Anspruch auf Folgenbeseitigung nicht zu begründen (so aber
BVerwGE 69, 366, 370; *Stern,* Verwaltungsprozessuale Probleme,
Rd.-Nr. 390).

9   Der Anspruch auf Beseitigung der Folgen eines bereits vollzogenen rechtswidrigen VA **(§ 113 I 2 VwGO)** hat folgende Voraussetzungen:

(1) Zulässigkeit und Begründetheit der Anfechtungsklage gegen den Ausgangs-VA, also kein FBA bei bereits unanfechtbarem VA (BVerwG,
NVwZ 1987, 788);
(2) Antrag des Klägers auf Folgenbeseitigung;
(3) Andauern des durch den rechtswidrigen VA und dessen Vollziehung bestehenden Zustands (Befolgung des VA durch Adressaten steht hierbei der
Vollziehung gleich – so zu Recht *Redeker,* DÖV 1987, 194 ff., 200);
(4) Rechtliches und faktisches Vermögen der Behörde zur Folgenbeseitigung;
(5) Anspruch darf nicht rechtsmißbräuchlich sein (BVerwGE 80, 178);
(6) Spruchreife, d. h. Ermessensreduzierung auf Null im Hinblick auf die Art
und Weise der Folgenbeseitigung.

Liegen diese Voraussetzungen vor, so hat der Bürger einen An-   **10**
spruch auf Wiederherstellung des vor dem Vollzug des VA bestehenden Zustands.

Beispiele: Rückgabe einer beschlagnahmten Sache oder Erstattung einer
schon gezahlten Geldsumme; Wiederherstellung eines nach vorläufiger Besitz-
einweisung schon veränderten Grundstücks (VGH Kassel, NVwZ 1982, 565);
Räumung einer für Obdachlose beschlagnahmten Wohnung (VGH Mannheim, NJW 1990, 2770).

Ist die Wiederherstellung **rechtlich oder faktisch unmöglich**   **11**
oder nur mit gänzlich unverhältnismäßigem Aufwand zu bewerk-
stelligen, dann bleibt ggf. ein Anspruch auf Entschädigung in
Geld. Das gleiche kann gelten, wenn der Betroffene für den Zustand mitverantwortlich ist (§ 254 BGB), die Wiederherstellung
aber nur ungeteilt vorgenommen werden kann (BVerwGE 82,
24). Der FBA als solches ist nicht Rechtsgrundlage für Eingriffe in
Rechte Dritter, z. B. eines begünstigten Adressaten (VGH Mannheim, DÖV 1990, 573; a. A. *Horn,* DÖV 1989, 976). Eine solche
Grundlage muß sich vielmehr aus allgemeinem Recht ergeben und
dem Dritten gegenüber durch VA usw. durchgesetzt werden.

Hat die Behörde mehrere Möglichkeiten zur Beseitigung der   **12**
Folgen, so besteht insofern ein Ermessensspielraum, und die Klage auf Folgenbeseitigung ist **nicht spruchreif.** Dann kann das Gericht nicht exakt bestimmen, „auf welche Weise" der rechtswidrige Zustand zu beseitigen ist, und es ergeht ein Bescheidungsurteil
(§ 113 V 2 VwGO analog).

b) Ist der rechtswidrige Zustand nicht durch einen bereits voll-   **13**
zogenen VA, sondern durch eine andere Handlung der Behörde

verursacht worden, so sprechen wir vom **allgemeinen** (oder auch erweiterten) **Folgenbeseitigungsanspruch.** Dieser kann **nicht** durch Zusatzantrag zur Anfechtungsklage (wie bei § 113 I VwGO) sondern nur durch allgemeine Leistungsklage verfolgt werden, ist heute aber allgemein anerkannt und folgt in der Begründetheit ähnlichen Voraussetzungen (allgemein dazu BVerwGE 38, 336, 345; *Walther,* JA 1994, 204; *Peine* AVwR, Rd.-Nr. 388). Diese Voraussetzungen sind:

(1) Hoheitlicher Eingriff in ein geschütztes Rechtsgut (anders als durch VA);
(2) Andauern des dadurch verursachten rechtswidrigen Zustands;
(3) rechtliche und faktische Möglichkeit der Wiederherstellung;
(4) kein Rechtsmißbrauch;
(5) Spruchreife.

Beispiele: Widerruf einer Tatsachenbehauptung oder einer Warnmitteilung; Streichung einer negativen Aussage aus einer dienstlichen Beurteilung; Änderung einer numerus clausus-relevanten Schulnote; Beseitigung einer störenden Straßenleuchte (OVG Koblenz, NJW 1986, 953 – Anspruch verneint). Rückbau einer Straße nach richtigem Beb.plan (BVerwG, NVwZ 1994, 275).

In der Rechtsprechung werden diese Fälle allerdings auch oft ohne Erwähnung des Folgenbeseitigungsanspruchs unmittelbar aus § 823 II; 826 oder 1004 BGB – jeweils in Verbindung mit einem verletzten Rechtsgut – gelöst.

5. Anspruch aus Zusage

14   Während die **Zusicherung,** also die Zusage auf Erlaß eines VA, in § 38 VwVfG gesetzlich geregelt ist, wird die **„allgemeine"** **Zusage** auf hoheitliche Handlungen, die nicht VA sind, in § 38 VwVfG nicht erwähnt. Sie ist im Hinblick auf Rechtsnatur und dogmatische Struktur nach wie vor umstritten (*Maurer,* AVwR, § 9, Rd.-Nr. 60). Einigkeit besteht aber im Hinblick auf die Klageart: Da sich die Zusage nicht auf einen VA richtet, kommt insofern nicht die Verpflichtungsklage sondern nur die allgemeine Leistungsklage in Betracht. Kaum noch Streit gibt es auch darüber, daß die Behörde sich auch im Hinblick auf tatsächliches Verwaltungshandeln rechtlich binden kann und die Leistungsklage bei einer wirksamen Zusage begründet ist.

Beispiele: Zusage auf Erstattung von Auslagen; auf Ergänzung einer Rechtsnorm; auf Preisgabe eines Informanten; auf Beseitigung eines öffentlichen Abfallbehälters.

Die Beispiele zeigen bereits, daß – entsprechenden Bindungswillen der Behörde vorausgesetzt – die Zusage wie die Zusicherung wirkt. Das heißt, sie ist selbst Regelung und stellt nicht etwa nur eine künftige Handlung in Aussicht (a. A. *Maurer,* AVwR, § 9, Rd.-Nr. 60). **15**

Die Leistungsklage auf Erfüllung einer Zusage ist daher unter folgenden Voraussetzungen begründet:

(1) Zuständige Behörde,
(2) Schriftform (§ 38 VwVfG analog),
(3) Erklärung der Behörde mit Bindungswille für eigenes künftiges Handeln – nicht bloße Auskunft, Hinweis o. ä.

Da sich die Zusage in der Regel auf eine bestimmte Handlung richtet, der Behörde also kein Entscheidungsspielraum verbleibt, entfällt bei dieser Fallgruppe die Prüfung der Spruchreife. **16**

Die Folgen einer rechtswidrigen (nicht nichtigen) Zusage ergeben sich aus ihrer Gleichstellung mit der Zusicherung. Auch die rechtswidrige Zusage ist wirksam (§ 43 VwVfG analog) und macht die Leistungsklage begründet, soweit sie nicht zurückgenommen, anderweitig aufgehoben ist, oder wegen Änderung der Sach- und Rechtslage die Bindungswirkung entfallen ist (§ 38 III VwVfG analog).

6. Öffentlichrechtlicher Vertrag

Die Leistungsklage ist auch begründet, wenn sich die Behörde in einem öffentlichrechtlichen Vertrag wirksam zur Leistung verpflichtet hat. **17**

Beispiel: Die Gemeinde verpflichtet sich in einem Ansiedlungs- oder Erschließungsvertrag zum Aufstellen von Lampen in einem bestimmten Abstand.

Diese Verpflichtung besteht auch bei „einfacher" Rechtswidrigkeit des Vertrags. Das heißt, der öffentlichrechtliche Vertrag ist wirksam, soweit kein Fall der Nichtigkeit nach § 59 VwVfG vorliegt oder der Vertrag nicht nach § 60 gekündigt wurde.

7. Leistungsklage gegen den Bürger

18   Begründete Ansprüche des Staates gegen den Bürger können in aller Regel durch einseitige Entscheidungen (VA usw.) und deren Vollstreckung durchgesetzt werden. Dann kommt eine Leistungsklage der Behörde schon mangels Rechtsschutzbedürfnis nicht in Betracht. Ist die Regelung aber ausgeschlossen, oder hat sich die Behörde im Rahmen eines öffentlichrechtlichen Vertrages zur gegenseitigen Erfüllung ohne einseitige Regelung verpflichtet, dann bleibt keine andere Möglichkeit als die Leistungsklage – es sei denn, der Bürger hätte sich der sofortigen Vollstreckung unterworfen. Leistungsansprüche Staat – Bürger können sich vor allem aus öffentlichrechtlichem Vertrag, aber auch aus dem allgemeinen Erstattungsanspruch und – in seltenen Ausnahmefällen aus Geschäftsführung ohne Auftrag ergeben.

8. Besonderheiten bei der „Normerlaßklage"

19   Soweit die Klage auf Normerlaß als allgemeine Leistungsklage statthaft ist, ergeben sich für die Begründetheitsprüfung nur wenige Besonderheiten. Die **Anspruchsgrundlage** kann sich aus Grundrechten – insbesondere dem allgemeinen Gleichheitssatz –, aus einer gesetzlichen Verpflichtung, aus öffentlichrechtlichem Vertrag oder aus einer Zusage auf Normerlaß ergeben. Verweigert die Behörde bei bestehendem Anspruch die Erfüllung, dann impliziert dies zugleich die Rechtsverletzung. Die Normerlaßklage richtet sich in der Regel auf eine Normergänzung, selten auf einen Normsetzungsakt als solchen. Insbesondere folgt aus § 1 III BauGB kein subjektiver Anspruch auf Erlaß eines Bebauungsplans (BVerwG, NVwZ 1983, 82). Möglich bleibt aber ein Ergänzungsanspruch aus dem Gleichheitssatz oder einem ÖR-Vertrag.

Beispiele: Anspruch auf Ergänzung eines Bebauungsplans aus Art. 3 GG; Anspruch auf Ausnahmeregel nach Ladenschlußgesetz, wenn diese in vergleichbaren Fällen erlassen wurde; Anspruch auf Allgemeinverbindlicherklärung eines Tarifvertrags (BVerwGE 80, 355, 361).

20   Mit Rücksicht auf die Gestaltungsfreiheit des Normgebers ist aber zu beachten, daß Verstöße gegen den Gleichheitssatz auch durch Streichung der Begünstigung eines anderen Normadressaten beseitigt werden können und die Verpflichtung zum Normerlaß nicht auf eine gerichtliche Ersetzung oder Verfälschung eines Abwägungsprozesses hinauslaufen darf. Die Leistungsklage kann daher in der Regel nur auf Normerlaß oder -ergänzung als solche, nicht aber auf einen bestimmten Norminhalt gehen. In der Sache ergeht dann ein Bescheidungsurteil (§ 113 V analog).

III. Rechtsverletzung, Spruchreife

Besteht eine Anspruchsgrundlage, die der Behörde eine Leistung auferlegt, und erfüllt der Kläger deren Voraussetzungen, dann stellt die Verweigerung der Leistung immer eine Rechtsverletzung dar. Die Rechtsverletzung ist also bei der allgemeinen Leistungsklage nicht gesondert zu prüfen. § 113 V 1 ist **insofern** nicht analog anwendbar.   21

Dabei kann es bei der Leistungsklage aber durchaus an der **Spruchreife** fehlen, wenn der Sachverhalt noch nicht hinreichend geklärt ist, wenn die Rechtswidrigkeit der Versagung auf einem Abwägungsfehler beruht, der durch das Gericht nicht heilbar ist, wenn die Behörde einen Beurteilungsspielraum hat oder im Rahmen einer Ermessensentscheidung noch weitere Alternativen verbleiben.   22

Beispiele: Leistungsklage auf Neubewertung einer Klausur – das Gericht kann die Behörde zur Neubewertung verurteilen, das Ergebnis aber nicht selbst festsetzen; Leistungsklage auf Schutz eines Beamten vor Angriffen aus der Öffentlichkeit – das Gericht kann den Dienstherrn nur zum adäquaten Schutz, nicht aber zu bestimmten Maßnahmen verurteilen; Klage auf Schutzmaßnahmen gegen Lärm von einem öffentlichen Sportplatz – die Behörde hat einen Ermessensspielraum, ob die Lärmquelle durch passive Maßnahmen, durch Aufsicht oder durch Schließung des Platzes bekämpft wird.

In diesen Fällen ergeht ein **Bescheidungsurteil.** Die Behörde wird zum Tätigwerden unter Beachtung der Rechtsauffassung des Gerichts verurteilt. In der Sache geht es also nicht um „Bescheidung" sondern – wie bei der Leistungsklage überhaupt –

um tatsächliches Handeln. Im übrigen ist § 113 V Ziff. 2 VwGO analog anzuwenden.

Literatur zu § 28: *Steiner,* Die allgemeine Leistungsklage im Verwaltungsprozeß, JuS 1984, 853; *Berg,* Zum Widerruf ehrkränkender Behauptungen im Öffentlichen Recht, JuS 1984, 521; W. *Fiedler,* Der Folgenbeseitigungsanspruch, NVwZ 1986, 969; H. *Weber,* Der öffentlichrechtliche Erstattungsanspruch, JuS 1986, 29; *Wallerath,* Herstellung und Folgenbeseitigung im Recht der Leistungsverwaltung, DÖV 1987, 505; *Redeker,* Was beseitigt der Folgenbeseitigungsanspruch?, DÖV 1987, 194; *Schoch,* Der Folgenbeseitigungsanspruch, JURA 1993, 571; *Köckerbauer,* Rechtsgrundlagen des Folgenbeseitigungsanspruchs, JuS 1988, 782; *Blas,* Die öffentlichrechtliche Geschäftsführung ohne Auftrag eines Hoheitsträgers und eines Bürgers für einen Träger öffentlicher Gewalt, BayVBl. 1989, 648 ff.; *Schloer,* Der Folgenbeseitigungsanspruch, JA 1992, 39 ff.; *Ossenbühl,* Staatshaftungsrecht, 4. Aufl. (1991), §§ 34–38; *Steinberg/Lubberger,* Aufopferung, Enteignung und Staatshaftung (1991), § 7; s. ferner Literatur zu § 17.

§ 29 Begründetheit der Feststellungsklagen

1   Die Begründetheitsprüfung der Feststellungsklagen ist kompliziert – schon weil sich unter dem Begriff unterschiedliche Klagetypen verbergen. Gemeinsam ist allen Feststellungsklagen, daß sie nur auf eine deklaratorische Entscheidung des Gerichts hinauslaufen. Das Gericht gestaltet nicht und verpflichtet nicht; es stellt nur eine Rechtslage – dies allerdings verbindlich – fest.

I. Die allgemeine Feststellungsklage

1. Passivlegitimation

2   Die Beteiligten eines Rechtsverhältnisses werden bei der allgemeinen Feststellungsklage immer bei der Bezeichnung des Rechtsverhältnisses selbst miterfaßt, denn dieses kann nur zwischen bestimmten zu bezeichnenden Personen oder zwischen Person und Sache bestehen. Trotzdem empfiehlt es sich, als Klagegegner den Träger derjenigen Behörde zu nennen, mit der das Rechtsverhältnis streitig ist (*Kopp,* VwGO, § 43, Rd.-Nr. 15). Das kann, muß aber nicht unbedingt diejenige Behörde sein, zu der das Rechtsver-

hältnis besteht, denn es kann auch um ein Rechtsverhältnis zwischen Dritten gehen. Bei der Organklage ist derjenige Träger des Organs oder des Organteils passivlegitimiert, der durch eine Handlung, Behauptung usw. das Rechtsverhältnis begründet hat oder der sich eines bestehenden Rechtsverhältnisses „berühmt".

2. Bestehen oder Nichtbestehen eines Rechtsverhältnisses

Die allgemeine Feststellungsklage ist **begründet**, wenn das 3 vom Kläger geltend gemachte Rechtsverhältnis besteht (positive Feststellungsklage), oder wenn das verneinte Rechtsverhältnis nicht besteht (negative Feststellungsklage). Ob dies der Fall ist, richtet sich nach materiellem Recht, kann aber auch von Zuständigkeits- und Verfahrensfragen abhängen. So kann der Kläger z. B. durch die Feststellungsklage nicht eine unzuständige Behörde in das Rechtsverhältnis „hineinziehen" oder eine Rechtslage bestätigt erhalten, die erst noch umfangreicher Sachaufklärung durch die Behörde, die Beteiligung anderer Behörden oder die Anhörung Dritter voraussetzen würde.

Materiellrechtlich kann sich das Rechtsverhältnis aus **Gesetz**, 4 aus **Zusage** oder auch aus einem **öffentlichrechtlichen Vertrag** ergeben. Ein Rechtsverhältnis besteht aber auch schon dann, wenn die Behörde in eine rechtliche Beziehung zu einem Bürger oder einem anderen Träger öffentlicher Verwaltung eintritt oder in dessen Rechtskreis eingreift. Auch die objektivrechtliche „Befindlichkeit" einer Sache (z. B. Widmung, Eigenschaft als öffentliche Sache als solche usw.) kann Gegenstand des Rechtsverhältnisses sein.

Nach der jeweiligen materiellrechtlichen Grundlage ist also zum Beispiel zu prüfen, ob ein Tierversuch unter die Genehmigungspflicht fällt; ob ein Straßenkünstler einer Sondernutzungserlaubnis bedarf; ob ein Weg über ein Grundstück ein öffentlicher Weg ist.

3. Rechtsverletzung

5 Im Normalfall ist das subjektive Recht bei der Begründetheit der Feststellungsklage im Rahmen der Feststellung des Bestehens oder Nichtbestehens eines Rechtsverhältnisses mitzuprüfen. Eine Ausnahme gilt aber dann, wenn bei **Organklagen** statt auf die Leistungsklage auf die allgemeine Feststellungsklage zurückgegriffen wird. Hier kommt es darauf an, daß das Organrecht des Kl. verletzt ist. Ob das der Fall ist, ist nach § 113 I bzw. V analog zu prüfen – nach § 113 I dann, wenn der Kläger sich **gegen** eine Maßnahme wendet; nach § 113 V VwGO dann, wenn er eine bestimmte Maßnahme erreichen und die Rechtswidrigkeit des Unterlassens der Maßnahme festgestellt wissen will.

4. Spruchreife

6 Da das Rechtsverhältnis unabhängig von konkreten Verfahren, Ermessensentscheidungen usw. besteht, stellt die Spruchreife bei der Feststellungsklage in der Regel kein Problem dar. Anders kann es sich aber verhalten, wenn die Feststellung einer Abwägung, eine Entscheidung mit Beurteilungsspielraum oder eine komplexe Sachverhaltsermittlung voraussetzt, die durch das Gericht nicht zu leisten sind. Soweit das Gericht hier nicht eine Klärung selbst herbeiführen kann, kommt nur eine Art Teilfeststellung in Betracht – verbunden mit der **Bescheidung** an die Behörde, die Klärung des Rechtsverhältnisses unter Beachtung der Rechtsauffassung des Gerichts vorzunehmen.

Besteht das Rechtsverhältnis nur **teilweise,** dann ist die Feststellungsklage nur insoweit begründet und das Gericht stellt das Bestehen oder Nichtbestehen des Rechtsverhältnisses auch nur insoweit fest.

II. Vorbeugende Feststellungsklage

1. Passivlegitimation

Passivlegitimiert ist bei der vorbeugenden Feststellungsklage 7
der Träger derjenigen Behörde, von der die Maßnahme auszugehen droht. Da die vorbeugende Feststellungsklage aber auch allgemein gegen die Veränderung eines bestehenden Rechtsverhältnisses statthaft ist, kann dies – wie bei der allgemeinen Feststellungsklage – auch diejenige Behörde sein, mit der der Streit um die
drohende Veränderung besteht.

Beispiel: Passivlegitimiert bei der vorbeugenden Feststellungsklage gegen
eine Änderung des Bebauungsplanes der Nachbargemeinde ist stets diese. Behauptet dagegen eine Behörde, ein bestimmtes Verhalten werde demnächst
genehmigungspflichtig, so ist **ihr** Rechtsträger im Hinblick auf die vorbeugende Feststellungsklage immer passivlegitimiert – unabhängig davon, ob sie
selbst die behauptete Rechtspflicht durchzusetzen befugt ist.

2. Rechtswidrigkeit der drohenden Maßnahme

Die vorbeugende Feststellungsklage ist eine Abwehrklage gegen 8
künftiges Tun. Sie ist also begründet, wenn die beabsichtigte Änderung des Rechtsverhältnisses oder eine bevorstehende Handlung
rechtswidrig und der Kläger dadurch in seinen Rechten verletzt
wäre. Die Rechtswidrigkeit muß schon im Moment der gerichtlichen Entscheidung, spätestens aber im Moment des beabsichtigten Wirksamwerdens der Entscheidung bestehen.

3. Rechtsverletzung

Die vorbeugende Feststellungsklage ist eine subjektive Abwehr- 9
klage, nicht objektive Beanstandung. Sie ist daher nur begründet,
wenn die künftige Handlung den Kläger – soweit jetzt bereits
absehbar – in seinen Rechten verletzen wird. § 113 I ist insoweit
analog anzuwenden. Das gilt auch bei der vorbeugenden Feststellungsklage gegen das Inkrafttreten einer Rechtsnorm. Diese ist
vom Typus her der Unterlassungsklage näher als der Normenkontrolle. Dagegen ist die Zumutbarkeit des Abwartens der Ent-

scheidung nur bei der Zulässigkeit zu prüfen (Frage des Rechtsschutzbedürfnisses), nicht bei der Begründetheit.

4. Spruchreife

10   Da die vorbeugende Feststellungsklage der Sache nach eine Abwehrklage ist und die Behörde nicht zu einem bestimmten Tun
verpflichtet wird, ist die Klage bei festgestellter Rechtswidrigkeit
und Rechtsverletzung auch spruchreif. Bei Abwägungsentscheidungen, Entscheidungen mit Beurteilungsspielraum usw. darf die
vorbeugende Feststellungsklage aber nicht zu inhaltlichen Festlegungen führen, die das Gericht nicht treffen kann. Hier kommt
ggf. eine Teilfeststellung mit „Bescheidung" in Betracht.

III. Nichtigkeitsfeststellungsklage

1. Passivlegitimation

11   Als „Klage gegen den nichtigen VA" ist die Nichtigkeitsfeststellungsklage gegen den Träger der Behörde zu richten, die den VA
erlassen hat. Das gilt auch dann, wenn die Nichtigkeit gerade auf
einem schwerwiegenden Zuständigkeitsfehler beruht.

2. Nichtigkeit

12   Die Nichtigkeitsfeststellungsklage ist begründet, wenn der VA
nichtig ist. Das Urteil wirkt nur deklaratorisch (*Stern,* Verwaltungsprozessuale Probleme, Rd.-Nr. 350). Ein Aufhebungsanspruch besteht nach zutreffender Auffassung nicht, da es nichts
zum Aufheben gibt. Bei „einfacher" Rechtswidrigkeit kommt nur
ein Anfechtungsurteil in Betracht. Die Nichtigkeitsfeststellungsklage ist dann unbegründet, und der Kl. unterliegt, wenn er nicht
auf einen entsprechenden Hinweis des Gerichts (§ 86 VwGO) hin
auf die Anfechtungsklage übergeht. Die Voraussetzungen der
Nichtigkeit sind in § 44 VwVfG geregelt (Einzelheiten dazu bei
Maurer, AVwR, § 10, Rd.-Nr. 31 ff.).

3. Rechtsverletzung

Der nichtige VA ist unwirksam, es gibt daher auch keinen **13** Adressaten, der verletzt sein könnte. Auch von einem nichtigen VA können aber sehr wohl tatsächliche Wirkungen auf subjektive Rechte des „Adressaten" oder Dritter ausgehen. Das ist für die Begründetheit auch nötig; denn auch die Nichtigkeitsfeststellungsklage ist **keine Popularklage.** Notwendig ist aber nicht, daß die Nichtigkeit gerade auf der Verletzung einer klägerschützenden Norm beruht. Es reicht, wenn der Kl. von dem nichtigen VA in einem subjektiven Recht betroffen ist. **Nur insoweit** gilt hier § 113 I VwGO analog.

IV. Fortsetzungsfeststellungsklage

Die Feststellungsklage nach § 113 I 4 VwGO setzt die (erledig- **14** te) Streitsache fort. Die Voraussetzungen richten sich daher nach der jeweiligen Klageart. Das Urteil ist nur im Tenor Feststellungsurteil; in der Sache geht es um eine Begründetheitsprüfung der Anfechtungs- oder der Verpflichtungsklage, so als ob die angefochtene Maßnahme oder deren Ablehnung sich nicht erledigt hätte.

1. Passivlegitimation

Die Klage ist gegen den Rechtsträger der Behörde zu richten, **15** die den erledigten VA erlassen, bzw. den beantragten VA nicht erlassen hat. Bei der grundsätzlich möglichen Fortsetzungsfeststellungsklage nach Unterlassungs- oder allgemeiner Leistungsklage richtet sich die Klage entsprechend gegen die Behörde, von der die Belastung ausging oder die die beantragte, jetzt aber gegenstandslose Leistung erbringen sollte.

2. Rechtswidrigkeit

Voraussetzung der Fortsetzungsfeststellungsklage ist schon **16** nach dem Wortlaut von § 113 I 4 die Rechtswidrigkeit des erle-

digten VA. Bei den anderen Klagearten ist darauf zu achten, daß
§ 113 I 4 nur zur analogen Anwendung kommt.

3. Rechtsverletzung

17   Das subjektive Element der Fortsetzungsfeststellungsklage folgt
eigentlich aus dem Feststellungsinteresse und der Klagebefugnis.
Erledigtes Handeln kann dagegen nicht mehr zu einer Rechtsverletzung führen. Setzt man aber voraus, daß die Fortsetzungsfeststellungsklage nur einen einmal begonnenen Prozeß fortführt, so
ist es folgerichtig, **auf die Vergangenheit bezogen** zu prüfen, ob
der rechtswidrige VA den Kläger auch in **seinen** Rechten verletzt
hat (so die heute ganz h. M., vgl. BVerwGE 65, 167, 170; 77, 70,
73; *Schmitt Glaeser,* VwProzR, Rd.-Nr. 357; *Würtenberger,* PdW,
318; *Schoch,* Übungen, 76). Auch die Fortsetzungsfeststellungsklage ist also **nicht** begründet, wenn das erledigte Handeln oder Unterlassen nur objektiv rechtswidrig war, den Kläger aber nicht
gerade in **seinen** Rechten verletzte.

4. Spruchreife

18   War ein **belastender** VA rechtswidrig und wurde der Kläger
durch diesen verletzt, so kann das Gericht dies stets feststellen.
Das gilt auch bei Rechtswidrigkeit wegen Ermessens-, Abwä-
gungs- oder Beurteilungsfehlern.
    Die Frage der Spruchreife stellt sich nur, wenn bei analoger
Anwendung von § 113 I 4 auf die **Verpflichtungsklage** oder die
allgemeine Leistungsklage die Feststellung beantragt wird, die
Behörde sei zum Erlaß eines bestimmten VA oder zu einer anderen Leistung verpflichtet gewesen. Eine solche Feststellung
kommt nur in Betracht, wenn die Sache spruchreif war, d. h.
wenn nur eine einzige Entscheidungsmöglichkeit bestand. Im übrigen ist eine solche Feststellung bei Entscheidungen mit Ermes-
sens-, Abwägungs- oder Beurteilungsspielraum grundsätzlich
ausgeschlossen.

Beispiel: Ein Bewerber kann auch bei einem vorangegangenen Beurteilungsfehler nicht die Feststellung begehren, die Behörde hätte ihn in eine bestimmte Planstelle einweisen müssen, wenn insoweit ein Beurteilungsspielraum bestand (BVerwG, NVwZ 1987, 229; ähnlich bereits NVwZ 1985, 265).

V. Zwischenfeststellungsklage

Die sogenannte „Zwischenfeststellungsklage" nach § 173 **19** VwGO i. V. m. 256 II ZPO ist vom Typ her eine allgemeine Feststellungsklage. Sie ist also begründet, wenn das für die Entscheidung in der Hauptsache „vorgreifliche" Rechtsverhältnis besteht oder nicht besteht. Voraussetzung ist aber, daß die Sache insoweit spruchreif ist.

§ 30 Begründetheit des Normenkontrollantrags

Der Normenkontrollantrag ist begründet, wenn er sich gegen **1** den **richtigen Normgeber** richtet und die **Norm rechtswidrig** ist. Da die Normenkontrolle ein objektives Beanstandungsverfahren ist, kommt es weder auf eine Rechtsverletzung noch auf einen wirklich eingetretenen Nachteil an. Die Prüfung beschränkt sich also auf objektivrechtliche Maßstäbe.

Maßgeblicher Zeitpunkt der Beurteilung ist nach wohl h. L. (vgl. *Kopp,* VwGO, § 47, Rd.-Nr. 87) der Zeitpunkt der Bekanntmachung, also der verbindlichen Äußerung des Normgebers. Das darf aber nicht verallgemeinert werden. Da die Norm nicht nur abstrakt-generell wirkt sondern auch auf Dauerwirkung angelegt ist, kommt es vielmehr auch auf den **Zeitpunkt der Beurteilung durch das Gericht** an. Jedes andere Ergebnis wäre mit Art. 20 III GG unvereinbar: Ein Gericht darf die zwischenzeitlich rechtswidrig gewordene Norm nicht in ihrer Wirksamkeit unangetastet lassen.

I. Passivlegitimation

1. Allgemeines

2   Passivlegitimiert ist im Normenkontrollverfahren stets die Körperschaft, die die angegriffene Rechtsnorm erlassen hat. Bei Satzungen nach dem BauGB, sonstigen kommunalen Satzungen und auch Rechtsverordnungen im übertragenen Wirkungskreis ist das stets die Gemeinde, der Landkreis oder eine vergleichbare Körperschaft. Diese ist auch beim Normerlaß im staatlichen Auftrag **nie** Teil des Staates.

Das Rechtsträgerprinzip gilt nach h. L. auch bei körperschaftsinternem Recht, also z. B. bei der Geschäftsordnung des Gemeinderats. Hier ist die Gemeinde selbst, nicht das erlassende Organ, passivlegitimiert. Das ist nicht unbedenklich, weil wegen der Autonomie des Gemeinderats ein sonstiges Gemeindeorgan keine Verfügungsbefugnis über den Inhalt der Norm hat.

2. Untergesetzliche staatliche Normen

3   Im übrigen ist bei untergesetzlichem Landesrecht das Bundesland passivlegitimiert dessen Behörde die Rechtsnorm erlassen hat.

Beispiel: Polizeiverordnung durch Landratsamt oder Regierung als Staatsbehörde; Land als Träger eines als RVO verabschiedeten Landesentwicklungs- oder Raumordnungsprogrammes.

3. Ersatzvornahme

4   Erläßt die staatliche Aufsichtsbehörde im Wege der Ersatzvornahme eine Norm, so wird die Rechtsnorm zwar der beaufsichtigten Körperschaft zugerechnet und gilt als **deren** Satzung, RVO usw. Gleichwohl muß der eigentliche „Normgeber", die staatliche Aufsichtsbehörde, im Streit um die Norm passivlegitimiert sein. Andernfalls würde die Gemeinde in einen Prozeß hineingezogen, der ihr inhaltlich nicht zuzurechnen ist. Würde sie überdies selbst im Wege der Anfechtungsklage gegen die Ersatzvornahme klagen und ein Bürger gegen die Rechtsnorm einen Normenkontrollantrag stellen, so könnte die Gemeinde sich bei im Grunde identi-

schem Streitgegenstand gleichsam auf Kläger- und Beklagtenseite
wiederfinden. Deshalb ist in diesem Fall die Normenkontrolle gegen den Träger der staatlichen Aufsichtsbehörde zu richten.

Inhaltlich muß die „Ersatz"-Norm in jeder Beziehung rechtmäßig sein.
Wurde sie daher unter Verstoß gegen das Selbstverwaltungsrecht erlassen, so
ist sie nichtig, unabhängig davon, ob der Antragsteller gerade in seinen Rechten verletzt ist (zum Problem OVG Münster, NVwZ 1990, 187).

II. Rechtswidrigkeit

Rechtswidrig und damit nichtig ist eine Rechtsnorm, wenn sie   5

- von der unzuständigen Stelle erlassen wurde;
- einen Verfahrensfehler aufweist (soweit dieser nicht unbeachtlich ist);
- wenn eine notwendige Ermächtigungsgrundlage fehlt, nicht anwendbar
  oder ihrerseits rechtswidrig ist;
- wenn sie gegen sonstiges höherrangiges Recht verstößt.

1. Zuständigkeit

Die erlassende Behörde oder Körperschaft muß zum Normerlaß   6
zuständig sein. Bei Gemeinden oder anderen Körperschaften ergibt sich die Zuständigkeit (nicht auch bereits die Ermächtigung
für Eingriffe) in der Regel aus der allgemeinen Zuschreibung von
Selbstverwaltungsangelegenheiten im eigenen Wirkungskreis
oder der gesetzlich übertragenen Wahrnehmung staatlicher Aufgaben. Gebietskörperschaften sind selbstverständlich nur zuständ-
dig für Regelungen für ihr Gebiet, soweit nicht ausnahmsweise die
Möglichkeit für gemeinsame Rechtsnormen mehrerer Körperschaften besteht.

2. Verfahren

Verfahrensfehler machen – soweit sie nicht unbeachtlich sind –   7
die Norm rechtswidrig und damit nichtig. Bisher fehlt es an allgemeinen gesetzlichen Bestimmungen zum Normsetzungsverfahren. Anzuwenden sind also neben Spezialnormen vor allem die
Vorschriften der Gemeindeordnungen.

Es empfiehlt sich folgende Prüfungsreihenfolge:

- Spezialgesetzliche Normen, insbesondere Verfahrensnormen des BauGB;
- bei sicherheits- und polizeirechtlichen Verordnungen: Die für diesen Normtyp in den Polizei- und Sicherheitsgesetzen enthaltenen Bestimmungen;
- die Gemeindeordnung bei Beschlüssen der Gemeinden. (Wichtig insbesondere: Fragen zur Kompetenz des Gemeinderats, ordnungsgemäße Ladung, Verfahren bei der Abstimmung, Befangenheitsvorschriften usw.).

8   Da das Normsetzungsverfahren nicht unter § 9 VwVfG fällt, sind die VwVfGe zwar nicht unmittelbar anwendbar. Die Geltung allgemeiner Verfahrensgrundsätze wie Pluralität, Chancengleichheit, Ausschluß befangener Amtsträger, angemessene Sachaufklärung usw. folgt aber bereits aus dem Rechtsstaatsgebot (Einzelheiten bei *Hufen,* Fehler im Verwaltungsverfahren, Rd.-Nr. 446 ff.). Greift die Norm unmittelbar in Rechte eines Bürgers ein, so folgt daraus trotz des Fehlens einer entsprechenden gesetzlichen Grundlage auch die Notwendigkeit der **Anhörung unmittelbar Betroffener,** auch wenn dies die h. L. ablehnt (vgl. BVerwGE 59, 48, 55).

9   Sieht ein Gesetz eine **Genehmigungspflicht** für die Norm vor, so ist deren wirksame Erfüllung zugleich Voraussetzung der Wirksamkeit. Ist die Norm nicht genehmigt oder war die Genehmigung fehlerhaft, so ist der Normenkontrollantrag begründet.

10   Eine **Heilung** von Verfahrensfehlern im Sinne von § 45 VwVfG kommt nicht in Betracht, da dieser sich als Ausnahmevorschrift nur auf das Verwaltungsverfahren bezieht und soweit eine entsprechende Heilungsvorschrift für Rechtsnormen fehlt. Die Behörde kann die Norm im fehlerfreien Verfahren aber neu erlassen.

11   Zu beachten ist, daß **Spezialbestimmungen** wie §§ 214–216 BauGB (dazu unten, Rd.-Nr. 22 ff.), aber auch Normen der **Gemeindeordnungen,** typische Verfahrensfehler für unbeachtlich erklären. Dagegen sind zu Recht Bedenken erhoben worden (*Schmidt-Aßmann,* Unzulässige Sanktionierung von Verfahrensfehlern beim Erlaß von Satzungen, VwRS 1978, 85; *Morlok,* Die Folgen von Verfahrensfehlern am Beispiel von kommunalen Satzungen [1988]). Unbeachtlich können Fehler auch werden, wenn sie nicht innerhalb eines gesetzlich zu bestimmenden Zeitraumes gerügt werden.

3. Ermächtigungsgrundlage

a) Rechtsnormen mit belastender Wirkung gegenüber dem 12 Bürger bedürfen grundsätzlich einer hinreichend bestimmten gesetzlichen Grundlage, in der Inhalt, Zweck und Ausmaß bereits festgelegt sind. Für die **Rechtsverordnungen** folgt dies bereits aus Art. 80 GG und aus entsprechenden landesverfassungsrechtlichen Bestimmungen. Für die Satzungen der Gemeinden haben die Gemeindeordnungen und exakte Verordnungsermächtigungen im übertragenen Wirkungskreis einen sehr genauen Rahmen abgesteckt, in dem die Befugnis zur Normsetzung besteht.

Dagegen ist Art. 80 GG für **Satzungen** im Selbstverwaltungsbereich **nicht** anwendbar (BVerfGE 33, 125, 157). Gleichwohl muß auch hier das für die Auslegung von Grundrechten Wesentliche („Wesentlichkeitstheorie") in der gesetzlichen Ermächtigungsgrundlage enthalten sein (BVerfGE 33, 125, 155 – Facharzt). Deshalb dürfen z. B. Satzungen von Kammern keine Berufszugangsregelungen enthalten (BVerfG, NJW 1988, 191, 194; BVerfGE 76, 171, 196).

b) Die gesetzliche Ermächtigungsgrundlage muß **ihrerseits ver-** 13 **fassungskonform** sein. Besteht ein Fall der sogenannten Subdelegation, d.h. der Ermächtigung zur Normsetzung durch eine andere untergesetzliche Norm, so muß nach Art. 80 GG die Ermächtigung selbst im Gesetz vorgesehen sein und durch RVO erfolgen. Beides ist aber nur zu prüfen, wenn der Sachverhalt Anlaß dafür bietet.

c) Selbstverständlich muß die Ermächtigungsgrundlage die zu 14 kontrollierende Norm abdecken; d.h. die Norm muß sich **im Rahmen der Ermächtigung** halten. Das gilt nicht nur für die Rechtsnorm als Ganzes, sondern auch für jede einzelne Bestimmung.

4. Kein Verstoß gegen höherrangiges Recht

15   Unabhängig von der Eingriffsgrundlage kann eine Rechtsnorm ganz oder in Einzelbestimmungen gegen sonstiges höherrangiges Recht verstoßen und damit nichtig sein.

Beispiele: Eine kommunale Satzung schränkt gesetzeswidrig den Gemeingebrauch an einer öffentlichen Sache oder die Anliegerstellung ein; eine Anschluß- und Benutzungszwang-Satzung enthält eine enteignende Regelung ohne Entschädigung und Dispensmöglichkeit; die Promotionsordnung einer Fakultät greift unverhältnismäßig in die Freiheit eines Wissenschaftlers ein.

16   Die Begründetheit der Normenkontrolle folgt hier schon aus der allgemeinen rechtsstaatlichen „Normenhierarchie" und der Bindung der Verwaltung an das Gesetz. Das Normenkontrollgericht prüft also grundsätzlich am Maßstab **aller in Betracht kommenden Bundes- und Landesgesetze** einschließlich von Verfassungsnormen. Die Normenkontroll-Zuständigkeit des BVerfG nach Art. 93 I 2 und 4a GG ist hierfür kein Hindernis. Zu beachten ist aber der Vorbehalt zugunsten der Landesverfassungsgerichtsbarkeit in § 47 III VwGO, der nach richtiger Auffassung eine Einschränkung des Prüfungsmaßstabs darstellt. Die **ausschließliche** Überprüfung landesverfassungsrechtlicher Normen ist aber nur in Art. 132 HessVerf und – bezüglich der Berufung auf Grundrechte der Bayerischen Verfassung – in Art. 98 Ziff. 4 BayVerf vorgesehen (dazu zuletzt BayVerfGH, BayVBl. 1984, 460; BayVBl. 1986, 298). Ausgeschlossen ist danach weder die Berücksichtigung landesverfassungsrechtlich formulierter Belange im Rahmen der Abwägungskontrolle noch die Prüfung anhand von mit Landesverfassungsnormen identischem Bundesrecht (z. B. Grundrechten – dazu VGH Kassel, NVwZ 1988, 642). Bisher kaum geklärt sind die Folgen eines **Verstoßes gegen EG-Recht.** Dieser dürfte nur zur Unanwendbarkeit, nicht aber zur Nichtigkeit und damit Begründetheit der Normenkontrolle führen. Eine europarechtswidrige Satzung darf aber auch nicht angewandt werden. Das haben die Gerichte bei der Inzidenter-Kontrolle zu berücksichtigen.

17   Nicht vergessen werden darf, daß eine untergesetzliche Rechtsnorm auch in Kollision zu anderen untergesetzlichen Normen treten kann. Diese Probleme sind nach allgemeinen Kollisionsregeln zu behandeln:

– Verstößt eine Norm gegen eine von einer **höheren Instanz** erlassene Norm, so geht die „höherrangige" Norm vor.

   Beispiel: Verstoß eines Bebauungsplanes gegen eine staatliche Landschaftsschutz-VO; stellt sich bei diesem Konflikt aber heraus, daß die **höherrangige** Norm ihrerseits auf einem Eingriff in das Selbstverwaltungsrecht beruht, so darf sie nicht angewandt werden.

– Bei gleichrangigen Normen gilt der „lex posterior"-Grundsatz; d.h. die **jeweils spätere** Norm hebt die früher geltende auf.

Rein interne Bedeutung hat der Verstoß gegen **Verwaltungs-** 18 **vorschriften.** Dieser macht eine Rechtsnorm grundsätzlich nicht rechtswidrig, kann aber ein Indiz für einen Gleichheitsverstoß oder ein durch die Verwaltungsvorschrift konkretisiertes Gesetz sein.

5. Einzelüberprüfung

Enthält eine Rechtsnorm „trennbare" Einzelbestimmungen, so 19 kann sie als solche rechtmäßig sein, aber in Teilen die Ermächtigungsgrundlage überschreiten oder gegen höherrangiges Recht verstoßen. Deshalb folgt der Gesamtprüfung in diesem Fall eine Einzelprüfung, gleichsam „Bestimmung für Bestimmung", die nach dem gleichen Schema vorzunehmen ist. Das Ergebnis kann die Teilnichtigkeit und damit ein Teilurteil sein. Von beiden wird die Gesamtnorm nur erfaßt, wenn sie ohne die fragliche Bestimmung keinen sinnvollen Regelungsgehalt mehr aufweist. Dann muß das Gericht sogar ggf. über den „beantragten Teil" hinausgehen und die Norm als ganzes überprüfen, weil durch eine Teilnichtigkeitserklärung andernfalls die Gesamtkonzeption des Normgebers verändert würde (BVerwG, NVwZ 1992, 567).

III. Insbesondere: Begründetheit der Normenkontrolle gegen einen Bebauungsplan

Den „Löwenanteil" aller Normenkontrollanträge machen Strei- 20 tigkeiten über Bebauungspläne aus. Außer in den Stadtstaaten

Berlin, Bremen und Hamburg (zu diesem Sonderfall *Steiner,* PdW Baurecht, 97) wird der Bebauungsplan grundsätzlich als Satzung erlassen (§ 10 BauGB) und unterliegt damit nach § 47 I 1 VwGO der Normenkontrolle. Besonderheiten ergeben sich aber daraus, daß es sich um eine planerische Abwägungsentscheidung handelt und das Gericht die im Rahmen der Selbstverwaltungskompetenz getroffenen planerischen Zweckmäßigkeitserwägungen und die Prognose des Normgebers nur in Grenzen nachvollziehen und kontrollieren kann (ausführl. *Koch/Hendler,* BauR, RaumO u. LaPlaR, S. 264 ff.).

1. Zuständigkeit

21 Die sachliche Zuständigkeit für den Erlaß von Bebauungsplänen folgt aus § 1 III und § 10 BauGB sowie aus den Bestimmungen der Gemeindeordnungen zum eigenen Wirkungskreis (Selbstverwaltungsangelegenheiten).

Die örtliche Zuständigkeit beschränkt sich auf das Gemeindegebiet. Das folgt neben § 5 I 1 i. V. m. § 8 II BauGB auch aus den Vorschriften der Gemeindeordnung und ergibt sich schon aus der Natur der Sache.

2. Verfahren

22 Ungeachtet bestehender „Unbeachtlichkeitsvorschriften" gilt der Grundsatz, daß auch Verfahrensfehler den Bebauungsplan rechtswidrig und damit nichtig machen. Es gibt also keine Trennung in „von Natur aus" beachtliche und unbeachtliche Fehler. Allerdings geht die Rechtsprechung mehr und mehr dazu über, Mängel im Verfahren, d. h. im Abwägungs**vorgang**, entspr. § 214 III 2 BauGB nur dann für beachtlich zu erklären, wenn sie auf das Ergebnis durchschlagen (vgl. zuletzt BVerwG, NVwZ 1995, 692). Mit dieser Konzentration auf das **Ergebnis** wird das gesamte Verfahren im Grunde entbehrlich. Für die Klausur sollten trotzdem Fehler im Normsetzungsverfahren immer „aufgespürt" und exakt dargelegt werden, auch wenn sie **ausnahmsweise** durch Gesetz für unbeachtlich erklärt werden.

Das Verfahren der Aufstellung des Bebauungsplanes ist primär in §§ 2 ff. BauGB geregelt (Sondervorschriften des BauGBMaßnG für Wohnbebauung beachten!). Liegt ein Verstoß gegen diese Normen vor, so ist bei Verfahrensfehlern stets zu prüfen, ob sie nach § 214 I BauGB, § 9 BauGBMaßnG **beachtlich** sind. Erst dann ist zu fragen, ob möglicherweise die Frist für die Geltendmachung der Verletzung von (als solchen beachtlichen) Verfahrens- und Formvorschriften nach § 215 I abgelaufen und der Fehler wegen Zeitablaufs unbeachtlich geworden ist. Die Frist bei Verfahrensfehlern beträgt ein Jahr.

Getrennt davon ist die Norm auf Verstöße gegen **allgemeine** 23 **Bestimmungen des Kommunalrechts** zu prüfen, also z. B. Organkompetenz des Gemeinderats, ordnungsgemäße Ladung, Beschlußfähigkeit, Abstimmung usw. Besonders wichtig sind naturgemäß Fragen der **Befangenheit**. Zu klären ist dann zunächst, ob ein Mitglied des Gemeinderats befangen, d. h. individuell und unmittelbar durch den Bebauungsplan bevorzugt oder benachteiligt ist (Gegensatz: allgemeines Interesse, Interesse einer Gruppe). Ferner ist festzuhalten, ob er bei der Abstimmung über den Bebauungsplan mitgewirkt hat (eine Mitwirkung nur beim Aufstellungsbeschluß ist nach BVerwG, NVwZ 1988, 916 unschädlich, wenn sich diese Mitwirkung nicht als Abwägungsfehler niederschlägt). Sodann ist auf die **Folgen** der Mitwirkung einzugehen. Diese sind in den Gemeindeordnungen der Länder unterschiedlich geregelt. Diese enthalten teilweise Rügefristen oder sonstige Bestimmungen, die die Regelfolge Rechtswidrigkeit einschränken (z. B. Art. 49 III BayGO).

Wichtig: Die Heilungs- und Unbeachtlichkeitsvorschriften der §§ 214 I und 215 I BauGB sind als Bundesrecht auf Verfahrensfehler wegen des Verstoßes gegen kommunalrechtliche und sonstige landesrechtliche Bestimmungen **nicht anzuwenden** (BVerwG, NVwZ 1988, 916). Sämtliche Fehler nach § 214 I **und** Verfahrens- oder Formfehler nach Landesrecht kann die Gemeinde aber nach § 215 III **beheben** und die Satzung durch Wiederholung des nachfolgenden Verfahrens in Kraft setzen. Das gilt auch dann, wenn die Norm bereits im Normenkontrollverfahren für nichtig erklärt worden ist (BVerwG, NVwZ 1994, 273).

Zu den Verfahrensbestimmungen im weiteren Sinne gehört auch das Gebot der **Planbegründung**. Ein nicht hinreichend begründeter Plan ist nichtig (BVerwG, NVwZ 1990, 364); als Verfahrensfehler kann der Begründungsmangel aber nach § 215 I 1 BauGB unbeachtlich werden, wenn er nicht innerhalb Jahresfrist gerügt wird (BVerwGE 74, 47).

3. Entwicklungsgebot (§ 8 II 1 BauGB)

24 Rechtswidrig sind grundsätzlich Bebauungspläne, die nicht aus dem Flächennutzungsplan entwickelt worden sind (§ 8 II BauGB). Liegt kein Flächennutzungsplan vor oder ist dieser selbst unwirksam, dann ist der nachfolgende Bebauungsplan also grundsätzlich nichtig.

Diese früher sehr häufige Fehlerquelle für Bebauungspläne ist heute aber durch § 8 III (Möglichkeit des Parallelverfahrens) und § 8 IV BauGB, § 1 II BauGBMaßnG (vorzeitiger Bebauungsplan) wesentlich „entschärft". Auch dürften gerade beim Flächennutzungsplan Verfahrensfehler häufig nach § 214 I unbeachtlich oder nach § 215 II nicht mehr beachtlich sein. Zudem macht nach der Rechtsprechung ein nichtiger Flächennutzungsplan den nachfolgenden Bebauungsplan nicht rechtswidrig, wenn für diesen die Voraussetzungen des vorzeitigen Bebauungsplanes im Sinne von § 8 IV BauGB vorliegen (BVerwG, NVwZ 1992, 882).

Besteht aber nach alledem gleichwohl ein Verstoß gegen das Entwicklungsgebot, so ist zu beachten, daß dieses **nicht** Verfahrensbestimmung ist; Fehler können also nicht nach § 214 I 1 BauGB unbeachtlich werden, sondern nur nach den strengeren Vorschriften über Mängel des Planinhalts (Einzelheiten dazu bei *Steiner*, PdW Baurecht, 100).

4. Planerforderlichkeit

25 Nach § 1 III BauGB ist ein Bebauungsplan nur rechtmäßig, sobald und soweit er für die städtebauliche Entwicklung **erforderlich** ist. Da diese Frage aber weitgehend der Selbstverwaltungskompetenz der Gemeinde obliegt, handelt es sich faktisch um die Formulierung des Begründungsgebots. Zu beachten ist aber, daß der Bebauungsplan nicht zur Umgehung einer Einzelfallregelung

mißbraucht wird (BVerwG, NJW 1969, 1076) und daß wirklich städtebauliche Ziele verfolgt werden.

5. Zulässiger Planinhalt

Die Festsetzungen des Bebauungsplanes müssen sich im Rah- 26
men von § 9 BauGB (Inhalt des Bebauungsplanes) halten. Der
dort genannte Katalog ist abschließend, soweit nicht eine Erweiterung auf landesrechtliche Bestimmungen (§ 9 IV BauGB) in Betracht kommt.

Beispiele: Festlegung einer Mindestgröße (BVerwG, NVwZ 1994, 288);
Begrenzung der höchstzulässigen Zahl von Wohnungen pro Wohngebäude
(VGH Mannheim, NVwZ 1994, 698); Ausschluß von Spielhallen (BVerwG,
DVBl. 1992, 32); Vorkehrungen gegen schädliche Umwelteinwirkungen
(BVerwGE 80, 184).

6. Planklarheit, Bestimmtheit

Die nach § 9 I BauGB möglichen Inhalte des Bebauungsplanes 27
müssen klar und inhaltlich hinreichend bestimmt sein. Insbesondere müssen sie die planerische Zweckbestimmung erkennen lassen (BVerwGE 42, 5; BVerwG NVwZ 1995, 692; s. auch *Steiner,*
PdW Baurecht, 105).

7. Abwägungsfehler

Aufgrund der planerischen **Gestaltungsfreiheit** und der Not- 28
wendigkeit planerischer **Konfliktaustragung** ist das Gericht im
Hinblick auf die eigentliche Abwägungsentscheidung auf die am
Vorbild der Ermessenslehre ausgerichtete „Typik" von Abwägungsfehlern angewiesen, wie sie auch für andere Planungsentscheidungen gilt (BVerwGE 34, 301, 304; st. Rspr. und oben, § 25
Rd.-Nr. 36 ff.).

– Der **Abwägungsausfall,** also das völlige Fehlen einer planerischen Abwägung, kommt bei Entscheidungen über den Bebauungsplan zwar selten vor.
Zu prüfen ist aber, ob eine Abwägung wegen der schematischen Übernahme eines vorhandenen Konzepts (OVG Koblenz, DÖV 1986, 802), wegen
voreiliger Festlegungen, Abreden usw. praktisch nicht stattgefunden hat.
Die Rechtsprechung hierzu ist nicht eindeutig. Einerseits sollen (durchaus

lebensfern) Absprachen und öffentlich-rechtliche Verträge über künftige Bebauungspläne nichtig sein, weil die Gemeinde wegen § 2 III BauGB keine
derartige Verpflichtung eingehen darf (Nichtigkeitsgrund nach § 59 VwVfG
i. V. m. § 140, 138 BGB – so BGH, NJW 1980, 826; BVerwG, NJW 1980,
2530, 2538). Andererseits soll eine Vorabfestlegung als solche aber nicht zur
Rechtswidrigkeit des Bebauungsplanes führen, wenn die Abrede die Zuständigkeit der Gemeindevertretung wahrt und die Vorwegnahme der Entscheidung sachgerecht ist (BVerwGE 45, 309, 321 – Flachglas).

– Ob der Gemeinde ein **Abwägungsdefizit,** also die fehlende Beachtung
eines Belanges unterlaufen ist, richtet sich im wesentlichen nach dem Katalog der Ziele in § 1 V BauGB. Wurden die Voraussetzungen eines Belanges
zwar richtig ermittelt, der jeweilige Aspekt aber in seiner Bedeutung falsch
gewichtet, wird auch von **Abwägungsfehleinschätzungen** gesprochen. In
beiden Fällen ist das Gericht nicht befugt, die Abwägung nachzuholen und
dadurch den Fehler zu „heilen". Ob gerade der Antragsteller im Normenkontrollverfahren „Träger" des jeweiligen Belanges ist, ist für die Begründetheit der Klage ohne Belang.

– Eine **Abwägungsdisproportionalität** liegt vor, wenn die aufeinander zu
beziehenden Belange zwar ordnungsgemäß ermittelt und je für sich auch
richtig gewichtet, wenn sie aber im Verhältnis zueinander nicht gerecht
bewertet wurden. Dann wurde das grundsätzliche Ziel der Konfliktaustragung verfehlt. Wichtig ist dabei, daß öffentlichen Belangen nicht grundsätzlich der Vorrang vor privaten gebührt. Beide sind vielmehr gerecht auszugleichen (BVerwGE 47, 144, 148; BVerwG, NVwZ 1994, 241 – Verk.
Wohnbedarf und and. Belange).

Abwägungsfehler machen den Bebauungsplan grundsätzlich
nichtig. Für sie gilt nach § 215 II eine verlängerte Frist zur Geltendmachung. Sie sind erst nach Ablauf von 7 Jahren unbeachtlich
(zu den Problemen dieser Bestimmung *Löhr,* NVwZ 1987, 368;
Peine, NVwZ 1989, 637).

8. Verstoß gegen sonstige höherrangige Rechtsvorschriften

29   Nicht zu vergessen ist, daß auch ein Bebauungsplan – unabhängig vom Abwägungsgebot – gegen sonstige gesetzliche Bestimmungen verstoßen kann, die zu seiner Nichtigkeit führen.

Die wichtigsten zu beachtenden Bestimmungen sind:

– Die Beachtungspflicht hinsichtlich der Ziele der Raumordnung und Landesplanung (§ 1 IV BauGB);
– das Abstimmungsgebot zugunsten benachbarter Gemeinden (§ 2 II BauGB);
– immissionsrechtliche Normen wie § 50 BImSchG, die grundsätzlich (auch
abgesehen von der Abwägung) zu beachten sind (BVerwGE 45, 309, 327);

– Verstöße gegen Rechte einzelner Planbetroffener, soweit sie nicht ohnehin in
die Planung einzustellen sind.

Die Überprüfung auf die enteignende Wirkung eines Planes und die Verhältnismäßigkeit erfolgt nach BVerwGE 59, 253, 257 (s. auch BVerwG, NJW
1981, 2137) grundsätzlich im Rahmen der Abwägung und nicht unter dem
Stichwort „höherrangiges Recht".

IV. Spruchreife und Vorlagepflicht

Bei der Normenkontrolle entfällt die gesonderte Prüfung der   30
Spruchreife. Der Antrag ist also begründet, wenn ein Fehler festgestellt wurde, der im Rechtssinne beachtlich ist. Das Gericht
kann also weder Teile der Sachaufklärung oder der Abwägung
selbst „nachholen" (BVerwG, NVwZ-RR 1990, 122), noch kann
es ein „Bescheidungsurteil" erlassen.

Zu beachten sind aber § 47 IV und V VwGO. So kann das OVG   31
bei Anhängigkeit eines für die Entscheidung maßgeblichen verfassungsgerichtlichen Verfahrens anordnen, daß die Verhandlung bis
zur Erledigung des Verfahrens vor dem Verfassungsgericht auszusetzen ist. Praktisch noch bedeutsamer ist die Vorschrift des
§ 47 V VwGO (Vorlage an das BVerwG bei einer Rechtssache
von grundsätzlicher Bedeutung oder bei beabsichtigtem Abweichen von einer Entscheidung eines anderen OVG, des BVerwG
oder des GS der obersten Gerichtshöfe). Bloße Bedenken oder
Zweifel des Normenkontrollgerichts begründen diese Vorlagepflicht allerdings nicht (BVerwG, NVwZ 1989, 664). Hat das
BVerwG über eine entscheidungserhebliche Rechtsfrage schon
entschieden, so entfällt die Vorlagepflicht (BVerwG, DVBl. 1988,
499).

Legt das OVG nicht vor, so haben die Beteiligten (und zwar **nur**   32
diese – vgl. BVerwG, NVwZ 1991, 871) die Möglichkeit der
sogenannten „Nichtvorlagebeschwerde" nach § 47 VII, die am
Vorbild der Nichtzulassungsbeschwerde im Rahmen der Revision
ausgerichtet ist (zu den Voraus. im einzelnen s. BVerwG, NVwZ
1994, 269; 270; 271). Wird dieser stattgegeben, dann entscheidet
das BVerwG. Ist sie unzulässig oder unbegründet, wird sie ver-

worfen oder zurückgewiesen. Das bedeutet dann, daß das OVG entscheiden **muß** (§ 47 VI Einzelheiten bei *Löhr*, NVwZ 1987, 869; *Kuhla/Hüttenbrink*, DVwProz, S. 103).

Literatur zu § 30: W. *Hoppe*, Zur Rechtskontrolle von Bebauungsplänen, FS Scupin (1973), 121; *Schmidt-Aßmann*, Unzulässige Sanktionierung von Verfahrensfehlern beim Erlaß von Satzungen, VwRS 1978, 85 ff.; *Morlok*, Die Folgen von Verfahrensfehlern am Beispiel von kommunalen Satzungen (1988); F. J. *Kopp*, Die Nichtvorlagebeschwerde im Normenkontrollverfahren gem. § 47 VII VwGO, NVwZ 1989, 234; *Schmaltz*, Rechtsfolgen der Verletzung von Verfahrens- und Formvorschriften von Bauleitplänen nach § 214 BauGB, DVBl. 1990, 77 ff.; *Peine*, Zur verfassungskonformen Interpretation des § 215 I Nr. 2 BauGB, NVwZ 1989, 637; *Schulze-Fielitz*, Das Flachglas-Urteil des BVerwG, BVerwGE 45, 309, JURA 1992, 201 ff.; *Hufen*, Fehler im Verwaltungsverfahren, Rd.-Nr. 446 ff.; *Schenke*, VwProzR, 913 ff.; *Steiner*, PdW BauR, S. 135 ff.; *Schmitt Glaeser*, VwProzR, Rd.-Nr. 433 ff.; *Würtenberger*, PdW, 206; *Koch/Hendler*, BauR, RaumO- u. LaPlaR, S. 264 ff.
   Wichtigste Entscheidungen der **Rechtsprechung:**
BVerwGE 34, 301, 309; 42, 5; 45, 309, 314, 324; 47, 144, 146,; 64, 33.

33   Übersicht 17: Begründetheit des Normenkontrollantrags

1. Passivlegitimation: normerlassende Körperschaft (§ 47 II 2 VwGO)
2. Objektive Rechtswidrigkeit der Norm
   a) Fehlende Zuständigkeit des Normgebers
   b) Verstoß gegen Verfahrensrecht – außer Unbeachtlichkeit, Heilung
   c) fehlende, ihrerseits rechtswidrige oder nichtausreichende Ermächtigungsgrundlage
   d) Verstoß gegen höherrangiges Recht
3. *Ggf.: Prüfung einzelner Bestimmungen*
   Achtung: Verletzung eines subjektiven Rechts wird nicht geprüft

5. Teil. Der vorläufige Rechtsschutz im Verwaltungsprozeß

§ 31 Bedeutung und System des vorläufigen Rechtsschutzes

I. Verfassungsrechtlicher Rahmen

Vorläufiger Rechtsschutz bewirkt für die Dauer eines Verfahrens den **Schutz** des Bürgers gegen den Vollzug einer Entscheidung oder deren Folgen oder dient der **Sicherung** eines bestimmten Rechts oder tatsächlichen Zustands bis zum rechtskräftigen Abschluß eines Prozesses. Dieser Schutz hat verfassungsrechtlichen Stellenwert: So gewährleistet Art. 19 IV GG **umfassenden** und **wirksamen** Rechtsschutz gegen Maßnahmen der öffentlichen Gewalt. Er tut dies nicht als Selbstzweck sondern schützt letztlich die bürgerliche Freiheit, insbesondere die Grundrechte – auch gegenüber voreiliger öffentlicher Gewalt.

Der vorläufige Rechtsschutz hat daneben aber auch eine **objektive** Funktion der Kontrolle der Rechtsbindung der Verwaltung insgesamt (Art. 20 III GG). Auch diese bedarf der wirksamen „Außenkontrolle" durch unabhängige Richter, damit nicht Unrecht vollzogen wird, bevor der Prozeß abgeschlossen ist.

Beide rechtsstaatlichen Grundfunktionen stehen in keinem prinzipiellen Gegensatz; sie ergänzen sich vielmehr gegenseitig und verlangen Effektivität des Rechtsschutzes. Effektivität aber heißt **Rechtzeitigkeit.** Kommt der Rechtsschutz zu spät – etwa weil die einseitig wirksame Regelung schon unumkehrbar vollzogen ist, oder weil die beantragte Erlaubnis keinen Sinn mehr macht – dann läuft nicht nur die Garantie des Art. 19 IV GG leer, es liegt dann auch ein nicht mehr korrigierbarer Verstoß gegen Art. 20 III vor, und zwar auch dann, wenn im nachhinein festgestellt wird, die Entscheidung sei rechtswidrig gewesen. Rechtliches Gehör und Grundrechtsschutz verhindern, daß die Verwaltung vollendete

Tatsachen schafft, bevor das Verwaltungsgericht die Rechtmäßigkeit der Entscheidung überprüfen konnte. Es geht also um die Vermeidung irreparabler Entscheidungen der Exekutive (BVerfGE 35, 263, 274). Der Rechtsschutz ist dabei umso stärker, je schwerwiegender die dem Bürger auferlegte Belastung ist und je unabänderlicher die Folgen sind (BVerfGE 35, 382, 402 – Palästinenser-Entscheidung). Wird der vorläufige Rechtsschutz verkannt, so droht nicht nur ein Verstoß gegen Art. 19 IV GG, sondern auch ein Eingriff in das jeweils betroffene Grundrecht (BVerfGE 69, 74).

Der **verfassungsrechtliche Rang** des vorläufigen Rechtsschutzes ist daher durch das BVerfG immer wieder hervorgehoben worden (vgl. BVerfGE 35, 263, 274; 35, 382, 402; 51, 284; 67, 58; 69, 74).

3   Das Problem des vorläufigen Rechtsschutzes ist aber – auch aus verfassungsrechtlicher Sicht – nicht eindimensional. Vielmehr stehen sich heute oft „auf **beiden** Seiten" verfassungsrechtlich geschützte Rechtspositionen gegenüber, die einander zugeordnet werden müssen. So sind z. B. die Baufreiheit eines Antragstellers (Art. 14 GG) und die Abwehrrechte des Nachbarn in Einklang zu bringen. Die unverzügliche Verwirklichung einer Umgehungsstraße kann die Gesundheit der Anlieger einer Ortsdurchfahrt schützen und gleichzeitig die berufliche Existenz von Bauern im Bereich der vorgesehenen Trasse gefährden. Vorläufiger Rechtsschutz für einen Konkurrenten kann die leistungsgerechte Beförderung eines Beamten verhindern. Selbst wenn keine individuelle Grundrechtsposition entgegensteht, ist der vorläufige Rechtsschutz immer eine Abwägung von Individualbelangen mit Gemeinwohlbelangen – praktische Konkordanz durch Verfahren (wichtig zum Verständnis auch BVerfGE 53, 30, 68 – Mülheim-Kärlich).

4   Besondere Bedeutung kommt dieser Abwägung zunächst bei der Interpretation von § 80 VwGO zu. Den Ausgangspunkt bildet die Möglichkeit zur einseitigen Regelung mit sofortiger Wirksamkeit dem Bürger gegenüber (§§ 41, 43 VwVfG), die aber durch die aufschiebende Wirkung von bestimmten Rechtsbehelfen abgemildert wird. Das Rechtsmittel hindert mindestens die Vollziehbarkeit so lange, bis gerichtlich über den Streitgegenstand entschieden ist. Das ist die verfassungsrechtlich gewollte **Regel** beim Rechtsschutz gegen den belastenden VA (ähnlich BVerfGE 35, 382, 402). Der Rechtsstaat hat das absolutistische „dulde und liqui-

diere" ersetzt durch das „dulde erst, nachdem Deine Bedenken gegen die Rechtmäßigkeit der Maßnahme durch unabhängige Richter ausgeräumt sind."

Die sofortige Durchsetzung einer Regelung kann aber – gleich- **5** falls aus Verfassungsgründen – im Interesse der raschen Gemeinwohlverwirklichung oder zum Schutze Dritter erforderlich sein. Ausnahmen von der aufschiebenden Wirkung beruhen auf gesetzlicher Grundlage oder gesetzlich ermöglichter Entscheidung im Einzelfall (sofortige Vollziehbarkeit, Anordnung der sofortigen Vollziehbarkeit). Sie sind aber als Ausnahmen begründungsbedürftig und müssen i. d. R. ihrerseits anfechtbar, d. h. gerichtlich kontrollierbar sein. Das ist das einfache rechtsstaatliche „Bauprinzip" des komplizierten Wirksamkeits- und Aufschiebungsmechanismus der §§ 43 VwVfG und 80 VwGO. Vorläufiger Rechtsschutz muß immer ausgewogener Rechtsschutz sein – **Risikoverteilung** durch Behörde und Gericht (grundlegend dazu *Schoch,* Vorläufiger Rechtsschutz und Risikoverteilung im Verwaltungsrecht [1988]).

Anders wirkt der vorläufige Rechtsschutz nach **§ 123 VwGO.** **6** Auch dieser verhindert zwar vollendete Tatsachen, indem er einen vorhandenen Zustand sichert oder dem Antragsteller eine vorläufige Begünstigung verschafft. Er verlangt aber, daß der Betroffene seinerseits die Behörde oder das Gericht für den einstweiligen Schutz mobilisiert. Er selbst hat also Darlegungs- und Argumentationslast, daß dieser Schutz erforderlich ist.

Das schafft einen „Vorsprung" für die Wirksamkeit des Suspensiveffekts **7** nach § 80 VwGO. Liegt eine Belastung durch den Staat vor, so ist dieser Suspensiveffekt auch verfassungrechtlich begründet (*Schoch,* BayVBl. 1983, 358). Deshalb ist jede Reform, die § 80 zulasten einer allgemeinen einstweiligen Anordnung beseitigen will, verfassungsrechtlich zumindest bedenklich (so zu Recht *Bickel,* DÖV 1983, 49). Zu einer auch aus verfassungsrechtlicher Sicht überfälligen Klärung führte die Neuregelung vom 17. 12. 1990 (4. VwGO-EntG – BGBl. I, 2809), wonach der vorläufige Rechtsschutz beim VA mit belastender Drittwirkung nicht über § 123 VwGO, sondern über § 80 VwGO gewährleistet ist (vgl. § 80 I 2, 80 a VwGO).

Demgegenüber betont das BVerfG die Gleichwertigkeit der bei- **8** den Alternativen des vorläufigen Rechtsschutzes (BVerfGE 51,

268, 283). Das ist aber nur auf den ersten Blick einleuchtend. Für den von einer Erlaubnis an einen Dritten betroffenen Kläger ist der Suspensiveffekt nicht weniger bedeutsam als für den Kläger, der sich gegen den Vollzug einer **staatlichen** Maßnahme richtet, und nur der Suspensiveffekt schafft sofortigen Schutz gegen diesen Vollzug. Wichtig ist aber in jedem Fall die **Lückenlosigkeit** des vorläufigen Rechtsschutzes, die von beiden Verfahren zu gewährleisten ist.

9   Das muß letztlich auch die in jüngerer Zeit verstärkte Diskussion um das Verhältnis von **Europarecht und vorläufigem Rechtsschutz** bestimmen. So richtig es ist, daß der vorläufige Rechtsschutz die Durchsetzung des Gemeinschaftsrechts nicht behindern darf (EuGH, NVwZ 1991, 460), so problematisch wäre es, daraus eine grundsätzliche Frontstellung abzuleiten oder gar die grundsätzliche aufschiebende Wirkung zu einer Art spezifisch deutscher Übertreibung zu stempeln (in diesem Sinne aber wohl *Classen,* NJW 1995, 2457, 2463). Im Gegenteil: Der vorläufige Rechtsschutz, insbesondere die aufschiebende Wirkung des § 80 VwGO, dient immer der Durchsetzung des Rechts gegenüber voreiligem Vollzug – nicht zuletzt auch der Durchsetzung des Gemeinschaftsrechts und der allgemeinen Rechtsgrundsätze, die Bestandteil des Gemeinschaftsrechts sind. Es ist deshalb völlig richtig, wenn das BVerfG den Gerichten aufgibt, auch im Streit um die Anwendung von Europarecht vorläufigen Rechtsschutz zu gewähren (BVerfG, KammerE, NJW 1995, 950). Soweit durch die unterschiedliche Praxis des vorläufigen Rechtsschutzes in den Mitgliedsstaaten vorübergehende Probleme in der Durchsetzung des Europarechts entstehen, ist dies für die Dauer des Verwaltungsprozesses hinzunehmen. Die Formel des EuGH (NVwZ 1991, 460), die aufschiebende Wirkung gegen gemeinschaftsrechtsvollziehende deutsche Verwaltungsakte könne nur gelten, wenn andernfalls ein nicht mehr gutzumachender Schaden drohe, wird diesem rechtsstaatlichen Mindeststandard jedenfalls nicht gerecht (ausführlich zum Problem auch *Rengeling/Middeke/Gellermann,* Rechtsschutz in der EU, S. 556; *Leupold,* NVwZ 1995, 553; *Pitschas,* in *Stober,* Rechtsschutz, S. 191).

Nach wie vor höchst umstritten ist die Frage, ob es auch im Verfahren zum vorläufigen Rechtsschutz eine Vorlagepflicht zum EuGH gibt (dazu *R. Koch,* NJW 1995, 2331).

II. Zur Entwicklung des vorläufigen Rechtsschutzes

Historisch gesehen war der vorläufige Rechtsschutz – seinem   **10**
Namen entsprechend – eine **vorübergehende** Sicherung bis zur Entscheidung in der Hauptsache, die dabei auch faktisch stets Hauptsache blieb.

Das ist heute nicht nur in den vielzitierten Großverfahren die Ausnahme.   **11**
Auch in den typischen Massenverfahren des Ausländer- und Asylrechts (vgl. dazu § 76 IV AsylVfG), nicht weniger aber auch im Bereich des Schul- und Hochschulrechts verlagert sich der Verwaltungsprozeß mehr und mehr in das Verfahren des vorläufigen Rechtsschutzes. So haben schon die bloße Dauer des Hauptsacheverfahrens vor dem VG und die Bedeutung des Faktors Zeit für die Lösung der meisten öffentlich-rechtlichen Probleme heute dazu geführt, daß eine oder sogar mehrere gerichtliche Entscheidungen des vorläufigen Rechtsschutzes das Hauptsachenverfahren begleiten, wenn nicht ersetzen. Die „Hauptsache" wird dann nicht selten zur Nebensache, ja der Rechtsstreit wird in der Hauptsache oft nicht einmal zu Ende geführt, weil die Entscheidung im Verfahren nach § 80 das Schicksal eines Projekts oder aber die Wirksamkeit prozessualer Abwehr besiegeln kann. Der Rechtsschutz in der Hauptsache dient dann oft nur noch der Folgenbeseitigung oder der sprichwörtlichen Vorbereitung eines Amtshaftungsprozesses.

Das alles ist nicht unbedenklich, aber es erklärt, warum Entscheidungen im vorläufigen Rechtsschutz heute so wichtig sind, daß auch ihre Begründungen oft alles andere als „vorläufig" oder gar oberflächlich sein dürfen. Abhilfe wäre wohl nur von der drastischen Reduzierung der Dauer des eigentlichen Verwaltungsprozesses zu erwarten, die aber nicht in Sicht ist.

Diese Bedeutung erklärt nicht zuletzt auch das wachsende Gewicht des vorläufigen Rechtsschutzes in Studium und Prüfung. Im Öffentlichen Recht gehören zumindest Grundkenntnisse der Verfahrensarten und der wichtigsten Zulässigkeitsvoraussetzungen und Begründetheitsstrukturen zum unverzichtbaren Kernbestand des Wissens in beiden Staatsprüfungen.

III. Die beiden Wege des vorläufigen Rechtsschutzes
(§ 80 und § 123 VwGO)

1. Allgemeines

12   Mit § 80 und § 123 VwGO hat der Gesetzgeber ein Regelungssystem des vorläufigen Rechtsschutzes geschaffen, das auf die Bedürfnisse des Öffentlichen Rechts zugeschnitten ist. Es unterscheidet sich schon wegen der fehlenden Gleichordnung der Beteiligten
grundlegend von den Regeln des vorläufigen Rechtsschutzes in
der ZPO. Das Zivilrecht kennt in der Regel keine einseitige
Rechtsgestaltung, kann auf die aufschiebende Wirkung also verzichten. Dafür sind einstweilige Verfügungen nach §§ 935/940
ZPO gegen die Änderung eines bestehenden Zustandes oder zur
Abwehr drohender Nachteile um so wichtiger, während die
VwGO dem Parallelinstitut der einstweiligen Anordnung erst den
zweiten Rang zuweist. Der **Arrest** fehlt im Verwaltungsprozeß-
recht ganz und muß in den seltenen Fällen der Sicherung einer
Geldforderung durch die Sicherungsanordnung nach § 123
VwGO ersetzt werden (VGH Mannheim, DÖV 1988, 976).

Das „System" des vorläufigen Rechtsschutzes der VwGO ist
einfacher, als es auf den ersten Blick den Anschein hat. Es beruht
auf einer exakten Ausrichtung am Streitgegenstand und an der
Klageart und läßt sich auf zwei Grundsätze zurückführen:

– Der vorläufige Rechtsschutz gegen **belastende Verwaltungsakte** wird
  grundsätzlich und ausschließlich durch die aufschiebende Wirkung nach
  § 80/80a VwGO erreicht. Dieser kommt also zur Anwendung, wenn die
  Klage in der Hauptsache eine Anfechtungsklage ist oder sein würde.
– In **allen übrigen** Problemkonstellationen und Klagearten kommt die einstweilige Anordnung nach § 123 zur Anwendung. Dies gilt bei allen Klagearten **außer** der Anfechtungsklage.

2. Einzelheiten zum Verhältnis von § 80 und § 123 VwGO

13   Die Verfahren nach § 80 und § 123 VwGO schließen sich aus,
wobei § 80 der Vorrang zukommt (vgl. § 123 V). Zwar verhindert das Gericht auch mit einer Entscheidung nach § 80 V die
„Veränderung eines bestehenden Zustands" und wendet die Ge-

fahr eines Nachteils durch Vollzug des VA ab. Die aufschiebende Wirkung des § 80 I VwGO selbst aber gilt viel direkter: Hier **ist** die Veränderungsgefahr schon mit der Einlegung des Rechtsbehelfs vorläufig abgewendet, weil dem belastenden VA durch den Suspensiveffekt von Widerspruch und Anfechtungsklage gleichsam „Zügel angelegt" werden. Damit erreichen Widerspruchsführer und Kläger bereits ausreichenden Schutz, weil der status quo jedenfalls vorläufig erhalten bleibt. Anlaß für weitergehenden Schutz besteht in der Regel nicht. Sofern ein solches Bedürfnis besteht, kann das Gericht nach § 80a I 2 zusätzliche Maßnahmen zur Sicherung treffen.

Anders bei Verpflichtungsklagen und anderen Klagen: Hier würde die aufschiebende Wirkung nur die Ablehnung suspendieren, der Kläger wäre aber keinen Schritt weiter – und das, obwohl auch bei Ablehnung einer Zulassung bis zum Ende des Rechtsstreits schwerwiegende Folgen drohen. Deshalb muß hier eine **zusätzliche,** für den Kläger positive Entscheidung des Gerichts eine Änderung oder jedenfalls zusätzliche Sicherung eines Rechtszustandes bringen: Die einstweilige Anordnung nach § 123.

Die Weichenstellung zwischen § 80 und § 123 richtet sich – wie betont – nach dem Streitgegenstand. Liegt ein belastender VA vor, so ist vorläufiger Rechtsschutz über § 80 zu gewähren. Das gilt auch, wenn die Belastung von einem VA mit Drittwirkung ausgeht (§ 80 I 2, § 80a, § 123 V). Die Grenze ist also strikt formal. Liegt kein VA vor oder fehlt diesem wegen fehlerhafter Bekanntgabe die Wirksamkeit, so ist vorläufiger Rechtschutz nicht nach § 80 sondern nach § 123, gegeben (VGH Mannheim, NVwZ 1981, 1195).

Die Abgrenzung ist eine Frage der **Statthaftigkeit.** Für sie **14** kommt es daher z. B. auch auf die Abgrenzung von belastendem und begünstigendem VA sowie von Realakt und VA an.

Beispiele: Vorläufiger Rechtsschutz bei **negativer Konkurrentenklage** über § 80 (z. B. aufschiebende Wirkung des Widerspruchs gegen eine Ernennung des Konkurrenten); vorläufiger Rechtsschutz gegen die Nichtversetzung in der Schule (Versetzung ist begünstigender VA) nach § 123, **nicht** § 80 (VGH München, BayVBl. 1986, 247); Rechtsschutz gegen belastende Auflage nach § 80, soweit es sich nicht um „modifizierende" Auflage = veränderte Genehmigung handelt; Rechtsschutz gegen beamtenrechtliche Umsetzung; keine aufschiebende Wirkung, da nicht VA (Gegenbeispiel: Versetzung = VA = vorläufiger Rechtsschutz nach § 80).

15   Bis zur gesetzlichen Klarstellung in § 80 I 2 und § 80a VwGO war die aufschiebende Wirkung bei **Verwaltungsakten mit Drittwirkung** heftig umstritten. Während die Mehrzahl der OVG und VGH schon immer § 80 auch in dieser Fallkonstellation anwendete; dabei z. B. dem Widerspruch und der Anfechtungsklage des Nachbarn gegen eine Baugenehmigung grundsätzlich aufschiebende Wirkung zusprachen und keine einstweilige Anordnung auf bauaufsichtliche Maßnahmen zuließen (exemplarisch VGH München, DVBl. 1982, 1013), beharrte das OVG Münster darauf, Rechtsschutz könne in diesen Fällen nur über § 123 gewährt werden (vgl. etwa NJW 1966, 2281; NVwZ 1985, 593), während das OVG Lüneburg in der Erteilung der Baugenehmigung grundsätzlich die Anordnung des sofortigen Vollzugs sah, gegen den sich der Nachbar nach § 80 V wehren müsse (vgl. OVG Lüneburg, OVGE 21, 450, 454).

16   Dieses Problem hing mit dem Streit um die exakte Wirkung des Suspensiveffekts zusammen (dazu § 32 RdNr. 2 ff.). Nur Vertretern der „Wirksamkeitstheorie" bereitete es keine Schwierigkeiten, die aufschiebende Wirkung auch für den Widerspruch des Nachbarn anzunehmen, da dieser grundsätzlich die Wirksamkeit des VA – gleichgültig wem gegenüber – erfaßt. Dagegen schien die „Vollziehbarkeitslehre" nur auf die Vollstreckung durch die Behörde bezogen, während ein privates „Gebrauchmachen" von der Erlaubnis nur durch zusätzliche staatliche Maßnahmen verhindert werden konnte. Der Streit war aber schon vor der Gesetzesänderung müßig, wenn man die (als solche allein mit § 43 VwVfG vereinbare) Vollziehbarkeitslehre nur leicht modifiziert und die Suspensivwirkung nicht nur auf die **staatliche** Vollstreckung sondern auf **jede** (auch private) Verwirklichung der Begünstigung erstreckt.

17   Nach § 80 I 2 VwGO in der Fassung des 4. VwGO-ÄndG (BGBl. I, 2809 – sehr gute Übersicht über die Regelungen im einz. b. *Kopp,* ZRP 1993, 457) ist nunmehr gesetzlich klargestellt: Widerspruch und aufschiebende Wirkung gelten auch gegenüber dem Gebrauchmachen durch den begünstigten Adressaten. Damit ist § 80 VwGO auch bei diesem Falltyp die richtige Art des vorläufigen Rechtsschutzes und umstritten ist allenfalls noch, ob gegen den „Weiterbau trotz Widerspruchs" eine zusätzliche einstweilige Anordnung in Betracht kommt. Nach Inkrafttreten des § 80a I 2 und III wird auch diese Möglichkeit jetzt aber verdrängt, weil Behörde und Gericht durch Sicherungsmaßnahmen helfen können (so z. B. OVG Koblenz, NVwZ 1993, 699). Das umfaßt

auch die Stillegung eines trotz Widerspruchs fortgeführten Bau-
vorhabens.

Geklärt ist nunmehr auch, daß § 80 bei besonderen Formen des   **18**
VA, also Allgemeinverfügung, feststellendem VA usw., anzuwenden ist. Bei der Allgemeinverfügung tritt die aufschiebende
Wirkung dann jeweils nur gegenüber dem Widerspruchsführer
bzw. Kläger ein (*Stern*, Verwaltungsprozessuale Probleme, § 6 II).

Bei allen Klagearten – außer der Anfechtungsklage – gilt § 123
VwGO. Es gibt also keine Lücken im vorläufigen Rechtsschutz,
die nicht durch einstweilige Anordnung zu schließen wären.

Literatur zu § 31: *Schoch*, Vorläufiger Rechtsschutz und Risikoverteilung
im Verwaltungsrecht (1988); *ders.*, Der vorläufige Rechtsschutz im 4. VwGO-
Änderungsgesetz, NVwZ 1991, 1121; *Redeker*, Die Neugestaltung des vorläufigen Rechtsschutzes in der VwGO; NVwZ 1991, 526; *Schmaltz*, Probleme
des vorläufigen Rechtsschutzes im Baunachbarrecht, DVBl. 1992, 230; *Triantafyllou*, Zur Europäisierung des vorläufigen Rechtsschutzes, NVwZ 1992, 129;
Schenke, VwProzR, Rd.-Nr. 927 ff.; *Bosch/Schmidt*, Praktische Einführung,
S. 252 ff.; *Kuhla/Hüttenbrink*, DVwProz, S. 271 ff.; *Brühl*, Vorläufiger
Rechtsschtuz im Verwaltungsstreitverfahren, JuS 1995, 722, 818, 916; *Pitschas*, in Stober, Rechtsschutz, S. 118 ff.

§ 32 Der vorläufige Rechtsschutz gegen belastende Verwaltungsakte nach § 80/80a VwGO

I. Die Regel: Aufschiebende Wirkung von Widerspruch und Anfechtungsklage (§ 80 I VwGO)

1. Allgemeines

Anfechtungswiderspruch und Anfechtungsklage haben nach   **1**
§ 80 VwGO aufschiebende Wirkung. Für den Adressaten des VA
ist vor allem von Interesse, daß der belastende VA nicht vollzogen
werden kann, daß eine drohende Verschlechterung des status quo
nicht eintritt, daß er eine untersagte Tätigkeit weiter ausüben
kann, daß der Nachbar von einer Baugenehmigung vorläufig
nicht Gebrauch machen kann usw. Die exakte „Wirkung der aufschiebenden Wirkung" oder die Frage: „Was suspendiert der Suspensiveffekt?" sind daher für den eigentlichen Betroffenen ohne

Belang. Auch der verfassungsrechtliche Rang des vorläufigen Rechtsschutzes verlangt nur, daß der VA bei eingelegtem Rechtsbehelf nicht vollzogen wird; nicht aber, daß er als solches (vorläufig) unwirksam ist.

Gleichwohl ist es zum Grundverständnis des vorläufigen Rechtsschutzes nötig, sich die **exakte Wirkung** des Suspensiveffekts zu verdeutlichen: Ist die Wirksamkeit des VA als solche betroffen, dann hat die aufschiebende Wirkung gleichsam „Rundum-Geltung"; ist dagegen nur die Vollziehbarkeit gehemmt, dann gilt die aufschiebende Wirkung – streng genommen – nur gegenüber dem jeweiligen Träger des Vollzugs.

2. Wirksamkeits- und Vollstreckbarkeitstheorie

2   Der Streit um die exakte Bedeutung der aufschiebenden Wirkung ist so alt wie § 80 VwGO selbst. Er konzentriert sich um die Stichworte **„Wirksamkeitstheorie"** und **„Vollstreckbarkeitstheorie"**.

Nach der Wirksamkeitstheorie bezieht sich der vorläufige Rechtsschutz auf die Geltung (die Wirksamkeit) des VA **als solche.** Mit der Einlegung des Rechtsbehelfs fehlt dem VA hier die zentrale Kraft und Bedeutung der Wirksamkeit im Sinne von § 43 VwVfG (Wirksamkeitshemmung – in diesem Sinne *Schoch,* Vorläufiger Rechtsschutz, 1165; *ders.,* NVwZ 1991, 1122 jeweils mit umfassenden Nachweisen; vermittelnd – eingeschränkte Wirksamkeitstheorie – *Schenke,* VwProzR Rd.-Nr. 951 ff.).

Als **Gründe** für diese Auffassung werden genannt:

– Nur mit der Wirksamkeitshemmung sei der Suspensiveffekt gegenüber dem begünstigten Adressaten beim VA mit Drittwirkung erklärbar;
– nur so lasse sich erklären, daß die aufschiebende Wirkung auch gegenüber dem unmittelbar rechtsgestaltenden, feststellenden oder sonstigen Verwaltungsakt gilt, der nicht i. e. S. vollstreckbar ist.

3   Demgegenüber vertritt das BVerwG seit langem die sogenannte **Vollstreckbarkeitstheorie:** Hemmung des Vollzugs, nicht der Wirksamkeit (BVerwGE 13, 1, 5 st. Rspr.; 66, 222).

Diese Auffassung hat die überzeugenderen Gründe für sich:

– Für sie sprechen vor allem Wortlaut und Bedeutung von § 43 VwVfG, der ausdrücklich die Wirksamkeit des VA bis zu dessen Aufhebung bestimmt und die aufschiebende Wirkung nicht erwähnt. Dabei ist sogar fraglich, ob der Bundesgesetzgeber überhaupt die Wirksamkeit oder Unwirksamkeit eines nach Landesrecht geregelten VA bestimmen dürfte (*Renck,* BayVBl. 1991, 743). Wenn es das wichtigste Kennzeichen des VA ist, daß er eine einseitige, durch die gesetzliche Eingriffsgrundlage legitimierte Wirksamkeit erzeugt, dann kann diese nicht durch den Rechtsbehelf des Bürgers allein suspendiert werden.

– Scheinbare dogmatische Widersprüche im Zusammenhang mit der „Vollstreckbarkeitslehre" können vermieden werden, wenn nicht einseitig auf die Vollstreckbarkeit abgestellt wird, sondern alle negativen Folgen der **Verwirklichung** des VA erfaßt werden. Dann können auch der rechtsgestaltende oder feststellende VA sowie der VA mit Drittwirkung einbezogen werden: Suspendiert wird dann nicht die „Vollstreckung"; aufgeschoben werden vielmehr die negativen Folgen der Feststellung bzw. des Gebrauchmachens durch einen Dritten.

Es ist also festzuhalten, daß bei der aufschiebenden Wirkung die   **4** Wirksamkeit des VA als solche erhalten bleibt. Mit § 80 wird vielmehr eine **Vollzugs**hemmung unter Einschluß des Gebrauchmachens von einer Erlaubnis und negativer Folgen von Feststellungen und Rechtsgestaltungen erreicht. Der angefochtene VA ist und bleibt wirksam (§ 43 VwVfG). Er darf aber nicht vollzogen werden und von ihm darf auch durch Behörden oder Dritte nicht Gebrauch gemacht werden. Auch dürfen keine sonstigen Folgen wie Strafen, Säumniszuschläge, Sanktionen usw. verhängt werden. Umgekehrt handelt ein Dritter rechtswidrig und damit „bußgeldauslösend", wenn er trotz aufschiebender Wirkung von einer Erlaubnis Gebrauch macht.

3. Aufschiebende Wirkung des unzulässigen Rechtsbehelfs

Weitgehend entschieden ist vor dem Hintergrund von Art. 19   **5** IV GG auch der alte Streit, ob ein unzulässiger Rechtsbehelf aufschiebende Wirkung hat. Das wurde teils grundsätzlich, teils bei bestimmten Gründen der Unzulässigkeit, teils beim VA mit Drittwirkung verneint. Im **Grundsatz** gilt hier: Auch die Zulässigkeit des Widerspruchs oder der Anfechtungsklage ist erst im Widerspruchsverfahren oder im Prozeß selbst zu prüfen, und es dürfen nicht vollendete Tatsachen vor dieser Prüfung geschaffen werden. Deshalb hat auch der unzulässige Rechtsbehelf grundsätzlich aufschiebende Wirkung. Alle Versuche, unbilligen Ergebnissen mit einem abstrakten Maßstab der „Offensichtlichkeit" oder „Aussichtslosigkeit" entgegenzutreten (so insbesondere OVG Hamburg, DÖV 1988, 308; OVG Bremen, DÖV 1988, 611), sind bedenklich, weil sich auch die Offensichtlichkeit erst im Laufe des Verfahrens herausstellen kann. Ungerechte Ergebnisse können zudem durch die Anordnung des sofortigen Vollzugs verhindert werden, ohne daß die Regel des § 80 I VwGO durchbrochen werden müßte.

6   Eine **Ausnahme** besteht nur im Fall der Unzulässigkeit durch Fristablauf, wenn der VA also schon bestandskräftig ist. Dann ist der Betroffene nicht schutzwürdig, und beim VA mit Drittwirkung ist bereits eine gefestigte Rechtsposition des Begünstigten entstanden, die es rechtfertigt, die aufschiebende Wirkung grundsätzlich zu versagen. Geht der Streit aber gerade darum, **ob** der Widerspruch oder die Anfechtungsklage verfristet ist, muß zunächst die aufschiebende Wirkung gelten (so zu Recht OVG Münster, NVwZ 1987, 334; VGH Kassel, DÖV 1989, 361).

7   Bei einem **Formfehler** kann der Widerspruch als solches unwirksam sein, erzielt dann also auch keine aufschiebende Wirkung. Eine weitere Ausnahme gilt nach wohl richtiger Auffassung, wenn sich der Kläger auf eine Position beruft, die ihm unter **keinem** denkbaren Gesichtspunkt wirklich zustehen kann.

Beispiel: Klage eines in Norddeutschland Lebenden gegen den Planfeststellungsbeschluß über eine Autobahn im Allgäu mit Begründung, die Alpen müßten vor weiteren Straßenbauprojekten geschützt werden; Klage eines „Spaßvogelbewerbers" gegen die Ernennung seines „Konkurrenten" im Beamtenrecht (ähnlich *Schmitt Glaeser*, VwProzR, Rd.-Nr. 248 m. w. Literatur zu diesem Streit; bedenklich weitgehend BVerwG, NJW 1993, 1610: keine aufsch. Wkg. bei fehlender Kl.-befugnis).

4. Die Dauer der aufschiebenden Wirkung

8   Die aufschiebende Wirkung besteht nicht „automatisch" von der Bekanntgabe bis zum Eintritt der Bestandskraft; sie tritt viel-

mehr nach § 80 I VwGO erst mit der Einlegung des Widerspruchs bzw. mit der Erhebung der Klage ein. Dann wirkt sie aber auf den Erlaß des VA zurück, d. h. ein zwischenzeitliches Verhalten war nicht etwa rechtswidrig. Etwaige Vollzugsmaßnahmen sind auszusetzen bzw. rückgängig zu machen. Die aufschiebende Wirkung besteht auch zwischen Widerspruchsbescheid und Anfechtungsklage; d. h., hier entsteht keine „Lücke", wenn der Kläger sich nach einem ablehnenden Widerspruchsbescheid Zeit bis unmittelbar vor Fristablauf (§ 74) zur Klageerhebung läßt (umstritten). Nach Abschluß des Widerspruchsverfahrens kann aber nicht mehr die aufschiebende Wirkung des Widerspruchs angeordnet werden – hier suspendiert nur noch die Anfechtungsklage (OVG Hamburg, NVwZ 1987, 515). Die aufschiebende Wirkung dauert über den ganzen Prozeß bis zur Bestandskraft des VA, sofern nicht zwischenzeitlich die sofortige Vollziehung durch die Behörde oder das Gericht angeordnet wird (OVG Hamburg, DÖV 1989, 360). Diese Einzelfallentscheidungen sind dem gesetzgeberischen Vorhaben vorzuziehen, die aufschiebende Wirkung mit dem erstinstanzlichen Urteil wegfallen zu lassen (BRatsDrucks. 327/94).

Literatur zu § 32 I: *Schoch,* Suspensiveffekt unzulässiger Rechtsbehelfe nach § 80 I VwGO?, BayVBl. 1983, 358; G. *Scholz,* Die aufschiebende Wirkung von Widerspruch und Anfechtungsklage gemäß § 80 VwGO, FS Menger (1985), 641; H. *Jäde,* Sofortvollzug bei aussichtslosem Nachbarwiderspruch?, NVwZ 1986, 101; *Schwerdtner,* Die aufschiebende Wirkung – Notwendigkeit eines effektiven Rechtsschutzes, NVwZ 1987, 473; *Schubert,* Ende der aufschiebenden Wirkung bei Verwaltungsakten mit Doppelwirkung, NVwZ 1990, 638; *Renck,* Gesetzgebungsbefugnis und sofortige Vollziehbarkeit, BayVBl. 1991, 743.

II. Gesetzliche Ausnahmen vom Grundsatz der aufschiebenden Wirkung

1. Allgemeines

Vorläufiger Rechtsschutz ist immer Risikoverteilung und Kompromiß zwischen Vollzugsinteresse einerseits und „Aufschiebungsinteresse" andererseits. Deshalb ordnet § 80 I VwGO die aufschiebende Wirkung auch nur für den Regelfall an. Eine Um- 9 kehrung des Regel-Ausnahmeverhältnisses kann jedoch **durch Gesetz** vorgenommen werden, wenn der Vorrang des öffentlichen oder privaten Vollzugsinteresses im allgemeinen unterstellt wird (§ 80 II 1–3); sie kann durch die Behörde angeordnet werden, wenn im begründungsbedürftigen Einzelfall ein solcher Vorrang besteht (§ 80 II Nr. 4).

2. Spezielle Regelungen durch Bundesgesetz

10   Die aufschiebende Wirkung entfällt – nach dem Grundsatz der Spezialität **zuerst** zu prüfen – in besonderen, durch förmliches Bundesgesetz vorgesehenen Fällen, wobei die Regelung sich ausdrücklich auf den Ausschluß oder die Einschränkung der aufschiebenden Wirkung bzw. auf den Eintritt der sofortigen Vollziehbarkeit beziehen muß. Anders als bei Vollstreckungsmaßnahmen (§ 187 III VwGO) reicht ein Landesgesetz nicht.

Die wichtigsten bundesgesetzlichen Fälle sind:

– Vollziehbarkeit der Ausreisepflicht (§ 42 AuslG) u. Maßnahmen im Asylverfahren (§ 75 AsylVfG);
– keine aufschiebende Wirkung bei Widerspruch und Anfechtungsklage gegen Einberufungs- und Musterungsbescheid (§ 33 V 2; 35 I 1 WPflG);
– keine aufschiebende Wirkung bei Wohnbaumaßn. (§ 10 II BauGBMaßnG, Vorhaben nach VerkehrswegebeschlG sowie nach § 17 VI a BFernstrG);
– besondere Fälle der Gefahrenabwehr (z. B. § 35 II BSeuchenG; § 80 TierSG; § 11 III ChemG – weitere Fälle bei *Kuhla/Hüttenbrink*, DVwProz, S. 281).

3. Öffentliche Abgaben und Kosten (§ 80 II Nr. 1 VwGO)

11   Die aufschiebende Wirkung entfällt bei der Anforderung von **öffentlichen Abgaben und Kosten.** Als Grund wird immer wieder lapidar genannt, daß die Finanzierung notwendiger öffentlicher Aufgaben nicht gefährdet werden soll. Der eigentliche Grund liegt aber in der Planbarkeit öffentlicher Mittel und darin, daß schon wegen des Zinsvorteils andernfalls gegen Abgaben- und Kostenbescheide Rechtsbehelfe besonders verlockend wären. Zu beachten ist aber § 80 IV 3, wonach die Behörde den Abgabenbescheid aussetzen soll, wenn ernstliche Zweifel an der Rechtmäßigkeit des angegriffenen VA bestehen oder wenn die Vollziehung für den Abgaben- oder Kostenpflichtigen eine unbillige, nicht durch überwiegende öffentliche Interessen gebotene Härte zur Folge hätte (daß hier eine unbillige Härte durch überwiegende öffentliche Interessen „geboten" sein kann, sei nur am Rande erwähnt).

Abgaben sind hoheitliche Geldforderungen zur Deckung des Finanzbedarfs, also Steuern, Gebühren und Beiträge. Wichtig ist, daß der Ertragszweck und nicht ein weiterer Verwaltungszweck im Mittelpunkt steht. Erfaßt werden deshalb nicht Lenkungs- und Ausgleichsabgaben (umstr., a. A. z. B. *Pietzner/Ronellenfitsch*, Assessorexamen, § 54, Rd.-Nr. 6).

Beispiele für nicht erfaßte Ausgleichsabgaben: Geldleistung zur Ablösung der Stellplatzpflicht, Abgabe zum Abbau von Fehlsubventionierung (VGH München, BayVBl. 1992, 54). Auch der Widerruf einer Stundung ist **nicht** Anforderung von öffentlichen Abgaben im Sinne von § 80 II 1 VwGO.

Kosten sind Gebühren und Auslagen für Verwaltungsleistungen, nicht aber Zwangsgelder, Säumniszuschläge usw.

4. Unaufschiebbare Anordnungen und Maßnahmen von Polizeivollzugsbeamten (§ 80 II 2 VwGO)

Diese Ausnahmevorschrift hat zwei wesentliche Voraussetzungen: Zum einen muß es sich um Polizei**vollzugs**maßnahmen handeln. Gemeint ist hier die Polizei im institutionellen Sinne, nicht also allgemeine Sicherheits- und Ordnungsbehörden; auch nicht die sogenannte „Sitzungspolizei", z. B. im Gemeinderat.   **12**

Zum anderen müssen die Anordnungen **unaufschiebbar**, d. h. ein sofortiges Eingreifen der Polizei muß erforderlich sein.

Beide Voraussetzungen werden auch für **Verkehrszeichen und Parkuhren** bejaht (BVerwG, NJW 1978, 656; BVerwG, DÖV 1988, 694 – Parkuhr als sofort vollziehbares Wegfahrgebot). Die Unaufschiebbarkeit dürfte bei letztgenannten Beispielen aber wohl nicht in der Gefahr, sondern in der notwendigen Gleichzeitigkeit und allgemeinen Beachtung des Inkrafttretens liegen. Unabhängig davon sollte der Gesetzgeber endlich die Anwendung der Ausnahmebestimmung auf Verkehrszeichen klarstellen.

5. Maßnahmen der Verwaltungsvollstreckung (§ 187 III VwGO)

13   Vollstreckungsmaßnahmen können VAe sein, gegen die grundsätzlich Widerspruch und Anfechtungsklage in Betracht kommen. Deshalb ermächtigt § 187 III VwGO die für die Vollstreckung zuständigen Landesgesetzgeber zum Ausschluß oder zur Einschränkung der aufschiebenden Wirkung von Rechtsbehelfen gegen solche „Vollstreckungs-VAe", wovon nahezu ausnahmslos Gebrauch gemacht wurde.

> **Literatur zu § 32 II:** *Huba,* Grundfälle zum vorläufigen Rechtsschutz nach der VwGO, JuS 1990, 382, 385; *Jäde,* Zur sofortigen Vollziehbarkeit von Baugenehmigungen nach § 10 II BauGBMaßnG, BayVBl. 1992, 329; *Lorz,* Der Rechtsschutz einfacher Verkehrsteilnehmer gegen Verkehrszeichen und andere verkehrsbehördliche Anordnungen, DÖV 1993, 129; *Schmitt Glaeser,* VwProzR, Rd.-Nr. 262; *Pietzner/Ronellenfitsch,* Assessorexamen, § 54.

III. Die Anordnung der sofortigen Vollziehung (§ 80 II Ziff. 4/§ 80a I 1)

14   Liegt eine gesetzliche Ausnahme von der aufschiebenden Wirkung nicht vor, so können die Ausgangsbehörde und die Widerspruchsbehörde – sowie nach § 80a III 1 auch das Gericht – die sofortige Vollziehung im öffentlichen Interesse oder im überwiegenden Interesse eines Beteiligten besonders anordnen. Den Sonderfall der Anordnung des sofortigen Vollzugs beim Drittwiderspruch (und der Klage eines belasteten Dritten) regelt seit 1991 § 80a I, der aber teilweise gegenüber § 80 nur klarstellende Funktion hat.

1. Zuständige Behörde

15   In § 80 II 4 VwGO ist klargestellt, daß sowohl die Ausgangsbehörde als auch die Widerspruchsbehörde die Anordnung der sofortigen Vollziehung treffen können. Das heißt zum einen, daß die Ausgangsbehörde auch nach der Abgabe an die Widerspruchsbehörde zuständig bleibt; das heißt umgekehrt, daß die Widerspruchsbehörde selbst vor Einleitung des Widerspruchsverfahrens zuständig ist (VGH München, BayVBl. 1988, 152; *Pietzner/Ronellenfitsch,* Assessorexamen, § 55, Rd.-Nr. 2).

Diese gesetzlich offenbar gewollte „Zuständigkeitskonkurrenz" führt in der Praxis zu erheblichen Schwierigkeiten. Das gilt besonders, weil die Anordnung Ermessensentscheidung ist, und die Widerspruchsbehörde nicht immer zur Zweckmäßigkeitskontrolle befugt ist. In jedem Fall erlischt die Sachherrschaft der Widerspruchsbehörde mit Ende des Widerspruchsverfahrens (VGH München, BayVBl. 1988, 86). Bis dahin darf sich die Ausgangsbehörde außerhalb des Selbstverwaltungsbereichs aber schon wegen der allgemein bestehenden Weisungsabhängigkeit nicht in einen Gegensatz zur Widerspruchsbehörde stellen (VGH München, NVwZ-RR 1990, 594). An eine gerichtliche Entscheidung nach § 80 V sind ohnehin beide Behörden gebunden.

Nach § 80 a III besteht – auch außerhalb des Verfahrens nach § 80 V – zudem **16** eine „Zuständigkeitskonkurrenz" zwischen den beteiligten Behörden und dem Gericht. Auch das führt zu zahlreichen Schwierigkeiten, insbesondere im Hinblick auf das Rechtsschutzbedürfnis, wenn der Begünstigte noch nicht versucht hat, die Behörde zur Anordnung der sofortigen Vollziehung zu bringen (dazu unten, Rd.-Nr. 37).

2. Form und Verfahren

Rechtlich ist die Anordnung der sofortigen Vollziehung kein **17** eigener VA, sondern eine – nur explizit, nicht konkludent zu treffende – **Nebenentscheidung zum VA,** die allerdings auch völlig getrennt ergehen kann. Fallen beide Entscheidungen zusammen, so muß das Verwaltungsverfahren die Voraussetzungen der Anordnung mitgeklärt haben. Fallen sie auseinander, so müssen – jedenfalls in Grundzügen – die entsprechenden Vorschriften des VwVfG zur Anhörung, Akteneinsicht, Sachaufklärung, Beratung usw. analog angewandt werden. Insbesondere muß der Betroffene zu den im Vergleich zum Ausgangsverfahren zusätzlichen Tatsachenaspekten angehört werden (*Hufen,* Fehler im Verwaltungsverfahren, 420; *Kopp,* VwGO, § 80, Rd.-Nr. 64 b; anders teilw. die Rechtsprechung – vgl. OVG Koblenz, NVwZ 1988, 748; OVG Schleswig, DÖV 1993, 169).

Besonders wichtig ist – neben der Schriftlichkeit der Anord- **18** nung – die schriftliche **Begründung** (§ 80 III 1 VwGO). Diese muß klar erkennen lassen, warum das besondere Interesse an der sofortigen Vollziehung besteht und warum es das Individualinteresse an der aufschiebenden Wirkung übersteigt. Die Begründung darf sich damit nicht in Formeln, der Wiedergabe des Gesetzeswortlauts oder einer Bezugnahme auf die eigentliche Entscheidung erschöpfen. Das gilt auch, wenn die Anordnung mit dem VA verbunden ist. Fehlt die Begründung oder ist sie unzureichend, dann ist die Anordnung der sofortigen Vollziehung jedenfalls rechtswidrig und die aufschiebende Wirkung ist in jedem Fall wiederherzustellen (OVG Magdeburg, DVBl. 1994, 808). Die Zulassung eines „Nachschiebens von Gründen" würde diesem klaren Zweck widersprechen (so zu Recht *Pietzner/Ronellenfitsch,* Assessorexamen, § 55, Rd.-Nr. 41; *Schenke,* VwProzR, Rd.-Nr. 981).

3. Inhaltliche Voraussetzungen

19   Inhaltlich ist zu berücksichtigen, daß die aufschiebende Wirkung die verfassungsrechtlich gewollte Regel, die Anordnung des sofortigen Vollzugs die begründungsbedürftige Ausnahme ist (BVerfGE 35, 263, 274; 35, 382, 402). Das gilt auch und gerade bei Großprojekten, die auch dann nicht die Rechtfertigung gleichsam „in sich" tragen, wenn sie z. B. lange erhobene Forderungen nach der Verbesserung der Leichtigkeit und Sicherheit des Verkehrs verwirklichen (VGH Kassel, NVwZ 1986, 849).

Wenn das Gesetz von „öffentlichem Interesse" oder „überwiegendem Interesse eines Beteiligten" spricht, heißt dies im übrigen **nicht,** daß das öffentliche Interesse gegenüber dem individuellen Rechtsschutz stets überwiegt und damit die Anordnung der sofortigen Vollziehung rechtfertigt. In **beiden** Fällen geht es vielmehr um eine Abwägungsentscheidung, die alle für und gegen die sofortige Vollziehung sprechenden Gründe einzustellen sind.

20   Die **Erfolgsaussichten des Widerspruchs und der Klage** im Hauptsacheverfahren sollen zwar nur summarisch geprüft werden, sie spielen aber selbstverständlich bei der Interessenabwägung – nicht erst bei der eigentlichen Entscheidung – eine Rolle (BVerfGE 69, 305, 363; VGH München, BayVBl. 1991, 275). So hat die Anordnung der sofortigen Vollziehung bei einer schon nach oberflächlicher Betrachtung rechtswidrigen Entscheidung ihrerseits die Vermutung der Rechtswidrigkeit gegen sich. Umgekehrt kann die Behörde bei einer gebundenen Entscheidung, die nur dem Gesetzeswortlaut folgt, eher den Sofortvollzug anordnen als bei einer rechtlich wie faktisch besonders umstrittenen Entscheidung (Näheres unten, Rd.-Nr. 40 ff.).

4. Die Entscheidung und ihre Folgen

Ergeht die Entscheidung nach § 80 II 4 VwGO, dann entfällt – **21** mit diesem Zeitpunkt für den Adressaten – und **nur** für diesen – die aufschiebende Wirkung; d. h. der VA kann vollzogen werden, er muß beachtet werden, von einer Erlaubnis kann Gebrauch gemacht werden usw. Die Anordnung kann auch beschränkt, auf Zeit erfolgen oder mit Auflagen versehen werden. Lehnt die Behörde einen Antrag auf Anordnung der sofortigen Vollziehung ab, so kann der Antragsteller gerichtliche Hilfe nach § 80a III in Anspruch nehmen. Das Gericht kann dann die Behörde zur Entscheidung zwingen. Das Verfahren richtet sich hierbei nach § 80 V. Nach § 80a III kann das Gericht auch die stattgebende Entscheidung ändern oder aufheben. Auch die Behörde selbst kann nach § 80 IV die Vollziehung aussetzen.

Ist die Anordnung des Sofortvollzugs rechtswidrig, dann muß **22** das Verwaltungsgericht die aufschiebende Wirkung nach § 80 V wiederherstellen. Eine erneute Anordnung kann dann – jedenfalls sofern sich die Voraussetzungen nicht grundsätzlich ändern – nicht ergehen (OVG Koblenz, DÖV 1987, 302). Wurde die aufschiebende Wirkung wegen eines Begründungsmangels wiederhergestellt, so ist es allerdings zulässig, daß die Behörde – nunmehr mit ausreichender Begründung – die Anordnung der sofortigen Vollziehung erneuert.

Literatur zu § 32 III: J. *Limberger,* Probleme des vorläufigen Rechtsschutzes bei Großprojekten (1985); *Schoch,* Vorläufiger Rechtsschutz und Risikoverteilung im Verwaltungsrecht (1988), 1234 ff.; *Hufen,* Fehler im Verwaltungsverfahren, Rd.-Nr. 420 ff.

IV. Die Aussetzung der Vollziehung (§ 80 IV)

23 Das „Gegenstück" zur Anordnung der sofortigen Vollziehung regelt § 80 IV: Die Aussetzung der Vollziehung. Diese läuft auf eine Negation der Negation, nämlich auf die Herstellung oder Wiederherstellung der aufschiebenden Wirkung **durch die Behörde** hinaus. Sie kann sich auf beide Fälle des Sofortvollzugs – den durch Gesetz oder durch besondere Anordnung – beziehen. In der Praxis scheint sie eine unverdient geringe Rolle zu spielen, was sich aber ändern kann, wenn der jetzt durch § 80 VI zum Ausdruck kommende Vorrang der Behördenentscheidung ernstgenommen wird.

1. Zuständigkeit

24 Wie bei der Anordnung der sofortigen Vollziehung sind jetzt ausdrücklich Ausgangsbehörde **und** Widerspruchsbehörde für die Aussetzung zuständig. Auch hier besteht also eine bewußte Zuständigkeitskonkurrenz, und die Widerspruchsbehörde kann sich bereits nach Ergehen des VA in das Verfahren einschalten – dies aber wohl nur bis zum Abschluß des Widerspruchsverfahrens (VGH München, NVwZ 1988, 746; zur in dieser Entscheidung liegenden Widersprüchlichkeit aber *Schoch,* NVwZ 1991, 1123).

Die Aussetzung des Sofortvollzugs durch das Gericht ist abschließend in § 80 V geregelt; § 80 IV ist insofern nicht anwendbar.

2. Form und Verfahren

25 Die Entscheidung kann von Amts wegen oder auf Antrag ergehen (vgl. auch § 80 a I 2 VwGO). Liegt in ihr eine Belastung des begünstigten Adressaten, so wird man aus den gleichen Gründen wie bei der einstweiligen Anordnung eine Anhörung des Betroffenen und eine ausdrückliche Begründung der Aussetzung verlangen müssen. So muß die Behörde darstellen, warum sie von der gesetzlichen Entscheidung für den Sofortvollzug in Fällen des § 80 II 1–3 bzw. von der behördlichen Entscheidung zu Gunsten der sofortigen Vollziehbarkeit nunmehr abweichen will.

3. Inhaltliche Voraussetzungen

So wie bei der Anordnung der sofortigen Vollziehung das **26** Vollzugsinteresse Vorrang vor dem Interesse an der aufschiebenden Wirkung haben muß, kann die Entscheidung nach § 80 IV nur ergehen, wenn unter Berücksichtigung aller Belange – einschließlich der Erfolgsaussichten des Rechtsbehelfs – das Aussetzungsinteresse durchschlägt. Ernsthafte Zweifel an der Rechtmäßigkeit der Ausgangsentscheidung müssen aber ausreichen (VGH München, NVwZ 1992, 275; *Schoch,* NVwZ 1991, 1122). Die Entscheidung kann nur ergehen, wenn bundesrechtlich nicht etwas anderes bestimmt ist. Auch die Aussetzungsentscheidung kann mit Sicherungsmaßnahmen und besonderen Auflagen verbunden werden. Das gilt insbesondere, wenn Rechte eines Drittbetroffenen gesichert werden müssen (§ 80 a I 2). Mit der Aussetzung kann die Behörde auch entscheiden, wie die Folgen bereits vorgenommener Vollstreckungsmaßnahmen zu beseitigen sind.

4. Wirkung der Entscheidung

Die Wirkung der Aussetzung des Sofortvollzugs ist einfach: **27** Es gilt wieder die aufschiebende Wirkung des Rechtsbehelfs, bzw. sie tritt erstmals ein.

5. Besonderheiten bei Abgaben und Kosten

Für den Fall des § 80 II 1 enthält das Gesetz eine Sonderrege- **28** lung, die allerdings nur die allgemeinen Grundsätze konkretisiert. Hiernach soll die Aussetzung bei öffentlichen Abgaben und Kosten erfolgen, wenn ernstliche Zweifel an der Rechtmäßigkeit des angegriffenen VA bestehen, oder wenn die Vollziehung für den Abgaben- oder Kostenpflichtigen eine unbillige, nicht durch überwiegende öffentliche Interessen „gebotene" Härte zur Folge hätte. Ernstliche Zweifel bestehen z. B. dann, wenn der Erfolg des Rechtsmittels in der Hauptsache wahrscheinlicher ist als der Mißerfolg (OVG Münster, DVBl. 1990,

720). Eine unbillige Härte besteht z. B. dann, wenn die Abgabenentscheidung die berufliche Existenz des Abgabenschuldners bedroht.

Literatur zu § 32 IV: *Kopp,* VwGO, § 80, Rd.-Nr. 65ff.; *Huba,* JuS 1990, 386; *Stern,* Rd.-Nr. 206: *Pietzner/Ronellenfitsch,* Assessorexamen, § 56.

V. Die Anordnung und die Wiederherstellung der aufschiebenden Wirkung durch das Gericht (§ 80 V/80a I 2)

1. Allgemeines

29   Kernstück im Regelungssystem des § 80 VwGO und praktisch bedeutsamstes Verfahren sind die Anordnung und Wiederherstellung der aufschiebenden Wirkung durch das Gericht nach § 80 V VwGO. Diese Entscheidungen bedeuten Hemmung oder Aufhebung des Sofortvollzugs kraft gerichtlicher Kontrolle. Mit ihnen wird in Fällen des gesetzlichen oder behördlich angeordneten Sofortvollzugs praktisch die Wirkung von § 80 I wiederhergestellt, wobei § 80a klarstellt, daß das Verfahren auch für VAe mit Drittwirkung gilt und überdies dem Gericht und der Behörde ein spezifisches Instrumentarium zur vorläufigen Sicherung der Interessen beider Seiten an die Hand gibt (**Beispiele:** Verbot des Gebrauchmachens – OVG Koblenz, DVBl. 1994, 809; Maßnahmen gegen Bauherrn zur Durchsetzung der aufschiebenden WKg. – ausf. dazu *Schmaltz,* Probleme des vorläufigen Rechtsschutzes im Baunachbarrecht, DVBl. 1992, 230).

Zum Verständnis sollten folgende Begriffe unbedingt unterschieden werden:

– Die **Anordnung** bzw. **Herstellung** der aufschiebenden Wirkung, wenn diese kraft Gesetzes nicht besteht („Antwort" auf § 80 I 1–3);
– die **Wiederherstellung** der aufschiebenden Wirkung, wenn diese durch behördliche Entscheidung nach § 80 II 4 beseitigt wurde;
– die **Aufhebung** des Vollzugs, wenn schon Vollstreckungsmaßnahmen vorliegen, die durch das Gericht rückgängig gemacht werden können.

30   Das Verfahren nach § 80 V ist ein eigenständiges Rechtsschutzverfahren mit Zulässigkeits- und Begründetheitsprüfung. In Fällen des behördlich oder gerichtlich angeordneten Sofortvollzugs weist es auch Elemente eines Rechtsbehelfsverfahrens innerhalb des vorläufigen Rechtsschutzes auf.

2. Sachentscheidungsvoraussetzungen

a) Selbstverständlich – und nur kurz zu erwähnen – ist, daß für **31** eine Entscheidung nach § 80 V der **Verwaltungsrechtsweg** eröffnet sein muß (§ 40 VwGO). Andernfalls gilt die Verweisungspflicht nach § 17a II GVG (umstr.; wie hier OVG Münster, DVBl. 1994, 215; dagegen VGH Kassel, NJW 1994, 145 u. OVG Koblenz, NVwZ 1993, 381).

b) **Zuständig** ist nach § 80 V ausdrücklich das Gericht der **32** Hauptsache, d. h. dasjenige Gericht, bei dem die Sache schon anhängig ist, bzw. anhängig zu machen wäre. Im Berufungsverfahren ist dies das Berufungsgericht; in Revisionssachen kann es sogar das Bundesverwaltungsgericht sein, das dann insofern echte Tatsachenentscheidungen zu treffen hat (BVerwG, NVwZ 1988, 1023).

Mit dieser gesetzlichen Bestimmung soll eine Gerichtskonkurrenz möglichst vermieden werden – ebenso wie ein „Auseinanderfallen" der Gerichte der Hauptsache und des vorläufigen Rechtsschutzes. Sind bei Großverfahren mehrere Teilgenehmigungen und Verfahren des vorläufigen Rechtsschutzes vor mehreren Gerichten anhängig, dann ist sorgfältig zu differenzieren, gegen was sich der Antragsteller exakt wendet. Eine „Bündelung" auf der Ebene eines Gerichts, z. B. des OVG/VGH, kommt nicht in Betracht (BVerwG, NVwZ 1982, 370, BVerwG, NVwZ 1988, 1022).

c) Die **beteiligtenbezogenen Zulässigkeitsvoraussetzungen** **33** richten sich nach §§ 61 ff. VwGO. Da es um ein eigenständiges Verfahren geht, sprechen wir nicht vom „Kläger" und „Beklagten", sondern vom **Antragsteller** und **Antragsgegner.**

d) **Statthaft** ist der Antrag nur, wenn die Klage in der Hauptsa- **34** che Anfechtungsklage ist oder wäre, wenn der Antragsteller sich also gegen den Vollzug eines belastenden VA (einschließlich Rücknahme und Widerruf) wendet. Es kommt ausschließlich darauf an, ob die Behörde durch einen VA entschieden **hat,** nicht ob sie so entscheiden **durfte.** Wenn ein VA lediglich „droht", bleibt nur die vorbeugende Feststellungs- oder Unterlassungsklage –

ggf. verbunden mit einer einstweiligen Anordnung nach § 123. Ein unzulässiger Antrag nach § 123 kann aber in einen Antrag nach § 80 V umgedeutet werden (VGH Mannheim, DÖV 1989, 776) – wie auch umgekehrt. Ob bereits eine Anfechtungsklage erhoben wurde, ist schon nach § 80 V 2 keine Zulässigkeitsvoraussetzung, doch muß der Antragsteller mindestens Widerspruch eingelegt haben (OVG Münster, DÖV, 874).

35   e) Die **Antragsbefugnis** (nicht: Klagebefugnis) setzt voraus, daß durch den Vollzug des VA eine Rechtsverletzung des Antragstellers möglich ist. Eine Trennung von Rechtsverletzung durch den VA und durch dessen Vollzug ist logisch und faktisch kaum denkbar. Insofern kann die Antragsbefugnis beim Adressaten des belastenden und sofort vollziehbaren VA vorausgesetzt werden. Anders aber beim Antrag des Dritten nach § 80a I 2: Wurde hier nicht bereits beim Widerspruch oder bei der Klage § 42 II VwGO ausführlich geprüft, dann ist unter dem Stichwort „Antragsbefugnis" eine vollständige Klärung der Voraussetzungen von § 42 II VwGO (analog) vorzunehmen.

36   f) Eine **Frist** für den Antrag ist zwar nicht einzuhalten. Nach Ablauf der Widerspruchs- oder Klagefrist (§§ 70/74 VwGO) ist der VA aber bestandskräftig. Dann fehlt in der Regel auch für den Aussetzungsantrag das Rechtsschutzbedürfnis.

37   g) Besondere Probleme wirft das **Rechtsschutzbedürfnis** auf. Insbesondere fragt sich, ob der Antragsteller gerichtlichen Vollstreckungsschutz beanspruchen kann, soweit er sich noch nicht mit dem gleichen Ziel an die beteiligten Behörden gewendet hat. Für diesen Problemkreis regelt § 80 VI 1 **nur** den Vorrang der behördlichen Aussetzungsentscheidungen in Fällen des § 80 II Nr. 1 (öffentliche Abgaben und Kosten). Auf mehr kann sich also auch § 80a III 2 („§§ 80 V–VIII gilt entsprechend") nicht beziehen.

Es ist sachgerecht, auch im Verfahren des vorläufigen Rechtsschutzes die Behörde einzuschalten, **soweit diese noch nicht über den Vollzug entschieden hat.** Deshalb ist grundsätzliche Kritik an § 80 VI 1 nicht angebracht. Allerdings kann aus dieser Vorschrift kein genereller Vorrang der behördlichen Entscheidung und damit eine Art „Vorverfahren im vorläufigen Rechtsschutz" abgeleitet werden (so aber VGH München, NVwZ 1992, 990; OVG Koblenz, NVwZ 1994, 1015; VGH Kassel, DVBl. 1994, 805). Andernfalls hätte der

Gesetzgeber auch die übrigen Fälle des Sofortvollzugs nennen müssen (zum Problem *Heydemann*, NVwZ 1993, 419; *Schoch*, NVwZ 1991, 1123). Es gilt also: Das Rechtsschutzbedürfnis liegt stets vor, wenn die Behörde im Verfahren des vorläufigen Rechtsschutzes bereits selbst tätig geworden ist, sei es, daß sie den Sorfortvollzug schon mit dem VA oder später, sei es, daß sie aufschiebende Wirkung selbst angeordnet hat (so zu Recht OVG Lüneburg, NVwZ 1994, 82; VGH Mannheim, NVwZ 1995, 292 und 1004). Hier fehlt das Bedürfnis nach gerichtlichem Rechtsschutz allenfalls dann, wenn gleichzeitig ein Antrag nach § 80 IV bei einer der beteiligten Behörden läuft oder wenn ein solcher Antrag bereits erfolgreich war.

Das Rechtsschutzbedürfnis fehlt ferner, wenn der Antrag wegen Bestandskraft oder Vollzug der Ausgangsentscheidung bereits aussichtslos ist (OVG Greifswald, NVwZ 1995, 400 – kein Rechtsschutzbed. für Antrag nach § 80 V, wenn Gebäude schon steht) oder wenn der Antragsteller auf andere Weise zuverlässigen Vollstreckungsschutz erreicht hat. Eine mehr oder weniger verbindliche allgemeine Äußerung der Behörde, sie werde gegenwärtig nicht vollstrecken, reicht für letzteres nicht – allenfalls eine förmliche Zusicherung entsprechenden Inhalts. Fehlt das Rechtsschutzbedürfnis, weil schon Widerspruch oder Anfechtungsklage im konkreten Fall aufschiebende Wirkung haben, so ist der Antrag ggf. auf die Feststellung der aufschiebenden Wirkung (dazu unten Rd.-Nr. 46) umzustellen.

h) Das Verfahren setzt einen hinreichend bestimmten ordnungs- **38** gemäßen **Antrag** voraus (§ 80 I 1 i. V. m. § 81/82 analog). Das Gericht kann also nicht „von Amts wegen" entscheiden; auch wenn die Hauptsache schon bei ihm anhängig ist. Ein Antrag nach § 80 V kann jederzeit – auch ohne Zustimmung des „Gegners" – zurückgenommen werden.

3. Begründetheit

Begründet ist der Antrag nach § 80 V, wenn er sich gegen den **39** richtigen Antragsgegner richtet und wenn die Abwägung zwischen Vollzugsinteresse und Suspensivinteresse zugunsten des Antragstellers ausfällt.

a) Für die **Passivlegitimation** gilt: Der Antrag muß grundsätzlich gegen den Rechtsträger derjenigen Behörde gerichtet sein, die über den Vollzug entschieden hat oder entscheidet (VGH München, DVBl. 1982, 210). Das kann, muß aber nicht die Ausgangsbehörde sein. Hat z. B. die Widerspruchsbehörde den sofortigen Vollzug angeordnet, so ist der Antrag grundsätzlich gegen **deren** Rechtsträger zu richten (anders VGH München, BayVBl. 1984, 598; OVG Lüneburg, NJW 1989, 2147; VGH Kassel, DVBl. 1989, 412; wie hier dagegen *Kopp,* VwGO, § 80, Rd.-Nr. 93). Die Ausgangsbehörde kann nicht in ein Verfahren „hineingezogen" werden, für das sie nicht verantwortlich ist. Das gilt auch für die Anordnung der sofortigen Vollziehbarkeit. Niemals Antragsgegner ist der **begünstigte Dritte,** z. B. der Bauherr. Auch Maßnahmen des Gerichts nach § 80a III richten sich grundsätzlich nicht gegen ihn, sondern gegen diejenige Behörde, die über den Vollzug zu entscheiden hat (VGH Kassel, DÖV 1991, 745).

40   b) Der Antrag ist stets begründet und die aufschiebende Wirkung **muß** wiederhergestellt werden, wenn die Entscheidung über den Sofortvollzug **nicht oder nicht ausreichend begründet** ist (VGH Kassel, NJW 1983, 2404). Auch **muß** die aufschiebende Wirkung (wieder-)hergestellt werden, wenn die Ausgangsentscheidung offenbar rechtswidrig ist und den Antragsteller in seinen Rechten verletzt. Sie darf nicht (wieder-)hergestellt werden, wenn der Rechtsbehelf offenbar unzulässig oder unbegründet ist.

Insofern spielen die Erfolgsaussichten der Klage durchaus eine wichtige Rolle. Im übrigen aber ist es ein Fehler, nach Begriffen wie „Rechtswidrigkeit" und „Rechtsverletzung" aufzubauen. Ist der Antrag bei **summarischer Prüfung** weder offensichtlich aussichtslos noch offensichtlich begründet, dann findet eine Abwägung von Vollzugsinteresse und Suspensivinteresse statt.

Im Hinblick auf die systematische Einordnung handelt es sich bei § 80 V ohnehin eher um eine Abwägungs-, als um eine Ermessensentscheidung. Das Gericht hat zu prüfen, ob den für den Sofortvollzug sprechenden vielfältigen Gründen oder dem Aufschiebungsinteresse des Antragstellers der Vorrang gebührt. Dabei kann keinesfalls von einem abstrakten Vorrang öffentlicher Interessen und Aufgaben ausgegangen werden (BVerwG, NVwZ-RR 1991, 365; VGH München, BayVBl. 1988, 406; OVG Schleswig, NVwZ 1992, 687).

Die materielle Rechtslage und die Erfolgsaussichten der Klage **41** können hierbei von der eigentlichen Abwägungsentscheidung nicht getrennt werden. Sie sind zumindest im Wege einer **summarischen Prüfung** einzubeziehen.

(**Hinweis:** Der Begriff „summarische Prüfung" sollte in keiner Klausur fehlen, wenn das auch i. d. R. nicht heißen darf, daß die Prüfung „oberflächlich" durchgeführt werden kann).

Das bedeutet: Ist die Klage unzulässig oder offensichtlich unbegründet, dann ist i. d. R. auch der Antrag nach § 80 V abzuweisen. Das gilt wohlgemerkt auch dann, wenn der VA zwar objektiv rechtswidrig ist, aber bereits erkennbar ist, daß der Kläger hierdurch nicht in **seinen** Rechten verletzt ist (VGH München, BayVBl. 1988, 369; OVG Lüneburg, DVBl. 1986, 418).

Ist umgekehrt die Klage erkennbar zulässig und auch begründet oder bestehen auch nur ernstliche Zweifel an der Rechtmäßigkeit der den Antragsteller in seinen Rechten berührenden Entscheidung, dann kann das öffentliche Interesse am Vollzug sich nicht durchsetzen (VGH München, BayVBl. 1991, 629; VGH Kassel, DÖV 1992, 366; VGH Mannheim, DÖV 1991, 895 – sämtliche zu § 10 II WohnBauErlG). Das gilt auch, wenn der VA „nur" unter Zuständigkeits- oder Verfahrensfehlern leidet: Sofort vollziehbares Unrecht kann auch dann nicht hingenommen werden, wenn die Behörde beteuert, sie würde den VA verfahrensfehlerfrei sogleich wieder erlassen (so zu Recht *Renck, NVwZ* 1988, 700). Die „Kombination" von Verfahrensfehlern und Anordnung des sofortigen Vollzugs ist vielmehr das genaue Gegenteil einer auf bestmöglichen Grundrechtsschutz gerichteten Verfahrensgestaltung (BVerfGE 53, 30, 88 – Sondervotum Simon/Heußner).

Liegt die Prognose – wie zumeist – in der Mitte zwischen offenbarer Aussichtslosigkeit und offenbarer Begründetheit des Rechtsbehelfs („non liquet"), dann hilft i. d. R. nur die übliche Vergleichsformel:

– Was wäre, wenn die Entscheidung sofort vollzogen würde, die Klage letztlich aber erfolgreich bliebe?

– Was wäre, wenn die aufschiebende Wirkung wiederhergestellt würde, die Klage sich aber als unbegründet erwiese?

4. Verfahren des Gerichts

42   § 80 V eröffnet ein selbständiges gerichtliches Verfahren, das weder Verwaltungsverfahren noch Rechtsmittelverfahren ist. In ihm gelten grundsätzlich die Verfahrensbestimmungen der VwGO (erster Rechtszug). Zu beachten ist, daß der Grundsatz des rechtlichen Gehörs eine angemessene Sachaufklärung und i. d. R. eine Anhörung der Beteiligten erfordert. Aus den Besonderheiten des gerichtlichen Verfahrens im Vergleich zum Verwaltungsverfahren folgt auch, daß eine Heilung von Verfahrensfehlern auch dann nicht in Betracht kommt, wenn das Widerspruchsverfahren bei der Behörde noch nicht abgeschlossen ist (a. A. VGH Kassel, NVwZ-RR 1989, 113).

Die Entscheidung wird durch Beschluß getroffen, kann also ohne mündliche Verhandlung ergehen (§ 101 III VwGO). Im Asylprozeß muß sie ohne mündliche Verhandlung und unter (verfassungsrechtlich nicht unbedenklichem) Zeitdruck ergehen (§ 36 AsylVfG).

In dringenden Fällen kann der Vorsitzende entscheiden. Die dagegen früher mögliche Anrufung des Gerichts ist durch das Gesetz zur Entlastung der Rechtspflege vom 11. 1. 1993 (BGBl. 1993, I, 50 ff.) entfallen.

Dagegen kommt eine Entscheidung durch den „konsentierten Einzelrichter" nach § 87 a VwGO nicht in Betracht. Diese Bestimmung stellt eine nur für das Hauptsacheverfahren geltende Sondervorschrift dar, über deren Anwendung auf das Verfahren nach § 80 V der Gesetzgeber selbst hätte entscheiden müssen (so zu Recht *Goerlich*, NVwZ 1991, 541).

5. Die Entscheidung

43   Der Beschluß des Gerichts nach § 80 V VwGO lautet auf Ablehnung des Antrags oder völlige oder teilweise Anordnung oder Wiederherstellung der aufschiebenden Wirkung. Genauer: Bis zum Widerspruchsbescheid wird die aufschiebende Wirkung des

Widerspruchs, danach die aufschiebende Wirkung der Anfechtungsklage hergestellt (OVG Hamburg, DÖV 1987, 653; anders
VGH München, BayVBl. 1990, 568 – aufschiebende Wirkung
des Widerspruchs auch noch nach Erhebung der Anfechtungsklage). Nach der Entscheidung darf der VA nicht vollzogen,
von einer Begünstigung darf vorläufig nicht mehr Gebrauch
gemacht werden. Gegebenenfalls ist durch Maßnahmen nach
§ 80a III i. V. m. § 80a I 2 sicherzustellen, daß der Begünstigte
nicht von der Erlaubnis zu Lasten des Antragstellers Gebrauch
macht. Daneben ist für eine einstweilige Anordnung nach
§ 123 kein Raum mehr. Die Behörde darf die Wirkung der
Entscheidung auch nicht dadurch unterlaufen, daß sie – bei
sonst völlig unveränderter Lage – einen neuen VA mit Sofortvollzug erläßt. (Die entgegenstehende Auffassung des VGH
Mannheim, DÖV 1991, 560 ist vor dem Hintergrund von
Art. 19 IV GG unhaltbar).

Daneben gibt das Gesetz dem Gericht eine Fülle von Möglichkeiten zum
Interessenausgleich; so durch die Beschränkung der aufschiebenden Wirkung,
durch Befristung und insbesondere durch „Auflagen" an den Antragsteller, die
aber **nicht** mit Nebenbestimmungen im Sinne von § 36 VwVfG verwechselt
werden dürfen. Insbesondere handelt es sich nicht um getrennt anfechtbare
oder vollziehbare Nebenbestimmungen; es geht vielmehr um gerichtlich angeordnete Sicherungsmaßnahmen, deren Nichtbefolgung nur die Änderung des
Beschlusses nach § 80 VII auslösen kann (VGH Mannheim, NJW 1984, 1369;
VGH München, NVwZ-RR 1991, 159).

Hebt das Gericht die Vollziehung auf, so bedeutet dies die Rückgängigmachung von bereits vollzogenen Handlungen einschließlich solcher Handlungen, die der Adressat in Befolgung der Regelung bereits selbst vorgenommen hat. Die Ähnlichkeit mit der
Folgenbeseitigung nach § 113 I 2 liegt auf der Hand; wenn es auch
um ein völlig anderes Verfahren geht. Wie bei § 113 I 2 regelt aber
auch § 80 V 3 nur die „prozessuale Seite" – nicht die materielle
Grundlage, also den Anspruch auf „Folgenbeseitigung". Die Aufhebung der Vollziehung kann sich auch auf den „faktischen Vollzug" – etwa durch Gebrauchmachen von einer Erlaubnis mit
nachteiliger Drittwirkung – beziehen.

44   Die Entscheidung des Gerichts ist in jedem Fall zu **begründen** (§ 122 II), wobei das Gericht weder die Gründe der Behörde noch diejenigen des Antragstellers einfach übernehmen darf.

6. Schadensersatz für rechtswidrige Anordnung?

45   Ist durch Dritte die Wiederherstellung der aufschiebenden Wirkung auf Seiten des begünstigten Adressaten ein Schaden entstanden, so stellt sich die Frage, ob – ähnlich wie bei der einstweiligen Anordnung – § 123 III VwGO i. V. m. § 945 ZPO zu einem Schadensersatzanspruch führt. Dies wurde in Rechtsprechung und Literatur teilweise angenommen (vgl. OVG Münster, JZ 1960, 544; BGHZ 78, 128; *Kopp,* VwGO, § 80, Rd.-Nr. 121) und damit begründet, § 945 ZPO formuliere einen allgemeinen Rechtsgedanken, wonach derjenige, der durch die unbegründete einstweilige Anordnung einen Vorteil erlange, dem Benachteiligten zu einem Ausgleich verpflichtet sei. Wer vorläufigen Rechtsschutz nach § 80 V VwGO in Anspruch nehme, trage das gleiche Risiko.

Dem ist die übrige Rechtsprechung aber zu Recht nicht gefolgt (BVerwG, NVwZ 1991, 270 – zum Parallelproblem des Schadensersatzes gegen die anordnende Behörde). § 123 III VwGO betrifft eine Folge der einstweiligen Anordnung und ist eine restriktiv zu interpretierende Sondervorschrift, keinesfalls Ausdruck eines allgemeinen Grundsatzes. Auch ist die Interessenlage nicht die gleiche, weil die Änderung des status quo bei § 123 VwGO vom Antragsteller angestrebt wird, während bei § 80 der Begünstigte des VA gleichsam „angreift" und sich der betroffene Dritte nur wehrt. Zweifel an einem angemessenen Interessenausgleich muß das Gericht im Rahmen der Entscheidung nach § 80 V berücksichtigen. Statt eines Schadensersatzanspruchs muß der Adressat des begünstigenden VA also nunmehr die Anordnung der sofortigen Vollziehung bzw. die Änderung der gerichtlichen Entscheidung betreiben. Ist durch die rechtswidrige Anordnung des Sofortvollzugs und die nachfolgende Aussetzungsentscheidung aber ein Schaden entstanden, sind Folgenbeseitigungsansprüche und evtl. auch Amtshaftungsansprüche **beider** Seiten gegen die Behörde durchaus denkbar (BVerwG, NVwZ 1991, 271).

7. Die Feststellung der bestehenden aufschiebenden Wirkung durch das Gericht

Gelegentlich kommt es vor, daß bei eingelegtem Widerspruch 46
oder erhobener Anfechtungsklage Streit darüber entsteht, ob Widerspruch oder Anfechtungsklage aufschiebende Wirkung haben.

Beispiel: Die Behörde behauptet, der Widerspruch habe keine aufschiebende Wirkung, da es sich in der Ausgangssache um eine Polizeivollzugsmaßnahme handelt. Sie ordnet daher auch nicht gesondert den Sofortvollzug an.

Für das Gericht ist dann nichts anzuordnen oder wiederherzustellen, der Betroffene hat aber in der Regel durchaus ein Interesse an der Klärung der Rechtslage. Hier kommt im Rahmen der Entscheidung nach § 80 V VwGO die **Feststellung des Bestehens der aufschiebenden Wirkung** in Betracht, wenn der Antragsteller ein entsprechendes Feststellungsinteresse geltend machen kann (vgl. VGH Mannheim, NJW 1984, 917).

8. Rechtsbehelfe gegen Entscheidungen nach § 80 V

Wird ein Antrag nach § 80 V abgelehnt, so ist das Rechtsmittel 47
der Beschwerde nach § 146 VwGO statthaft. Das darf nicht mit dem Änderungsantrag nach § 80 VII verwechselt werden, der nur als eine Art „Wiederaufnahme" wegen geänderter Sach- und Rechtslage gilt und damit eine Beschwerde gegen die bereits getroffene Entscheidung nicht ersetzen kann. Ordnet das Gericht die aufschiebende Wirkung an oder stellt es sie wieder her, so hat der Dritte gleichfalls neben dem Antrag nach § 80 VII die Beschwerde nach § 146 VwGO zur Verfügung. Das gilt aber nicht für die Behörde, die den ursprünglichen VA erlassen hat (VGH München, DÖV 1988, 132). Gegen die Ablehnung des Abänderungsbeschlusses ist gleichfalls die Beschwerde gegeben – freilich nur auf die Gründe des § 80 VII 2 bezogen (OVG Hamburg, NVwZ, 1995, 1004).

48   **Übersicht 18: Zulässigkeit und Begründetheit eines Antrags nach § 80 V VwGO**

I. **Rechtsweg und zuständiges Gericht**
II. **Zulässigkeit**
  1. Beteiligtenfähigkeit, Verfahrensfähigkeit (§ 61, 62 VwGO
  2. Statthaftigkeit: belastender VA in der Hauptsache ¿¿ . (§ 68, 42 I 1. Alt. VwGO
  3. Antragsbefugnis (Möglichkeit der Rechtsverletzung durch sofortigen Vollzug) § 42 II analog
  4. Ordnungsgemäßer Antrag
  5. Keine besondere Frist; bei Bestandskraft des VA fehlt aber das Rechtsschutzbedürfnis
  6. Rechtsschutzbedürfnis
  7. Sonstige Zulässigkeitsvoraussetzungen
III. **Begründetheit**
  1. Passivlegitimation
  2. Fehlende oder nicht ordnungsgemäße Begründung des Sofortvollzugs
  3. Summarische Prüfung:
     – Rechtsbehelf offensichtlich begründet: AO muß ergehen
     – Rechtsbehelf offensichtlich aussichtslos: AO darf nicht ergehen
     – non liquet: Abwägung Vollzugsinteresse und Suspensivinteresse

VI. Die gerichtliche Anordnung des sofortigen Vollzugs

1. Allgemeines

49   Bis 1991 bestand nach dem Gesetzeswortlaut des § 80 VwGO nur die Möglichkeit der Anordnung oder Wiederherstellung der aufschiebenden Wirkung, nicht aber der Anordnung der sofortigen Vollziehung durch das Gericht. Diese offenkundige Lücke hatte die Rechtsprechung aber durch eine analoge Anwendung von § 80 V – gerichtliche Anordnung des Sofortvollzugs – bereits weitgehend geschlossen (vgl. OVG Koblenz, NJW 1977, 597). Mit einer nicht unkomplizierten Verweisungstechnik stellt nunmehr der Gesetzgeber klar (§ 80 III i. V. m. § 80a I 1), daß das Gericht nicht nur die aufschiebende Wirkung wiederherstellen, sondern – bei bestehender aufschiebender Wirkung – auch den sofortigen Vollzug anordnen kann.

Das Gesetz nennt hierfür zwei Fallgruppen:

– VA an einen Dritten mit belastender Wirkung für den Kläger (**Beispiel:** Baugenehmigung – hier kann der Bauherr die Anordnung beantragen);
– VA an den Kläger mit begünstigender Drittwirkung (**Beispiel:** Lärmschutzauflage – hier kann der begünstigte Dritte den Sofortvollzug beantragen).

In beiden Fällen kann sowohl die Behörde als – über § 80 III – auch das Gericht die sofortige Vollziehung anordnen.

2. Zulässigkeit

Die Zulässigkeitsvoraussetzungen des Antrags sind im wesentlichen die gleichen wie bei § 80 V. Der Antrag ist nur **statthaft,** wenn es sich um den Rechtsschutz gegen einen belastenden VA handelt und es in der Sache um die aufschiebende Wirkung des Widerspruchs oder der Anfechtungsklage geht. **Antragsbefugt** ist derjenige, der geltend machen kann, er sei begünstigter Adressat eines vom Dritten angefochtenen VA; bzw. er sei begünstigter Dritter eines vom Adressaten angefochtenen VA und es drohe eine Rechtsverletzung durch die (fort-)bestehende aufschiebende Wirkung.   **50**

Umstritten ist auch hier das **Rechtsschutzbedürfnis,** wenn die Behörde mit der Frage des Sofortvollzugs noch nicht befaßt war (s. dazu oben Rd.-Nr. 37). Als „Faustregel" empfiehlt sich: Hat die Behörde selbst bereits eine (sei es auch negative) Entscheidung über den Sofortvollzug getroffen, dann ist es für den Begünstigten des VA unzumutbar, sich gleichwohl nochmals an die Behörde zu wenden (OVG Hamburg, DÖV 1995, 476). Das Rechtsschutzbedürfnis kann also nur fraglich sein, wenn eine solche Abwägungsentscheidung noch nicht vorliegt.

3. Begründetheit

Für die Begründetheit des Antrags auf Anordnung des Sofortvollzugs ist im wesentlichen die gleiche Prüfung wie umgekehrt bei der Anordnung der aufschiebenden Wirkung vorzunehmen. Es geht in der Sache um eine Abwägungsentscheidung, bei der die Erfolgsaussichten in der oben geschilderten Weise gegeneinander zu stellen sind.   **51**

Demnach ist der Antrag **begründet,** wenn die Klage aller Aussicht nach unzulässig oder unbegründet ist. Der Antrag ist **unbe-**

gründet, wenn ernsthafte Zweifel an der Rechtmäßigkeit der den Antragsteller begünstigenden Entscheidung bestehen. Er ist allerdings – insofern besteht ein Unterschied zu § 80 V – auch unbegründet, wenn im Hinblick auf die Erfolgsaussichten ein „non liquet" besteht und der Sofortvollzug vollendete Tatsachen schaffen würde, die nur schwierig rückgängig zu machen wären.

4. Verfahren

52   Für das gerichtliche Verfahren der Anordnung des Sofortvollzugs gelten § 80 V–VIII entsprechend. Das heißt u. a.: der betroffene Dritte muß angehört und die Entscheidung muß begründet werden. In dringenden Fällen kann der Vorsitzende entscheiden, doch ist insoweit Zurückhaltung angebracht. Auch dürfen reine Kostengründe nicht als durchschlagend für den sofortigen Vollzug einer Maßnahme angesehen werden.

5. Folgen

53   Mit der Entscheidung des Gerichts entfällt die aufschiebende Wirkung. Der Begünstigte darf von der Erlaubnis usw. Gebrauch machen, muß dabei aber etwaige Auflagen beachten und ggf. Sicherheit leisten. Lehnt das Gericht einen Antrag auf Sofortvollzug ab, so wirkt die Entscheidung faktisch wie eine Aufhebung des Sofortvollzugs oder eine Wiederherstellung der aufschiebenden Wirkung. Nach richtiger Auffassung darf die Entscheidung dann bei unveränderten sachlichen und rechtlichen Voraussetzungen auch nicht dadurch ausgehöhlt werden, daß einer der beteiligten Behörden den vom Gericht abgelehnten Sofortvollzug anordnet (VGH Mannheim, NVwZ-RR 1989, 398).

VII. Die Änderung oder Aufhebung von Gerichtsbeschlüssen über die aufschiebende Wirkung und die sofortige Vollziehbarkeit

54   Das Gericht der Hauptsache kann nach § 80 VII Beschlüsse nach Abs. 5 und – über § 80 III – auch nach § 80a jederzeit ändern oder aufheben. Das kann auf Antrag oder von Amts wegen geschehen.

Der Antrag ist nicht etwa Einlegung eines Rechtsmittels; er leitet als eine Art „Wiederaufnahmeantrag" vielmehr ein selbständiges gerichtliches Verfahren ein (so zu Recht *Kopp*, VwGO, § 80, Rd.-Nr. 114). Für die **Zulässigkeit** ist erforderlich, daß der Beteiligte veränderte oder im ursprünglichen Verfahren ohne Verschulden nicht geltend gemachte Umstände anführen kann, die für eine Abänderung des ursprünglichen Beschlusses sprechen. § 80 VII räumt zwar dem Gericht ein Ermessen ein; doch **muß** das Gericht entscheiden, wenn sich die tatsächlichen oder rechtlichen Voraussetzungen so verändert haben, daß die Ausgangsentscheidung nicht mehr ergehen würde. Das gilt auch, wenn sich im Hauptsacheverfahren Zweifel an der Rechtmäßigkeit der angefochtenen Entscheidung verdichten oder umgekehrt, wenn die Unzulässigkeit oder Unbegründetheit eines Rechtsmittels deutlich wird. Weitere Gründe für eine Abänderung sind z. B. die fehlende Begründung oder Anhörung; die Erkenntnis, daß eine eidesstattliche Versicherung falsch war; aber auch die Änderung der Rechtsansicht des Gerichts. Gegen die Abänderung oder Aufhebung kann wiederum Beschwerde nach § 146 VwGO eingelegt werden.

Literatur zu § 32 V–VII: *Huba*, Grundfälle zum vorläufigen Rechtsschutz nach der VwGO, JuS 1990, 805 ff.; *Renck*, Sofort vollziehbares Unrecht?, NVwZ 1988, 700; *Kopp*, VwGO, § 80, Rd.-Nr. 72 ff.; *Stern*, Verwaltungsprozessuale Probleme, 108; *Pietzner/Ronellenfitsch*, Assessorexamen, § 57; Antrags- und Entscheidungsmuster bei *Martens*, Mustertexte S. 194 ff.

§ 33 Die einstweilige Anordnung nach § 123 VwGO

I. Allgemeines

Die einstweilige Anordnung nach § 123 ist die Form des vorläu-   1
figen Rechtsschutzes in allen Fällen, die nicht unter §§ 80/80a fallen, in denen es also nicht um einen belastenden VA und eine Anfechtungsklage in der Hauptsache geht. Es gibt keine rechtliche Lücke zwischen beiden Verfahrensarten. Ist der Antrag nach § 80

V unstatthaft, so muß bei Vorliegen der übrigen Zulässigkeitsvoraussetzungen vorläufiger Rechtsschutz im Sinne von § 123 VwGO gewährleistet sein.

Die wichtigsten Kennzeichen des vorläufigen Rechtsschutzes nach § 123 VwGO sind – abgesehen vom Vorrang des § 80:

Während bei der aufschiebenden Wirkung von Widerspruch und Anfechtungsklage ein kompliziertes Wechselspiel von Behörde und Widerspruchsbehörde einerseits und Gericht andererseits besteht, entscheidet nach § 123 VwGO **allein das Gericht** auf Antrag eines Betroffenen. Dies ist die Normalkonstellation jedes Verwaltungsprozesses. Während bei § 80 der vorläufige Rechtsschutz bereits mit dem Rechtsbehelf eintritt, muß er bei § 123 gesondert beantragt werden, denn **keine** Klage **außer** der Anfechtungsklage hat aufschiebende Wirkung.

2   Parallelen bestehen insoweit, daß auch im Verfahren des § 123 das Gericht eine Sachlage offenhalten kann, um die Schaffung vollendeter Tatsachen zu verhindern und die Durchsetzung eines Anspruchs im Hauptsacheverfahren zu sichern **(Sicherungsanordnung).**

Die einstweilige Anordnung kann aber noch mehr leisten als die Bewahrung des status quo: Sie vermag sogar Veränderungen des bestehenden Zustands in einer Interimszeit zu bewirken, um Nachteile durch eine verspätete Entscheidung zu vermeiden. Als **„Regelungsanordnung"** geht sie dann möglicherweise über den status quo hinaus.

In der Praxis überschneiden sich beide Grundtypen der einstweiligen Anordnung aber vielfach und sind oft nicht voneinander zu unterscheiden (so auch *Huba,* JuS 1990, 983). Beide sind Instrumente eines **nur vorläufigen** Rechtsschutzes, der in der Praxis aber immer wichtiger wird und in weiten Bereichen die Bedeutung des Hauptsacheverfahrens verdrängt – insbesondere im Schul- und Prüfungsrecht, im Recht der Kriegsdienstverweigerung, bei der Hochschulzulassung und in weiten Bereichen des Beamtenrechts.

II. Sachentscheidungsvoraussetzungen

Im Verfahren nach § 123 VwGO wird das Gericht nur auf An- **3**
trag tätig. Das Verfahren ist ein eigenständiges Rechtsschutzverfahren; in der Klausur sind zumeist Zulässigkeit und Begründetheit des Antrags zu prüfen. Beide folgen den bekannten Voraussetzungen, doch ist es verfehlt, unbesehen die jeweiligen für die
Klage entwickelten Schemata zu übertragen. Deshalb muß man
sich die Besonderheiten einprägen und wissen, welche die immer
wieder anzutreffenden „Standardprobleme" des vorläufigen
Rechtsschutzes sind.

1. Deutsche Gerichtsbarkeit/Verwaltungsrechtsweg

Die einstweilige Anordnung nach § 123 kommt nur in Betracht, **4**
wenn die deutsche Gerichtsbarkeit eröffnet ist (nur in Zweifelsfällen zu prüfen) und wenn die Streitigkeit in der Hauptsache vor die
Verwaltungsgerichtsbarkeit gehört (§ 40 VwGO). Da § 17a GVG
auch hier anzuwenden ist, ist dies freilich keine Frage der Zulässigkeit mehr (umstr., wie hier OVG Berlin, NVwZ 1992, 685). Die
Eröffnung des Verwaltungsrechtswegs und die Zuständigkeit des
Gerichts sind aber **Sachentscheidungsvoraussetzungen.** Ist der
Rechtsweg zu den Verwaltungsgerichten ausgeschlossen oder beschränkt, so kommt selbstverständlich auch kein vorläufiger
Rechtsschutz nach § 123 in Betracht – z. B. in innerkirchlichen
Angelegenheiten oder in laufenden Wahlverfahren (VGH Mün-
chen, BayVBl. 1990, 343 – keine Feststellung der Unzulässigkeit
eines Wahlvorschlags im Wege der einstweiligen Anordnung).

2. Zuständiges Gericht

Zuständig ist nach § 123 II VwGO das Gericht der Hauptsache. **5**
Das ist das Gericht, bei dem die Sache anhängig ist. Wie § 123 II
ausdrücklich bestimmt, kann dies aber nur das Gericht des ersten
Rechtszuges und das Berufungsgericht sein. Im Gegensatz zu § 80 V
kann das BVerwG (außer im Rahmen seiner erstinstanzlichen Zuständigkeit) also **keine** einstweiligen Anordnungen erlassen. Ob

während des Revisionsverfahrens dann wieder das erstinstanzliche Gericht oder das Berufungsgericht zuständig ist, ist umstritten. Richtig dürfte sein, daß dies das zuletzt befaßte Tatsachengericht, in der Regel also das Berufungsgericht, ist (*Kopp*, VwGO, § 123, Rd.-Nr. 20; a. A. *Schoch*, Vorläufiger Rechtsschutz, 1543; *Pietzner/Ronellenfitsch*, Assessorexamen, § 58, Rd.-Nr. 6). Ist die Sache noch nicht anhängig, dann ist das Gericht zuständig, das für die Hauptsache zuständig wäre. Ist das falsche Gericht angerufen worden, so muß nach § 83 i. V. m. § 17a und b GVG verwiesen werden.

3. Beteiligtenbezogene Zulässigkeitsvoraussetzung

6   Beteiligtenfähigkeit und Prozeßfähigkeit richten sich nach §§ 61 und 62 VwGO. Insofern bestehen keine Besonderheiten. Zählt man den „richtigen Antragsgegner" zu den Zulässigkeitsvoraussetzungen (passive Verfahrensführungsbefugnis), dann ist hier zu klären, gegen wen sich der Antrag richten muß (§ 78 VwGO analog). Es gilt das Rechtsträgerprinzip.

4. Statthaftigkeit

7   Wie bei § 80 sind die Abgrenzungsprobleme zwischen § 123 und § 80 unter dem Stichwort „Statthaftigkeit" zu prüfen. Hier kommt es eigentlich nur darauf an, daß die Anfechtungsklage ausgeschlossen wird (§ 123 V), doch empfiehlt es sich, an dieser Stelle die in der Hauptsache statthafte Klageart herauszuarbeiten. Das gilt insbesondere dann, wenn die einstweilige Anordnung nicht nur als „Annex" zu einem Hauptsachenfall erfragt wird. Die einfache Regel – **einstweilige Anordnung bei allen Klagearten, außer der Anfechtungsklage** – gilt immer. Fälle einer ergänzenden einstweiligen Anordnung zusätzlich zu § 80 I – etwa bei Nichtbeachtung der aufschiebenden Wirkung usw. – sind kaum noch denkbar, da hier Gericht und Behörde mit Maßnahmen nach § 80a I 2 helfen können.

Abgrenzungsfragen zur Anfechtungsklage und damit zu § 80 ergeben sich in den bekannten Problemkreisen VA/Realakt; belastender/begünstigender VA; selbständige/unselbständige Nebenbestimmung; beamtenrechtlicher Grundstatus/innerdienstliche Weisung. Fälle der „Nichtzulassung" und „Nichtversetzung" sind nach § 123, nicht etwa nach § 80, zu lösen (VGH Mannheim, ESVGH 31, 292; VGH München, BayVBl. 1986, 247). Auch für die Untersagung einer tatsächlichen Handlung kommt nur § 123 in Betracht; ist eine Genehmigung erteilt, richtet sich der vorläufige Rechtsschutz dagegen nach § 80 (VG Würzburg, NVwZ 1988, 381 – Flutlichtanlage). Beim **nichtigen VA** ist zu unterscheiden: Ist bereits Nichtigkeitsfeststellungsklage erhoben, so kommt § 123 zur Anwendung. Da hier aber auch die Anfechtungsklage statthaft ist, haben Widerspruch und Anfechtungsklage auch in diesem Fall aufschiebende Wirkung in dem Sinne, daß von dem VA keine benachteiligende Wirkung ausgehen darf.

Ist die allgemeine Statthaftigkeit des Antrags bejaht, so sollte nach dem Wortlaut des § 123 unter dem gleichen Gliederungspunkt geklärt werden, was der Antragsteller erreichen will: Eine Sicherungsanordnung in Bezug auf den Streitgegenstand oder die Regelung eines vorläufigen Zustands. Zwar muß **eine** Form des vorläufigen Rechtsschutzes in jedem Fall gegeben sein. Enthält der Sachverhalt aber einen bestimmten Antrag, so ist dessen Statthaftigkeit im Hinblick auf eine der beiden Alternativen gesondert zu prüfen.

Keine Voraussetzung der Statthaftigkeit des Antrags ist es, daß schon eine Maßnahme der Behörde vorliegt oder daß Klage erhoben ist. Eine einstweilige Anordnung ist auch bei der Untätigkeitsklage möglich. Hat der Betroffene aber nicht einmal einen Antrag bei der Behörde gestellt, so fehlt es in der Regel am Rechtsschutzbedürfnis. Unstatthaft ist der Antrag nach § 123 dann, wenn es bei der Feststellungsklage an einem hinreichend konkreten Rechtsverhältnis fehlt.

Beispiel: Kein Erlaß einer einstweiligen Anordnung in Gestalt einer vorläufigen Feststellung, daß der Kläger berechtigt sei, einen bestimmten Wein unter einer bestimmten Bezeichnung auf den Markt zu bringen (OVG Koblenz, NVwZ 1987, 145).

5. Antragsbefugnis

8   Auch der vorläufige Rechtsschutz eröffnet nicht die Möglichkeit der Popularklage oder der Sicherung der Rechte eines anderen. Deshalb ist stets die Antragsbefugnis zu prüfen, für die grundsätzlich der Maßstab des § 42 II VwGO gilt. So muß der Antragsteller ein **Recht** geltend machen können, das **ihm** zukommt und das **möglicherweise verletzt** oder **gefährdet** ist. Bei der Sicherungsanordnung muß aus dem Antrag erkennbar sein, daß die Gefahr besteht, daß durch eine Veränderung des bestehenden Zustands die Verwirklichung eines Rechts des Antragstellers vereitelt oder wesentlich erschwert werden könnte. Will der Antragsteller eine Regelungsanordnung erreichen, so muß er darlegen, daß diese Regelung, um wesentliche Nachteile abzuwenden oder drohende Gewalt zu verhindern oder aus anderen Gründen nötig erscheint. Geht der Streit gerade darum, **ob** dem Kläger ein Recht zusteht oder ob eine der geschilderten Gefahren anzunehmen ist, dann darf die einstweilige Anordnung nicht an einem zu strengen Maßstab der Antragsbefugnis scheitern. Diese liegt vielmehr schon vor, wenn der Antragsteller plausibel dargetan und belegt hat, daß ein ihm zustehendes Recht in Betracht kommt und gefährdet ist.

6. Rechtsschutzbedürfnis

9   Auch bei der einstweiligen Anordnung ist das allgemeine Rechtsschutzbedürfnis zusätzlich zur Antragsbefugnis zu prüfen, d. h. der Antragsteller muß gerade die beantragte Anordnung benötigen, um sein Recht vorläufig zu sichern oder drohende Nachteile abzuwenden. Das ist nicht der Fall, wenn der Antragsteller auf andere, leichtere Weise zum Erfolg kommen oder wenn er mit dem Antrag von vornherein keinen Erfolg haben kann. Auch eine Verwirkung wegen Zeitablaufs oder wegen Verstoßes gegen eigenes vorangegangenes Tun kommen als Gründe für den Ausschluß des Rechtsschutzbedürfnisses in Betracht.

– So fehlt das Rechtsschutzbedürfnis, wenn der Antragsteller die Behörde
noch nicht mit der Angelegenheit befaßt hat (VGH Mannheim, DVBl.
1989, 1197; OVG Münster, OVGE 33, 208).

– Hat eine Behörde eine einstweilige Anordnung gegen den Bürger oder eine
Vereinigung beantragt, so fehlt ihr das Rechtsschutzbedürfnis stets, wenn
sie durch einseitige Regelung den gewünschten Zustand selbst herbeiführen
bzw. eine drohende Gefahr selbst abwenden kann (**Beispiel:** Verbot eines
Lehrerstreiks, OVG Hamburg, DÖV 1989, 127).

– Wegen Unmöglichkeit der Erreichung des Zieles fehlt das Rechtsschutzbedürfnis, wenn über die Hauptsache bereits bestandskräftig entschieden ist
oder wenn ein bestehender Zustand auch durch einstweilige Anordnung
nicht mehr rückgängig gemacht werden kann (**Beispiel:** Vollzogene Ernennung des Konkurrenten im Beamtenrecht).

– Umstritten ist, ob das Verbot der Vorwegnahme der Hauptsache bereits das
Rechtsschutzbedürfnis ausschließen kann. Dieses Verbot spielt nach richti-
ger Ansicht aber erst bei der Begründetheit eine Rolle (*Schmitt Glaeser,*
VwProzR, Rd.-Nr. 319).

– Das Rechtsschutzbedürfnis kann auch fehlen, wenn der Antragsteller eine
„prekäre Situation" selbst verursacht oder einen zulässigen Rechtsbehelf
(z. B. das Widerspruchsverfahren bei der Verpflichtungsklage) nicht rechtzeitig genutzt oder nach eingelegtem Rechtsbehelf „verbummelt" hat).

7. Ordnungsgemäßer Antrag

Für die einstweilige Anordnung muß ein ordnungsgemäßer, **10**
d. h. schriftlicher Antrag vorliegen, aus dem sich ergibt, in Bezug
auf welchen Sachverhalt der Antragsteller welche Maßnahmen des
Gerichts erreichen will. Der Antrag muß Antragsteller und Antragsgegner bezeichnen. Eine genauere Kennzeichnung des An-
tragszieles als Sicherheits- oder Regelungsanordnung wird man
dem Antragsteller dagegen nicht zumuten können. Anwendbar
sind nach § 123 III VwGO die Voraussetzungen gem. § 920 ZPO
im Hinblick auf die Pflichten zur Benennung eines Anordnungs-
grundes und eines Anordnungsanspruchs, zur Glaubhaftmachung
von Tatsachen usw. Auch hier müssen aber die Besonderheiten
des Öffentlichen Rechts beachtet und die Voraussetzungen des
Antrags im Lichte von Art. 19 IV GG ausgelegt werden.

8. Sonstige Voraussetzungen

11   Auch bei der einstweiligen Anordnung gilt, daß der Streitgegenstand nicht bei einem anderen Gericht anhängig sein darf und daß über die Sache nicht schon bestandskräftig entschieden sein darf.

9. Einstweilige Anordnung in Bezug auf Verfahrenshandlungen

12   Wenn § 44a VwGO isolierten Rechtsschutz im Hinblick auf Verfahrenshandlungen ausschließt, so gilt das nach h. L. grundsätzlich auch für einstweilige Anordnungen nach § 123. Diese Probleme sind in der Praxis äußerst wichtig.

Beispiele: Antrag auf einstweilige Anordnung, zu einem bestimmten Verfahren hinzugezogen zu werden oder den Zuhörerraum ohne Leibesvisitation betreten zu dürfen; Antrag gegen die Offenlegung von Geschäftsdaten in einem laufenden Planfeststellungsverfahren; Antrag auf Einbeziehung eines bestimmten Vorgangs in die Akteneinsicht.

Die Beispiele zeigen, daß die Gefahr vollendeter Tatsachen im laufenden Verfahren besonders groß ist. Andererseits ist auch hier zu vermeiden, daß es im laufenden Verwaltungsverfahren zu einer Spaltung von Verwaltungsverfahren und Verwaltungsprozeß kommt.

Deshalb kommt eine einstweilige Anordnung nur dann in Betracht, wenn die Verfahrenshandlung selbständig vollstreckbar ist oder wenn sie einen unbeteiligten Dritten trifft. Abgesehen davon muß aber eine einstweilige Anordnung immer dann möglich sein, wenn die Verfahrenshandlung gegenüber der Hauptsache eine eigenständige Bedeutung hat und wenn der Rechtsschutz des Klägers im Hauptsacheverfahren zu spät käme. In diesen Fällen dient die einstweilige Anordnung wegen der andernfalls bestehenden Gefahr von nicht mehr heilbaren Verfahrensfehlern die einstweilige Anordnung auch der Verfahrensökonomie (Einzelheiten bei *Hufen,* Fehler im Verwaltungsverfahren, Rd.-Nr. 636 ff.).

III. Begründetheit des Antrags

1. Sicherungsanordnung

Grundsätzlich ist der Antrag auf eine **Sicherungsanordnung** be- 13
gründet, wenn die Gefahr besteht, daß durch eine Veränderung
des bestehenden Zustands die Verwirklichung eines Rechts des
Antragstellers vereitelt oder wesentlich erschwert werden könnte
(§ 123 I 1. Alt VwGO).

Beispiele: Verbot der Versteigerung einer Fundsache; Verbot der Schließung einer Schule bis zur gerichtlichen Entscheidung über eine Elternklage
gegen die Neugliederung von Schulbezirken; „Arrest" in Vermögen zur Sicherung der Befriedigung einer Geldforderung; vorläufiges Verbot der Ernennung eines Konkurrenten oder der Auszahlung einer Subvention.

Die Sicherheitsanordnung kommt also immer dann in Betracht,
wenn es um die Wahrung des bestehenden tatsächlichen oder
rechtlichen Zustands geht. Ihre Bedeutung ist wegen des Vorrangs von § 80 VwGO aber eher gering. Auch überschneiden sich
Sicherungs- und Regelungsanordnung in der Praxis vielfach.

2. Regelungsanordnung

Bei der **Regelungsanordnung** geht es primär nicht um die Be- 14
wahrung eines bestehenden Zustands, sondern um eine vorläufige
Regelung durch das Gericht mit dem Ziel der Verhinderung von
wesentlichen Nachteilen (§ 123 I 2. Alt. VwGO).

Beispiele: Zeitlich begrenztes Halteverbot zur Sicherung einer Zufahrt
während eines Volksfestes; Zulassung zu einer Prüfung; Erlaubnis zur vorläufigen Teilnahme am Unterricht in der nächsthöheren Schulklasse; vorläufige
Zahlung eines Stipendiums oder Weiterzahlung von Hilfe zum Lebensunter-
halt („Überbrückungsanordnung"); vorläufige Zulassung der Vorbereitung
eines Parteitags in einer Stadthalle.

3. Abwägungsentscheidung

Sowohl bei der Sicherungs- als auch bei der Regelungsanord- 15
nung muß der Antragsteller ein Recht geltend machen, das ihm
zusteht **(Anordnungsanspruch)** und das durch eine Veränderung
usw. gefährdet ist **(Anordnungsgrund)**. Die aus dem Zivilprozeß

stammende Unterscheidung von Anordnungsgrund und Anordnungsanspruch (vgl. § 123 III VwGO i. V. m. § 920 II ZPO) kann
zwar grundsätzlich auf das Öffentliche Recht übertragen werden:

- **Anordnungsgrund** ist der Grund für den vorläufigen Rechtsschutz selbst,
  also die Gefahr vollendeter Tatsachen, die Eilbedürftigkeit usw.
- **Anordnungsanspruch** ist das zu sichernde Recht „hinter" der einstweiligen
  Anordnung, also der materielle Anspruch.

Begründet ist die einstweilige Anordnung, wenn der Antragsteller beides – Anordnungsgrund und Anordnungsanspruch –
glaubhaft gemacht hat.

Letztlich lassen sich aber in der Prüfung weder Anordnungsgrund und Anordnungsanspruch noch Sicherungs- und Regelungsanordnung stets exakt aus-
einanderhalten. Im Mittelpunkt stehen vielmehr die schon wohlbekannten
Formeln: So muß die einstweilige Anordnung ergehen, wenn die Klage nach
summarischer Prüfung offensichtlich begründet ist; sie darf nicht ergehen,
wenn die Klage offensichtlich unzulässig oder unbegründet ist. Ist weder das
eine noch das andere der Fall, dann muß abgewogen werden:
- Situation ohne eAO bei letztlich erfolgreicher Klage
- Situation mit eAO bei letztlich erfolgloser Klage
(Lehrreicher Anwendungsfall: VGH München, NJW 1993, 3090 – Unterlassung nachrichtendienstlicher Beobachtung der „Republikaner"; OVG Lüneburg, NVwZ 1994, 80 – keine eAO bei nichtgenehmigungsfähigem Bauvorhaben.)

4. Das Verbot der Vorwegnahme der Hauptsache

16 Kaum eine Formel wird im vorläufigen Rechtsschutz so oft angewandt und mißverstanden wie das „Verbot der Vorwegnahme
der Hauptsache". Zwar ist es grundsätzlich richtig, daß einem
Antrag auf einstweilige Anordnung insoweit nicht stattgegeben
werden darf, als sie dem Antragsteller etwas gibt, was er nur in
der Hauptsache erreichen könnte.

Beispiele: Endgültige Hochschulzulassung; Baugenehmigung oder ver-
bindlicher Vorbescheid (VGH München, BayVBl. 1976, 402; OVG Berlin,
NVwZ 1991, 1198); Erlaubnis zum Fällen eines Baumes; Auszahlung einer
Geldleistung, die voraussichtlich nicht mehr zurückgezahlt werden kann;
einstweilige Anordnung auf Aushändigung einer Ernennungsurkunde oder auf
Verleihung der Staatsbürgerschaft.

Trotz dieser Beispielsfälle kann nur vor einer gebetsmühlenartigen Verwen- **17** dung der Formel vom Verbot der Vorwegnahme der Hauptsache gewarnt werden. Ihre unterschiedslose Anwendung würde in vielen Fällen Art. 19 IV GG und den Besonderheiten des Öffentlichen Rechts nicht gerecht. So ist zu beachten, daß bei der Sicherungsanordnung schon vom Entscheidungstyp her nichts Endgültiges vorweggenommen werden kann. Auch bei der Regelungsanordnung kann es der vorläufige Rechtsschutz durchaus erfordern, die Hauptsache in gewissem Umfang vorwegzunehmen; vor allem dann, wenn die Hauptsachenentscheidung dem Kläger wegen Zeitablaufs nichts mehr bringen würde, wenn die Zahlung einer Geldleistung (z. B. die Sozialhilfe) existenznotwendig ist, wenn die berufliche Existenz des Antragstellers gefährdet ist, oder wenn der Antragsteller gegenüber Mitbewerbern, Mitschülern, anderen Prüflingen usw. in einen uneinholbaren Rückstand geraten würde.

Ausnahmen vom Verbot der Vorwegnahme der Hauptsache sind also erforderlich, wenn es andernfalls zu untragbaren oder unzumutbaren Ergebnissen kommen würde (so auch *Huba,* JuS 1990, 986; *Schoch,* VerwArch 82 [1991], 171). Die Irreversibilität ist nicht mehr – aber auch nicht weniger – als **ein** wichtiger Aspekt der Abwägung, der im Einzelfall durchaus zur Ablehnung des Antrags führen kann, aber nicht unbedingt ausschlaggebend sein muß.

IV. Das Verfahren vor Gericht und die eigentliche Entscheidung

1. Verfahrensgrundsätze

Das Verfahren nach § 123 ist ein selbständiges gerichtliches Ver- **18** fahren. Es ist nicht Verwaltungsverfahren; dessen Fehler sind in ihm auch nicht heilbar. Es ist aber auch nicht „Annex" des gerichtlichen Hauptsacheverfahrens. Seine Regeln sind denen des Verfahrens der einstweiligen Verfügung nach der ZPO nachgebildet, auf die § 123 III VwGO in einem (allerdings immer mehr obsolet werdenden) Katalog verweist.

Es gelten insbesondere:

– Die Antragsvoraussetzungen nach § 920 III ZPO;
– die Glaubhaftmachung von Anordnungsgrund und Anordnungsanspruch (§ 920 I und II);

- die Möglichkeit der Sicherungsleistung und die Abwendungsbefugnis nach § 921;
- die Aufforderung zur Klageerhebung in der Hauptsache nach § 926.

2. Keine mündliche Verhandlung

19 ` Ein Antrag auf mündliche Verhandlung kann im Verfahren nach § 123 VwGO nicht mehr gestellt werden. § 921 ZPO ist insoweit für das Öffentliche Recht suspendiert und § 924 ZPO gilt ausdrücklich nicht.

3. Die eigentliche Entscheidung

20   Die Entscheidung ergeht nach § 123 IV VwGO durch Beschluß. Eine besondere Form der Bekanntgabe ist nicht vorgesehen. In besonders eilbedürftigen Fällen kann die Entscheidung also auch durch Telefon oder Telefax übermittelt werden (VGH Mannheim, NVwZ 1986, 488). Sie lautet auf eine bestimmte Maßnahme oder die Ablehnung des Antrags. Das Gericht hat nach § 123 III i. V. m. § 938 ZPO einen großen Spielraum zur Regelung und zur Berücksichtigung der Interessen der Beteiligten.

Der Beschluß ist nach § 122 II 2 stets zu begründen: In dringenden Fällen kann der Vorsitzende entscheiden. Die Entscheidung muß in jedem Fall eine Regelung enthalten – eine bloße Feststellung kann mit dem Antrag nicht begehrt werden (so OVG Koblenz, DVBl. 1986, 1215). Ebensowenig gibt es eine „Fortsetzungsfeststellungsanordnung" nach erledigtem Antrag (BVerwG, NVwZ 2995, 586).

4. Änderungsverfahren

21   Höchst umstritten ist die Frage, ob das Gericht bei veränderten Umständen die einstweilige Anordnung im erleichterten Verfahren in ähnlicher Weise ändern kann wie dies bei § 80 VII VwGO oder § 927 ZPO möglich ist. Hierfür kann durchaus ein Bedarf bestehen; zumal die Ausgangslage oft nicht anders ist als bei den Entscheidungen nach § 80 V.

Gleichwohl hat der Gesetzgeber auch bei jüngsten Novellen keine Klarstellung geschaffen. § 123 III VwGO besagt eher das Gegenteil, weil § 927 ZPO gerade nicht einbezogen wird und auch die überfällige Verweisung auf § 80 VII bisher fehlt (kritisch dazu *Schoch,* NVwZ 1991, 1191). Bedenklich ist es jedenfalls, wenn sich die Rechtsprechung gegen den erkennbaren Willen des Gesetzgebers mit einer Analogie zu § 927 ZPO „hilft" (so z. B. OVG Münster, DVBl. 1987, 699 und DVBl. 1991, 1321). Nach bestehender Rechtslage ist das Gericht vielmehr an Anträge eines der Beteiligten gebunden. Das gilt auch bei einer zwischenzeitlichen Änderung des Streitgegenstandes, z. B. einer verkleinerten Ausführung eines Vorhabens (OVG Münster, DVBl. 1987, 699).

Hinzuweisen ist noch auf die Möglichkeit nach § 123 III VwGO i. V. m. § 939 ZPO (Aufhebung einer einstweiligen Anordnung gegen Sicherheitsleistung in besonderen Ausnahmefällen).

5. Schadensersatz

Die „heikelste" Verweisung enthält § 123 III VwGO im Hin- 22 blick auf § 945 ZPO. Danach hat derjenige dem Gegner den Schaden zu ersetzen, der diesen durch die einstweilige Anordnung entsteht, wenn sich diese Anordnung als von Anfang an ungerechtfertigt erweist oder die Anordnung zur Erhebung der Klage in der Hauptsache nicht befolgt wird. Eine „von Anfang an ungerechtfertigte" einstweilige Anordnung liegt vor, wenn kein Anordnungsanspruch gegeben war. Hierin liegt ein deutliches Risiko bei der Inanspruchnahme vorläufigen Rechtsschutzes, das es bei den Anträgen nach § 80 VwGO nicht gibt. Die Anwendung von § 945 ZPO ist gleichwohl gerechtfertigt, weil es bei § 123 der Antragsteller selbst ist, der eine vorläufige Regelung erstrebt. Der Schadensersatz kann in der Regel erst nach der Entscheidung in der Hauptsache begehrt werden und ist ausnahmslos vor dem Zivilgericht geltend zu machen (BGHZ 78, 127). Dieses ist wegen § 121 VwGO allerdings an die Entscheidung des VG gebunden.

Anspruchsberechtigt ist nach § 945 ZPO der „Gegner". Umstritten ist, ob dies auch der Dritte sein kann, der z. B. durch eine einstweilige Anordnung verpflichtet wurde oder einen sonstigen Nachteil erleidet (ablehnend insofern BGH, NJW 1981, 350; für einen Anspruch des Dritten aber *Kopp,* VwGO, § 123, Rd.-Nr. 44; *Schmitt Glaeser,* VwProzR, Rd.-Nr. 324).

V. Rechtsmittel

23   Gegen die Ablehnung des Antrags und gegen die einstweilige Anordnung selbst ist nunmehr einheitlich das Rechtsmittel der Beschwerde statthaft, da die Entscheidung stets als Beschluß ergeht. Ist die Beschwerdefrist abgelaufen, dann kann die unanfechtbare Entscheidung im Anordnungsverfahren Gegenstand eines Wiederaufnahmeantrags nach § 153 I VwGO i. V. m. § 578 ZPO sein (VGH Kassel, NJW 1984, 378).

Literatur zu § 33 IV und V: *Erichsen,* Die einstweilige Anordnung nach § 123 VwGO, JURA 1984, 644, insbes. 649 ff.; *Huba,* JuS 1990, 986; *Schoch,* Grundfragen des verwaltungsgerichtlichen vorläufigen Rechtsschutzes, VerwArch 82 (1991), 171; *ders.,* Vorläufiger Rechtsschutz und Risikoverteilung im Verwaltungsrecht (1988), 1364, 1688 und 1731; *Stern,* Verwaltungsprozessuale Probleme, § 6 III; *Würtenberger,* PdW, 233 f. *Kuhla/Hüttenbrink,* DVProz, 305 ff.

24   ## Übersicht 19: Sachentscheidungsvoraussetzungen und Begründetheit des Antrags auf einstweiliger Anordnung (§ 123 VwGO)

I. Sachentscheidungsvoraussetzungen
1. Verwaltungsrechtsweg
2. Zuständiges Gericht (§ 123 II VwGO)
3. Beteiligtenfähigkeit und Prozeßfähigkeit
4. Statthaftigkeit, insbesondere: Subsidiarität gegenüber § 80 VwGO
5. Antragsbefugnis
6. Rechtsschutzbedürfnis
7. Ordnungsgemäßer Antrag
8. Sonstige Voraussetzungen

II. Begründetheit
Unterscheide: Sicherungsanordnung und Regelungsanordnung
1. Anordnungsanspruch
2. Anordnungsgrund (Abwägungsentscheidung)
3. Verbot der Vorwegnahme der Hauptsache

§ 34 Vorläufiger Rechtsschutz im Normenkontroll-
verfahren (§ 47 VIII VwGO)

I. Allgemeines

Auch bei der Normenkontrolle stellt sich das Problem des vor- **1** läufigen Rechtsschutzes, weil von der Norm gravierende Wirkungen ausgehen können, gegen die ein nachträglicher Rechtsschutz zu spät käme. Es besteht also ein Bedürfnis nach der Aussetzung des Vollzugs einer Norm und ggf. nach weiteren Maßnahmen zur Verhinderung vollendeter Tatsachen. Gleichwohl tat sich der Gesetzgeber mit der Einführung einer einstweiligen Anordnung zunächst schwer, und die Rechtsprechung mußte mit mehr oder weniger geglückten Analogien zu § 32 BVerfGG oder § 123 VwGO „helfen". Dabei kamen eine aufschiebende Wirkung und die Aussetzung des Vollzugs nach § 80 VwGO von vornherein nicht in Betracht. Auch die Sicherungs- und die Regelungsanordnung nach § 123 VwGO paßten nur bedingt. Daneben wurden grundsätzliche Bedenken gegen den vorläufigen Rechtsschutz selbst erhoben: Insbesondere wurde auf die Schwere eines gerichtlichen Eingriffs in die Entscheidung des Normgebers verwiesen und die große Zurückhaltung des BVerfG bei einstweiligen Anordnungen gegen das Inkrafttreten von Gesetzen angeführt.

Gerade in diesem Punkt liegt aber ein Mißverständnis: Wenn das BVerfG im Verfahren der abstrakten Normenkontrolle Zurückhaltung bei einstweiligen Anordnungen nach § 32 BVerfGG walten läßt, so tut es dies mit Rücksicht auf die parlamentarische Legitimation und die Einschätzungsprärogative des Gesetzgebers – ein Argument, das aber grundsätzlich für die gerichtliche Kontrolle von Rechtsnormen **der Verwaltung** nicht paßt.

Aus den genannten Gründen gibt es die einstweilige Anordnung im Verfahren der Normenkontrolle erst seit 1977, was nicht zuletzt dazu beigetragen haben dürfte, den weitaus problematischeren Weg eines vorbeugenden Rechtsschutzes gegen eine noch nicht erlassene Norm nach dem „Krabbenkamp-Muster" (BVerwGE 40, 323) zu gehen.

II. Sachentscheidungsvoraussetzungen

2   Die einstweilige Anordnung nach § 47 VIII ergeht nach einem eigenständigen gerichtlichen Verfahren. Die Sachentscheidungsvoraussetzungen ergeben sich aus § 47 VIII. Die allgemeinen Voraussetzungen nach § 47 selbst und 123 sind aber ergänzend heranzuziehen.

1. Rechtsweg

3   Wie bei der Normenkontrolle selbst entscheidet das Gericht auch bei der einstweiligen Anordnung nur „im Rahmen seiner Gerichtsbarkeit" (vgl. § 47 I VwGO). Der **Verwaltungsrechtsweg** muß also eröffnet sein. Dabei geht es bei einem Antrag des Bürgers gegen eine Norm der Exekutive gerade nicht um eine verfassungsrechtliche Streitigkeit.

2. Zuständiges Gericht

4   **Zuständig** für die Entscheidung nach § 47 VIII ist das Gericht der Hauptsache, also das örtlich zuständige OVG. Das bleibt es auch im Falle einer Vorlage zum BVerwG nach § 47 V bzw. einer anhängigen Nichtvorlagebeschwerde nach § 47 VII (BVerwGE 58, 179, 180).

3. Beteiligtenbezogene Zulässigkeitsvoraussetzungen

5   **Antragsfähigkeit** und **Verfahrensfähigkeit** richten sich zunächst nach § 47 VwGO, so daß auch eine mit dem Vollzug der Norm befaßte Behörde den Antrag nach § 47 VIII stellen kann. Daneben kommen §§ 61/62 VwGO zur Anwendung.

Antragsgegner ist stets der Hoheitsträger, der die Norm erlassen hat (§ 47 II 2), nicht etwa derjenige, der sie zu vollziehen hat – auch wenn gerade davon ein Nachteil droht (dazu *Erichsen/Scherzberg, DVBl.* 1987, 168, 172 mit Nachw. zur Gegenauffassung).

4. Statthaftigkeit

Statthaft ist der Antrag nach § 47 VIII, wenn zum einen die **6**
Normenkontrolle ihrerseits statthaft ist, also bei Satzungen, die
nach den Vorschriften des BauGB erlassen worden sind und –
soweit das Landesrecht dies bestimmt – bei anderen im Rang unter
dem Landesgesetz stehenden Rechtsvorschriften. Die Norm muß
schon erlassen sein; ein Inkrafttreten ist aber nicht nötig. Der Antrag kann sich vielmehr auf eine Aussetzung des Inkrafttretens
richten. **Nicht** erforderlich ist es, daß schon ein Normenkontrollantrag in der Hauptsache gestellt wurde.

5. Antragsbefugnis

Die notwendige **Antragsbefugnis** weist zwei Elemente auf: Sie **7**
richtet sich zum einen nach § 47 II 1, also nach der Antragsbefugnis in der Hauptsache. Deshalb ist der Antrag unzulässig, wenn
dem Antragsteller kein Nachteil i. S. von § 47 VwGO droht
(VGH Mannheim, NVwZ 1995, 610). Zum anderen muß der
Antragsteller geltend machen, die einstweilige Anordnung sei zur
Abwehr schwerer Nachteile oder aus anderen wichtigen Gründen
dringend geboten. Dieses zweite Element bezieht sich also auf den
Anordnungsgrund.

6. Rechtsschutzbedürfnis

Auch bei der einstweiligen Anordnung besteht ein **Rechts-** **8**
schutzbedürfnis nur dann, wenn der Antragsteller nicht gleich-
wertigen Schutz auf anderem, möglicherweise leichterem Wege
erlangen kann. Letzteres ist insbesondere der Fall, wenn er sich
gegen den Vollzug der Norm im Verfahren nach § 80 oder ggf.
nach § 123 VwGO wehren kann.

Beispiel: Der Antragsteller kann sich gegen eine (vorzeitige) Baugenehmigung während des Planungsverfahrens durch Widerspruch und dessen aufschiebende Wirkung wehren.

Das scheint zunächst inkonsequent, weil das Rechtsschutzbedürfnis bei der
Normenkontrolle selbst unabhängig von möglichen Klagen gegen normvoll-
ziehende Maßnahmen besteht (oben, § 19 VI). Beim vorläufigen Rechtsschutz

verhält es sich aber anders: Hier geht es um die vorläufige Verhinderung von Nachteilen, die zudem nach § 47 VIII nur in Betracht kommt, wenn dies zur Abwehr schwerer Nachteile oder aus anderen wichtigen Gründen **dringend geboten** ist. Kann **diese** vorläufige Sicherung gegen einen drohenden Nachteil ohne eine einstweilige Anordnung gegen die ganze Norm geschehen, dann ist dies das gebotene und auch ausreichende Maß an vorläufigem Rechtsschutz. Deshalb besteht kein Rechtsschutzbedürfnis an einer einstweiligen Anordnung nach § 47 VIII, wenn der Nachteil im Einzelfall durch die aufschiebende Wirkung nach § 80 oder eine Einzelanordnung nach § 123 VwGO abgewehrt werden kann (zum Problem *Grooterhorst,* DVBl. 1989, 1180f.; a. A. *Kopp,* VwGO, § 47, Rd.-Nr. 76). Das gilt erst recht, weil z. B. die Aussetzung des Inkrafttretens der Rechtsnorm einen bereits erlassenen VA nicht suspendieren würde (VGH München, BayVBl. 1983, 698; *Würtenberger,* PdW, 205).

Das Rechtsschutzbedürfnis ist ferner ausgeschlossen, wenn der Antragsteller auch im Hauptsacheverfahren sein Ziel nicht oder nicht mehr erreichen kann, so z. B. wenn das Antragsrecht verwirkt oder mißbräuchlich eingesetzt wurde, wenn sich der Antrag ausschließlich auf eine Verfahrenshandlung im Sinne von § 44a VwGO richtet oder wenn der den Antragsteller treffende und den Nachteil auslösende Vollzugsakt bereits unanfechtbar ist.

7. Antrag

9   Die einstweilige Anordnung kann nur auf **ordnungsgemäßen Antrag** hin ergehen, der in Form und Inhalt §§ 81/82 VwGO entsprechen muß. Da sich der Antrag auf eine einstweilige Anordnung richtet, sind subsidiär auch die Vorschriften der ZPO anzuwenden, auf die § 123 III VwGO verweist.

III. Begründetheit

10   Die Voraussetzungen einer einstweiligen Anordnung nach § 47 VIII sind strenger gefaßt als bei § 123. Das ist sachgerecht, weil die Wirkung einer auf eine Rechtsnorm bezogenen einstweiligen Anordnung erheblich schwerer wiegt als der Normalfall des § 123 VwGO. Die Begründung dieser größeren Zurückhaltung darf aber gerade nicht mit Argumenten aus dem Umfeld von

§ 32 BVerfGG (insbesondere mit dem Vorrang des demokratisch legitimierten Gesetzgebers) angereichert werden.

In der Sache bilden wieder die Erfolgsaussichten der Normenkontrolle (in einer summarischen Prüfung) einerseits und die Gefahr vollendeter Tatsachen bzw. die Schwere des Nachteils andererseits die primären Bezugspunkte der Begründetheitsprüfung. So ist insbesondere beim Bebauungsplan die Gefahr einer vorzeitigen Planverwirklichung einzubeziehen.

Bestehen ernsthafte Zweifel an der Rechtmäßigkeit der Norm **und** droht dem Antragsteller ein schwerer Nachteil, dann ist Abhilfe in der Regel dringend geboten und das Gericht hat keinen Ermessensspielraum. Dann kann auch die Vorwegnahme der Hauptsache kein Hindernis für vorläufigen Rechtsschutz bilden. Ist die Norm aber erkennbar rechtmäßig, dann muß der Einzelne i. d. R. auch den Normvollzug hinnehmen und eine einstweilige Anordnung darf nicht ergehen.

IV. Verfahren und Entscheidung

1. Verfahren

Das Verfahren nach § 47 VIII ist ein eigenständiges gerichtliches 11 Verfahren, für das die Grundsätze des § 123 gelten und (über § 123 III) bestimmte Vorschriften der ZPO heranzuziehen sind. Auch wenn keine mündliche Verhandlung stattfindet, ist dabei – soweit wie möglich – der Antragsgegner und (je nach Einzelfall) derjenige „Normbegünstigte" anzuhören, der durch die einstweilige Anordnung Nachteile erleiden würde.

2. Entscheidung

Die Entscheidung ergeht durch Beschluß (§ 123 IV) und ist zu 12 begründen (§ 122 II). Eine Entscheidung durch den Vorsitzenden oder den Berichterstatter allein kommt nicht in Betracht (*Kopp, VwGO, § 47, Rd.-Nr. 80*).

3. Inhalt

13 Es ist ein Mißverständnis, wenn man annimmt, das Gericht könne im Verfahren nach § 47 VIII nur über das Inkrafttreten oder die Aussetzung der Norm als Ganzes entscheiden. Das Gericht kann vielmehr die Norm auch teilweise aussetzen oder durch andere vorläufige Maßnahmen Nachteile verhindern (Einzelheiten hierzu bei *Erichsen/Scherzberg*, DVBl. 1987, 178). Ebenso ist es möglich, daß das Gericht Auflagen für die Anwendung der Norm macht.

4. Wirkung der Entscheidung

14 Hinsichtlich der Wirkung der einstweiligen Anordnung ist zu unterscheiden: Richtet sie sich auf die Norm oder deren Teile als solche, dann wirkt sie auch allgemein und gegen alle („inter omnes"). Ergreift das Gericht aber Maßnahmen, die dazu bestimmt sind, Nachteile gerade für den Antragsteller zu verhindern, dann kann die Rechtsnorm im übrigen unberührt bleiben. Das Gericht muß aber sicherstellen, daß es auch andere Behörden, die mit dem Vollzug der Norm befaßt sind, in die Bindungswirkung der einstweiligen Anordnung einbezieht.

5. Rechtsmittel

15 Anders als bei der einstweiligen Anordnung nach § 123 VwGO ist die Entscheidung nach § 47 VIII unanfechtbar. Auch eine Vorlagepflicht entsprechend § 47 VII und die Nichtvorlagebeschwerde kommt in diesem Verfahren nicht in Betracht. Der Antrag kann aber bei veränderten tatsächlichen und rechtlichen Umständen neu gestellt werden.

Literatur zu § 34: *Zuck,* Die einstweilige Anordnung im Normenkontrollverfahren nach § 47 VII VwGO, DÖV 1977, 225; *Grooterhorst,* Einstweilige Anordnung und Nichtvorlagebeschwerde im Normenkontrollverfahren, DVBl. 1989, 1176; *Erichsen/Scherzberg,* Die einstweilige Anordnung im Verfahren der verwaltungsgerichtlichen Normenkontrolle (§ 47 VII VwGO),

DVBl. 1987, 168; *Schenke,* VwProzR, Rd.-Nr. 1042; *Schmitt Glaeser,* VwProzR, Rd.-Nr. 451 ff.; *Pietzner/Ronellenfitsch,* Assessorexamen, § 59; *Kopp,* VwGO, § 47, Rd.-Nr. 76 ff.; *Koch/Hendler,* BauR, RaumO- u. LaPlaR, S. 272 ff.

6. Teil. Das Verfahren im ersten Rechtszug

§ 35 Verfahrensgrundsätze

I. Allgemeines

1 Schon am Anfang dieses Lehrbuchs wurden die wichtigsten verfassungsrechtlichen Grundsätze dargestellt, die den Verwaltungsprozeß bestimmen. Nunmehr geht es darum, die Grundsätze des eigentlichen Verfahrens vor dem Verwaltungsgericht zusammenzufassen. Als solche werden im allgemeinen genannt:

– Das **rechtliche Gehör** vor Gericht;
– der Grundsatz des **fairen Verfahrens** und die Verfahrensgleichheit;
– der **Untersuchungsgrundsatz;**
– der **Verfügungsgrundsatz;**
– **Amtsbetrieb/Konzentrationsmaxime;**
– **Mündlichkeit** und **Unmittelbarkeit;**
– der **Öffentlichkeitsgrundsatz.**

2 Diese Grundsätze haben ihrerseits einen verfassungsrechtlichen Hintergrund; sie sind zumindest teilweise im Rechtsstaatsprinzip verankert und insoweit sogar unaufhebbar. Auch dürfen sie nicht isoliert gesehen werden, denn der Bezug zu einschlägigen Grundrechten wird in nahezu jedem Verwaltungsprozeß deutlich. Letztendlicher Bezugspunkt ist die **Menschenwürde,** die es gerade im modernen Verwaltungsstaat unabdingbar macht, daß der mehr und mehr von der Verwaltung abhängige und von einseitig regelnden Entscheidungen betroffene Bürger im Verwaltungsprozeß vom bloßen „Adressaten" zum gleichberechtigten Beteiligten wird. Das gilt selbstverständlich nicht erst im Verwaltungsprozeß, sondern auch schon im Verwaltungsverfahren, doch muß das Verwaltungsgericht in besonderer Weise dazu beitragen, daß über das Recht des Beteiligten nicht kurzerhand von Obrigkeits wegen verfügt wird; der einzelne soll nicht nur Objekt der richterlichen Entscheidung sein, sondern er soll vor einer Entscheidung, die

seine Rechte betrifft, zu Wort kommen, um Einfluß auf das Verfahren und sein Ergebnis nehmen zu können (BVerfGE 9, 89, 95).

II. Rechtliches Gehör

Während Art. 19 IV GG den grundsätzlichen Anspruch auf ge- **3** richtliche Kontrolle hoheitlicher Gewalt gewährleistet, geht es bei Art. 103 GG um das rechtliche Gehör im Gerichtsverfahren selbst. Als solche enthält die Bestimmung sowohl ein objektives Verfassungsprinzip (BVerfGE 55, 1, 6) als auch ein eigenständiges Grundrecht, dessen Verletzung Entscheidungen des Gerichts rechtswidrig macht und – wenn im Rechtsmittelverfahren unkorrigiert – mit der Verfassungsbeschwerde (Art. 93 I 4a GG) gerügt werden kann (und in der Praxis auch besonders häufig gerügt wird). Dieses Recht steht im Rahmen des Art. 19 III GG auch Juristischen Personen, auch Juristischen Personen des Öffentlichen Rechts, zu (BVerfGE 61, 82, 104). Die oft benutzte Bezeichnung „grundrechtsähnliches" Recht spielt nur auf die formale Stellung außerhalb des eigentlichen Grundrechtskatalogs an und ist für die verfassungsrechtliche Bedeutung ohne Belang.

Konkretisiert wird das rechtliche Gehör in besonders wichtigen gesetzlichen Bestimmungen zum Verfahren (insbesondere §§ 86 II und III; 101 I, II; 104 I; 108 II VwGO und richterrechtlichen Grundsätzen). Es wird aber auch als „Auffangrecht" für Verstöße gegen nicht kodifizierte oder richterrechtlich konkretisierte Verfahrensprinzipien immer wichtiger.

Im Grundsatz bestimmt Art. 103 GG, daß
– vor Gericht
– jedermann
– Anspruch auf Gehör
hat.

1. Vor Gericht

4   Art. 103 GG gewährleistet das rechtliche Gehör vor Gericht und damit im eigentlichen **Verwaltungsprozeß**. Die Verwaltung – auch die Widerspruchsbehörde – ist insoweit nicht Gericht; es wurde aber bereits dargelegt, daß der Grundsatz des rechtlichen Gehörs – wenn auch in einer den Anforderungen dieser Verfahrensstufen entsprechenden Weise – auf Verwaltungsverfahren und Widerspruchsverfahren anwendbar ist (grundlegend dazu *Feuchthofen*, DVBl. 1984, 170; Einzelh. auch bei *Hufen*, Fehler im Verwaltungsverfahren, Rd.-Nr. 51 ff. und 397).

2. Jedermann

5   Die Formulierung „jedermann" scheint auf den ersten Blick weiter, als die Verfahrensordnungen dies bestimmen. Aus dem Gesamtzusammenhang zeigt sich aber, daß hier nicht etwa jeder beliebige Dritte, sondern nur der Rechtssuchende selbst und die übrigen Verfahrensbeteiligten, also die unmittelbar von einer Gerichtsentscheidung Betroffenen, gemeint sind, nicht aber nur mittelbar Betroffene, Zeugen, Sachverständige usw. (*Knemeyer,* in: Isensee/Kirchhof, Hdb. d. StaatsR VI, § 155, Rd.-Nr. 27).

3. Inhalt des rechtlichen Gehörs

6   „Rechtliches Gehör" ist eine traditionsreiche, aber im Grunde genommen nicht mehr das ganze Spektrum der Gewährleistung abdeckende Formulierung. So geht es nicht nur darum, daß das Gericht dem Bürger mehr oder weniger huldvoll Gehör schenkt. Es geht vielmehr darum, daß die Beteiligten vor Gericht mit allen ihnen zu Gebote stehenden Angriffs- und Verteidigungsmitteln zum Zuge kommen (*Ule,* VwProzR, 142). Das setzt angemessene **Information** über das Verfahren und seine Grundlagen voraus; es enthält das Recht zur eigenen **Stellungnahme** in rechtlicher und tatsächlicher Hinsicht und es gewährleistet auch, daß die Stellungnahme **Wirkung** hat, d. h., daß sie in die gerichtliche Entscheidung Eingang findet (BVerfGE 28, 374, 384). Diesen drei Schrit-

ten sind auch die einzelnen Verfahrensnormen zugeordnet, die aus
dem rechtlichen Gehör abzuleiten sind:

Die Information: 7

– Das Recht auf angemessene Aufklärung und Beratung (§ 86 III VwGO);
– das Recht auf ordnungsgemäße, d. h. rechtzeitige Ladung (§ 102 I VwGO);
– das Recht auf Information über Beweise und Beweisergebnisse (§ 97
  VwGO);
– das Recht zur Kenntnisnahme von Gegenstellungnahmen der übrigen Beteiligten;
– das Recht auf Akteneinsicht einschließlich eines Verbots von Sonderakten
  (§ 100 VwGO).

Die Stellungnahme: 8

– Das Recht auf Antragstellung und Begründung in der mündlichen Verhandlung (§ 103 III VwGO) bzw. auf schriftliche Stellungnahme, soweit keine
  mündliche Verhandlung stattfindet;
– das Recht auf rechtzeitige Äußerung und Gegenäußerung zu Schriftsätzen
  und Anträgen der anderen Beteiligten (BVerfGE 83, 24, 35);
– das Recht auf eigene Beweis- und sonstige Anträge innerhalb und außerhalb
  der mündlichen Verhandlung;
– das Recht, daß nur solche Tatsachen und Beweisergebnisse in das Urteil
  eingehen, zu denen sich die Beteiligten äußern konnten (§ 108 II VwGO).

Berücksichtigung heißt: 9

– Das Recht auf Erörterung in rechtlicher und tatsächlicher Hinsicht (§ 104 I
  VwGO);
– das Recht auf Kenntnisnahme und Erwägung des Vorbringens durch das
  Gericht;
– ein Recht darauf, daß die Stellungnahme in die Entscheidung und deren
  Begründung eingeht.

Zu beachten ist, daß diese Grundsätze u. a. durch die Vorschriften zum sogenannten „Massenverfahren" (§ 67a, § 93a) modifiziert sein können. Dabei geht es aber nur um Verfahren mit einer
Vielzahl von Beteiligten. Auf eine Vielzahl gleichgelagerter Fälle
(„Masse von Verfahren") sind diese Vorschriften nicht anwendbar, und das rechtliche Gehör gilt ungeteilt.

4. Schranken des rechtlichen Gehörs

An sich enthält Art. 103 GG keinen Gesetzesvorbehalt. Er wird   10
aber durch die Verfahrensbestimmungen konkretisiert und in die-

sem Rahmen gewährleistet. Deshalb besteht auch grundsätzlich kein „verfassungsfester" Anspruch auf eine mündliche Verhandlung in allen Verfahrensarten (BVerfGE 6, 19, 20; BVerwGE 57, 272) oder auf mehrere Tatsacheninstanzen (BVerfGE 74, 358, 377). Wie jedes andere Grundrecht findet ferner auch der Grundsatz des rechtlichen Gehörs verfassungsimmanente Schranken in den Verfahrensrechten der anderen Beteiligten sowie in den rechtsstaatlichen Prinzipien eines ordnungsgemäßen Verfahrens. Diese sind aber wie stets ihrerseits im Lichte der konstitutiven Bedeutung des Grundrechts auf rechtliches Gehör zu sehen und zu interpretieren.

11   So ist z. B. das Grundrecht auf angemessene Information beschränkt durch den notwendigen Schutz öffentlicher oder privater Geheimnisse; so darf das Recht zur Stellungnahme nicht zur Persönlichkeitsverletzung des „Gegners" mißbraucht werden, und das Recht auf Berücksichtigung der Stellungnahme heißt nicht, daß das Gericht längliche Rechtsausführungen in jedem Fall wiedergeben und sich sodann damit auseinandersetzen müßte. Dem korrespondieren Pflichten der Beteiligten, deren Verletzung möglicherweise eine Einschränkung des rechtlichen Gehörs durch den Ausschluß (Präklusion) eines verspäteten Vorbringens, den Eintritt der Bestandskraft bei verschuldeter Fristversäumnis usw. bedingen können. Abgemildert werden diese Einschränkungen aber durch die – wiederum durch das rechtliche Gehör gewährleistete – Pflicht des Gerichts zur angemessenen „Warnung" vor den Folgen verspäteten Vorbringens (BVerfGE 69, 145, 149 – modifiziert für den Fall anwaltlicher Vertretung durch BVerfGE 75, 302, 318; BVerwG, DÖV 1987, 652). Auch müssen die Beteiligten den Grundsatz der Verhältnismäßigkeit auch im Verfahren gegen sich gelten lassen, was z. B. gänzlich unangemessene oder mit Risiken und Drittwirkungen verbundene Beweisanträge angeht.

12   Eine gewisse Beeinträchtigung des Grundrechts auf rechtliches Gehör bedeutet für sprachunkundige Ausländer auch die **Verfahrensführung in deutscher Sprache** (§ 184 GVG, § 55 VwGO). Auch einem Ausländer wird die Wahrnehmung seiner Rechte in deutscher Sprache zugemutet; doch muß das Gericht nach § 144 I

ZPO i. V. m. § 96 I VwGO von wichtigen Schriftstücken Über-
setzungen einholen. Auch trifft den Vorsitzenden in einem solchen
Fall eine besondere Hinweis- und Beratungspflicht (§ 86 III)
(BVerfG, NVwZ 1987, 785). In der mündlichen Verhandlung
gehört ein Dolmetscher nicht nur zu dem völkergewohnheits-
rechtlichen Mindeststandard (BVerfG [Kammer-E], NJW 1988,
1462), sondern ist nach richtiger Auffassung auch Voraussetzung
des rechtlichen Gehörs – dies jedenfalls dann, wenn der ausländische Verfahrensbeteiligte nicht selbst hinreichend die deutsche
Sprache beherrscht, um der Verhandlung folgen zu können. Bei
verständnisbedingter Versäumung einer Frist ist ggf. die Wiedereinsetzung in den vorigen Stand geboten (BVerfG, NVwZ 1992,
1080).

5. Einzelfälle

Wie alle anderen Prinzipien erschließt sich die wirkliche Bedeu-   **13**
tung des Grundsatzes des rechtlichen Gehörs erst an Fallbeispielen.
So haben BVerfG und BVerwG Verstöße z. B. in folgenden Fällen
angenommen: Verstöße gegen die Hinweis- und Aufklärungspflicht des Vorsitzenden (§ 86 III VwGO); nicht angemessene Information oder nicht rechtzeitige Ladung zur mündlichen Verhandlung; Ablehnung einer Terminverlegung trotz wichtigen
Grundes (BVerwG, NJW 1991, 2097; NJW 1993, 80); Entscheidung nach einer zu kurzen Frist (BVerfGE 49, 212, 216) oder vor
Ende einer gerichtlich gesetzten Äußerungsfrist (BVerfGE 12,
110, 113; BVerwG, NJW 1991, 2037; NJW 1992, 327); Ablehnung
eines Wiedereinsetzungsgesuchs bei unverschuldeter Nichteinhal-
tung einer Frist im Vertrauen auf die gewöhnliche Postlaufzeit
(BVerfGE 42, 243, 246; 44, 302, 306); fehlende Mitteilung über
wesentliche Änderungen im Prozeß (BVerwG, DVBl. 1991, 156);
Verweigerung der Ladung eines wesentlichen Zeugen (BVerfGE
69, 141, 145); das Wort wird in der mündlichen Verhandlung
nicht erteilt, ungerechtfertigt entzogen oder seine freimütige und
ungehemmte Wahrnehmung wird durch ehrenrührige Unterstel-
lungen verhindert (BVerwGE 17, 170, 172); die mündliche Ver-

handlung ist zu kurz und wird der Komplexität des Falles nicht
gerecht (BVerfG [Kammer-E], NJW 1992, 299); an den Beteiligten werden überraschende neue Anforderungen gestellt (BVerfGE
84, 188, 190); ein neuer Gesichtspunkt wird überraschend einbezogen oder das Gericht trifft insgesamt eine „Überraschungsent-
scheidung" (BVerwG, DÖV 1987, 744); das Gericht nimmt das
Vorbringen eines Beteiligten in einem Schriftsatz oder in der
mündlichen Verhandlung erkennbar nicht oder nicht mehr zur
Kenntnis (BVerfG [Kammer-E], NJW 1995, 2095; BVerfGE 83,
24, 35; 67, 199; zu den Grenzen der Berücksichtigungspflicht s.
aber BVerwG, NVwZ 1985, 416: keine Pflicht zur Berücksichtigung jedes rechtlichen Arguments oder Heranziehung der gewünschten Literatur – BVerfG [Kammer-E], NJW 1987, 2499).

6. Folgen der Verletzung des rechtlichen Gehörs

14   Verletzungen des rechtlichen Gehörs sind immer beachtliche
Verfahrensmängel, die zur Zulässigkeit (§ 122 II 3 VwGO) und
zur Begründetheit (§ 138, 3) der Revision führen. Auch eine Verfassungsbeschwerde ist erfolgreich, wenn das angefochtene Urteil
auf der Verletzung des rechtlichen Gehörs beruht, d. h. wenn nicht
ausgeschlossen werden kann, daß das Gericht bei einem ordnungsgemäßen Verfahren anders entschieden hätte (BVerfGE 13,
132, 145; 28, 17, 19).

Literatur zu § 35 II: *Feuchthofen,* Der Verfassungsgrundsatz des rechtlichen
Gehörs und seine Ausgestaltung im Verwaltungsverfahren, DVBl. 1984, 170;
Rüping, Verfassungs- und Verfahrensrecht im Grundsatz des rechtlichen Ge-
hörs, NVwZ 1985, 304; *Lorenz,* Die verfassungsrechtlichen Vorgaben des
Art. 19 IV GG für das Verwaltungsprozeßrecht, FS Menger (1985), 143; *Berg,*
Grundsätze des verwaltungsgerichtlichen Verfahrens, FS Menger (1985),
537 ff.; *Zierlein,* Die Gewährleistung des Anspruchs auf rechtliches Gehör nach
der Rechtsprechung und Spruchpraxis des BVerfG, DVBl. 1989, 1169; *Kne-
meyer,* Rechtliches Gehör im Gerichtsverfahren, in: Isensee/Kirchhof, Hdb. d.
StaatsR VI, § 155; *Schenke,* VwProzR, Rd.-Nr. 28; *Schmitt Glaeser,* VwProzR,
Rd.-Nr. 537 ff.

III. Verfahrensgleichheit – Neutralität und Unbefangenheit

1. Allgemeines

Verfahrensfairneß, Chancengleichheit der Beteiligten und recht- **15**
liches Gehör gehören untrennbar zusammen, so daß zumeist auf
eine gesonderte Darstellung der Gleichheit als Verfahrensgrund-
satz verzichtet wird. In der Tat bedeutet die Gewährleistung des
rechtlichen Gehörs immer zugleich, daß Verfahrensgleichheit zwischen den Beteiligten im Hinblick auf Information, Gelegenheit
zur Stellungnahme und Einwirkung auf das Gericht bestehen
muß. Die Diskriminierung einer Seite im Verwaltungsprozeß ist
also nicht nur durch Art. 3 GG sondern auch durch Art. 103 ausgeschlossen.

Wenn hier die Verfahrensgleichheit besonders genannt wird,
dann vor allem wegen der steigenden Zahl von Verfahren, in
denen es nicht mehr ausschließlich um das „bipolare" Verhältnis
von Behörde und Bürger sondern um polygonale, also mehrseiti-
ge Rechtsverhältnisse geht, in denen das Gericht faktisch nur eine
Art „Schiedsrichterrolle" zwischen verschiedenen privaten und öffentlichen Belangen wahrzunehmen hat. Hier besteht die grundsätzliche Aufgabe des Verwaltungsgerichts, Verfahrensgleichheit
zwischen den Beteiligten zu wahren und ggf. herzustellen – ein
Prinzip, das nicht auf ein allgemeines „Willkürverbot" reduziert
und damit verharmlost werden darf (*Höfling*, JZ 1991, 955).

2. Ausgleichende Verfahrensgerechtigkeit

Neben dieser eher formalen, auch mit „Neutralität" zu kenn- **16**
zeichnenden Verpflichtung des Gerichts besteht aber auch eine
Fürsorgepflicht im Hinblick auf die unterschiedliche Artikula-
tionsfähigkeit der Beteiligten, die ungleich verteilten Chancen,
sich Gehör zu verschaffen, und die bestehenden Informationsdefi-
zite. Diese Pflicht ist in § 86 III VwGO zumindest mittelbar angesprochen, denn die Beseitigung von Formfehlern, die Erläuterung
unklarer Anträge, die Stellung sachdienlicher Anträge und die Ergänzung ungenügender tatsächlicher Angaben sind oft Merkmale

solcher bestehender Unsicherheiten, die das Gericht auszugleichen hat. Der Gleichheitssatz wirkt hier kompensatorisch und ist zugleich ein wichtiger Ausdruck des aus dem Demokratieprinzip abzuleitenden Minderheitenschutzes. Formale Gleichheit würde dagegen letztlich auf die Gleichbehandlung ungleicher Tatbestände hinauslaufen, die bekanntlich ebenso gegen Art. 3 GG verstößt wie die Ungleichbehandlung gleicher Tatbestände.

17   Wichtigster Ausdruck kompensatorischer Verfahrensgleichheit ist die **Prozeßkostenhilfe,** die es oft erst ermöglicht, daß sich ein Einzelner rechtliches Gehör im Verwaltungsprozeß verschafft. Deshalb hat die Rechtsprechung auch immer wieder betont, daß keine zu strengen Anforderungen an die Voraussetzungen der Prozeßkostenhilfe im Verwaltungsprozeß gestellt werden dürfen und einer armen Partei die Prozeßführung nicht unmöglich gemacht werden darf (vgl. zuletzt BVerfGE 78, 104, 120).

3. Neutralität und Unbefangenheit des Gerichts

18   In den Zusammenhang des rechtlichen Gehörs **und** der Verfahrensgleichheit gehören diejenigen Vorschriften, die die Neutralität und Unbefangenheit der Gerichtspersonen gewährleisten sollen.

Für das Verwaltungsprozeßrecht ist dies in erster Linie § 54 VwGO (Ausschließung und Ablehnung von Gerichtspersonen), der in seinem allgemeinen ersten Absatz auf die §§ 41–49 ZPO verweist. Zugleich enthält er mit der Mitwirkung am vorausgegangenen Verwaltungsverfahren sowie der Mitgliedschaft in der Vertretung einer in ihren Interessen berührten Körperschaft aber auch zwei wichtige Sondertatbestände der Befangenheit, die spezifisch öffentlichrechtlicher Natur sind. In Bezug auf die Richter selbst sind § 54 VwGO und die genannten Vorschriften der ZPO gleichfalls vor dem Hintergrund der richterlichen Unabhängigkeit (dazu oben § 4 I 4) zu sehen; sie sollen aber auch institutionell und personell Verfahrensgerechtigkeit gewährleisten. Ausgeschlossen von der Ausübung des Amtes als Richter oder als ehrenamtlicher Richter ist derjenige, der bei dem vorausgegangenen Verwaltungsverfahren (zumeist auf Seiten der Behörde) mitgewirkt hat.

Das sind zunächst die am Verfahren selbst beteiligten Beamten, aber auch z. B. der Beisitzer eines Ausschusses für Kriegsdienstverweigerung (BVerwG, DÖV 1988, 977).

§ 54 will wie alle Befangenheitsvorschriften dem Bürger gegenüber zur „Vermeidung des bösen Scheins" beitragen (vgl. BVerfGE 35, 253). Er soll damit zwar kein allgemeines Mittel bieten, mißliebige Richter auszuschließen, doch scheint es umgekehrt auch bedenklich, einen allzu engen und formalistischen Befangenheitsbegriff anzuwenden. Unabhängig vom formalen Verfahrensbegriff ist daher z. B. auch derjenige Richter befangen, der an einer zeitgleichen sonstigen Prüfungsentscheidung zu dem Kl., bzw. an der Beurteilung eines Referendars beteiligt war (anders aber BVerwG, DÖV 1983, 552).

Im Hinblick auf die übrigen Befangenheitsgründe sei hier nur **19** auf §§ 41 ff. ZPO verwiesen. Mißtrauen gegen die Unparteilichkeit eines Richters (§ 42 II ZPO) kann sich sowohl aus seinem Verhalten in der Öffentlichkeit als auch seiner Verfahrensführung ergeben. Eine in der Fachliteratur vorgetragene Auffassung oder eine bestimmte politische Meinung führt noch nicht zur Befangenheit. Auch ist derjenige Vorsitzende nicht befangen, der die Parteien in einem Verfahren zur Eile treibt.

Liegt ein Ausschließungsfall vor, so bestimmt sich das Verfah- **20** ren nach den §§ 44–48 ZPO. Die Mitwirkung eines ausgeschlossenen Richters ist ein Revisionsgrund. Zu beachten ist auch, daß § 54 nicht nur für Richter und ehrenamtliche Richter sondern auch für Sachverständige, Dolmetscher usw. gilt.

Literatur zu § 35 III: *Dörr,* Faires Verfahren. Gewährleistung im Grundgesetz der Bundesrepublik Deutschland (1984); *Tettinger,* Fairneß und Waffengleichheit: Rechtsstaatliche Direktiven für Prozeß- und Verwaltungsverfahren (1984); *Höfling,* Das Verbot prozessualer Willkür. Zum dogmatischen Gehalt einer bundesverfassungsgerichtlichen Argumentationsfigur, JZ 1991, 955; *Hufen,* Fehler im Verwaltungsverfahren, Rd.-Nr. 59 ff.

IV. Untersuchungsgrundsatz

1. Allgemeines

21   Im Verwaltungsprozeß gilt der Untersuchungsgrundsatz („In-
quisitionsmaxime"). Das heißt: Das Gericht erforscht den Sachverhalt von Amts wegen (§ 86 I VwGO). Es ist an das Vorbringen
und an die Beweisanträge der Beteiligten nicht gebunden. Wie im
Strafverfahren, im finanzgerichtlichen und sozialgerichtlichen
Prozeß, in weiten Bereichen der freiwilligen Gerichtsbarkeit und
auch in bestimmten Feldern des Zivilprozesses wird unterstellt,
daß das öffentliche Interesse an einer richtigen Entscheidung die
Notwendigkeit einer objektiv richtigen und vollständigen Sachverhaltsermittlung voraussetzt. Die VwGO geht also davon aus,
daß es einen gleichsam objektiv vorgegebenen Sachverhalt gibt,
der ggf. auch unabhängig von den Parteien „erforscht" werden
kann. Darin liegt eine Abkehr von dem im Zivilprozeß in der
Regel geltenden Beibringungsgrundsatz (da mihi factum – dabo
tibi ius).

Der Untersuchungsgrundsatz steht wiederum im engen Zusammenhang zum Grundsatz des rechtlichen Gehörs und zur Verfahrensgleichheit. Seine eigentliche Bedeutung liegt weniger im Erforschen eines „objektiv" richtigen Sachverhalts als in der Voll-
ständigkeit, Offenheit und Neutralität der Sachaufklärung. Insofern ist das Gericht auch gehalten, Mängel in der Sachaufklärung
durch die Behörde auszugleichen und den Fall „spruchreif zu machen". Der Umfang der Sachaufklärung wird dabei durch den
Streitgegenstand und den Verfahrensstand bestimmt.

2. Mitwirkung der Beteiligten

22   In seiner „reinen Form" kann der Untersuchungsgrundsatz heute in keiner Prozeßart mehr verwirklicht werden. Dazu fehlen
dem Gericht oft schon die fachlichen und auch die finanziellen
Mittel. Zwar gibt es keinen allgemeinen Vorbehalt der Wirtschaftlichkeit; faktisch aber ist das Gericht auch in der Sachaufklärung
sehr häufig daran gehindert, z. B. kostspielige Analysen und Gut-

achten auf öffentliche Kosten in Auftrag zu geben, so daß derjenige einen Vorteil hat, der in der Lage ist, solche Erkenntnisquellen selbst einzuführen.

Auch § 86 I selbst modifiziert die Geltung des Untersuchungsgrundsatzes bereits mit der Formulierung: *„Die Beteiligten sind dabei heranzuziehen"*. Ihre Mitwirkung ist sowohl ein durch das rechtliche Gehör gewährleistetes Recht als auch eine im eigenen und im öffentlichen Interesse bestehende Pflicht. Die Beteiligten haben besonders bei offenen Fragen diejenigen Fakten beizubringen und zu belegen, die in ihrer Sphäre liegen. Dann obliegt ihnen insofern eine echte Darlegungs- und Beweislast (näher dazu *Redeker*, NJW 1980, 1598; *Schenke*, VwProzR, Rd.-Nr. 24).

Grundsätzlich ist es nach § 87 Aufgabe des Vorsitzenden und des Berichterstatters, bei der Vorbereitung der mündlichen Verhandlung den Kläger dazu aufzufordern, diejenigen Tatsachen und Beweismittel zu benennen (nicht unbedingt selbst herbeizuschaffen), mit denen er zur Sachaufklärung des Gerichts beitragen kann und will. Das Gericht darf aber nicht die Verantwortung für die Sachaufklärung auf die Beteiligten verlagern. Wichtiger und richtiger Kern des Untersuchungsgrundsatzes ist also weniger, daß das Gericht die Sachaufklärung **ausschließlich** betreibt, sondern daß es kraft seiner Autorität die Möglichkeit zu einem Einbringen von Daten und Fakten schafft und diese dann in sachlich korrekter Weise auswertet. Hier hat das Gericht vielfach anregende, leitende und moderierende Funktion. Es kooperiert mit den Beteiligten und deren Anwälten und bildet sich auf der Basis der aus verschiedenen Quellen eingebrachten Sachverhaltselemente ein eigenes Urteil (§ 108 I 1). Insofern ist der Untersuchungsgrundsatz heute zumindest teilweise von Elementen des Beibringungsgrundsatzes und des Kooperationsprinzips überlagert – verbunden mit einem rechtlichen und faktischen Entscheidungs- und Bewertungsmonopol des Gerichts. Anders als andere Reformvorschläge ist die Fiktion der Klagerücknahme, wenn der Kl. ein Verfahren über mehrere Monate nicht betreibt, durchaus diskutabel (vgl. BRats-Drucks. 1084/94).

3. Verstöße gegen den Untersuchungsgrundsatz – Folgen von Fehlern

Unterläßt das Gericht eine sachlich gebotene und letztlich erheb- **23** liche Sachaufklärung, so stellt dies einen Verfahrensmangel dar. Das gleiche gilt, wenn es sich ohne Ausgleich auf Sachangaben einer Seite verläßt, obwohl der Streitgegenstand und die Sachlage eine Gegendarstellung der anderen Seite oder ein objektives Sachverständigen-Gutachten erforderlich macht. Setzt die tatsächliche Würdigung des Sachverhalts eine besondere Sachkunde voraus und beabsichtigt das Gericht, ohne Hinzuziehung eines Sachverständigen zu entscheiden, so muß es im Urteil seine besondere Sachkunde belegen (BVerwG, NVwZ 1987, 47). Der Pflicht zur angemessenen Sachaufklärung kann selbst dann im Einzelfall nicht genügt sein, wenn **ein** Gutachten oder ähnliche Erkenntnisse vorliegen. Ergeben sich z. B. in einem Verfahren um die wehrrechtliche Musterung Anhaltspunkte für gesundheitliche Veränderungen, so ist ggf. eine erneute ärztliche Untersuchung erforderlich (BVerwG, NVwZ 1987, 48).

Besonders wichtig ist es, daß sich das Gericht unabhängig von den Parteien „selbst ein Bild macht". Die kritiklose Übernahme von Daten oder sonstigen Angaben einer Behörde oder eines Betreibers ist insofern ebenso ein Fehler, wie die ungeprüfte Übernahme eines Botschafts-Gutachtens in einem so heiklen und umstrittenen Feld wie dem Asylrecht (dazu insbes. BVerwG, NVwZ 1990, 878; BVerfGE 63, 215, 225). Einen Fehler begeht das Gericht auch, wenn es die Mitwirkungspflicht überdehnt, z. B. vom Betroffenen die Beibringung von Fakten erwartet, die erkennbar nicht in dessen Sphäre oder Erkenntnisbereich fallen (BVerwG, NVwZ 1987, 407).

Literatur zu § 35 IV: *Redeker,* Untersuchungsgrundsatz und Mitwirkung der Beteiligten im Verwaltungsprozeß, DVBl. 1981, 83; *Berg,* Grundsätze des verwaltungsgerichtlichen Verfahrens, FS Menger (1985), 537; *Kropshofer,* Untersuchungsgrundsatz und anwaltliche Vertretung im Verwaltungsprozeß (1981); *Marx,* Die Notwendigkeit und Tragweite der Untersuchungsmaxime in den Verwaltungsprozeßgesetzen (VwGO, SGG, FGO) (1985); *Dolde,* Zusammenarbeit zwischen Richter und Rechtsanwalt im verwaltungsgerichtlichen Verfahren, VBlBW 1985, 248; *Schenke,* VwProzR, Rd.-Nr. 20.

V. Verfügungsgrundsatz

24   Im Hinblick auf die eigentlichen Klageanträge und damit auf den Streitgegenstand gilt im Verwaltungsprozeß der **Verfügungsgrundsatz** (Dispositionsmaxime). Das heißt: Das Gericht ist im Hinblick auf den Streitgegenstand an die Anträge der Parteien

gebunden. Diese können also über den Umfang des Verwaltungsprozesses sowie über Beginn und Ende des Rechtsstreits verfügen. Der Gegenbegriff ist die Offizialmaxime, d. h. die Bestimmung des Gerichts über den Streitgegenstand von Amts wegen. Diese herrscht z. B. im Strafprozeß.

Die wichtigste Folge der Dispositionsmaxime ist: Das Gericht 25 wird in der Regel nur auf Antrag tätig (vgl. § 42 I, 80 V, 123) und es darf nicht über die Klageanträge hinaus entscheiden oder etwas zusprechen, was nicht beantragt wurde (ne ultra petita – vgl. § 88 VwVGO). Der Kläger kann die Klage ändern (§ 91) oder auch zurücknehmen (§ 92 I). Selbst nach Antragstellung in der mündlichen Verhandlung ist dies mit Einwilligung des Beklagten möglich. Ist die Klage zurückgenommen, so muß das Gericht das Verfahren durch Beschluß einstellen. Ausdruck des Verfügungsgrundsatzes sind auch der Vergleich (§ 106) und nach richtiger Auffassung Anerkenntnis und Klageverzicht. Die Bindung des Gerichts an den Klageantrag enthält zwangsläufig auch ein Verbot der „reformatio in peius" für den Verwaltungsprozeß. Der Verfügungsgrundsatz geht im Verwaltungsprozeß aber nicht soweit, daß das Gericht sich nur um die Anträge kümmern dürfte. So ist es an die **Fassung** der Anträge nicht gebunden; der Vorsitzende oder der Berichterstatter hat vielmehr auf die Ergänzung der Klage (§ 82 II VwGO) und auf die Beseitigung von Formfehlern die Erläuterung und Ergänzung von Anträgen und tatsächlichen Angaben hinzuwirken (§ 86 III). Auch an die **Beweis**anträge (nicht zu verwechseln mit dem eigentlichen Klageantrag) ist das Gericht nach § 86 I nicht gebunden. Untersuchungsgrundsatz und Dispositionsmaxime sind also kein absoluter Gegensatz – sie ergänzen sich vielmehr (*Berg,* FS Menger [1985], 540).

Verstößt das Gericht gegen den Verfügungsgrundsatz, indem es etwas nicht Beantragtes zuspricht oder den Prozeß nach Erledigung oder Rücknahme der Klage fortsetzt, so liegt hierin ein Fehler und ein Revisionsgrund.

Literatur zu § 35 V: *Berg,* Grundsätze des verwaltungsgerichtlichen Verfahrens, FS Menger (1985), 537, 540; *Schenke,* VwProzR, Rd.-Nr. 19; *Schmitt Glaeser,* VwProzR, Rd.-Nr. 538; *Ule,* VwProzR, 137.

VI. Amtsbetrieb/Konzentrationsmaxime

26   Im Rahmen der gestellten Klageanträge wird der Verwaltungsprozeß durch das Gericht bestimmt. Es herrscht also „**Amtsbetrieb**". Das Gericht selbst, nicht die Parteien, ist für die Zustellung
der Klage und des Urteils, die Terminierung, die Sachaufklärung
usw. verantwortlich.

Eng damit zusammen hängt die **Konzentrationsmaxime,** also
die Aufgabe des Gerichts, das Verfahren so konzentriert und be-
schleunigt wie möglich zu führen. Das heißt z. B., daß die mündliche Verhandlung so vorbereitet sein muß, daß sie nicht nur in
einem Zuge durchgeführt werden kann, sondern daß auch möglichst schnell entschieden werden kann. Verstöße gegen den
Amtsbetrieb und die Konzentrationsmaxime sind naturgemäß
schwierig festzustellen und zu ahnden. Allgemeingültige Maßstäbe hierfür gibt es nicht, doch kann z. B. in einer unangemessenen
Verteilung der Sachverhaltsklärung auf mehrere Einzeltermine ein
Verstoß gegen die Konzentrationsmaxime liegen.

Literatur zu § 35 VI: *Ule,* VwProzR, 136; *Schenke,* VwProzR, Rd.-
Nr. 26 f.

VII. Mündlichkeit/Unmittelbarkeit

27   Im Grundsatz entscheidet das Verwaltungsgericht **aufgrund
mündlicher Verhandlung** (§ 101 I VwGO). Das Gegenteil wäre
ein rein schriftliches Verfahren nach Lage der Akten. Der Grundsatz der Mündlichkeit bedeutet, daß die Streitsache in rechtlicher
und tatsächlicher Hinsicht in der mündlichen Verhandlung erörtert (§ 104 I) wird und daß sich die Beteiligten dazu äußern können. Ausdruck der Unmittelbarkeit ist auch § 112: Das Urteil
kann nur von den Richtern und ehrenamtlichen Richtern gefällt
werden, die an der dem Urteil zugrunde liegenden Verhandlung
teilgenommen haben. Überdies darf das VG nur solche Schriftsätze und andere Äußerungen berücksichtigen, die Gegenstand der
mündlichen Verhandlung waren (BVerwG, NVwZ 1990, 69;
NJW 1995, 2303). Geht nach deren Ende ein weiterer Schriftsatz

ein, so ist die Verwertung nur im Einverständnis der Beteiligten möglich.

Der Grundsatz der Mündlichkeit gilt aber nur, soweit nichts anderes bestimmt ist (§ 101 I). Die praktisch wichtigste Ausnahme enthält § 101 II: Entscheidung mit Einverständnis der Beteiligten ohne mündliche Verhandlung. Auch Entscheidungen des Gerichts, die nicht Urteil sind, können nach § 101 III ohne mündliche Verhandlung ergehen – dies aber nur, soweit nichts anderes bestimmt ist. Der wichtige Bereich des vorläufigen Rechtsschutzes (Beschlüsse nach § 80 V und § 123 VwGO) ist damit weitgehend vom Mündlichkeitsprinzip ausgenommen. Erwähnt seien ferner der Gerichtsbescheid (§ 84) und das Musterverfahren (§ 93 a), die Ausnahmen vom Prinzip der Mündlichkeit darstellen bzw. ermöglichen.

In engem Zusammenhang mit dem Prinzip der Mündlichkeit **28** steht das Prinzip der **Unmittelbarkeit.** Es bestimmt, daß das Verfahren einschließlich der Beweiserhebung (§ 96 I) nur vor dem Gericht als solchem zu erfolgen hat: „Das Gericht erhebt Beweis in der mündlichen Verhandlung" (§ 96 I). Das schließt im Grundsatz eine „Auslagerung" auf den Berichterstatter, die Geschäftsstelle usw. aus.

Eine Einschränkung gilt aber, wenn das Gericht nach § 96 II in geeigneten Fällen schon vor der mündlichen Verhandlung durch eines seiner Mitglieder als beauftragten Richter Beweis erheben läßt oder zu einzelnen Beweisfragen ein anderes Gericht um die Beweisaufnahme ersucht. Einzelne Beweise können ohnehin nach § 87 III unter dort im einzelnen genannten Voraussetzungen durch den Vorsitzenden oder den Berichterstatter erhoben werden. Eine noch wichtigere Einschränkung des Unmittelbarkeitsgrundsatzes brachte § 87 a VwGO i. d. F. von 1991, der nicht nur neue und erweiterte Entscheidungskompetenzen des Vorsitzenden im vorbereitenden Verfahren betrifft, sondern praktisch den Einzelrichter einführt, wenn die Beteiligten damit einverstanden sind. Hier tritt der Berichterstatter oder der Vorsitzende an die Stelle des Gerichts, der Grundsatz der Unmittelbarkeit gilt dann allerdings ihm gegenüber.

Der Grundsatz der Unmittelbarkeit ist verletzt, wenn das Gericht – abgesehen von den gesetzlich bestimmten Fällen – außerhalb der mündlichen Verhandlung Beweis erhebt oder Gesichts-

punkte berücksichtigt, die in der mündlichen Verhandlung nicht
erörtert wurden. Ein Fehler kann aber auch darin liegen, daß das
Gericht oder ein einzelner Richter innerhalb der mündlichen Verhandlung durch erkennbare „innere Abwesenheit" die Angelegenheit nicht zur Kenntnis nimmt (zum schlafenden Richter in der
Hauptverhandlung vgl. die schöne Differenzierung in BVerwG,
NJW 1986, 2721: Schließen der Augen kann auch der Konzentration dienen). In diesen Fällen ist dann auch die vorschriftsmäßige
Besetzung der Richterbank gefährdet.

Literatur zu § 35 VII: *Strauch,* Die Öffentlichkeit und Mündlichkeit des
Verwaltungsstreitverfahrens, FS Mallmann (1978), 375; *Berg,* Grundsätze des
verwaltungsgerichtlichen Verfahrens, FS Menger (1985), 537; *Schenke,*
VwProzR, Rd.-Nr. 30; *Schmitt Glaeser,* VwProzR, Rd.-Nr. 547; *Ule,*
VwProzR, 139 f.

VIII. Öffentlichkeit

29   Die Verhandlung vor dem Verwaltungsgericht ist nach § 55
VwGO i. V. m. § 169 GVG **öffentlich.**

Der Grundsatz der Öffentlichkeit stellt neben dem rechtlichen
Gehör selbst das wohl traditionsreichste Prinzip des Verwaltungsprozesses und des gerichtlichen Verfahrens insgesamt dar. Obwohl im GG nicht ausdrücklich erwähnt (vgl. aber Art. 90 I Bay-
Verf), ist die Öffentlichkeit der mündlichen Verhandlung Grund-
prinzip des rechtlichen Gehörs und darüber hinaus des Rechtsstaats insgesamt. Ihre Bedeutung wird gerade im Verwaltungsprozeß durch dessen Geschichte belegt, die immer auch eine Geschichte des Kampfes gegen die Geheimjustiz der Administrativ-
gerichte war. Auch gegenwärtig dient die Öffentlichkeit der Kontrolle und Unabhängigkeit von Richtern und Verwaltung; daneben aber auch dem wirksamen Grundrechtsschutz (so zu Recht
Berg, FS Menger [1985], 537, 553; *Häberle,* Struktur und Funktion
der Öffentlichkeit im demokratischen Staat, in: ders., Die Verfassung des Pluralismus [1980], 136).

In seiner heutigen Ausgestaltung heißt das Prinzip der Öffentlichkeit, daß die Verhandlung in einem Raum stattfindet, zu dem

während ihrer Dauer grundsätzlich jedermann der Zutritt offensteht (BVerwG, DVBl. 1973, 369). Außerhalb der mündlichen Verhandlung, z. B. bei der Beweisaufnahme, gilt dagegen nur die sogenannte Parteiöffentlichkeit, d. h. der Zugang für die Beteiligten (BVerwG, DÖV 1989, 40).

Schranken für das Prinzip der Öffentlichkeit ergeben sich aus 30 den örtlichen Gegebenheiten, insbesondere der Raumkapazität des Gerichts, aber auch durch den Schutz öffentlicher oder privater Geheimnisse. Der Ausschluß aus diesen und ähnlichen Gründen ist in §§ 171 a und b, 172 GVG geregelt.

Besondere Probleme im Hinblick auf die Öffentlichkeit stellen Groß- und Massenverfahren, in denen nicht selten die Prozeßöffentlichkeit – statt die Unabhängigkeit des Gerichts zu fördern – massiv genutzt wird, um Druck auf das Gericht auszuüben. Das darf aber nicht zur grundsätzlichen Einschränkung der Öffentlichkeit führen. Das Gericht hat genügend Mittel, um auf Störungen angemessen zu reagieren (§§ 176–182 GVG). Im übrigen muß das unabhängige Gericht dem geschilderten Druck standhalten, darf sich auch nicht durch „Tricks", wie die Wahl eines zu kleinen Sitzungssaales, der Öffentlichkeit entziehen.

Verhandelt das Gericht – wie in Einzelfällen möglich – nicht im Gerichtsge- 31 bäude selbst, so ist besonders darauf zu achten, daß diese Veränderung in geeigneter Form und rechtzeitig der Öffentlichkeit zur Kenntnis gebracht wird. Die Öffentlichkeit ist nur gewahrt, wenn das Gericht an einem allgemein zugänglichen Ort verhandelt. Da ist z. B. nicht der Fall im Dienstzimmer des Vorsitzenden Richters, am Rande der Autobahn oder in einer Strafanstalt. Bei Großverfahren trifft das Gericht aber keine Pflicht, die mündliche Verhandlung aus dem Gerichtsgebäude „auszulagern", um mehr Zuhörern Platz zu bieten (*Kopp*, VwGO, § 55, Rd.-Nr. 3).

Der Öffentlichkeitsgrundsatz ist verletzt, wenn das jeweilige Gebäude oder der Gerichtssaal verschlossen war. Das soll nach BVerwG, NJW 1985, 448 aber nur gelten, wenn das Gericht dies bemerkt hat oder bei Anwendung der gebotenen Sorgfalt hätte bemerken können. Wichtig ist in jedem Fall aber, daß Zuhörer die Möglichkeit haben müssen, sich bemerkbar zu machen (so auch BVerwG, BayVBl. 1990, 351 – verschlossene Haupteingangstür).

Literatur zu § 35 VIII: *Strauch,* Die Öffentlichkeit und Mündlichkeit des Verwaltungsstreitverfahrens, FS Mallmann (1978), 345; *Berg,* FS Menger (1985), 537, 553; *Schenke,* VwProzR, Rd.-Nr. 32; *Schmitt Glaeser,* VwProzR, Rd.-Nr. 549.

§ 36 Das Verfahren bis zur mündlichen Verhandlung

I. Die Klageerhebung und ihre Wirkungen

1   Das Verfahren vor dem Verwaltungsgericht beginnt mit der **Erhebung der Klage** (§ 81 VwGO). Die Voraussetzungen der wirksamen Erhebung der Klage wurden schon unter Zulässigkeit (oben § 23) behandelt. Auch im übrigen enthalten die Vorschriften des 9. Abschnitts der VwGO nicht nur Regelungen zum eigentlichen Verfahren, sondern in §§ 81/82 Zulässigkeitsvoraussetzungen und in § 84 (Gerichtsbescheid) bereits ein mögliches Verfahrensergebnis. Der Ablauf des eigentlichen Verfahrens ist in der VwGO nur in wenigen „Eckpunkten" geregelt und wird zumeist auch in Studium und Examen nur an wenigen exemplarischen Problemen behandelt. Darauf soll sich auch die folgende Darstellung beschränken.

1. Die Rechtshängigkeit (§ 90 VwGO)

2   Im Verwaltungsprozeß tritt die Rechtshängigkeit nicht erst mit der Zustellung der Klage an den „Gegner", sondern bereits mit deren wirksamer Erhebung ein (§ 90). Das ist der wichtigste Unterschied zum Zivilprozeß (§ 253 I ZPO). Rechtshängigkeit bedeutet die Anhängigkeit **dieses** Streits bei **diesem** Gericht. Der Umfang wird also durch den **Streitgegenstand** bestimmt. Erforderlichkeit ist die Wirksamkeit der Klageerhebung (§ 81), nicht dagegen die Zulässigkeit. Rechtshängig wird natürlich auch die unzulässige Klage. Die Rechtshängigkeit und ihre Folgen gelten entsprechend auch für den Normenkontrollantrag und Anträge des vorläufigen Rechtsschutzes nach §§ 80 und 123. Maßgeblich ist der Zeitpunkt des Eingangs der Klageschrift beim Gericht – auch bei einem unzuständigen Gericht. Die Rechtshängigkeit endet mit der Rechtskraft des Urteils.

2. Die Unzulässigkeit eines weiteren Prozesses in gleicher Sache (§ 17 I 2 GVG)

Die Rechtshängigkeit bei dem Gericht hat eine **Sperrwirkung:** 3
Während ihrer Dauer kann die Sache von keiner Partei anderweitig anhängig gemacht werden. Dies nunmehr für alle Gerichtszweige einheitlich in § 17 I 2 GVG geregelt. Die Rechtshängigkeit macht jede andere Klage zu demselben Streitgegenstand unzulässig. Es handelt sich um eine von Amts wegen zu prüfende Prozeßvoraussetzung. Diese wirkt für alle Beteiligten, also auch für den Beigeladenen.

Es ist aber darauf zu achten, daß für das Ausmaß der Rechtshängigkeit und damit der Sperrwirkung wiederum der Streitgegenstand maßgeblich ist. Klagen, die zwar dasselbe Sachproblem, nicht aber exakt denselben Streitgegenstand betreffen, sind nicht erfaßt (Einzelh. bei *Kopp,* VwGO, § 90, Rd.-Nr. 15).

3. Fortbestehende Zuständigkeit des Gerichts – „perpetuatio fori"

Rechtshängigkeit hat ferner die Wirkung, daß die einmal begründete Zulässigkeit des zu einem Gericht beschrittenen Rechtswegs und die Zuständigkeit des Gerichts bestehen bleiben, nachdem die Sache bei diesem durch Erhebung der Klage oder eines entsprechenden Antrags anhängig geworden ist – auch wenn die dafür ursprünglichen maßgeblichen Gründe nachträglich weggefallen sind **(perpetuatio fori).** Dieser Grundsatz ist hinsichtlich des Rechtswegs in § 17 I 1 GVG enthalten. Die perpetuatio fori hinsichtlich des zuständigen Gerichts ergibt sich aus § 83 S. 1 VwGO, der wiederum auf §§ 17a und b GVG verweist. Maßgeblicher Grund ist die rechtsstaatliche Verläßlichkeit und die Verfahrensökonomie. Das einmal angerufene Gericht soll – vorbehaltlich seiner anfänglichen Zuständigkeit – bei Eintritt der Rechtshängigkeit auch dann entscheiden, wenn die maßgeblichen rechtlichen und tatsächlichen Umstände sich zwischenzeitlich verändert haben.

II. Das Verfahren vor der mündlichen Verhandlung

5   Mit Eingang der Klage steht diese unter der Maxime des „Amtsbetriebs", d. h. in der Obhut des Gerichts, das von sich aus die notwendigen Schritte zur Förderung des Verfahrens und zur Vorbereitung der mündlichen Verhandlung ergreift. Diese Schritte werden hier wieder in einer gedachten chronologischen Reihenfolge dargestellt, wobei zunächst die „Akteure" auf Seiten des Gerichts sowie die Formen prozeßleitender Entscheidungen kurz vorgestellt werden sollen.

1. Die Aufgabenteilung im Gericht

6   Was die „Arbeitsteilung" des Gerichts beim Verfahren im ersten Rechtszug angeht, so gilt zwar grundsätzlich das **Kammerprinzip,** d. h. das Gericht als Ganzes muß handeln und entscheiden. Dieser Grundsatz ist aber zunehmend durchbrochen worden. Insbesondere weist die VwGO dem **Vorsitzenden,** dem **Berichterstatter** und neuerdings auch dem **Einzelrichter** wichtige Aufgaben zu.

7   a) Der **Vorsitzende** der Kammer hat im Verwaltungsprozeß eine doppelte Funktion: Zum einen muß er die Entscheidungen der Kammer selbst vorbereiten – er ist also immer gefragt, wenn es um die Vorbereitung solcher Entscheidungen und anderer Maßnahmen geht, die nach dem Gesetz „das Gericht" als solches zu treffen und vorzunehmen hat.

Daneben hat der Vorsitzende als solcher eine wichtige Funktion bei der Führung des Verfahrens: So hat er – sofern nicht bereits ein Berichterstatter bestellt ist – die Aufgabe, den Kläger zu der erforderlichen Ergänzung der Klage aufzufordern (§ 82 II 1); er verfügt die Zustellung der Klage an den Beklagten (§ 85); ihm obliegt primär die Erfüllung der Hinweispflicht nach § 86 III; er fordert die Beteiligten zur Einreichung von Schriftsätzen auf (§ 86 IV) und er trifft alle zur Vorbereitung der mündlichen Verhandlung notwendigen Anordnungen (§ 87 I). Im Einverständnis der Beteiligten kann er als eine Art „konsentierter Einzelrichter" im vorbereitenden Verfahren wirken (§ 87 a II). Ist ein Berichterstatter bestellt (dazu b), so sieht das Gesetz in einer ganzen Reihe von Fällen gleichwohl vor, daß daneben auch der Vorsitzende zuständig bleibt, so z. B. für die Erhebung einzelner Beweise (§ 87 III), für Entscheidungen im vorbereitenden Verfahren (§ 87 a) und für Fristsetzungen an den Kläger zur Angabe der Tatsachen, durch deren Berücksichtigung oder Nichtberücksichtigung im Verwaltungsverfahren sich dieser beschwert fühlt (§ 87 b).

b) Trotz dieses weitgespannten Verantwortungsbereichs des **8** Vorsitzenden liegt der Fortgang des Verfahrens in der Praxis aber weit eher beim **Berichterstatter.** Dieser wird in § 82 II zwar einfach als ein vom Vorsitzenden bestimmter Richter bezeichnet; er ist aber – weit über die Funktion des „Berichterstatters" in der Hauptverhandlung hinaus – der eigentliche „Motor" des Verfahrens. Er prüft die Sach- und Rechtslage, bereitet die notwendigen Verfügungen und Beschlüsse des Gerichts vor, korrespondiert mit den Beteiligten und wertet deren Stellungnahmen als erster aus. Nach § 87 III kann er unter bestimmten Voraussetzungen einzelne Beweise erheben oder er kann durch das Gericht beauftragt werden, nach § 96 II Beweis zu erheben. Insgesamt entspricht seine Funktion mehr derjenigen eines „vorbereitenden Richters" als des Berichterstatters.

Der vorbereitende Richter (Berichterstatter) ist als solcher aber keineswegs Einzelrichter, d. h. er entscheidet – trotz oder mißverständlichen Formulierung in § 87 a II/III VwGO – nicht anstelle des Gerichts, sondern er bereitet im Normalfall die Entscheidung des Gerichts nur vor.

c) Aus wohlerwogenen Gründen hatte sich in der Reformdis- **9** kussion des letzten Jahrzehnts der **Einzelrichter** – anders als in § 348 ZPO – zunächst nicht durchgesetzt (*Stelkens,* FS Redeker (1993), 313, 315). Dieser unterscheidet sich vom Berichterstatter dadurch, daß er ggf. allein entscheidet und nicht nur die Entscheidung des Gerichts vorbereitet. Er ist von seiner Bestellung bis zum Ende des Verfahrens im ersten Rechtszug „das Prozeßgericht". Es gilt also: **Der vorbereitende Richter erstattet Bericht, der Einzelrichter ist das Gericht.**

Neben § 31 AsylVfG bedeutete der 1991 eingeführte § 87a II und III VwGO einen ersten – allerdings noch zurückhaltenden – Versuch der Einführung eines Einzelrichters. Voraussetzung war hier aber das Einverständnis der Beteiligten; beschränkt war die Kompetenz auf das „vorbereitende Verfahren". Dabei war von Anfang an unklar, welche Bewandnis es mit dem „vorbereitenden Verfahren" hatte. Hier ging es erkennbar nicht nur um die Vorbereitung der mündlichen Verhandlung (in dessen Rahmen zur Sache selbst folglich keine Entscheidung ergehen kann), sondern auch um Verfahren zur Vorbereitung des Gerichtsbescheids (§ 84) und zu sonstigen Entscheidungen ohne mündliche Verhandlung. Daneben handelte es sich um vorgezogene Nebenentscheidungen, wie etwa die Entscheidung über den Streitwert oder über die Kosten (§ 87a I 4 und 5).

Trotz aller Bedenken hat § 6 VwGO i. d. F. des Gesetzes zur Entlastung der Rechtspflege (BGBl. 1993 I, S. 50) wie schon in § 76 AsylVfG den **„echten Einzelrichter"** eingeführt. Danach **soll** die Kammer in der Regel den Rechtsstreit einem ihrer Mitglieder als Einzelrichter **zur Entscheidung** übertragen, wenn die Sache keine besonderen Schwierigkeiten tatsächlicher oder rechtlicher Art aufweist und die Rechtssache keine grundsätzliche Bedeutung hat. Ausnahmen gelten insoweit nur für den Richter auf Probe, der im ersten Jahr nach seiner Ernennung nicht zum Einzelrichter bestellt werden darf, und für Verfahren nach der mündlichen Verhandlung.

Ziel dieser Maßnahme ist zwar die Entlastung des Gerichts von Routineentscheidungen, doch hat der Gesetzgeber gerade insoweit fundierte Bedenken von Wissenschaft und Praxis außer Acht gelassen. So muß nunmehr die Kammer als ganze zunächst entscheiden, ob die Sache keine besonderen Schwierigkeiten tatsächlicher oder rechtlicher Art aufweist, bevor der Einzelrichter tätig werden darf. Für diesen selbst steigen Verantwortung und folglich Arbeitsaufwand. Verkannt wurde ferner, daß es sich in aller Regel bei Verwaltungsstreitsachen nicht um Routineangelegenheiten handelt, die für Kläger und zumeist auch beteiligte Behörden eine über vergleichbare zivilprozessuale Konstellationen hinausgehende Bedeutung haben. Nicht zuletzt deshalb hatte die Bund-Länder-Arbeitsgruppe Verwaltungsgerichtsbarkeit die „flächendeckende" Einführung des Einzelrichters abgelehnt. Schließlich ist auch durch die rasche gesetzgeberische Einführung und die offenkundig fehlende „Einpassung" in das als solches schon problematische System des § 87a VwGO eher eine Belastung denn deren Gegenteil. Die Grenzen des nach Art. 19 IV GG Zulässigen wird überschritten, wenn die verschiedenen „Entlastungen" gemeinsam eingesetzt werden: So etwa, wenn der Einzelrichter ohne mündliche Verhandlung durch Gerichtsbescheid entscheidet und gleichzeitig die Zulassungsberufung nach § 131 eingreift.

2. Anordnungen und Beschlüsse

10   Nach § 87 I hat der Vorsitzende oder der Berichterstatter schon vor der mündlichen Verhandlung alle Anordnungen zu treffen,

die notwendig sind, um den Rechtsstreit in **einer** mündlichen Verhandlung zu erledigen. Beispiel für solche prozeßleitenden Anordnungen gibt das Gesetz selbst: Ladung zur Erörterung, Aufforderung zu Ergänzung und Erläuterung vorbereiteter Schriftsätze, Einholung von Auskünften, Anordnung zur Vorlage von Urkunden, Ladung von Zeugen und Sachverständigen usw. (Muster jeweils bei *Martens,* Mustertexte, S. 11 ff.).

In der Vorbereitungsphase des Verfahrens sind aber auch weitere Entscheidungen möglich, die ihrer Rechtsnatur nach förmliche Beschlüsse sind, so z. B. die Beiladung (§ 65 I), die Entscheidung über die Wiedereinsetzung in den vorigen Stand (§ 60), die Übertragung einer Angelegenheit auf den Einzelrichter (§ 6), die Trennung und Zusammenlegung von Verfahren (§ 93) usw.

3. Die Aufforderung zur Ergänzung der Klage (§ 82 II VwGO)

Nach § 82 II hat der Vorsitzende oder der Berichterstatter den 11 Kläger zu der erforderlichen Ergänzung der Klage innerhalb einer bestimmten Frist aufzufordern. Das setzt eine erste Prüfung des Antrags und der zur Begründung dienenden Tatsachen und Beweismittel voraus. Die Klage wird aber nicht etwa „zurückgegeben", soweit sie diesen Anforderungen nicht entspricht. Sie bleibt vielmehr rechtshängig; die Frist des § 74 bleibt gewahrt. Versäumt der Kläger aber die Frist des § 82 II, dann ist die Klage in der unzulänglichen und damit möglicherweise unzulässigen Weise erhoben, soweit die Frist nicht verlängert oder Wiedereinsetzung nach § 60 gewährt wurde.

Die Pflicht des § 82 II betrifft die Klageanträge und deren Mindestanforderungen selbst, während sich die allgemeine Beratungspflicht aus § 86 III auf das gesamte Verfahren und alle Prozeßhandlungen der Beteiligten bezieht. Sie ist deshalb besonders wichtig, weil die Mindestanforderungen nach § 82 schon zu Beginn des Verfahrens vorliegen müssen, während alle sonstigen Verfahrenshandlungen in der Regel bis zur mündlichen Verhandlung nachgeholt werden können.

4. Die Zustellung an den Beklagten und die Aufforderung zur Stellungnahme

12   Hat die Klage – ggf. nach Hinweis und Korrektur – die nach § 82 erforderliche Fassung erhalten, so verfügt der Vorsitzende die **Zustellung** an den **Beklagten.** Zugleich mit der Zustellung ist der Beklagte aufzufordern, sich schriftlich (oder zur Niederschrift des Urkundsbeamten der Geschäftsstelle) zu äußern. Die Zustellung der Klage ist im Verwaltungsprozeß nicht maßgeblich für die Rechtshängigkeit (§ 90 VwGO), begründet aber die Beteiligtenstellung.

5. Die durchgängige Hinweispflicht (§ 86 III VwGO)

13   Der Vorsitzende hat nach § 86 III darauf hinzuwirken, daß Formfehler beseitigt, unklare Anträge erläutert, sachdienliche Anträge gestellt, ungenügende tatsächliche Angaben ergänzt, ferner alle für die Feststellung und Beurteilung des Sachverhalts wesentlichen Erklärungen abgegeben werden.

Diese Hinweispflicht gilt für das gesamte Verfahren, also nicht nur für die mündliche Verhandlung oder deren Vorbereitung. Sie ist Ausdruck der Offizialmaxime, darüber hinaus aber auch Merkmal des rechtlichen Gehörs und der Verfahrensgerechtigkeit. Sie gilt für alle Beteiligten, doch dient sie in der Praxis vor allem dem Ausgleich des in der Regel bestehenden Informationsvorsprungs der Behörden gegenüber dem Bürger.

Im Prozeß selbst hat § 86 III auch die Funktion der Verhinderung von Überraschungsverfügungen und sonstigen Entscheidungen, darf aber nicht als allgemeine Pflicht zur Rechtsberatung durch das Gericht mißverstanden werden. Die Grenzen sind hier oft fließend. Als eine Art Rechtsberatung wird sich insbesondere die Hinweispflicht an den anwaltlich nicht beratenen Beteiligten erweisen. An der durchgängigen Hinweispflicht des § 86 III hat sich auch durch die Einführung der § 87a und § 87b nichts geändert. Auch den Einzelrichter nach § 6 trifft keine geringere Verpflichtung.

Studenten müssen § 86 III VwGO unbedingt kennen. So darf auch in der Klausur bei einem unklar gefaßten oder unstatthaften Antrag der Hinweis darauf nicht fehlen, daß der Vorsitzende ggf. nach § 82 II oder 86 III zu einer entsprechenden Klärung auffordern muß.

Die Verletzung der Hinweispflicht ist ein wesentlicher Verfahrensmangel und darüber hinaus möglicherweise ein Verstoß gegen den Grundsatz des rechtlichen Gehörs und gegen Art. 3 GG (BVerfGE 42, 65, 72).

6. Die Sachaufklärung durch das Gericht

An den beiden zentralen Vorschriften zur Sachaufklärung und **14** zur Beweiserhebung im Verwaltungsprozeß läßt sich die Bedeutung der beiden wichtigen Verfahrensmaximen noch gut ablesen. So bestimmt § 86 I 1 VwGO: „Das Gericht erforscht den Sachverhalt **von Amts wegen**" und formuliert damit in klassischer Weise den Untersuchungsgrundsatz. § 96 faßt Konzentrationsmaxime und Mündlichkeitsprinzip zusammen: „Das Gericht erhebt Beweis **in der mündlichen Verhandlung**".

Unter dem Druck der Anforderungen einerseits und der Bedeutung der Ermittlungstätigkeit der Beteiligten andererseits relativiert schon der Gesetzestext heute die Bedeutung der genannten Grundsätze. So bringt § 86 I 1 2. Hs. ein Element des Beibringungsgrundsatzes (die Beteiligten sind dabei heranzuziehen), und die Sachaufklärung wird heute vor der mündlichen Verhandlung nicht nur vorbereitet sondern weitgehend durchgeführt. Auch die Beweiserhebung ist mittlerweile – wenn auch nur beschränkt auf Einzelheiten – vor der eigentlichen mündlichen Verhandlung möglich (vgl. § 87 III; § 96 II). Das führt dazu, daß auch wichtige Beweise heute vor der Hauptverhandlung erhoben werden. Die für die Beweisführung wichtigen Urkunden müssen ohnehin nach § 86 V bereits den vorbereitenden Schriftsätzen beigefügt werden.

Zum Umfang der **Sachaufklärung vor der mündlichen Ver- 15 handlung** sind schon wegen der Vielfalt der unterschiedlichen Prozesse kaum allgemeine Angaben zu machen. „Der" Sachverhalt eines modernen Verwaltungsprozesses wird in der Regel aus widersprüchlichen Angaben, Daten, Belangen und deren Bewertung bestehen. In ihm vereinigen sich empirische und normative Elemente, die nur selten als „reiner" Tatbestand zusammengefaßt werden können, dem eine ebenso klar getrennte „Rechtsfolge" gegenübergestellt werden kann.

Das ändert nichts an der Bedeutung des Satzes, daß das Gericht von sich aus die je nach Einzelfall erforderlichen Elemente des Sachverhalts **von Amts wegen** erforschen muß. Ihm stehen dabei neben Urkunden auch Zeugen, Sachverständige und Augenschein zur Verfügung. Besonders die Bedeutung der unmittelbaren Anschauung sollte auch angesichts technischer Richtlinien, Sachverständigen-Gutachten usw. nicht verkannt werden.

Bei der Sachaufklärung muß das Gericht alle angebotenen oder notwendigen Möglichkeiten ausschöpfen und hierbei auch Ermittlungsfehler der Behörden nach Möglichkeit ausgleichen. Die Grenzen der Sachaufklärung liegen allerdings in der Zumutbarkeit, in der Tauglichkeit bzw. Erheblichkeit angebotener Sachelemente und damit auch in gewissem Umfang im Verhältnismäßigkeitsprinzip. Unzumutbar bzw. unerreichbar ist – um nur ein Beispiel zu nennen – die Vernehmung eines ausländischen Ministers als Zeuge im deutschen Asylprozeß (BVerwG, NJW 1989, 678). Ist das Gericht schon von einer Tatsache überzeugt, so kann sich die Erhebung weiterer Beweise erübrigen, doch ist darauf zu achten, daß sich keine unzulässige Vorwegnahme der der Hauptverhandlung vorbehaltenen eigentlichen Beweiswürdigung ergibt. Je nach Einzelfall kommt auch ein Beweissicherungsverfahren (§ 173 VwGO i. V. m. § 486 ZPO) in Betracht. Liegt schon eine einschlägige Rechtsentscheidung vor, so ist das Gericht nach § 121 VwGO an die entsprechenden Tatsachenfeststellungen gebunden.

Gerade in technisch komplizierten Verfahren ist die Verwaltung oft wesentlich besser in der Lage, komplexe Sachverhalte aufzuklären als das Gericht. Schon deshalb ist es ein Mißverständnis, § 86 I 1 2. Hs. so zu verstehen, als sei hier nur die Mitwirkung des Bürgers angesprochen. Grundsätzlich kann und muß das Gericht bei der Sachaufklärung vielmehr auch die beklagte Behörde und ggf. weitere Behörden nach § 99 I heranziehen. Ein Ausdruck dieser „Arbeitsteilung" ist auch § 113 III, wonach das Gericht ohne in der Sache selbst endgültig zu entscheiden, den VA und den Widerspruchsbescheid aufheben und der Behörde noch weitere Sachermittlungen auferlegen kann.

Unter der reinen Geltung des Untersuchungsgrundsatzes hat der Kläger zwar Mitwirkungsrechte, aber keine Mitwirkungspflichten (vgl. auch § 103 III). In seinem eigenen Interesse kann das Gericht nach § 86 II 2. Hs. dem Kläger aber Mitwirkungspflichten bei der Sachaufklärung auferlegen – dies insbesondere bei solchen Aspekten, die in seiner eigenen Sphäre liegen.

Beispiel: Tatsächliche Angaben zu den Verfolgungsgründen im Asylverfahren (BVerwG, DVBl. 1983, 996); Gründe einer Benachteiligung im Prüfungsverfahren (BVerwG, NVwZ 1990, 65); Mitwirkung an ärztlicher Untersuchung (BVerwG, BayVBl. 1984, 87). Besonders Mitwirkungspflichten gelten im Asylprozeß (§ 15 AsylVfG).

Die Verletzung der allgemeinen Mitwirkungspflicht führt aber nicht dazu, daß der Kläger mit dem entsprechenden Antrag als Ganzes nicht mehr gehört würde. Das Gericht kann dann vielmehr von sich aus ermitteln, werten, andere Beweise erheben usw. (*Ule,* VwProz, 135; *Berg,* FS Menger, 546). Auch im übrigen ist das Gericht schon nach § 86 I 2 nicht an das Vorbringen der Beteiligten gebunden. Es darf aber auch nicht einfach einen Vortrag als wahr unterstellen (BVerwGE 77, 150).

Eine **formelle Präklusion** hinsichtlich bestimmter Tatsachen ergibt sich aber aus § 87 b VwGO. Kommt der Kläger demnach einer Aufforderung zur Angabe bestimmter, d. h. für **seine** Rechtsposition sprechender (Gegenbeispiel: Vertrag nur zum Naturschutz – BVerwG, NVwZ 1995, 904), Tatsachen und Beweismittel oder zur Vorlage bestimmter Urkunden oder anderer beweglicher Sachen nicht nach (**nicht** etwa zur Beweiserhebung selbst), so kann das Gericht Erklärungen und Beweismittel, die erst nach Ablauf der gesetzten Frist vorgebracht werden, zurückweisen und ohne weitere Ermittlungen entscheiden, wenn ihre Zulassung nach seiner freien Überzeugung die Erledigung des Rechtsstreits verzögern würde **und** der Beteiligte die Verspätung nicht genügend entschuldigt und der Beteiligte über die Folgen einer Fristversäumung belehrt worden ist. Erst unter diesen sehr eingeschränkten Voraussetzungen kommt es also zu einer „selbstverschuldeten" Durchbrechung des Untersuchungsgrundsatzes (Bedenken bei *Schenke,* VwProzR, Rd.-Nr. 24; Sonderbedingungen gelten wiederum im Asylprozeß [§ 81 AsylVfG]. Einzelheiten zu den verschiedenen Beweisanträgen bei *Kuhla/Hüttenbrink,* DVProz, S. 140).

17

18   Besondere Bedeutung hat in allen technisch oder sonst schwierigen Verfahren die Bestellung und Anhörung von **Sachverständigen**. Hierzu ist das Gericht stets verpflichtet, wenn dem Gericht die eigene Sachkunde für die Beurteilung des Falles in tatsächlicher Hinsicht fehlt. Verfügt das Gericht aber schon über einen „Erfahrungsschatz" durch die häufige Begutachtung in immer wiederkehrenden ähnlichen Fragen, so kann es sich bei einem neuen Prozeß darauf beziehen (BVerwG, NVwZ 1990, 571). Auch im übrigen kann das Gericht Erfahrungsgrundsätze und offenkundige Tatsachen als solche werten. Eigene Sachkunde und Offenkundigkeit sind aber z. B. in komplizierten medizinisch-psychiatrischen Fällen sehr rasch überschritten (BVerwG, DÖV 1988, 222). Auch müssen im Einzelfall die Entscheidungsgründe Ausführungen enthalten, aus denen sich die besondere Sachkunde des Gerichts ergibt. Andernfalls verletzt das Gericht § 86 I VwGO (BVerwG, NVwZ 1987, 47).

Ein immer häufigeres Problem stellt die Rolle von **„technischen Regelwerken"**, Verwaltungsvorschriften vom Typ der TA-Luft, TA-Lärm usw. dar. Diese sind nicht nur im Umweltrecht heute unentbehrlich und kennzeichnen u. a. Grenzwerte, die für den Stand der Technik, für den Grad zulässiger oder zumutbarer Immissionen gelten. Sie werden in der Praxis größtenteils von dem jeweils zuständigen Ministerium – zumeist unter Mitwirkung von ihrerseits plural besetzten Gremien von Sachverständigen formuliert.

19   Auf die allgemeinen Probleme dieser technischen Anweisungen – insbesondere auf deren Infragestellung durch die Anforderungen des EuGH (NJW 1991, 3087 = NVwZ 1991, 866) an die Form der Umsetzung europäischer Umweltrichtlinien – kann hier nicht eingegangen werden. Sie sind der Rechtsform nach Verwaltungsvorschriften, haben also keine Außenwirkung und können **als solche** im Verwaltungsprozeß auch nicht überprüft werden. Bekanntlich behandelte die Rechtsprechung des BVerwG seit dem „Voerde-Urteil" (BVerwGE 55, 250, 255) solche Anweisungen zunächst als **„antizipierte Sachverständigen-Gutachten"** und maß ihnen daher die Bedeutung von bewiesenen Erfahrungsgrundsätzen bei. Demgegenüber handelt es sich aber faktisch um höchst auswirkungsreiche technische **Normen;** sie erreichen in der Praxis darüber hinaus eine Bindungswirkung, die ihnen eigentlich nicht zukommt und die auch von verfassungsrechtlich fragwürdiger Legitimität ist. Nicht zuletzt deshalb hat das

BVerfG betont (BVerfGE 78, 214, 226), daß solche technischen Anweisungen zwar eine Indizwirkung haben, daß das Gericht an sie aber keineswegs gebunden ist. Dem folgt in jüngster Zeit auch die Rechtsprechung des BVerwG, die mehr auf den normativen Charakter der Anweisungen abstellt und damit die Entscheidung des Gerichts für neue oder andere Erkenntnisse offenhält (vgl. insbes. BVerwGE 72, 320; BVerwG, NVwZ 1988, 825). Insgesamt dürfte feststehen, daß derartige Vorschriften – sei es als „antizipierte Sachverständigen-Gutachten", sei es als „normkonkretisierende Verwaltungsvorschriften" – jedenfalls nicht die einzige Erkenntnisquelle des Gerichts zu einer bestimmten technischen Frage darstellen. Insbesondere ist das Gericht nicht gehindert, sich z. B. durch eigene Ermittlungen, durch Augen- oder „Ohrenschein" ein eigenes Bild über die Zumutbarkeit einer bestimmten Belastung vor Ort zu verschaffen.

7. Akteneinsicht (§ 100 VwGO)

Das Verfahren vor dem VG ist beteiligtenöffentlich. Deshalb **20** haben die Beteiligten (§ 63) grundsätzlich das Recht, Gerichtsakten und die dem Gericht vorgelegten Akten einzusehen. Dieses Recht ist ein wichtiger Teilaspekt des rechtlichen Gehörs (Art. 103 GG) und der Verfahrensgleichheit.

Das Akteneinsichtsrecht bezieht sich auf Gerichtsakten i. e. S. **und** vorgelegte Akten. Moderner Ausdruck des Akteneinsichtsrechts ist – wie in anderen Verfahrensordnungen – die Möglichkeit, sich durch die Geschäftsstelle Ausfertigung, Auszüge und Abschriften erteilen zu lassen (Einschränkung im Asylprozeß – § 82 AsylVfG). Weitaus wichtiger in der Praxis ist die (in ihren Grenzen aber durchaus ungeklärte) Möglichkeit zur Erstellung von Fotokopien.

Das Akteneinsichtsrecht erstreckt sich **nicht** auf Entwürfe zu Urteilen, Beschlüssen und Verfügungen sowie die Arbeiten zu ihrer Vorbereitung und auch nicht auf Schriftstücke, die Abstimmungen betreffen. Geschützte Rechtsgüter sind hier die Unabhängigkeit des Gerichts und das Beratungsgeheimnis.

Nicht erfaßt von § 100 sind aber die **Schranken** des Akteneinsichtsrechts, die sich aus dem Recht der übrigen Beteiligten, aus öffentlichen Geheimhaltungsbedürfnissen usw. ergeben. Auch § 99 I 2 betrifft nur die Vorlage- und Auskunftspflicht an das Gericht und damit eine mittelbare Einschränkung des Akteneinsichtsrechts. Hinsichtlich des eigentlichen Geheimnisschutzes besteht aber eine Regelungslücke, da eine Vorschrift wie § 30 VwVfG fehlt (Einzelheiten b. *Cosack/Tomerius,* NVwZ 1993, 841). Verweigert das Gericht zu Unrecht die Einsicht in Akten, die dann aber gleichwohl verwertet werden, so liegt darin eine Verletzung des rechtlichen Gehörs (BVerfGE 20, 349, 347).

Beispiele für Problemfälle: BVerwG, NVwZ 1994, 72 – Verfassungsschutzakten; VGH Kassel, DVBl. 1994, 592 – Personalakten des Mitbewerbers.

Literatur zu § 36 II – Verfahren vor der mündlichen Verhandlung, Sachaufklärung, Akteneinsicht: *Vieweg,* Antizipiertes Sachverständigengutachten – Funktion, Verwaltungsformen, rechtliche Bedeutung, NJW 1982, 2473; A. *Rittstieg,* Das „antizipierte Sachverständigengutachten" – eine falsa demonstratio?, NJW 1983, 1098; *Peschau,* Die Beweislast im Verwaltungsrecht. Zur Verteilung des Aufklärungsrisikos im Verwaltungsprozeß (1983); F. *Baur,* Einige Bemerkungen zur Beweislastverteilung im Verwaltungsprozeß, FS Bachof (1984), 285; *Jarass,* Der rechtliche Stellenwert technischer und wissenschaftlicher Standards, NJW 1987, 1225; *Kopp,* Die Ablehnung von Beweisanträgen und Beweisermittlungsanträgen als Verletzung des Rechts auf Gehör gem. Art. 103 I GG?, NJW 1988, 1708; *Baring,* Zur Akteneinsicht im Verwaltungsstreitverfahren, insbes. im Asylprozeß, in: FS Berge (1989), 101 ff.; H. *Hill,* Normkonkretisierende Verwaltungsvorschriften, NVwZ 1991, 401; *Lübbe-Wolff,* Verfassungsrechtliche Fragen der Normsetzung und Normkonkretisierung im Umweltrecht, ZG 1991, 219; *Ziekow,* Die Pflicht der Behörden zur Gewährleistung von Informationen an die Verwaltungsgerichte, BayVBl. 1992, 132; *Cosack/Tomerius,* Betrieblicher Geheimnisschutz und Interesse des Bürgers an Umweltinformationen bei der Aktenvorlage im Verwaltungsprozeß, NVwZ 1993, 841; *Klein/Czajka,* Gutachten, S. 176 ff.

III. Die Widerklage (§ 89 VwGO)

21   Nach § 89 kann bei dem Gericht der Klage eine Widerklage erhoben werden, wenn der Gegenanspruch mit dem in der Klage geltend gemachten Anspruch oder mit den gegen ihn vorgebrachten Verteidigungsmitteln zusammenhängt.

Die Widerklage kommt – ohne daß es einer besonderen Erwähnung in § 89 II bedurft hätte – für Anfechtungs- und Verpflichtungsklagen und auch bei der Normenkontrolle nicht in Betracht. Ihr so gut wie einziges Anwendungsfeld ist die allgemeine Leistungsklage aus öffentlich-rechtlichem Vertrag, weil praktisch nur hier der für die Widerklage typische enge Sachzusammenhang denkbar ist, bei dem verschiedene Rechtsbeziehungen in einem

Rechtsstreit geklärt werden können. Nicht verwechselt werden darf die Widerklage dagegen mit dem einfachen Antrag auf Klageabweisung. Auf diese läuft auch der „Gegenantrag" auf Feststellung des Nichtbestehens eines Rechtsverhältnisses hinaus, wenn der Kläger gerade das Bestehen des Rechtsverhältnisses festgestellt haben möchte.

Insgesamt ist die Widerklage im Verwaltungsprozeß möglich, **22** aber selten. Ihre wesentlichen Voraussetzungen seien daher hier nur in aller Kürze zusammengefaßt. Neben den sonstigen Zulässigkeitsvoraussetzungen sind dies:

- Antragsberechtigt ist nur der Beklagte, nicht etwa ein Beigeladener.
- Bei der „Ausgangsklage" darf es sich nicht um eine Anfechtungs- oder Verpflichtungsklage handeln. Auch bei der Normenkontrolle ist die Widerklage aus der Natur der Sache ausgeschlossen.
- Eine Klage muß anhängig sein.
- Die Widerklage muß bei dem für die Hauptklage zuständigen Gericht erhoben werden; in der Revisionsinstanz ist sie – von eng begrenzten Ausnahmen abgesehen – unzulässig (vgl. im einzelnen BVerwGE 44, 351, 360).
- Der Gegenanspruch muß mit dem in der (Ausgangs-)Klage geltend gemachten Anspruch oder mit den gegen ihn vorgebrachten Verteidigungsmitteln zusammenhängen (Konnexität).

Im übrigen ist die Widerklage eine selbständige Klage mit eigenem Streitgegenstand. Verteidigungsmittel der Hauptklage aus dem gleichen Rechtsverhältnis sind also **nicht** Widerklagen i. S. v. § 89.

IV. Verbindung und Trennung von Verfahren (§ 93 VwGO)

Nach § 93 kann das Gericht durch Beschluß mehrere bei ihm **23** anhängige Verfahren über den gleichen Gegenstand zu gemeinsamer Verhandlung und Entscheidung verbinden und wieder trennen. Es kann auch anordnen, daß mehrere in einem Verfahren erhobene Ansprüche in getrennten Verfahren verhandelt und entschieden werden. Zweck ist die Prozeßökonomie, aber auch die Vermeidung von widersprüchlichen Entscheidungen in gleichgelagerten Verfahren. Werden die Verfahren als solche verbunden oder getrennt, so ergeht die Entscheidung durch Beschluß. Wird dagegen lediglich einer von mehreren in einem Verfahren erhobenen Ansprüche „abgetrennt", so handelt es sich um eine einfache prozeßleitende Anordnung. Beide Entscheidungen liegen – sofern die Voraussetzungen gegeben sind – im Ermessen des Gerichts. Voraussetzung der Verbindung ist, daß es sich um den gleichen Gegenstand handelt (näher s. *Kuhla/Hüttenbrink*, DVProz, S. 130).

Einen Sonderfall der Abtrennung regelt § 93 a: Hier kann ein Verfahren abgetrennt werden, um es als **„Musterverfahren"** vorab durchzuführen und die übrigen Verfahren zwischenzeitlich auszusetzen. Auch diese Entscheidung muß durch Beschluß ergehen.

V. Aussetzung, Unterbrechung und Ruhen des Verfahrens

24   Als Unterbrechungen des laufenden Verfahrens kommen die Aussetzung, die Unterbrechung und das Ruhen des Verfahrens in Betracht. Sie sollen das Abwarten auf eine erforderliche rechtliche oder tatsächliche Klärung während eines als solchen anhängigen Prozesses ermöglichen. Hierfür gelten §§ 173 VwGO i. V. m. §§ 239 ff. ZPO.

1. Aussetzung

25   Von den verschiedenen Möglichkeiten der Verfahrensaussetzung regelt § 94 VwGO nur den Fall, daß die Entscheidung des Rechtsstreits ganz oder zum Teil vom Bestehen oder Nichtbestehen eines Rechtsverhältnisses abhängt, das den Gegenstand eines anderen **anhängigen** Rechtsstreits bildet oder von einer Verwaltungsbehörde festzustellen ist (Vorgreiflichkeit). Ist der Rechtsstreit noch nicht anhängig, dann hat das Gericht durchaus die Möglichkeit, auch „rechtswegfremde" Vorfragen (Beispiel: Eigentumsübergang im Baunachbarstreit) zu überprüfen (Einzelheiten bei *Schenke*, VwProzR, Rd.-Nr. 161). Die Aussetzung kommt auch in folgenden Fällen in Betracht:

– Wenn das Vorverfahren nachgeholt werden muß und diese Nachholung noch möglich ist;
– bei der als solcher zulässigen Untätigkeitsklage, wenn die Behörde einen zureichenden Grund für die Verzögerung geltend macht (§ 75 VwGO);

– wenn die Entscheidung von dem Ausgang eines anhängigen Normenkontrollverfahrens abhängt (dazu OVG Bremen, DÖV 1986, 980);
– wenn die Vorlage an einen Gemeinsamen Senat, an das BVerfG, ein Landesverfassungsgericht oder den EuGH erfolgte und deren Entscheidung abgewartet werden soll (dazu *Kopp,* VwGO, § 94, Rd.-Nr. 9 ff.).

Dagegen ist die Aussetzung des Verfahrens **kein** Mittel, um bei Anhängigkeit gleichartiger Rechtsstreitigkeiten einem VG das Abwarten auf die Entscheidung des anderen zu ermöglichen (VGH München, BayVBl. 1992, 215).

2. Unterbrechung des Verfahrens

Eine Unterbrechung des Verfahrens kann auch im Verwaltungsprozeß durch den Tod einer Partei bis zur Aufnahme des Verfahrens durch den Rechtsnachfolger (§ 239 ZPO), im Falle der Eröffnung des Konkurses (§ 240 ZPO) oder bei Verlust der Prozeßfähigkeit (§ 241 ZPO), sowie bei Anwaltsverlust vor dem BVerwG (§ 67 VwGO i. V. m. § 244 ZPO) eintreten.   **26**

Die Aufnahme eines unterbrochenen oder ausgesetzten Verfahrens erfolgt dann durch einen bei Gericht einzureichenden Schriftsatz (§ 250 ZPO).

3. Ruhen des Verfahrens

Nach § 173 VwGO i. V. m. § 251 ZPO hat das Gericht das Ruhen des Verfahrens anzuordnen, wenn beide Parteien dies beantragen und anzunehmen ist, daß wegen Schwebens von Vergleichsverhandlungen oder aus sonstigen wichtigen Gründen diese Anordnung zweckmäßig ist. Sonstige wichtige Gründe sind z. B.: eine beabsichtigte Gesetzesänderung, eine bevorstehende Entscheidung des BVerfG in einem für die Entscheidung wichtigen Verfahren usw.   **27**

VI. Änderungen, die den Streitgegenstand oder die Parteien betreffen

Die Komplexität der verfahrensbestimmenden Verhältnisse, aber auch die Dauer des Verwaltungsprozesses bewirken, daß im   **28**

Hinblick auf die Klage während des laufenden Prozesses erhebliche Änderungen eintreten können. Das führt zu zahlreichen, größtenteils heftig umstrittenen Problemen, die hier nur in wenigen Grundzügen behandelt werden. Von den Studenten können nur Kenntnis der Grundbegriffe und der wichtigsten Rechtsprobleme erwartet werden.

Im einzelnen geht es um:
- **Klageänderung,**
- **Parteiwechsel,**
- **Klagerücknahme,**
- **Erledigung der Hauptsache,**
- **Aufrechnung,**
- **Umdeutung.**

1. Klageänderung (§ 91 VwGO)

29   Eine Klageänderung liegt vor, wenn der Streitgegenstand während eines anhängigen Verwaltungsprozesses durch Erklärung gegenüber dem Gericht geändert wird. Die Klageänderung bestimmt sich also nach dem **Streitgegenstand.** Demnach sind die bloße Berichtigung des Antrags oder der Austausch der Klagebegründung, die Umstellung eines Klageantrags auf die richtige Klageart oder sonstige Klarstellungen ohne Änderung des eigentlichen Streitgegenstands keine Klageänderungen. Ändert die Behörde während des Verwaltungsprozesses den Ausgangs-VA, so ist dies noch nicht selbst eine Klageänderung; der geänderte VA kann aber durch eine solche in den laufenden Prozeß einbezogen werden. Die nachträgliche **Einschränkung der Klage** betrifft zwar auch den Streitgegenstand; in der Sache geht es hier aber nicht um eine Klageänderung sondern um eine Teilrücknahme (so zu Recht VGH München, BayVBl. 1991, 211).

30   Die Klageänderung stellt sowohl das Gericht als auch die übrigen Beteiligten vor eine neue Situation. Ihre Zulässigkeit ist daher an bestimmte Voraussetzungen gebunden.

So ist die Klageänderung zulässig

- wenn die übrigen Beteiligten (alle – einschließlich der Beigeladenen) einwilligen (die Einwilligung des Beklagten wird dabei angenommen, wenn er sich auf die geänderte Klage eingelassen hat);
- **oder** das Gericht die Klageänderung für sachdienlich hält. Eine Klageänderung ist nach § 125 I i. V. m. § 91 in der Berufung, nicht aber in der Revision zulässig (§ 142).

Diese Voraussetzungen gelten **alternativ,** nicht additiv. Sind die **31** Beteiligten mit der Klageänderung einverstanden, dann muß das Gericht sie akzeptieren, auch wenn sie dies nicht für sachdienlich hält. Umgekehrt kann ein einziger Beteiligter die Klageänderung nicht „blockieren", wenn das Gericht von der Sachdienlichkeit überzeugt ist. Die Sachdienlichkeit bezieht sich vor allem auf die Förderung des Verfahrens. Sie liegt nicht vor, wenn z. B. die Behörde hinsichtlich des geänderten Teils noch nicht entschieden hat.

Formelle Voraussetzung ist die Erklärung der Klageänderung durch Schriftsatz oder in der mündlichen Verhandlung. Die Klageänderung bewirkt einen insoweit veränderten Streitgegenstand. Von ihm ist in jeder Beziehung im weiteren Verfahren auszugehen.

2. Parteiwechsel

Auch der **Parteiwechsel** ist der Sache nach eine Klageänderung. **32** Er kann sich auf den Kläger („Klägeränderung") oder auf die Beklagtenseite beziehen. Beides ist im Verwaltungsprozeß selten. Kein Parteiwechsel ist die Berichtigung der falschen Bezeichnung eines Hauptbeteiligten oder anderer Behörden, wenn der Rechtsträger als solcher verklagt wurde (§ 78 VwGO). Im übrigen gelten für den Parteiwechsel die gleichen Voraussetzungen wie für § 91, d. h. ein neuer Beklagter kann über den Parteiwechsel in den Prozeß „hineingezogen" werden, wenn er und die übrigen Beteiligten einverstanden sind oder wenn das Gericht dies für sachdienlich hält (Interessanter Fall: OVG Magdeburg, DÖV 1995, 780 – Rechtsnachfolge des Betreibers der „Brocken-Bahn"). Durch den Parteiwechsel dürfen aber nicht die Frist des § 74 oder das Erfordernis eines Widerspruchsverfahrens unterlaufen werden.

3. Klagerücknahme (§ 92 VwGO)

33   Durch einseitige Erklärung des Klägers an das Gericht kann die Klage zurückgenommen werden (§ 92 I). Die Klagerücknahme enthält nach richtiger Ansicht aber keinen materiellrechtlich wirkenden Verzicht. Die Klage kann also ggf. neu erhoben werden, sofern sie nicht zwischenzeitlich verfristet ist.

Die Klagerücknahme ist Ausdruck der Dispositionsmaxime; gleichwohl bestehen Einschränkungen: So kann die Klage grundsätzlich nur bis zum Eintritt der Rechtskraft und nach Stellung der Anträge in der mündlichen Verhandlung nur mit Einwilligung des Beklagten und ggf. des Vertreters des öffentlichen Interesses (wenn dieser in der mündlichen Verhandlung teilgenommen hat) zurückgenommen werden. Ein Beigeladener kann die Klagerücknahme dagegen nicht verhindern, auch wenn er am Ausgang des Prozesses interessiert ist.

Die Klagerücknahme **beendet** das Verfahren. Eine „Wiederaufnahme" ist nur durch neue Klage möglich. Das Verfahren ist durch Beschluß einzustellen, mit dem Beschluß ist über die Kosten des Rechtsstreits zu entscheiden. Die Kosten trägt derjenige, der die Klage zurückgenommen hat (§ 155 II). Eine Beschwerde gegen den Beschluß ist unzulässig (OVG Hamburg, NVwZ 1990, 1089).

4. Die Erledigung der Hauptsache

34   Unabhängig von der Rücknahme kann sich der Prozeß auch aus rechtlichen oder tatsächlichen Gründen erledigen. Das spielt in der Praxis eine große Rolle, zumal aus Kostengründen ein Anlaß besteht, einen Prozeß für erledigt zu erklären, wenn sich ein Mißerfolg abzeichnet.

Erledigungsgründe sind z. B.:

– Der Tod des Klägers bei höchstpersönlichen Rechtsstreitigkeiten;
– die Rücknahme eines angefochtenen VA;
– die Erfüllung des Anspruchs durch die Behörde;
– der Ablauf des Zeitpunkts, auf den sich eine Belastung oder eine beanspruchte Begünstigung bezog:

– die Veräußerung eines streitbefangenen Grundstücks.

Auch bei den genannten Gründen tritt die Erledigung nicht „von selbst" ein. Sie ist vielmehr durch das Gericht bzw. durch den Vorsitzenden (§ 87a I 3) festzustellen **(Feststellung der Erledigung).**

Dagegen können die Parteien nur die Erledigung erklären **(Er-** 35 **klärung der Erledigung)** und damit die entsprechende Feststellung durch das Gericht **beantragen.** Zu unterscheiden sind:

– Die übereinstimmende Erledigungserklärung;
– die einseitige Erledigungserklärung.

a) Anders als nach § 91a ZPO, der eine Pflicht des Gerichts zur Einstellung bei übereinstimmender Erledigungserklärung der Parteien normiert, ist im Verwaltungsprozeß umstritten, ob das Gericht bei übereinstimmenden Erledigungserklärungen noch die Voraussetzungen der Erledigung prüfen muß und damit ggf. die Feststellung gegen den Willen der Parteien ablehnen kann (zum Problem *Pietzner,* VerwArch 75 (1984), 79ff.).

Nach richtiger Ansicht gilt hier die Dispositionsmaxime. Sind die Parteien einig, daß der Rechtsstreit erledigt ist und erklären sie dies dem Gericht gegenüber, dann besteht kein Anlaß zur gerichtlichen Prüfung, ob der Rechtsstreit wirklich erledigt ist (BVerwG, NJW 1962, 1076; *Pietzner/Ronellenfitsch,* Assessorexamen, § 17, Rd.-Nr. 15). Das Verfahren ist durch Beschluß einzustellen.

b) Noch umstrittener ist die **einseitige Erledigungserklärung** 36 des Klägers. (Eine einseitige Erledigungserklärung des Beklagten kommt nicht in Betracht, sie wäre in der Sache lediglich eine Art Anerkenntnis). Hier ist zwar unbestritten, daß das Gericht die Voraussetzungen der Erledigung prüfen muß. Liegen diese vor, dann kann der Beklagte trotzdem ein Interesse haben, den Kläger im Prozeß festzuhalten. Das gilt insbesondere, wenn die Klage unzulässig oder unbegründet ist und der Prozeß also auf ein klageabweisendes Urteil hinsteuert. Stellt hier der Kläger einseitig den **Antrag auf Feststellung der Erledigung** (zum Unterschied zwischen einfacher Erledigungserklärung und Antrag an das Gericht vgl. etwa BVerwG, NVwZ 1991, 160), dann hat das Gericht nach

h. L. nicht mehr zu prüfen, ob die Klage zulässig und/oder begründet war (BVerwGE 20, 146, 150; st. Rspr. zuletzt BVerwGE 73, 312, 313; s. auch *Schenke,* VwProzR, Rd.-Nr. 1115). Eine Ablehnung des Antrags kommt nach dieser Rechtsprechung nur in Betracht, wenn der Beklagte ein schutzwürdiges Interesse an der Fortsetzung des Prozesses bis zum klageabweisenden Urteil hat (BVerwGE 82, 41; BVerwG, NVwZ 1993, 979).

Das kann für den Beklagten problematisch sein, weil es bei der Erledigungserklärung gem. § 161 II zu einer Teilung der Kosten kommen kann, während bei Klagerücknahme und Klageabweisung der Kläger nach § 155 II bzw. § 154 I VwGO allein die Kosten zu tragen hat. Deshalb wurde gefordert, dem Kläger nur dann den „erleichterten Ausstieg" über die Feststellung der Erledigung zu ermöglichen, wenn entweder der Beklagte zugestimmt hat oder die Klage vor der Erledigungserklärung zulässig und begründet war (*Manssen,* NVwZ 1990, 1018).

Das würde aber in der Sache zu einer überflüssigen Fortsetzung eines vom Kl. nicht mehr gewollten Rechtsstreits führen. Überdies ist mit der Formel: „Schutzwürdiges Interesse des Beklagten" dessen Schutz hinreichend gewahrt. Dieser Aspekt ist bei der Prüfung der Begründetheit des Erledigungsantrags einzubeziehen (BVerwG, NVwZ 1989, 862).

5. Aufrechnung

37   Auch die **Aufrechnung** (§§ 387 ff. BGB analog) betrifft als gestaltender Rechtsakt den Streitgegenstand selbst. Sie kommt der Natur der Sache nach nur bei Leistungsklagen in Betracht und ist deshalb im Verwaltungsprozeß selten anzutreffen (Beispiel: BVerwG, NJW 1983, 776 – Aufrechnung mit einem Anspruch auf Rückzahlung von Beihilfen).

Durch die Aufrechnung wird der materielle Anspruch beseitigt, und es tritt insoweit die Erledigung des Rechtsstreits ein. Grundsätzlich darf nur mit einer gleichartigen und fälligen Forderung gegen den gleichen Gegner aufgerechnet werden (VGH München, BayVBl. 1985, 119). Darüberhinaus muß es sich um eine Forderung handeln, über die das VG entscheiden könnte. Eine „rechtswegübergreifende" Aufrechnung mit einer noch nicht bestandskräftig festgestellten privatrechtlichen Forderung oder einem Anspruch aus Staatshaftung kommt wegen der fehlenden Zuständigkeit des VG also nicht in Betracht (BVerwGE 77, 19;

BVerwG NJW 1993, 2255; H. H. *Rupp,* NJW 1992, 3274; für die Aufrechnung „über Rechtsweggrenzen hinweg" nach § 17 II GVG aber *Schenke/Ruthig,* NVwZ 1992, 2502; auch VGH Kassel, DVBl. 1994, 806). In solchen Fällen kann das Gericht aber bis zur Klärung des Anspruchs das Verfahren aussetzen (BVerwG, NJW 1987, 2530).

6. Umdeutung

Umstritten ist, ob die Umdeutung eines fehlerhaften in einen **38** fehlerfreien VA (§ 47 VwVfG) den Streitgegenstand selbst betrifft. Das ist der Fall, wenn man in der Umdeutung selbst einen VA oder eine eigenständige gerichtliche **Entscheidung** sieht (*Ule/ Laubinger,* VwVfR, § 60 III). Anders verhält es sich, wenn die Umdeutung lediglich als **Erkenntnisvorgang** begriffen wird, der den VA bzw. die sonstige Entscheidung nicht berührt (BVerwG, NVwZ 1989, 645; *Maurer,* AVwR, § 10 Rd.-Nr. 44). In jedem Fall ist die Umdeutung vom bloßen Nachschieben von Gründen oder dem Austausch der Begründung zu unterscheiden, die beide die eigentliche Entscheidung nicht betreffen.

Unabhängig von dieser dogmatischen Frage ist die Umdeutung **durch das Gericht** nicht unbedenklich – auch wenn sie allgemein für zulässig gehalten wird (BVerwG, NVwZ 1984, 645; a. A. *Schenke,* VwProzR, Rd.-Nr. 820). Unzulässig ist sie in jedem Fall, wenn sie einem der Beteiligten die Möglichkeit angemessener Reaktion im Verfahren nimmt oder wenn sie dazu führt, daß das Widerspruchsverfahren umgangen wird (BVerwG, DVBl. 1982, 304).

Zu den inhaltlichen Grenzen der Umdeutung s. § 47 VwVfG.

Literatur zu § 36 V und VI: *Kröger/Jakobs,* Probleme der Aufrechnung im Verwaltungsprozeß, JA 1981, 266; *Pietzner,* Zur übereinstimmenden Erledigungserklärung im Verwaltungsprozeß, VerwArch 75 (1984), 461; *ders.,* Zur einseitigen Erledigungserklärung im Verwaltungsprozeß, VerwArch 77 (1986), 289; *Laubinger,* Die Umdeutung von Verwaltungsakten, VerwArch 1987, 207, 345; *Schenke,* Die Umdeutung von Verwaltungsakten, DVBl. 1987, 641; *Manssen,* Die einseitige Erledigungserklärung im Verwaltungsgprozeß, NVwZ 1990, 1018; *Burgi,* Erledigung des Rechtsstreits in der Hauptsache als Problem der verwaltungsprozessualen Dogmatik, DVBl. 1991, 193; *Wirth,*

Umdeutung fehlerhafter Verwaltungsakte (1991); *Windthorst/Lüdemann,* Die Umdeutung von Verwaltungsakten im Verwaltungsprozeß, NVwZ 1990, 244–247; *Schenke,* VwProzR, Rd.-Nr. 165; *Klein/Czajka,* Gutachten, S. 170.

§ 37 Die mündliche Verhandlung

I. Auswirkungen der Grundsätze der Mündlichkeit und der Unmittelbarkeit

1. Entscheidung aufgrund mündlicher Verhandlung (§ 101 VwGO)

1   Soweit nichts anderes bestimmt ist, entscheidet das Gericht aufgrund mündlicher Verhandlung. Dies ist die gesetzliche Konkretisierung der Grundsätze der Mündlichkeit und Unmittelbarkeit, die wiederum wesentliche Gewährleistungen des rechtlichen Gehörs und der Verfahrensgleichheit sind, auch wenn nach Auffassung der Rechtsprechung aus Art. 19 IV und 103 GG kein subjektiver Anspruch auf ein Verfahren mit mündlicher Verhandlung folgt (BVerfGE 15, 303, 307; BVerwGE 57, 272, 273). Auch im Zeichen weitgehender Vorklärungen im Verfahren und der faktischen Bedeutung des „Aktenbetriebs" will das Gesetz die mündliche Verhandlung bewußt in den Mittelpunkt rücken. Das gilt auch für neuartige Verfahren vor dem Einzelrichter (§ 6 VwGO).

2. Ausnahmen

2   Gesetzliche Ausnahmen vom Prinzip der Entscheidung aufgrund mündlicher Verhandlung sind:

– Die Entscheidung im schriftlichen Verfahren mit Einverständnis der Beteiligten (§ 101 II);
– Entscheidungen, die nicht Urteile sind, insbes. Beschlüsse (§ 101 III);
– die Entscheidung durch Gerichtsbescheid (§ 84).

Im Hinblick auf das Einverständnis mit der Entscheidung und die Entscheidungstypen ohne mündliche Verhandlung enthält § 101 eine abschließende Regelung. Daneben kommt § 128 ZPO, insbesondere § 128 III (schriftliches Verfahren bei geringfügigem vermögensrechtlichem Streit) nicht in Betracht (BVerwG, NJW 1980, 1482).

a) Für den **Verzicht auf die mündliche Verhandlung** nach 3 § 101 II ist das Einverständnis **sämtlicher** Beteiligter, also auch der Beigeladenen, erforderlich. Als prozeßgestaltende Entscheidung muß das Einverständnis eindeutig und unwiderruflich sein und schriftlich oder zur Niederschrift abgegeben werden. Ein Widerruf kommt nur bei wesentlicher Änderung der Prozeßlage in Betracht (§ 173 VwGO i. V. m. § 128 II 1 ZPO).

b) Als Entscheidungen des Gerichts, die nicht Urteile sind, sind 4 vor allem **Beschlüsse** zu nennen (dazu unten § 40 I). Wichtigste Anwendungsfälle sind die Entscheidungen zum vorläufigen Rechtsschutz (§ 80 V; § 123) sowie die nach § 47 VI zu treffende Entscheidung der Normenkontrolle, wenn das Gericht eine mündliche Verhandlung nicht für erforderlich hält. Hat aber eine mündliche Verhandlung stattgefunden, kann im Rahmen von § 47 VI die Entscheidung nur durch Urteil ergehen.

c) Auch der **Gerichtsbescheid** (§ 84) wirkt zwar als Urteil 5 (§ 84 III), ergeht aber ohne mündliche Verhandlung. Ob der Gerichtsbescheid ergeht, ist beim Vorliegen der entsprechenden Voraussetzungen in das Ermessen des Gerichts gestellt. Hier sind aber die Beteiligten zuvor zu hören (§ 84 I 1). Sie können zulässige Rechtsmittel ergreifen, oder – wenn diese nicht gegeben sind – die mündliche Verhandlung beantragen (§ 84 II 3); mit der Folge, daß der Gerichtsbescheid als „nicht ergangen" gilt (§ 84 III 2. Hs.).

II. Die Vorbereitung der mündlichen Verhandlung

Vorbereitung auf die mündliche Verhandlung im weiteren Sin- 6 ne ist das ganze Verfahren; insbesondere die nach § 87 notwendigen Maßnahmen und Entscheidungen. Zur Vorbereitung der mündlichen Verhandlung im engeren Sinne sind durch den Vorsitzenden folgende Maßnahmen zu treffen (s. auch *Martens*, Mustertexte, S. 65 ff.):

– Terminbestimmung;
– Ladung der Beteiligten;
– ggf. Anordnung des persönlichen Erscheinens;
– ggf. Bestimmung des Verhandlungsortes.

1. Terminbestimmung

7   Für die Terminbestimmung gilt § 216 ZPO; der Termin zur mündlichen Verhandlung wird von Amts wegen bestimmt, wobei das Merkmal der „Unverzüglichkeit" (§ 216 II ZPO) allerdings im Hinblick auf die besonderen Bedingungen des Verwaltungsprozesses zu relativieren ist. Bei der Reihenfolge der Termine ist neben der zeitlichen Reihenfolge des Klageeingangs auch die Bedeutung und die Schwierigkeit der Sache zu berücksichtigen. Rechtliches Gehör, Gleichheitssatz und Verhältnismäßigkeit bilden eine Grenze für die Gestaltungsfreiheit des Gerichts.

Für Aufhebung und Verlegung von Terminen gilt § 173 VwGO i. V. m. § 227 ZPO. Weigert sich das Gericht, einen Termin zu verlegen, obwohl ein Beteiligter dafür berechtigte Gründe vorgetragen hat, so kann das rechtliche Gehör verletzt sein (BVerwG, NJW 1991, 2097). Das gleiche gilt selbstverständlich, wenn das Gericht nach Aufhebung eines Termins gleichwohl in die mündliche Verhandlung eintritt (BVerwG, NJW 1991, 583).

2. Ladung

8   Sobald der Termin zur mündlichen Verhandlung bestimmt ist, sind die Beteiligten nach § 102 mit einer Ladungsfrist von mindestens 2 Wochen, bei dem BVerwG von mindestens 4 Wochen, zu laden. Die Frist kann durch den Vorsitzenden in dringenden Fällen abgekürzt werden. Die Ladung ist nach § 56 VwGO zuzustellen, und zwar ggf. an den Bevollmächtigten (§ 67 III 3). Bei der Ladung ist nach § 102 II darauf hinzuweisen, daß beim Ausbleiben eines Beteiligten auch ohne ihn verhandelt und entschieden werden kann. Jedoch gibt es im Verwaltungsprozeß **kein Versäumnisurteil;** der säumige Beteiligte begibt sich lediglich seiner Mitwirkungsrechte in der mündlichen Verhandlung.

3. Die Anordnung des persönlichen Erscheinens

Das persönliche Erscheinen soll angeordnet werden, wenn dies 9
zur Aufklärung des Sachverhalts geboten erscheint (§ 173 VwGO
i. V. m. § 141 ZPO). Die Sanktionen für das Ausbleiben richten
sich gleichfalls nach § 41 ZPO; auch in diesem Fall kommt kein
Versäumnisurteil in Betracht.

4. Die Bestimmung des Orts der mündlichen Verhandlung

Nach § 102 III können Sitzungen des VG auch außerhalb des 10
Gerichtssitzes abgehalten werden, wenn dies zur sachdienlichen
Erledigung notwendig ist. Das gilt vor allem in Fällen eines notwendigen Augenscheins – z. B. bei Bauprozessen – wenn es
zweckmäßig ist, die mündliche Verhandlung im Anschluß an eine
Ortsbesichtigung durchzuführen. Dann ist es aber selbstverständlich notwendig, daß die Beteiligten mit der Ladung auf den Ort
hingewiesen werden. Besondere Anforderungen stellt hier auch
das Gebot der Öffentlichkeit, dem durch rechtzeitige Ankündi-
gung Rechnung zu tragen ist. Auch bei einer Verhandlung im
Gerichtsgebäude muß die Ladung Ort, Zeit, Räumlichkeit usw.
bezeichnen.

III. Die Durchführung der mündlichen Verhandlung

1. Aufruf der Sache

Der eigentlichen mündlichen Verhandlung geht der Aufruf der 11
Sache voraus (§ 103 II). Diese ist als Garantie der Öffentlichkeit
und des rechtlichen Gehörs durchaus wörtlich zu nehmen, d. h.:
die Sache ist im Umfeld des Verhandlungsraumes einschließlich
der Warteräume usw. **aufzurufen** (BVerfGE 42, 364, 369;
BVerwGE 72, 28, 30), so daß die ordnungsgemäß anwesenden
Beteiligten zuverlässig Kenntnis erlangen. Der Vorsitzende muß
ggf. warten, bis die Beteiligten sich im Verhandlungsraum einfin-
den können. Das Gericht darf nicht in die mündliche Verhandlung
eintreten, wenn ein Beteiligter nur geringfügig verspätet oder im

Gericht anwesend ist, ohne vom Aufruf der Sache Kenntnis erhalten zu haben (BVerwG, NVwZ 1989, 857).

2. Die Leitungskompetenz des Vorsitzenden

12   Der Vorsitzende – nicht etwa der Berichterstatter – eröffnet
und leitet die mündliche Verhandlung. Seine Leitungskompetenz
ist umfassend und kann nicht delegiert werden. Er bestimmt im
Rahmen von § 103 VwGO die Reihenfolge des Sachvortrags, die
Beweisanträge usw.; er leitet die Erörterung der Streitsache und
die Beweiserhebung. Ferner hat er die Aufgabe, die mündliche
Verhandlung für geschlossen zu erklären (§ 104 III). Das ist
wichtig, weil nach § 108 II das Urteil nur auf Tatsachen und Beweisergebnisse gestützt werden darf, zu denen die Beteiligten
sich äußern konnten. Ferner darf das Urteil nach § 112 nur durch
die an der mündlichen Verhandlung beteiligten Richter gefällt
werden.

Der Vorsitzende hat auch die förmliche Befugnis zur Wahrung
der Ordnung im Gericht, d. h. er übt das Hausrecht aus und ihm
obliegt es, für die Sicherheit und den ordnungsgemäßen Ablauf
der mündlichen Verhandlung zu sorgen. Anwendbar sind insofern § 55 i. V. m. § 169 ff. GVG (s. insbes. die Ordnungsvor-
schrift des § 176 GVG einschließlich der ggf. einschlägigen Ord-
nungsmittel).

3. Vortrag durch den Vorsitzenden oder den Berichterstatter (§ 103 II VwGO)

13   Nach dem Aufruf der Sache trägt der Vorsitzende, in der Praxis aber zumeist der Berichterstatter, den wesentlichen Inhalt der
Akten vor. Das geschieht im Verwaltungsprozeß ausdrücklich
vor der Antragstellung und dient nicht nur der Funktion der Un-
terrichtung des Gerichts und der übrigen Beteiligten, sondern es
bewirkt auch, daß der Akteninhalt zum Gegenstand der Hauptverhandlung wird. Auf völlig unerörterte Gesichtspunkte darf
nach § 108 II das Urteil nicht gestützt werden. Unter heutigen
Voraussetzungen ist der Vortrag des Berichterstatters aber nicht

lediglich „Aktenvortrag". Er enthält vielmehr alle Ergebnisse der Sachaufklärung, einzelner Beweiserhebungen usw. und faßt auch die rechtlichen Probleme zusammen.

4. Antragstellung und Begründung der Anträge durch die Beteiligten

Nach dem Vortrag des Vorsitzenden oder des Berichterstatters 14 über den wesentlichen Inhalt der Akten erhalten die Beteiligten das Wort, um ihre Anträge zu stellen und zu begründen (§ 103 III). Die Hinweispflicht des Vorsitzenden (§ 86 III) gilt insbesondere auch in der mündlichen Verhandlung; d. h. er hat darauf hinzuwirken, daß die in § 86 III angeführten Mängel spätestens in der mündlichen Verhandlung beseitigt werden. Die Reihenfolge von Antrag und Begründung ist nicht zwingend; so können die Beteiligten auch erst zur Sache vortragen und im Anschluß ihre Anträge stellen. Dabei reicht die Bezugnahme auf die Schriftsätze. Die Chance zur eigenen Begründung der Anträge durch den Beteiligten ist Ausdruck des rechtlichen Gehörs. Nachteile sind – insbesondere bei einem anwaltlich nicht vertretenen Beteiligten – in angemessener Weise auszugleichen. In besonderen Fällen ist trotz § 184 GVG die Anwesenheit eines Dolmetschers unabdingbar – es sei denn, ein Ausländer verfügt über hinreichende Sprachkenntnisse, um der Verhandlung zu folgen (BVerwG, NJW 1990, 3102).

5. Erörterung der Streitsache

Nach § 104 VwGO hat der Vorsitzende die Streitsache mit den 15 Beteiligten **tatsächlich und rechtlich zu erörtern.** Das soll den Beteiligten nicht nur Gelegenheit zur eigenen Stellungnahme, sondern auch zu einer angemessenen Reaktion auf die Auffassung und die Anträge der Gegenseite geben. Entzieht der Vorsitzende einem Beteiligten das Wort, ohne daß hierfür ein hinreichender Grund vorliegt, so kann hierin eine Verletzung des rechtlichen Gehörs liegen (BVerwGE 17, 170). Der Berichterstatter und ggf. die übrigen Richter haben ein förmliches Fragerecht (§ 104 II). Gegenstand der Erörterung sind alle umstrittenen rechtlichen und tatsächlichen Fragen. Auch dies soll die Beteiligten vor Überraschungsentscheidungen schützen und es verlangt die ungeteilte Aufmerksamkeit des gesamten Gerichts. Insbesondere dürfen die Richter nicht abgelenkt sein oder gar schlafen. Geschlossene Augen sind keineswegs ein Zeichen gespannter Aufmerksamkeit, sondern das exakte Gegenteil (a. A. BVerwG, NJW 1986, 2721). Die Bedeutung einer umfassenden Erörterung bekräftigt § 108 II – unerwähnte und damit unerörterte Gesichtspunkte dürfen in das Urteil nicht eingehen.

6. Beweiserhebung; Beweislast

16   Nach § 96 I VwGO erhebt das Gericht Beweis **in der mündlichen Verhandlung.** Ungeachtet der möglichen Erhebung einzelner Beweise nach § 87 III 1 und § 96 II gibt das Gesetz damit den Grundsätzen der Unmittelbarkeit und Mündlichkeit sowie der Konzentrationsmaxime auch für die Beweisaufnahme Ausdruck.

17   Die praktisch wichtigste Folge ist die notwendige **Präsenz aller Beweise** in der Hauptverhandlung. Die Beweismittel werden in § 96 nur aufgezählt: Augenschein, Zeugen, Sachverständige, Beteiligtenvernehmung und Urkunden. Dazu gelten die jeweils einschlägigen Regeln der ZPO. Besonders wichtig ist in diesem Zusammenhang auch § 99 VwGO, wonach die Behörden zur Vorlage von Urkunden oder Akten und zu Auskünften verpflichtet sind.

Im Hinblick auf die materielle Beweislast mag man zwar nach wie vor die Bedeutung der allgemeinen „Begünstigungsregel" betonen, wonach derjenige darlegungs- und beweispflichtig ist, der sich auf eine bestimmte Tatsache beruft. Es ist aber längst deutlich geworden, daß dieser Grundsatz im Verwaltungsprozeß allenfalls eingeschränkt gilt (Einzelh. bei *Berg,* FS Menger, 537, 548). Auch hängt seine Geltung von der Klageart ab: So muß bei der Anfechtungsklage die regelnde Behörde die Darlegungs- und Beweislast für das Vorliegen der rechtlichen und tatsächlichen Eingriffsgrundlagen tragen. Das gleiche gilt auch bei der Verpflichtungsklage, wenn die Behörde eine gesetzlich vorgesehene Begünstigung (z. B. beim präventiven Verbot mit Erlaubnisvorbehalt) verweigert.

Faktisch hat sich ohnehin längst eine Art „Sphärenverantwortung" eingestellt. Der klagende Bürger muß alle Fakten vortragen und die Beweismittel hierfür benennen, die in seinem Lebenskreis liegen und die für ihn erreichbar sind. Das Gericht muß umgekehrt darauf hinwirken, daß die beteiligten Behörden alle Sachaspekte offenlegen und beweisen, die in ihrem Bereich liegen. Dem dient nicht zuletzt § 99 VwGO und der Amtshilfegrundsatz.

Grenzen der umfassenden Aufklärungspflicht und des Untersu- **18** chungsgrundsatzes bilden Zumutbarkeit und Verhältnismäßigkeit. Stichworte sind: **Untauglichkeit, Unerreichbarkeit, Mißbräuchlichkeit** eines Beweises oder auch die **Offensichtlichkeit** einer behaupteten Tatsache. Trägt der Beweisantrag erkennbar zur Klärung nichts bei, oder ist das angebotene Beweismittel im geschilderten Sinne unverhältnismäßig, so kann der Beweisantrag abgelehnt werden. Für die mündliche Verhandlung schafft § 86 II aber eine formale Sicherung, weil die Ablehnung nur durch eigens begründeten Gerichtsbeschluß erfolgen darf. Verstöße gegen die Beweisregeln sind Eingriffe in das Grundrecht auf rechtliches Gehör und machen das Urteil fehlerhaft.

7. Die Niederschrift

Nach § 105 VwGO, der seinerseits auf §§ 159–165 ZPO ver- **19** weist, ist eine Verhandlungsniederschrift zwingend vorgeschrieben. Der notwendige Inhalt ist in § 160 ZPO akribisch benannt. Wichtiger als die Details ist aber die Funktion der Niederschrift: Sie muß alles zuverlässig protokollieren, was Eingang in die Entscheidung findet und was – nicht zuletzt auch in einem Rechtsmittelverfahren – zur Überprüfung erforderlich ist. Förmlichkeiten des Verfahrens können nur durch die Niederschrift bewiesen werden.

8. Schließung der mündlichen Verhandlung

20   Nach § 104 III VwGO erklärt der Vorsitzende die mündliche Verhandlung nach Erörterung der Streitsache für geschlossen. Das Gericht kann die Wiedereröffnung beschließen. Es **muß** auf Antrag oder von Amts wegen die Wiedereröffnung beschließen, wenn noch nicht erörterte Sachaspekte bekannt werden, auf die es bei der Entscheidung ankommt. Die Verwendung von nachträglich vorgetragenen oder sonst bekanntgewordenen tatsächlichen oder rechtlichen Aspekten ohne die Wiedereröffnung der mündlichen Verhandlung stellt einen Verstoß gegen den Grundsatz des rechtlichen Gehörs dar.

IV. Beratung, Beweiswürdigung und Entscheidungsbildung

1. Beratung

21   Nach Abschluß der mündlichen Verhandlung tritt das Gericht in die Beratung ein und bereitet die eigentliche Entscheidung vor. Beratung und Abstimmung sind grundsätzlich geheim (vgl. § 193 GVG). Für das „interne Verfahren" gelten die §§ 192 ff. GVG.

2. Beweiswürdigung

22   Nach § 108 I VwGO entscheidet das Gericht nach seiner freien, aus dem Gesamtergebnis des Verfahrens gewonnenen Überzeugung. Es gilt der Grundsatz der **freien Beweiswürdigung,** der auf die aus dem Gesamtergebnis des Verfahrens gewonnenen Überzeugung des Gerichts, nicht etwa auf starre Beweisregeln und eine Hierarchie der Beweise abstellt. Allerdings darf das Gericht bei der Beweiswürdigung auch nicht allgemeine Denkgesetze verletzen (BVerwG, DVBl. 1990, 780; allg. *Schenke,* VwProzR, Rd.-Nr. 25; zu den Anforderungen im Asylprozeß *Dawin,* NVwZ 1995, 729). In § 108 liegt aber auch eine Begrenzung der Beweiswürdigung: Das Gericht darf sich nur auf solche Ergebnisse des Verfahrens stützen, zu denen sich die Beteiligten äußern konnten. Der Grundsatz der Unmittelbarkeit der Beweiserhebung und das rechtliche Gehör sind verletzt, wenn nachträglich vorgetragene Tatsachen oder Schriftsätze verwertet werden und wenn z. B. ein „Zeuge vom Hörensagen" Berücksichtigung findet.

3. Abstimmung und eigentliche Entscheidung

Die eigentliche Entscheidung erfolgt durch Abstimmung (§ 196 **23** GVG). An ihr dürfen nach § 112 VwGO nur diejenigen Richter und ehrenamtlichen Richter beteiligt sein, die auch an der dem Urteil zugrunde liegenden Verhandlung teilgenommen haben. § 112 VwGO soll allerdings nicht gelten, wenn nach einer mündlichen Verhandlung aufgrund übereinstimmender Einverständniserklärung der Beteiligten nunmehr im schriftlichen Verfahren entschieden wird (BVerwG, DÖV 1989, 906ff.).

V. Der Gerichtsvergleich (§ 106 VwGO)

1. Allgemeines

Das Öffentliche Recht kennt grundsätzlich zwei Arten von Ver- **24** gleichsverträgen: Den „einfachen" Vergleichsvertrag nach § 55 VwVfG, durch den eine bei verständiger Würdigung des Sachverhalts oder der Rechtslage bestehende Ungewißheit durch gegenseitiges Nachgeben beseitigt wird. Dieser betrifft das materielle Recht und hat deshalb im Verwaltungsprozeß allenfalls Auswirkungen auf die Begründetheit.

Demgegenüber wird der **gerichtliche Vergleich** (oder Pro- **25** zeßvergleich) nach § 106 geschlossen, um den Rechtsstreit (als solchen) vollständig oder zum Teil zu erledigen. Der Prozeßvergleich hat also – über die materiellrechtliche Wirkung hinaus – unmittelbare Wirkung auf den Verwaltungsprozeß als solchen. Durch ihn beenden die Beteiligten durch gegenseitiges Nachgeben die Rechtsstreitigkeit ganz oder teilweise. Er ist somit sowohl Prozeßhandlung als auch öffentlichrechtlicher Vertrag. Das heißt auch, daß der im Vergleich liegende materielle Vertrag selbst dann wirksam sein kann, wenn der Prozeßvergleich aus formellen Gründen unwirksam ist (BVerwG, NJW 1994, 2306).

Der Prozeßvergleich spielt als Mittel der Entlastung der Gerichte in den Reformdiskussionen seit jeher eine besondere Rolle. Erst im 4. VwGOÄndG hat der Gesetzgeber die Vorschrift neu gefaßt und u. a. ermöglicht, auch solche Ansprüche in den Vergleich einzubeziehen, die nicht Gegenstand des anhängigen Verwaltungsprozesses sind. Auch weiterhin fehlt der Hinweis auf den Prozeßvergleich in keinem Reformvorschlag. Dabei wird aber oft übersehen, daß die Gesetzesbindung der Verwaltung und die Mechanismen der verwaltungsinternen Kontrolle sowie die „Angst vor dem Rechnungshof" der entlastenden Wirkung des Prozeßvergleichs in der Praxis Grenzen setzen.

2. Form

26 Anders als der „normale" Vergleichsvertrag kann der Prozeßvergleich seinem Wesen nach nur vor dem mit der Sache befaßten Gericht (einschließlich des beauftragten Richters nach § 96 II VwGO) und unter den Beteiligten eines anhängigen Rechtsstreits geschlossen werden. Nicht Voraussetzung ist dagegen die Zuständigkeit des Gerichts oder die Zulässigkeit der Klage. Nach Rechtskraft des Urteils ist der Prozeßvergleich nicht mehr möglich. Der Abschluß erfolgt nach § 106 zur Niederschrift des Gerichts oder des beauftragten Richters.

Besondere Überzeugungskraft mißt der Gesetzgeber einem in der Form eines Beschlusses ergangenen Vergleichsvorschlag des Gerichts zu. Nach § 106 S. 2 kann ein Vergleich durch übereinstimmende schriftliche Annahme eines solchen Vorschlags gegenüber dem Gericht geschlossen werden. Die Annahme kann aber nur unverändert erfolgen; Änderungen gelten als neuer Vergleichsvorschlag – freilich nicht des Gerichts, sondern nur eines Beteiligten.

3. Inhalt

27 Der Vergleich enthält typischerweise eine (Teil-)Regelung, die sich auf den Streitgegenstand bezieht, kann aber auch Ansprüche erfassen, die nicht Gegenstand des Rechtsstreits sind – bis hin zu privatrechtlichen Forderungen. Üblicherweise enthält der Vergleich auch eine Einigung über die gerichtlichen und außergerichtlichen **Kosten**. Haben die Beteiligten keine Bestimmung über die Kosten getroffen, so fallen die Gerichtskosten nach § 160 jedem

Teil zur Hälfte zur Last. Die außergerichtlichen Kosten trägt jeder Beteiligte selbst.

4. Grenzen

Grenzen der Wirksamkeit des Prozeßvergleichs ergeben sich, da **28** § 106 insofern keine Sonderregelung enthält, aus den allgemeinen Vorschriften zum öffentlich-rechtlichen Vertrag, insbesondere aus § 58/59 VwVfG. Ein Prozeßvergleich „zulasten Dritter" kann erst mit deren Zustimmung wirksam werden. Ist der Dritte beigeladen, so muß er nach § 106 S. 2 zustimmen. Ein solcher Prozeßvergleich mit dem Dritten kann nur auf Vorschlag des Gerichts zustandekommen. Auch im übrigen setzt die Wirksamkeit des Vergleichsvertrags die Verfügungsbefugnis der Partner über den Gegenstand voraus (§ 106 S. 1 2. Hs.). Deshalb kann nur der Rechtsträger der zuständigen Behörde den Prozeßvergleich abschließen. Erweist sich der Vergleich als objektiv rechtswidrig, so ist er damit aber nicht nichtig. Es gilt vielmehr insoweit § 59 VwVfG.

5. Folgen

Der wirksame Prozeßvergleich beendet die Rechtshängigkeit **29** der Klage unmittelbar und steht einer entsprechenden Gerichtsentscheidung gleich. Aus ihm kann auch vollstreckt werden (§ 168 I Nr. 3). Die Wirkung erstreckt sich allerdings nur auf den Vergleichspartner, nicht aber etwa auf einen Beigeladenen, soweit dieser nicht einem Vorschlag des Gerichts nach § 106 S. 2 zugestimmt hat. Ein Widerrufsvorbehalt bzw. eine aufschiebende Bedingung sind möglich und in der Praxis auch weitgehend üblich. Der Widerruf kann aber nur gegenüber dem Gericht, nicht dem „Partner" gegenüber, erklärt werden, soweit dies nicht anders vereinbart wurde (BVerwG, NJW 1993, 2193).

Literatur zu § 37 V: *J. Schröder,* Der Prozeßvergleich in den verwaltungsgerichtlichen Verfahrensarten (1971); *Gottwald* u. a. (Hg.), Der Prozeßvergleich (1983); *Stelkens,* Das Gesetz zur Neuregelung des verwaltungsgerichtlichen Verfahrens (4. VwGOÄndG), NVwZ 1991, 216 (insbes. I 7); *Schenke,* VwProzR, Rd.-Nr. 1102; *Kuhla/Hüttenbrink,* DVProz, S. 151 ff.

§ 38 Das Urteil und seine Wirkungen

I. Allgemeines

1   Nach § 107 VwGO wird über die Klage, soweit nichts anderes bestimmt ist, durch Urteil entschieden. Das Urteil ist also die **Regelentscheidungsform des Verwaltungsprozesses.** Ausnahmen sind der Gerichtsbescheid (§ 84), die Verwerfung der Berufung oder Revision bzw. der Nichtzulassungsbeschwerde durch Beschluß (§§ 125 II, 144, 133 V). Auch über die nicht als Musterprozeß geführten Fälle bei § 93a wird nicht durch Urteil, sondern durch Beschluß entschieden (§ 93a II). Praktisch besonders wichtig ist die Beschlußform auch für Antragsverfahren nach § 80 V und § 123. Durch Beschluß – nicht durch Urteil – wird der Prozeß auch bei Erledigung des Verfahrens wegen Klagerücknahme, Vergleich, Erledigungserklärung usw. entschieden (Einzelheiten zu den Entscheidungsformen, die nicht Urteil sind, unten, § 40).

II. Arten des Urteils

2   Urteile sind je nach ihrer Wirkung bzw. der Klageart Gestaltungs-, Leistungs- oder Feststellungsurteile. Es gibt je nach der Entscheidungssituation des Gerichts aber auch klageartunabhängige Urteilsarten, auf die zunächst einzugehen ist. Sie regelt die VwGO im wesentlichen nach dem Modell der ZPO.

1. Endurteil

3   Im Normalfall ist das Urteil Endurteil, d.h. es beendet diesen Rechtsstreit vor diesem Gericht (§ 107 I). Seine Wirkung erstreckt sich auf den Streitgegenstand, bei einem Teilurteil auch möglicherweise nur auf einen Teil desselben. Wird die Klage wegen Fehlens einer Sachentscheidungsvoraussetzung abgewiesen, sprechen wir von einem **Prozeßurteil,** das keine materielle (inhaltliche) Rechtskraft entfaltet, aber Endurteil ist.

2. Zwischenurteil

Das **Zwischenurteil** erfaßt nur einen bestimmten Streitpunkt,   **4**
der gleichsam „abgeschichtet" wird. Zwischenurteile sind das
Grundurteil bei Leistungsklagen (unten, IV) und die positive Entscheidung über die Zulässigkeit der Klage (§ 109 VwGO), die in
der VwGO gesondert erwähnt werden. Für andere Fälle eines
„entscheidungsreifen Zwischenstreites" gilt über § 173 VwGO
§ 303 ZPO entsprechend. Das Zwischenurteil nach § 109 VwGO
kann sich **nur** auf die Zulässigkeit und gerade nicht auf die Unzulässigkeit beziehen. Steht letztere von vornherein fest, so wird die
Klage entweder durch Endurteil oder ggf. Gerichtsbescheid als
unzulässig abgewiesen.

Die Entscheidung, ob ein Zwischenurteil ergeht, steht im **Er-**   **5**
messen des Gerichts. Ein Antrag eines Beteiligten oder eine vorgezogene mündliche Verhandlung zur Zulässigkeit sind nicht erforderlich. Dem Wesen des Zwischenurteils entsprechend, bindet
das Urteil aber auch nur hinsichtlich der Zulässigkeit (§ 109
i. V. m. § 121). Es ist insofern selbständig anfechtbar, doch kann
das Gericht auch vor Rechtskraft des Zwischenurteils weiterver-
handeln und entscheiden.

3. Teilurteil (§ 110 VwGO)

Ist nur ein Teil des Streitgegenstands „zur Entscheidung reif",   **6**
so kann das Gericht nach § 110 ein **Teilurteil** erlassen. Voraussetzung ist die Teilbarkeit des Streitgegenstands (§ 93 VwGO).

Beispiele: Streit um eine Teilsumme, Streit über verschiedene Nebenbestimmungen eines VA, Klage und Widerklage.

Auch beim Teilurteil ist das Gericht an einen entsprechenden
Antrag der Beteiligten nicht gebunden. Anders als das Zwischen-
urteil ist das Teilurteil hinsichtlich des entschiedenen Teils ein
Endurteil.

4. Grundurteil (§ 111 VwGO)

7 Ist bei einer Leistungsklage ein Anspruch nach Grund und Betrag streitig, so kann das Gericht nach § 111 durch ein besonderes Zwischenurteil über den Grund vorab entscheiden (Grundurteil). Über die Höhe des Betrags kann dann weiterverhandelt oder der Rechtsstreit durch Vergleich beendet werden. Diese Möglichkeit ist ausdrücklich auf die Leistungsklage beschränkt; sie kommt also bei der Anfechtungsklage (z. B. bei Streit über Grund und Höhe von Abgaben) ebensowenig in Betracht wie bei Feststellungsklagen und in Normenkontrollverfahren. Da die Verpflichtungsklage der Sache nach eine Leistungsklage ist, bestehen aber keine Bedenken, ein Grundurteil über einen durch VA festzustellenden Anspruch als solchen vorzusehen (umstr.).

Voraussetzung für das Grundurteil ist die Entscheidungsreife hinsichtlich des Leistungsgrundes. Der Leistungsanspruch muß als solcher bestehen und die Sache muß insoweit spruchreif sein. Die Bindungswirkung des Grundurteils ist auf den Anspruchsgrund beschränkt; d. h. mangels einer bestimmten Summe kann aus dem Grundurteil selbst nicht vollstreckt werden. Deshalb ist die in § 111 S. 2 vorgesehene Anordnung des Gerichts zur Verhandlung über den Betrag praktisch so wichtig.

5. Weitere Urteilsarten

8 Neben den erwähnten Urteilsarten kommen auch im Verwaltungsprozeß das **Vorbehaltsurteil** (§ 173 VwGO i. V. m. § 302 ZPO), und das **Abänderungsurteil** (§ 173 VwGO i. V. m. § 323 ZPO) in Betracht. Umstritten sind die Anwendbarkeit von § 306 ZPO **(Verzichtsurteil)** und § 307 ZPO **(Anerkenntnisurteil)** (bejahend VGH Mannheim, NJW 1991, 859 allg. dazu *Schenke,* VwProzR, Rd.-Nr. 19).

III. Form und Inhalt des Urteils

Wichtig für Form und Inhalt ist vor allem § 117 VwGO. Hier **9** sollen nur die wichtigsten Teilaspekte zusammengefaßt werden (ausführliche Beispiele bei *Pietzner/Ronellenfitsch*, Assessorexamen, § 20).

1. Form

Nach § 117 ist das Urteil **schriftlich** abzufassen. Es muß als **10** Urteil bezeichnet sein. Auch die Formel: „Im Namen des Volkes" ist gesetzliches Formerfordernis. Sie muß dem eigentlichen Inhalt und auch dem Tenor vorausgehen.

2. Inhalt

Das Urteil enthält nach § 117 II grundsätzlich folgende Bestand- **11** teile:

– Rubrum,
– Urteilsformel,
– Tatbestand,
– Entscheidungsgründe,
– Rechtsmittelbelehrung.

Weitere notwendige Bestandteile sind nach § 161 die **Kosten- entscheidung** und nach § 167 I VwGO i. V. m. 716 ZPO die Entscheidung über die **vorläufige Vollstreckbarkeit.**

a) Die Bezeichnung der Beteiligten, ihrer gesetzlichen Vertreter **12** und der Bevollmächtigten nach Name, Beruf, Wohnort und ihrer Stellung im Verfahren **(Rubrum)** hat die wesentliche Funktion, Zweifel an der Identität der Beteiligten auszuschließen. Bestandteil des Rubrums sind auch die Bezeichnung des Gerichts und die Namen der Mitglieder, die bei der Entscheidung mitgewirkt haben. (Zu unterscheiden von den notwendigen Unterschriften nach § 117 I).

b) Die **Urteilsformel** („Tenor" – § 117 II Ziff. 3) enthält die **13** eigentliche Entscheidung in zusammengefaßter Form. Ihr kommt für die Rechtsklarheit und damit für die Wirkung des Urteils maßgebliche Bedeutung zu. Auch die Kostenentscheidung und die Entscheidung über die vorläufige Vollstreckbarkeit sowie über die Zulassung eines Rechtsmittels werden in die Urteilsformel aufgenommen. Nicht zu verwechseln ist die Urteilsformel mit den „Leitsätzen" des Urteils, die eine Zusammenfassung der wichtigsten Entscheidungsgründe darstellen.

14   c) Der **Tatbestand** (§ 117 II Ziff. 4) ist die in strikter Berichtsform abgefaßte gedrängte Darstellung des vollständigen Sach- und Streitstandes sowie – in der Regel am Schluß – der Anträge der Beteiligten. Seine Bedeutung besteht darin, daß hier die tatsächlichen Grundlagen der Entscheidung und die maßgeblichen Tatsachen und Beweisergebnisse nach § 108 zusammengefaßt werden. Wichtig ist der Tatbestand auch wegen seiner Beweiswirkung nach § 173 VwGO i. V. m. § 314 ZPO. Neben dem Sitzungsprotokoll enthält der Tatbestand auch wesentliche Elemente der „Verfahrensgeschichte" und stellt daher für ein etwaiges Rechtsmittel eine wichtige Informationsquelle dar. Er muß für die Beteiligten wie auch für Außenstehende verständlich abgefaßt sein. Das völlige Fehlen des Tatbestands oder erkennbare Widersprüche bei entscheidungserheblichen Tatsachenangaben (dazu BVerwG, NVwZ 1991, 362) stellen einen Mangel des Urteils dar, der zur Aufhebung führen kann.

3. Die Entscheidungsgründe

15   Die Entscheidungsgründe sind nach § 117 II 5 gleichfalls notwendiger Bestandteil des Urteils. Neben dem rechtlichen Gehör sollen sie auch gewährleisten, daß das Gericht den nach § 108 I maßgeblichen Argumentations- und Begründungsgang darlegt („Urteilsstil") und sich somit den Zusammenhang von Entscheidung und Entscheidungsgrund selbst vergegenwärtigt. Für die Beteiligten ist die Begründung überdies wesentliches Mittel des rechtlichen Gehörs, weil sie nur so überprüfen können, ob die von ihnen vorgebrachten Gesichtspunkte in die Begründung eingegangen sind (BVerfGE 47, 182, 188). Die Überprüfung auf die Erfolgsaussichten etwaiger Rechtsmittel stellt demgegenüber nur einen Teilaspekt dar. Auch bei nicht mehr „rechtsmittelfähigen" Entscheidungen kann daher keineswegs auf die Entscheidungsgründe verzichtet werden (teilweise anders BVerfGE 50, 287, 289f.).

In der Praxis stellt sich immer wieder das Problem des zeitlichen Zusammenhangs von Verkündung des Urteils und Abfassen der Entscheidungsgründe. So ist die in § 117 IV als Regelfall genannte vollständige Abfassung bei Verkündung in der Praxis anscheinend eher die Ausnahme. Dann ist das Urteil vor Ablauf von 2 Wochen, vom Tag der Verkündung an gerechnet, vollständig abgefaßt (also mit Entscheidungsgründen) der Geschäftsstelle zu übergeben. Kann dies ausnahmsweise nicht geschehen, so ist innerhalb dieser 2 Wochen jedenfalls das von den Richtern unterschriebene Urteil ohne Tatbestand, Entscheidungsgründe und Rechtsmittelbelehrung der Geschäftsstelle zu übergeben. Die übrigen Teile sind nachträglich niederzulegen. Für den maximalen Zeitraum zwischen Entscheidung und Entscheidungsgründen legt die Rechtsprechung zunehmend strengere Maßstäbe an. Sie sieht ein Urteil als dann nicht mit Gründen versehen an (absoluter Revisionsgrund nach § 138 Ziff. 6), wenn zwischen Verkündung und Begründung mehr als 5 Monate liegen (Beschl. des *Gemeinsamen Senats der obersten Gerichtshöfe,* NJW 1993, 2603; BVerwG, NJW 1994, 273).

Eine Erleichterung gilt gemäß § 117 V seit 1991: Hiernach kann das Gericht von einer weiteren Darstellung der Entscheidungsgründe absehen, soweit es der Begründung des VA oder des Widerspruchsbescheids folgt und dies in seiner Entscheidung feststellt – eine wegen der Bedeutung der **eigenständigen** Entscheidungsbegründung des Gerichts nicht unbedenkliche „Prämie" auf eine der Verwaltung folgende Gerichtsbarkeit.

4. Die Rechtsmittelbelehrung

Der notwendige Inhalt der Rechtsmittelbelehrung bestimmt **16** sich nach dem jeweils statthaften Rechtsmittel. Ein Fehlen der Rechtsmittelbelehrung hat nur Einfluß auf die Fristeinhaltung, tangiert aber nicht die Wirksamkeit des Urteils selbst. Sie kann als „ähnliche offenbare Unrichtigkeit im Urteil" nach § 118 jederzeit vom Gericht berichtigt werden. Die Rechtsmittelfrist beginnt dann mit der Zustellung des korrekten Urteils (OVG Bremen, DÖV 1988, 611).

5. Unterschriften der Richter

17   Nach § 117 I 2 ist das Urteil von den Richtern, die bei der Entscheidung mitgewirkt haben, zu unterzeichnen. Ist ein Richter verhindert, seine Unterschrift beizufügen, so wird dies mit dem Hinderungsgrund vom Vorsitzenden oder – im Falle von dessen Verhinderung – vom dienstältesten beisitzenden Richter zu vermerken; nicht also etwa „stellvertretend" zu unterschreiben. Der Unterschrift der (oft nach der mündlichen Verhandlung nicht mehr anwesenden) ehrenamtlichen Richter bedarf es nicht.

6. Kostenentscheidung und Streitwertfestsetzung

18   Durch die Kostenentscheidung bestimmt das Gericht im Urteil, wer die Kosten des Rechtsstreits zu tragen hat (§ 161). Inhaltlich richtet sich die Entscheidung nach §§ 154 ff., die sich allerdings nicht auf die Kosten für die Inanspruchnahme des Gerichts sondern nur auf die Kosten der Beteiligten und deren Ausgleich beziehen.

Die Grundregel ist in § 154 I formuliert: Der unterliegende Teil trägt die Kosten des Verfahrens. Bei teilweisem Obsiegen sind die Kosten gegeneinander aufzuheben oder verhältnismäßig zu teilen (§ 155 I). Der Beklagte kann nach § 156 durch sofortiges Anerkenntnis eine nachteilige Kostenentscheidung vermeiden. Wichtig ist noch § 155 V, wonach Kosten, die durch Verschulden eines Beteiligten entstanden sind, diesem auferlegt werden können.

19   Die Kostenentscheidung kann nur zusammen mit der Entscheidung in der Hauptsache angefochten werden (§ 158 I VwGO). Ist eine solche nicht ergangen, so ist die Entscheidung über die Kosten unanfechtbar. Damit soll insbesondere im Fall der Kostenentscheidung bei erledigter Hauptsache (§ 161 II VwGO) verhindert werden, daß es zu einer Fortsetzung des Rechtsstreits anhand der hypothetischen Erfolgsaussichten des erledigten Prozesses kommt (dazu VGH Kassel, DÖV 1992, 40).

20   Von der Entscheidung des Gerichts über die Kostentragungspflicht als solche strikt zu unterscheiden ist die Festsetzung des zu erstattenden Betrages **(Kostenfestsetzungsbeschluß),** für die nach § 164 auf Antrag eines der Beteiligten der Urkundsbeamte des Gerichts des ersten Rechtszugs zuständig ist. Der Kostenfestsetzungsbeschluß stellt nach § 168 I 4 einen vollstreckbaren Titel dar. Die Entscheidung ist nach § 165 gesondert anfechtbar.

Wesentlicher Maßstab für die Kosten ist auch im Verwaltungs-prozeß der **Streitwert,** der nach §§ 24, 25 GKG stets **im Urteil** festzusetzen ist. (Dazu *M. Zimmer/T. Schmidt,* Der Streitwert im Verwaltungs- und Finanzprozeß [1991]; *Zimmer,* NVwZ 1995, 138; *Kuhla/Hüttenbrink,* DVwProz S. 223).

7. Vorläufige Vollstreckbarkeit

Nach § 167 VwGO gilt für die Vollstreckung das 8. Buch der **21** ZPO entsprechend. Nach § 167 II können aber Urteile auf An-fechtungs- und Verpflichtungsklagen nur wegen der Kosten für vorläufig vollstreckbar erklärt werden. Über die vorläufige Voll-streckbarkeit muß in jedem Fall nach § 167 i. V. m. § 716 ZPO **im Urteil** entschieden werden. Die Regelformel lautet also: „Das Ur-teil ist hinsichtlich der Kosten vorläufig vollstreckbar".

IV. Verkündung und Zustellung des Urteils

1. Verkündung

Das Urteil wird, wenn eine mündliche Verhandlung stattgefun- **22** den hat, in der Regel in dem Termin verkündet, in dem die münd-liche Verhandlung geschlossen wird. In besonderen Fällen kann es in einem sofort anzuberaumenden Termin, der nicht über 2 Wo-chen hinaus angesetzt werden soll, verkündet werden. Verkündet werden nur Rubrum und Urteilsformel. Das vollständige Urteil muß den Beteiligten gesondert zugestellt werden (§ 116 I). Ent-scheidet das Gericht ohne mündliche Vehandlung, dann wird das Urteil nicht verkündet sondern nur zugestellt. Das gleiche ist nach § 116 II auch nach mündlicher Verhandlung möglich (schriftliches Verfahren).

Das Urteil ist erlassen und damit wirksam, wenn es das Gericht **23** mit dessen Willen verlassen hat. Das ist mit der Verkündung bzw. mit der wirksamen Zustellung der Fall. Zuzustellen ist jeweils das ganze Urteil mit allen geschilderten Bestandteilen, nicht etwa nur Rubrum und Tenor. Wird das Urteil nach der mündlichen Verhandlung nach § 116 II zugestellt, dann ist es auch erst in diesem Moment wirksam. Daraus folgt zwingend, daß das Gericht grundsätzlich einen nach Schluß der letzten mündlichen Verhandlung eingehenden Schriftsatz zur Kenntnis nehmen und darüber entscheiden muß, ob die mündliche Verhandlung wieder eröffnet wird (BVerwG, NVwZ 1989, 750).

Für die Zustellung gelten §§ 56/57 VwGO. Bedeutsam ist insbesondere § 57 I, aus dem sich ergibt, daß eine etwaige Rechtsmittelfrist in Bezug auf das Urteil erst mit der **Zustellung** beginnt, also nicht bereits mit der Verkündung. Das ist auch deshalb wichtig, weil die Beteiligten erst mit der vollständig zugestellten Fassung des Urteils alle Gründe erfahren und damit über die Einlegung eines Rechtsmittels sinnvoll entscheiden können.

Für die sogenannten **Massenverfahren** sind folgende Besonderheiten zu beachten: Die Möglichkeit zur öffentlichen Bekanntmachung nach § 56a, die Begrenzung des Kreises der Beigeladenen (und damit der Empfänger des zuzustellenden Urteils) in § 65 III, die Möglichkeit der Zustellung an den gemeinsamen Bevollmächtigten nach § 67a, die Entscheidung durch Beschluß nach durchgeführtem Musterverfahren hinsichtlich der übrigen Verfahren.

V. Berichtigung und Ergänzung

24   Ab Erlaß des Urteils durch Verkündung oder Zustellung ist das Gericht an die Entscheidung gebunden (§ 173 VwGO i. V. m. § 318 ZPO). Von diesem Grundsatz enthalten §§ 118 bis 120 VwGO strikt begrenzte Ausnahmen. So können Schreibfehler, Rechenfehler und ähnliche offenbare Unrichtigkeiten im Urteil jederzeit vom Gericht berichtigt werden – und dies ohne vorgängige mündliche Verhandlung oder Antrag (§ 118). Der Tatbestand kann nach § 119 auf Antrag eines Beteiligten durch Beschluß ohne Beweisaufnahme berichtigt werden. Ähnlich verhält es sich bei erkennbaren Lücken im Tatbestand, die durch Ergänzung des Urteils auf Antrag geschlossen werden können (§ 120).

VI. Die allgemeine Wirkung rechtskräftiger Urteile (§ 121)

1. Allgemeines

Die eigentliche Wirkung des Urteils hängt vom Streitgegen- **25** stand ab. Sie wird deshalb klageartabhängig behandelt (unten Rd.- Nr. 29 ff.). Im folgenden geht es nur darum, diejenigen Wirkungen herauszustellen, die allen Urteilen gemeinsam sind – außer dem Prozeßurteil, das als solches keine Entscheidung zur Sache enthält.

Diese Wirkung besteht nach § 121 darin, daß rechtskräftige Urteile, soweit über den Streitgegenstand entschieden worden ist, die Beteiligten und ihre Rechtsnachfolger binden. Das Urteil und seine tragenden Gründe haben insoweit **materielle Rechtskraft.**

2. Die Bindung der Beteiligten und deren Rechtsnachfolger

Die materielle Rechtskraft des § 121 ist von der (formellen) **26** Rechtskraft des Urteils zu unterscheiden, die nichts anderes als Unanfechtbarkeit bedeutet (vgl. § 173 VwGO i. V. m. §§ 705 f. ZPO).

Materielle Rechtskraft dagegen bedeutet auch inhaltliche Festlegung. Sie soll verhindern, daß zwischen den Parteien zum gleichen festgestellten Sachverhalt ein erneuter Rechtsstreit entstehen kann. Maßgeblich ist also der Streitgegenstand. Das bedeutet nicht nur, daß ein neuer Verwaltungsprozeß zum gleichen Streitgegenstand unzulässig ist, sondern auch, daß das Urteil in seinem wesentlichen Inhalt künftig allein für die Rechtsbeziehung zwischen den Beteiligten und deren Rechtsnachfolger maßgeblich ist, soweit der Streitgegenstand betroffen ist.

3. Bindungswirkung für Gerichte und Behörden

§ 121 VwGO spricht zwar nur von Bindung der Beteiligten und **27** deren Nachfolger, schließt aber damit auch die Bindung des Gerichts selbst sowie anderer Gerichte und Behörden zwangsläufig ein (prozeßrechtliche Rechtskraft). Soweit die materielle Rechtskraft reicht, sind andere Gerichte und Behörden nicht nur formell an einer Entscheidung über den gleichen Streitgegenstand gehindert; sie sind bei unvewrädnerterer Sach- und Rechtslage auch inhaltlich an die Entscheidung gebunden (res iudicata). Das soll selbst dann gelten, wenn die Entscheidung inhaltlich unrichtig war (BVerwGE 91, 256; kritisch dazu *F. O. Kopp/F. J. Kopp*, NVwZ 1994, 1 ff.; s. a. *Detterbeck*, NVwZ 1994, 35).

Diese Bindungswirkung, zutreffend auch als Abweichungsverbot bezeichnet (*Bettermann*, FS Wolff, 468), bindet auch Gerichte anderer Gerichtszweige (BGH NVwZ 1995, 412 – Bindung des Zivilgerichts an Nichtigerklärung eines Beb.plans). Sie gilt wie die materielle und formelle Rechtskraft insgesamt, allerdings nur inter partes, d. h. zwischen den Beteiligten. Das praktisch wichtigste Beispiel: im Amtshaftungsprozeß ist die „vorgreifliche" Entscheidung des Verwaltungsgerichts für das nachfolgende Urteil des Zivilgerichts bindend. Zur Reichweite im einzelnen s. *Kopp*, VwGO, § 121, Rd.-Nr. 18.

28   Besonders wichtig ist auch die **„Tatbestandswirkung"** des Urteils. Sie besagt, daß mit dem Urteil über die dem Urteil zugrundeliegenden Tatsachen verbindlich entschieden ist (dazu *Schenke*, VwProzR, Rd.-Nr. 632).

VII. Besonderheiten bei den einzelnen Klagearten

1. Anfechtungsklage

29   a) Soweit der VA rechtswidrig und der Kläger dadurch in seinen Rechten verletzt ist, hebt nach § 113 I das Gericht den VA **und** – wenn vorhanden – den Widerspruchsbescheid auf. Das Gericht kann den VA ganz oder teilweise aufheben – aber nicht über den Antrag hinaus (Dispositionsmaxime – § 88 VwGO).

Nicht um eine teilweise Aufhebung geht es, wenn eine **selbständige** Nebenbestimmung (z. B. eine Auflage) aufgehoben wird. Diese ist selbst VA und als solcher auf Rechtswidrigkeit und Rechtsverletzung zu prüfen. Um eine teilweise Aufhebung handelt es sich dagegen, wenn eine **unselbständige** Nebenbestimmung (z. B. Bedingung oder Befristung) aufgehoben wird. Dies

kann aber nur geschehen, soweit sie jeweils vom „Haupt-VA"
teilbar ist, also über einen selbständigen Regelungsgehalt verfügt.

Das auf die Anfechtungsklage ergehende, den VA aufhebende
Urteil ist **Gestaltungsurteil**. Die Aufhebung durch das Gericht
beseitigt im Moment der Rechtskraft unmittelbar die Wirksamkeit
des VA (§ 113 I 1 VwGO). Es ist also nicht etwa so, daß die
Behörde zur Aufhebung des VA verurteilt würde. Liegt ein Widerspruchsbescheid vor, so gibt dieser dem VA die Gestalt und ist
immer aufzuheben. Beschränkt sich der Klageantrag ausdrücklich
auf den Widerspruchsbescheid (§§ 79 II; 115 VwGO), so wird nur
dieser aufgehoben. Auch im übrigen muß sich das Gericht auf die
Aufhebung eines Teils des VA beschränken, wenn der Antrag nur
soweit geht (ne ultra petita – § 88 VwGO), wenn nur dieser Teil
rechtswidrig ist oder der Kläger nur von diesem Teil in seinen
Rechten verletzt wird. Voraussetzung ist stets die Teilbarkeit der
Entscheidung, d. h. der nicht aufgehobene Teil muß eigenständig
fortbestehen können.

b) Ist der VA **nichtig,** so gibt es an sich nichts aufzuheben. 30
Gleichwohl soll die Aufhebung des nichtigen VA möglich sein,
um den von diesem ausgehenden Rechtsschein zu beseitigen
(umstr.).

c) Unabhängig davon, ob die Klage aufschiebende Wirkung 31
hatte, wirkt das aufhebende Urteil auf den Zeitpunkt des Erlasses
des VA zurück. Der Kläger muß also nicht etwa bis zur Rechtskraft des Urteils den VA gegen sich gelten lassen. Ist die Rechtswidrigkeit aber erst später eingetreten, z. B. weil zwischenzeitlich
eine Rechtsnorm in Kraft getreten ist, die den VA rechtswidrig
macht, so tritt die Wirkung des Urteils erst ab diesem Zeitpunkt
ein.

d) Obwohl das Urteil sich nur auf **diesen** VA bezieht, bindet es 32
durch die in ihm liegende Feststellung der Rechtswidrigkeit des
VA und hindert die Behörde daran, bei unveränderter Sach- und
Rechtslage einen neuen VA gleichen Inhalts zu erlassen (BVerwGE
14, 359, 362; BVerwG, NVwZ 1993, 672; s. auch oben, Rd.-
Nr. 27). Ein solcher VA wäre aber nicht etwa nichtig oder durch
das Urteil gleichsam mit aufgehoben. Er müßte erneut durch Wi-

derspruch und Anfechtungsklage angegriffen werden. Wurde ein VA nur wegen eines Verfahrensfehlers aufgehoben, so ist die Behörde nicht gehindert, nach nunmehr korrektem Verfahren erneut in der Sache zu entscheiden.

33   e) Ist der VA **schon vollzogen,** so kann das Gericht auf Antrag auch aussprechen, daß und wie die Verwaltungsbehörde die Vollziehung rückgängig zu machen hat (§ 113 I Satz 2). Insoweit handelt es sich um ein Leistungsurteil (Folgenbeseitigung), das der Vollziehung durch die Behörde bzw. der Vollstreckung bedarf (dazu oben § 28 Rd.-Nr. 7 ff.).

34   f) Nicht neben sondern an die Stelle des Anfechtungsurteils tritt die Feststellung der Rechtswidrigkeit eines **erledigten VA** (§ 113 I 4). Ein solches Urteil ist also Feststellungsurteil.

35   g) Begehrt der Kläger die Änderung eines VA, der einen **Geldbetrag** festsetzt oder eine darauf bezogene Feststellung trifft, kann das Gericht den Betrag in anderer Höhe festsetzen oder die Feststellung durch eine andere ersetzen (§ 113 II). Hierbei kann es sowohl um die Abänderung eines belastenden Bescheids (Beispiel: Erschließungskostenbeitrag) als auch um die Erhöhung eines begünstigenden Bescheids gehen (Neuberechnung einer Subvention). § 113 II bezweckt, daß das Gericht sich nicht auf die Aufhebung des VA beschränkt, sondern selbst den Betrag festsetzt, wenn die Klage spruchreif ist und die Berechnung nicht von komplizierten, nur durch die Behörde feststellbaren Faktoren abhängt. Dann ist das Urteil insofern echtes Gestaltungsurteil. Die Festsetzung darf aber nicht zu einer „reformatio in peius" führen, d. h. das Gericht darf letzlich nicht zu einem niederigeren Betrag gelangen, als dem Kl. zugesprochen worden war.

Erfordert die Ermittlung des festzusetzenden oder festzustellenden Betrages einen nicht unerheblichen Aufwand, dann kann das Gericht seit 1991 die Änderung des VA durch Angabe der zu Unrecht berücksichtigten oder nicht berücksichtigten tatsächlichen oder rechtlichen Verhältnisse so bestimmen, daß die Behörde den Betrag aufgrund der Entscheidung errechnen kann. Das Urteil beschränkt sich hier sozusagen auf die Berechnungsgrundlage und wirkt wie ein Bescheidungsurteil. Das ist dann (aber auch nur dann) sinnvoll, wenn die Berechnung durch das Gericht auf ernsthafte

Schwierigkeit stößt (zu den Grenzen dieser Verweisungsmöglichkeit: BVerwG, DVBl. 1991, 449; kritisch insgesamt *Kopp*, NJW 1991, 525; *Redeker*, DVBl. 1991, 972).

h) Auch § 113 IV dient der Verfahrensökonomie. Über den Fol- **36**
genbeseitigungsanspruch hinaus kann das Gericht neben der Aufhebung eines VA auch ganz allgemein zu einer Leistung verurteilen (**Beispiel:** Aufhebung einer Entlassungsverfügung und Verurteilung zur Fortzahlung der Bezüge). Die Regelung erspart dem Kläger eine erneute Verpflichtungs- oder Leistungsklage nach Rechtskraft des Anfechtungsurteils.

i) Eine effizienzorientierte Durchbrechung des Untersuchungs- **37**
grundsatzes stellt § 113 III n. F. dar. Dieser würde eigentlich verlangen, daß das Gericht den Sachverhalt umfassend klärt und damit auch komplizierte Sachermittlungen selbst durchführt. Das hat sich in vielen Fällen als wenig sachgerecht erwiesen. Deshalb gibt § 113 III dem Gericht die Möglichkeit, den VA und ggf. den Widerspruchsbescheid aufzuheben und damit den „Ball" an die Ausgangsbehörde oder die Widerspruchsbehörde „zurückzuspielen".

Wichtig ist, daß die Wirksamkeit des VA beseitigt und nicht etwa nur der Vollzug bis zur Vollendung der Sachaufklärung gehemmt wird. Auf Antrag kann das Gericht allerdings bis zum Erlaß eines neuen (auf ordnungsgemäßer Sacherhebung beruhenden) VA eine einstweilige Regelung treffen, Sicherheitsleistung anordnen usw. Schon hierin zeigt sich, daß § 113 III trotz der in ihm liegenden erfreulichen Anerkennung der Priorität der Behörde bei der Sachaufklärung insgesamt nicht unbedenklich ist, da das aufhebende Urteil eigentlich nur wie eine andere Form des vorläufigen Rechtsschutzes wirkt. Dieser wäre daher auch der angemessene Ort einer Regelung gewesen.

j) Ist die Klage unzulässig oder unbegründet, so weist das Ge- **38**
richt sie insoweit ab. Dann bleibt es bei der Wirksamkeit des angefochtenen VA (§ 43 VwVfG). Wird kein Rechtsmittel eingelegt, kann der VA damit unanfechtbar werden.

2. Verpflichtungsurteil (§ 113 V VwGO)

a) Ist die **Verpflichtungsklage** begründet, so spricht das Gericht **39**
die Verpflichtung der Verwaltungsbehörde aus, die beantragte

Amtshandlung vorzunehmen. Die begünstigende Wirkung geht (noch) nicht vom Urteil selbst aus, das Gericht erteilt also nicht etwa die beantragte Baugenehmigung selbst. Vielmehr muß hier die Behörde tätig werden. Tut sie dies nicht, muß der Kläger die Vollstreckung betreiben.

40   b) § 113 V beschränkt sich zu Recht auf die (positive) Verpflichtung der Verwaltungsbehörde zum Erlaß des beantragten oder unterlassenen VA. Die Aufhebung des ablehnenden Bescheides und ggf. des Widerspruchsbescheides wird nicht erwähnt und ist auch entbehrlich, weil sie denknotwendig in der Verpflichtung zur Amtshandlung enthalten ist. Allenfalls in besonderen Fällen kann die klarstellende Wirkung der Aufhebung zu deren Aufnahme in den Tenor des Verpflichtungsurteils führen.

41   c) Fehlt die Spruchreife, so ergeht ein **Bescheidungsurteil.** Dieses ist insoweit echtes Verpflichtungsurteil, als es zu einer Bescheidung des Klägers verpflichtet, also nicht etwa nur die Rechtswidrigkeit der ablehnenden Entscheidung feststellt. Es setzt der Behörde aber einen ebenso verpflichtenden Rahmen („Rechtsauffassung des Gerichts"), in dem diese innerhalb des insoweit verengten Ermessens- oder Beurteilungsspielraumes entscheiden kann (dazu *Brühl*, JuS 1995, 249).

42   d) Das Verpflichtungsurteil kann auch auf Erlaß einer **selbständigen Nebenbestimmung** (z. B. einer Lärmschutzauflage) als auch auf eine teilweise Begünstigung lauten. Ging der Klageantrag weiter, so wird die Klage im übrigen abgewiesen.

3. Unterlassungsurteil

43   Ist die Unterlassungsklage („negative Leistungsklage") begründet, so verbietet das Gericht durch Urteil die Vornahme oder Fortsetzung der Handlung. Das Urteil ist in der Sache **(negatives) Leistungsurteil.** Richtet sich die Klage ausnahmsweise gegen die Handlung eines Bürgers, so kann das Urteil mit der Androhung eines Zwangsgeldes verbunden werden (§ 169 I 1 VwGO, §§ 9 und 13 VwZG).

4. Leistungsurteil

Mit dem Leistungsurteil verurteilt das Gericht zu einer be- **44**
stimmten Handlung oder Leistung, soweit diese nicht VA ist. Es
ist insoweit Vollstreckungstitel, gestaltet aber nicht selbst die
Rechtslage. Ist die Sache nicht spruchreif, so kann – wie bei der
Verpflichtungsklage – nur ein Bescheidungsurteil ergehen. Auch
das Urteil auf Folgenbeseitigung ist Leistungsurteil, ebenso wie
die Verurteilung zur Leistung neben der Aufhebung des VA gemäß § 113 IV n. F. Hält man eine Normerlaßklage als allgemeine
Leistungsklage für statthaft, so ergeht auch hier ein Leistungsurteil, das wegen des Ermessens des Normgebers in der Regel nur
Bescheidungsurteil sein kann.

5. Feststellungsurteil

Ist die Feststellungsklage zulässig und begründet, so stellt das **45**
Gericht durch Urteil verbindlich das Bestehen oder Nichtbestehen
eines Rechtsverhältnisses fest. Obwohl auch dieses Urteil unmittelbar nur die Beteiligten bindet, wirkt es faktisch „inter omnes".
Das Feststellungsurteil verleiht weder einen Titel noch gestaltet es
die Rechtslage. Seine eigentliche Geltungskraft liegt – neben § 121
– in der Rechtsbindung der Verwaltung nach Art. 20 III GG und in
der vermuteten Rechtstreue der Behörden.

Nach § 43 und § 113 III 4 VwGO kann sich die Feststellung auch
auf die Nichtigkeit eines VA oder die Rechtswidrigkeit eines erledigten VA beziehen. In den Bundesländern ohne „flächendeckende" Normenkontrolle kommt auch ein Feststellungsurteil auf
Nichtigkeit einer untergesetzlichen Norm in Betracht.

6. Entscheidung im Normenkontrollverfahren (§ 47 VI VwGO)

Der Entscheidungsinhalt des Normenkontroll-Urteils ist in § 47 **46**
– wie so vieles – nur höchst unpräzise geregelt. § 47 VI betont nur
die Form der Entscheidung (Urteil oder Beschluß); nach § 47 I
„entscheidet" das OVG bzw. der VGH „über die Gültigkeit" einer

Norm. Diese Formulierung ist zumindest ungenau, wenn nicht unzutreffend, denn das Gericht entscheidet nicht „über die Gültigkeit der Norm", es kann vielmehr nur verbindlich die Rechtswidrigkeit und damit Nichtigkeit feststellen. In der Sache geht es also um die **Feststellung der Nichtigkeit,** die freilich konstitutive Bedeutung für die Anwendbarkeit der Norm hat. Weist das Gericht den Antrag ab, so ändert sich nichts. Die Norm ist und bleibt gültig, wird also nicht etwa durch das Gericht für gültig erklärt.

Auch im übrigen bestehen erhebliche Besonderheiten im Vergleich zu den übrigen Verfahrensarten. Sie seien hier zusammengefaßt:

47   a) Das Gericht entscheidet nach § 47 VI durch Urteil oder, wenn es eine mündliche Verhandlung nicht für erforderlich hält, durch Beschluß – beides aber stets in voller Besetzung. Die Möglichkeit des Verzichts auf die mündliche Verhandlung und die Form des Urteils sind Ausdruck der Einordnung des Normenkontrollverfahrens als „objektives Beanstandungsverfahren", das in der Regel nicht streitig durchgeführt wird. Deshalb soll nach Auffassung des Bundesverwaltungsgerichts (BVerwGE, NVwZ 1989, 245) der Übergang zum Beschlußverfahren sogar ohne vorherigen Hinweis an die Beteiligten möglich sein. Das ist wegen der Annäherung an ein normales streitiges Klageverfahren und der großen Bedeutung der meisten Normenkontrollverfahren abzulehnen. Die Entscheidung durch Beschluß muß daher als strikte Ausnahme gelten. Nach Durchführung einer mündlichen Verhandlung kommt der Übergang zum Beschlußverfahren grundsätzlich nicht mehr in Betracht (BVerwGE, DÖV 1989, 588).

48   b) Kommt das Gericht zu dem Ergebnis, daß die Rechtsnorm formell oder materiell rechtswidrig ist, so hat es die Norm für ungültig, d. h. **nichtig zu erklären.** Ist die Norm nur teilweise nichtig und kann der Regelungsgehalt in einen rechtmäßigen, für sich noch selbständig bestehenden, und einen nichtigen Teil aufgeteilt werden, so muß das Gericht die Teilnichtigkeit aussprechen (BVerwGE 40, 268, 274; BVerwG, NVwZ 1990, 159). Erklärt das Gericht nur einen Teil des Bebauungsplans für nichtig, so muß dieser Teil selbst so bestimmt sein, wie das planungsrechtliche Bestimmtheitsgebot es verlangt (BVerwG, NVwZ 1995, 692). Der restliche Teil kann dann durchaus wirksam bleiben.

c) Die Nichtigerklärung wirkt grundsätzlich **inter omnes,** d. h. **49** nicht nur zwischen Antragsteller und normerlassender Behörde, sondern gegenüber jedermann. Alle Behörden und Gerichte sind gebunden, d. h. sie sind verpflichtet, die Norm nicht mehr anzu- wenden und auch im übrigen keine negativen Folgen an die Nicht- befolgung der Norm zu knüpfen. Diese Wirkung erfordert die gleiche Publizität wie die Norm als solche. Sie hängt daher von der Veröffentlichung des Urteils ab. Diese schreibt § 47 VI in glei- cher Weise vor, wie sie für die Norm selbst gelten würde.

d) Eine Rechtsnorm kann nur als solche rechtswidrig und damit **50** nichtig sein; die Nichtigkeit besteht daher von Anfang an. Inso- weit wirkt auch die Entscheidung nach § 47 **von Anfang an** (ex tunc). Ausnahmsweise kann die Nichtigkeit aber auch nachträg- lich eintreten, so z. B. durch den Fortfall der Ermächtigungs- grundlage im Zuge einer Gesetzesänderung. Dann bezieht sich auch die Entscheidung des Gerichts auf **diesen** Zeitpunkt.

e) Die grundsätzliche ex-tunc-Wirkung der Nichtigerklärung **51** wird nach § 47 VI i. V. m. § 183 VwGO für **bereits rechtskräftige Gerichtsentscheidungen** durchbrochen. Diese bleiben, auch wenn sie auf der nichtigen Norm beruhen, unberührt. Allerdings darf aus einer solchen Entscheidung nicht mehr vollstreckt werden (§ 183 II VwGO).

f) Schwierig und umstritten ist die Wirkung der Entscheidung **52** auf bereits **bestandskräftige Verwaltungsakte,** also z. B. einen unanfechtbaren Gebührenbescheid, der auf einer nichtigen Abga- bensatzung beruht. Ein solcher VA ist keinesfalls schon wegen der Nichtigkeit der Rechtsgrundlage selbst nichtig; er ist allenfalls rechtswidrig – auch das aber nur, wenn er mit der Rechtsnorm seine Eingriffsgrundlage verloren hat. **Begünstigende** Verwal- tungsakte bleiben – außer wenn die Norm eine rechtsstaatliche Grundlage einer Verteilungsentscheidung war – von der Nichtig- erklärung unberührt.

Bei belastenden Verwaltungsakten soll nach Eintritt der Bestandskraft das gleiche wie bei rechtskräftigen Gerichtsentscheidungen gelten. Das wird teilweise mit einer analogen Anwendung von § 183 VwGO (so BVerwGE 56, 172, 176), teilweise auch mit einer Berufung auf den Rechtsgedanken von § 79 BVerfGG begründet.

So sachgerecht es sein mag, nach der Nichtigerklärung einer Rechtsnorm nur die Fälle „neu aufzurollen", bei denen der Betroffene durch den Rechtsbehelf den Eintritt der Bestandskraft verhindert hat, so bedenklich sind die angebotenen Lösungen: Sowohl § 183 VwGO als auch § 79 BVerfGG sind als Ausnahmevorschriften eng auszulegen. Das Problem bestandskräftiger, auf einer für nichtig erklärten Norm beruhender Verwaltungsakte muß also durch den Gesetzgeber gelöst werden, wobei sich neben dem Modell des § 79 BVerfGG auch eine Bezugnahme auf die Rücknahmevorschriften anbietet. Zu beachten ist aber, daß auch schon jetzt nach § 183 II aus solchen Verwaltungsakten nicht mehr vollstreckt werden darf.

53 g) Wird die Norm für nichtig erklärt, dann darf die normerlassende Behörde bei gleichbleibender Rechts- und Sachlage eine inhaltsgleiche Norm **nicht mehr erlassen** (BVerfG, NVwZ 1985, 647, 648; VGH Mannheim, DÖV 1979, 571). Beruht die Rechtswidrigkeit aber auf einem Verfahrensfehler, so darf das Normsetzungsverfahren – nunmehr fehlerfrei – wiederholt werden. Für eine rückwirkende Inkraftsetzung ist dann eine gesetzliche Grundlage erforderlich (vgl. etwa § 215 III 2 BauGB), die ihrerseits aber dem rechtsstaatlichen Vertrauensschutz Rechnung tragen muß.

54 h) Anders als die Nichtigerklärung wirkt die **Ablehnung** des Normenkontrollantrags nicht inter omnes. Das Gericht hat also keine Möglichkeit, eine Rechtsnorm allgemeinverbindlich für gültig zu erklären (*Schmidt-Aßmann*, FS Menger (1985), 118). Deshalb bleibt der Normenkontrollantrag zur gleichen Rechtsnorm durch einen anderen Kläger statthaft (BVerwGE 65, 131, 137).

Umstritten ist zweierlei: Zum einen, ob das Gericht erklären darf, die Norm sei nur in einer bestimmten Auslegung rechtswidrig bzw. rechtmäßig. Zum anderen, ob das Gericht sich auf die Feststellung der Rechtswidrigkeit beschränken, also auf die Erklärung der Ungültigkeit verzichten darf (zu beiden Problemen: *Würtenberger*, PdW, 203). Beide Fragen werden in Anlehnung an die entsprechende Praxis des BVerfG teilweise für das „mildere Mittel" gegenüber der Nichtigerklärung gehalten (vgl. BVerfGE 58, 257, 280; 73, 280, 297). Sie widersprechen aber eindeutig dem Wortlaut von § 47: „das Gericht entscheidet über die Gültigkeit". Schon deshalb sind sie abzulehnen. Eine Rechtsnorm kann nur rechtmäßig oder rechtswidrig sein. Dies schließt freilich Hinweise des OVG auf eine mögliche verfassungs- bzw. gesetzeskonforme Auslegung nicht aus. Diese kommt dann aber erst im Rechtsstreit über die Einzelfallentscheidung aufgrund der Rechtsnorm zum Tragen.

Literatur zu § 38: *Gern,* Teilnichtigkeit von Gesetzen und Satzungen, NVwZ 1987, 851; *Kopp,* Änderungen der VwGO zum 1. 1. 1991. – 8. Möglichkeit der „Zurückverweisung" der Streitsache an die Behörde (§ 113 II und III VwGO), NJW 1991, 521, 525; *Brehm/Zimmerling,* Die verwaltungsgerichtliche Kontrolle zahlenförmiger Normen und Rechtsfolgen der Kassation, NVwZ 1992, 340; *F. O. Kopp/F. J. Kopp,* Grenzen der Rechtskraftwirkung von Urteilen aufgrund von Anfechtungsklagen, NVwZ 1994, 1 ff.; *Detterbeck,* Das Verwaltungsakt- Wiederholungsverbot, NVwZ 1994, 35; *Brühl,* Die Behandlung des Verwaltungsermessens in Bescheid und Urteil, JuS 1995, 249; zu Aufbau und Inhalt des Urteils vgl. *Klein/Czajka,* Gutachten, S. 209.

§ 39 Sonstige Entscheidungsformen des Gerichts

Auch wenn § 107 VwGO das Urteil als Regelentscheidung des 1
VG vorgibt, entscheidet das Gericht nicht immer durch Urteil
sondern ggf. in vereinfachten Entscheidungsformen. Zu nennen
sind:

– der **Beschluß** (§ 120 VwGO);
– der **Gerichtsbescheid** (§ 84).

I. Beschlüsse

Beschlüsse sind Entscheidungen des Gerichts, die i. d. R. ohne 2
mündliche Verhandlung ergehen (§ 101 III VwGO). Obwohl sie
in der Praxis in großer Vielfalt vorkommen und entsprechend
bedeutsam sind, werden sie in der VwGO vernachlässigt. So ist
nicht immer eindeutig geklärt, wann eine Entscheidung durch
Beschluß ergeht; zum anderen besteht die zentrale Vorschrift des
§ 122 im wesentlichen nur in einer – zudem noch lückenhaften –
Aufzählung entsprechend anwendbarer Normen aus anderen Bereichen: so der Bindung an den Grundsatz „ne ultra petita" (§ 88),
dem Grundsatz freier Beweiswürdigung (§ 108 I 1), der Berichtigung von Fehlern und Unrichtigkeiten (§§ 118/119). Daneben
gelten für Beschlüsse aber auch alle sonstigen Vorschriften des 9.

und 10. Abschnitts, soweit sie der Sache nach anwendbar, d. h.
nicht erkennbar auf Urteile zugeschnitten sind.

Angesichts der erkennbaren Vielfalt sei hier nur auf die zwei
grundlegenden Arten von Gerichtsbeschlüssen hingewiesen:

– **Beschlüsse im Verfahren** dienen in der Regel der Entscheidung über prozessuale Fragen oder der Fortführung des Verfahrens und damit der Vorbereitung der eigentlichen Entscheidung. **Beispiel:** Beweisbeschluß, Ablehnung eines Beweisantrags (§ 86 II), Verweisung an ein anderes Gericht;
Trennung oder Aussetzung des Verfahrens, Entscheidung über Musterverfahren nach § 93 a oder Auswahl der Musterkläger; Festsetzung des Streit-
werts.
– **Streitentscheidende Beschlüsse** schließen ein selbständiges Verfahren ab
und müssen daher im Prinzip „rechtsmittelfähig" sein. Zu nennen sind hier
insbesondere § 47 VI (Abschluß des Normenkontrollverfahrens) sowie die
Entscheidungen im Verfahren des vorläufigen Rechtsschutzes (§ 80 V, VII;
§ 80 a III; § 123). Auch über die Verwerfung von Berufung und Revision
bzw. die Ablehnung einer Nichtvorlagebeschwerde kann nach § 125,
§ 132 V und § 144 I durch Beschluß entschieden werden. Für solche streit-
entscheidenden Beschlüsse sieht § 122 II folgerichtig eine besondere **Begründungspflicht** vor. Für sie gelten auch im übrigen grundsätzlich alle
Regeln über das Urteil, auch wenn Beschlüsse nicht „im Namen des Volkes"
ergehen und in der Begründung in der Regel nicht zwischen Tatbestand und
rechtlicher Würdigung unterschieden wird.

Literatur zu § 39 I: *Schmitt Glaeser,* VwProzR, Rd.-Nr. 505 ff.; *Pietzner/
Ronellenfitsch,* Assessorexamen § 21; Muster bei *Martens,* Mustertexte,
S. 150 ff.

II. Der Gerichtsbescheid (§ 84 VwGO)

1. Allgemeines

3   Anders als der Beschluß schließt der Gerichtsbescheid stets ein
Verfahren ab und steht insofern dem Urteil gleich. Er wurde zunächst durch Art. 2 § 1 EntlG eingeführt und mit dem 4. Änderungsgesetz von 1991 in die VwGO übernommen. Zu diesem
Zeitpunkt löste er zugleich den **Vorbescheid** ab, der nur bei Unzulässigkeit oder offenbarer Unbegründetheit in Betracht kam
und daher nach Auffassung des Gesetzgebers die Verwaltungsgerichte nicht angemessen entlastet hatte. Der Gerichtsbescheid ist –
anders als der Vorbescheid – **nicht** an die Unzulässigkeit oder die

offenbare Unbegründetheit gebunden; er knüpft vielmehr an das Nichtvorliegen von Schwierigkeiten tatsächlicher oder rechtlicher Art an.

Schon damit ist aber fraglich, ob das Entlastungsziel erreicht werden kann, denn der Sache nach geht es eigentlich nur um ein Urteil ohne mündliche Verhandlung **nach** vollständiger Sachaufklärung. Zumindest ist der Entlastungseffekt so zweifelhaft, daß der Verzicht auf die Mitwirkung ehrenamtlicher Richter und die Durchbrechung des Grundsatzes der Mündlichkeit und Öffentlichkeit kaum gerechtfertigt erscheinen – zumal sich die Schwierigkeit oder Einfachheit eines Falles oft erst in der mündlichen Verhandlung zeigt (ähnlich kritisch *Ule*, DVBl. 1982, 821, 825, 829; *Kopp*, NJW 1991, 522).

2. Voraussetzungen

Ein Gerichtsbescheid kommt nach dem Gesetz nur in erster Instanz, also nicht im Berufungsverfahren, in Betracht (§ 125 II). Die Sache darf ferner keine besonderen Schwierigkeiten tatsächlicher oder rechtlicher Art aufweisen. **4**

Das darf nicht so interpretiert werden, als sei der Gerichtsbescheid die gewöhnliche Entscheidungsform für durchschnittlich schwierige Verwaltungsprozesse. Es ist vielmehr umgekehrt: Der Gerichtsbescheid kommt **nur bei besonders einfach gelagerten Fällen** in Betracht (bedenklich daher BVerwGE 84, 291 – fehlerhafte Annahme des Gerichtsbescheides nur, wenn der Beurteilung sachfremde Erwägungen oder eine grobe Fehleinschätzung zugrundeliegen).

3. Verfahren

Nach § 84 II 2 VwGO verlangt der Gerichtsbescheid eine vorherige Anhörung **zum Fall** – nicht etwa nur zur Möglichkeit des Gerichtsbescheids. Umgekehrt muß aber bei der Anhörung auf die bestehende Möglichkeit des Gerichtsbescheids und dessen Wirkung hingewiesen werden. Das Gericht entscheidet – ohne Mitwirkung der ehrenamtlichen Richter (§ 5 III 2) – mit einfacher Mehrheit der Richter. Auf die Einstimmigkeit kommt es, anders als beim früheren Vorbescheid, nicht an. **5**

4. Wirkung

6   Der Gerichtsbescheid wirkt **als Urteil** (§ 84 III 1), d. h. er beendet den Rechtsstreit dieser Instanz. Statthaft sind damit die gleichen Rechtsmittel wie bei einem entsprechenden Urteil. Ist kein
Rechtsmittel gegeben, so kann mündliche Verhandlung beantragt
werden (§ 84 II 3). Dann gilt der Gerichtsbescheid als nicht ergangen und es folgen eine gewöhnliche mündliche Verhandlung und
ein Urteil.

Literatur zu § 39 II: *Schmitt Glaeser,* VwProzR, Rd.-Nr. 508; *Pietzner/Ro-
nellenfitsch,* Assessorexamen § 22 II; *Martens,* Mustertexte, S. 147.

7. Teil. Rechtsmittel im Verwaltungsprozeß – Berufung, Revision und Beschwerde; Wiederaufnahme des Verfahrens.

§ 40 Die Berufung

I. Allgemeines

1. Gegenstand und Prüfungsumfang

Die Berufung hat das erstinstanzliche Urteil zum Gegenstand. Sie 1
ist daher das primäre Rechtsmittel im Verwaltungsprozeß. Anders
als die Revision ist sie volle rechtliche **und** tatsächliche Prüfung.
Der Prozeß wird also auf höherer Instanz umfassend erneut geführt. Auch Vor- und Zwischenurteile sowie der Gerichtsbescheid
können Gegenstand der Berufung sein (§ 124 I), nicht aber allein die
Entscheidungsgründe oder Teile daraus.

2. Reformüberlegungen: Die Berufung als „Entlastungs-reserve" der Verwaltungsgerichtsbarkeit?

Wie dargelegt, hält das Bundesverfassungsgericht die Berufung 2
im Hinblick auf Artikel 19 IV GG nicht für zwingend (BVerfGE
4, 47, 95; 78, 88, 99). Es kann daher nicht verwundern, daß die
Berufungsinstanz vielfach als eine Art Entlastungs- oder Kürzungsreserve für die Verwaltungsgerichtsbarkeit behandelt wird
(vgl. *Heitmann,* NJW 1995, 2208 u. d. Vorlage BRats.-Drs. 327/
94). So führte schon die erstinstanzliche Zuständigkeit der OVG/
VGH für zahlreiche Großverfahren zur Ausschaltung der Berufungsinstanz in diesen Fällen. Die grundsätzliche **Zulassungsberufung** – d. h.: Statthaftigkeit der Berufung nur bei besonderer gerichtlicher Zulassung – ist nur bei Planfeststellungsbeschlüssen
und sonstigen förmlichen Verwaltungsverfahren unbedenklich (so
zu Recht **Ule/Laubinger,** § 3, Rd.-Nr. 13); in „Kombination" mit

der erstinstanzlichen Entscheidung durch den Einzelrichter stößt sie an die Grenze des umfassungsrechtlich Hinnehmbaren. Überdies führte schon das 4. VwGO-Änderungsgesetz von 1991 gerade im Bereich der Berufung zu gravierenden Änderungen. Zu nennen sind hier insbesondere die **Berufungsbeschränkungen in § 131**, die **Begrenzung der Zulassung neuer Erklärungen und Beweismittel (§ 128)**, die Möglichkeit der **Zurückweisung durch Beschluß (§ 130a)** und die **verkürzte Urteilsbegründung (§ 130b)**. Im Hinblick auf die Reformdiskussion und die Entlastung der Gerichtsbarkeit ist aber auch darauf hinzuweisen, daß es gerade oft die Behörden sind, die bei erfolgreicher Bürgerklage in erster Instanz die Berufung in Anspruch nehmen.

II. Sachentscheidungsvoraussetzungen

3   In Klausuren sind Fälle aus dem Bereich der Berufung zwar selten. Kommen sie aber doch einmal vor, so ist es zunächst wichtig, zu beachten, daß sich die Zulässigkeitsprüfung ausschließlich auf **die Berufung als solche** bezieht. Steht die Zulässigkeit der „Ausgangsklage" in Frage, so ist dies ein Problem der Begründetheit der Berufung.

1. Zuständiges Gericht

4   Während die Eröffnung des Verwaltungsrechtsweges durch das Berufungsgericht **nicht mehr** geprüft wird (§ 17a V GVG), ist die Zuständigkeit des Berufungsgerichtes nach wie vor Sachentscheidungsvoraussetzung der Berufung. Zuständig ist nach § 124 VwGO stets das OVG. Da es für jedes Bundesland nur ein OVG bzw. einen VGH gibt, stellt die örtliche Zuständigkeit kein Problem dar.

2. Beteiligtenbezogene Zulässigkeitsvoraussetzungen

5   Neben den allgemeinen Voraussetzungen (Beteiligtenfähigkeit, Prozeßfähigkeit) ist zu beachten, daß nur die **Beteiligten** des Verfahrens im ersten Rechtszug zur Berufung befähigt sind. Beteiligte

sind neben Kläger und Beklagte ggf. auch der Vertreter des öffentlichen Interesses und der Beigeladene – nicht aber ein bisher
unbeteiligter Dritter, der sich durch das Urteil beschwert fühlt.
Dieser kann – sofern die Entscheidung noch nicht bestandskräftig
ist – nur gegen die Ausgangsentscheidung sowie gegen eine ihn
belastende Folgeentscheidung des Urteils Klage erheben. Geht es
im Berufungsverfahren gerade um das Vorliegen der Beteili-
gungs- oder Prozeßfähigkeit, so ist die Berufung insoweit stets
zulässig (BVerwGE 30, 26; VGH Kassel, NJW 1990, 403).

3. Statthaftigkeit

Statthaft ist die Berufung nur gegen bereits ergangene, d. h. **6**
verkündete erstinstanzliche Urteile des VG (§ 124 I VwGO). Der
Gerichtsbescheid ist auch insofern dem Urteil gleichgestellt. Erstinstanzliche Urteile des OVG bzw. des VGH unterliegen nicht
der Berufung. Ist das erstinstanzliche Urteil teilbar, so kann sich
die Berufung auch gegen einen Teil des erstinstanzlichen Urteils
richten.

Hat das Gericht in falscher Form entschieden (z. B. durch Beschluß statt
durch Urteil), so soll nach dem Prinzip der „Meistbegünstigung" sowohl die
Berufung als auch die Beschwerde statthaft sein. Das ist nicht ganz konsequent, zumindest aber „rechtsschutzfreundlich" (BVerwG, DVBl. 1985,
569).

4. Zulassung der Berufung

Entgegen weitergehenden Forderungen kennt die VwGO nach **7**
wie vor keine „flächendeckende" Zulassungsberufung. Diese ist
vielmehr die Ausnahme. Nach dem in § 131 VwGO übernom-
menen Art. 2 § 4 EntlG ist aber auch schon heute die Berufung
von der Zulassung abhängig, wenn

– ein Bundes- oder – unter weiteren Voraussetzungen – ein Landesgesetz dies
  ermöglicht. Der wichtigste bundesrechtliche Fall betrifft das Asylverfahren
  (§ 78 I AsylVfG);
– der Wert des Beschwerdegegenstandes bei einer Klage auf Geldleistung
  oder einen hierauf entsprechend gerichteten VA DM 1 000 oder bei Erstat-
  tungsstreitigkeiten zwischen juristischen Personen des ÖR DM 10 000 nicht

übersteigt. Das gilt aber nicht, wenn die Berufung wiederkehrende oder laufende Leistungen für mehr als 1 Jahr betrifft.

Beide Alternativen sind nicht unbedenklich: Es gilt sowohl für die nahezu uneingeschränkte Ermächtigung an Bundes- und Landesgesetzgeber, für bestimmte Rechtsgebiete die Berufung ohne Änderung der VwGO auszuschließen als auch für die „Streitwertberufung", die schon deshalb auf Probleme stößt, weil der Streitwert im Verwaltungsprozeß schwer zu ermitteln und die Bedeutung einer Angelegenheit für die Beteiligten – z. B. im Prüfungsrecht oder im Polizeirecht – nicht an einer bestimmten Geldsumme zu messen ist (ähnlich *Stelkens*, NVwZ 1991, 219).

In den genannten Fallgruppen ist die Berufung nach § 131 III nur zuzulassen, wenn

– die Rechtssache **grundsätzliche Bedeutung** hat;
– das Urteil von einer Entscheidung des OVG, des BVerwG oder des Gemeinsamen Senats der obersten Gerichtshöfe des Bundes abweicht und auf dieser **Abweichung** beruht oder
– das Urteil auf einem geltendgemachten und vorliegenden **Verfahrensmangel** beruhen kann.

8   In diesen Fällen ist das OVG an die Zulassung gebunden, auch wenn es die Voraussetzungen der Berufung nicht als gegeben ansieht. Im Falle der Nichtzulassung bleibt dem Betroffenen die Möglichkeit der **Nichtzulassungsbeschwerde** (§ 131 V), die die Rechtskraft des Urteils hemmt (§ 131 VI). Wird der Beschwerde abgeholfen oder die Berufung zugelassen, so ist die eigentliche Einlegung der Berufung entbehrlich: das Beschwerdeverfahren wird – so § 131 VIII – als Berufungsverfahren fortgesetzt.

5. Berufungsbefugnis – Beschwer

9   Die Berufung ist ferner nur zulässig, wenn der Berufungskläger geltend macht, durch das angefochtene Urteil **beschwert** zu sein. Das ist immer der Fall, wenn das VG ihm etwas ganz oder teilweise versagt hat, was er beantragt hatte bzw. wenn er zu etwas verurteilt wurde. Ob eine Beschwer tatsächlich vorliegt, ist auch hier Sache der Begründetheit. Die Berufungsbefugnis darf auch nicht mit der Klagebefugnis verwechselt werden. Hat das VG letztere verneint, so ist der Kläger als Berufungskläger gerade hierdurch beschwert, die Berufung also zulässig. Probleme entste-

hen insoweit in der Regel nur beim Beigeladenen. Dieser ist nur beschwert, wenn das Urteil gerade sein Recht verletzt (BVerwG, NVwZ 1987, 970, 971). Die Beschwer muß vom Urteil selbst ausgehen; die Begründung reicht hierfür nicht aus (VGH Mannheim, DÖV 1988, 1019).

6. Rechtsschutzbedürfnis

Das Rechtsschutzbedürfnis setzt – wie in allen übrigen Fällen – **10** voraus, daß der Berufungskläger keine leichtere Möglichkeit der Rechtsverwirklichung hat und daß das Rechtsmittel nicht mißbräuchlich eingesetzt wird. Wegen der Eindeutigkeit der Berufungsfrist (§ 124 I) sind „Verwirkungsfälle" kaum denkbar.

7. Sonstige Zulässigkeitsvoraussetzungen

a) Für die **Form** gilt nach § 124 I, daß die Berufung **schriftlich** **11** oder **zur Niederschrift** des Urkundsbeamten der Geschäftsstelle einzulegen ist, wobei es nicht auf die Bezeichnung als „Berufung" ankommt. Einzulegen ist sie bei dem Gericht, dessen Entscheidung angefochten wird; die Berufungsfrist wird aber auch gewahrt, wenn die Berufung innerhalb der Frist bei dem OVG eingeht.

b) Die **Berufungsfrist** beträgt einen Monat ab Zustellung des **12** angefochtenen Urteils. Für die Wiedereinsetzung in den vorigen Stand gilt § 60 VwGO.

c) Die ordnungsgemäße Berufung muß das angefochtene Urteil **13** bezeichnen und einen bestimmten Antrag enthalten. Die zur Begründung dienenden Tatsachen und Beweismittel sollen angegeben werden (§ 124 III).

d) Auch für die Berufungsinstanz ist das Fehlen eines bestands- **14** kräftigen Urteils zu demselben Streitgegenstand bzw. einer anderweitigen Rechtshängigkeit Sachentscheidungsvoraussetzung. Dagegen kann § 44 a VwGO nicht zur Unzulässigkeit der Berufung führen: Ob die Ausgangsklage sich nur gegen eine Verfahrenshandlung richtete und deshalb das VG zu Recht die Zulässigkeit verneinte, ist für die Berufungsinstanz eine Frage der Begründetheit.

III. Begründetheit

1. Überprüfung des erstinstanzlichen Urteils

15 Die Berufung ist begründet, wenn die Entscheidung des VG formell oder inhaltlich **rechtswidrig** ist und der Kläger dadurch eine **Beschwer** erleidet. Das Berufungsgericht prüft dabei das erstinstanzliche Urteil grundsätzlich in rechtlicher und tatsächlicher Hinsicht. Die Begründetheitsprüfung muß also Zulässigkeit **und** Begründetheit der Ausgangsklage erfassen, denn die objektiv falsche Annahme der Zulässigkeit macht das erstinstanzliche Urteil inhaltlich fehlerhaft. Begründet ist die Berufung aber auch, wenn das den Berufungskläger beschwerende Urteil aus anderen Gründen fehlerhaft ist, insbesondere, wenn dem VG ein wesentlicher Verfahrensmangel unterlaufen ist. Im letztgenannten Fall kann das OVG/der VGH selbst entscheiden oder die Sache an das VG zurückverweisen, das insoweit die Beurteilung durch das Berufungsgericht gebunden ist (§ 130 I 2 VwGO).

Das Berufungsgericht berücksichtigt zwar auch neu vorgebrachte Tatsachen und Beweismittel (§ 128), für den Zeitpunkt der Beurteilung der Rechts- und Tatsachenlage bleibt es aber bei den Grundsätzen der ersten Instanz: Maßgeblich ist für die Anfechtungsklage – außer bei abweichender gesetzl. Bestimmung, Dauerverwaltungsakten und Drittklagen (h. L.) – grundsätzlich die letztinstanzliche Behördenentscheidung, also die Zustellung des Widerspruchsbescheides; für Verpflichtungs- und Leistungsklagen der Zeitpunkt der letzten mündlichen Verhandlung im Berufungsverfahren.

2. Beschwer – Rechtsverletzung

16 Wie für die Klage selbst, reicht für die Begründetheit der Berufung nicht die (objektive) Rechtswidrigkeit des Urteils und auch nicht, daß der Berufungskläger die Beschwer nur behauptet. Der Berufungskläger muß vielmehr tatsächlich beschwert, d. h. in seinen Rechten verletzt sein. Probleme stellen sich insoweit aber nur für den Beigeladenen. Dieser muß nachweisen, daß er gerade durch das Urteil in einem seiner Rechte verletzt ist (gleicher Maßstab wie § 113 I VwGO – BVerwGE 64, 67, 68).

IV. Berufungsverfahren

1. Wirkungen der eingelegten Berufung

Mit der Einlegung der Berufung wird diese anhängig. Die Berufung hat folgende Wirkungen: **17**

– den **Devolutiveffekt**, d. h. die „Höherstufung" im Instanzenzug;
– den **Suspensiveffekt**, d. h. den Aufschub der Rechtskraft;
– die **aufschiebende Wirkung** hinsichtlich des Urteils und damit auch hinsichtlich des belastenden VA bei der Anfechtungsklage, soweit diese nicht für vorläufig vollstreckbar bzw. sofort vollziehbar erklärt sind.

2. Grundsätzliche Anwendbarkeit der Vorschriften zum Verfahren im ersten Rechtszug

Nach § 125 I gelten für das Berufungsverfahren die Vorschriften   **18**
des Teils II entsprechend, soweit sich aus §§ 124 ff. nichts Abweichendes ergibt. Das Verfahren läuft also grundsätzlich so wie das erstinstanzliche Verfahren ab, einschließlich des vorbereitenden Verfahrens nach § 87 und der mündlichen Verhandlung. Auch erst im Berufungsverfahren vorgebrachte Tatsachen und Beweismittel sind nach § 128 grundsätzlich zu berücksichtigen (BVerwG, NVwZ 1990, 878).

3. Präklusion von nicht rechtzeitig vorgebrachten Erklärungen und Beweismitteln

Dem nicht selten zu beobachtenden Mißbrauch von § 128 (Zu-   **19**
rückhaltung wesentlicher Beweismittel bis zur letzten Tatsacheninstanz) wird nach dem 4. Änderungsgesetz zur VwGO vor allem durch § 87 b VwGO entgegengetreten. § 128 a stellt die Entsprechung für die Berufungsinstanz dar. Sein Sinn: Hat der Kl. schon im Ausgangsverfahren entgegen einer nach § 87 b I und II gesetzten Frist maßgebliche Erklärungen und Beweismittel nicht vorgebracht, dann werden diese im Berufungsverfahren nur noch unter

engen Voraussetzungen anerkannt. Erklärungen und Beweismittel, die das VG bereits zu Recht zurückgewiesen hat, bleiben auch im Berufungsverfahren ausgeschlossen (§ 128 a II).

4. Anschlußberufung

20   Nach § 127 können sich der Berufungsbeklagte und die anderen Beteiligten der Berufung anschließen. Die wichtigste Folge: Zu Lasten des Berufungsklägers wird eine reformatio in peius möglich, die sonst durch § 129 ausgeschlossen wäre.

5. Zurücknahme der Berufung, Erledigung

21   Für Erledigung, Klageänderung usw. gelten grundsätzlich die Vorschriften des Verfahrens im ersten Rechtszug. Eine Sondervorschrift (§ 126) gilt nur für die Zurücknahme. Zwar sind die Voraussetzungen die gleichen wie bei § 91, doch bewirkt die Zurücknahme in jedem Fall den Verlust des Rechtsmittels für den Betroffenen und damit die Rechtskraft des Urteils, wenn die Berufungsfrist zwischenzeitlich abgelaufen ist oder der Kläger mit der Zurücknahme einen ausdrücklichen Rechtsmittelverzicht erklärt hat.

V. Entscheidung im Berufungsverfahren

1. Verwerfung wegen Unzulässigkeit (§ 125 II VwGO)

22   Ist die Berufung unzulässig, so wird sie verworfen. Die Entscheidung kann durch Beschluß ergehen. Die Beteiligten sind aber vorher zu hören.

2. Zurückweisung durch Beschluß (§ 130 a VwGO)

23   Nach § 130a kann das OVG die Berufung durch Beschluß zurückweisen, wenn es sie einstimmig für unbegründet und eine mündliche Verhandlung nicht für erforderlich hält. Das gilt für alle Berufungsfälle, nicht nur für die Zulassungsberufung (BVerwG, DÖV 1988, 978). Um aber wenigstens **eine** „Vollprü-

fung" zu ermöglichen, kommt die Zurückweisung durch Beschluß nicht in Betracht, wenn in erster Instanz ein Gerichtsbescheid ergangen ist (§ 130 a, Satz 1).

3. Kein Gerichtsbescheid

Nach § 125 I 2, kann im Berufungsverfahren kein Gerichtsbescheid ergehen. 24

4. Berufungsurteil

Soweit die Berufung nicht wegen Unzulässigkeit verworfen 25 oder wegen einstimmig festgestellter Unbegründetheit zurückgewiesen wurde, findet eine mündliche Verhandlung statt, und der Rechtsstreit wird durch (End)Urteil entschieden. Auch die übrigen Urteilsarten kommen in Betracht. Durch das Berufungsurteil kann das erstinstanzliche Urteil bestätigt, aufgehoben oder geändert werden, stets aber nur im Rahmen der Anträge (§ 129).

Praktisch wichtig ist noch § 130. Nach dieser Vorschrift kann sich das Berufungsgericht, statt selbst „durchzuentscheiden", auf die Aufhebung des erstinstanzlichen Urteils beschränken und – außer bei Asylprozessen (§ 79 II AsylVfG) – die Sache an das VG **zurückverweisen**. Dies gilt aber nur in bestimmten Fällen, nämlich wenn das VG noch nicht in der Sache selbst entschieden hat, das Verfahren an einem wesentlichen Mangel leidet oder wenn neue Tatsachen oder Beweismittel bekannt werden, die für die Entscheidung wesentlich sind. Im Falle der Zurückverweisung ist das VG an die rechtliche Beurteilung des Berufungsgerichts gebunden. Für Verkündung und Zustellung gelten die auch für das Urteil in 1. Instanz bestehenden Vorschriften des Teiles II, also insbesondere §§ 113, 116, 117.

Weist das Berufungsgericht die Berufung aus Gründen der angefochtenen Entscheidung als unbegründet zurück, so kann es von einer weiteren Darstellung der Entscheidungsgründe absehen (§ 130b). Für zurückweisende Beschlüsse ergibt sich das bereits aus § 122 II. Drängt sich aber der Eindruck auf, daß das Berufungsgericht einen entscheidungserheblichen **neuen Vortrag** nicht zur Kenntnis genommen hat, so ist die bloße Bezugnahme auf die Entscheidungsgründe der Ausgangsentscheidung ein Verstoß gegen das rechtliche Gehör (so zu Recht BayVerfGH, BayVBl. 1991, 60).

Literatur zu § 40: *Ule,* Die zweite Tatsacheninstanz in der Verwaltungsgerichtsbarkeit im Lichte der Rechtstatsachenforschung, DVBl. 1983, 440; *Buchner,* Zur Grundsatzberufung im Verwaltungsprozeß, DÖV 1984, 578; *Sendler,* Der Instanzenzug in der Verwaltungsgerichtsbarkeit, DVBl. 1982, 157; *Frank/ Langrehr,* VwProzR, 166; *Ule,* VwProzR § 61, *Schmitt Glaeser,* VwProzR, Rd.-Nr. 458 ff. *Würtenberger,* PdW 337 ff.

26   **Übersicht 20: Sachentscheidungsvoraussetzungen und Begründetheit der Berufung**

I. Zulässigkeit
1. Keine Prüfung des Rechtswegs (§ 17a V GVG)
2. Zuständigkeit des Berufungsgerichts (§ 124 I VwGO)
3. Beteiligtenbezogene Zulässigkeitsvoraussetzungen
4. Statthaftigkeit der Berufung (§ 124 I VwGO)
5. Zulassung im Falle der Zulassungsberufung (§ 131 I, II VwGO)
6. Antragsbefugnis: Möglichkeit einer Beschwer
7. Berufungsfrist (§ 124 II VwGO)
8. Ordnungsgemäßer Antrag (§ 124 III VwGO)
9. Rechtsschutzbedürfnis
10. Sonstige Zulässigkeitsvoraussetzungen

II. Begründetheit
1. Passivlegitimation
2. Erstinstanzliches Urteil formell und materiell rechtmäßig?
    a) Verfahren des 1. Rechtszuges
    b) Tatsachenprüfung
    c) rechtliche Prüfung
3. Beschwer (Rechtsverletzung durch erstinstanzliches Urteil)

§ 41 Die Revision

I. Allgemeines

1. Stellenwert und Prüfungsmaßstab

Die Revision ist die Überprüfung gerichtlicher Urteile der OVG   1
(nur ausnahmsweise der VG) in (ausschließlich) rechtlicher Hinsicht. Sie bedarf im Verwaltungsprozeß einer besonderen Zulassung. Revisionsgericht ist – soweit das Landesrecht nicht ausdrücklich eine Revision zum OVG zuläßt (§ 145) – stets das Bundesverwaltungsgericht.

Ziele der Revision sind neben dem individuellen Rechtsschutz
die Wahrung der Rechtseinheit und die Fortbildung des Rechts
(BVerwGE 19, 323, 327).

2. Reformüberlegungen

Das 4. VwGO-Änderungsgesetz hat die bis dahin bestehende   2
Möglichkeit der zulassungsfreien Revision bei bestimmten Verfahrensfehlern beseitigt, das Gesamtsystem im übrigen aber unverändert gelassen. Faktisch war die Revision schon stets von
einer besonderen Zulassung abhängig und auch an strenge inhaltliche Voraussetzungen gebunden. Daher spielt sie auch bei weitergehenden Reform- und Kürzungsvorschlägen gegenwärtig kaum
eine Rolle.

II. Zulässigkeit

1. Zuständiges Gericht

Zuständig für die Revision ist stets das **Bundesverwaltungsge-   3
richt.** Ausnahmen sind nach Landesrecht möglich, wenn bei einer
nach § 131 beschränkten Berufung der Landesgesetzgeber die Revision an das OVG vorsieht.

2. Beteiligtenbezogene Zulässigkeitsvoraussetzungen

4   Vor dem Bundesverwaltungsgericht und auch schon im Verfahren der Nichtzulassungsbeschwerde und der Einlegung der Revision muß sich jeder Beteiligte durch einen Rechtsanwalt oder einen Rechtslehrer an einer deutschen Hochschule als Bevollmächtigten vertreten lassen (§ 67 I). Im übrigen gelten die allgemeinen Vorschriften über die Beteiligten- und die Prozeßfähigkeit.

3. Statthaftigkeit

5   Statthaft ist die Revision grundsätzlich gegen „das Urteil des Oberverwaltungsgerichts" (§ 132). Ausgeschlossen ist nach § 136 das Urteil im Normenkontrollverfahren. Urteile des VG können Gegenstand der Revision nach § 134 sein („**Sprungrevision**"), wenn Kläger und Beklagter schriftlich zustimmen und wenn die Revision von dem VG im Urteil oder auf besonderen Antrag durch Beschluß zugelassen wird (Zu den Vorauss. s. BVerwG NJW 1993, 2256). Daneben kommt die Revision gegen Urteile des VG auch dann in Betracht, wenn die Berufung durch Bundesgesetz ausgeschlossen ist. Das darf aber nicht mit der Beschränkung der Revision nach § 131 verwechselt werden, auch wenn dort die Nichtzulassung zum Verlust der Berufungsinstanz führt. Gegen Beschlüsse (auch solche des OVG) kommt die Revision grundsätzlich nicht in Betracht.

4. Zulassung und Nichtzulassungsbeschwerde

6   Nach dem Fortfall der (zulassungsfreien) Revision wegen eines erheblichen Verfahrensfehlers (§ 133 a. F.) ist die Revision grundsätzlich nur noch aufgrund besonderer Zulassung statthaft. Diese kann erreicht werden
– aufgrund einer Entscheidung des OVG (im Falle der Sprungrevision: des VG);
– aufgrund einer erfolgreichen Nichtzulassungsbeschwerde.

Als Gründe für die **Zulassung der Revision** (nicht zu verwechseln mit den Revisionsgründen nach § 137) nennt das Gesetz in

§ 132 II die grundsätzliche Bedeutung (**Grundsatzrevision**), die Abweichung von einer Entscheidung des Bundesverwaltungsgerichts oder des Gemeinsamen Senats der obersten Gerichtshöfe des Bundes (**Divergenzrevision**) sowie einen erheblichen Verfahrensmangel (**Verfahrensrevision**).

a) Grundsatzrevision

Für die grundsätzliche Bedeutung im Sinne von § 132 II 1 sind **7** Stichworte wie Rechtssicherheit, Rechtsfortbildung, fehlende höchstrichterliche Klärung, praktische Bedeutung über den Einzelfall hinaus die wesentlichen Stichworte (dazu BVerwGE 13, 90, 91; 70, 24; *Weyreuther,* Revisionszulassung und Nichtzulassungsbeschwerde in der Rechtsprechung der obersten Bundesgerichte [1971], 95).

b) Divergenzrevision

Die Divergenzrevision dient der Wahrung der Rechtseinheit. Sie **8** ist gegeben, wenn das Urteil in seinem wesentlichen Inhalt, nicht also nur in der Begründung oder einem „obiter dictum", von einer Entscheidung des Bundesverwaltungsgerichts oder des Gemeinsamen Senats der obersten Gerichtshöfe des Bundes – nicht aber des Bundesverfassungsgerichts (BVerwG, DVBl. 1991, 269) – abweicht und auf dieser Abweichung beruht (§ 132 II 2).

c) Verfahrensrevision

§ 132 II 3 bezieht sich **nur** auf Verfahrensmängel des Gerichts; **9** ggf. auch auf nicht „geheilte" Verfahrensmängel der 1. Instanz. Ihretwegen kann das Urteil nur aufgehoben werden, wenn es auf einem geltendgemachten und vorliegenden Fehler beruht, d. h. daß mindestens die Möglichkeit besteht, daß das Gericht ohne den Fehler zu einem anderen Ergebnis gekommen wäre.

Läßt das OVG die Revision zu, so ist das Bundesverwaltungsge- **10** richt an diese Entscheidung gebunden – außer bei offensichtlich rechtswidriger Zulassung (BVerwGE 48, 372; BVerwG, NVwZ 1989, 246).

Verneint das OVG das Vorliegen der Voraussetzungen der Re- **11** vision, dann bleibt dem Beteiligten des Berufungsverfahrens nur die Möglichkeit der **Nichtzulassungsbeschwerde** (§ 133). Diese eröffnet ein selbständiges Verfahren und hemmt die Rechtskraft des Urteils (§ 133 IV). Das Verfahren ist zweistufig ausgestaltet; zunächst prüft das OVG selbst, ob der Beschwerde abgeholfen werden soll. In der Regel entscheidet aber das Bundesverwaltungsgericht, und zwar durch Beschluß (§ 133 V). Zulässigkeitsvoraussetzung der Beschwerde ist deren Erhebung innerhalb eines Monats bei dem Gericht, gegen dessen Urteil Revision eingelegt werden soll. Innerhalb von zwei Monaten nach Zustellung ist die Beschwerde zu begründen. (§ 133 III 1).

12   Läßt das Bundesverwaltungsgericht die Revision zu, so wird nach § 139 II i. d. F. des 4. VwGO-ÄndG das Beschwerdeverfahren als Revisionsverfahren fortgesetzt. Das Bundesverwaltungsgericht kann aber neuerdings in dem Beschluß das angefochtene Urteil auch sogleich aufheben und den Rechtsstreit zur anderweitigen Verhandlung und Entscheidung zurückverweisen. Dann hat die Revision „ohne eigentliches Revisionsverfahren" bereits Erfolg. Wird die Nichtzulassungsbeschwerde abgelehnt, so ist der Verwaltungsrechtsweg beendet. Das Urteil wird nach § 133 V rechtskräftig.

In der Spruchpraxis ist auffällig, wie oft die Senate des Bundesverwaltungsgerichts die Begründung negativer Entscheidungen nach § 133 dafür benutzen, grundsätzliche Rechtsfragen zu klären oder deren Klärung zu bestätigen, auch wenn sie die grundsätzliche Bedeutung der Rechtssache soeben verneinen (krit. auch *Sendler,* DVBl. 1992, 240).

5. Beschwer / Revisionsbefugnis

13   Wie der Berufungskläger muß auch der Revisionskläger eine Beschwer geltend machen. Das ist beim nicht (vollständig) erfolgreichen Kläger und beim ganz oder teilweise verurteilten Beklagten stets, beim Beigeladenen nur dann der Fall, wenn das Berufungsurteil gerade ihn in einem seiner Rechte verletzt.

6. Sonstige Zulässigkeitsvoraussetzungen

Die Revision ist nach § 139 VwGO bei dem Gericht, dessen **14**
Urteil angefochten wird, innerhalb eines Monats nach Zustellung
des vollständigen Urteils oder des Zulassungsbeschlusses nach
§ 133 V schriftlich einzulegen (zur Zulässigkeit der Einlegung
durch Telefax: BVerwGE 77, 38). Eine Einlegung durch Erklärung zur Niederschrift des Urkundsbeamten der Geschäftsstelle
scheidet in diesem Fall also aus. Die Frist wird auch durch Einlegung unmittelbar beim Bundesverwaltungsgericht gewahrt.

Besondere Anforderungen gelten für die **Revisionsbegrün-
dung**. Diese muß – soweit sie nicht schon mit der Einlegung der
Revision verbunden ist – innerhalb von zwei Monaten abgegeben
werden. Zum Inhalt siehe § 139 III 3.

III. Begründetheit

1. Allgemeines

Die Revision ist nach § 137 VwGO begründet, wenn das ange- **15**
fochtene Urteil auf der Verletzung von Bundesrecht oder einer
mit dem (Bundes-)VwVfG dem Wortlaut nach übereinstimmenden Vorschrift eines Landes-VwVfG beruht. Zu prüfen ist also
jeweils, ob das angefochtene Urteil einen derartigen Mangel enthält und ob es auf diesem Mangel beruht. Voraussetzung ist
stets, daß es sich beim Prüfungsmaßstab um „revisibles Recht"
handelt.

Obwohl es – wie gesagt – um eine reine „Rechtsprüfung" geht,
kann das Revisionsgericht offenkundige und nicht weiter beweis-
bedürftige Tatsachen, die nach Erlaß des Berufungsurteils eingetreten sind, noch berücksichtigen (BVerwG, NVwZ 1993, 275 u.
781).

Revisibles Recht in diesem Sinne sind nicht nur einfache Bun- **16**
desgesetze, sondern selbstverständlich auch alle Normen des GG
sowie allgemeine Grundsätze wie das Verhältnismäßigkeitsprinzip und das Prinzip verfassungskonformer Auslegung (BVerwG,
DÖV 1988, 560) sowie mit Bundesrecht übereinstimmende

Vorschriften der LandesVwVfGe (dazu *Ule/Laubinger,* VwVfR, § 8, Rd.-Nr. 43).

17   **Nichtrevisibel** sind Verwaltungsvorschriften, denen nach h. L. schon der Rechtsnormcharakter fehlt, und alle sonstigen Bestimmungen des **Landesrechts** (BVerwG NVwZ 1993, 977 – auch im Rahmen von Ermessensprüfung kein Eingehen auf landesrechtl. VwVorschr.). Letzteres erklärt die große Bedeutung der OVG für die Auslegung von kommunalrechtlichen, schulrechtlichen und polizeirechtlichen Normen. Eine gewisse Einheitlichkeit wird hier aber durch die Ausrichtung am (Bundes-) Verfassungsrecht, insbesondere an den Grundrechten erlangt. Revisibel sind solche Normen des Landesrechts, mit denen das Land einer rahmenrechtlichen Anpassungspflicht nachkommt (BVerwG, NVwZ 1987, 976).

2. Absolute Revisionsgründe

18   Als „**absolute Revisionsgründe**" hebt das Gesetz bestimmte Verfahrensfehler hervor. Diese führen zwar nicht mehr zur zulassungsfreien Revision; ihre Bedeutung liegt aber darin, daß das Urteil stets als „auf der Verletzung von Bundesrecht beruhend" anzusehen ist, wenn

– das erkennende Gericht nicht vorschriftsmäßig besetzt war,
– bei der Entscheidung ein Richter mitgewirkt hat, der von der Ausübung des Richteramtes kraft Gesetzes ausgeschlossen oder wegen Besorgnis der Befangenheit mit Erfolg abgelehnt war,
– einem Beteiligten das rechtliche Gehör versagt war,
– ein Beteiligter im Verfahren nicht nach der Vorschrift des Gesetzes vertreten war, außer wenn er der Prozeßführung ausdrücklich oder stillschweigend zugestimmt hat,
– das Urteil auf eine mündliche Verhandlung ergangen ist, bei der die Vorschriften über die Öffentlichkeit des Verfahrens verletzt worden sind oder
– die Entscheidung nicht mit Gründen versehen ist.

IV. Verfahren

19   Mit der Revision tritt – wie bei der Berufung – der **Devolutiveffekt** und der **Suspensiveffekt** ein. Auch im übrigen gelten die Vorschriften über das Berufungsverfahren entsprechend. Sie verweisen teilweise ihrerseits auf das Verfahren 1. Instanz. Nicht anwendbar sind § 87 a (Entscheidung des Vorsitzenden), § 130 a (Zurückweisung durch Beschluß) und § 130 b (verkürzte Urteilsbegründung). Nach § 141 i. V. m. § 127 VwGO kommt auch eine **Anschlußrevision** in Betracht (dazu BVerwGE 65, 27; *Schmitt Glaeser,* VwProzR, Rd.-Nr. 482). Klageänderung und fakultative Beiladung sind im Revisionsverfahren nicht mehr zulässig (§ 142). Ein notwendig Beizuladender kann Verfahrensmängel nur innerhalb von zwei Monaten nach Zustellung des Beiladungsbeschlusses rügen.

Besonders geregelt ist auch die Rücknahme der Revision, obwohl § 140 bis auf die Nennung des Oberbundesanwalts exakt § 126 VwGO entspricht.

V. Entscheidung im Revisionsverfahren

Für die Revisionsentscheidung selbst gilt folgendes (§ 144): **20**

– Die **unzulässige** Revision wird durch Beschluß verworfen. Das gilt z. B. bei Versäumung der Revisionsbegründungsfrist (BVerwGE 74, 289).
– Die **unbegründete** Revision wird durch Urteil zurückgewiesen (§ 144 II).
– Ist die Revision **begründet,** so kann das BVerwG nach § 144 III selbst in der Sache entscheiden, d. h. das Urteil aufheben oder (im Rahmen der Anträge) ändern. Es kann das angefochtene Urteil aber auch aufheben und die Sache zur anderweitigen Verhandlung und Entscheidung zurückverweisen. Das Gericht, an das zurückverwiesen wird, ist dann an die rechtliche Beurteilung des Revisionsgerichts gebunden (§ 144 VI). Im Falle der Sprungrevision besteht nach § 144 V auch die Möglichkeit der Zurückverweisung an das „übersprungene" Berufungsgericht.

Besonders wichtig (wenn auch nicht unproblematisch) ist § 144 **21** IV: Ergeben die Entscheidungsgründe zwar eine Verletzung des bestehenden Rechts, stellt sich die Entscheidung selbst aber aus anderen Gründen als richtig dar, so ist die Revision zurückzuweisen (BVerwGE 62, 6, 10).

Diese Vorschrift mag der Prozeßökonomie entsprechen. Der Sache nach mutet sie dem Bürger aber ggf. die endgültige Hinnahme einer rechtswidrigen Entscheidung zu, verleitet zum Überspielen geltenden Verfahrensrechts und zum „Nachkarten" bis jetzt nicht eingeführter Entscheidungsgründe. Schon gar nicht darf diese Ausnahmevorschrift auf andere Fälle ausgedehnt oder als

Ausdruck eines allgemeinen Prinzips betrachtet werden. So setzt insbesondere die Unbeachtlichkeit des Verfahrensfehlers nach § 46 VwVfG nicht nur voraus, daß sich die Entscheidung „aus anderen Gründen als richtig darstellt", sondern daß sie die einzig rechtmäßige Entscheidung war. (Besonders problematisch BVerwG NVwZ 1994, 1095 – Anwendung von § 144 IV VwGO selbst bei absolutem Revisionsgrund).

Literatur zu § 41: *Weyreuther,* Revisionszulassung und Nichtzulassungsbeschwerde in der Rechtsprechung der obersten Bundesgerichte (1971); *Schaeffer,* Zur Sprungrevision im Verwaltungsprozeß, NVwZ 1982, 21; *P. Kirchhof,* Revisibles Verwaltungsrecht, FS. *Menger* (1985), 813; *Bertrams,* Das vor dem BVerwG revisible Recht, DÖV 1992, 97; *A. May,* Die Revision in den zivil- und verwaltungsgerichtlichen Verfahren (ZPO, ArbGG, VwGO, SGG, FGO 1995); *Schmitt Glaeser,* VwProzR, Rd.-Nr. 470ff.; *Ule,* VwProzR § 63; *Würtenberger,* PdW, 343ff.; *Kuhla/Hüttenbrink,* DVwProz, S. 183ff.

22　**Übersicht 21: Zulässigkeit und Begründetheit der Revision**

I. Zulässigkeit
1. Zuständigkeit (§ 132)
2. Beteiligtenbezogene Zulässigkeitsvoraussetzungen
3. Statthaftigkeit (§ 132 I)
4. Zulassung durch Berufungsgericht oder BVerwG (§ 132)
5. Antragsbefugnis
6. Form, Frist (§ 139)
7. Sonstige Zulässigkeitsvoraussetzungen

II. Begründetheit
1. Absolute Revisionsgründe
2. Verletzung von Bundesrecht oder inhaltlich mit Bundesrecht übereinstimmendem Landes-VwVfG

§ 42 Die Beschwerde

I. Allgemeines

1　Die Beschwerde ist das Rechtsmittel gegen Entscheidungen des Gerichts, des Vorsitzenden oder des Berichterstatters, die nicht Urteile oder Gerichtsbescheide sind. Ihr wichtigstes Anwendungsfeld sind sog. **streitentscheidende Beschlüsse.** Diese sind abzugrenzen von bloßen prozeßleitenden Verfügungen, die nicht Beschwerdegegenstand sein können (§ 146 II). Anders als bei Berufung und Revision waren die Änderungen zur Beschwerde durch das 4. VwGO-ÄndG relativ geringfügig (Übersicht bei *Stelkens*, NVwZ 1991, 217).

II. Zulässigkeit

1. **Zuständig** für Beschwerden gegen Entscheidungen des VG 2 ist stets das OVG (§ 146 I VwGO). Nur ausnahmsweise kommt eine Zuständigkeit des BVerwG für Beschwerden gegen bestimmte Entscheidungen des OVG in Betracht (§ 152).

2. **Beschwerdefähig** sind grundsätzlich die Beteiligten und son- 3 stige von der Entscheidung Betroffene. Letzteres kann z. B. auch ein Zeuge oder ein Sachverständiger sein. Bei Nichtzulassungsbeschwerden und sonstigen Beschwerden zum Bundesverwaltungsgericht muß sich der Beschwerdeführer durch einen Rechtsanwalt oder einen Rechtslehrer an einer deutschen Hochschule vertreten lassen (§ 147 I 2 i. V. m. § 67 I 2).

3. **Statthaft** ist die Beschwerde gegen Entscheidungen des Ver- 4 waltungsgerichts, des Vorsitzenden oder des Berichterstatters, die nicht Urteile oder Gerichtsbescheide sind.

Beispiele: Ablehnung der Beiladung nach § 65; Beschlüsse nach § 80 V, § 123, Kostenfestsetzungsbeschluß nach § 161 I.

Nicht statthaft ist die Beschwerde nach § 146 II gegen **prozeßleitende Verfügungen,** Aufklärungsanordnungen, Beschlüsse über eine Vertagung oder die Bestimmung einer Frist, Beweisbeschlüsse, Beschlüsse über Ablehnung von Beweisanträgen, über Verbindung und Trennung von Verfahren und Ansprüchen. Damit soll einer unangemessenen Verzögerung des gerichtlichen Verfahrens entgegengewirkt werden. Anzumerken ist, daß Fehler bei derartigen Entscheidungen durch den Betroffenen im Rahmen der Berufung oder der Revision gegen die „Gesamtentscheidung" geltend gemacht werden können. Eine streitwertbezogene Begrenzung der Statthaftigkeit bringt § 146 III für Streitigkeiten über Kosten, Gebühren und Auslagen, wenn der Wert des Beschwerdegegenstandes DM 200 nicht übersteigt.

§ 152 schließt Beschwerden gegen **Entscheidungen der Ober-**

verwaltungsgerichte aus – mit Ausnahme der Nichtvorlagebeschwerde nach § 47 VII, der Beschwerde im sogenannten Aktenvorlagestreit (§ 99 II), der Nichtzulassungsbeschwerde nach
§ 133 I sowie der Beschwerde im Verfahren nach § 17 a IV GVG
(Verweisung des Rechtsstreits an einen anderen Rechtsweg oder
Bestätigung des Rechtswegs). Im übrigen ist sie nach § 152 ausgeschlossen. Unstatthaft ist die Beschwerde ferner gegen alle sonstigen Entscheidungen, die durch Gesetz für unanfechtbar erklärt
werden, so z. B. der Beschluß über eine Beiladung (§ 65 IV 3), die
Wiedereinsetzung in den vorigen Stand (§ 60 V) sowie die Verweisung an ein anderes VG (§ 83, S. 2). Eine „weitere Beschwerde" gegen Beschwerdeentscheidungen des OVG kommt gleichfalls nicht in Betracht.

5   4. **Beschwerdebefugt** sind nur diejenigen Beteiligten und sonstigen Betroffenen, die geltend machen können, durch den angegriffenen Beschluß in einer eigenen Rechtsposition verletzt zu
sein.

6   5. Die Beschwerde ist nach § 147 I **schriftlich** oder **zur Niederschrift des Urkundsbeamten** der Geschäftsstelle bei dem Gericht
einzulegen, dessen Entscheidung angefochten wird. Sie muß eine
bestimmte Entscheidung nennen und einen Antrag enthalten. Gegenüber Berufung und Revision ist die Frist verkürzt; sie beträgt
nur zwei Wochen nach Bekanntgabe der Entscheidung.

III. Begründetheit

7   Begründet ist die Beschwerde ganz allgemein, wenn die angegriffene Entscheidung rechtswidrig ist und der Beschwerdeführer
dadurch in seinen Rechten verletzt ist. Das Gericht prüft in tatsächlicher und rechtlicher Hinsicht.

IV. Verfahren

8   Auch der Beschwerde kommt der Devolutiveffekt zu; sie hindert – da Beschlüsse nicht in materielle Rechtskraft erwachsen –
zumindest die formelle Rechtskraft der angegriffenen Entschei-

dung. Aufschiebende Wirkung hat die Beschwerde aber nach § 149 VwGO nur, wenn sie die Festsetzung eines Ordnungs- oder Zwangsmittels zum Gegenstand hat. Das Gericht, der Vorsitzende oder der Berichterstatter, dessen Entscheidung angefochten wird, kann auch in sonstigen Fällen bestimmen, daß die Vollziehung der angefochtenen Entscheidung einstweilen auszusetzen ist (§ 149 I 2).

Für das Verfahren enthalten §§ 146 ff. keine weiteren Sondervorschriften. Einigkeit besteht aber darin, daß – soweit passend – die sonstigen Vorschriften über die Rechtsmittel anzuwenden sind. Das gilt sowohl für die Rücknahme, die Änderung, die Ermöglichung eines neuen tatsächlichen und rechtlichen Vorbringens als auch für die „Anschlußbeschwerde" (§ 127 VwGO analog). Eine mündliche Verhandlung ist weder ausgeschlossen noch vorgeschrieben, doch dürfte sie in den meisten Fällen nicht in Betracht kommen.

V. Entscheidung im Beschwerdeverfahren

Nach § 148 I kann der Beschwerde durch das VG selbst abgeholfen werden. Ansonsten wird sie dem OVG vorgelegt, das durch Beschluß entscheidet (§ 150). Die Beschwerde wird verworfen, soweit sie unzulässig oder unbegründet ist. Ist sie zulässig und begründet, so gibt das OVG statt, d. h. es hebt die angegriffene Entscheidung auf und trifft selbst die erforderlichen Anordnungen. In entsprechender Anwendung von § 130 I und § 144 III, Satz 1 kann es aber auch die Entscheidung aufheben und die Sache an das VG zurückverweisen. Das Verbot der reformatio in peius (§ 129) gilt – außer bei vorliegender Anschlußbeschwerde – auch im Beschwerdeverfahren.

Literatur zu § 42: *Ule,* VwProzR § 64; *Schmitt Glaeser,* VwProzR, Rd.-Nr. 485 ff.; *Würtenberger,* PdW, 352.

10   **Übersicht 22: Beschwerde**

I. Zulässigkeit
 1. Zuständiges Gericht (§ 146 VwGO)
 2. Beteiligtenbezogene Zulässigkeitsvoraussetzungen
 3. Statthaftigkeit: Entscheidungen des VG, die nicht Urteile oder Gerichtsbescheide sind und bei denen die Anfechtbarkeit nicht ausgeschlossen ist
    (§ 146 I 1 VwGO)
 4. Beschwerdebefugnis
 5. Form und Frist (§ 147 VwGO)
 6. Sonstige Zulässigkeitsvoraussetzungen

II. Begründetheit
 1. Rechtswidrigkeit der Entscheidung des VG
 2. Rechtsverletzung des Antragstellers

§ 43 Die Wiederaufnahme des Verfahrens (§ 153 VwGO)

I. Allgemeines

1   Die Wiederaufnahme des Verfahrens gehört ihrer systematischen Stellung nach nicht unter die Überschrift „Rechtsmittel",
weil es gegen rechtskräftig beendete Verfahren kein Rechtsmittel
mehr gibt. Sie ist ein **außerordentlicher Rechtsbehelf** mit dem
Ziel, eine rechtskräftige Entscheidung unter besonderen Voraussetzungen im Wege der **Nichtigkeitsklage** (§ 579 ZPO) oder der
Restitutionsklage (§ 580 ZPO) aufzuheben und zu einem erneuten Verfahren zu gelangen. Nicht verwechselt werden darf sie
auch mit dem Wiederaufgreifen des (Verwaltungs-)verfahrens
durch die Behörde selbst (§ 51 VwVfG).
   Die Wiederaufnahme des Verfahrens ist in der VwGO nicht
besonders geregelt. § 153 verweist insoweit auf das Vierte Buch
der ZPO. Die Nichtigkeitsklage kommt bei besonders schwerwiegenden Verfahrensfehlern in Betracht. Praktisch bedeutsamer
ist die **Restitutionsklage** (§ 580 ZPO), wenn sich nachträglich
z. B. die Verletzung der Eidespflicht, eine Beamtenbestechung
oder ähnlich gravierende Verstöße herausstellen oder wenn eine
Urkunde, auf die das Urteil gegründet ist, fälschlich angefertigt
oder verfälscht war.

II. Zulässigkeit

Beide Klagearten setzen – neben den übrigen Bedingungen – **2** voraus, daß die jeweilige Partei ohne ihre Verschulden außerstande war, den Wiederaufnahmegrund in dem früheren Verfahren durch Einspruch oder Berufung oder mittels Anschluß an eine Berufung geltend zu machen. Man kann also von Subsidiarität des Wiederaufnahmeverfahrens sprechen. Zuständig ist nach § 584 ZPO bei der Restitutionsklage das Gericht, das jeweils zuletzt entschieden hat, also das VG, das Berufungsgericht oder das Bundesverwaltungsgericht.

Als Klagefrist gilt nach § 586 I ZPO eine Notfrist von einem Monat, die von Kenntnis des Anfechtungsgrundes an, nicht jedoch vor eingetretener Rechtskraft, gilt. Nach Ablauf von 5 Jahren, vom Tage der Rechtskraft des Urteils an gerechnet, ist die Klage „unstatthaft". Zu den sonstigen Zulässigkeitsvoraussetzungen wird auf § 581 ff. ZPO verwiesen.

III. Begründetheit

Die Klage ist begründet, wenn ein Grund für die Nichtigkeit **3** (§ 597 ZPO) bzw. die Restitution (§ 580 ZPO) vorliegt und der Wiederaufnahmekläger durch das Urteil in seinen Rechten verletzt ist (zu mögl. Wiederaufnahmegründen BVerwG, DVBl. 1988, 1027; VGH Mannheim, NVwZ-RR 1991, 55). Kein Grund für die Restitution ist die Änderung der Rechtsprechung (BVerwG, NVwZ 1995, 338 u. 1097), auch nicht ein Beschluß des BVerfG zum Prüfungsrecht (VGH München, BayVBl. 1992, 405).

IV. Entscheidung

Nach § 589 ZPO hat das Gericht zunächst von Amts wegen zu **4** prüfen, ob die Klage an sich statthaft und ob sie in der gesetzlichen Form und Frist erhoben ist. Fehlt eine dieser Erfordernisse, so ist die Klage als unzulässig zu verwerfen.

Ist die Klage zulässig und begründet, so ergeht ein Zwischenurteil, in dem das angegriffene Urteil aufgehoben wird. Wird die

Klage abgewiesen, so gilt für die Rechtsmittel § 591 ZPO; d. h. es kommen Berufung und ggf. Revision in Betracht.

Literatur zu § 43: *Schmitt Glaeser,* VwProzR, § 11; *Ule,* VwProzR, § 65; *Würtenberger,* PdW, 359; *Kuhla/Hüttenbrink,* DVwProz. S. 221.

Stichwortverzeichnis

(Die Zahlen verweisen auf die Paragraphen und Randnummern)